AUXÍLIOS DE ESTADO
E FISCALIDADE

ANTÓNIO CARLOS DOS SANTOS

AUXÍLIOS DE ESTADO E FISCALIDADE

Apresentação de
A. L. de Sousa Franco

ALMEDINA

TÍTULO:	AUXÍLIOS DE ESTADO E FISCALIDADE
AUTOR:	ANTÓNIO CARLOS DOS SANTOS
EDITOR:	LIVRARIA ALMEDINA – COIMBRA www.almedina.net
LIVRARIAS:	LIVRARIA ALMEDINA ARCO DE ALMEDINA, 15 TELEF. 239 851900 FAX 239 851901 3004-509 COIMBRA – PORTUGAL livraria@almedina.net
	LIVRARIA ALMEDINA ARRÁBIDA SHOPPING, LOJA 158 PRACETA HENRIQUE MOREIRA AFURADA 4400-475 V. N. GAIA – PORTUGAL arrabida@almedina.net
	LIVRARIA ALMEDINA – PORTO R. DE CEUTA, 79 TELEF. 22 2059773 FAX 22 2039497 4050-191 PORTO – PORTUGAL porto@almedina.net
	EDIÇÕES GLOBO, LDA. R. S. FILIPE NERY, 37-A (AO RATO) TELEF. 21 3857619 FAX 21 3844661 1250-225 LISBOA – PORTUGAL globo@almedina.net
	LIVRARIA ALMEDINA ATRIUM SALDANHA LOJAS 71 A 74 PRAÇA DUQUE DE SALDANHA, 1 TELEF. 213712690 atrium@almedina.net
	LIVRARIA ALMEDINA – BRAGA CAMPUS DE GUALTAR, UNIVERSIDADE DO MINHO, 4700-320 BRAGA TELEF. 253678822 braga@almedina.net
EXECUÇÃO GRÁFICA:	G.C. – GRÁFICA DE COIMBRA, LDA. PALHEIRA – ASSAFARGE 3001-453 COIMBRA producao@graficadecoimbra.pt
	NOVEMBRO, 2003
DEPÓSITO LEGAL:	203326/03
	Toda a reprodução desta obra, por fotocópia ou outro qualquer processo, sem prévia autorização escrita do Editor, é ilícita e passível de procedimento judicial contra o infractor.

À memória do Professor Doutor
Orlando de Carvalho

DE UM DIREITO FISCAL DE SOBERANIA A UM DIREITO FISCAL INTERNACIONAL OU SUPRANACIONAL DE REGULAÇÃO E COOPERAÇÃO

Apresentação de um estudo de Direito Económico e Fiscal

1. Vivemos num tempo em que o excesso de informação, qualquer que seja o suporte e o veículo, obriga a escolhas rigorosas: a ignorância filha da superinformação é bem mais perigosa que a da subinformação. Conhecer começa, pois, por uma boa gestão da informação.

Só isso — uma luz a dizer "olhem, vale a pena" — justifica estas palavras iniciais. Além do gosto pessoal de quem as escreve — mas com esse prazer individual não tem o público de sofrer mais uma perda de tempo, como acabam por ser as informações desnecessárias, do tipo destas palavras iniciais...

Esta é uma obra de autor, com nome feito e créditos firmados como jurista e fiscalista, ainda por cima classificada com nota de Muito Bom num mestrado em Direito da Universidade Católica Portuguesa, em Lisboa, (e mestrado à séria, não dos que infelizmente no futuro chamaremos "de Bolonha", universidade que não merecia tal desfeita).

Recordemos, todavia, aos mais distraídos e aos menos informados, alguns dados sobre o autor e breves ideias sobre o tema. O mérito da obra — ímpar em Portugal, sem desprimor para estudos, mais circunscritos e alguns de valia, sobre idêntica área — dispensa mais considerações e até sem estas passaria se nos não sentíssemos obrigados a corresponder à gentileza do pedido, feito por quem só formalmente foi por nós orientado na academia, pois, antes, muito nos fez aprender ao escrever esta obra, que tem já lugar na primeira fila da bibliografia sobre o tema, e como tal seria decerto reconhecida se não fosse escrita numa língua mundial como o português, porém inacessível à maioria da comunidade científica internacional. Uma tradução, ao menos de síntese em pontos mais destacados,

8 — *Auxílios de Estado e Fiscalidade*

abrir-lhe-ia o que falta vencer para ocupar no espólio bibliográfico europeu: a barreira da língua, grande na cultura, mas ainda média na ciência.

2. O Mestre António Carlos dos Santos tem um currículo diversificado, que testemunha vocação e mérito académico, compromisso social e intensa actividade profissional. Recordemo-lo.

É licenciado em *Direito* pela Faculdade de Direito da Universidade de Coimbra e em *Ciências Político-Sociais* (opção, Sociologia) pelo ISCSP (Universidade Técnica de Lisboa), pós-graduado em *Organizações Europeias* e em *Estudos Superiores de Direito Comparado* pela Faculdade Internacional para o Ensino do Direito Comparado de Estrasburgo e em *Assessoria Jurídica de Empresa* (Instituto Superior de Gestão) e Mestre em *Ciências Jurídico-Comunitárias* pela Universidade Católica Portuguesa (Lisboa). Está admitido a doutoramento na Universidade de Lovaina-a-Nova com o tema "A regulação comunitária da concorrência fiscal. Aspectos institucionais", tendo como orientador o Prof. Jacques Malherbe.

Entrou na DGCI como jurista, tendo hoje a categoria de assessor principal. Nessa qualidade, fez parte da delegação que acompanhou o processo de harmonização da fiscalidade indirecta na União Europeia, participou nos trabalhos da primeira presidência portuguesa e seguiu alguns grupos de trabalho da OCDE. Foi, de 1991 a 1994, director do Gabinete de Apoio Jurídico-Económico do IVA, tendo anteriormente desempenhado funções no Gabinete de Apoio Jurídico-Económico do Serviço de Administração dos Impostos sobre o Rendimento e na Consultadoria Jurídica da DGCI. Actualmente desempenha, em comissão de serviço, as funções de conselheiro financeiro e coordenador do Núcleo Economia e Finanças da Representação Portuguesa junto da União Europeia, em Bruxelas.

Em 2000 e 2001 foi membro do Conselho Nacional de Ambiente e Desenvolvimento Sustentável e coordenador do núcleo que criou as secções de processo de execução fiscal do Instituto de Gestão Financeira da Segurança Social.

Tem exercido actividade docente sobretudo no Instituto Superior de Economia e Gestão (UTL), desde 1973, actualmente com a categoria de Professor Auxiliar convidado, tendo leccionado, na licenciatura de Economia, *Direito Económico, Direito Comunitário, Ciência Política,*

Direito do Trabalho e Sindicalismo e *Quadros Institucionais da Vida Económica;* e ainda no mestrado de Desenvolvimento e Cooperação Económica, na pós-graduação em Contabilidade, Finanças Públicas e Gestão Orçamental e na pós-graduação em Gestão Fiscal das Organizações, disciplinas de *Direito Económico e de Direito Fiscal.*

Foi docente no Instituto Superior de Psicologia Aplicada, no mestrado de Gestão da Universidade de Faro, e no Instituto Superior de Estudos Financeiros e Fiscais. Efectuou ainda múltiplas acções de formação profissional em matérias laborais, jus-económicas e fiscais em diversas empresas e instituições.

Desta actividade intensa e multiforme resultou um *clássico* do nosso Direito, o *Direito Económico,* elaborado com os Professores Doutores Maria Manuel Leitão Marques e Maria Eduarda Gonçalves, tão útil aos não juristas a que se destina como aos juristas que cada vez mais fazem Direito Económico sem o saberem, como M. Jourdain fazia prosa.

No plano político, foi Secretário de Estado dos Assuntos Fiscais no XIII Governo Constitucional (1995-1999), Chefe de Gabinete do Secretário de Estado do Orçamento nos II, III e IV Governos Provisórios e do Ministro do Trabalho no III Governo Constitucional. Sublinho o papel que teve, com singular valia técnica, na preparação do Código de Conduta e na vice-presidência do Grupo Primarolo, que lhe dão acrescidos saber e autoridade no tratamento destas matérias.

Serviço à comunidade, — este mais especificamente de extensão universitária — prestou-o António Carlos dos Santos longamente no domínio da cooperação. Efectuou diversas missões de cooperação dirigidas a faculdades e instituições públicas em Angola, Cabo Verde, Guiné-Bissau e Moçambique, integrado em projectos do PNUD e do Banco Mundial ou no âmbito da cooperação portuguesa, pública e privada. Em Angola, foi coordenador dos grupos de trabalho que procederam, respectivamente em 1984 e 1985, à análise dos sistemas fiscal e aduaneiro locais, e co-autor dos relatórios "Diagnóstico do Sistema Fiscal Angolano" e "O Sistema Aduaneiro Angolano e a sua Inserção no Circuito de Mercadorias". Organizou em Luanda e no Lubango diversos cursos de formação para funcionários da DNI e, nesse âmbito, produziu dois manuais de formação, um sobre o "Direito Fiscal Angolano" e outro sobre o "Direito Económico Angolano".

Enfim, algumas marcas da sua actividade específica de investigador. Integra o Conselho de Administração da *Association Internationale de Droit Économique*. É membro do comité de redacção da *Revue Internationale de Droit Économique* e da revista de *Administração Pública*. É membro da Associação Fiscal Portuguesa. Participou, como orador, em inúmeros seminários, conferências e colóquios em Portugal e no estrangeiro. É autor dos livros "Da Questão Fiscal à Reforma da Reforma Fiscal" (1999) e "União Europeia, Comunidade Europeia, Espaço Económico Europeu" (1992) e co-autor dos livros "Direito Económico" (4.ª edição, 2001), "Estruturar o Sistema Fiscal do Portugal Desenvolvido. Balanço de uma Legislatura" (1999), "Estruturar o Sistema Fiscal do Portugal Desenvolvido, Textos Fundamentais da Reforma Fiscal para o Século XXI" (1998), "Palavras no Tempo" (vol. I a VII, 1996 a 1999), "Legislação do IVA Anotada" (1994). É ainda autor (ou co-autor) de várias dezenas de artigos em matérias jurídico-económicas, fiscais, laborais e epistemológicas, entre os quais, "A fiscalidade das praças de negócios na óptica da União Europeia" (2003), "Constrangimentos internacionais ao recurso a medidas fiscais para melhorar a competitividade" (2002), "A posição portuguesa face à regulação comunitária da concorrência fiscal" (2002), "Globalização e mudança social: desafios e problemas da sociedade de informação" (2001); "Sobre a reforma fiscal: objectivos, estratégias e metodologias" (2001); "Point J of the Code of Conduct or the Primacy of Politics over Administration?" (2000), "O sistema comunitário do IVA na encruzilhada" (2000), "A Administração-Geral Tributária e a reforma das administrações tributárias" (2000), "A regulação internacional da concorrência fiscal prejudicial" (2000), "Avaliação indirecta e garantias dos contribuintes" (1999): "Princípios rectores da estruturação do futuro Banco Central Europeu" (1995), "Estado e privatizações: contributo para uma reflexão sobre as relações entre público e privado" (1995), "Redressement des entreprises en difficulté et concurrence en droits espagnol, italien et portugais" (1995), "O modelo de União Monetária no Tratado de Maastricht" (1994), "Integração europeia e abolição das fronteiras fiscais. Do princípio do destino ao principio da origem?" (1993), "A perestroika e o Estado socialista de direito" (1991), "La Constitution Économique Angolaise" (1990), "A intervenção althusseriana; epistemologia e política" (1990) "Neoliberalismo e crise das relações laborais" (1990), "Piaget e a teoria do direito" (1986), "Os trabalhadores, o desenvolvimento e a democracia participativa" (1983).

Apresentação

3. Para os especialistas, será escusado caracterizar a importância do tema tratado (na intersecção dos Direitos Económico e Fiscal) e a excelência e exaustividade da reflexão e da informação ora dada a lume.

Limitamo-nos a enquadrá-lo, sublinhando que ele é, no que à fiscalidade respeita, mais um passo de uma evolução clara de um Direito Fiscal de mera soberania a um Direito Fiscal internacional de regulação e cooperação supranacional.

Antes da primeira internacionalização liberal (século XIX e século XX até à Guerra Mundial de 1939-1945) o Direito Fiscal, quando assumia relevo no plano do Direito das Gentes ou do Direito Internacional, nascia apenas da soberania dos Estados ou de meras relações de força entre estes; configurava-se, no demais, numa fronteira espartilhada após a prática dos Estados modernos teorizada por Maquiavel, Bodin e Hobbes, como mero Direito interno.

Os "tributos" pagos por Estados a Estados ("páreas" no Direito peninsular medieval; ou o conceito de "Estado tributário" para o Direito Imperial chinês no momento da chegada dos portugueses à China), os direitos de saque atribuídos pela conquista, os confiscos ou reparações impostos pelos vencedores aos vencidos das guerras — são exemplos tradicionais de fiscalidade internacional baseada na excepcionalidade e nas relações de força no domínio internacional. Como o é a imposição unilateral — às vezes com extraterritorialidade — de impostos a actos, pessoas e bens objecto de comércio ou circulação internacional, sem preocupações com a justiça na redução ou eliminação da dupla imposição e na fuga ao imposto.

A ordem internacional pós-napoleónica vai-se abrindo progressivamente ao efeito externo do princípio anglo-saxónico do "Império do Direito" e do princípio continental do "Estado de Direito", gerando um Direito Internacional Público assente na dimensão cooperativa e contratual dos Estados soberanos, por razões de eficiência (para uma minoria não positivista, de princípios de direito natural, justiça e interesse público ou bem comum internacionais, logo independentes dos Estados, mesmo que não fossem supra-estaduais). O Direito Internacional Fiscal vai assumindo, assim, dimensões mais elaboradas: cláusulas fiscais esmaltam, aqui e ali, acordos comerciais, em regra bilaterais; convenções de estabelecimento ou acordos sobre o regime e tratamento dos estrangeiros contêm cláusulas fiscais; a preferência imperial, criação britânica, é um quadro tributário frequente em situações coloniais ou de protectorado ou mandato internacional; Estados com vínculos políticos-económicos especiais celebram por tratado regimes fiscais, nomeadamente no campo então predominante dos direitos alfandegários, do que constitui exemplo paradigmático a união aduaneira *(Zollverein)* dos Estados Alemães que, após cerca de quarenta anos de evolução, iria converter o predomínio prussiano no II Império Alemão... E começam a surgir tratados bilaterais com o fim de regular situações de dupla tributação ou evasão fiscal (lícita -elisão- ou ilícita) que perturbam as relações económicas entre cidadãos e empresas dos Estados que os celebram ou que são consideradas geradoras de injustiça.

A 2.ª Guerra Mundial leva os vencedores a criarem regras convencionais (regulação de vocação universal) e organizações internacionais (governação internacional, universal ou regional) que definem a arquitectura política e económica internacional em que ainda hoje vivemos. E, à sombra delas, organizações especializadas e regionais fazem avançar o Direito Internacional Fiscal (bem como o Direito Fiscal dos Estados que incide sobre situações económicas sociais cada vez mais numerosas, diversificadas, e completas; alguns falam então de Direito Fiscal Internacional). A OECE, depois OCDE, elabora um modelo de Projecto de Convenção destinado a eliminar a dupla tributação nos impostos sobre o rendimento e a riqueza, que servirá de base a muitas centenas de acordos entre Estados para a eliminação da dupla tributação, luta conta a evasão fiscal e cooperação em matéria tributária. O GATT, além de manter regimes especiais de tolerância perante as restrições à liberalização do comércio mundial para as uniões aduaneiras e zonas de comércio livre e para certos sistemas preferenciais, reduz e aproxima, ronda negocial após ronda negocial, os obstáculos ao comércio livre – entre os quais assumem papel de relevo os direitos aduaneiros, cada vez menos importantes no plano financeiro e mais aproximados nas regras jurídicas e práticas administrativas. E, entre as muitas uniões aduaneiras constituídas no seu âmbito, nenhuma é tão importante como a Comunidade Económica Europeia (depois Comunidades Europeias, hoje articuladas com a União Europeia).

O Direito Comunitário Fiscal, também neste domínio, como o deus romano Jano, com duas caras – uma internacional regional (dos 6 aos 15 de hoje e aos 25 Estados de 2004), outra supra-nacional (federal ou

Apresentação 13

para-federal) – cria uma multidão de soluções inovadoras: algumas específicas, outras inspiradoras de transformações rápidas e profundas no Direito Internacional Fiscal de vocação universal (sobre o qual está escrito em português um dos livros de referência à escala mundial: o *Direito Internacional Fiscal* de Alberto Xavier).

Recapitulemos os avanços fiscais das Comunidades Europeias desde 1958 até hoje. A criação de uma pauta exterior comum e a proibição dos impostos indirectos substitutivos dos antigos direitos aduaneiros dentro do espaço comunitário e bem assim dos outros obstáculos não aduaneiros ao comércio entra-comunitário, ao que se seguiu uma avançada uniformização do Direito Aduaneiro Europeu. A criação em 1970 dos recursos próprios das Comunidades, muitos deles impostos, taxas ou participações obrigatórias dos Estados (sem esquecer o "imposto CECA" de 1952 incidente sobre produtos do carvão e do aço), como forma de tornar as Comunidades independentes das contribuições dos Estados. A previsão da "aproximação das legislações fiscais nacionais" e da harmonização das legislações, regulamentos e práticas administrativas (também em matéria fiscal), a par da consagração dos tratados sobre a eliminação da dupla tributação e da evasão fiscal como direito comunitário complementar no Tratado de Roma. A criação – por imposição do "recurso próprio IVA" e recorrendo a diversas directivas de harmonização tributária – do IVA, originariamente um imposto só francês, como imposto nacional de criação obrigatória e fortemente harmonizado. Avanços significativos na harmonização dos impostos especiais de consumo e entre outros domínios particulares (como a unificação do regime tributário das chamadas "reuniões de capitais").

Tudo quanto era imposto pela necessidade de manter as Comunidades Europeias independentes dos Estados num nível muito baixo de Orçamento Comunitário e pela lógica da união aduaneira foi, pois, completado. Avançou-se (Portugal, vergonhosamente, só no final nos anos noventa...) na celebração de acordos de dupla tributação. Mas as consequências tributárias do mercado comum dos factores de produção (nomeadamente a harmonização da tributação da poupança e da retenção na fonte da tributação dos dividendos, juros e *royalties*) e as da união económica e monetária decidida em Maastricht, essas, marcaram passo. E a manutenção da regra da unanimidade em matéria fiscal – que pessoalmente julgamos ser importante por duas razões: 1.º – O equilíbrio entre Comunidades e Estados-membros que, com o "método comunitário" de avanço e decisão estratégica, são para nós as duas regras não escritas em que assenta a arquitectura comunitária e o seu movimento evolutivo; 2.º – O respeito pelo princípio do consentimento fiscal dos povos que está na base da democracia representativa na Europa e nos Estados Unidos da América – contribui para o bloqueamento político de novas decisões, mesmo quando exaustivamente estudadas e insistentemente propostas pela Comissão ao Conselho. É, por vezes, pena: mas os fins não justificam os meios e os valores da eficácia não podem atropelar os da justiça.

4. Entretanto, os tempos que vivemos são marcados por um novo paradigma mundial, que sucedeu à arquitectura das instituições com vocação universal de Bretton Woods, completados pelo GATT e recentemente pela Organização Mundial do Comércio (mais adaptada às necessidades do começo do século XXI do que o FMI e o Banco Mundial, cujas reformas de fundo têm sido bloqueadas sobretudo pelos Estados Unidos). São os tempos da globalização ou, à francesa da mundialização – aos quais a UEM europeia foi, aliás, uma resposta, e que só se divisam na sua integralidade combinando dois simbolismos de sinal contrário: a "queda do muro de Berlim", em 19 de Novembro de 1989, e a destruição das Torres Gémeas de Nova York, em 11 de Setembro de 2001.

Focando apenas os aspectos fiscalmente relevantes, a atracção dos investidores pelo retorno a curto prazo e a livre e instantânea (ou quase) mobilidade dos capitais, obrigou os Estados a oferecerem aos factores de produção móveis (o capital e a iniciativa empresarial que lhe está ligada) condições fiscais cada vez mais favoráveis (no limite, frequentemente atingido, a completa destributação), favorecendo assim estrangeiros face a nacionais, capital perante trabalho, rendimentos pessoais mais móveis (logo, os dos mais ricos) em confronto com os menos móveis (do trabalho subordinado e do capital imóvel). A existência de múltiplos locais fiscais privilegiados (que podem chegar ao limite extremo do paraíso fiscal inteiramente desprovido de transparência e de colaboração, até, com as autoridades policiais estrangeiras e internacionais) "concentra" formalmente em espaços com menos de 1% da população e do território do Mundo cerca de 8% da sua riqueza. As actividades financeiras, que sempre ocultaram parcelas de "dinheiro sujo", em graus diversos, passaram a ser espaço privilegiado de "lavagem" de recursos irregulares, na origem e no estatuto, ou mesmo criminais, na origem, na gestão e no destino (só a luta contra o terrorismo internacional deu nova eficácia – às vezes demasiado "expedita" e sem regras – aos esforços do GAFI, sabotados ou obstaculizados sobretudo pelos Estados Unidos, Reino Unido e países ou espaços fiscais da sua área de influência (como as Caraíbas), além da Suíça, claro está. E, se mesmo grandes Estados e blocos económicos dificilmente conseguem lutar contra esta estrutura de facto – em que se inclui uma "fuga à regra fiscal", não só para não pagar imposto, mas também para fugir a conexos deveres ou situações de informação e controlo da legalidade e regularidade – os pequenos que o tentem sozinhos apenas geram fuga de capitais e repulsão do investimento estrangeiro, que os priva do recurso que menos têm e de que mais carecem para crescerem e se desenvolverem: o capital.

Perante uma sociedade globalizada em cada vez mais domínios – as telecomunicações e a informação, a comunicação social, as viagens, a criminalidade, os movimentos financeiros, o terrorismo – a ausência de *regulação* e a inadequação das instituições de *governação* que existem (quando existem) geram crescentes desigualdades entre as pessoas, os Estados e as regiões, favorecem mais a "lei da selva" do que as regras de vizinhança sugeridas pela imagem da "aldeia global", concentram cada vez mais os recursos produtivos nos Estados mais ricos e/ou poderosos e destruíram os sonhos de uma ordem mundial de cooperação para o desenvolvimento. É neste contexto que, entre Estados, como entre regiões ou municípios, se aplica positivamente e onde nunca vista a lei de Tiebout: ou oferecem condições fiscais mais favoráveis do que os outros, ou perdem o capital externo que querem atrair e, às vezes, o aforro e a iniciativa internos que desejariam fixar. É isto a concorrência fiscal, um dos efeitos da globalização. O outro é a impotência ou erosão dos impostos tradicionalmente considerados mais justos (os directos sobre o rendimento ou o património) e a redução dos impostos alfandegários, forçando os Estados a recorrer à tributação indirecta, em geral regressiva e menos justa. Daí o apelo à *regulação cooperativa*, por um lado, à *redução das desigualdades entre Estados* como exigência de novas estratégias de desenvolvimento, e ainda a *impostos internacionais* (como Tobin propôs para as transações financeiras e Lula da Silva, há pouco dias, veio propor ao G.8 reunido em Evian: um imposto sobre a exportação de armamentos).

5. *Ex facto oritur ius*. Mas destes factos, que clamam por justiça, ainda pouco ou nenhum direito tem saído.

Pensemos na União Europeia e na sua resposta à globalização. Esta pode sintetizar-se na união económica e monetária (UEM) e na concreta forma que assumiu. Tal como com a *união comercial aduaneira* (aperfeiçoada pela "destruição" das fronteiras pelo mercado interno do Acto único Europeu) a UE adquiriu dimensão global no campo comercial – a qual é aperfeiçoada pela remoçada política comercial comum, a opção pela moeda única entre as várias formas de *união monetária*, tornando cada país da Eurolândia/Zona Euro uma mera região do respectivo espaço monetário, foi a resposta adequada à globalização. Nestes dois domínios, a Eurolândia mede-se de igual para igual com os Estados Unidos da América; e cremos que erram os que continuam a falar de balanças de pagamentos nacionais, quando há apenas balanças de trocas interregionais e endividamento dos respectivos sujeitos económicos (com parcial concentração nos sistemas monetário-financeiros): os efeitos económicos dos dois mecanismos de ajustamento são profundamente diferentes (por exemplo, é verdade que se perdeu a taxa de câmbio como instrumento nacional; mas a amplitude dos choques nacionais fica atenuada, nomeadamente quando recessivos ou depressivos). Foram pensadas medidas complementares, como o estatuto do BCE independente, o Conselho do Euro, a representação externa do Euro, os instrumentos de coordenação de políticas (GOPE, Planos Nacionais de Emprego – "processo do Luxemburgo", Relatórios sobre as Reformas Estruturais – "processo de Cardiff"), além dos rígidos Regulamentos chamados "Plano de Estabilidade e Crescimento", com programas de estabilidade plurianuais anualmente revistos e um procedimento de monitorização e sancionamento, em muitos pontos contrário ao artigo 104.º do Tratado da Comunidade Europeia. Na sua execução, a Comissão sobrepôs-se ao Conselho, e há uma política monetária única definida pelo BCE (com o objectivo da contenção da inflação cujo limite mínimo é zero, potenciando a deflação que já está no horizonte), ao passo que nem sequer há coordenação de políticas económicas. A UEM tem, talvez em demasia, a componente M; falta-lhe quase de todo – e cada vez mais – a componente E, substituída pela cega obediência às piores interpretações de dois meros regulamentos sacralizados com a alcunha de Pacto de Estabilidade e Crescimento. Os Governos não se coordenam, como se submetem a dois órgãos tecnocráticos - a Comissão e o Banco Central Europeu –, que não têm legitimidade nem responsabilidade democráticas e apenas têm prioridades monetárias para políticas monetaristas. Quem se admirará de que, enquanto assim for, a Europa esteja como está e caminhe para onde caminha, sem posições autónomas do Governos e dos Parlamentos eleitos perante os "bezerros de ouro" da regra monetarista cegamente imposta por dois órgãos não eleitos? Ouçam-se os economistas norte-americanos, de Friedman a Krugman, para perceber que uma moeda única não funciona assim.

Foi no âmbito de uma UEM com visão mais alargada que, no início da Presidência italiana, o Comissário Vice-Presidente Mário Monti propôs em Verona – para vir a ser confirmado, no final da presidência, pelo Conselho Europeu de Florença – um pacote fiscal que repescava duas velhas propostas e lhe acrescentava uma terceira (esta nova!), surgida da discussão no Conselho Ecofin sobre as condições e consequências da UEM:

– aprovação do projecto de Directiva sobre tributação da poupança;

– aprovação do projecto de Directiva sobre a tributação dos dividendos, juros e *royalties*;

– regulamentação da concorrência fiscal prejudicial na tributação das empresas pelos Estados membros.

Todos concordaram em que seria de prosseguir na negociação deste pacote, como tal: ou se aprovava tudo, ou não se aprovava nada.

As duas primeiras medidas visavam criar um mercado europeu de capitais sem distorções fiscais (não mais do que isso: não pretendiam reconstruir dentro da UE um mundo fiscalmente perfeito, de onde os capitais fugiriam para Gibraltar, o Liechtenstein, as ilhas AngloNormandas ou as Caraíbas...).

A terceira medida era inovadora e visava disciplinar a contínua erosão dos rendimentos fiscais, que dificultaria a consecução do equilíbrio orçamental, além de também distorcer os fluxos de capitais e a iniciativa empresarial dentro do espaço europeu.

Depressa se viu que esta matéria não podia ser objecto de directiva ou regulamento; daí que se haja optado por um instrumento de *soft law*, corrente no Direito Internacional Económico e com formas fracas de

18   *Auxílios de Estado e Fiscalidade*

imperatividade para os Estados, confiando na força da coordenação das políticas económicas e no objectivo da estabilidade orçamental para o conseguir).[1]

De todos os instrumentos do "pacote fiscal", apenas este – talvez por não ser dotado de imperatividade tão forte como os outros dois – foi destacado e deu origem ao Código de Conduta sobre a fiscalidade das empresas (1.1.1997), ao Grupo Primarolo (9.3.1998) e ao relatório deste grupo sobre a Concorrência Fiscal Prejudicial (23.11.1999). Mas sobre ele – e as suas relações com o instituto dos auxílios de Estado e com a Comunicação da Comissão sobre a aplicação deste instituto às medidas decorrentes da fiscalidade directa das empresas, de 11 de Novembro de 1998 – tudo o mais que se dissesse seria pobre e redundante em confronto com o excelente estudo que ora prefaciamos.

6. Será útil recordar, todavia, que o Comunicado final do Conselho de Ministros de Economia e Finanças (Ecofin) de 3 de Junho de 2003 dava finalmente conta da aprovação, pelo Conselho, do chamado "pacote fiscal" de três medidas para combater a concorrência fiscal prejudicial e eliminar algumas das distorções fiscais subsistentes no Mercado Interno que fora adoptado pelo Conselho em 1 de Dezembro de 1997.[2]

Na mesma data, o Comissário Europeu para a Tributação, Fritz Bolkestein, comunicava o seguinte, de que transcrevemos largos extractos (reP. IP/03/787, Bruxelas, 3.6.2003):

> "O pacote fiscal
>
> O pacote fiscal compõe-se de três medidas – um código de conduta para eliminar a concorrência fiscal prejudicial relativa à fiscalidade das empresas, uma directiva e uma resolução conexa respeitante à fiscalidade

---

[1] Embora colocado por algumas delegações de pequenos países – como a portuguesa –, o problema do aumento da dimensão do orçamento comunitário como condição para ele ser um instrumento eficaz de política estrutural (como já dizia o relatório McDugall de 1977) e o do financiamento do financiamento comunitário, por obrigações (eurobonds) foram esconjurados, mas não discutidos.

[2] A Comissão informava, por seu lado, que propôs o "pacote" em Outubro de 1997 e o Conselho prosseguiu as discussões com base na linha de orientação adoptada em Dezembro de 1997.

dos rendimentos da poupança e uma directiva sobre a tributação dos juros e royalties pagos entre empresas associadas. A directiva sobre a tributação da poupança deverá entrar em vigor em 1 de Janeiro de 2005 e a relativa aos juros e *royalties* em 1 de Janeiro de 2004. Na prática, o Código de Conduta já está a ser aplicado, embora tenham sido autorizadas prorrogações por períodos de tempo limitados quanto a certas medidas relativas à tributação das empresas consideradas como apresentando características prejudiciais. Os Estados membros com territórios dependentes e associados concordaram assegurar nesses territórios a adopção das mesmas medidas adoptadas na Comunidade a respeito da tributação da poupança e assegurar o congelamento (*standstill*) e desmantelamento (*rollback*) das medidas prejudiciais em sede de tributação das empresas, de acordo com o Código de Conduta.

Os Estados membros em questão são o Reino Unido e os Países Baixos e os territórios dependentes e associados são, quanto ao primeiro, as Ilhas Anglo-Normandas (*the Channel Islands*) e a Ilha de Man e, quanto ao segundo, as Antilhas holandesas (*Caribbean territories*).

Código de conduta para a fiscalidade das empresas

O código de conduta requer que os Estados-membros se abstenham de introduzir quaisquer novas medidas fiscais prejudiciais ("standstill") e que modifiquem quaisquer leis ou práticas que sejam julgados prejudiciais de acordo com os princípios do código ("rollback"). O código abrange medidas fiscais (legislativas, regulamentares e administrativas) que têm, ou podem ter, um impacto significativo na localização das empresas na União. Os critérios que permitem identificar as medidas potencialmente prejudiciais são os seguintes:

– um nível de tributação efectiva significativamente mais baixo do que o nível geral de tributação do país em causa;

– benefícios fiscais reservados a não residentes;

– incentivos fiscais para actividades isoladas da economia doméstica e que consequentemente não têm impacto na base fiscal nacional;

– concessão de vantagens fiscais mesmo na ausência de qualquer actividade económica real;

– regras para a determinação do lucro das empresas que integram um grupo multinacional divergentes das regras internacionalmente aceites, em particular das aprovadas pela OCDE;

– falta da transparência.

Os Ministros das Finanças da UE criaram o Grupo do Código de Conduta (fiscalidade das empresas) numa reunião do Conselho de 9 de Março de 1998, tendo na presidência a Sra Down Primarolo, *"paymaster general"* do Reino Unido, para avaliar as medidas fiscais que podem cair no campo de aplicação do Código de Conduta para a tributação das empresas. Num relatório de Novembro 1999 o Grupo identificou 66 medidas fiscais com características prejudiciais (40 em Estados-membros da UE, 3 em Gibraltar e 23 em territórios dependentes ou associados). (...)

Actualmente, os Estados-membros e seus territórios dependentes e associados reviram ou substituíram as 66 medidas em questão. Para as entidades beneficiárias daqueles regimes até 31.12.2000, foi prevista uma *"grandfather clause"* segundo a qual os benefícios deverão cessar o mais tardar em 31.12.2005, independentemente de terem sido ou não concedidos por um período fixo. Algumas prorrogações, para além de 2005, foram concedidas por períodos de tempo definidos relativamente a medidas de Estados-membros e seus territórios dependentes e associados.

O Conselho solicitou ao Grupo do Código de Conduta para assegurar o congelamento (*standstill*) e a execução do desmantelamento (*rollback*) e para lhe apresentar um relatório antes do final de 2003.

O Conselho concordou examinar favoravelmente um pedido belga para que o Conselho de Ministros tome uma decisão, com base no n.º 2 do artigo 88º do Tratado CE, no sentido de autorizar como auxílio de Estado a renovação das aprovações concedidas ao abrigo do regime belga dos centros de coordenação e para tomar uma decisão o mais cedo possível.

Tributação da poupança

O Conselho acordou que esta directiva seja transposta para a legislação nacional dos Estados-membros a partir de 1 de Janeiro de 2004 e aplicada a partir de 1 de Janeiro de 2005. O Conselho aprovou também um projecto de acordo com a Suíça respeitante à tributação dos rendimentos da poupança que estende os benefícios das directivas mães e afiliadas e juros e *royalties,* com uma derrogação para Espanha, autorizando este Estado-membro a negociar separadamente com a Suíça estas duas directivas. O Conselho acordou que os quatro elementos deste acordo com a Suíça (a seguir enunciados) deveriam também constituir a base para acordos entre a UE e o Liechtenstein, Andorra, Mónaco e São Marinho. O Conselho reafirmou que a troca de informações

Apresentação 21

numa base tão larga quanto possível deve ser o objectivo final da União Europeia, conforme à evolução da situação internacional.

A Directiva

De acordo com a Directiva, cada Estado-membro deverá informar os outros quanto aos juros pagos nesse Estado aos particulares (*savers*) residentes naqueles outros Estados-membros. No entanto, durante um período transitório, a Bélgica, o Luxemburgo e a Áustria, em vez de fornecer informações, serão autorizados a aplicar uma retenção na fonte, com uma taxa de 15% para os primeiros três anos (2005-2007), 20% para os três anos subsequentes (2008-2010) e 35% de 2011 em diante. Estes três Estados-membros procederão a uma troca automática de informações:

– se e quando a CE chegar a acordo com a Suíça, Liechtenstein, São Marinho, Mónaco e Andorra, aprovado por unanimidade no Conselho, para a troca de informações a pedido, segundo o acordo da OCDE para a troca de informações em matérias fiscais (elaborado em 2002 pelo grupo de trabalho encarregado da troca efectiva de informações no quadro do fórum mundial da OCDE) quanto ao pagamento de juros e para continuar a aplicar simultaneamente a retenção na fonte e,

– se e quando o Conselho aprovar por unanimidade que os Estados Unidos estão vinculados à troca de informações a pedido, nas condições definidas no referido acordo de 2002 da OCDE, relativamente aos pagamentos de juros.

Esta directiva tem um vasto alcance, cobrindo os juros de títulos de crédito de todo o tipo, incluindo os depósitos em dinheiro e as obrigações públicas e privadas e outros títulos de crédito negociáveis similares. A definição dos juros estende-se aos juros acumulados e capitalizados, compreendendo, por exemplo, o juro que é calculado como acumulado à data da venda ou da recompra (resgate) de uma obrigação de um tipo em que normalmente os juros apenas são pagos no vencimento juntamente com o principal (*"zero-coupon bond"*). A definição inclui também os juros provenientes de investimentos indirectos efectuados por intermédio de organismos colectivos (fundos de investimento geridos por um especialista qualificado que coloca os investimentos dos particulares numa carteira diversificada de activos de acordo com critérios de risco bem definidos.

Acordos com terceiros países

A Comissão conduz actualmente negociações com países-chave não comunitários (Suíça, Liechtenstein, Mónaco, Andorra, São Marinho) a fim de assegurar a adopção de medidas equivalentes naqueles países para permitir a tributação efectiva dos rendimentos da poupança pagos a residentes da UE. A Comissão recebeu do Conselho Ecofin de 16 de Outubro de 2001 um mandato para conduzir estas negociações.

Os quatro elementos do projecto de acordo alcançado com a Suíça são os seguintes:

– Retenção na fonte: a Suíça aplica actualmente uma retenção na fonte de 35% sob os rendimentos de origem suíça. Com o acordo, compromete-se também a reter na fonte relativamente aos rendimentos de origem não suíça as mesmas taxas que a Bélgica, o Luxemburgo e a Áustria previstas na directiva sobre a fiscalidade da poupança – 15% durante os primeiros três anos, 20% nos três anos subsequentes e 35% depois desse prazo. O acordo abrange, *inter alia,* a definição do agente pagador, a definição dos juros, incluindo os juros pagos em depósitos fiduciários e por fundos de investimento suíços. A Suíça partilhará as receitas do imposto retido sobre os rendimentos de origem não suíça, transferindo 75 por cento do rendimento para as autoridades fiscais do Estado-membro da residência.

– Divulgação voluntária de informações: a retenção do imposto sobre os rendimentos de origem não suíça não será aplicada se o contribuinte autorizar o banco suíço divulgar informações sobre os juros pagos às autoridades fiscais. Nesses casos, os juros serão sujeitos a tributação no Estado-membro da residência às mesmas taxas aplicadas aos juros recebidos no país.

– Cláusula de revisão: prevê-se que as partes contratantes efectuem consultas mútuas pelo menos de três em três anos ou a pedido de uma delas com vista a examinar o funcionamento técnico do acordo, de o melhorar se as partes o julguem necessário de avaliar os desenvolvimentos internacionais. Na base desta avaliação, consultas poderão também ocorrer a fim examinar se o acordo deve ser modificado a fim de tomar em consideração os desenvolvimentos internacionais.

– Troca de informações a pedido: no que respeita aos rendimentos abrangidos pelo acordo, a Suíça procederá à troca de informações a

pedido para todos os casos criminais ou civis de fraude ou de infrac-
ção similar implicando os contribuintes. Esta parte do acordo poderá
ser cumprida através de acordos bilaterais entre Estados-membros e
a Suíça.

Pagamentos de juros e royalties

A directiva, que tem por base uma proposta da Comissão de 1998, eli-
minará, quando entrada em vigor, as retenções na fonte sobre os pagamentos
de juros e royalties efectuados entre empresas associadas de Estados-
-membros diferentes. A tributação na fonte efectuada por um Estado-membro,
por retenção na fonte ou por lançamento, de juros e *royalties* pagos às sociedades estabelecidas noutros Estados-membros pode criar problemas para as
empresas que exerçam actividades transfronteiriças. Em particular, tais impostos podem envolver formalidades que se traduzem em perda de tempo, em
encargos ou perdas de tesouraria e, por vezes, numa dupla tributação.

A directiva deverá entrar em vigor em 1 de Janeiro de 2004.

Disposições transitórias foram previstas para a Grécia e Portugal quer
para os juros quer para os *royalties* e para a Espanha quanto a estes últimos
a fim aliviar o impacto imediato da directiva sobre o orçamento daqueles
países. Por virtude destas disposições, a Grécia e Portugal não aplicarão a
directiva antes da entrada em vigor da directiva da fiscalidade da poupança
em 1 de Janeiro de 2005, o mesmo acontecendo com a Espanha quanto aos
royalties. Depois disso, a Grécia e Portugal ficam autorizados, por um
período transitório de oito anos, a aplicar aos pagamentos de juros e *royalties* uma retenção na fonte que não deve exceder 10% durante os primeiros
quatro anos e 5% durante os quatro anos finais. A Espanha fica autorizada,
durante um período transitório de seis anos, a começar em 1 de Janeiro de
2005, a aplicar uma retenção na fonte aos pagamentos de *royalties* que não
deve exceder 10%.

O Conselho acordou que as vantagens previstas na directiva não
devem beneficiar as empresas isentas do imposto sobre o rendimento abrangido pela referida directiva e que a Comissão dever propor, em tempo
devido, as alterações de que esta eventualmente necessite."

7. Noticia ainda a comunicação social que a UE e a Suíça reverão a situação em 2013. Até que ponto a deliberação do Conselho em 3.6.2003 será suficientemente/minimamente eficaz? De boas intenções está o inferno cheio. E a ingenuidade é uma das piores formas de estupidez quando analisamos matéria, como esta, que lida com interesses tantos e tão poderosos.

Esperemos, pois, para ver. E essa observação atenta, tanto como os desenvolvimentos práticos que por força ocorrerão, são razões acrescidas para o estudo atento de uma das melhores monografias que nos últimos anos têm sido escritas em Portugal sobre Direito Fiscal. Lembrando Pigou, ela dava já muita luz. Agora poderá, também, dar frutos, perfazendo as duas vocações da Ciência.

Lisboa, 13 de Junho de 2003.

ANTÓNIO LUCIANO PACHECO DE SOUSA FRANCO

NOTA PRÉVIA

A intervenção estadual na vida económica é, apesar dos tempos de neo-liberalismo, uma realidade incontornável. As suas justificações são díspares, os seus objectivos múltiplos, as suas formas variadas e mesmo imprevisíveis. Instrumentos dessa intervenção podem ser, por exemplo, as empresas públicas, os monopólios comerciais, as políticas públicas, as formas de planeamento indicativo, os mercados públicos, etc. Uma dessa formas de intervenção, cada vez com maior relevância, prende-se com a fiscalidade, ou de forma mais incisiva, com as políticas e regimes tributários. O recurso ao instrumento tributário pode, satisfeitas que sejam certas condições, configurar um auxílio de Estado.

No plano dos direitos nacionais, é à constituição económica (formal ou material) que compete definir o papel do Estado na economia, em particular, a relação entre Estado e mercado, entre Estado e concorrência e, de modo genérico, entre esfera pública e esfera privada.

No âmbito da União Europeia, essa competência não é, porém, irrestrita. A intervenção do Estado na economia, mesmo a que se exerce sob forma tributária, está sujeita aos princípios e normas da "constituição económica" comunitária e, por força desta, ao controlo das instituições comunitárias.

O núcleo essencial da "constituição económica" comunitária assenta num "princípio de economia de mercado aberto e de livre concorrência", na construção de um mercado interno — um espaço sem fronteiras internas caracterizado pela livre circulação de mercadorias, de pessoas, de serviços e de capitais —, na institucionalização de uma união monetária (de momento cingida a doze Estados), na criação de formas de coordenação das políticas económicas dos Estados membros e na realização de certas políticas comuns ou comunitárias.

Ora esta "constituição económica" – largamente expandida por via de um federalismo judicial, para tal bastando recordar o primado do direito comunitário sobre as leis fundamentais dos Estados membros — não poderia deixar de interferir nas constituições económicas estaduais e, em particular, de contender com certas formas de intervenção estadual na economia. Assim ocorre, por exemplo, com as medidas de cunho proteccionista ou que constituam barreiras ao mercado interno ou desvirtuem a concorrência neste mercado. Vários institutos estão previstos na "constituição económica comunitária" para lidar com este problema. Um deles é precisamente o instituto dos auxílios de Estado, o qual constitui o núcleo mais original e politicamente mais sensível do sistema comunitário de defesa da concorrência.

Existe, com efeito, uma certa tensão, nuns casos manifesta, noutros latente, entre a "constituição económica comunitária" e as dos respectivos Estados membros.

Esta tensão repousa essencialmente numa diferente configuração do mercado: enquanto na ordem jurídico-económica dos Estados membros os mercados são vistos como "mercados nacionais" (o mesmo acontecendo, aliás, com a maioria dos próprios agentes económicos), no plano comunitário, eles são tidos sobretudo como uma referência geográfica de um mercado (tendencialmente) unificado, um elemento do mercado único, o mercado interno da Comunidade Europeia.

A esta contraposição acresce, no plano político, uma contradição importante: o facto de tanto a legitimidade democrática (pelo menos, directa) como a soberania (incluindo a financeira) permanecerem sediadas nos Estados membros enfraquece a posição da União Europeia aos olhos das comunidades básicas de pertença, das opiniões públicas nacionais.

Uma das clássicas formas de intervenção estadual advém das políticas nacionais de incentivos para a captação de investimento e de capital ou para a manutenção, no mercado nacional, do capital e investimento existentes, as tradicionais políticas de fomento.

Estas assumem várias formas. Podem traduzir-se na outorga de subvenções, garantias ou apoios técnicos, ou, como frequentemente acontece, assumir a forma de benefícios ou incentivos fiscais ou parafiscais.

Esta intervenção tem por objectivo o condicionamento ou a modificação dos comportamentos dos agentes económicos ou das condições concretas do exercício da sua actividade no mercado, de modo a que tais agentes contribuam para a realização de interesses públicos considerados relevantes, as mais das vezes plasmados nas constituições dos Estados membros.

Mas, por isso mesmo, uma intervenção deste tipo que altera, por via política, o normal funcionamento da economia, pode ter reflexos negativos para a construção do mercado interno e para a concorrência nesse mercado.

Num espaço como o da União Europeia, caracterizado por um contínuo aprofundamento de um processo de integração — que não é meramente económica –, surge assim a necessidade de fiscalizar este tipo de intervenção, contendo os seus efeitos nefastos, incrementando os seus efeitos benéficos. Essa é a principal função do instituto dos auxílios de Estado. A sua existência permite simultaneamente o controlo da atribuição de vantagens específicas atribuídas pelos poderes públicos a certas empresas ou produções e a definição de uma política comunitária de viabilização das medidas estaduais que sejam conformes com os interesses da União.

Compreende-se, assim, que o sistema comunitário de defesa da concorrência abranja esta realidade. Não só em virtude de os beneficiários dos auxílios serem, em última instância, empresas (em sentido amplo), mas também devido ao facto de estar em jogo, cada vez mais, uma forma de concorrência, a institucional, que pode pôr em causa os fins últimos da União e perturbar a solidariedade que liga, por compromisso jurídico e político livremente assumido, os Estados membros.

Compreende-se ainda que seja à instituição guardiã dos Tratados, a Comissão, que, sob controlo dos órgãos jurisdicionais comunitários como é próprio de uma Comunidade de direito, o direito comunitário reserve a competência, quase exclusiva, para levar a cabo, com independência, tão espinhosa missão. É isso que justifica estarem sujeitas a notificação prévia e ao controlo desta instituição, muitas (mas não todas) das formas de intervenção estadual que se traduzem na outorga de vantagens a empresas. Deste modo, pretende-se verificar se estas contendem ou não com o princípio da incompatibilidade dos auxílios de Estado com o mercado comum, e, em caso afirmativo, se são ou podem ser objecto de uma derrogação àquele princípio.

O controlo dos auxílios de Estado implica uma complexa avaliação onde se misturam aspectos económicos, jurídicos e mesmo políticos. Este controlo tem vindo a tornar-se mais rigoroso nos últimos anos e, consequentemente, a exercer uma influência cada vez maior sobre as políticas públicas dos Estados membros. Existe, aliás, no quadro da União, um objectivo claro e frequentemente reafirmado de diminuir o montante global de auxílios no espaço comunitário e de consagrar os existentes a objectivos precisos e justificados, nos planos económico e político, pelo interesse comunitário.

Um dos mecanismos mais atingidos por esta determinação política é o da intervenção estadual por via tributária. Nos anos mais recentes, as instituições comunitárias têm-se preocupado cada vez mais com o fenómeno da concorrência fiscal, procurando regulá-lo ou contê-lo dentro de limites aceitáveis. Os instrumentos utilizados para tal vão da via jurídica tradicional inerente à harmonização fiscal, à via da concertação, da cooperação e do compromisso político, passando pelo recurso ao instituto dos auxílios de Estado.

Na prática, este instituto sempre se revelou como uma das formas mais importantes de a Comunidade interferir em domínios, como o da fiscalidade ou da segurança social, que aparentemente integrariam a reserva de competência dos Estados membros.

Mas a recente política de combate à concorrência fiscal prejudicial consolidou esse facto, ao consagrar uma disciplina administrativa especificamente destinada ao controlo dos auxílios sob forma tributária no domínio da fiscalidade directa.

Deste modo, a Comunidade alargou (e, consequentemente, alterou) as funções tradicionalmente atribuídas à disciplina dos auxílios de Estado. Põe-se então o problema das fronteiras entre o campo de aplicação deste instituto e o de outros mecanismos que visam ou podem visar objectivos idênticos.

Analisar as razões que presidiram a este aprofundamento do regime e do controlo dos auxílios tributários é o objectivo último deste trabalho.

Mas, para tal, torna-se necessário verificar em que medida a regulação dos auxílios tributários se afasta ou tem especificidade em relação à disciplina dos restantes auxílios de Estado. E isto implica, em particular num contexto em que é muito parca a literatura nacional sobre o tema, dedicar previamente alguma atenção aos aspectos gerais, substantivos e processuais, da regulação comunitária dos auxílios de Estado.

Quanto à eventual especificidade dos auxílios tributários, a seu tempo veremos que a questão central tem a ver com a distinção, sempre problemática, entre medidas tributárias de natureza geral que, não sendo auxílios de Estado, não estão sujeitas a notificação prévia (podendo embora ser eventualmente objecto de outras medidas) e as medidas pelas quais os Estados (*rectius*: os poderes públicos nacionais) atribuem determinadas vantagens ou benefícios a determinadas empresas (ou produções), que, por essa razão, são consideradas auxílios de Estado e que, caso provoquem distorções de concorrência ou de tráfego comercial, são declaradas incompatíveis com o mercado comum, podendo contudo ser objecto de derrogações nos termos da lei e das políticas definidas pela Comissão.

A linha de demarcação entre os dois tipos de medida decorre do critério da selectividade: este é assim um elemento decisivo para caracterizar uma dada medida fiscal ou parafiscal como auxílio tributário.

Ligada a esta, sobressai uma outra questão da regulação específica dos auxílios tributários, a que se prende com a formulação, pela jurisprudência, da cláusula que permite aceitar certas medidas tributárias por integrarem a "economia ou natureza do sistema". Saber qual o verdadeiro âmbito e estatuto desta cláusula é questão que é hoje objecto de acesa controvérsia.

De tudo isto ressalta a importância prática e a natureza politicamente sensível do tema.

Mas ressalta também a sua crescente importância teórica. A aplicação do instituto dos auxílios de Estado à fiscalidade reforça a sua dimensão eminentemente interdisciplinar. Uma interdisciplinariedade interna ao direito, envolvendo vários ramos do direito interno (económico, fiscal, administrativo, financeiro, processual) e o direito comunitário substantivo e processual (um direito, já de si, interdisciplinar), e uma interdisciplinariedade externa ao direito, pois são múltiplos os pontos de contacto do tema com a economia, as finanças públicas, a fiscalidade comparada e a ciência política.

Este estudo é um trabalho essencialmente jurídico. Por isso, nele se tem, antes de mais, em conta a interdisciplinariedade interna ao direito (direito em sentido lato, envolvendo não apenas os aspectos normativos, mas também – quase diria, sobretudo – a sua aplicação administrativa ou judicial, o direito em acção), com particular destaque para a relação de tensão entre o direito comunitário económico e o direito fiscal, a qual, em grande medida, reflecte uma tensão política entre princípios de centralização e de subsidiariedade. Por essa mesma razão e também por razões operativas, as referências à interdisciplinariedade externa são, neste trabalho, estritamente limitadas ao necessário.

Sem prejuízo da prevalência da análise jurídica, reconhece-se que a análise do tema dos auxílios de Estado (e, em particular, dos auxílios tributários) permite entrever importantes pistas para uma reflexão mais profunda e global sobre algumas actuais e candentes questões. Refiro-me, entre outras, ao processo de integração comunitária nas suas dimensões económica e política, à compressão da soberania dos Estados membros por via judicial ou administrativa, à funcionalização comunitária das políticas estaduais, às relações entre a regulação estadual e a regulação comunitária (a regulação do Estado regulador), às transformações do direito face às transformações sócio-económicas e tecnológicas e ao impacto da mundialização (vg., o peso do *soft law* e do precedente judiciário na Comunidade), ao impacto destes mesmos fenómenos nas políticas de concorrência, com a emergência da concorrência interestadual e institucional, de que a concorrência fiscal é um exemplo.

São todos eles temas não especificamente tratados neste estudo, mas que, aqui e além, afloram nos interstícios de uma análise que se pretendeu manter num plano predominantemente jurídico (o da relação entre o direito económico comunitário e o direito fiscal).

Apesar da sua eminente dimensão teórica e prática, pode, no entanto, afirmar-se que, até há bem pouco tempo, o tema dos auxílios de Estado era o "parente pobre" do direito comunitário da concorrência (hoje será ainda um "parente remediado"). Enquanto o número de obras e de artigos relativos à disciplina substantiva ou processual da concorrência interempresarial (coligações, abusos de posição dominante, concentrações) é quase incomensurável, os estudos dedicados ao tema dos

Nota Prévia

auxílios de Estado só nos últimos dez anos, e, muito em particular, nos últimos cinco, começaram a ganhar algum peso.

Com as devidas distâncias, Portugal não foge, neste domínio, à regra. Apesar de a questão dos auxílios de Estado ser, no plano prático, desde a adesão às Comunidades, a questão central de aplicação do direito comunitário da concorrência, o tema tem sido, entre nós e não só, objecto de uma muito menor atenção do que aquela que recai sobre os outros regimes de defesa da concorrência. De facto, quase que se contam pelos dedos os estudos efectuados neste domínio em língua portuguesa: três livros editados – em 1993, o de Luís Morais (*O Mercado Comum e os Auxílios Públicos – Novas Perspectivas)*, em 1997, o de J. Nogueira de Almeida (*A Restituição das Ajudas de Estado Concedidas em Violação do Direito Comunitário*), e, mais recentemente, em 2002, o de Manuel Martins (*Auxílios de Estado no Direito Comunitário*), alguns relatórios elaborados no âmbito de cursos de pós-graduação ou de mestrado (infelizmente não publicados) e cerca de uma dezena de artigos. De entre estes, salientámos, por terem directa relação com o tema aqui analisado, os estudos de M. Margarida C. Mesquita e de Patrícia S. da Cunha, o primeiro no contexto da preparação da adesão de Portugal às Comunidades, o segundo, versando o tema da relação entre os auxílios de Estado fiscais e o princípio da não discriminação fiscal.

Vários factores contribuíram provavelmente para o défice existente: a ausência de institutos deste tipo nos Estados Unidos e na generalidade dos Estados comunitários, mesmo os federais, que torna o tema menos "apetecível" no plano internacional; a relativamente escassa produção jurisprudencial sobre auxílios de Estado nos primeiros anos de vida da Comunidade; o facto de, só a partir de 1989, a Comissão ter começado a publicar os primeiros relatórios especificamente dirigidos ao tema; a aceleração do mercado interno só se ter verificado a partir dos anos noventa.

Tudo isto tem importantes reflexos na *praxis* comunitária, jurisprudencial e administrativa, nas relações entre União e Estados membros e, reflexivamente, na produção científica, que, na fase actual, dificilmente poderá superar um certo pendor empirista ou mesmo descritivo. Daí a relevância dada neste estudo às decisões judiciais ou administrativas.

Isso não impede, porém, que o estudo assuma, muitas vezes, uma posição crítica relativamente à acção comunitária. Ela decorre, em grande medida, da metodologia jurídica adoptada na análise, norteada, não tanto pela óptica "funcional" e "teleológica" em regra inerentes à metodologia do Tribunal (muito em especial, neste domínio, do Tribunal de Primeira Instância) e da Comissão na aplicação dos normativos comunitários, mas sim pelos valores mais nobres do direito e das Comunidades de direito, os da justiça e da segurança jurídica.

Vários factores vieram recentemente contribuir para o despertar do interesse pelo tema. No plano da ordem jurídico-económica dos Estados membros, saliente-se a modificação das formas de intervenção estadual, o processo de privatizações e a transformação do sector público, a liberalização de sectores de actividade económica, o fim de muitos dos chamados monopólios naturais, a introdução de formas de economia concertada.

No plano comunitário, a realização do mercado único, a criação de um espaço financeiro comum e a construção da União Monetária, com os reflexos que têm no plano do direito dos Estados membros (pactos de convergência, pactos de estabilidade e de crescimento, reorganização do sector público, reavaliação dos serviços públicos, etc.), a prioridade dada, nos recentes Conselhos Europeus de Lisboa, Estocolmo e Laecken a áreas que necessitam de maior apoio, como a inovação, o ambiente ou a dimensão social.

No plano internacional, os reflexos da mundialização ("globalização"), a instituição da Organização Mundial do Comércio, com a reforma do acordo sobre subvenções e medidas compensatórias e, no quadro da OCDE (em articulação com o G7 com o FMI e com a União Europeia), os esforços para regular a concorrência fiscal prejudicial.

Todos estes factores trouxeram para a ordem do dia a regulação comunitária dos auxílios de Estado, em geral, e dos auxílios tributários, em especial. Não por acaso, nos últimos anos, tem-se verificado uma verdadeira revolução na disciplina comunitária deste instituto, quer nos seus aspectos substantivos, quer nos seus aspectos processuais (decisivos para a aplicação do direito, mas nem sempre devidamente considerados na tradição jurídica germano-românica), que implica uma alteração substancial na relação Estado(s)-mercado(s) e na relação Estados-Comunidade.

Contribuir, ainda que modestamente, para um melhor esclarecimento desta candente matéria é o objectivo deste trabalho. Espero que o esforço efectuado seja útil nos planos teórico, pelo incentivo ao aparecimento de posteriores trabalhos mais aprofundados, e prático, permitindo aos agentes económicos, aos actores políticos e aos operadores jurídicos uma melhor compreensão do tema.

Para além da presente nota prévia, este livro compõe-se de três capítulos e de um epílogo.

O primeiro capítulo tem por objectivo o enquadramento do tema dos auxílios de Estado sob forma tributária num universo mais vasto. Aí se procura clarificar aspectos ligados à pré-compreensão do tema, bem como passar em revista alguns conceitos ou noções importantes para a sua análise. Tendo por pano de fundo o processo de integração europeia, são estabelecidas pontes entre a disciplina comunitária da concorrência, em especial a inerente à regulação dos auxílios de Estado, e as formas (os métodos e as políticas) através das quais a Comunidade procura resolver a questão das distorções de concorrência de natureza fiscal e parafiscal. É no cruzamento destes domínios que se situa a problemática da regulação comunitária dos auxílios tributários.

No segundo capítulo, ensaia-se um esboço de teoria geral dos auxílios de Estado. Nele procura-se efectuar uma análise dos fundamentos político-jurídicos e económicos dos auxílios, quer do ponto de vista da sua atribuição pelos Estados membros, como do seu controlo pelas instituições comunitárias. Particular atenção será dada aos requisitos necessários para qualificar uma dada medida como auxílio estatal e às condições para que ela seja declarada (ou não) incompatível com o mercado comum. Dada a recente alteração das regras processuais, a escassa informação sobre o tema entre nós e a relevância desta matéria na regulação dos auxílios, alguma atenção será prestada a esta dimensão, ainda que a ausência de aplicação das novas regras limite necessariamente a sua análise.

No terceiro capítulo, entrar-se-á, de forma mais incisiva, no tema dos auxílios tributários. Aí procura-se sobretudo analisar quais são os aspectos específicos desta forma de auxílios face aos auxílios de Estado em geral e detectar em que medida essa especificidade se projecta (ou não) na sua disciplina. Neste contexto, alguma atenção (bem menor do que desejaríamos) será dada à relação entre o instituto dos auxílios tributários e outros mecanismos de combate a distorções fiscais, nomeadamente o Código de Conduta sobre a fiscalidade directa das empresas.

Por fim, em epílogo, dá-se conta das principais conclusões deste trabalho.

Este estudo tem por base uma dissertação de mestrado efectuada em Janeiro de 2001 na UCP.

Já depois de concluído, vieram a público várias decisões da Comissão, do TPI e do TJCE e foram publicados importantes estudos, nomeadamente artigos, quer sobre o tema dos auxílios de Estado em geral, quer, em particular, sobre o tema dos auxílios tributários, que reforçam a actualidade e importância, teórica e prática do tema.

O meu primeiro impulso foi o de efectuar uma revisão profunda do trabalho inicial, de modo a poder ter em conta toda esta nova matéria-prima e, bem assim, as principais observações e críticas efectuadas durante a discussão do trabalho. Finalmente, avisados conselhos fizeram-me optar por uma via mais pragmática: a de, sem prejuízo da introdução de melhorias de sistematização, de algumas actualizações sobretudo no último capítulo e do aprofundamento de alguns aspectos menos considerados no trabalho de base, remeter os contributos mais recentes (até final de 2002) para notas de pé de página, que permitirão aos interessados ter contacto com "as novidades" e deixar para trabalhos posteriores uma reanálise do tema, à luz dos novos contributos e de um outro objecto de investigação, o da regulação comunitária da concorrência fiscal prejudicial.

É tempo agora de agradecimentos. Agradecimento, sentido e profundo, ao Professor Sousa Franco, pela disponibilidade que sempre manifestou para a orientação deste trabalho, pelo incentivo que sempre me deu para a sua conclusão, pelas amabilíssimas palavras do seu prefácio e sobretudo pelos múltiplos ensinamentos colhidos ao longo de uma amizade que, embora tardia, se foi consolidando ao longo de quase uma década. Ao arguente, Professor Paz Ferreira, pelas pertinentes observações e críticas que possibilitaram a introdução de melhorias na edição deste trabalho e, o que não é pouco, prevenir erros em trabalhos futuros; aos Professores Pitta e Cunha e Mota Campos, pelo apoio e pelos ensinamentos transmitidos durante a fase lectiva; aos Professores Jacques Malherbe e H. Hamackers, bem como ao Chefe de Divisão da TAXUD, Michel Aujean, a possibilidade que me deram de aceder, respectiva-

Nota Prévia

mente, às bibliotecas do escritório de advogados Stibbe em Bruxelas, do IBFD, em Amesterdão e da Comissão; aos funcionários das bibliotecas da Universidade Católica, da DGCI, do Centro Jacques Delors, do IBFD, do Tribunal de Justiça, da Comissão e do Conselho todo o apoio que me foi facultado.

Outros agradecimentos, por outros apoios, são igualmente devidos, mas estes são já do foro eminentemente privado. Tais apoios foram, no entanto, decisivos, sobretudo nos momentos de menor entusiasmo que sempre ensombram qualquer projecto de investigação.

CAPÍTULO I

INTEGRAÇÃO EUROPEIA, CONCORRÊNCIA E FISCALIDADE

§ 1.°

INTEGRAÇÃO ECONÓMICA E DEFESA DA CONCORRÊNCIA

1. A INTEGRAÇÃO ECONÓMICA

1.1. A integração económica como situação e como processo

A expressão *integração económica* internacional é relativamente recente.[1] Neste estudo é utilizada no clássico sentido de processo ou

---

[1] O termo integração era normalmente utilizado para designar operações de concentração empresarial, integração ascendente ou descendente, conforme tais operações se efectuassem a montante ou a jusante das operações habituais. É com a criação da Organização Europeia de Coordenação Económica (O.E.C.E.) e o lançamento do programa de recuperação da Europa Ocidental (Plano Marshall) e, sobretudo, com a construção comunitária que o termo passou a ser usado para exprimir a relação (de aproximação, associação, unidade, união ou fusão) entre vários espaços económicos, em especial, entre as economias europeias. Mas a ideia, os fenómenos e as experiências de integração económica (interna e internacional) são, como sublinha A Sousa FRANCO (*Os Capitais e a Integração Económica*, 1972, p. 7 e ss), muito anteriores ao recurso ao termo integração que agora pretende descrevê-los. Parece dever-se a Paul HOFFMAN a utilização da expressão *integração económica* para dar conta da formação de um grande mercado único europeu. Não há, porém, convergência de opiniões sobre o conteúdo de tal expressão. Para uma análise das principais posições sobre o tema, em particular das posições de MYRDAL e de RÖPKE sobre os objectivos e vias para atingir um estádio de integração económica, vide, entre nós, P. Pitta e CUNHA, "Conceito de integração económica internacional" (1964) *in Integração Europeia, Estudos de economia, política e direito comunitários*, 1993, p. 65 e ss. e *A Integração Económica da Europa Ocidental*, 1965, pp. 13-45, A Sousa FRANCO, *ob. cit.*, em especial, p. 24 e ss. e Silva LOPES, "Introdução à teoria da integração económica", *Estudos Políticos e Sociais*, vol. II, n.ºs 2 e 3, 1964. Para uma breve evolução histórica de experiências de integração económica, cf. M. Lopes PORTO, *Teoria da Integração e Políticas Comunitárias*, 1997, p. 207 e ss.

estado (situação) envolvendo a "combinação de economias separadas em regiões económicas mais alargadas".[2] Em última instância, esta combinação redundará na total interpenetração das economias, na fusão de vários espaços económicos nacionais (estaduais) num único espaço económico plurinacional (pluriestadual).

Encarada como *processo*, a integração económica internacional implica medidas destinadas a abolir a existência de discriminações entre unidades económicas de diferentes Estados; encarada como *situação*, corresponde à ausência de formas de discriminação entre economias nacionais.[3]

Em sentido moderno, a integração representa um estádio avançado e formalizado das relações económicas internacionais.[4] Visa conseguir, através da constituição de um espaço territorial alargado e tendencialmente unificado, um mais eficiente uso de recursos, a criação de melhores condições produtivas e a existência de possibilidades mais efectivas de escolha por parte de consumidores e investidores, podendo ainda abranger a promoção do desenvolvimento e da coesão económica e social entre os diversos espaços económicos que a compõem.[5]

---

[2] Assim, Peter. ROBSON, *Teoria económica da integração internacional*, 1985, p.11; A Sousa FRANCO, *ibidem*, p. 24.

[3] Cf. Bela BALASSA, *Teoria da integração económica*, 1964, p.12. Dir-se-á que, no caso da União Europeia, enquanto a situação de integração é um ideal normativo a atingir, é o processo que adquire efectiva predominância, determinando o modo, as vias e as fases como aquele ideal, em cada momento, se concretiza.

[4] "No sentido mais genérico" — escreve M. MURTEIRA (*Economia do Mercado Global. Ensaio sobre condicionantes mega e macro das organizações empresariais*, 1997, p. 39) — *integrar* "significa articular diferentes elementos num todo, ou seja, encontrar algum princípio comum que permita a passagem do elemento a "parte" para um todo dotado de alguma regra de coerência interna. Integrar implica, pois, a criação de certos laços de solidariedade entre as partes integradas. Doutro modo, integrar tornar-se-ia sinónimo de anexação".

[5] Segundo P. Pitta e CUNHA ("Conceito...", *ob.. cit.*, p 75), integração económica internacional designa "a formação de uma economia plurinacional de grande espaço, *mediante* a supressão dos factores artificiais de discriminação nas relações entre unidades económicas localizadas nos diferentes espaços nacionais (*integração* liberal), *acrescida, em certos casos,* da introdução de medidas destinadas a assegurar o desenvolvimento equilibrado e a solidariedade entre os elementos do conjunto (*integração* dirigida)".

Capítulo I – Integração Europeia, Concorrência e Fiscalidade 43

Embora se possa hoje falar de "economia do mercado global", a verdade é que não existe um movimento de integração que formalmente abranja o conjunto da economia mundial. Esta continua submetida ao comércio internacional, tendencialmente livre e geral. Por isso, a integração, num contexto económico de globalização e de mundialização da economia, sujeito a múltiplas contingências, visa a criação ou organização de pólos regionais, de blocos suficientemente fortes para constituírem, para as partes que os integram, um "espaço de segurança".[6]

A integração económica exige não só a erradicação das formas de discriminação internas como profundas alterações na estrutura e funcionamento dos sistemas económicos dos espaços a integrar. Quando estes, como hoje ocorre de forma quase generalizada, assentam em economias de mercado, exigem-se, entre outras coisas, um sistema supranacional de defesa da concorrência e formas, mais ou menos estruturadas, de coordenação ou harmonização dos sistemas fiscais no espaço integrado.

A intervenção dos Estados na economia, incluindo a realizada por via tributária, é um fenómeno, entre outros, susceptível de provocar desvios no tráfego comercial e distorções de concorrência. A existência, no plano comunitário, de um instituto específico de auxílios de Estado surge, neste contexto, como um dos instrumentos de que a União Europeia se dotou para regular esse fenómeno.

Esta forma de regulação representou algo de profundamente inovador no plano mundial. De facto, o instituto comunitário dos auxílios de Estado não surgiu nem em Estados, nomeadamente os federais, nem em organizações internacionais clássicas. E, apesar de ele ter inspirado o

---

[6] Segundo expressão utilizada por Jacques Lesourme (Cf. R. TAVITIAN, *Le système économique de la Communauté européenne*, 1990, p. 13). Pelas suas consequências nos sistemas políticos e económicos e na própria vida quotidiana, os temas da mundialização e da globalização são hoje incontornáveis, ainda que muitas vezes mais propícios a tons apologéticos ou críticos do que a uma serena reflexão. Sobre essa temática, vide, por todos, o "insuspeito" G. SOROS, *La crise du capitalisme mondial. L'intégrisme des marchés*, 1998. Sobre a internacionalização da economia e as suas repercussões nas finanças e na fiscalidade, ver, entre nós, A. Sousa FRANCO, *Introdução às Políticas Financeiras*, 1982-1983, p. 236 e ss. e Manuel PIRES, "Harmonização fiscal face à internacionalização da economia. Experiências recentes", in A. V. *A Internacionalização da Economia e a Fiscalidade*, 1993, p.15 e ss.

regime do controlo das subvenções efectuado pela Organização Mundial do Comércio (OMC), dele se distingue claramente.

A razão da especificidade comunitária repousa porventura no facto de a União se propor atingir uma fase mais avançada de integração económica que a de outros blocos ou organizações internacionais, confinados a simples zonas de comércio livre ou baseados em meras formas de cooperação, mas se encontrar ainda longe de atingir uma plena situação de integração, como ocorre com os Estados federais. Estes dispõem, com efeito, de outros instrumentos de intervenção e controlo (v.g., no plano orçamental) que a União não possui.

1.2. Integração e cooperação económicas internacionais

Em teoria, a integração económica internacional distingue-se das meras formas de cooperação económica internacional, pois estas não interferem, no essencial, com a questão da estrutura económica dos países integrantes e, consequentemente, com aspectos, como a moeda e os impostos, que classicamente são vistos como símbolos ou sinais de uma soberania plena.

De facto, a *cooperação* busca, sobretudo, uma confluência de esforços para a obtenção de vantagens mútuas assente na simples diminuição das formas de discriminação.[7] Mesmo quando a cooperação se institucionaliza em organizações internacionais, as limitações à soberania que dela advenham são, aliás, uma das formas clássicas do seu exercício.[8]

---

[7] Por exemplo, a antiga OECE, criada pela Convenção de Paris de 1948 e a actual Organização para a Cooperação e Desenvolvimento Económico (OCDE), criada, em substituição daquela, em 14 de Dezembro de 1968, pelos objectivos e pelos métodos de decisão, são, uma e outra, típicas organizações de coordenação (Cf. J. Mota de CAMPOS, *Direito Comunitário*, vol. I, 1980, p.56 e ss.).

[8] O *jus tractum* é ainda uma expressão da soberania estadual. Assim se pronunciou o TPJI no caso *Wimbledown* (Ac. de 17 de Agosto de 1923, Colecção de Acórdãos, série A, n.º 1, p.25), ao recusar-se a ver "na conclusão de um qualquer tratado pelo qual um Estado se obriga a fazer ou não fazer alguma coisa, um abandono de soberania. Sem dúvida toda a Convenção internacional que origina uma obrigação desse género implica uma restrição ao exercício de direito soberano (...) mas a faculdade de assumir compromissos internacionais é precisamente um atributo da soberania de Estado" (Cf. J. Mota de CAMPOS, *Direito Comunitário, ob. cit.*, 1980, p.85).

Capítulo I – Integração Europeia, Concorrência e Fiscalidade 45

Na realidade, as coisas são mais complexas. Pode haver, no mesmo espaço alargado, uma coexistência entre formas de cooperação e de integração. Assim, por exemplo, na Comunidade Europeia, enquanto o desenvolvimento das liberdades económicas fundamentais está no cerne do movimento integrador, a fiscalidade permanece, no essencial, fora do âmbito estrito da integração económica previsto no Tratado da CEE, "para situar-se no plano da cooperação, único compatível com a manutenção das competências nacionais autónomas e com a soberania dos Estados".[9] Ou pode inclusive haver um enlace, sucessivo ou simultâneo, entre integração e cooperação, não sendo, muitas vezes, neste caso, a primeira mais de que um momento ou ponto de passagem na via para atingir a segunda.

No plano comunitário, a aplicação à fiscalidade e parafiscalidade do instituto dos auxílios de Estado representa, porém, como melhor veremos, uma importantíssima limitação à soberania tributária dos Estados membros, bem distinta da que ocorre com as clássicas formas de harmonização ou mesmo de coordenação fiscal.

As tendências recentes em matéria de auxílios vão no sentido do alargamento dessas limitações, mormente por via da acção interpretativa da Comissão e do Tribunal de Justiça das Comunidades Europeias (TJCE).

1.3. Integração real e integração formal

Num sistema generalizado de comércio internacional regido por princípios de economia de mercado e de livre concorrência poder-se-ía

---

[9] Assim, Casado OLLERO ("Extrafiscalidade e incentivos fiscales a la inversion en la CEE", in OLLERO/ LIZANA/ GALIANA, *Estudios sobre Armonizacion Fiscal y Derecho Presupuestario Europeo*, 1987, p. 119), o qual acrescenta que, em matéria fiscal, é fundamentalmente através da harmonização das legislações nacionais que se manifestam a coordenação e a cooperação. Nesta matéria, dois pontos, porém, devem ser objecto de precisão: primeiro, a fiscalidade aduaneira constitui um elemento base do processo de integração e uma excepção à ideia cooperação, tendo conhecido mesmo uma uniformização efectuada através de regulamentos; segundo, a cooperação fiscal (troca de informações, consultas prévias, etc...) pode, em nome da eficácia, ser objecto de medidas uniformizadoras, inclusive através de regulamentos, e, portanto, constituir também um elemento de integração ("cooperação técnica integrada").

46   *Auxílios de Estado e Fiscalidade*

esperar que a integração dos espaços económicos resultasse do mero jogo das forças de mercado, isto é, dos mecanismos de competição, de cooperação e de concentração interempresarial. Ou, noutra linguagem, de um processo, global e dinâmico, de transnacionalização do movimento de capital, a que, por vezes, se chama *integração real*. [10]

No entanto, aos espaços económicos nacionais actuais correspondem sempre certas formas de Estado, unitárias ou federais, e mesmo que estas assentem essencialmente em sistemas económicos de mercado, a integração económica (tal como o comércio internacional) nunca é, de facto, um puro processo económico.

Pese embora o facto do processo de integração real ser o sustentáculo do sistema, alguma forma de intervenção jurídico-política existirá sempre. Em certos casos mesmo, esta irá assumir um papel decisivo. Reserva-se então a expressão *integração formal* para designar a regulação do processo económico de integração através de um processo predominantemente político-jurídico, obedecendo a um certo "modelo normativo".[11] Processo este normalmente formalizado numa Constituição, caso dê origem ou aval a um processo de integração política (Estado federal) ou num Tratado, em regra, multilateral, quando instituinte de uma organização internacional, aberta a formas de adesão ou de associação a Estados terceiros.[12]

---

[10] Assim, entre nós, António ROMÃO, *Portugal face à CEE*, 1983, pp. 18 e 36.

[11] "O grau de realização de um processo de integração como o do Tratado de Roma (ou o Tratado de Paris) e a orientação de uma política para objectivos podem, assim, fazer-se de harmonia com diferentes modelos normativos, consoante a interpretação que se dê aos objectivos e à lógica do *movimento* e do *processo comunitário* e, até, os princípios doutrinários e ideológicos que presidem ao comportamento dos agentes da "decisão europeia" e do juízo que, a seu respeito, o intérprete faça "(Cf. A. Sousa FRANCO, "Comentário (à intervenção de Vito Tanzi)", in A.V. *A Política Económica na Comunidade Europeia Alargada*, 1985, p. 145).

[12] Alguns exemplos significativos destes "blocos formais", fora do concerto europeu das nações, são o *MERCOSUL*, formado por quatro países sul-americanos (Argentina, Brasil, Paraguai e Uruguai) e instituído pelo Tratado de Assunção, de 26 de Março de 1991; o Acordo de Livre Comércio da América do Norte (*NAFTA*), assinado em 7 de Outubro de 1992 e que integra os EUA, o Canadá e o México, e a Associação das Nações do Sueste Asiático (*ASEAN*), constituída em 8 de Agosto de 1967 e integrando hoje o Brunei, as Filipinas, a Indonésia, a Malásia, Singapura, a Tailândia e o Vietname (Cf. E. Raposo de MEDEIROS, *Blocos Regionais de Integração Económica no Mundo*, 1998).

Capítulo I – Integração Europeia, Concorrência e Fiscalidade 47

Não existe um divórcio entre integração real e formal, mas essencialmente uma questão de gradação na combinação das duas formas. A integração formal (institucional) representa, nesta leitura, a fisiologia da integração real, enquanto esta configura a anatomia do processo integrador.

Sem dúvida que, na Europa ocidental, o processo de integração real é anterior às manifestações mais evoluídas de integração formal e, em parte, destas explicativo. Mas a integração formal, sobretudo a partir da criação das Comunidades Europeias e, em particular, da Comunidade Económica Europeia, actuou e actua, não só como elemento dinamizador de processo de integração real, mas ainda como enquadramento institucional do processo de regulação económica privada e pública.[13]

A actual Comunidade Europeia não é um Estado, pelo menos no sentido clássico do termo.[14] Mas é, no entanto, um sistema político que

---

[13] A primeira das três Comunidades é a Comunidade Europeia de Carvão e de Aço (CECA), criada por seis Estados (Bélgica, França, Holanda, Itália, Luxemburgo e República Federal Alemã) pelo Tratado de Paris, assinado em 18 de Abril de 1951 e entrado em vigor, após ratificação dos Estados signatários, em 25 de Julho de 1952. Os mesmos Estados, alguns anos depois, deram corpo a duas outras comunidades. Uma é a Comunidade Europeia da Energia Atómica (CEEA ou Euratom) criada pelo Tratado de Roma, de 25 de Março de 1957, entrado em vigor em 1 de Janeiro de 1958. Outra, a mais importante, dado possuir vocação de organização de integração económica global, ao contrário das outras duas que eram de natureza meramente sectorial, é a Comunidade Económica Europeia (CEE) criada pelo Tratado de Roma (abreviadamente, TCEE), assinado e entrado em vigor na mesma data do Tratado Euratom. O TCEE foi objecto de várias alterações, as mais relevantes das quais operadas, respectivamente, pelo *Acto Único Europeu (AUE)*, assinado em Haia, a 17 de Fevereiro de 1985, e no Luxemburgo, a 28 de mesmo mês e entrado em vigor em 1 de Julho de 1987, e pelo *Tratado da União Europeia (TUE)*, assinado em Maastricht, em 7 de Fevereiro de 1992 e entrado em vigor em 1 de Novembro de 1993. A última importante alteração em matéria sócio-económica, proveio do Tratado de Amesterdão, assinado em 2 de Outubro de 1997 e entrado em vigor em 1 de Maio de 1999. Por fim, em 1 de Janeiro de 2003, entrou em vigor o Tratado de Nice, assinado em 26 de Fevereiro de 2002. Neste estudo, porém, as referências a artigos do Tratado de Roma (TCEE) remetem para a nova numeração (n.n.) introduzida pelo Tratado de Amesterdão.

[14] Cf., no entanto, a qualificação da Comunidade como Estado regulador efectuada por MAJONE, *La Communauté européenne: un Etat régulateur*, 1966. O autor defende que se a Comunidade, em virtude da parca dimensão do seu orçamento, sempre teve um papel menor no que respeita a duas das funções fundamentais dos Estados no domínio económico e social — as de redistribuição de rendimentos e de estabilização macroeco-

define os objectivos, os meios, os tempos e fases de um processo de integração económica real, embora a ele não se cinja.[15] A sua existência condiciona, aliás, o próprio processo de integração real de Estados terceiros que, integrados ou não noutras organizações, são atraídos para a sua órbita e aguardam o desenlace do processo de integração formal.[16] O processo de integração é pois simultaneamente real e formal, económico e jurídico-político.

Em sede de auxílios de Estado, o elemento jurídico-político ganha uma especial relevância. Com efeito, este instituto decorre dos Tratados e é accionado por instituições comunitárias, em especial pela Comissão, através de decisões administrativas, quase sempre enquadradas por formas de *soft law* e mais raramente — e mesmo aí só recentemente — por formas de *hard law,* sob controlo do Tribunal. Os Estados membros, tendo embora um papel muito menos importante do que as instituições comunitárias, têm ainda assim um papel relevante quer na veste de entidade negociadora com a Comissão, quer, em certos casos, na veste de juiz nacional ou de entidade aplicadora das decisões. Já o papel de terceiros (os beneficiários dos auxílios ou os concorrentes prejudicados com estes) é, na fase actual, relativamente subalterno.

Mas a dimensão económica da integração não está ausente na aplicação do instituto dos auxílios de Estado. Ela infiltra-se na forma como

---

nómica —, o mesmo não acontece em relação às políticas de regulação, isto é, às intervenções públicas que visam corrigir as deficiências do mercado. Dir-se-á que a qualificação da Comunidade como "Estado", em sentido funcional e evolutivo, evoca um tópico *nietzschiano*: o que tem uma história nunca pode ser definido.

[15] Cf. J. L. QUERMONE, Le *système politique européen,* Paris, 1993; Philippe SCHMITTER, "A Comunidade Europeia: uma nova forma de dominação política", *Análise Social,* n.° 118-119, 1992, p. 739 e ss.; Paulo SANDE, *O Sistema Político na União Europeia,* 1999.

[16] Foi, aliás, o que, de certo modo, aconteceu com o caso português. Sem nos esquecermos das relações de Portugal com a CEE, no quadro da OCDE e da EFTA, importa referir que existiam já, muito antes da adesão à Comunidade, importantes actos jurídico-políticos que enquadravam o processo de integração real: os Acordos com a CEE e a CECA, de 22 de Julho de 1972, tendo em vista o estabelecimento de uma zona de comércio livre limitada aos produtos industriais (sobre o tema, ver C. Roma FERNANDES e Pedro ALVARES, *Portugal e o Mercado Comum,* 1973 e, para o período anterior, Alberto XAVIER, *Portugal e a Integração Económica Europeia,* 1970).

Capítulo I – Integração Europeia, Concorrência e Fiscalidade   49

a regulação tem sido efectuada, muito mais intensa em fases avançadas do processo de integração económica. Além disso, na base das decisões comunitárias estão (cada vez mais) juízos essencialmente de natureza económica.

1.4. Formas e agrupamentos económicos

A integração económica assume várias modalidades segundo a intensidade do processo de integração real e os modos de integração formal que lhe correspondem.

Para fins analíticos, a doutrina costuma estabelecer tipos de acordos que delimitam o sentido e alcance deste processo. É, por exemplo, o caso de ROBSON que, na esteira de outros autores, distingue vários tipos de "agrupamentos económicos": as zonas de comércio livre, as uniões aduaneiras, os mercados comuns e as uniões económicas.[17] No espaço comunitário, as três primeiras estão essencialmente vinculadas a uma concepção de "Europa-mercado", a última, a uma concepção da Europa como "espaço-plano".[18]

As *zonas de comércio livre* (ou de livre câmbio) constituem uma forma de integração de intensidade mínima. Superando, é certo, os limites inerentes à aplicação do tratamento da nação mais favorecida, elas envolvem apenas a liberdade de circulação de todas ou quase todas as categorias de produtos no espaço integrado, sem sujeição a impostos aduaneiros (e, acrescente-se, sem contingentes quantitativos).

As *uniões aduaneiras,* que resultam da fusão de vários territórios aduaneiros num só, acrescentam à zona de comércio livre a adopção de uma pauta aduaneira comum em relação aos espaços não integrados e, portanto, uma fronteira alfandegária única perante o resto de mundo. Neste sentido, elas implicam sempre algum grau de proteccionismo face ao exterior, representando uma excepção a um princípio de liberdade de comércio.[19]

---

[17] Cf. P. ROBSON, " *Teoria*....", *ob. cit.*, pp. 13 e 25. Sobre o tema, ver também, M. L. PORTO, *ob. cit.*, p. 210 e ss.

[18] Cf. A. Sousa FRANCO, "Comentário" ..., *ob cit.,* pp.145-146.

[19] As uniões aduaneiras foram admitidas pelo GATT dentro de certos condicionalismos (cf. n.º 5 de art. XXIV). Por União aduaneira entende este Tratado "a substituição de dois ou vários territórios aduaneiros por um único território", desde que esta substituição tenha por consequência a eliminação, para o essencial das trocas comerciais entre os territórios constitutivos da união, dos direitos aduaneiros e outras regulamentações

50 Auxílios de Estado e Fiscalidade

A construção de um *mercado comum* vai mais longe, acrescentando à livre circulação dos produtos ou mercadorias, a liberdade de circulação dos factores, capitais (investimento, iniciativa, pagamentos) e trabalho (dependente ou independente).

A ideia subjacente ao mercado comum é a de que a união aduaneira não basta, nem para proceder à abertura dos diversos mercados nacionais, nem para implantar a concorrência. É ainda necessário abolir as restantes barreiras (barreiras "não visíveis") que dificultam uma livre circulação de mercadorias e a concorrência e instituir a livre circulação dos factores de produção.[20]

---

comerciais restritivas e que os direitos aduaneiros e outras regulamentações comerciais aplicados por cada um dos membros da união ao comércio com os territórios que não estejam compreendidos sejam substancialmente idênticos (cf. o n.º 8 de mesmo artigo).

[20] Em termos de teoria económica, distingue-se frequentemente (*vide* M. Lopes PORTO, *Teoria da Integração e Políticas Comunitárias, ob. cit.*, pp. 212 e 221 e ss.) a formação de um "*mercado único*", ligada ao "afastamento de obstáculos não alfandegários (barreiras "não visíveis") às trocas e à concorrência" da formação de um "*mercado comum*" ligada à "livre circulação dos factores" que deveria conduzir a "um aumento do bem-estar". Segundo o mesmo autor, "pode conceber-se de facto um mercado único sem livre circulação dos factores (não é o caso do "mercado comunitário de 1993": visando igualmente este segundo objectivo) e vice-versa, tratando-se de situações distintas que (...) requerem um tratamento analítico próprio" (*ibidem*, p. 212, n. 9). Um programa de desmantelamento das barreiras, físicas, técnicas, fiscais, inventariando (no final) 267 diplomas necessários para derrubar os obstáculos à construção do mercado único de 1993, foi amplamente desenvolvido no Livro Branco do Mercado Interno (*L'achèvement du marché intérieur. Livre blanc à l'intention du Conseil européen* (Milan, 28 juin 1985 COM (85) 310 final), também conhecido por Relatório Cockfield. No contexto mais específico da análise da concorrência, remonta a BAIN (*Barriers to New Competition*, Harvard University Press, Cambridge, Mass, 1956) a noção de "barreiras à entrada" para dar conta das "vantagens que detêm as empresas de um determinado sector sobre qualquer empresa que queira entrar no mercado. Essas vantagens manifestam-se na sua capacidade de vender abaixo do preço concorrencial, sem provocar a entrada de novas empresas na indústria." (*apud* M. H-G da CUNHA, *Da Restrição da Concorrência na Comunidade Europeia: a Franquia de Distribuição*, 1998, p. 50). São exemplos de tais barreiras as restrições legais, as patentes, as tarifas aduaneiras, as práticas restritivas, os auxílios de Estado. Sobre o Livro Branco, ver, entre nós, M. Lopes PORTO, *ob. cit.*, p. 403 e ss. Amplamente sobre as barreiras técnicas, aduaneiras e monetárias (estas hoje limitadas aos Estados que não integram a UEM), vide Alfonso MATTERA, *Le Marché Unique Européen, ses règles, son fonctionnement*, 1990, p. 181 e ss.

Capítulo I – Integração Europeia, Concorrência e Fiscalidade 51

Numa óptica livre cambista, abolidos estes obstáculos, as forças de mercado estariam, por si sós, em condições de induzir o processo de integração real. Nesta perspectiva, a constituição de um mercado comum poderia operar-se, no essencial, através da chamada *integração negativa*.[21]

Por fim, uma *união económica,* assentando embora na unificação do mercado e na existência de um sistema de defesa da concorrência, implica ainda, para além de uma coordenação das políticas económicas nacionais, a definição e execução de políticas económicas a efectuar em comum ou por uma instância supranacional. Opera, deste modo, não tanto mediante o livre jogo das forças de mercado, mas através de formas institucionais e mecanismos de intervenção, numa complexa relação dialéctica entre as esferas do mercado, do político e do jurídico.

Neste sentido, a união económica coenvolve essencialmente o recurso a formas de *integração positiva.*[22]

Na prática, existem, porém, várias formas de articulação ou combinação entre as noções de mercado comum e união económica, tal como existem várias gradações de uniões económicas, conforme o tipo e intensidade das políticas, as entidades envolvidas na sua definição e execução e as relações que entre elas se estabeleçam. Podemos ter assim políticas únicas ou comuns ou políticas partilhadas. Podemos ter políticas em todos os domínios sócio-económicos ou só em alguns. Podemos ter ou

---

[21] Deve-se a J. TINBERGEN a distinção entre integração negativa (mais liberal) e positiva (mais dirigista), aquela designando os aspectos da integração que envolvem a remoção das discriminações e das restrições às liberdades de circulação e ao livre comércio, estas prendendo-se às modificações ou criação de instrumentos e instituições, para, no mínimo, permitir um funcionamento mais eficaz do mercado (Cf. J. TINBERGEN, *International economic integration,* 2.ª ed., 1954, p. 76). De qualquer modo, a subsistência de um mercado exige ainda um sistema de defesa de concorrência, isto é, uma forma de regulação de um mecanismo essencialmente desregulador.

[22] Entre estas medidas de intervenção, visando corrigir imperfeições do mercado ou dele fazer retirar todas as suas potencialidades, salienta-se a política monetária. Mas são também exemplos as políticas de construção de infraestruturas, de formação profissional ou da investigação e desenvolvimento. Outras políticas, como a do ambiente e a da coesão económica e social, são mais afastadas do espírito da livre concorrência, podendo mesmo entrar em dissonância com a unificação do mercado. Quanto à contradição entre política do ambiente e a política de construção do mercado interno, podemos encontrar um bom exemplo na política fiscal da Comissão relativa aos veículos em fim de vida entrados em Portugal e adquiridos em outros Estados comunitários.

52 *Auxílios de Estado e Fiscalidade*

não políticas que continuem a ser reserva dos Estados, sujeitas, ou não, a formas de coordenação macro-económica.

Como quer que seja, pressuposto das uniões económicas é sempre o facto de elas não se cingirem à integração de produtos e factores de produção, mas implicarem a uniformização, convergência ou, pelo menos, a estreita coordenação das políticas (ou de certas políticas) nacionais. Sinal evidente de uma união económica de intensidade forte será a existência da uniformização de políticas monetárias e fiscais (união monetária e fiscal).[23] Mas isso implicará porventura a construção de um sistema supraestadual fortemente integrado no plano político.

Embora o instituto dos auxílios de Estado esteja previsto nos Tratados desde o início do processo de integração comunitária, em rigor, só ganhou relevância prática a partir do momento em que se acelerou a construção do mercado único. A intensidade e o grau da integração têm comandado a forma como as instituições comunitárias, em particular a Comissão, têm vindo a recorrer a este instituto para regular certas formas de intervenção estadual.

Na fase actual (caracterizada pelo alargamento do número de Estados membros, pela construção da UEM e, simultaneamente, pela manutenção de um Orçamento comunitário reduzido, com previsão de um tecto no crescimento das despesas), a palavra de ordem é reduzir os auxílios de Estado, concentrando-os em alguns objectivos prioritários. Deste modo, tenta-se conciliar os esforços de contenção orçamental com a realização, pelos Estados membros, de políticas de interesse comunitário, nos planos regional, industrial e social, que o Orçamento da União seria insusceptível de financiar.

1.5. Integração económica e integração política

Numa óptica *funcional* pretender-se-á ver nestes diversos agrupamentos económicos uma sucessão encadeada e faseada de um processo

---

[23] Sobre as repercussões da união monetária na fiscalidade, cf. Rui H. ALVES, *Políticas Fiscais Nacionais e União Económica e Monetária na Europa*, 1996, p. 73 e ss, em particular 81 e ss, e P. Pitta e CUNHA, " A harmonização fiscal e as exigências da união monetária na Comunidade Europeia" (1993), in *Integração Europeia*, *ob. cit.*, 1993, p. 423 e ss.

Capítulo I – Integração Europeia, Concorrência e Fiscalidade 53

de integração, accionada por uma lógica interna própria que impele a passagem contínua e sem ruptura de um para outro estádio (efeito *spill-over)*.[24] Assim, a plena realização de uma união aduaneira arrastaria necessariamente a construção de um mercado comum, a consecução deste conduziria a uma união económica, a união económica seria coroada por uma união monetária e esta conduziria a uma união política. Esta doutrina – que pretende evitar a existência de uma ruptura política – está muitas vezes implícita no método de interpretação teleológica a que o Tribunal frequentemente recorre.

Muito embora a analítica dos agrupamentos económicos atrás apresentada, que tende, aliás, a reflectir a experiência comunitária, seja dotada de uma certa lógica interna, isso não significa que, de forma historicista, se deva deduzir qualquer correspondência necessária entre evolução histórica e desenvolvimento lógico das diversas formas de acordos de integração.

A realidade é sempre mais complexa que qualquer modelo, incluindo os de inspiração teleológica, podendo existir desfasamentos, antecipações, eventualmente saltos, bem como combinações ou articulações de elementos de várias formas de acordos.[25] Além disso, entre estas formas existem múltiplas situações intermédias, descontínuas, mormente entre mercado comum e união económica. A integração em concreto dependerá, em última instância, dos compromissos políticos e do conteúdo dos acordos jurídicos que lhe dão corpo.

Neste contexto, a óptica funcional tem claros limites. A integração política, mormente se for concebida em termo federais, implicará sempre um momento de ruptura. A emergência de um novo ente político, com características de federalismo político, implicará sempre a anuência dos actuais Estados membros, democraticamente expressa, não podendo esta legitimamente deduzir-se do aprofundamento da integração económica, em particular da elasticidade de qualquer princípio de unidade do mercado ou da UEM. Essa é a fronteira do método funcionalista e também do método teleológico de interpretação, muitas vezes estendido para

---

[24] Sobre a óptica neo-funcionalista e o efeito de arrastamento, ver J. SHAW, *European Community Law, 1993*, pp. 10-11.

[25] Uma antecipação crítica da ideia de fases pode encontrar-se, entre outros, in L. SÁ, *Soberania e integração na CEE.*, 1982, pp. 81-2.

54 Auxílios de Estado e Fiscalidade

além do razoável pela Comissão e pelo Tribunal e dando origem ao que já foi designado de federalismo jurídico ou judicial.

2. MERCADO E CONCORRÊNCIA

2.1. Mercado e economia de mercado

A integração económica implica um espaço económico unificado. Na União Europeia isso implica um mercado único. Mas "nem a concorrência nem os mercados são inevitáveis ou naturais".[26] São fenómenos sociais, de índole predominantemente económica, política e jurídica.

Um mercado é basicamente um mecanismo de coordenação da actividade económica, em que, numa determinada economia, as forças da procura e da oferta determinam os preços, a produção e os métodos de produção por via de um ajustamento automático dos movimentos de preços.[27]

Esta noção tem a vantagem de sublinhar que o mercado é um mecanismo que parte da oposição de forças (as forças da procura e da oferta), forças estas que, embora possam ser representadas por uma abstracta

---

[26] Cf. DOERN/WILKS, "Introduction" in DOERN/ WILKS (ed.), *Comparative Competition Policy:National Institutions in a Global Market*, 1996, p. 1 e M G-H da CUNHA, *Da Restrição da Concorrência na Comunidade Europeia: a Franquia de Distribuição*, *ob. cit.*, p. 25. Com esta afirmação afastámo-nos da fundamentação biológica subjacente à concepção que pressupõe a existência de uma ordem natural nas actividades económicas e que concebe, em consequência, o mercado como uma ordem natural (e espontânea). Distinguindo entre mercado (sistema ou economia de mercado) e capitalismo, vide as estimulantes observações de R. HEILBRONER, *Le Capitalisme du XXIe siécle*, 1993, p. 99 e ss.

[27] Definição recolhida in R. BOYER/ Daniel DRACHE, "Introduction" in BOYER/DRACHE (ed.), *State Against Markets, the limits of globalization*, 1996, p. 3. Em boa verdade, a noção de mercado, fazendo sempre apelo para o encontro entre oferta e procura, é, tal como a noção de concorrência, polissémica, ora sublinhando a ideia do lugar (área) daquele encontro, ora a da esfera de rivalidade económica, ora a do feixe complexo de relações potenciais. Para além disso, tal como a noção de concorrência, a de mercado pode ser analisada como estrutura ou como processo. Para além disso, está frequentemente imbuída de uma dimensão político-ideológica, como ocorre quando, por exemplo, se evoca a ideia do mercado como ordem espontânea (HAYECK), a ideia de economia social de mercado (RÖPKE), de socialismo de mercado (OTA ŠIK, LIBERMANN) ou de mercado democrático, no qual o consumidor participe na tomada de decisões do processo económico (GALGANO).

Capítulo I – Integração Europeia, Concorrência e Fiscalidade   55

simbologia matemática, são constituídas por seres sociais, por agentes concretos, com interesses contraditórios.[28]

As forças em interacção (compradores, vendedores) tomam as suas decisões económicas, pelo menos em teoria, de forma racional. Neste quadro, o mercado surge como um "instrumento essencial do ajustamento racional das decisões económicas".[29] A ele competiria, *"como se não houvesse Estado ("anarquia económica")"*, a resolução dos problemas económicos fundamentais, ou seja, os do consumo, da produção e da repartição do produto.[30]

Para a doutrina liberal, o mecanismo do mercado repousaria, em última instância, na "soberania dos consumidores", determinando esta a produção.

De novo, a realidade apresenta-se como sendo bem mais complexa. Em primeiro lugar, não existe um mercado, mas mercados. É certo que as actuais sociedades capitalistas são caracterizadas pela quase generalização dos mecanismos mercantis aos processos sociais. Mas podem distinguir-se, em tais sociedades, tipos distintos de mercados, com as suas especificidades próprias, nomeadamente o mercado de capitais, o mercado de bens de consumo, o mercado dos serviços e, no quadro destes últimos, cada vez hoje com maior relevância, os mercados da energia, da informação e da comunicação. Sem esquecer o mercado de trabalho, bem distinto dos demais.[31]

---

[28] Com efeito, a análise económica tende a despojar a noção de mercado da caracterização dos tipos de agentes, das formas de transacção envolvidas, dos bens a que o mercado diz respeito, como tende a partir do pressuposto que os interesses em presença são necessariamente harmonizáveis. Cf., a propósito, a noção de mercado apresentada por Alfredo de SOUSA, que o concebe como "um espaço abstracto onde se encontram a procura e a oferta agregada dos agentes económicos, cujos objectivos contraditórios se harmonizam, em cada momento, através dos preços de transacção entre eles"(in *Análise Económica*, 1988, p. 219).

[29] Cf. A Sousa FRANCO, *Noções de Direito da Economia*, vol. I, 1982-3, p. 98.

[30] Cf. A Sousa FRANCO, *ibidem*, pp. 98 e 107.

[31] Cf. N. IRTI que fala mesmo de um princípio da pluralidade jurídica dos mercados (*L'ordine giuridico del mercato*, p. 39 e ss.). Note-se ainda que a generalização do mercado de trabalho é, aliás, um dos traços distintivos fundamentais do sistema económico vigente. De resto, como afirma Louis PUTTERMAN, a economia ortodoxa não conseguiu ainda explicar, de forma adequada e convincente, a razão pela qual o trabalho é contratado pelos representantes do capital e não o contrário ("On some recent explana-

Por outro lado, embora as noções de mercado e de concorrência estejam normalmente associadas, há que referir que se trata de coisas distintas. Há mercados com e sem concorrência (tal como pode haver concorrência fora do domínio estritamente mercantil). Aliás, a existência de mercados com forte concorrência em todos os sectores é um fenómeno cuja existência não tem mais de dois séculos.

Acresce que o(s) mercado(s) são indissociáveis do poder político, em particular do poder do(s) Estado(s).[32] A separação entre a "sociedade civil" (o mercado) e o Estado foi, em particular nos países do continente europeu, uma representação social relativamente afastada da realidade. Formalmente proclamava-se o abstencionismo estadual, a delimitação das funções estaduais relativamente ao funcionamento do mercado. No plano constitucional, o liberalismo cingia-se, em regra, à consagração da propriedade privada e da liberdade de comércio e de indústria. A acção do Estado deveria limitar-se a deixar funcionar a esfera privada.

Na prática, porém, tal acção possibilitava e organizava o mercado, desde logo através de normas jurídicas (Estado-norma). Mas não só: na realidade, o intervencionismo administrativo esteve quase sempre presente no terreno para fortalecer e consolidar a estrutura da economia de mercado nascente. Claros exemplos disso são "a construção de infraestruturas, o fomento da industrialização, o proteccionismo aduaneiro e fis-

---

tions of why capital hires labour", *Economic Inquiry*, 12 (2), pp. 189-211,1984, in PUTTERMAN, *The Economic Nature of Firm: A Reader*, 1986).

[32] Hoje, já se aceita, "sem qualquer preconceito que a *economia de mercado* não propugna um *"sistema económico sem Estado"* (assim, Font GALÁN, *Constitucion Economica y Derecho de la Competencia*, 1987, p. 36), citando em seu apoio G. ECHEVARRIA ("Economia social de mercado: actividad privada y pública" in G. ECHEVARRIA (dir.), *Economia Social de Mercado*, Madrid: Universidad de Alcalá de Henares, 1980, pp. 141 e 150) : "O Estado joga um papel predominante regulando o instrumento do mercado — isto é, a concorrência —; criando e aplicando a política social; realizando a política conjuntural e as políticas estruturais; actuando onde não possam resolver-se por via do mercado ou criando as condições para que este funcione; realizando uma política de rendimentos e patrimonial...). Sem esquecer as funções (hoje tendencialmente residuais) do Estado como produtor (através de empresas públicas, ou de empresas mistas) como indutor da produção (através de contratos de concessão) ou do Estado como comprador de bens necessários ao desenvolvimento das suas actividades que, em economias dotadas de mercados restritos, pode conduzir a situações próximas de oligopsónio". O esmorecimento do Estado terá sido, aliás, o grande óbice às mutações verificadas na Rússia e no Leste europeu no pós-colectivismo de Estado.

Capítulo I – Integração Europeia, Concorrência e Fiscalidade   57

cal, a criação de serviços educativos e assistenciais de pura manutenção dos indigentes".[33] Sem esquecer, num outro plano, a regulamentação administrativa e dirigista da força de trabalho.[34]

Como escreve M. Bassels COMA, o intervencionismo administrativo acabou por ser "a manifestação real do Estado liberal, a sua constituição económica material; mas sem referências a um constitucionalismo de princípios informadores na ordem económica e social".[35]

Por fim, os mercados pressupõem a existência de institutos jurídicos como a propriedade privada e o contrato. A propriedade garante ao seu titular a apropriação dos resultados do seu esforço, da sua capacidade inventiva ou da alienação da produção, seja esta efectuada sob forma individual ou colectiva ("empresa"). O contrato, em particular o contrato de troca e o de compra e venda, possibilita a divisão do trabalho e a especialização, sendo a expressão de decisões económicas descentralizadas.

Os mercados são, de facto, constituídos por uma infinita rede de contratos onde os agentes económicos procedem essencialmente ao intercâmbio de direitos de propriedade. O que implica a existência de um poder político que possa garantir aqueles institutos e o cumprimento dos compromissos contratuais. Reconhece-se assim que, quer no plano interno (dos Estados nacionais), quer no plano comunitário (a construção do mercado comum), o mercado não existe fora de um enquadramento institucional. A própria doutrina neo-liberal, ao contrário do liberalismo clássico, aceita que a ordem económica mercantil necessita de certas condições mínimas de natureza institucional, geradas pelo Estado e pelo Direito, para enquadrar o seu funcionamento.[36]

---

[33] Cf. M Bassels COMA, *Constitucion y Sistema Economico*, 1985, p. 24-25.

[34] "A intervenção do Estado começa já durante o século XIX, quando o primitivo Estado burguês toma a seu cargo (...) a tutela da população trabalhadora" (N. REICH, *Mercado y Derecho*, 1985, p.27).

[35] Cf. M. B. COMA, *ibidem*, p 26.

[36] No plano interno, para que os mercados nacionais possam funcionar, nomeadamente em situação de concorrência, é, no mínimo, necessário, que exista "uma série de pressupostos institucionais, tradicionalmente oferecidos pelo direito privado, civil e mercantil: livre determinação dos factores produtivos, liberdade de acesso e permanência dos empresários no mercado, livre jogo da concorrência e da competição, liberdade de contratação, capacidade de autodeterminação e gestão da empresa, liberdade de apropriação do lucro empresarial em função do tríptico risco, poder, lucro, e liberdade ou soberania

Por tudo isto, pode afirmar-se que os mercados nunca tiveram natureza exclusivamente privada. Facto que, actualmente, é ainda mais nítido.[37] A sua emergência e sustentação estão ligadas a processos de natureza social, a formas de regulação pública, a intervenções legislativas, a um ambiente institucional de natureza pública.

Nos mercados podem, aliás, intervir também empresas públicas (e normalmente intervêm), sem que aqueles percam a sua identidade: por exemplo, na Comunidade — questão importante para efeitos de auxílio de Estado —, o mercado é compatível com formas diversas de propriedade de meios de produção, incluindo a pública, desde que continue a existir "uma rede de centros de decisão económica suficientemente descentralizados".[38]

No quadro da Comunidade, o mercado é um meio privilegiado de "reforçar a unidade" das economias dos Estados membros.[39] A jurisprudência, antecipando o Acto Único Europeu, tem sublinhado esta dimensão. Um bom exemplo é o Acórdão *Schul*, onde se considera que o mercado comum "comporta a eliminação de todos os entraves às trocas intracomunitárias tendo em vista a fusão dos mercados nacionais num mercado único que funcione em condições tão próximas quanto possíveis das de um verdadeiro mercado interno".[40]

---

dos consumidores" (Cf. M. Bassels COMA, *ob. cit.*, p. 141). Vide também, M. LIBERTINI, "Il mercato: i modelli di organizzazione", in F. GALGANO (dir.) *Tratatto di Diritto Comerciale e di Diritto Pubblico dell'Economia*, vol. III, 1979, p. 337 e ss.

[37] A perda do carácter privado dos mercados é sublinhada, por exemplo, por N. REICH, *ob. cit.*, 1985, p. 27. Sobre o assunto, escreve ainda, com toda a clareza, M. F. ORDÓÑEZ: "O contrato só existe se todo o aparelho do Estado — com as suas polícias, os seus juizes, etc. — se põe em guarda para defender o que foi decidido no plano privado. Se o Estado não obrigar a cumprir o acordado, o mercado não existe. Pode haver Estado sem mercado, mas não há mercado sem Estado" (*La competencia*, p. 63). Corrigiria: pelo menos, sem poder político.

[38] Cf. P. REUTER, "Articles 1 et 2" (commentaire), in CONSTANTINESCO/ JACQUÉ / KOVAR / SIMON, *Traité instituant la CEE*, 1992, p. 28.

[39] Ideia já clara no considerando n.° 5 do Preâmbulo do TCEE: "Preocupados em reforçar a unidade das suas economias e assegurar o desenvolvimento harmonioso pela redução das desigualdades entre as diversas regiões e do atraso das menos favorecidas".

[40] Cf. o Acórdão de 5 de Maio de 1982, proc. 15/81, *Schul* I, Col. 1982, pp. 1431-32, ponto 33. Para uma revisão da controvérsia, hoje algo datada, sobre o sentido da noção de mercado interno, se equivalente, se diferente de mercado comum, vide, entre outros, Luís MORAIS, *O Mercado Comum e os Auxílios Públicos*, 1993, p. 25 e ss.;

Capítulo I – Integração Europeia, Concorrência e Fiscalidade 59

No plano comunitário, o mercado pressupõe ainda a consagração das liberdades económicas fundamentais e um sistema de defesa da concorrência.[41] O mercado comunitário é, pois, claramente um "mercado institucional" (J. RUEFF), um "mercado plurinacional organizado" (F. VITO).[42] "Os seus promotores" — como escreve P. Pitta e CUNHA — "reconhecendo que a consagração de um regime de concorrência perfeitamente livre conduziria ao domínio do mercado por monopólios e concentrações, estabeleceram diversos dispositivos para regularização activa da concorrência e atenuação das disparidades de condições económicas nas diversas regiões e países".[43]

O tema do mercado é central na problemática dos auxílios de Estado. Por um lado, o princípio da unificação do mercado constitui um dos tópicos fundamentais do discurso comunitário para justificar a regulação dos auxílios de Estado. Por outro, dois tópicos mais interferem, no plano prático, com a noção de mercado: um é o critério do operador agindo em condições normais de mercado como referência para as acções das entidades públicas; outro é o tema do mercado relevante, embora este, até ao momento, tenha sido alvo de menor atenção por parte das entidades comunitárias do que aquela que estas têm dispensado em sede de legislação *anti-trust*.

Alfonso MATTERA, *Le Marché Unique Européen, ses règles, son fonctionemment*, 1990, p. 13-14 e J. M. Albuquerque CALHEIROS, "Sobre o conceito de mercado interno na perspectiva do Acto Único Europeu", *BDDC*, n.º 37/38, 1989, pp. 371-412.

[41] Pressupõe também mecanismos de promoção da coesão económica e social sobretudo quando se integre num projecto de união económica.

[42] Sobre os mercados como instituições, vide G. HODGSON, *Economia e Instituições*, 1994, p. 173 e ss. Este autor define o mercado "como um conjunto de instituições sociais em que se verifica normalmente um grande número de trocas de mercadorias de um tipo específico, sendo essas trocas facilitadas e estruturadas por essas instituições. A troca (...) implica acordo contratual e intercâmbio de direitos de propriedade, e o mercado consiste em (...) mecanismos para estruturar, organizar e legitimar essas actividades" (p. 175). O autor sublinha ainda que existem múltiplas trocas exteriores ao mercado, efectuadas através de contactos obtidos noutras esferas de actividade (v.g., os contratos habitualmente renovados de fornecimento de um bem ou serviço a um cliente regular ou os casos em que a mercadoria ou serviço a ser trocado é único).

[43] In " Conceito ...", *Integração Europeia, ob. cit*, 1993, p. 84.

2.2. A concorrência interempresarial

2.2.1. Noção e pressupostos

Mercado evoca concorrência e, por sua vez, este termo evoca quase sempre a ideia de rivalidade, competição, luta ou porfia comercial [44].

Na visão liberal clássica, a concorrência tida por perfeita apresenta-se como o instrumento de direcção do processo de interacção entre agentes privados que é o mercado.[45] Ela seria, por si só, capaz de fazer funcionar a economia de forma auto-regulada.

Neste quadro, o elemento básico da concorrência económica é constituído, por um lado, pelo "conjunto de possibilidades de licitação entre os compradores e entre os vendedores" e, por outro, pela " opção de cada um dos intervenientes no mercado entre as diversas soluções que aquela licitação lhe oferece".[46]

Partindo dos postulados da teoria clássica, pretende-se que o funcionamento dos mecanismos da concorrência traduza "a melhor maneira possível de alcançar o bem-estar individual e simultaneamente o bem

---

[44] Concorrência é o acto de concorrer ou a situação decorrente desse acto. Mas, pelo menos em português, concorrer é uma expressão algo ambígua. Tanto significa competir (concorrer entre), como significa contribuir, confluir, convergir (concorrer para). E está longe de se cingir ao mundo da economia, invadindo, entre outras, a esfera do desporto, da política e mesmo dos afectos. Daí à tentação de se generalizar a utilização dos instrumentos da análise económica da concorrência para dar conta da multiplicidade dos fenómenos sociais vai um pequeno passo, franqueado pela teoria económica da Escola de Chicago (*public choice*). Para uma crítica da análise económica do direito (perspectivada como teoria económica *sem* direito) vide F. de Castro y BRAVO, para quem tal teoria defende "uma sociedade amoral, em que o débil é sacrificado no altar da eficiência do mercado, em benefício dos grandes da economia", não passando de "uma hábil e recatada versão da tendência permissiva do incontrolado poder das grandes empresas e das multinacionais, autorizada pela linguagem própria da ciência económica da moda" ("Notas sobre las limitaciones intrínsecas de la autonomía de la voluntad", 1982, pp. 988--9, e n.3 e 4).

[45] Assim, REICH, *ob. cit.*, p. 27, evocando Adam SMITH, escreve que a concorrência, entendida deste modo, tem por função o desapoderamento de todos os sujeitos de mercado, ao mesmo tempo que se ocupa da obtenção de resultados óptimos na esfera da produção e da distribuição.

[46] Cf. João LUMBRALES, *Economia Política*, II, 2.ª ed., 1969, p. 65.

Capítulo I – Integração Europeia, Concorrência e Fiscalidade   61

estar geral". [47] Pode, aliás, afirmar-se que, nesta óptica, "a estrutura concorrencial não era, na verdade, apenas uma das formas de obtenção do resultado da máxima satisfação do consumidor, mas a única possível".[48] Esta afirmação, reconhecida embora como "ideológica", constitui o "próprio fundamento teórico do funcionamento do sistema".[49]

A existência e o bom funcionamento da concorrência pressupõem, no entanto, a presença de várias condições económicas e jurídico-políticas. Entre as primeiras, a mais importante é a "progressiva generalização dos mecanismos monetários, que asseguram a flexibilidade e fluidez das trocas, garantem o cálculo económico racional e possibilitam a acumulação do capital nas empresas, através do recurso aos mercados financeiros".[50]

Entre as segundas, para além daquelas, como a propriedade e o contrato que são condição da existência dos mercados, a concorrência pressupõe a existência de sistemas que garantam a sua própria defesa, bem como a defesa dos consumidores.

A concorrência tem graus e formas distintas. Em si mesma é uma noção abstracta que apenas ganha pleno sentido no modo como se estrutura em cada mercado concreto, tendo em conta factores como o número de operadores, a dimensão das empresas, a existência ou não de acordos entre elas, as limitações ao acesso ou à saída dos mercados, a informação disponível, etc...

2.2.2. O modelo de concorrência perfeita

2.2.2.1. Concorrência perfeita e concorrência pura

O tipo-ideal de concorrência seria o da concorrência *perfeita*. Esta caracteriza-se pela atomicidade, isto é, pela existência de uma pluralidade de agentes económicos de peso sensivelmente idêntico, quer no

---

[47] *Ibidem*, p. 109.

[48] Cf. Alberto XAVIER, *Subsídios para uma lei de defesa da concorrência*", 1970, p. 16.

[49] Cf. Sousa FRANCO, *ibidem*, p. 109.

[50] Cf. A Sousa FRANCO, *Noções de Direito da Economia*, vol. I, 1982-3, p. 109.

lado da oferta quer no lado da procura, a qual teria por consequência que o poder económico da parte destes agentes fosse nulo.[51]

O modelo postula normalmente que a concorrência não seja apenas bilateral ou perfeita, mas que seja igualmente *pura*. Por outras palavras, que seja também caracterizada pela homogeneidade dos bens transaccionados (não há publicidade nem diferenciação), pela fluidez dos operadores (livre entrada e mobilidade perfeita de factores de produção) e pela transparência (informação completa). Na sua base estava um mundo de pequenas empresas e de empresários individuais, aquilo que MARX algures designou como sendo o "pequeno modo de produção".

Nesta óptica, nenhum operador disporia de poder suficiente para influir sobre o futuro dos acontecimentos do mercado. Para uma dada procura, o processo automático, espontâneo, de ajustamento conduziria à gestão óptima dos recursos produtivos.[52] Vedadas estavam quer a intervenção do Estado quer a existência de coligações de particulares agindo no mercado.[53] A concorrência, assim entendida, iria assegurar o contínuo progresso das economias e o melhor equilíbrio possível quer na criação da riqueza, quer no aproveitamento dos recursos dos indivíduos e das nações.[54] Mais do que isso: a concorrência perfeita equivaleria à democracia económica.[55]

---

[51] Como sintetiza M. MURTEIRA, *ob. cit.*, 1997, p. 23: "O comportamento do "empresário", em condições de concorrência perfeita, é de simples ajustador de quantidades: fixado o preço pelo jogo anónimo da oferta e da procura (agregação de muitos "átomos" que procuram e oferecem no mercado), o lucro total é maximizado para o volume de produção correspondente à igualdade entre preço e custo marginal. Como este é crescente, a partir de certo volume de produção — por força da chamada lei dos "rendimentos decrescentes", que David Ricardo já identificara na agricultura inglesa dos tempos da chamada Revolução Industrial — o problema tem "solução" satisfatória quer do ponto de vista económico quer matemático. Não seria assim se admitíssemos custos marginais sempre constantes ou decrescentes".

[52] Ainda a síntese de M. MURTEIRA (*ob. cit*, 1997, p. 24): "O preço da indústria acaba por fixar-se no mínimo do custo médio, onde o empresário, na expressão de Walras, "não tem lucro nem perda". Produz-se o máximo ao menor preço e tudo isso sem qualquer intervenção exterior ao funcionamento do mercado".

[53] Cf. P. Soares MARTINEZ, *Manual de Economia Política*, 1973, p. 489.

[54] Cf. Sousa FRANCO, "Concorrência", in *Enciclopédia Luso-Brasileira de Cultura*, vol. V, 1967, p. 1241.

[55] Vide P. BARCELLONA in BARCELLONA/ HART/ MÜCKENBERGER, *L'educazione del giurista*, 1973, p. 9 e ss. O credo da concorrência, particularmente enraízado

Capítulo I – Integração Europeia, Concorrência e Fiscalidade   63

O modelo económico da concorrência perfeita fundava-se numa analogia com uma teoria de origem biológica, essencialmente dinâmica, o *darwinismo*, mecanicamente transposta para os processos sociais (*darwinismo* social). A selecção natural, nesta perspectiva, seria o efeito natural da competição.[56]

"Tal como concebida, a concorrência era um meio de *selecção* dos mais fortes, *rectius*, dos mais *eficientes*, assegurando o nível máximo de satisfação das necessidades e de aplicação dos recursos (menores custos e, consequentemente, menores preços) e conduzindo aos preços mais baixos".[57]

Mas, de forma algo contraditória, esta analogia, quando aplicada à economia, pressupunha, em última instância, que a realidade económica se reproduzisse de forma estática ou sempre segundo um equilíbrio pré-determinado.

Ora, na prática, tudo se passa como se a dinâmica dos fundamentos biológicos do modelo acabasse por se sobrepor à estática do seu funcionamento ideal. Como escreveu BIENAYMÉ, "o modelo primitivo da concorrência era tão harmonioso como o Parthénon, mas ninguém vive quotidianamente no templo da perfeição".[58]

2.2.2.2. Concorrência perfeita e pura, realidade imperfeita e impura

O desfasamento entre o modelo e a realidade era já patente nos primórdios do século XX. O aprofundamento da revolução industrial, com o *taylorismo*, o *fordismo* e a massificação da produção, a generalização

---

no ideário americano, transcende, mesmo num modelo de concorrência bem afastado do original, objectivos ou fundamentos de natureza meramente económica. Como escreve A. XAVIER "confundindo-se os seus objectivos com os do sistema de livre economia de mercado, deste recebeu igualmente a justificação política que, é, de resto, a sua justificação fundamental" (*ibidem*, p. 16).

[56] A equiparação entre as forças do mercado e concorrencial e as forças biológicas de Darwin para a selecção natural estava presente nas concepções clássicas (em particular, RICARDO) e neoclássicas da economia .

[57] Cf. M. G-H da CUNHA, *ob. cit.*, 1998, p. 47.

[58] Cf. BIENAYMÉ, "L'intérêt du consommateur dans l'application du droit de la concurrence: un point de vue d'économiste", *RIDE*, 1995, p. 389.

da mão de obra assalariada, o aparecimento das grandes empresas e os fenómenos da centralização financeira e da cooperação e concentração empresarial, com a multiplicação de cartéis, consórcios, fusões, absorções, oligopólios e monopólios de facto, puseram em causa o funcionamento da concorrência e modificaram a própria estrutura dos mercados.

Definitivamente o comerciante em nome individual deixou de se apresentar como o actor paradigmático das relações jurídico-mercantis. As grandes organizações empresariais dominam mercados cada vez mais globais. O mundo de hoje é o das empresas multinacionais ou transnacionais.[59]

Tudo isto veio alterar substancialmente o funcionamento da concorrência, impondo-lhe múltiplas restrições.[60] Como lembra DIDIER, do lado dos produtores, esta "toma a forma de uma confrontação de empresas em que cada uma procura fazer crescer a sua parte de mercado, as mais das vezes em detrimento das outras".[61] Em particular, no que respeita ao mercado de capitais, é notória a vantagem ocupada pela grande empresa, sob a forma de sociedade por acções.[62]

Tudo isto veio igualmente alterar os modelos teóricos da concorrência. Em 1926, Lord Keynes proclama «the end of "laisser-faire"». É por essa mesma altura que a concorrência deixa de ser vista como perfeita para passar a ser concebida como imperfeita ou até mesmo mono-

---

[59] Sobre a evolução das modernas empresas multinacionais nos períodos 1850-1914,1918-1939 e de 1945 aos nossos dias, bem como sobre o papel dos factores jurídicos no seu crescimento, vide P. T. MUCHLINSKI, *Multinational Enterprises and the Law*, 1999, pp. 19-56.

[60] As restrições à concorrência têm origens e razões de ser económicas e políticas diversas. A intervenção do Estado, na tríplice veste de produtor, regulador e comprador, é uma delas. Outra, por exemplo, é a que resulta da organização do "mercado" de trabalho pela contratação colectiva.

[61] Cfr. Paul DIDIER, *Droit commercial*, t. I, 1992, p. 283.

[62] A vantagem da grande empresa decorre, como escreve Alberto XAVIER (*Subsídios...*, *ob. cit.*, p. 18), das " facilidades de financiamento de que goza, pela faculdade de emissão de acções e de obrigações, de que as pequenas e médias empresas, organizadas sob a forma de sociedades de pessoas ou até de sociedades por quotas, não dispõem. Não só o recurso ao "corporation credit" lhes assegura uma posição competitiva privilegiada, como é uma das fontes de resistência financeira que por vezes se encontra na base do processo de destruição da concorrência".

Capítulo I – Integração Europeia, Concorrência e Fiscalidade   65

polista.[63] No fundo, "vai-se ao ponto de integrar na definição da concorrência os próprios fenómenos que dantes se consideravam anticoncorrenciais".[64]

2.2.3. O modelo da concorrência praticável

A expressão *"workable competition"* (concorrência praticável", "operativa" ou "efectiva"), foi difundida por J. M. CLARK para pragmaticamente descrever o novo mundo das formas de concorrência possível (necessariamente imperfeita e impura) em mercados de estrutura oligopolista ou monopolista. [65]

A expressão foi retomada pela literatura alemã (*"funktionsfähiger Wettbewerb"*), tendo sido adoptada pela reforma da legislação anti-trust de 1973 (*Gesetz gegen Wettweberbsbeschränkungen*). [66] Esta reforma, ao preterir a noção da concorrência perfeita em favor da noção de concorrência praticável ou efectiva, passou a fazer depender as funções dinâmicas da concorrência (rápida adaptação ao ambiente circundante, progresso técnico-económico, etc.) da existência de empresas capazes e produtivas e de uma activa intervenção do Estado no jogo da concorrência e na promoção das condições de competitividade.[67]

Foi provavelmente por influência alemã que a concepção da concorrência praticável penetrou no direito e na política de concorrência comuni-

---

[63] São clássicos os trabalhos de J. ROBINSON, *Economics of Imperfect Competition*, Cambridge, 1933, London, 1950 e de E. CHAMBERLAIN, *The Theory of Monopolistic Competition. A reorientation of the theory of value*, New York, 1933, London, 1949.

[64] Assim, Simões PATRÍCIO, *Direito da Concorrência (aspectos gerais)*, Lisboa, Gradiva, 1982, p. 27.

[65] A expressão parece ter tido tem origem na obra de J. M. CLARK "Toward a concept of workable competition" in *American Economic Review*, vol. XXX, 1940.

[66] A expressão e o tema são retomados pelo economista alemão KANTZENBACH ("Die Funktionsfähigkeit des Wettbewerbs", in *Wirtschaftspolitische Studien*, Heft, 1, Göttingen, 1966).

[67] A tese de que a "ordem da economia de mercado exige Estado" (uma acção do Estado conforme com o mercado) está presente na escola do ordoliberalismo e nos promotores, como RÖPKE, da ideia de "economia social de mercado".

66 *Auxílios de Estado e Fiscalidade*

tária. É, de facto, esta a noção a que as instituições comunitárias recorrem (ou que adoptam, mesmo quando a não referem expressamente) para dar conta das inexoráveis mutações operadas na economia europeia.[68]

Ao contrário do que ocorre com a legislação *antitrust* americana, onde é clara a influência de teorias ou escolas económicas, não é tão visível uma inspiração teórica da experiência europeia que surge eivada de uma certa ambiguidade ou de um certo eclectismo teórico e metodológico, numa palavra de um certo pragmatismo.[69]

Estas características estão aliás presentes na concepção de CLARK. Para ele, a *workable competition* representa uma situação intermédia entre o monopólio e a concorrência perfeita. Implica a existência de uma rivalidade suficientemente intensa entre um número adequado de operadores (excluindo assim situações de monopólio) e a aceitação de um certo nível de restrições à concorrência, como forma de impedir a concorrência ruinosa e incrementar a eficiência produtiva e o progresso tecnológico.[70]

Tais características estão igualmente presentes nos objectivos de uma outra das fontes por vezes indicadas como inspiradoras do para-

---

[68] Vide o memorando da Comissão sobre *O problema da concentração no mercado comum* (1965) e o *Primeiro Relatório sobre a Política de Concorrência* (1972), onde pode ler-se (p. 17) que o objectivo das autoridades comunitárias deve ser reintegrar os sectores "num sistema de concorrência praticável e eficaz".

[69] De facto, como refere P. GEOFFRON ("La politique de la concurrence européenne: du libre-échange à la libre concurrence" in CONSEIL D'ANALYSE ECONOMIQUE, *Politiques industrielles pour l'Europe*, 2000, p. 376), na experiência norte-americana é possível distinguir, com clareza, a influência de duas escolas de pensamento económico: até aos anos setenta prevalece, na linha da Escola de Harvard, uma visão estruturalista da concorrência, segundo a qual a concentração determina mecanicamente o poder de mercado que se exerce em detrimento dos operadores mais fracos e dos consumidores; a partir dos anos oitenta passa a apoiar-se, na linha da Escola de Chicago, na teoria dos "mercados contestáveis" (BAUMOL; PANZAR), a qual parte do pressuposto de que a concentração não induz necessariamente um poder de mercado que comporte abusos. Nesta perspectiva (quanto a nós contestável) o importante não é o número de operadores (o mercado poderia ter um só), é que o mercado seja eficiente e isso estaria garantido desde que não existissem obstáculos à entrada e saída de empresas concorrentes e houvesse igualdade na tecnologia de produção e informação completa e disponível para todos os operadores existentes ou potenciais.

[70] Cf. CLARK, *ob. cit.*, 1940, p. 241 e ss; e, entre nós, a síntese de M. G-H da CUNHA, *ob. cit.*, 1998, p. 55.

Capítulo I – Integração Europeia, Concorrência e Fiscalidade 67

digma europeu, a chamada "Escola de Bruxelas".[71] Segundo esta escola, tributária do ordoliberalismo alemão, podemos detectar na experiência europeia objectivos de natureza política, económica e moral ou social.[72]

Em termos gerais é, no entanto, possível avançar as principais características ou pressupostos da "concorrência praticável" subjacente ao modelo europeu.

Ao contrário do que ocorre com o modelo da concorrência perfeita, não se trata de um modelo normativo (de algum modo, o modelo ideal permanece o da concorrência perfeita), mas positivo, tendo sobretudo em vista a apreensão dos efectivos comportamentos das empresas e das formas de sobrevivência destas no mercado.

A empresa deixa de ser encarada como simples vendedor, passando a ser o elemento central da análise, agora perspectivada como uma organização colectiva duradoura, como um centro de relações e de decisões, como um centro de poder e de produção de normas. A empresa, em função das informações de que dispõe, define a sua estratégia, podendo optar por formas de cooperação em detrimento da concorrência, sempre que daí advenha uma melhoria do seu desempenho como produtor. A salvaguarda dessa autonomia estratégica torna-se vital.

Muitas empresas apresentam-se como conglomerados, com grande diversificação interna de produtos. Os bens oferecidos, mesmo quando idênticos na função, são diferenciados pelas marcas, de forma a poder discriminar entre segmentos de clientelas. As relações entre as empresas e os clientes (os consumidores) tornam-se, ao mesmo tempo, mais abstractas. Os mercados tornam-se muito mais complexos.

Neste contexto, a protecção da concorrência passa a preocupar-se mais com a disciplina dos actores do que com a estrutura do mer-

---

[71] Segundo F. SOUTY (*Le droit de la concurrence de l'Union européenne*, 1999), a escola de Bruxelas no domínio da política de concorrência distanciar-se-ia tanto da escola de Harvard como da de Chicago.

[72] A política de concorrência europeia determinar-se-ia em função dos efeitos integradores das práticas concorrenciais e não apenas em função dos efeitos de afectação (objectivo político), da procura de uma eficácia económica cuja definição é mais vasta do que a eficácia concorrencial (objectivo económico) e de preocupações em matéria de equidade, em especial a respeito do consumidor (objectivo moral ou social). Deste objectivos, porém, segundo P. GEOFFRON (*ob. cit.*, p. 377) apenas o primeiro seria, em rigor, específico e original da experiência europeia.

cado.[73] O essencial deixa de ser a questão do número de empresários que oferecem bens e serviços, mas o seu comportamento, mesmo que tal número seja reduzido. Por outro lado, a concorrência, deixa de se cingir ao domínio dos preços. E assim haverá ainda concorrência quando esteja garantida a rivalidade ou uma luta económica dinâmica entre os operadores, mesmo que esta se exprima em outros domínios, como os da publicidade, da inovação tecnológica ou da organização (*non price competition*).[74] Acresce que nem sequer se exige que esta luta ou rivalidade seja efectiva, bastando que ela seja possível, isto é, o mercado seja aberto a empresários potencialmente concorrentes (concorrência potencial). [75]

2.2.4. Enquadramento institucional da concorrência

Tal como ocorre com o mercado, também a concorrência (mesmo a perfeita) sempre pressupôs, implícita ou explicitamente, um enquadramento institucional.[76]

O Estado (mesmo o liberal) nunca esteve ausente no modelo. Nos países do continente europeu, a intervenção do Estado liberal manifestava-se essencialmente no plano da criação de normas de enquadramento da actividade mercantil (Estado-norma, codificação comercial). Nos países da *com-*

---

[73] Sinal desse facto é a aproximação — admitida entre nós por Oliveira ASCENSÃO (*Concorrência Desleal*, p. 462 e ss.) — dos direitos *antitrust* e da concorrência desleal. Cf. também, C. de LEYSSAC/ G. PARLEANI, *Droit du Marché*, 2002, p.124 e ss.

[74] Esta é, aliás, uma das razões pelas quais é necessária uma vigilância eficaz das autoridades públicas. Esta existe, como escrevem JACQUEMIN e SCHRANS (*O Direito Económico* (1970), p. 16), "para que as empresas permaneçam concorrentes e não possam, através das suas lutas, eliminar-se mutuamente, criando assim situações de monopólio. Paradoxalmente, requer-se a luta, mas não se permite a vitória definitiva".

[75] Cf. SANTOS/GONÇALVES/MARQUES, *Direito Económico*, 3.ª ed. 1998, p. 303.

[76] Segundo BIENAYMÉ, a concorrência não representa para a economia o equivalente do que a anarquia é para a política. A concorrência define um regime de relações entre os agentes económicos que não poderia durar sem que um certo número de regras sejam editadas pelo poder público. O próprio WALRAS, cujo nome está ligado à teoria do equilíbrio geral dos mercados de concorrência pura, atribui ao Estado a missão de fazer respeitar a propriedade dos meios de produção — salvo a terra que aos seus olhos deveria ser nacionalizada —, de defender o regime concorrencial e de assegurar a cobertura das necessidades colectivas fundamentais" (*ob. cit.*, p. 379).

Capítulo I – Integração Europeia, Concorrência e Fiscalidade   69

mon law, o Estado agia através sobretudo dos tribunais e da jurisprudência que surgiram como os principais reguladores da economia privada.[77]

Em qualquer caso, a livre concorrência baseava-se nas instituições do mercado e na autonomia privada, na livre iniciativa ou liberdade de empresa.

Mas a relação entre estas instituições foi sempre uma relação sujeita a tensões. A liberdade contratual, corolário da autonomia privada, pode conduzir (e, de facto, conduziu), a situações de não-concorrência (a própria empresa é uma forma económica que tende a suspender nas suas relações internas o espaço da concorrência) e a restrições à iniciativa económica. É provavelmente isto que a Comissão tem em vista quando afirma que "a concorrência transporta consigo as sementes da sua própria destruição".[78]

Com efeito, ela gera, através de mecanismos de concentração e de cooperação, a alteração das estruturas dos mercados cujas formas se afastam cada vez mais do modelo clássico. Fala-se, a propósito, de mercados e concorrência oligopolistas e mesmo de mercados e concorrência monopolistas.

É tendo em conta esta realidade que a defesa da economia de mercado implicou historicamente a criação, pelo poder político, de sistemas de defesa da concorrência, inicialmente circunscritos à legislação *anti-trust*.

2.3. A concorrência institucional

2.3.1. Caracterização

A concorrência é um fenómeno económico, mas é também (se não mesmo essencialmente) um fenómeno político. Como reconhece STIGLER, a concorrência "tem uma história muito mais extensa na literatura

---

[77] Assim NOCKLEBY, ("Two theories of competition in the early 19th century labor cases", *Journal of Legal History*, Oct. 1994, p. 454) o qual escreve " Em contraste com uma persistente visão que considera os primeiros anos do século XIX como um período de "laisser faire", no qual faltou uma significativa implicação governamental com as decisões económicas privadas, creio que o Estado foi de facto activista. Não obstante, para descobrir este activismo, não se deve pensar unicamente nos típicos órgãos de governo do século XIX — como funcionários ou burocratas — mas também nos tribunais de *common law*."

[78] Cf. o *IX Relatório sobre a Política da Concorrência*, 1980, p. 10.

política do que na económica, não obstante ter sido objecto de uma análise teórica e empírica mais extensa na economia".[79]

Antes de ser um princípio económico, a concorrência é um princípio cívico e político que, tendo as suas origens na luta contra o absolutismo (o monopólio do poder político) e uma expressão na teoria constitucional da separação dos poderes, é hoje considerado inerente aos sistemas democráticos plurais.

A sua admissão não se circunscreve às confrontações eleitorais entre partidos políticos ou à emulação entre grupos de pressão, movimentos sociais e outros centros de decisão (ou à rede de micropoderes de que falava FOUCAULT), em especial em áreas com particular relevância política, como a comunicação social ou a acção sindical. Ela atravessa o interior dos sistemas políticos, reflectindo-se nas questões de delimitação de competências (que são ainda questões nascidas da concorrência potencial ou efectiva entre instituições) entre as autoridades políticas ou administrativas de um sistema. Mais: ela projecta-se na concorrência, sob várias formas, entre Estados, em particular na concorrência entre legislações ou regulações efectuadas por via normativa ou regulamentar (*competiton among rules*) ou mesmo entre sistemas jurídicos.[80]

---

[79] Cf. STIGLER, "Economic competition and political competition", *Public Choice*, aut, 1972, p. 91. Note-se que admitir esta afirmação não significa aderir a uma concepção, típica da análise económica da política das escolas de Virgínia e de Chicago, em que o estudo da política é modelado com base nos métodos e pressupostos da análise neoclássica dos mercados concorrenciais (o mercado político). Nessa óptica, os votantes são equiparados aos consumidores (integrando o lado da procura de "bens ou mercado-rias" de natureza pública), os partidos são equiparados aos agentes económicos (empresas, empresários) oferecendo, nos seus programas, em troca de votos (isto é, da sua reeleição, de maior influência, de desejos de prestígio, benesses ou poder), bens, serviços, regulações e impostos e o sistema político a um grande mercado. Por muito sugestiva que pareça esta analogia, a verdade é que ela é redutora. Nesta óptica, a democracia é reduzida a uma estrutura mercantil e os cidadãos e os políticos a meros prolongamentos do *homo oeconomicus*. O carácter redutor desta óptica tem a ver com o individualismo metodológico de que parte e com a afirmação do primado da economia: o carácter redutor demonstrar-se-ia pela aplicação das premissas teórico-metodológicas desta escola à sua própria produção teórica (os investigadores como agentes económicos em busca de prestígio académico, procurando estabelecer barreiras à entrada no mercado da produção teórica).

[80] Cf. os exemplos dados por BALLBÉ / PADRÓS, *Estado competitivo y armonización europea*, 1997, pp. 54-55 e o texto de Claus EHLERMANN, "Compétition entre

Capítulo I – Integração Europeia, Concorrência e Fiscalidade 71

Vista deste modo, a concorrência (na criação, aplicação e controlo dos sistemas normativos e regulamentares) é uma alternativa aos processos de harmonização e de aproximação de legislações que assume um papel particularmente importante nos sistemas federais, onde se desdobra entre concorrência vertical (entre Governo federal e Estados federados) e horizontal (entre os próprios Estados federados).[81] A concorrência entre sistemas institucionais e legais diferenciados é, de resto, normalmente apontada como uma das vantagens destes sistemas.

2.3.2. A concorrência institucional na União Europeia

A concorrência como forma de relação entre poderes e sistemas jurídicos existe também num modelo de integração parcial de sistemas políticos plurais ou compostos como é o projecto da União Europeia.[82] Ela manifesta-se quer verticalmente (na relação entre autoridades supranacionais e Estados membros), quer horizontalmente (nas relações entre Estados membros e, por vezes mesmo, entre regiões ou cidades), quer no interior da esfera do poder comunitário, entre os centros de decisão comunitários.

Ela é valorada de forma positiva pela escola de Kiel, embora aí se reconheça que, na Europa, um dos factores dessa concorrência (segundo a expressão de TIEBOUT, o "voto com os pés" dos consumidores ou

---

systèmes réglementaires", *RMCUE,* n.º 387, 1995, p. 220 e ss.. A invocação deste tipo de concorrência (cuja base jurídica na Comunidade repousa no princípio da subsidiariedade) tem sido frequentemente efectuada pelo Reino Unido para se opôr à harmonização dos direitos fiscal e social.

[81] A questão pode pôr-se igualmente entre regiões, como as experiências espanhola e italiana e mesmo a portuguesa bem o demonstram.

[82] O reconhecimento deste facto não significa adesão às posições dos economistas do Instituto de Kiel para a Economia Mundial nem à ideia subjacente a estas posições de que a regulação pelo mercado é naturalmente superior à cooperação intergovernamental. De facto, a concorrência tem limites que são, por exemplo, claros em sede de promoção da coesão social. Estamos assim de acordo com BALLBÉ/ PADRÓS quando afirmam, por exemplo, que "a dinâmica da concorrência não serve para realizar fins redistributivos entre regiões ou Estados" (*ob. cit.,* p. 39).

dos contribuintes) se encontra limitado pela parca mobilidade da força de trabalho.[83]

Uma das expressões mais claras da concorrência entre legislações pode ver-se na adopção pela Comunidade da técnica do reconhecimento mútuo e do estabelecimento da exigência de mínimos essenciais em detrimento das formas clássicas de harmonização global e centralizada, face à incapacidade de estas resolverem os problemas suscitados pelo aprofundamento dos objectivos de construção do mercado único.

A adopção destes métodos é particularmente nítida no que toca à remoção dos obstáculos de natureza técnica de origem nacional (regulamentações técnicas, normas industriais e procedimentos de comprovação e certificação). Na origem da generalização da técnica do reconhecimento mútuo esteve a posição defendida pela Comissão e a sua confirmação no célebre Acórdão *Cassis de Dijon* (1979) e na jurisprudência que ele inaugurou, que alguns consideram mesmo a pedra angular da construção do mercado único.[84] Estas técnicas difundiram-se igualmente em outros domínios, como é o caso, por exemplo, da habilitação das instituições de crédito para o exercício, em outro Estado membro, da activi-

---

[83] Cf. os estudos de SIEBERT, presidente do Instituto de Kiel, nomeadamente, "The harmonization issue in Europe: prior agreement or a competitive process?", in SIEBERT (ed.), *The completion of the internal market*, 1990. Em rigor, TIEBOUT ("A pure theory of local expenditures", *Journal of Political Economy*, n.° 64, 1956, pp. 416-424) ocupa-se da questão de saber se os instrumentos analíticos do mercado se aplicam à concorrência financeira entre comunidades locais. Para ele, esta concorrência permite aos indivíduos localizarem-se nas comunidades onde a fiscalidade e o nível de serviços públicos melhor satisfaçam as suas preferências. A hipótese pressupõe, entre outras coisas, a mobilidade plena dos indivíduos ("*voting by feet*") e que os impostos sejam baseados no princípio do benefício

[84] Cf. o Acórdão de 20 de Fevereiro de 1979, proc. 120/78, *Cassis de Dijon* (nome por que ficou conhecido o caso *Rewe*), Rec. 1979, p. 649. Sobre o tema, vide, MATTERA, *Le Marché Unique Européen*, 1990, p. 213 e ss. É, porém, importante notar que, se no domínio da aproximação das legislações, a Comunidade aceita uma certa concorrência entre sistemas normativos (também em matéria fiscal, com as limitações políticas introduzidas em 1997 pelo Código de Conduta sobre a fiscalidade das empresas), o mesmo não acontece em sede de auxílios de Estado, segundo EHLERMANN, por se temer, neste campo, que os auxílios favoreçam os Estados membros financeiramente mais poderosos (*ibidem*, p. 224).

Capítulo I – Integração Europeia, Concorrência e Fiscalidade 73

dade bancária, com base no princípio do reconhecimento mútuo e no controlo do país da origem (*home country-control*).[85]

Mas como tais técnicas, no fundo baseadas na concorrência entre legislações, poderiam conduzir a uma harmonização pelos níveis de protecção mais baixos, elas deveriam ser completadas, como reconhecia o Livro Branco para o Mercado Interno, por formas de harmonização mínimas, que permitissem a adopção de *standards* mínimos ou de exigências essenciais (v.g., em sede de protecção da saúde ou da segurança) cujo controlo deveria ser efectuado pelo país de origem.

Trata-se, no fundo, simultaneamente de criar um *level playing field* que fortaleça a concorrência interempresarial e de evitar que da concorrência institucional pudessem decorrer efeitos perversos.

No campo da fiscalidade, em que a Comunidade reconhece largamente os princípios da soberania dos Estados membros e da subsidiariedade da acção comunitária e em que esta se baseia num processo de decisão por unanimidade, é hoje claro que o reconhecimento mútuo dos sistemas tributários é a regra e a harmonização ou aproximação de legislações a excepção.[86] É nesse reconhecimento e na diversidade dos sistemas fiscais dos Estados membros que se funda, como veremos, a concorrência fiscal.

---

[85] Cf. a Directiva n.° 77/780/CEE, de 12 de Dezembro de 1977 (a chamada primeira directiva de coordenação bancária), vertida para o direito interno no Decreto-Lei n.° 23/86, de 18 de Fevereiro, que definiu o novo regime jurídico aplicável à constituição e às condições de funcionamento de instituições de crédito com sede em Portugal, bem como de filiais ou sucursais de instituições de crédito com sede no estrangeiro e, ainda, à abertura de agências em Portugal por qualquer das referidas instituições.

[86] O que está de acordo com os princípios que actualmente comandam os processos de harmonização: concorrência entre sistemas normativos e regulamentares, tanta quanta possível; harmonização tanta quanto o necessário (assim, EHLERMANN, *ob. cit.*, p. 220). Um exemplo da técnica de harmonização através de exigências mínimas essenciais é a fixação de taxas mínimas em sede de IVA (por exemplo, a taxa normal mínima de 15%) ou de impostos especiais de consumo. Não existe, em sede de IVA, qualquer fixação de uma taxa normal máxima, mas existe um compromisso político de não ultrapassar 25%. Outro exemplo é o da proposta do Comité RUDING para ser fixada uma taxa mínima de imposto sobre as sociedades.

3. PODER POLÍTICO E DEFESA DA CONCORRÊNCIA

3.1. A defesa da concorrência interempresarial

As diferentes experiências de defesa da concorrência têm sido agrupadas em torno de dois tipos de sistemas, os que proíbem preventivamente as práticas restritivas da concorrência susceptíveis de produzirem um dano potencial na concorrência e, consequentemente, na economia e os que se limitam a proibir um dano efectivo ou real. [87]

Em termos gerais, os primeiros tipos de sistemas tendem a privilegiar uma noção estrutural de concorrência e a avaliar esta como um bem em si mesmo (*teoria da concorrência-condição*).[88] Daí estabelecerem uma "proibição genérica e *a priori* de todos os acordos e práticas susceptíveis de atingirem a estrutura concorrencial do mercado". São pois, por princípio, proibidos os actos ou comportamentos que podem conduzir à concentração.[89]

Este sistema (da *per se condemnation*) abstrai dos resultados efectivos das restrições à concorrência, para centrar a sua atenção no *perigo* que estas, por si mesmas, representam.

Os segundos tendem a privilegiar os comportamentos efectivos dos agentes económicos que provoquem prejuízos à economia mais do que à

---

[87] Assim, Alberto XAVIER, *ob. cit.*, 1970, p. 74. No que toca ao controlo e técnica da proibição, os sistemas de dano potencial tendem "a adoptar um controlo prévio das práticas restritivas por um órgão administrativo ou jurisdicional, que poderá declarar nula, ou não, determinada prática, enquanto os sistemas de dano efectivo baseiam-se num controlo *a posteriori* de tais práticas, pois, em rigor, só então podem aferir dos seus efeitos". Entre os dois tipos pode haver múltiplas situações intermédias. Assim, quanto à questão do controlo, o sistema comunitário é um sistema híbrido: "de facto, aí se combina o sistema da proibição do dano potencial mas com controlo *a posteriori* para o caso dos acordos, decisões de associação e práticas concertadas entre empresas, com o sistema de proibição do dano real com controlo *a posteriori* para o caso das posições dominantes" (cf. Luís C. MONCADA, *Direito Económico*, 2000, p. 375). Sobre o tema, vide ainda SANTOS /GONÇALVES/ MARQUES, *Direito Económico*, 1998, p. 358; E. Paz FERREIRA, *Direito da Economia*, 2001, p. 457 e ss.

[88] Aprofundamos, neste ponto, a síntese de SANTOS/GONÇALVES/MARQUES, *ibidem*, p. 358 e ss.

[89] Cf. Teixeira MARTINS, *Capitalismo e concorrência*, 1973, pp. 35-36. Vide ainda Caseiro ALVES, *Lições de Direito Comunitário da Concorrência*, 1989, p. 8 e ss.

Capítulo I – Integração Europeia, Concorrência e Fiscalidade

concorrência em si mesmo. Neste contexto, a concorrência é um bem entre outros e não um bem em si mesmo (*teoria da concorrência-meio*) e, como tal, pode, em certas circunstâncias, ser afastada em nome da protecção de outros bens ou da realização de outros fins socialmente relevantes.[90]

Em teoria, o primeiro modelo estaria subjacente à instituição do sistema norte-americano de defesa da concorrência, enquanto o segundo influenciaria o sistema comunitário.

No entanto, em boa verdade, a adopção pelo *Supreme Court* da regra da *rule of reason* veio atenuar a rigidez do modelo inicial e, consequentemente, as clivagens entre os dois sistemas.[91] Na prática, mesmo o sistema da *per se condemnation* não pode deixar de ter em conta que a concorrência a proteger não é a concorrência perfeita, mas uma certa forma de concorrência imperfeita.

Por outro lado, no sistema comunitário, em particular no discurso argumentativo dos protagonistas institucionais, não deixa de se fazer notar uma certa tensão entre a inocência perdida inerente ao modelo, idealmente desejável, da concorrência perfeita e o pragmatismo da concorrência praticável que subjaz à concepção da concorrência-meio.

3.2. A protecção da concorrência no sistema comunitário entre pragmatismo e ideologia

A forma de concorrência subjacente às regras de defesa constantes do Tratado de Roma foi objecto de clarificação pelo Tribunal de Justiça, em 1977, no Acórdão Metro I. "A concorrência não falseada visada nos artigos 3.° e 85.° (n. n. 81.°) do Tratado" — pode ler-se aí — "implica a existência no mercado de uma concorrência eficaz (*workable competition*), quer dizer, da dose de concorrência necessária para que sejam respeitadas as exigências fundamentais e atingidos os objectivos do Tratado

---

[90] A contraposição entre concorrência-meio (ou instrumento) e concorrência–condição foi desenvolvida, entre outros, por P. BONASSIES ("Les fondements du droit communautaire de la concurrence: la théorie de la concurrence-moyen", 1983, p. 51 e ss.).

[91] Cf. M. G-H da CUNHA, *ob. cit.*, 1998, p. 63 e ss.

76 *Auxílios de Estado e Fiscalidade*

e, em particular, a formação de um mercado único que funcione em condições análogas às de um mercado interno".[92]

Embora o acórdão apenas se refira às normas sobre as coligações e práticas concertadas, nenhuma razão existe para pensar que esta mesma concepção não se aplique às restantes regras de defesa da concorrência e, em particular, aos auxílios públicos.

O Tribunal aproxima, de modo inequívoco, as noções de concorrência praticável e de concorrência-meio (a concorrência praticável como forma de prosseguir a concorrência-meio), tornando nítido que a concorrência, a sua defesa, não é, no sistema comunitário, um fim em si mesmo, mas sim um instrumento, entre outros, para atingir os objectivos do Tratado. O que é, aliás, coerente com a função do mercado comum e, em geral, das políticas da Comunidade, também estas pertencendo ao domínio dos meios e não dos fins.

As regras comunitárias da concorrência "constituem o instrumento privilegiado da política de concorrência e, por conseguinte, um utensílio especializado da política económica".[93] Tais regras, sejam de direito originário, ou, por maioria de razão, de direito derivado, só têm sentido por referência aos objectivos da Comunidade delineados no Tratado.

Importa assim, ainda que de modo breve, fazer referência aos fins ou objectivos da Comunidade e aos meios de que esta dispõe para os prosseguir. A este propósito, merecem reflexão duas observações.

A primeira diz respeito ao facto de os *objectivos* da Comunidade terem sofrido um alargamento e uma densificação, primeiro com o Acto

---

[92] Vide Acórdão do TJCE, de 25 de Outubro de 1977, *Metro SB-GrossMärkte GmbH & Co. KG/ Comissão*, Col. pp. 670-671, ponto 20.

[93] Cf. A BIENAYMÉ, *ob. cit.*, 1995, p. 384. Segundo RICOU/RODRIGUES, os grandes objectivos da política económica de concorrência consistem em "propiciar aos empresários um espaço de afirmação da sua liberdade de empreender, sobreponível a um mercado europeu sem barreiras no seu interior, fortalecer e tornar competitivas as empresas, extrair sinergias para os grandes objectivos da construção europeia", gravitando os meios de tal política em torno de três núcleos "iniciativa, criatividade, inovação dos empresários; iniciativa, exigência, lucidez dos consumidores; acção reguladora, arbitral, geradora de um ambiente favorável ao exercício da concorrência, por parte da Comissão e do Tribunal de Justiça" (in *Política Comunitária de Concorrência*, 1989, p. 22). Para uma evolução desta política dos anos sessenta a meados dos anos oitenta, vide os mesmos autores, *ob. cit.*, pp. 23-26.

Capítulo I – Integração Europeia, Concorrência e Fiscalidade   77

Único, depois com o Tratado de Maastricht, finalmente com o Tratado de Amesterdão .

Com efeito, o objectivo último — ou, nas palavras do Tratado, a missão (*compito, task, Aufgabe*) da Comunidade — é hoje o de promover, no seu seio, "o desenvolvimento harmonioso, equilibrado e sustentável das actividades económicas, um elevado nível de emprego e de protecção social, a igualdade entre homens e mulheres, um crescimento sustentável e não inflacionista, um alto grau de competitividade e de convergência dos comportamentos das economias, um elevado nível de protecção e de melhoria da qualidade do ambiente, o aumento do nível e da qualidade de vida, a coesão económica e social e a solidariedade entre os Estados membros".[94] É uma missão que transcende largamente objectivos meramente económicos, alguns dos quais (protecção social, emprego, ambiente, solidariedade, coesão económica e social) se apresentam, por vezes, como conflituais com a própria ideia de concorrência.[95]

A segunda observação prende-se com o alargamento dos *meios* e a definição dos princípios que os regem. Inicialmente dois — a instituição do mercado comum e as intervenções públicas, isto é, "a aproximação progressiva das políticas económicas dos Estados membros" —, os meios à disposição da Comunidade e dos Estados que a integram passaram a três com o TUE — a criação de um mercado comum, a criação de uma união económica e monetária e a aplicação das políticas ou acções

---

[94] Conforme a redacção do artigo 2.º do Tratado na versão introduzida pelo Tratado de Amesterdão. Embora os objectivos da Comunidade Europeia não se confundam com os da União Europeia, estes merecem ser evocados pois, sendo mais vastos, superando claramente uma perspectiva económica e mesmo social, configuram o desenvolvimento da Comunidade. Segundo o artigo 2.º do TUE, os objectivos da "promoção do progresso económico e social e de um elevado nível de emprego e a realização de um desenvolvimento equilibrado e sustentável" deverão ser atingidos "nomeadamente mediante a criação de um espaço sem fronteiras internas, o reforço da coesão económica e social e o estabelecimento de uma união económica e monetária (...)" .

[95] Recorde-se, a título de comparação, a redacção originária do artigo 2.º do Tratado de Roma: " A Comunidade tem como missão promover, pelo estabelecimento de um mercado comum e pela aproximação progressiva das políticas económicas dos Estados membros, um desenvolvimento harmonioso das actividades económicas no seio da Comunidade, uma expansão económica contínua e equilibrada, um maior grau de estabilidade, um aumento acelerado do nível de vida e relações mais estreitas entre os Estados que a integram".

comuns referidas nos artigos 3.º e 4.º do Tratado, incluindo a adopção de uma política económica baseada na estreita coordenação das políticas económicas dos Estados membros.

Ora estas acções ou políticas deverão, segundo o Tratado, ser prosseguidas tendo em conta os seguintes princípios orientadores estabelecidos no referido artigo 4.º: como princípio geral, o "princípio de uma economia de mercado aberto e de livre concorrência"; [96] e como princípios específicos, relativos às políticas monetária e cambial, os princípios da estabilidade dos preços, da solidez das finanças públicas e das condições monetárias e da sustentabilidade da balança de pagamentos.

É ainda cedo para avaliar se o estatuto da concorrência na actual redacção do Tratado sai juridicamente alterado com a expressa referência ao "princípio de uma economia de mercado aberto e de livre concorrência" como princípio orientador da acção dos Estados membros e da Comunidade na prossecução dos objectivos comunitários ou se tal referência não passa de um princípio político-ideológico que, em rigor, pouco ou nada acrescentaria à situação jurídica vigente.[97]

Em particular, nos aspectos que mais nos interessam, a forma de concorrência subjacente ao Tratado continua, em nosso entender, a ser a da concorrência praticável e a filosofia subjacente às regras a da concorrência-meio. O aprofundamento de fins, o alargamento dos meios introduzidos pelo TUE e a expressão dos princípios que norteiam tais meios não teriam em vista modificar os equilíbrios existentes.[98] Continua assim

---

[96] Cfr. também os artigos 105.º e 157.º (a. n. 130.º) do Tratado, relativos, respectivamente, ao SEBC e à indústria (evitando aqui o Tratado cuidadosamente a expressão "política industrial").

[97] Ou seja, algo de semelhante à referência ao "socialismo" na versão originária da Constituição da República Portuguesa de 1976, criticada por largos sectores da doutrina e desvalorizada enquanto princípio jurídico (de "socialismo semântico" se falava então). No sentido de que nada de novo acrescentaria a referência ao princípio da economia de mercado aberto e de livre concorrência parece ser significativo o silêncio de alguns comentadores sobre o tema. É o caso, v. g., de Franklin DEHOUSSE in "Article 3 A", CONSTANTINESCO/KOVAR/SIMON, *Traité sur l'Union Européenne*, 1995, p. 101 e ss.

[98] Neste sentido, se podemos concordar com a afirmação subscrita por M G-H da CUNHA (*ob. cit*, 1998, p. 129) de que "as normas de concorrência têm os mesmos objectivos que o próprio tratado", já nos parece mais questionável pretender que "os objectivos do tratado não devem em princípio sacrificar os valores da livre concorrência", uma vez que, quanto a nós, o respeito pelo princípio da livre concorrência não diz respeito aos

Capítulo I – Integração Europeia, Concorrência e Fiscalidade

a ser válida a ideia de que o neo-liberalismo que reina nos países da Comunidade é um *"laisser-passer"*, mas não um *"laisser-faire"*.[99] Como continua a ser ainda válida a asserção de que muitas das intervenções públicas indispensáveis à Comunidade são à partida — dentro dos condicionalismos do Tratado, nomeadamente em sede de auxílios públicos —, obra das autoridades de cada Estado.[100]

É certo que, em alguns casos, tais intervenções podem traduzir-se numa "dificuldade fundamental" para a aventura comunitária. Mesmo quando legítimas, por serem conformes com o Tratado, elas representam, como frequentemente ocorre em sede de auxílios públicos autorizados, "outras tantas compartimentações do mercado comum".[101] Mas isso decorre da filosofia global do Tratado (dos seus objectivos e valores) e não pode ser alterado para uma simples referência expressa a um princípio de economia de mercado e de livre concorrência.

A eficácia deste princípio neste domínio, está sobretudo na maior legitimação política relativamente à adopção, pelas instituições comunitárias encarregadas de executar a política de concorrência, de uma política mais restritiva de autorização de auxílios públicos.

---

objectivos da Comunidade, mas aos meios para os atingir. A ser de outro modo, a regulação de questões como, por exemplo, a concorrência fiscal nefasta pareceria, à partida, prejudicada.

[99] Segundo a fórmula de P. REUTER, in "Articles 1 et 2", CONSTANTINESCO / JACQUÉ/ KOVAR / SIMON, *Traité instituant la CEE*, 1992, p. 27. Para este autor a confiança numa economia de mercado, fundada na livre empresa e iniciativa, impõe-se a um duplo título: pelo seu valor próprio e como mecanismo unificador; todavia ela não basta, porque ela não é um produto natural, tem necessidade de ser enquadrada, protegida contra ela mesma e os seus efeitos de dominação, iluminada por prospectivas globais e complementada por intervenções diversas.

[100] No estádio actual do direito comunitário — reconhecem A. e G. DECOCQ, *Droit de la Concurrence Interne et Communautaire*, 2002, p. 448 — os princípios da economia de mercado e do livre jogo da concorrência não excluem totalmente a responsabilidade dos Estados na boa marcha da economia. Acrescentaria: nacional e comunitária.

[101] Assim, P. REUTER, *ibidem*, 1992, p. 27.

3.3. Tipos e regras do regime comunitário de defesa da concorrência interempresarial

O direito é um dos meios decisivos para que os poderes públicos (Estado ou Comunidade) possam organizar e regular as estruturas e processos de mercado e as formas de concorrência.

O regime da concorrência, um regime que garanta que a concorrência não seja falseada no mercado interno, e a política de concorrência, prosseguida em conformidade com as regras do Tratado, são meios, intrinsecamente ligados, para se atingirem aqueles objectivos.

A espinha dorsal desta disciplina diz respeito ao conjunto de normas directamente dirigido aos agentes económicos, às empresas, privadas ou públicas, que operam no mercado (*anti-trust legislation*).

Ela abrange três subsistemas de defesa da concorrência, com as suas regras próprias: dois deles decorrentes da versão original do Tratado de Roma, outro decorrente de direito derivado recente. Os primeiros integram as regras sobre coligações (*"ententes"*) e práticas concertadas das empresa e as regras sobre o abuso de posição dominante.[102]

O outro é constituído pelo conjunto de regras constantes de regulamentos relativos ao controlo (prévio, directo) das operações de concentração.[103]

---

[102] As regras da concorrência aplicáveis às empresas constam dos artigos 81.º (a. n. 85.º), relativo à incompatibilidade com o mercado comum dos acordos, decisões de empresas e práticas concertadas que afectem o comércio intracomunitário ou a concorrência, e 82.º (a. n. 86.º) relativo à exploração abusiva de posição dominante por parte de uma ou mais empresas. Estas disposições são directamente aplicáveis, podendo ser invocadas por particulares junto dos respectivos tribunais nacionais, independentemente de prévia decisão comunitária. Elas são complementadas pelos artigos 83.º (a. n. 87.º) a 86.º (a. n. 90.º) do Tratado, por múltiplas normas de direito derivado, de natureza material e processual, por decisões administrativas e judiciais, por práticas e por actos atípicos, não vinculativos, mas dotados de real eficácia disciplinadora.

[103] Cf. o Regulamento (CEE) n.º 4064/89, de 21 de Dezembro de 1989 (JOCE n.º L 395, de 30 de Dezembro de 1989, com versão rectificada in JOCE n.º L 257, de 21 de Setembro de 1990), entrado em vigor em 21 de Setembro de 1990 e cuja base jurídica repousa nos artigos 83.º (a. n. 87.º) e 308.º (a. n. 235.º) do Tratado. Este Regulamento foi alterado pelo Regulamento do Conselho n.º 1310/97, adoptado em 30 de Junho de 1997 e publicado em 9 de Julho (JOCE n.º L 180). Relativamente às notificações, prazos e audições, é actualmente complementado pelo Regulamento n.º 447/98, de 1 de Março

Capítulo I – Integração Europeia, Concorrência e Fiscalidade 81

As regras sobre coligações são essencialmente regras que pretendem proibir ou restringir comportamentos das empresas que podem ter como efeito a susceptibilidade de afectação da concorrência no mercado. As regras sobre o abuso de posição dominante são regras que pretendem disciplinar certos comportamentos das empresas na medida em que tenham efeitos sobre as estruturas do mercado (efeito dominação).[104] Por fim, as regras sobre as concentrações visam "evitar que o processo de reestruturação industrial, encorajado pela integração progressiva dos mercados dos Estados membros, gere um prejuízo duradouro para a concorrência".[105]

Mas a defesa da concorrência pode ainda visar a sua protecção contra certos fenómenos de intervenção estadual que podem pôr em causa o mercado único e a lealdade concorrencial. É o que ocorre com o instituto dos auxílios de Estado.

3.4. Concorrência interempresarial, concorrência institucional (interestadual) e auxílios de Estado

Algo diferente das regras da concorrência destinadas às empresas, e, quanto a nós, o seu núcleo mais original, são as regras que integram o instituto dos auxílios públicos (*aides d'État, State aid, aiuti di Stato, staatliche Beihilfen*), cujos destinatários imediatos são os Estados membros.[106]

---

de 1998 (JOCE n.° L 61, de 2 de Março de 1998), que substituiu o Regulamento n.° 3384/94, de 21 de Dezembro de 1994.

[104] Sobre o último tema, vide, entre nós, C. Caboz SANTANA, *O Abuso da Posição Dominante no Direito da Concorrência*, 1983.

[105] Assim, A PAPPALARDO, "Le règlement CEE sur le contrôle des concentrations", *RIDE*, 1990, n.° 1, p. 6. Em geral, sobre o tema, cf., entre outros, A PAPPALARDO, "La réglementation communautaire de la concurrence (deuxième partie). Le contrôle des concentrations des entreprises: récents développements", *RIDE* 3/96, p. 299 e ss; e "Les nouvelles règles en matière de contrôle communautaire des concentrations des entreprises", *RIDE*, 2/1998, p. 177 e ss.; Dominique BERLIN, *Controle communautaire des concentrations*, Paris, Pédone, 1993; Maria J. AROZAMENA, *Las concentraciones de empresas en la Comunidad Europea*, Madrid, Civitas, 1993; e, entre nós, M. Moura e SILVA, "Controlo de concentrações na Comunidade Europeia", *Direito e Justiça*, vol. VIII, tomo I, 1994, p. 133 e ss.

[106] Embora todas elas integrem o Direito Comunitário da Concorrência (e, por extensão, o Direito Comunitário Económico) e possiblitem uma política comunitária da

82   *Auxílios de Estado e Fiscalidade*

O seu fundamento, decorrendo do ordenamento jurídico comunitário, das regras da concorrência estabelecidas no Tratado e de princípios de direito comunitário como os da unificação do mercado interno e da não discriminação, não pode esquecer os fundamentos do direito interno, constitucional, económico, administrativo. Em jogo está, com efeito, o fenómeno multifacetado da intervenção económica do Estado e a relação entre essa intervenção no plano nacional e a defesa, promoção ou mesmo a contenção da concorrência (as restrições consentidas) no plano comunitário.

Sendo uma matéria essencialmente jurídica, uma análise mais aprofundada dos auxílios de Estado não pode descurar as relações do Direito com outros campos do conhecimento, em particular das ciências económica e política.[107] Direito flexível, movediço, evolutivo, difícil de captar em categorias tradicionais, que faz apelo para a juridificação de conceitos provindos de outros saberes, que, pela sua natureza casuística, muitas vezes, se aproxima, na prática, do direito anglo-saxónico (*common law*), que se situa frequentemente nos limites da juridicidade (*soft law*), o direito regulador dos auxílios de Estado existe na tensão entre o aprofundamento da integração económica e, quiçá, política da Comunidade/ União Europeia e a persistência de uma soberania dos Estados membros, em profunda mutação, mas que tem, até agora, permanecido com novos conteúdos, como vinho novo em odres velhos.

Numa primeira aproximação, o objectivo do regime dos auxílios públicos será idêntico ao das coligações, abusos de posição dominante e concentrações: evitar a afectação do comércio entre os Estados membros e que a concorrência no mercado comum seja falseada.

---

concorrência, a verdade é que, durante cerca de quarenta anos, a disciplina e a política dos auxílios públicos fez figura de parente pobre, a ponto de, como refere SINNAEVE "State aid control: objectives and procedures" in BILAL / NICOLAIDES, *Understanding State Aid Policy in yhe European Community*, 1999, p. 13), o seu próprio estatuto como parte da política de concorrência ser incerto, por falta de instrumentos legislativos adequados.

[107] "A matéria dos auxílios de Estado constitui um exemplo bem sucedido de direito económico, que mistura estritamente o formalismo da perspectiva jurídica e o pragmatismo da análise económica". "Uma perspectiva completa de todas as subtilezas da matéria dos auxílios de Estado exigiria igualmente, para além do domínio do direito e de instrumentos da análise económica, a utilização da ciência política" (assim, J-P. KEPPENNE, *Guide des aides d'État en droit communautaire*, 2000, p. 2). Neste trabalho, contudo, o recurso a saberes não jurídicos é, pelas circunstâncias das coisas, reduzido ao essencial.

Os auxílios de Estado poderão afectar o comércio intracomunitário na medida em que segmentem os mercados, erigindo barreiras "não visíveis" às trocas comerciais entre os Estados da Comunidade, ou seja, instituindo novas formas de proteccionismo contrárias à unidade do mercado. Neste sentido, a declaração da sua incompatibilidade com o mercado comum prende-se com o aprofundamento do processo integrador, prolongando as formas clássicas de política de concorrência, traduzidas na eliminação das restrições tradicionais às trocas comerciais, como sejam os impostos alfandegários, as restrições quantitativas e medidas de efeito equivalente e as restrições cambiais.[108]

Mas os auxílios são, de igual modo, susceptíveis de falsear a concorrência porque, ao privilegiarem certos operadores, individual, sectorial ou regionalmente, ou certas produções, em detrimento de outros operadores ou produções, podem violar um princípio de igualdade de oportunidades ou, ao restringirem, de algum modo, a livre circulação dos factores, podem impedir a afectação optimizada dos recursos. No primeiro caso, põem em causa a "equidade económica"; no segundo, a "eficiência económica".

Outras razões, porém, presidiram à adopção ou ao reforço do controlo dos auxílios de Estado, razões essas que não se verificam no caso das regras de concorrência destinadas às empresas. Uma prende-se com a necessidade de evitar o risco de uma corrida aos subsídios, de uma competição entre os Estados membros que conduzisse a um desperdício de dinheiros públicos e ao enfraquecimento da posição competitiva da indústria europeia. Outra com a necessidade de sustentar a política de coesão.[109]

O modelo comunitário de defesa da concorrência relativo aos auxílios de Estado é o de um sistema essencialmente preventivo levado a cabo por uma entidade independente, a Comissão. Como veremos, os

---

[108] Cf. os artigos 23.° (a. n. 9.°), 25.° (a. n. 12.°), 28.° (a. n. 30.°) e 29.° (a. n. 34.°) da versão actual do TCE e o 68.° do TCCE (revogado pelo Tratado de Amesterdão).

[109] Neste sentido, vide SINNAEVE (*ob. cit.*, 1999, p. 13-14), que sublinha ainda que diversos factores tornam hoje mais importante o controlo dos auxílios públicos. Entre eles enumera a realização do mercado único e a união económica e monetária, a liberalização de sectores da indústria, até há pouco protegidos, e a consequente abertura de novos mercados à concorrência e a maior atenção dada pelas empresas e Estados a este domínio, traduzido no maior número de denúncias existente.

auxílios *novos* devem ser previamente notificados à Comissão para análise da eventual isenção da incompatibilidade com o mercado comum.

É certo que em relação aos auxílios *existentes* o sistema de controlo é um controlo *a posteriori*. Mas, de facto, isso não altera a essência do sistema porque, na generalidade dos casos, os auxílios existentes foram inicialmente auxílios novos. Também não prejudica esta ideia o facto de os regimes de auxílios de Estado de natureza patológica (auxílios ilegais e auxílios abusivamente utilizados) serem objecto de um controlo e sancionamento *a posteriori*, pois ou não foram objecto de notificação (auxílios ilegais), ou são auxílios existentes mas cuja utilização pelos beneficiários é incorrecta.

§ 2.°

INTEGRAÇÃO ECONÓMICA E DISTORÇÕES FISCAIS

1. AS DISTORÇÕES FISCAIS

1.1. A origem das distorções fiscais

As distorções de concorrência de origem financeira no mercado interno têm várias causas, sendo de salientar a importância das receitas e despesas públicas globais dos Estados membros, o financiamento público de políticas activas de apoio à actividade empresarial e a estrutura e configuração dos impostos e figuras afins.

O primeiro tipo de distorções está na base das políticas comunitárias de estabilidade e convergência e de coordenação das políticas financeiras dos Estados membros.[110]

O segundo, integrando sobretudo as distorções originadas por despesas especiais que beneficiam certas empresas, actividades ou produções, está na base das políticas de defesa da concorrência disciplinadoras dos auxílios de Estado.

O terceiro é mais complexo, tem origens diversas, e justifica formas múltiplas de regulação e controlo das autoridades comunitárias. Uma delas é constituída pelos auxílios de Estado sob forma fiscal ou parafiscal.

---

[110] A convergência e coordenação das políticas financeiras foi adoptada pela Comunidade na sequência do Tratado de Maastricht. Cf. em especial o artigo 104.° (a. n. 104.° C) do Tratado respeitante à proibição dos défices excessivos e o protocolo relativo ao procedimento aplicável em tal caso. Para uma visão crítica deste mecanismo, cf. A. Sousa FRANCO, "Problemas financeiros...", *ob. cit.*, 1996, p. 35 e ss.

A concorrência fiscal é uma das principais fontes de distorções desta natureza.

Em teoria, num espaço económico integrado, só a união fiscal (isto é, a uniformização dos sistemas fiscais) permitiria evitar a existência de distorções fiscais, ou, pelo menos, seria a forma óptima para esse efeito. Tal união fiscal implicaria, porém, uma união económica fortemente integrada, se não mesmo, no limite, uma união política. No caso da Comunidade Europeia, isto comportaria a total transferência da soberania fiscal, do poder de tributar ou não tributar, dos Estados para a entidade supranacional emergente.[111]

No entanto, uma tal uniformização é muito difícil de alcançar num contexto de integração de espaços económicos pluriculturais e plurinacionais. Não só por razões políticas, mas por razões inerentes à especificidade dos próprios sistemas fiscais. Em rigor, tal unicidade teria que ser imposta por lei, implicaria a total abdicação da intervenção fiscal dos Estados, situação pouco credível mesmo num contexto federal.

Ainda que a Comunidade evoluísse no sentido de uma União política — a prevalecer o cenário mais provável (diria, a médio prazo, o único possível), o de uma união política fortemente descentralizada — continuaria a justificar-se a existência de orçamentos autónomos, dotados de receitas fiscais próprias. Neste quadro poderá quando muito aceitar-se a uniformização de certos elementos do sistema fiscal, nomeadamente daqueles que integrarem as finanças supranacionais. Quanto ao mais, será porventura suficiente a prossecução de políticas de harmonização

---

[111] No sentido de a situação óptima de ponto de vista de uma união económica como a europeia (embora actualmente inviável) ser a plena integração financeira e fiscal, veja-se a posição de M. Teresa M. SIERRA, *La Armonización Fiscal en la Comunidad Economica Europea*, 1997, pp. 39 e 55, para quem a igualdade resultante do desaparecimento de distorções implicaria "um sistema fiscal unificado (...), gerida por um ente supranacional no qual recairia a soberania fiscal total". Neste contexto, a harmonização fiscal é uma opção realista, mas que apenas deveria ser encarada como instrumento de curto e médio prazo. Esta posição é, no entanto, contestada por outros sectores da doutrina que, partindo da ideia que o imposto óptimo não é aquele que é igual para todos, não é aquele que acaba com as distorções, mas o que as minimiza, sustentam que "a harmonização completa contrasta com o caracter óptimo ("ottimalità") da tributação" (assim, F. FORTE, *Iva e Accise e Grande Mercato Europeo*, 1990, p. 32). Vide também I. Vega MOCOROA, *La Armonización del IVA y el Logro del Mercado Interior*, 1991, p. 67.

Capítulo I – Integração Europeia, Concorrência e Fiscalidade

parcial acompanhadas da criação de formas acrescidas de coordenação multilateral das políticas tributárias.[112]

É de facto questionável que, em espaços muito heterogéneos, mesmo que integrem uma união política plena (e não existam obstáculos políticos fortes), uma união fiscal seja viável ou mesmo (económica, social e tecnicamente) desejável. Uma igualização dos sistemas fiscais pode traduzir-se num decréscimo de eficácia e de equidade. Ou, como já alguém disse, a uniformidade pode ser anti-harmonizante.[113]

De resto, os exemplos dos Estados federais e dos Estados fortemente descentralizados mostram que não existe, no seu seio, uniformidade fiscal, neles permanecendo uma ampla dose de autonomia tributária.[114] Por maioria de razão, assim deverá ocorrer em situações de menor grau de integração, como a União Europeia.

Esta conclusão põe, porém, um problema, na medida em que, coexistindo na União uma grande diversidade de sistemas e de políticas fiscais, com reflexos sobre o funcionamento dos sistemas económicos, em particular sobre os mecanismos da concorrência e sobre as relações de comércio externo, é necessário ter em conta os efeitos de uns sobre os outros.

De facto, mesmo que sejam substancialmente similares os sistemas sócio-económicos e políticos dos países que iniciam um processo de integração, são, em regra, diversos os sistemas fiscais (ou, de forma mais ampla, os sistemas de relações fiscais).[115] Diversos são, com efeito, os

---

[112] Políticas que serão o corolário da posição expressa por F. FORTE, *ob. cit*, p. 32, segundo a qual, como se disse, o imposto óptimo não é o que acaba com as distorções (por razões de equidade, algumas existirão necessariamente), mas o que reduz as distorções ao mínimo. Questão que não contende com a eventual criação de um imposto comunitário, considerado por alguns como um instrumento necessário ao aprofundamento do processo comunitário (cf. T. LAMBERT, "Le project d'impôt communautaire: enjeu et débats", in CRUCE, *Union Européenne: Intégration et Coopération*, 1995, p. 61 e ss.).

[113] Assim, R. Calle SAIZ, *El impuesto..., ob. cit.*, 1968, p. 50-51.

[114] Sobre experiências de federalismo financeiro e fiscal, cf. P. CATTOIR, *Féderalisme et Solidarité Financière, Étude comparative de six pays*, CRISP, 1998.

[115] Já o célebre Relatório NEUMARK (de 7 e 8 de Julho de 1962), destinado a identificar os problemas financeiros e fiscais suscitados pelo estabelecimento do mercado comum, dava conta de diferenças muito significativas entre os sistemas fiscais dos então seis Estados membros e das perturbações que elas causavam ao processo de integração comunitário.

níveis de tributação, as estruturas fiscais, os tipos de impostos, os sistemas jurídico-fiscais, a pressão fiscal incidente sobre os contribuintes, a ética fiscal dominante, os níveis de evasão e de fraude, as relações dos cidadãos com as administrações fiscais, etc...[116]

Na base destas discrepâncias entre sistemas fiscais estão diferenças de regimes económicos, de níveis de desenvolvimento, de factores demográficos, de políticas económicas e financeiras, de tradições, de idiossincrasias.[117]

A concreta configuração de um dado sistema fiscal não é, bem longe disso, um produto de mero voluntarismo político, mas é a resultante de múltiplos factores. Neste sentido, um sistema fiscal é um produto histórico-cultural, "um elemento essencial de uma civilização".[118] Mas é também

---

[116] Não podemos, porém, esquecer que, fruto de uma cooperação ou coordenação internacional, de uma aproximação ou harmonização de legislações ou mesmo da própria concorrência fiscal, se desenha simultaneamente uma tendência para a convergência de sistemas ou, no mínimo, para a neutralização dos efeitos mais nitidamente divergentes destes.

[117] Sobre os sistemas fiscais e as suas relações com o sistema económico, ver, entre outros, A. Sousa FRANCO, *Finanças Públicas e Direito Financeiro*, 1996, vol.II, p.167 e ss.; C. Pamplona Corte-REAL, *Curso de Direito Fiscal*, 1982, p 239 e ss.; P. BELTRAME, Os *Sistemas Fiscais*, 1976, p.13 e ss.; L. MEHL e P. BELTRAME, *Science et Technique Fiscales*, 1984, p. 199 e ss; A. Carlos SANTOS, "Sistemas fiscais: conceito e tipologias à luz das experiências angolana e moçambicana", *C.T.F.*, n.° 356, p. 31 e ss.; Albano SANTOS, "Os sistemas fiscais: análise normativa", in *CTF*. n.° 388, 1997, p. 9 e ss. Segundo este último autor, os traços característicos dos sistemas fiscais são a coerência, a interacção, a complexidade e a subordinação a objectivos. Um sistema fiscal ideal deveria, citando NEUMARK, estar subordinado a princípios de justiça, racionalidade económica e eficiência administrativa.

[118] Cf. Pierre di MALTA, *Droit fiscal européen comparé*, 1995, p. 529. Cf. ainda A. BARRERE: "um sistema fiscal é em grande medida um produto histórico, no sentido de estar adaptado à psicologia dos contribuintes e aos seus comportamentos económicos e cívicos, o que exige um período de habituação bastante longo. É também um reflexo da estrutura económica do país e da distribuição do rendimento nacional. Por outras palavras, o sistema fiscal é em si mesmo um elemento estrutural, ligado a um estado sociológico, económico, institucional e, consequentemente, pouco susceptível de modificações rápidas. O que é dizer que a completa unificação dos sistemas fiscais suporia não apenas uma identidade das estruturas económicas e sociais, mas também uma similitude dos comportamentos psicológicos e sociológicos" ("L' influence de la croissance économique des États membres sur les problèmes d'harmonisation fiscale", 1962, p. 207 e ss.); "As diferenças entre os sistemas fiscais não se devem ao acaso, nem ao capricho e fan-

Capítulo I – Integração Europeia, Concorrência e Fiscalidade 89

óbvio que as políticas tributárias, dependentes das opções político-ideológicas dos governos democraticamente sufragados e traduzindo as preferências dos eleitores, ao modelarem os regimes fiscais, têm um peso importante na concreta configuração dos sistemas e relações económicas.[119]

A sua diversidade pode conduzir, nomeadamente no plano das relações de comércio externo, à existência de disparidades ou mesmo de distorções fiscais. Estas distorções interferem na concorrência e no funcionamento dos mercados.[120]

---

tasia dos legisladores nacionais" (J. Xavier de BASTO, "Comentário" (à intervenção de Vito Tanzi) in A.V., *A Política Económica na Comunidade Europeia Alargada*, 1985, p. 176).

[119] Sobre as políticas fiscais é já clássico o estudo de Ken MESSERE, *Tax Policy in OECD Countries. Choices and Conflicts*, 1993. Como sublinha este autor (p. 53), a importância das políticas fiscais não pode fazer esquecer que existem muitos factores condicionantes de tais políticas que os governos não controlam a curto prazo, tais como as condições económicas, a composição da força de trabalho, as regras constitucionais, a eficácia da administração pública, a integração económica internacional, e diversos outros, mais ou menos imprevisíveis como os choques petrolíferos e, acrescentaria, o comportamento dos contribuintes.

[120] Vale a pena recordar a exemplificação de Alberto XAVIER relativamente a situações em que "os regimes fiscais contribuem para falsear as condições em que, em abstracto, se desenvolve a concorrência": "a delimitação da incidência e a fixação das isenções, caso dêem origem a duplas tributações ou a situações de evasão fiscal são, por si sós, fonte de discriminação nas oportunidades e iniciativas económicas que uma concorrência pura e perfeita supõe iguais; a fixação das taxas diferenciadas conforme a fonte dos rendimentos impede igualmente a formação dos preços e a utilização e aplicação dos recursos de harmonia com a hipótese de concorrência perfeita; a adopção de uma fiscalidade progressiva limita por vezes o carácter selectivo que à concorrência assiste e que visa a beneficiar os economicamente mais aptos; os regimes de amortização acelerada são discriminatórios em benefício das indústrias capital-intensivas; o princípio da solidariedade dos exercícios, permitindo compensar os prejuízos de um dado ano com os lucros auferidos em exercícios futuros, pode representar uma protecção fiscal às empresas infra-marginais; a adopção do regime de tributação dos lucros discriminados segundo a forma jurídica das empresas, mesmo no que concerne às técnicas de fixação da matéria colectável e da cobrança introduzem também distorções não baseadas na pura eficácia económica; e os exemplos poderiam multiplicar-se até à saciedade" (*Subsídios...*, *ob. cit.*,1970, p. 24-25).

1.2. Distorções fiscais: noção e formas

Não é fácil definir o que se entende por distorção fiscal. No quadro de uma economia nacional, REBOUT dá-nos, de forma ampla, uma primeira aproximação da noção de distorção, vista como um "fenómeno de turbulência e de contradição" que, independentemente da sua inspiração ou justificação, é susceptível de impedir a realização das finalidades de um sistema económico.[121]

Uma distorção deve ser aferida em relação a um termo ou base de referência, a uma meta ou a um ponto de partida, como seja, por exemplo, um ideal de fiscalidade comum aos países comunitários. Neste sentido, REBOUT reserva a qualificação de distorção para as turbulências fiscais de grande intensidade, cuja erradicação implicaria o recurso a formas avançadas de integração fiscal (harmonização ou uniformização).

A questão está, porém, em saber qual o termo de referência e qual a intensidade da turbulência necessária para que estejamos perante uma distorção fiscal. E sobre isso não há unanimidade de pontos de vista. Como também não há quanto ao modo de erradicar ou combater as formas de distorção fiscal.

Não havendo acordo sobre o termo de referência nem sobre o grau de intensidade inerente à ideia de distorção fiscal, é contudo viável procurar um denominador comum das posições existentes para, a partir daí, fazer a síntese possível.

É o que procurou fazer Fuentes QUINTANA, para quem uma distorção significa a "existência de uma discriminação de origem fiscal que altera as condições de concorrência de um mercado, de modo a provocar modificações apreciáveis nas correntes normais de tráfico e na circulação de pessoas e serviços".[122]

Esta definição, embora deixe igualmente algumas questões em aberto (desde logo a de precisar o sentido dos termos "normal" e "apreciável"), tem por base os princípios da neutralidade e não discriminação, sendo juridicamente mais operativa.

---

[121] Cf. L. REBOUD, *Systèmes fiscaux et Marché Commun*, 1961, pp. 5-7; ver ainda, J. TINBERGEN, "Les distorsions et leur correction", 1958, p. 256 e ss.; M. LAURÉ, "Les distorsions économiques d'origine fiscale. Rapport géneral", 1957, p.19 e ss.

[122] E. Fuentes QUINTANA, *Política Fiscal e Integración Europea. España ante la integración europea*, 1996, p. 121 e ss.

Capítulo I – Integração Europeia, Concorrência e Fiscalidade 91

Assim, ela permite, segundo o mesmo autor, distinguir entre vários tipos ou classes de distorções: conforme o grau ou intensidade, umas serão particulares (diria, específicas), afectando certos produtos, receitas ou despesas, outras gerais, afectando muitos produtos, um ou vários impostos ou despesas; segundo a sua situação de referência, umas dizem respeito a uma situação já alcançada (distorção histórica), outras referem-se a um mercado a estabelecer (distorção previsível); segundo a área de actividade financeira que as suscita, umas são originadas pela importância global das receitas e das despesas públicas, outras pela estrutura da despesa pública, outras ainda pela estrutura dos impostos (nomeadamente, pela relação entre impostos directos e indirectos, pela natureza e tipo de uns e de outros, pela tributação desigual de determinados ramos produtivos).[123] E outras classificações são ainda possíveis: assim, umas serão deliberadamente criadas pelo Estado (distorções activas), enquanto outras resultam das estruturas ou técnicas dos sistemas fiscais dos diversos Estados (distorções passivas). Entre as distorções activas salienta-se o universo dos auxílios de Estado sob forma tributária.

Do exposto, facilmente se conclui que, tendo as distorções fiscais origens e formas muito diversas, os modos de as combater são múltiplos, devendo, em cada caso, procurar-se a adopção dos mais adequados ao tipo de distorção a combater.

1.3. As distorções fiscais, obstáculo ao processo de integração

1.3.1. Observações prévias

Tendo por referência um projecto de integração económica, há que detectar, em função das formas de integração, as distorções fiscais que poderão constituir obstáculos à consolidação desse processo. A importância das distorções fiscais depende assim do modelo e do grau de intensidade de integração económica pretendido. De facto, cada forma concreta de agrupamento económico deve fixar *a priori,* em função dos

---

[123] *Ibidem*, p. 122.

objectivos que pretende alcançar, as distorções a eliminar e os métodos e as políticas a utilizar para tal efeito. [124]

É, pois, possível analisar, em linhas gerais, a correlação existente entre os diversos tipos ideais de agrupamentos económicos e as distorções fiscais a eliminar como pressuposto de passagem para formas de integração mais evoluídas. Em regra, tais distorções, activas ou passivas, serão aquelas que tenham um carácter estrutural e previsível e as que derivem da diversidade de estruturas dos sistemas fiscais ou de políticas tributárias com finalidades extrafiscais.

Questão que pressupõe, não é demais repeti-lo, a prévia definição do nível de integração desejado. Só a partir dessa decisão política, é que será possível eleger as distorções a corrigir ou eliminar e proceder à escolha dos métodos de correcção.

1.3.2. Distorções fiscais e união aduaneira

A *união aduaneira* (tal como a zona de comércio livre) interfere, por definição, com a chamada fiscalidade sobre o comércio externo. A abolição de direitos alfandegários (de importação e de exportação) e encargos de efeito equivalente significa a abdicação, por parte dos Estados que integram a união aduaneira, de uma política fiscal sobre o comércio externo própria, sendo esta uma condição necessária para evitar distorções de concorrência de natureza alfandegária.[125]

Em relação ao território aduaneiro, a realização plena da união aduaneira e da liberdade de circulação de mercadorias conduzirá logica-

---

[124] Cf., em sentido próximo, R. Calle SAIZ, *El impuesto sobre el valor añadido y la Comunidad Económica Europea*, 1968, p.43.

[125] A outra face desta abdicação é a criação *ex novo* de uma pauta aduaneira comum e de uma política aduaneira comum e, por extensão, de uma política comercial externa comum (cujo significado ultrapassa o do conjunto das políticas aduaneiras nacionais anteriormente existentes). A isto acrescerá, em princípio, a transferência das receitas aduaneiras decorrentes da aplicação da pauta comum para o orçamento autónomo da união, contribuindo assim para sustentar o eventual desenvolvimento de outras políticas. Em bom rigor, a plena realização de uma união aduaneira implica ainda a uniformização da legislação aduaneira, nomeadamente a definição das regras de origem, valor e nomenclatura das mercadorias, e dos regimes aduaneiros, podendo envolver ou não, a criação de um corpo aduaneiro comum.

Capítulo I – Integração Europeia, Concorrência e Fiscalidade

mente à aproximação de certas normas técnicas (de segurança, de produção, de regulamentação sanitária, etc.), à coordenação dos impostos indirectos e, mesmo, à necessidade de um certo controlo dos auxílios de Estado.

De facto, como refere ROBSON, "se se pretende que uma união aduaneira promova um uso mais eficiente de recursos, existindo diversos subsídios e impostos nacionais, será necessário tomar certas medidas de harmonização".[126] Assim deverá ocorrer com as estruturas e taxas dos impostos indirectos, bem como com os controlos e restituições fiscais nas fronteiras.[127]

Por outras palavras: a criação da união aduaneira implica uma certa regulação dos impostos internos que influenciam o comércio intracomunitário, por causa dos efeitos discriminatórios que desses impostos internos poderão advir.[128]

1.3.3. Distorções fiscais e mercado comum

Mas se a necessidade de uma mais intensa correcção das distorções fiscais não resultar da construção da união aduaneira resulta por certo da plena realização de um *mercado comum*.

Com efeito, como se disse, a união aduaneira tenderá a tornar mais patente a influência de certos elementos dos sistemas fiscais sobre os fluxos comerciais entre os Estados que a integram. Basta, por exemplo, pensarmos na importância que assumem no comércio internacional os impostos que, sendo mais facilmente passíveis de repercussão descendente, tendem a integrar-se nos preços das mercadorias. Se fosse possível utilizar estes impostos internos, em particular os impostos sobre o consumo e sobre as transacções, como forma de discriminação contra os produtos de origem estrangeira, estaríamos perante um modo simples de

---

[126] Cf. P. ROBSON, *ob. cit.*, 1985, p. 89.

[127] Cf. A. Neto da SILVA e L. Alberto REGO, *Teoria e prática da integração económica*, 1984, p. 68.

[128] Cf. Ben TERRA, *Sales Taxation. The Case of Vallue Added Tax in European Community*, 1988, p. 65 e ss.; A Sousa FRANCO, "Problemas financeiros e orçamentais da União Europeia", A. V., *A União Europeia na Encruzilhada*, 1996, p. 22.

94 *Auxílios de Estado e Fiscalidade*

substituir o proteccionismo dos direitos aduaneiros por uma forma de tributação interna não vocacionada para esses fins.[129] Uma razão de natureza fiscal ("uma barreira fiscal") poderia deste modo conduzir a desvios de tráfego ou a uma protecção artificial do espaço nacional.

O mesmo acontece com o controlo de muitas das intervenções estaduais que configuram auxílios de Estado, as quais podem ter efeitos similares às barreiras aduaneiras.

A construção de um mercado comum acentuará, no mínimo, a necessidade de consagrar um princípio de neutralidade dos subsistemas de tributação interna.

Num primeiro momento, isso reforça a necessidade de neutralizar os factores de distorção originados pelas formas indirectas de tributação, nomeadamente as que recaem sobre os preços.[130] Ou seja: tratar-se-ia de evitar que formas diferentes de tributação produzam disfunções na afectação de recursos; que da escolha de princípios de jurisdição resultem distorções na distribuição de recursos; que diferenças nas estruturas e níveis de taxas produzam distorções de concorrência, etc.[131]

Num segundo momento, pode ganhar relevância a aproximação/ harmonização da fiscalidade directa, nomeadamente para garantir a liberdade de estabelecimento e, sobretudo, de circulação de capitais inerente a um espaço financeiro comum.[132]

---

[129] Cf., entre outros, C. Celorico PALMA, *O IVA e o Mercado Interno. Reflexões sobre o Regime Transitório*, 1998, p. 37 e ss.

[130] Desenvolvem-se aqui algumas considerações efectuadas em A. Carlos dos SANTOS, "IVA e mercado interno: as aquisições intracomunitárias de bens", *Fisco* n.º 42, p. 3 e ss.

[131] A introdução compulsória do IVA comunitário (em decorrência das 1ª e 2ª Directivas, respectivamente n.ºs 67/227/CEE e 67/228/CEE, de 11 de Abril de 1967) obedeceu, *inter alia,* a claras preocupações de garantir a neutralidade fiscal nas transacções que os impostos cumulativos, em cascata, vigentes em cinco dos seis países fundadores da Comunidade não garantiam. Sobre o tema, vide, por todos, Xavier de BASTO, *A Tributação do Consumo e a sua Coordenação Internacional*, 1991, em especial, p. 113 e ss.

[132] É um facto que "a tributação de rendimentos de capitais de residentes e de não-residentes, de pessoas colectivas e singulares, de sucursais, filiais e pessoas associadas está sujeita a regimes que, embora idênticos em muitos Estados membros, criam distorções ao estabelecimento e funcionamento do mercado comum" (cf. A Paula DOURADO, *A Tributação dos Rendimentos de Capitais: A Harmonização na Comunidade Europeia,*

Capítulo I – Integração Europeia, Concorrência e Fiscalidade   95

Com efeito, enquanto a primeira poderá conduzir a uma eventual aproximação da tributação das sociedades, a última, porque respeitante a um factor de produção dotado de enorme mobilidade, susceptível de ser atraído por políticas fiscais activas, poderá conduzir à necessidade de harmonizar a tributação dos rendimentos dos capitais, da poupança e do investimento estrangeiro.

1.3.4. Distorções fiscais e formas mais avançadas de integração

Ir ou não além destas metas depende do facto de o mercado comum ser um projecto em si mesmo ou se inserir na construção de uma forma de integração mais exigente. Com efeito, um mercado comum dirigido à implantação de uma *união económica* implicará ainda que os sistemas fiscais sejam relativamente homogéneos, em função dos objectivos (mais amplos) de transformação desse mercado comum na união económica.[133]

Esta plasma-se num conjunto de políticas comuns ou mesmo unificadas, que completam ou se substituem às políticas nacionais. A própria política de defesa da concorrência começa a ser hoje encarada como uma política comunitária de natureza macro-económica e não apenas como política micro-económica ou estrutural.

Na Comunidade, as políticas comuns são, em homenagem a um princípio de subsidiariedade, completadas por políticas nacionais ou pelo enquadramento comunitário das políticas nacionais e pela convergência progressiva das políticas macro-económicas dos Estados membros. Isto

---

Lisboa, 1996, p. 23). Por isso, como escreve Sousa FRANCO, "Problemas financeiros...", *ob. cit.*, 1996, p. 22-3) "os primeiros relatórios sobre o mercado comum e as políticas comunitárias congeminam, no âmbito da harmonização ou aproximação de legislações, regulamentos e práticas administrativas, uma harmonização fiscal mais ambiciosa, que poderia ir além dos impostos que têm um efeito directo e imediato nas transacções de mercadorias, nomeadamente os que têm relevo na óptica da livre circulação dos serviços e factores de produção (mercado comum"). Vide, também, Gabriela PINHEIRO, *A Fiscalidade Directa na União Europeia*, Porto, 1998, a qual sublinha que um dos objectivos da harmonização da tributação directa é o da "realização do mercado comum, através da eliminação das discriminações e distorções económicas resultantes da aplicação dos sistemas fiscais nacionais" (p. 23).

[133] Cf. R. Calle SAIZ, *El impuesto...*, *ob. cit.*, 1968, p.60.

significa a superação da concepção estritamente mercantil da integração económica, implicando a crescente necessidade de financiamento das políticas de integração positiva e de desenvolvimento comunitário (coesão económica e social, ambiente, etc.).

A *união monetária* não seria senão o prolongamento da união económica no sector monetário, isto é, uma forma mais perfeita de união económica. Sendo realizável através de diferentes modelos, que oscilam entre a fixação irreversível das paridades cambiais e a criação de uma moeda única, acompanhada da unificação das políticas monetária e cambial, ela tem repercussões na concorrência (intracomunitária e externa) e nos sistemas financeiros e fiscais.[134] No limite, dir-se-á que uma união económica e monetária plena só é realizável com a eleição de alguns impostos próprios. Daí a tendência objectiva para a emergência de elementos de união fiscal, pelo menos no que toca a certo tipo de impostos, aqueles que, em regra, integram formas federais de tributação.[135]

Tudo isto conduz, em última instância, à necessidade de a união económica e monetária ser acompanhada de um orçamento financiado com recursos próprios suficientes, de formas de coordenação das políticas financeiras nacionais e de uma política orçamental activa, ou seja, envolve tendencialmente uma *união financeira.*

Esta implica decidir que princípios deverão reger as relações *interestaduais*, se um princípio de equivalência de retornos, mais próprio das situações confederais, se princípios de redistribuição ou perequação inerentes à criação de um sistema fiscal comum, ainda que agindo em níveis ou planos distintos, como é apanágio das experiências federais [136].

---

[134] Uma importante repercussão é, como referem B. GENSER e A HAUFLER, o alargamento do espaço da arbitragem fiscal e do planeamento fiscal internacional. Na sequência de um estudo empírico, concluem estes autores haver poucas dúvidas de que uma maior integração na Europa — e a criação da União Económica e Monetária é um importante elemento nesse processo — incrementará os efeitos de distorção, quer os resultantes das diferenças nos sistemas fiscais nacionais, quer a intensidade da concorrência fiscal relativa às bases de tributação (factores ou mercadorias) dotados de mobilidade no plano internacional ("Tax Competition, Tax Coordination and Tax Harmonization: The Effects of EMU" in R. HOLZMANN (ed.) *Maastricht: Monetary Constitution Without a Fiscal Constitution?* 1996, p. 107).

[135] Cf. M. EMERSON et alii, *Marché Unique, Monnaie Unique*, 1991, p.142.

[136] Cf. A. Sousa FRANCO, *"Comentário..."*, *ob. cit.*, 1985, p. 148.

1.4. Distorções e concorrência fiscal

Os Estados têm à sua disposição um arsenal de instrumentos de intervenção na economia que, no plano comunitário, através da concorrência institucional, podem distorcer a concorrência interempresarial.

Alguns desses instrumentos têm finalidades proteccionistas. Outros visam aumentar ou diminuir a competitividade das suas empresas ou das empresas que pretendam que venham a ser "suas", isto é, localizadas no seu território. Para além das medidas de política económica de natureza geral, o instrumento mais comum é hoje constituído pelas formas de intervenção que configuram auxílios de Estado. Num caso e noutro destacam-se as intervenções de carácter tributário. De facto, quer estejamos perante medidas fiscais gerais quer estejamos perante auxílios sob forma fiscal ou parafiscal estaremos sempre perante políticas que, em regra, originam acrescida concorrência fiscal.

Levanta-se então o problema de saber se e como deve a Comunidade reagir relativamente a este fenómeno. Uma das dificuldades existentes está na valoração dessa forma de concorrência.

De facto, a concorrência institucional, mormente a fiscal, é por muitos valorada positivamente, em particular num contexto de economia global. Dir-se-á que, sendo hoje o capital o único factor de produção dotado de real mobilidade, os Estados deveriam competir por ele, procurando atraí-lo com um ambiente institucional e jurídico favorável. Ou numa formulação mais ampla: sendo os governos uma variável das vantagens competitivas nacionais, a eles competiria essencialmente potenciar as condições que as influenciam de forma positiva. [137]

Ora entre os elementos que podem trazer vantagens competitivas destacam-se os factores de promoção da competitividade do sistema fiscal. Alguns, como a eficiência e isenção da administração ou a maior celeridade na resolução dos processos judiciais de natureza fiscal, são aceites por todos. Outros, como a outorga de certos incentivos ou benefícios fiscais, em especial os que conduzem a uma pressão fiscal mais baixa relativamente a factores de produção dotados de maior mobilidade,

---

[137] Esta posição, defendida por M. PORTER, in *Vantagem Competitiva das Nações* (1990), Campus, Rio de Janeiro, 1993 , p. 691 e ss., conduz necessariamente à legitimação de uma certa concorrência interestadual.

são hoje objecto de acesa discussão pública, centrada no tema das vantagens e desvantagens da concorrência fiscal.[138]

Esta noção é assim entendida de forma mais restrita do que a de competitividade fiscal, apontando sobretudo para a criação de incentivos, incluindo as reduções de taxas, à captação do investimento estrangeiro. Para além disso, ela envolve, com frequência, elementos legislativos extrafiscais com importantes reflexos fiscais e com grande relevância num ambiente competitivo, como é o caso do sigilo bancário que tem por destinatário a administração fiscal.[139]

A controvérsia é hoje patente. Uns manifestam-se favoráveis a uma estratégia de concorrência fiscal, sendo frequentemente a experiência irlandesa avançada como um exemplo a seguir nesta matéria. Outros mostram acentuadas reservas quanto a esta estratégia por temerem os seus efeitos nefastos.

Para os primeiros, a concorrência fiscal forçaria a disciplinar as taxas de tributação, isto é, a oferecer preços baixos pelos serviços prestados, seria um elemento de dissuasão relativamente a agravamentos da tributação do capital, aumentaria a influência do público sobre os governos, forçando-os ao combate ao desperdício e à burocracia, a gastar melhor o dinheiro dos contribuintes, a recorrer a políticas de inovação relativamente aos bens e serviços prestados e a melhorar a qualidade de uns e outros.

Para além disso, a estratégia de concorrência fiscal seria benéfica sobretudo para os países de menor dimensão.[140] Pelo contrário, a estra-

---

[138] Até recentemente, como salienta a OCDE (*Harmful Tax Competition*, 1998, p. 13 e ss), a mobilidade limitada do capital fazia com que a interacção dos sistemas fiscais fosse relativamente pouco importante. Este panorama alterou-se com a mundialização das trocas e do investimento que modificou profundamente as relações entre os sistemas fiscais nacionais.

[139] Sobre o tema, vide o recente relatório da OCDE, *Improving Access to Bank Information for Tax Purposes*, 2000.

[140] Assim, entre outros, R. KANBUR/M. KEEN, *Jeux sans frontières: Tax competition and Tax coordination when countries differ in size*, IFS Working Paper n.º 8, The Institut for Fiscal Studies, 1991; A TIMMERMANS/ J. KLAVER, "EU taxation: policy competition or policy co-ordination?" e H. VORDING, "A level playing field for business taxation in Europe: Why country size matters" in *No tax harmonization. Why a single tax system is harmful to small EU-countries*, VNONCW, Den Haag, 1999, respectivamente a pp. 5 e 27.

Capítulo I – Integração Europeia, Concorrência e Fiscalidade   99

tégia de harmonização fiscal tenderia a beneficiar os países de maior dimensão. [141]

No quadro comunitário, os defensores da concorrência fiscal tenderão a invocar a seu favor, para legitimar a existência de políticas tributárias de atracção dos factores móveis de produção, o "princípio de uma economia de mercado aberto e de livre concorrência", o qual se aplicaria tanto à concorrência interempresarial como à interestadual. Para além disso, recorrerão ainda à ideia de que os Estados membros são, com pequenas excepções, soberanos em sede de fiscalidade directa sobre as empresas e que a intervenção da Comunidade neste campo está sujeita ao princípio da subsidiariedade.

Os segundos sublinham, porém, os efeitos nefastos da concorrência fiscal, quer no plano externo quer no interno.

De facto, os sistemas fiscais não são estanques. As medidas de promoção de concorrência fiscal tomadas por um Estado repercutem-se sobre as receitas tributárias e sobre os sistemas fiscais de outros Estados. Assim, de um ponto de vista económico, transpondo o modelo da economia pública local para o plano internacional, a concorrência fiscal pode ser "definida como uma situação na qual as decisões dos Estados são interdependentes e engendram efeitos externos fiscais criadores de distorções".[142]

Ora, dir-se-á: enquanto as medidas legislativas ou administrativas que promovem uma melhor competitividade fiscal são legítimas, o mesmo não aconteceria com as que promovem a concorrência fiscal. As primeiras traduzem-se, em regra, em medidas de desburocratização e sim-

---

[141] Nesta óptica, a harmonização fiscal (da tributação directa) é vista como "um acto de colusão entre governos cuja finalidade última é impor um nível superior de tributação tanto aos seus cidadãos como aos seus factores de produção. A justificação é que se todos os países actuarem em uníssono, os contribuintes não podem evitar esta política mediante a realização dos seus investimentos fora do país que a implanta (quando se aplica o princípio da fonte) ou de evitar a tributação mudando de residência (quando se aplica o princípio da residência). Em consequência, os efeitos de uma harmonização fiscal concertada são equivalentes aos de uma "cartelização fiscal" em que os diferentes governos se põem de acordo com a finalidade de manterem a pressão fiscal acima do nível em que se teria situado na ausência de acordo e actuam como monopolistas com a finalidade de proteger os seus mercados de bases tributáveis, ignorando o elevado custo que impõem aos seus cidadãos em termos de violação das suas preferências" (assim, G. I. LLANES, *El futuro de la tributación del capital en Europa*, 1997, pp. 301-302).

[142] Assim, Anne VALÉE, *Les systèmes fiscaux*, 2000, p. 207.

plificação, de melhoria de garantias e de comodidade dos contribuintes, de fortalecimento do bom funcionamento dos sistemas fiscais, em suma, em regras de *good governance*, devendo, por isso, ser bem acolhidas.

Já as segundas, em especial os incentivos ao investimento concedidos a não residentes, implicariam que um Estado conseguisse certas vantagens sócio-económicas (mais investimento, mais emprego, etc.) sem suportar os custos inerentes, pois estes seriam financiados por receitas até então arrecadadas por outros Estados.

Para além disso, a concorrência fiscal engendraria um clima de retaliações, conduzindo necessariamente a níveis mínimos de tributação por parte dos Estados concorrentes (*race to the bottom*), arrastando sérios problemas de perda de eficiência no plano dos bens e serviços a produzir e de justiça, com modificação das cargas tributárias em desfavor dos factores dotados de pouca ou nula mobilidade. Deste modo, dir-se-á, a concorrência fiscal significaria não uma manifestação de real soberania dos Estados, mas a sua abdicação em favor da "soberania dos mercados" (ou seja, no fundo, das decisões das grandes empresas transnacionais).

Acresce que a concorrência fiscal tenderá a ser mais acerba com o avanço do processo de integração, podendo daí advir efeitos perversos quer no plano da própria concorrência interempresarial, quer no plano das finanças públicas estaduais, sobretudo quando ela seja efectuada através de ajudas tributárias. Na ausência de um efectivo controlo, estas tenderão a crescer, com reflexos negativos no mercado comum e na própria mentalidade dos operadores económicos, gerando uma cultura empresarial assistencialista e subsídio-dependente em detrimento de uma cultura centrada no risco.

No plano jurídico, os opositores à concorrência fiscal argumentarão que os Estados membros da Comunidade não são empresas, estando vinculados a princípios de solidariedade e cooperação e não de concorrência. A concorrência interestadual, mormente a fiscal, poderá mesmo provocar sérias distorções à concorrência interempresarial e, portanto, à construção do mercado interno.

É neste contexto que surgem certas posições intermédias, como as afirmadas pela OCDE e pela União Europeia. Com efeito, estas instâncias internacionais procuram simultaneamente valorar positivamente a concorrência fiscal e estabelecer-lhe limites, de forma a afastar a concor-

Capítulo I – Integração Europeia, Concorrência e Fiscalidade   101

rência fiscal prejudicial, nefasta ou desleal. [143] As dificuldades começam, porém, quando se pretende traçar uma linha de demarcação entre os dois fenómenos. E continuam quando se procura articular as diversas formas que as organizações internacionais têm à sua disposição para combater as distorções de concorrência provocadas pela fiscalidade.

2. MÉTODOS E POLÍTICAS COMUNITÁRIAS DE CORRECÇÃO DAS DISTORÇÕES FISCAIS

2.1. Os métodos

2.1.1. A classificação de WOLF

Da intensidade do processo e das metas de integração depende, como foi dito, o grau de correcção das disparidades e distorções fiscais, e deste a escolha dos métodos e das políticas de intervenção.

Em teoria, existem vários métodos e políticas de correcção das disparidades e distorções fiscais impeditivas dos normais fluxos comerciais e dos factores produtivos. Alguns envolvem profundas modificações nos sistemas fiscais dos diversos espaços económicos, outros não. Estes métodos e políticas são normalmente combináveis entre si.

Um dos meios de distinguir os vários métodos de correcção das distorções e, consequentemente, o grau de convergência ou de homogeneização da fiscalidade, é ter em conta, a partir de um critério essencialmente jurídico, a sua origem ou modo de elaboração.

---

[143] A OCDE liga a concorrência fiscal à concorrência interempresarial no mercado planetário e ambas à globalização, sendo vista como um factor que propiciou efeitos positivos no desenvolvimento dos sistemas fiscais (*Harmful Tax Competition*, 1998, p. 13 e ss, em especial os pontos 21, 23 e 37). Por seu lado, na União Europeia, o Código de Conduta sobre a fiscalidade das empresas (aprovado pela Resolução do Conselho dos Representantes dos Governos dos Estados membros reunidos no Conselho ECOFIN de 1 de Dezembro de 1997) reconhece, no quarto considerando do preâmbulo, "os efeitos positivos de uma concorrência leal e a necessidade de consolidar a competitividade internacional da União Europeia e dos Estados membros, embora constatando que a concorrência fiscal pode também dar origem a medidas fiscais com efeitos prejudiciais".

Seguindo esta linha, Michel de WOLF detecta três métodos (ou vias) distintos de homogeneização fiscal: o método *compulsório*, quando ela é levada a cabo imperativamente por autoridades supranacionais ou federais; o método da *coordenação*, quando diferentes Estados (ou jurisdições) se põem de acordo sobre certas fórmulas de harmonização necessárias para a coexistência de legislações; e o método da *aproximação espontânea,* quando um Estado decide *unilateralmente* aproximar a sua legislação da de outros parceiros económicos.[144]

O método compulsório tem características supranacionais, pressupondo fortes limitações à soberania fiscal dos Estados, se não mesmo formas de partilha ou de transferência de soberania.

Os dois outros métodos não. O segundo é um método essencialmente intergovernamental, que implica uma conjugação de esforços no sentido de os Estados limarem as principais dificuldades de interconexão entre sistemas fiscais distintos. O último é um método que não exige a colaboração de nenhum outro Estado, antes assenta num efeito-imitação, um mecanismo em regra induzido pelo próprio desenvolvimento da concorrência institucional e que tende a produzir uma convergência ou harmonização "de facto" (uma "harmonização competitiva").

O primeiro foi, até aos anos noventa, o método privilegiado pelas instituições comunitárias, ainda que sem grandes resultados. Desenvolveu-se ora através da utilização de instrumentos de unificação como os regulamentos, sobretudo no campo aduaneiro e em sede de cooperação entre as administrações fiscais dos Estados membros, ora através de instrumentos mais flexíveis, como as directivas, que podem ser simultaneamente instrumentos de compulsão ou de coordenação.

Os restantes métodos, muito presentes na experiência americana, menos dirigista que a europeia neste campo, têm vindo a ganhar expressão nos últimos anos. A preferência, em sede de tributação directa, por formas jurídicas não vinculativas, em detrimento das formas de harmonização mais aprofundadas, é um claro sinal de uma mudança de atitude.[145]

---

[144] Cf. Michel de WOLF, *Souveraineté fiscal et marché intérieur dans la jurisprudence de la Cour de Justice des Comunautés Europénnes et de la Cour Suprême des États-Unis*, vol. I, 1993, p.10.

[145] As formas vinculativas cingem-se, até agora, à Directiva do Conselho n.º 90/434/CEE, de 23 de Julho de 1990, relativa ao regime fiscal comum aplicável às

Capítulo I – Integração Europeia, Concorrência e Fiscalidade   103

Por outro lado, o incremento da concorrência fiscal com base em decisões unilaterais dos Estados, tem tido como reflexo uma aproximação espontânea de certos aspectos das legislações, mormente em sede de taxas de impostos.

2.1.2. Observações críticas

A classificação de DE WOLF merece contudo algumas precisões. De facto, o método compulsório não se pode cingir às formas normativas, mas deve incluir as formas decisionais comunitárias (decisões judiciais e administrativas).

Há, como é óbvio, importantes diferenças entre elas. As primeiras são previamente concertadas entre os Estados membros, gozam das características da abstracção e da generalidade e permitem um enquadramento normal dos casos futuros. Todos ficam submetidos aos seus efeitos de compulsão.

As restantes ocorrem em momento posterior à norma, implicam a apreciação de casos concretos e, em princípio, os seus efeitos de compulsão esgotar-se-iam nos casos *sub judice*.

No entanto, as coisas não são assim tão simples, particularmente num sistema como o da União Europeia, onde, apesar de formalmente não vigorar a regra do precedente, existe, de facto, uma tendência muito forte para extrair efeitos quase normativos das decisões judiciais e para a cristalização de práticas decisórias administrativas, por vezes compiladas sob a forma de documentos de enquadramento, que, na realidade, produzem, frequentemente, efeitos semelhantes aos das normas clássicas.

Quanto ao método de coordenação, ele é largamente levado a cabo através de determinações políticas do Conselho Europeu e do Conselho de Ministros, em particular das constantes em documentos como as conclusões do Conselho ECOFIN. Para além disso, pode efectivar-se através de formas convencionais ou contratuais. Há, no entanto, que reco-

---

fusões, cisões, entradas de activos e permutas de acções entre sociedades de Estados membros diferentes e à Directiva n.º 90/435/CEE, da mesma data, relativa ao regime fiscal comum aplicável às "sociedades-mães" e "sociedades afiliadas" de Estados membros diferentes.

nhecer o recente interesse da Comunidade em adoptar, em sede de tributação directa, formas jurídicas não vinculativas como as recomendações.[146] E, bem assim, deve sublinhar-se a especificidade e crescente importância dos acordos políticos, de formas de coordenação política, não juridicamente vinculativas, como o Código de Conduta sobre a fiscalidade das empresas, também elas susceptíveis de produção de reais efeitos no terreno.

Com efeito, a cooperação política, mais do que a engenharia jurídica, procura hoje afirmar-se como resposta a este tipo de problemas, nuns casos de forma alternativa, noutros de forma complementar. Mesmo instrumentos compulsórios como as decisões da Comissão em sede de auxílios de Estado (em matéria fiscal como noutros campos) são precedidas de negociação política, assentes, em regra, em considerações de natureza sócio-económica.

Todas estas vias podem conduzir a formas de convergência ou harmonização fiscal. Só que, enquanto as formas derivadas de métodos normativos decorrem de uma harmonização programada, mesmo quando pontual, e mais transparente, as restantes originam uma harmonização fragmentada, porventura mais flexível, mas que emerge muitas vezes em sentido divergente daquele que presumivelmente seria aceitável pelo legislador comunitário.

Neste sentido, estas formas aproximam-se, no plano dos efeitos, ora da harmonização normativa, ora da harmonização espontânea ou pelo mercado.

---

[146] É o caso da Recomendação da Comissão (94/79/CEE), de 21 de Dezembro de 1993, relativa à tributação de certos rendimentos auferidos por não residentes num Estado membro diferente do da sua residência (JOCE n.º L 39, de 10 de Fevereiro de 1994); da Recomendação da Comissão (94/390/CE), de 25 de Maio de 1994, relativa ao regime fiscal que incide sobre as pequenas e médias empresas (JOCE n.º L 177, de 9 de Julho de 1994) e da Recomendação da Comissão (94/1069/CE), de 7 de Dezembro de 1994, sobre a transmissão destas mesmas empresas (JOCE n.º L 385, de 31 de Dezembro de 1994).

2.2. As políticas comunitárias

2.2.1. Observações prévias

Conexa com a problemática dos métodos de correcção é a questão das políticas a que é possível recorrer para, em concreto, corrigir as distorções fiscais. Elas dependem largamente dos métodos escolhidos.

Assim, algumas são mais influenciadas por mecanismos de mercado ou por mecanismos tradicionais de cooperação. É, respectivamente o caso das políticas de inacção fiscal ou das que se baseiam em instrumentos políticos (v.g., acordos de cavalheiros) ou em instrumentos jurídicos não vinculativos, como as recomendações. Nestes casos, pelo menos formalmente, a soberania tributária permanece intocada, tendo o princípio da subsidiariedade plena expressão.

Outras baseiam-se no método compulsório, implicando, através do recurso a directivas, formas de harmonização ou de aproximação de legislações. Ou então, como ocorre com a política de regulação e controlo comunitário dos auxílios tributários, contribuem para a convergência de políticas e sistemas fiscais.

Um caso extremo de aplicação do método compulsório seria a unificação, por via regulamentar, dos normativos fiscais dos Estados membros. Até hoje, esta política legislativa apenas foi seguida em relação aos direitos aduaneiros.

Várias são pois as políticas de combate às distorções fiscais. Aqui agrupámo-las de acordo com o seu carácter predominantemente político ou jurídico (legislativo ou administrativo).

2.2.2. As políticas *tout court*

2.2.2.1. A política de não intervenção

É uma política que consiste em a Comunidade nada fazer, deixando funcionar os mecanismos da concorrência entre os sistemas fiscais dos Estados membros. Estes mecanismos encarregar-se-iam de resolver por si próprios os problemas das distorções fiscais. Esta política corresponde ao método de aproximação espontânea (*market oriented approach*), frequentemente defendido pelas posições britânicas.

Pode parecer estranho eleger como um método uma não intervenção, mas intervir ou não intervir depende essencialmente de uma decisão política: a não decisão, aqui, como em outras áreas, é uma forma de decisão. A não intervenção significa a não harmonização, a não cooperação, a não coordenação político-jurídica. Na realidade corresponde a uma hipótese extrema que, na prática, pode existir sob a forma de tendência. Traduz-se num tipo de intervenção cujos efeitos, podendo ser previsíveis, são deixados à livre concorrência institucional. Uma política deste género funda-se, em última instância, no princípio do mútuo e pleno reconhecimento dos sistemas fiscais.

Numa óptica liberal pura, o mercado daria aos diversos Estados os sinais necessários para que estes, não querendo perder competitividade, fossem aproximando, por *decisão unilateral*, os seus sistemas fiscais ou, pelo menos, elementos importantes destes.

Assim, por exemplo, segundo esta corrente, no quadro da tributação indirecta, a definição do princípio da origem como princípio de jurisdição em sede de IVA não necessitaria de ser acompanhada por qualquer processo de harmonização de taxas ou correcções similares. Tal definição conduziria necessariamente a uma aproximação de taxas a efectuar por pressão do mercado.[147]

Facilmente se verifica contudo que a generalização deste processo, isto é, uma opção política que sistematicamente privilegiasse a concorrência fiscal tenderia, no caso das taxas, para uma harmonização pelo nível mais baixo, como tenderia, em domínios como o das obrigações declarativas ou de outras exigências administrativas de controlo, para o estabelecimento de condições mínimas. Num caso e noutro, poderiam daí decorrer efeitos perversos.[148]

---

[147] Trata-se de posições que, por diversas razões, questionam a necessidade de uma harmonização fiscal na Comunidade para se atingir um mercado interno. É o caso, por exemplo, das posições dinamarquesa (expressa por J.P. KRISTENSEN, "Report of the Danish Report", in A.V. *L'Harmonisation Fiscale le Défi de 1993*, vol. II, 1990, p. 52) e britânica (sintetizada por C. QUIGLEY, "Fiscal Harmonization", in A. V. *L'Harmonization Fiscale...*, *ibidem*, p. 257 e ss). Vide também Hans GIERSCH, "Der EG Binnenmarkt als Chance und Risiko", 1988, p.13.

[148] Sobre os efeitos negativos da concorrência fiscal, cf. Manuel PIRES, "A internacionalização...", *ob. cit.*, 1993, p. 17.

Capítulo I – Integração Europeia, Concorrência e Fiscalidade 107

Estes factos, embora numa primeira aproximação, possam ser favoráveis aos consumidores, quando se traduzam numa baixa dos preços, e aos produtores e comerciantes, quando impliquem uma baixa dos custos, poderão ter efeitos negativos para os Orçamentos dos Estados e, a manter-se a mesma pressão fiscal, justificada, não por despesas supérfluas, mas pela necessidade de dar corpo ao Estado social, também para a maioria dos contribuintes.

Uma diminuição das receitas fiscais arrecadadas pode, com efeito, advir quer de uma substancial baixa das alíquotas quer de medidas de simplificação excessivas, que sendo insuficientes para uma eficaz cooperação administrativa, acabam por favorecer mecanismos de evasão ou fraude.

Por outro lado, seria grande a tentação de o Tribunal de Justiça enveredar por uma jurisprudência criativa, seguindo caminhos que provavelmente não seriam trilhados pelo Conselho, caso houvesse produção normativa nesse domínio.

Daí que normalmente esta política seja preterida em favor de políticas positivas de intervenção contra as distorções fiscais. Isto é, por políticas de sustentação programada das próprias forças de mercado, umas de natureza fiscal, outras não, mas com reflexos na fiscalidade.

2.2.2.2. As políticas não fiscais: o exemplo da política de ajustamento das taxas de câmbios

Do ponto de vista comunitário, é também uma política de não intervenção. Haveria, porém, uma intervenção a efectuar pelos Estados membros, no quadro da sua política monetária.

Com efeito, as distorções de concorrência, particularmente as originadas pelos impostos indirectos, podem ser compensadas, num regime de câmbios flexíveis ou flutuantes, por variações das taxas de câmbio, através de desvalorizações (subida dos câmbios) ou revalorizações (descida dos câmbios) da moeda nacional, de forma a anular as repercussões das distorções derivadas de impostos que incidem sobre preços na respectiva balança comercial.

Com efeito, a desvalorização operaria nos países de fiscalidade forte, estimularia as exportações, desincentivando as importações e compensando as diferenças de taxas de câmbios; a revalorização dar-se-ia nos países de fiscalidade fraca, estimulando as importações, desincentivando as exportações, de modo a compensar os contra-estímulos às importações e os estímulos às exportações derivados da fraca carga fiscal.[149]

Esta posição baseia-se na chamada teoria da paridade da capacidade do poder aquisitivo, cujas origens remontam a RICARDO e a STUART MILL, que assenta na ideia de que, depois de um certo período, as taxas de câmbio se adaptam às variações de nível de preços, restabelecendo o equilíbrio. Esta teoria, no entanto, pressupõe hipóteses que, na prática, muito dificilmente se concretizam, nomeadamente que os intercâmbios não conheçam obstáculos, que não haja custos ligados à transferência de produtos entre Estados (custos de transporte, encargos aduaneiros, etc.) e que os câmbios sejam livres e flexíveis (ou flutuantes).

Mesmo que estas condições estivessem preenchidas, o custo da compensação a efectuar seria provavelmente o da existência de problemas de instabilidade cambial.

De qualquer forma, este mecanismo compensatório, embora pudesse ter tido aplicação na Europa durante algum tempo como forma de redução das diferenças das estruturas económicas e fiscais ou das cargas fiscais, seria hoje de muito menor relevância.[150] De facto, se a sua utilização era já muito limitada no contexto do Sistema Monetário Europeu em relação aos Estados que tinham aderido ao mecanismo das taxas de câmbio, ela é insusceptível de utilização pelos Estados que integram a UEM, uma vez que nesta, por definição, as paridades cambiais são fixas.[151]

---

[149] Cf. J. Xavier de BASTO, *A Tributação do Consumo e a sua Coordenação Internacional, ob. cit.* , p. 81.

[150] Vide, sobre o tema, M. LAURÉ, *Tratado de Politica Fiscal* (1956), 1960, p. 212 e ss.; L. RIBOUD, *Systèmes fiscaux..., ob cit.*,1961, p. 52 e ss; J. Xavier de Basto, *A Tributação do Consumo..., ob. cit.*, 1991, p.82, n. 106.

[151] Recorde-se contudo que a zona ou área do euro não integra todos os Estados comunitários e que a futura adesão à União Europeia de novos Estados membros irá aumentar o número dos não aderentes ao euro.

Capítulo I – Integração Europeia, Concorrência e Fiscalidade 109

2.2.2.3. A política comunitária de promoção e coordenação de convenções para evitar a dupla tributação internacional

A existência de duplas tributações internacionais é uma das clássicas fontes de distorções de concorrência.[152]

A eliminação da dupla tributação na Comunidade é, pois, desejável, sendo assumida pelo Tratado de Roma. Em certos casos ela será efectuada por via de políticas normativas gerais, de harmonização ou aproximação de legislações. Noutros, porém, ela opera por via convencional.

Neste último caso, os Estados poderão estar ou não juridicamente vinculados a concluir acordos para eliminar as duplas tributações. Ora, não estando consagrado no Tratado, nem em legislação secundária, um modelo comunitário de convenção nem expressamente qualquer competência específica da Comunidade nesta matéria, a decisão de concluir convenções bilaterais para evitar a dupla tributação parece decorrer de decisões dos Estados membros.

É certo que o artigo 293.° do Tratado estabelece que "os Estados membros entabularão entre si, sempre que necessário, negociações destinadas a garantir, em benefício dos seus nacionais a eliminação da dupla tributação na Comunidade".[153] E que, segundo alguma doutrina (assim HUET), esta fórmula teria um duplo sentido. Por um lado, significaria que os Estados não seriam livres de apreciar a oportunidade das negociações, sendo obrigados a fazê-lo caso a Comissão, enquanto entidade encarregada de velar pelo cumprimento do Tratado (incluindo o disposto neste artigo), lhes solicitasse que assim procedessem. Por outro, esta obrigação revestiria carácter subsidiário, isto é, os Estados não teriam que entabular negociações, caso os objectivos do artigo 293.° já tivessem sido realizados através dos direitos internos ou pela acção das instituições comunitárias.[154]

---

[152] O mesmo ocorre com a evasão fiscal. A esta questão, porém, sendo igualmente aplicável muito do que neste ponto é dito (as convenções são também para evitar a evsão fiscal), procura dar resposta o mecanismo explanado no ponto 2.2.3.2.

[153] O artigo 293.° do Tratado (a. n. 220.°) aplica-se ainda a domínios como a protecção das pessoas, o gozo e protecção dos direitos, o reconhecimento mútuo das sociedades, a simplificação do reconhecimento e execução de decisões judiciais e arbitrais.

[154] Cf. A HUET "Article 220", in CONSTANTINESCO / JACQUÉ / KOVAR / SIMON, *ob. cit.*, 1992, p. 1377-1378.

Segundo o mesmo autor, não se trataria aqui de reservar uma competência específica para os Estados membros: nada impediria, com efeito, que os órgãos comunitários regulassem estas questões por outras vias, nomeadamente por via da harmonização, na base de outras disposições do Tratado.

Do mesmo modo, também não haveria qualquer obstáculo jurídico à elaboração pela Comunidade de uma convenção multilateral de dupla tributação que vinculasse os Estados membros entre si e eventualmente funcionasse como modelo para as negociações com Estados terceiros. No entanto, este passo nunca foi dado, nem sequer existindo um modelo comunitário de convenção, a exemplo do que ocorre nos Estados Unidos. Acresce que nunca a Comissão emitiu qualquer decisão no sentido de obrigar Estados membros a concluírem convenções ou mesmo a entabularem negociações para esse efeito.

Na prática, pois, a norma do Tratado tem sido lida como meramente programática. Assim, os Estados membros, com fundamento em decisões internas, concluem entre si (e com países terceiros) acordos de dupla tributação bilaterais, tendo, sobretudo, por base o modelo de convenção fiscal da OCDE em matéria de impostos sobre o rendimento e sobre o património.[155]

Esta via é insuficiente. Por um lado as convenções bilaterais não permitem uma integral supressão da dupla tributação. Assim acontece, por exemplo, quando é utilizado o método da imputação ordinária (onde apenas se aceita a dedução à colecta da fracção do imposto nacional que corresponde aos rendimentos obtidos no Estado da fonte) e este mesmo

---

[155] Cf. OCDE , *Modelo de Convenção Fiscal sobre o Rendimento e o Património*, Lisboa, 1995. As relações entre o direito comunitário e as convenções em geral, incluindo as de dupla tributação, são regidas pelo artigo 307.º (a. n. 234.º) do Tratado. Sobre o tema, vide Manuel PIRES, *Da Dupla Tributação Jurídica Internacional sobre o Rendimento*, 1984; M. M. MESQUITA, *As Convenções sobre Dupla Tributação*, Lisboa, 1998, p.35 e ss.; G. PINHEIRO, *ob. cit.*, 1998, p. 153 e ss.; M. Celeste CARDONA, "O papel dos acordos de dupla tributação na internacionalização da economia" in CEF, *A Internacionalização da Economia e a Fiscalidade*, 1993, p. 222 e ss.; M. Angeles JIMÉNEZ, *La doble imposición internacional en la Unión Europea*, 1995, em especial, pp. 45 e ss.; e J. Calderón CARRERO, *La Doble Imposición Internacional en los Convénios de Doble Imposición y en la Unión Europea*, 1997, em especial, pp. 209 e ss.

Capítulo I – Integração Europeia, Concorrência e Fiscalidade   111

Estado aplique uma taxa de imposto mais elevada que o Estado da residência.[156] Por outro lado, elas podem dar origem a práticas discriminatórias e ser fonte de distorções, pois possibilitam aos operadores económicos o recurso ao *treaty shopping*.

Daí a necessidade de serem prosseguidos trabalhos no sentido da adopção de uma Convenção Multilateral neste domínio e de ser formulada uma política comunitária de coordenação da política de tratados sobre dupla tributação.[157]

2.2.2.4. A institucionalização de cooperação política

O exemplo por excelência de uma cooperação política institucionalizada é o do já referido Código de Conduta sobre a fiscalidade das empresas e do grupo de trabalho criado para a sua aplicação (Grupo PRIMAROLO). A ele voltaremos na última parte deste trabalho, pelo que nos dispensamos de efectuar agora qualquer desenvolvimento do tema.

2.2.3. As políticas legislativas

2.2.3.1. A política de estabelecimento de mecanismos de compensação ou ajustamentos fiscais nas fronteiras

A técnica dos ajustamentos fiscais nas fronteiras como forma de combater distorções fiscais aplica-se à tributação indirecta. Ela é típica da consagração legal do princípio do destino como forma de coordenação das jurisdições fiscais em sede de relações de comércio externo. Traduz-se, com efeito, no desagravamento das exportações no país da ori-

---

[156] Cf. G. PINHEIRO, *ob cit*, 1998, p. 157-158 que dá ainda como exemplo o caso de existirem divergências quanto aos conceitos jurídicos; M. Celeste CARDONA, *ob. cit.*, 1993, p. 223.

[157] A Convenção de Arbitragem, ou mais exactamente a Convenção relativa à eliminação da dupla tributação em caso de correcção de lucros entre empresas associadas (90/436/CEE publicada in JOCE n.°L 225, de 20 de Agosto de 1990), pode ser vista como um primeiro passo no sentido da adopção de uma Convenção Multilateral global.

112   *Auxílios de Estado e Fiscalidade*

gem ou da produção, com restituição do imposto pago a montante e na aplicação de um mecanismo de compensação nas importações no país de destino ou de consumo, de forma a que os produtos importados entrem no consumo com uma carga fiscal equivalente à que recai, no Estado de destino, sobre produtos idênticos aos importados.

O princípio rector é, pois, o de atingir a neutralidade externa: a carga tributária suportada pelos produtos importados não deverá ser superior à suportada pelos produtos nacionais do país de consumo.[158]

Isto é conseguido através de um sistema de comportas ou de compensações estabelecido, em regra, nas fronteiras, por via alfandegária. Mas variantes deste sistema, como a dos ajustamentos não serem efectuados nas fronteiras mas posteriormente, nas empresas, menos gravosos para a livre circulação das mercadorias, mas mais difíceis de controlar, são também possíveis.

O princípio do destino com adopção de ajustamentos fiscais nas fronteiras é o procedimento adoptado ou permitido pelas organizações de comércio ou de cooperação económica internacional, em particular pelo GATT, pela EFTA, pela OCDE e, acrescente-se, até à data, também pela Comunidade.[159] É um sistema que deixa intocado o essencial da soberania fiscal dos Estados membros neste domínio: permite-lhes em princípio a coexistência de diversos tipos de impostos, ou a manutenção de divergências nas estruturas e nos níveis de taxas de um mesmo tipo de tributação. Neste sentido, a política de ajustamentos fronteiriços, embora decorra de instrumento jurídico vinculativo, é um típico método de coordenação fiscal, entendida esta como forma que tem por fim "eliminar as causas de injustiça ou ineficiência resultantes da justaposição, horizontal ou vertical, de sistemas fiscais autónomos, sem alterar concertadamente o seu conteúdo".[160]

---

[158] Sobre o conceito de neutralidade externa por oposição à neutralidade interna na tributação indirecta, ver B.TERRA, *Sales Taxation, ob. cit.*, 1988, p. 15 e ss.

[159] Sobre o tema, ver A. Carlos dos Santos, *"Integração Europeia e Abolição das Fronteiras Fiscais. Do Princípio do Destino ao Princípio da Origem?"* (CTF, n.º 373, 1993, p. 25 e ss).

[160] Cf. A. Sousa FRANCO, "Comentário...", *ob. cit.*,1985, p. 143 e ss.

Capítulo I – Integração Europeia, Concorrência e Fiscalidade 113

2.2.3.2. As políticas de cooperação administrativa no combate à evasão e fraude fiscais

Embora decisivas para a prossecução das políticas comunitárias substantivas, as políticas de cooperação administrativa são essencialmente políticas de natureza processual, com carácter instrumental. Não surpreende pois que este tenha sido um dos domínios onde mais rapidamente se desenhou uma política tributária da Comunidade, ainda que nem sempre com os frutos esperados.

A cooperação administrativa assenta no respeito da autonomia das administrações nacionais na aplicação das normas comunitárias e nacionais e na gestão e inspecção tributárias, incluindo a organização e iniciativa na luta contra a evasão e fraude.[161]

A integração económica implica, porém, que tais políticas assumam natureza multilateral.[162] Elas obrigam a uma coordenação, por vezes mesmo a uma harmonização de políticas nacionais por via de instrumentos e procedimentos regulamentados comunitariamente, superando em muito o carácter tradicionalmente bilateral da cooperação, como aquele que decorre dos clássicos acordos de dupla tributação.

De entre todas, pela seu importante contributo para a eliminação das distorções fiscais, é de salientar as políticas de assistência mútua para combater a evasão e fraude fiscais.

Este combate é decisivo. Como reconhecia a Comissão, em 1984, a evasão e fraude internacionais têm inquestionavelmente implicações para a Comunidade, tanto maiores quanto avance a integração económica e financeira, obrigando a adoptar uma óptica comunitária. É óbvio que, quando os contribuintes escapam às suas obrigações fiscais, podem surgir, no plano comunitário, distorções de concorrência e indesejáveis movimentos de capitais.[163]

O primeiro instrumento comunitário de cooperação administrativa na área tributária foi a directiva da assistência mútua no domínio dos

---

[161] Cf. J. Llave de LARRA, *El Sistema Fiscal Europeo*, 1986, p. 235.

[162] Assim, A J. EASSON, *Taxation in the European Community*, 1993, p. 234.

[163] Vide COMISSÃO, *Community Action to Combat International Tax Evasion and Avoidance*, Communication of 28 November 1984 from the Commission to the Council and Parliament, Doc. COM (84) 603 final.

impostos sobre o rendimento ou património, rapidamente alargada ao IVA e aos impostos especiais sobre o consumo.[164]

Nesta directiva prevê-se a possibilidade de, dentro de certos limites, se efectuar, entre autoridades competentes, a troca de informações (a pedido, de forma automática ou espontânea) necessárias à correcta determinação dos impostos directos e indirectos, bem como a hipótese de, por acordo, um Estado membro autorizar a presença de funcionários de outros Estados membros no seu território.[165]

Em sede de IVA, este regime foi completado, no que respeita às transacções no seio da Comunidade, por um sistema comum de troca automática de informações relativas às aquisições intracomunitárias de bens que permite também o controlo da identificação ou registo dos respectivos sujeitos passivos. Este sistema, de base electrónica, teve por objectivo a substituição dos controlos fiscais nas fronteiras.[166]

Mas a cooperação administrativa com vista a combater a evasão e fraude não se cinge a este domínio. Abrange também a assistência mútua na cobrança do IVA, dos impostos aduaneiros e dos direitos niveladores agrícolas.[167]

Acresce que, neste domínio, não está obviamente excluída a realização por parte das Comunidades de convenções ao abrigo, ou não, do

---

[164] Cf. Directiva do Conselho 77/779/CEE, de 19 de Dezembro de 1979 (JOCE n.º L 336, de 27 de Dezembro de 1997), alterada pela Directiva do Conselho 79/1070/CEE, de 6 de Dezembro de 1979 (JOCE n.º L 331, de 27 de Dezembro de 1979) e pelo artigo 30.º da Directiva do Conselho 92/12/CEE, de 25 de Fevereiro de 1992 (JOCE n.º L 76, de 25 de Março de 1992).

[165] Para maiores desenvolvimentos, vide M. Margarida MESQUITA, "Troca de informações e cooperação fiscal internacional", in CEF, *A Internacionalização da Economia e a Fiscalidade*, ob. cit, 1993, p. 331 e ss., em especial, 345 e ss.; e R. C. SAÍZ, *La armonización fiscal europea: un balance actual*, Madrid, 1990, p. 109 e ss.

[166] Sobre este sistema, instaurado pelo Regulamento 218/92, de 27 de Janeiro, já referido, e conhecido, na gíria, por sistema VIES (*VAT Information Exchange System*), vide Arlindo CORREIA, "IVA — A cooperação administrativa como instrumento de controlo, substituindo as fronteiras fiscais. As novas obrigações dos sujeitos passivos de IVA em 1993", in *Fisco*, n.º 48/49, Nov./Dez., 1992.

[167] Cf. a Directiva do Conselho n.º 76/308/CEE, de 18 de Março de 1976 (JOCE n.º 73, de 19 de Março de 1976), alterada pela *Directiva* 79/1071/CEE, publicada in JOCE n.º L 331, de 27 de Dezembro de 1979. Sobre o tema, vide, L. CARTOU, *Droit fiscal international et européen*, Dalloz, Paris, 1986, p. 302.

Capítulo I – Integração Europeia, Concorrência e Fiscalidade   115

artigo 293.º do Tratado. Um bom exemplo é o da Convenção de Roma de 7 de Setembro de 1967 para a assistência mútua entre as administrações aduaneiras. Mas, ao contrário das convenções efectuadas ao abrigo do artigo 293.º do Tratado, esta convenção de Roma não integra o direito comunitário mas sim o direito internacional.

O domínio da cooperação é, aliás, uma área que deverá conhecer um aprofundamento nos anos vindouros. Para tal contribuirá a inovação mais importante, no plano fiscal, introduzida pelo Tratado de Maastricht e desenvolvida pelo Tratado de Amesterdão, a qual diz respeito à luta contra a fraude fiscal, alargada à lesão dos interesses financeiros da Comunidade. Para além da formulação do princípio de que os Estados membros se comprometem a adoptar, para defesa daqueles interesses, medidas análogas às que adoptam para defender os seus próprios interesses nacionais, o Tratado prevê ainda, no âmbito da competência da Comissão, uma coordenação permanente da acção dos Estados membros para protecção da Comunidade contra a fraude fiscal.[168]

2.2.3.3. As políticas de harmonização e de aproximação das legislações fiscais

"Harmonizar implica eliminar os aspectos colidentes do "quid" sobre que se opera".[169] Assim, uma política de harmonização "traduz um esforço de convergência ou aproximação parcial entre aspectos da estrutura e conteúdo dos sistemas fiscais autónomos, suprimindo aquelas divergências entre eles que possam afectar os fins essenciais do processo de integração".[170]

---

[168] Cf. o artigo 280.º (a. n. 209.º-A) do Tratado. Sobre o tema, cf. A Sousa FRANCO, "Problemas financeiros...", *ob cit*, 1996, p. 32; A BUTTICÉ, "Les fraudes au préjudice du budget communautaire et la répression de la grande délinquance financière", in CRUCE, *Union Européenne: Intégration et Coopération*, 1995, pp. 121 e ss. É igualmente importante não esquecer o papel do CONSELHO da EUROPA e da OCDE nesta área. Cf., destas organizações, o *Relatório Explicativo Relativo à Convenção Sobre Assistência Mútua Administrativa em Matéria Fiscal*, Lisboa, 1992.

[169] Cf. M. PIRES, "Harmonização fiscal face à internacionalização da economia. Experiências recentes" in CEF, *A internacionalização da economia e a fiscalidade*, 1993, p. 19.

[170] Cf. A Sousa FRANCO, "Comentário"..., *ob. cit.*, 1985, p. 143-4.

Na Comunidade, a harmonização consiste pois numa política de integração parcial da actividade fiscal dos Estados membros a partir de actos normativos (em regra, directivas) que, criando (ou substituindo) impostos ou normalizando elementos estruturais de impostos existentes, contribuirão para eliminar as distorções existentes. Ao alterar, aproximando-os, os próprios sistemas e estruturas fiscais, a harmonização / aproximação das legislações actua no plano das causas e não no plano dos efeitos como sucedia com o método anterior.[171]

A noção de harmonização abrange um leque de situações muito vasto, todas as que traduzam um estado intermédio entre as situações de mera coordenação e aquelas que impliquem uma uniformização fiscal.

De acordo com Sousa FRANCO, é possível distinguir vários tipos de harmonização, tendo em conta o seu âmbito e o seu objecto. Quanto ao âmbito, ela é um subconjunto da harmonização financeira e pode abranger quer os sistemas fiscais, tomados no seu conjunto, quer apenas certos impostos específicos. Quanto ao objecto, a harmonização pode respeitar à definição das bases tributárias (harmonização da incidência), às medidas do sacrifício tributário (harmonização das taxas) ou a aspectos formais e processuais dos regimes fiscais (harmonização dos elementos tributários acessórios).[172]

O Tratado refere-se à política de harmonização da tributação indirecta nos seus artigos 90.° a 93.° (a.n. 95.° a 99.°).

Estes foram a base de uma harmonização substitutiva, que promoveu o desaparecimento de vários tipos impositivos existentes nos países fundadores da Comunidade (do género impostos em cascata) e o aparecimento do imposto sobre o valor acrescentado, construído a partir do modelo francês. E também de uma harmonização de enquadramento e de estabelecimento de regras mínimas, como a que ocorreu com os impostos especiais de consumo (sobre o álcool e bebidas alcoólicas, os tabacos e os óleos minerais, encontrando-se actualmente em discussão uma proposta de directiva sobre a tributação da energia).

---

[171] Cf. M. Mata SIERRA, *La armonización...*, *ob. cit.*,1993, p. 38.

[172] *Ibidem*. Poder-se-ia acrescentar no plano do combate à evasão e fraude fiscais as eventuais medidas de harmonização relativas a infracções e penalidades (cf. o n.° 4 do artigo 280.° do Tratado).

Capítulo I – Integração Europeia, Concorrência e Fiscalidade   117

Já em sede de tributação directa, o Tratado não fala de harmonização. É, no entanto, possível recorrer à aplicação das regras relativas à aproximação de legislações (art. 94.°) para levar a cabo uma certa harmonização. É aliás o que ocorreu, sobretudo a partir dos anos noventa, com a aprovação das já referidas directivas sobre as sociedades mãe e afiliadas e sobre as fusões (harmonização pontual para conter situações conducentes a distorções transfronteiriças) e o que actualmente ocorre com as propostas de directiva que integram o chamado "pacote fiscal" do Comissário Monti.

Questão muito debatida é a de saber se a harmonização representaria um projecto autónomo ou se estaria vinculado a um projecto fiscal mais avançado, caso em que não seria apenas um instrumento para atingir outros objectivos (fiscais ou não), mas se traduziria num instrumento para atingir um fim político por via fiscal, a uniformização dos sistemas.

2.2.4. A regulação da fiscalidade "extra-fiscal" através do instituto de auxílios de estado (auxílios tributários)

As medidas fiscais de apoio a empresas ou sectores são, como vimos, uma forma, entre outras, de os Estados porem em prática programas de construção de um ambiente favorável à competitividade das suas empresas. Elas podem, no entanto, pôr em causa uma sã concorrência interempresarial e a unidade do mercado interno. São estas, já o dissemos, as principais razões que estão na base do controlo comunitário destas medidas através da sua submissão ao regime dos auxílios de Estado.

Esta submissão não é, porém, isenta de problemas.

Não basta, para o efeito, a análise (em abstracto) do instituto dos auxílios de Estado (coisa que faremos no próximo capítulo), uma vez que dela não se deduz mecanicamente a sua adaptação em matéria tributária.

A análise, em sede deste instituto, das medidas de natureza fiscal implica, com efeito, a consideração da especificidade do fenómeno tributário. Exige o recurso a conceitos e princípios do direito tributário, ou, de forma ampla, do direito financeiro, bem como uma especial atenção à técnica fiscal e a princípios de finanças públicas.

No entanto, mais do que o recurso ao direito tributário clássico (isto é, aquele que tem por objectivo fundamental a obtenção de recursos provindos dos impostos e outros tributos para financiar as necessidades públicas), a análise dos auxílios tributários prende-se com um direito tributário *sui generis* que, no seu processo de elaboração, nos seus objectivos, nas suas fontes, por vezes mesmo na sua aplicação, se aproxima das características do direito económico.

Na sua elaboração, porque frequentemente é fruto de prévia concertação com outras entidades privadas ("parceiros sociais") ou públicas (regiões, autarquias).[173] Ou é o resultado da correlação de forças entre o poder legislativo e poderosos grupos de interesses.[174]

Ou ainda porque tem por fundamento, sobretudo em contexto de reformas fiscais, instrumentos de programação da intervenção estadual.[175] Ou, enfim, porque em muitos casos fica dependente de questões técnicas ou tecnológicas, em particular derivadas do "processo de massificação que domina hoje a gestão fiscal".[176]

Nos objectivos, porque, por meio da criação de incentivos ou desincentivos dirigidos a fomentar ou a impedir acções de contribuintes, este direito *sui generis* é usado como técnica *behaviourista* para modificar

---

[173] Vide, a propósito, a importância, em matéria fiscal, dos Acordos de Concertação Estratégica de curto prazo (de 24 de Janeiro de 1996) e de legislatura (de 20 de Dezembro de 1996, para o período 1997-1999) na produção legislativa do XIII Governo Constitucional.

[174] Esta questão não é de hoje, embora os grupos de pressão organizados tenham maior possibilidade de acção (infelizmente nem sempre transparente) num quadro democrático. Mas a ideia de que na génese do direito fiscal está uma luta entre diferentes contendores, uns que perdem, outros que ganham já era, há muito tempo e em outro contexto político, apontada por Armindo MONTEIRO: "No seio de todas as sociedades embatem constantemente forças políticas, económicas e morais de orientação e intensidade diversas, representando umas os interesses imediatos dos indivíduos ou dos grupos, outras a concepção que ambos têm dos seus interesses futuros, algumas opiniões que formam do dever ser social" (in "Introdução ao estudo do direito fiscal", in *Revista da Faculdade de Direito de Lisboa*, vol. IX, 1953, p. 19).

[175] Um exemplo de programação é dado pela Resolução do Conselho de Ministros n.º 117/97, de 14 de Julho, *Quadros Gerais para a Reforma Fiscal — Um sistema fiscal para o Portugal desenvolvido no limiar do século XXI*.

[176] Sobre o tema Saldanha SANCHES, *A Quantificação da Obrigação Tributária*, 1995, p. 169 e ss.

Capítulo I – Integração Europeia, Concorrência e Fiscalidade 119

comportamentos de pessoas singulares ou colectivas, de operadores privados ou públicos.

Nas fontes e na sua quotidiana aplicação, porque tal direito é, nos Estados membros, por vezes, concretizado por via contratual ou quase-contratual; ou ainda porque, mais do que o direito em si mesmo interessam as práticas que presidem à sua aplicação; quase sempre, porque, no plano comunitário, depende, na sua configuração real, largamente da "jurisprudência judicial" ou da "jurisprudência administrativa".[177]

---

[177] "A índole do Direito Fiscal impõe também relevo à chamada *jurisprudência administrativa*, não no sentido de jurisprudência dos Tribunais administrativos, mas no de conjunto de decisões, de orientações da Administração fiscal (...) à qual cabe a aplicação das leis tributárias. Também esta jurisprudência administrativa, às vezes designada por burocrática, não é vinculativa, nem para os cidadãos nem para os tribunais. Mas ela define geralmente uma orientação mais ou menos uniforme, mais ou menos constante, com cujos critérios importa contar, pois esses mesmos critérios presidem às decisões dos agentes fiscais situados numa mesma ordem de obediência hierárquica. E também a chamada "jurisprudência administrativa" expande frequentemente os critérios adoptados para o plano legislativo. Até pela intervenção de funcionários fiscais nos trabalhos preparatórios dos diplomas legais de natureza tributária" (P. S. MARTINEZ, in *Direito Fiscal*, p. 118). Estas palavras são igualmente válidas para o contexto comunitário.

CAPÍTULO II

A REGULAÇÃO COMUNITÁRIA DOS AUXÍLIOS DE ESTADO

§ 1.º

FUNDAMENTOS E CARACTERIZAÇÃO GERAL
DO REGIME DE AUXÍLIOS DE ESTADO

1. FUNDAMENTOS DO REGIME DE AUXÍLIOS DE ESTADO

1.1. Fundamentos jurídico-políticos

1.1.1. Fundamentos da atribuição de auxílios de Estado

Os auxílios de Estado são, por definição, directa ou indirectamente atribuídos pelo poder político estadual ou a ele imputados. No plano interno, este poder pode ser exercido, a diversos níveis, por órgãos e agentes, em função da distribuição de competências ou poderes funcionais consagrada na Constituição. Mas, quando se tem por referência o plano externo, o plano das relações com outros Estados ou com organizações internacionais, pode afirmar-se que a atribuição de auxílios repousa, em última instância, na noção de soberania estadual.[1]

---

[1] Existem outras formas de auxílio que não são auxílios de Estado e que, como tal, não radicam na noção de soberania. Assim, podemos falar de auxílios *comunitários* que não se baseiam nessa noção, uma vez que não existe uma soberania comunitária. São auxílios públicos, mas não auxílios de Estado. Competem, no quadro do exercício em comum da soberania dos Estados membros definida pelos Tratados comunitários, às instituições comunitárias. Por vezes, a doutrina fala ainda de "auxílios mistos" para designar certos auxílios atribuídos pelos Estados com base em regulamentos comunitários, nomeadamente agrícolas. Em rigor, porém, só são auxílios de Estado aqueles em que a atribuição pelo Estado decorra de um poder discricionário deste, qualquer que seja o controlo e o enquadramento comunitário (assim, CHÉROT, *Les Aides d'État dans les*

124   *Auxílios de Estado e Fiscalidade*

Em termos gerais, as formas de organização económica interna, o papel do Estado na actividade económica, a existência de políticas, programas ou formas de planeamento, o maior ou menor espaço que é concedido aos mecanismos mercantis e à iniciativa privada e pública, radicam ainda hoje, fundamentalmente, na noção de soberania.[2]

Nos Estados organizados com base no ideal de democracia representativa, a soberania repousa no povo ("soberania popular") e é limitada pelo direito, desde logo, pela Constituição. É pois um conceito jurídico. O seu exercício é realizado no quadro do princípio da separação de poderes. A instituição que representa o povo é o Parlamento. Dele depende o poder executivo.[3]

Communautées Européennes, 1998, p. 3). Ao lado destes auxílios comunitários, podemos também falar de *auxílios atribuídos por entes públicos desconcentrados ou descentralizados*. No plano interno, muitos destes auxílios existem por delegação do poder soberano do Estado, em particular em regiões ou municípios. De qualquer modo, no plano comunitário, a Comunidade não tem reconhecido verdadeira autonomia a tais auxílios (a questão não é contudo pacífica, mormente no plano processual). Mesmo nas formas de organização política mais descentralizadas, estes auxílios têm sido sempre assumidos, pela Comunidade, como sendo provenientes da organização de poder político que detém a soberania externa, o Estado membro. É este o destinatário imediato da disciplina e controlo comunitário dos auxílios de Estado.

[2] Com Jorge MIRANDA, entendemos por soberania "o próprio poder de cada Estado de se organizar e reger"; "a capacidade de subsistência por si da ordem jurídica estadual, não dependente, quanto à sua validade, de qualquer outra ordem jurídica". É a soberania que distingue o Estado (todo o Estado) de quaisquer outras comunidades ou colectividades menores. "Sem afastar a ideia de pluralismo das ordens jurídicas, certo é que apenas a ordem jurídica estadual é ordem primária, apenas o Estado tem a competência das competências (na célebre expressão da doutrina alemã)" (cf. J. MIRANDA, "Soberania", in *Polis, Enciclopédia Verbo da Sociedade e do Estado*, Ed. Verbo, vol. 5, Lisboa/ São Paulo, 1987, p. 842). Não se ignora a evolução histórica do conceito que pôs em crise a ideia de um poder estadual supremo e absoluto, embora racionalizado pelo direito (ver MATTEUCCI, "Soberania", in *Dicionário de Política*, p. 1179 e ss.). Mas, a verdade é que nenhum melhor existe para dar conta do poder de Estado, mesmo que este seja, como é, em particular no processo de integração europeia, limitado de direito e de facto.

[3] No plano político, o exercício da soberania em sociedades democráticas é mediado por partidos políticos, programas eleitorais e de governo, reflectindo estes, pelo menos em teoria, a escolha dos cidadãos, atributo que condensa os vários papéis desempenhados pelos indivíduos na vida económica e social.

Capítulo II – A Regulação Comunitária dos Auxílios de Estado   125

Ao contrário do conceito político inerente à época do Estado absolutista, a soberania e o exercício dos poderes que a integram têm limites. Sociologicamente, esses limites são da ordem dos factos: as correlações de forças (poderes dos outros Estados, poderes dos grupos de pressão, influência das ideologias e das organizações políticas, etc.), as limitações culturais, tecnológicas, financeiras, etc.

Mas em sociedades civilizadas, em que os factos são ordenados por normas jurídicas, com destaque para as de natureza constitucional e internacional, os limites são também jurídicos.

Ao direito compete a mediação entre os diversos valores e interesses sociais em presença. No campo económico, isto traduz-se na mediação entre os valores ético-políticos (a justiça, a solidariedade, a igualdade, os direitos dos cidadãos) e as preocupações especificamente económicas (a eficácia, a eficiência, o aproveitamento óptimo dos recursos escassos). Da forma como esse equilíbrio seja efectuado depende a concreta configuração do bem estar colectivo e da qualidade de vida.

No interior de um Estado, é fundamentalmente à "constituição económica" que compete "a regulação dos aspectos jurídicos do sistema e do regime económico".[4] É sobretudo ela, especialmente no seu sentido material, que define e legitima, por exemplo, o papel do mercado e dos institutos que o fundamentam (a iniciativa e propriedade privadas, as liberdades económicas, a concorrência) e do Estado (as políticas económicas, financeiras e sociais, a actividade de coordenação e de regulação, a iniciativa e propriedade públicas, as relações económicas externas), delimitando a esfera de intervenção dos poderes públicos e privados na economia (mais largamente, da esfera pública na esfera privada e da esfera privada na esfera pública) em função de objectivos político-constitucionais mais amplos. Ao delimitar os fins e as tarefas do Estado, a esfera da sua acção e ao facultar os meios e instrumentos de actuação, é nela que repousa, em última instância, a legitimidade de o Estado atribuir incentivos ou benefícios (auxílios) a operadores económicos.

No que respeita às relações entre mercado e Estado (ou, de forma mais ampla, entre espaço privado e público), longe estamos, como é sabido, do modelo do Estado liberal oitocentista. De facto, temos vindo

---

[4] Assim, A L. Sousa FRANCO/ G. d'Oliveira MARTINS, *A Constituição Económica Portuguesa. Ensaio Interpretativo*, 1993, pp. 20-21.

a assistir, desde há muito, a combinações e imbricações múltiplas entre Estado e mercado que perturbam a clareza da clássica separação liberal entre esses domínios, porventura, desde sempre, mais mítica do que real.

Neste contexto, dois fenómenos, ligados entre si, têm hoje clara repercussão na regulação da concorrência.

Um, no plano da legitimação da própria intervenção, é o do aparecimento de novas formas de relação entre Estado e Direito, que expressões como "direito do Estado providência", "direito do Estado propulsor", "direito do Estado reflexivo" e "direito do Estado incitador" procuram captar.[5] De forma genérica, dir-se-á que, substituindo progressivamente os procedimentos autoritários de intervenção e decisão por procedimentos negociados, concertados, dando preferência a formas contratuais e quase-contratuais em relação a formas legislativas e regulamentares típicas, o Estado actual procura orientar, mais do que impor, os comportamentos dos agentes económicos. Neste sentido, a própria intervenção através da concessão de auxílios é, hoje em dia, em grande medida, "característica de um Estado liberal que não quer ou não pode impor autoritariamente as suas soluções, mas que tenta incitar".[6]

Outro, no plano do controlo, é o da emergência de "autoridades administrativas independentes" (como é normalmente o caso das instituições reguladoras da concorrência), a quem são juridicamente atribuídas competências que classicamente decorrem do poder político estadual e "naturalmente" pertenceriam a órgãos de soberania. O mercado e a concorrência são instituições reguladas pelo Estado, mas este opta por uma regulação indirecta, mais técnica, como que neutralizada das interferências directas da esfera política.

Os auxílios de Estado assumem formas muito diversificadas e constituem, no actual quadro da intervenção pública a favor de sectores, empresas ou regiões (nomeadamente regiões em crise ou com desvantagens estruturais), um dos elementos centrais da função de estímulo e apoio dos Estados aos agentes económicos.[7] De facto, se antes da última

---

[5] Sobre o tema, cf. Charles-Albert MORAND, *Le droit néo-moderne des politiques publiques*, 1999, em especial, p. 71 e ss.

[6] Cf. CHÉROT, *ob. cit.*, 1998, p. 1. Dir-se-á que, ao recorrer à outorga de auxílios, o Estado é intervencionista quanto aos fins, mas liberal quanto aos meios.

[7] Cf. E. Paz FERREIRA, *Sumários de Direito da Economia*, 1996, p. 258 e ss.; SANTOS/ GONÇALVES/ MARQUES, *Direito Económico*, 1998, p. 256 e ss.; A. ATAÍDE,

Capítulo II – A Regulação Comunitária dos Auxílios de Estado 127

guerra mundial, os fundos públicos raramente serviam para financiar investimentos privados, na hora actual, em numerosos países, incluindo os que mais se reclamam do liberalismo económico, o movimento dos capitais consagrados ao desenvolvimento económico e ao financiamento industrial acaba por depender em larga medida do Estado.[8]

O fenómeno da intervenção estatal tem repercussões particularmente visíveis nos mercados e, para utilizarmos uma curiosa expressão comunitária, nos "dados naturais da concorrência".[9] Daí que, sempre que em sede constitucional se consagre, directa ou indirectamente, um princípio de concorrência surja uma certa tensão entre os dois termos da relação, isto é, entre o poder de atribuir auxílios e a criação de condições de funcionamento da concorrência e dos mercados. [10] Esta tensão existe igualmente no plano comunitário, está no cerne da política e do direito comunitários da concorrência relativa aos auxílios de Estado e traduz-se, como escreve CROZIER, "no enfraquecimento do livre intervencionismo económico".[11]

Elementos para um Curso de Direito Administrativo da Economia, 1970, p. 109; C. F. ALMEIDA, *Direito Económico*, 1979, o qual sublinha a frequente inserção dos auxílios em formas de planeamento.

[8] Cf. Philippe QUERTAINMONT, *Droit administratif de l'économie, L'intervencionisme économique public et les relations entre l'État et les entreprises,* 1987, p. 205. Vide ainda, M. Afonso VAZ, *Direito Económico*, 1998, p. 63, o qual afirma que "o retorno a uma absoluta não intervenção do Estado no social e, especificamente no económico ("regresso a Adam Smith"), inspirado nas teses neo-liberais dos economistas de Chicago (...) não corresponde em parte alguma a uma realidade. Na verdade, até no quadro de recentes orientações de política económica, desmanteladoras ou aliviadoras dos mecanismos estaduais de carácter regulamentar ou interventor, continua a ser uma realidade a intervenção do Estado na economia e, genericamente, nas diversas componentes do todo social".

[9] A expressão — que parece assumir uma concepção "naturalista" das relações económicas - consta da Decisão n.° 3/65 da Alta Autoridade, de 17 de Fevereiro de 1965, relativa ao regime das intervenções dos Estados membros a favor da indústria da hulha (in BERNINI, "As regras da concorrência", A. V. (Comissão), *Trinta anos de Direito Comunitário*, 1981, p. 386).

[10] Sobre a legitimidade constitucional da intervenção económica, a (não expressa) consagração de um princípio de intervenção conforme ao mercado e o alcance do princípio da concorrência na Constituição portuguesa, vide MONCADA, *Direito Económico*, 2000, pp. 176 e ss. e 214 e ss. Em sentido não totalmente coincidente, cf. S. FRANCO/ O. MARTINS, *A Constituição Económica..., ob. cit.,* p. 217 e ss.

[11] Cf. I. CROIZIER, *L'Offensive de la CEE Contre les Aides Nationales,* 1993,

Esta tensão existe igualmente noutros domínios em que a intervenção do Estado se pode efectivar, como a que ocorre por via da fiscalidade. No plano interno, ela será porventura menos visível dado o facto de a política fiscal estar ancorada num direito em que os princípios da legalidade e da igualdade são princípios estruturantes e as considerações da concorrência se fazem sentir menos. [12] Mas, no plano comunitário, esta tensão não deixa de se manifestar fortemente, em grande medida devido à influência do direito da concorrência na fiscalidade (de que é exemplo o controlo dos auxílios tributários) e ao aparecimento de uma política de controlo da concorrência fiscal (onde se insere, por exemplo, o recente Código de Conduta sobre a fiscalidade das empresas).

1.1.2. Fundamentos do controlo dos auxílios de Estado

1.1.2.1. No plano interno

Controlar internamente a concessão dos auxílios de Estado (ou aceitar o seu controlo externo) é, a exemplo da sua atribuição ou não atribuição, uma opção que, ancorada na soberania estadual, decorre igualmente das estratégias políticas dos Estados. O mesmo acontece, aliás, com as formas que tal controlo pode revestir.

Em regra, dois objectivos sobressaem quanto à instituição de um controlo interno dos auxílios de Estado e da distribuição de recursos que estes implicam: um prende-se com o controlo da despesa pública, outro com a protecção da concorrência.

O primeiro objectivo ganhou maior relevo com o desenvolvimento das concepções funcionais das finanças públicas que encaram o Orça-

---

p. 15. Esta autora considera prematuro falar-se do fim do livre intervencionismo económico, apesar de ser de opinião que a obrigação de recuperação dos auxílios indevidos é uma sanção retroactiva que se revela particularmente atentatória do princípio da soberania nacional (p. 20).

[12] Ainda assim estas considerações são comuns em sede de IVA e têm, entre nós, expressão no n.º 2 do artigo 5.º do EBF ("A formulação genérica dos benefícios fiscais deve obedecer ao princípio da igualdade, de modo a não falsear ou ameaçar falsear a concorrência"). Por outro lado, como se disse, parte não negligenciável do actual direito fiscal tem características que o aproximam do direito económico.

Capítulo II – A Regulação Comunitária dos Auxílios de Estado   129

mento do Estado como um instrumento de acção económica.[13] De um mero controlo de legalidade tende a evoluir-se para um controlo do mérito dos gastos públicos ou, por outras palavras, da sua eficácia, o que implica uma avaliação económica dos seus resultados face aos objectivos pretendidos. A concessão de auxílios de Estado, por constituir um instrumento de discriminação em nome do interesse público, da qual beneficiam, sem necessária contraprestação, entes distintos do Estado, transforma-se num espaço privilegiado para o exercício de tal controlo.[14]

No plano interno, o controlo dos auxílios públicos pode assumir fundamentalmente a forma de um controlo político, de um controlo de legalidade e de um controlo de eficácia. As instituições que exercem as funções de controlo são normalmente as entidades concessionárias, as instituições administrativas de hetero-controlo especializado (como, entre nós, a Inspecção-Geral de Finanças), os Tribunais judiciais e os Tribunais de Contas, certas autoridades administrativas independentes e, no plano político, os Parlamentos.[15]

O controlo *político* decorre essencialmente da actividade parlamentar, com especial relevo para a consagração legislativa dos diversos tipos de auxílios e para a discussão e aprovação anual do Orçamento de Estado, onde se fixam os parâmetros da despesa pública, incluindo da despesa fiscal.

O controlo de *legalidade* decorre da verificação dos pressupostos legais de concessão ou manutenção do auxílio (princípio da legalidade, princípio da igualdade, prossecução do interesse público ou de interesse constitucionalmente relevante, compatibilidade com as regras da concorrência).[16] Pode ser efectuado por via administrativa ou judicial. Em geral,

---

[13] Sobre a noção de finanças funcionais, vide Sousa FRANCO, *Finanças Públicas e Direito Financeiro*, vol. I, 1996, p. 64.

[14] Cf. Eduardo Paz FERREIRA, "O Controlo das Subvenções Financeiras e dos Benefícios Fiscais", in *Revista do Tribunal de Contas*, n.º 1, Jan.-Mar, 1989, p. 25 e ss.

[15] Sobre o controlo administrativo e a fiscalização jurisdicional entre nós, vide J. Pereira da SILVA, *Regime Jurídico Interno dos Auxílios Públicos à Iniciativa Económica Privada*, UCP, 1995, p. 75 e ss.

[16] Sobre estes princípios no direito português, vide o Relatório do Grupo de Trabalho constituído pelo despacho n.º 213/98-XIII, do Ministro das Finanças do XIII Governo Constitucional, coordenado por J.M. CALHEIROS (MINISTÉRIO das FINANÇAS, *Regime Jurídico Relativo aos Auxílios Públicos*, 1998, p. 25 e ss.).

130 *Auxílios de Estado e Fiscalidade*

é levado a cabo pelos tribunais e, no que respeita às regras de concorrência, por autoridades administrativas independentes. O impulso deste controlo provém normalmente da entidade concessionária ou de terceiros interessados.

O controlo de *mérito* na atribuição e utilização dos auxílios implica a existência de uma análise económica destinada a aquilatar da eficácia, eficiência e pertinência da gestão dos recursos financeiros envolvidos.

Revestindo o controlo um aspecto operativo, torna-se necessário um enquadramento institucional que lhe é dado pelo direito infra-constitucional. No caso português, não existe (ainda) um regime geral relativo aos auxílios de Estado que regule a criação dos regimes particulares, a autorização e concessão, fiscalização e controlo dos auxílios e as obrigações genéricas dos beneficiários. Numa palavra: não existe um regime geral que se preocupe essencialmente com o controlo de legalidade e mérito no plano financeiro. Existe, porém, desde 1998, um projecto de diploma legislativo que, embora de forma parcial, pretende atingir essa finalidade. [17]

Há, contudo, alguns regimes específicos, em função do objectivo ou da matéria. É o caso da Lei n.º 26/94, de 19 de Agosto, que, por razões de transparência, regulamenta a obrigatoriedade de dar publicidade aos benefícios concedidos pela administração pública a particulares. É ainda o caso, no domínio da fiscalidade, do Estatuto dos Benefícios Fiscais e, mais recentemente, da Lei Geral Tributária que procuram disciplinar a despesa fiscal e a atribuição de benefícios.[18] Sublinhe-se ainda a existên-

---

[17] Vide o texto do projecto do diploma legislativo relativo ao regime jurídico dos auxílios públicos apresentado em Dezembro de 1998, pelo Grupo de Trabalho mencionado na nota anterior. Vide ainda, como antecedentes desse texto, o projecto de Lei n.º 514/III, apresentado pelo Partido Comunista Português na 2ª Sessão Legislativa da III Legislatura (in *Diário da Assembleia da República*, II Série, n.º 96, de 31 de Maio de 1985) e a proposta de diploma legal apresentada por E. Paz FERREIRA, incluída no estudo "O controlo das subvenções financeiras e dos benefícios fiscais" já citado.

[18] O Estatuto foi criado pelo Decreto-Lei n.º 215/89, de 1 de Julho, com o objectivo (ao tempo louvável) de concentrar num único diploma a diversidade de benefícios existentes. Objectivo similar, quanto a esta específica preocupação, era definido no ponto 12.º da Resolução do Conselho de Ministros n.º 119/97, de 14 de Julho. Hoje, porém, existem muitas e fundadas dúvidas sobre a necessidade de um Estatuto deste tipo, havendo quem, no quadro do Programa do Partido Socialista e da Nova Maioria para a Legislatura 1999/2003 que prevê "a unificação dos Códigos do IRS e do IRC, a partir de

Capítulo II – A Regulação Comunitária dos Auxílios de Estado

cia de um recente diploma legislativo especificamente destinado a regular as garantias pessoais do Estado.[19]

Por fim, deve referir-se que, contrariamente à generalidade dos Estados membros da Comunidade, existe, entre nós, um regime específico dos auxílios de Estado no âmbito da regulação da concorrência, embora na prática se desconheçam quaisquer providências relativas à sua aplicação.[20]

1.1.2.2. No plano externo

Nas relações externas, quer em relação à atribuição, quer em relação ao controlo dos auxílios de Estado, assumem particular relevância os

---

uma Lei de Bases sobre a tributação do rendimento", propugne pela extinção do actual Estatuto (assim, A. L. Sousa FRANCO in "Reforma Fiscal, uma entre 15 Reformas Financeiras Fundamentais" e A Carlos dos SANTOS, "A reforma do sistema fiscal: balanço de uma legislatura", ambos in A. L. Sousa FRANCO e A . Carlos dos SANTOS, *Estruturar o Sistema Fiscal do Portugal Desenvolvido: Balanço de uma Legislatura*, 1999, a, respectivamente, pp. 19 e 63).

[19] Cf. a Lei n.º 112/97, de 16 de Setembro que, baseada na proposta de Lei n.º 92/VII (in *Diário da Assembleia da República*, II Série-A, n.º 41, de 8 de Maio de 1997, pp. 742-747), estabelece o regime jurídico da concessão de garantias pessoais pelo Estado ou por outras pessoas colectivas de direito público. Esta lei foi aprovada na sequência do Relatório Final do Grupo de Trabalho constituído pelo despacho do Ministro das Finanças n.º 447/96-XIII, de 8 de Outubro, coordenado por J. Maria CALHEIROS e do projecto de diploma legislativo em anexo a esse relatório (MINISTÉRIO DAS FINANÇAS, *Regime Jurídico das Garantias Pessoais do Estado*, Lisboa, 1997).

[20] O Decreto-Lei n.º 371/93, de 29 de Outubro, relativo à defesa da concorrência, entrado em vigor em 1 de Janeiro de 1994, limitou-se a afirmar, no seu artigo 11.º, o princípio segundo o qual "os auxílios a empresas concedidos pelo Estado ou qualquer outro ente público não poderão restringir ou afectar de forma significativa a concorrência no todo ou em parte do mercado" e a atribuir ao ministro responsável pela área do comércio a *faculdade* de examinar os auxílios que provocam distorções, podendo para tal consultar o Conselho da Concorrência, de forma a propor ao ministro competente as medidas conducentes à manutenção ou ao restabelecimento da concorrência. Sintomaticamente são expressamente excluídos do conceito de auxílio as indemnizações compensatórias e os benefícios concedidos ao abrigo de programas de incentivos e outros regimes específicos aprovados pelo Governo ou pela Assembleia da República. Sobre o tema, vide o citado relatório *Regime Jurídico relativo aos Auxílios Públicos*, p. 29 e ss. Cf. ainda o art. 13.º do novo Regime Jurídico da Concorrência (aprovado pela Lei n.º 18/2003, de 11 de Junho).

132 *Auxílios de Estado e Fiscalidade*

tratados multilaterais, através dos quais os Estados auto-limitam a sua soberania, sobretudo quando criam organizações internacionais que promovem formas avançadas de integração económica, jurídica e mesmo política, com exercício em comum da própria soberania de cada Estado membro.[21]

É o que se passa na União Europeia. Com efeito, pode falar-se, a esse propósito, da existência de um sistema político, de uma ordem jurídico-política instituída, incluindo uma "constituição económica", embora não de um Estado nem de uma soberania comunitária.[22] Enquanto certas matérias, como a fiscalidade ou as políticas sociais permanecem, no essencial, na esfera da soberania dos Estados membros, embora com limitações, outras, como as decorrentes de políticas unificadas (caso da moeda única) ou de políticas comuns (caso da agricultura) são da competência exclusiva da Comunidade. Ou seja, numa Comunidade de Estados são exercidas em comum pelos diversos Estados membros.

Mas se a existência da União (e, em particular, da constituição económica e da ordem jurídica comunitária) cria fortes restrições ou constrangimentos ao exercício da soberania por parte dos Estados membros, é também verdade que os Estados, através do exercício em comum de competências, ganham um espaço de acção que, de outro modo, não deteriam.[23]

Acresce que a própria União, no quadro das políticas que lhe são atribuídas, pode levar a cabo certas formas de intervenção a favor dos interesses comunitários, ou seja, em ultima instância, a favor dos interesses do conjunto dos Estados ou de alguns deles, discriminados positivamente.

---

[21] De *"puesta en común"* das soberanias nacionais já falava, em 1972, Truyol y SERRA, *La Integración Europea. Idea y Realidad*, 1972, p. 66. Esta fórmula está, aliás, de acordo com o actual texto constitucional português (cf. o n.º 6 do artigo 7.º da CRP).

[22] Menos que uma federação mas mais que uma confederação, menos que um Estado mas mais que uma associação de livre câmbio, a UE seria "um objecto político não identificado" segundo a imaginativa fórmula de J. DELORS ou, noutra formulação, "uma forma de organização nova, sem soberano nem centro" (G. COURTY e G. DEVIN, *L'Europe politique*, 1996,p. 42). Sobre a ausência de uma soberania comunitária, ver J. Mota de CAMPOS, *Direito Comunitário*, vol. I, p. 568 e ss.

[23] A propósito da revisão do Tratado CEE operada pelo Tratado de Maastricht observa Jorge MIRANDA ("Introdução" ao tema "Os Estados e a União Europeia", A. V.

Capítulo II – A Regulação Comunitária dos Auxílios de Estado   133

Neste contexto, ganham particular relevância as formas de intervenção comunitária que ocorrem no quadro das políticas de coesão económica e social e de ambiente, dando origem a verdadeiros auxílios comunitários. Os fundos estruturais são a manifestação mais visível desta intervenção.[24]

Aqui, porém, interessa sobretudo considerar a forma que reveste a regulação comunitária dos auxílios nacionais. Neste contexto, a prevenção, disciplina e o controlo comunitários dos auxílios de Estado surgem como componentes de um enquadramento *sui generis* do intervencionismo económico estatal.[25] Autores como CINI e McGOWAN não hesitam mesmo em considerar o regime dos auxílios de Estado o elemento mais original da política comunitária de concorrência.[26]

De facto, quando se compara com os Estados Unidos, verifica-se que, apesar da dimensão das ajudas e incentivos ser, neste país, substancial, em particular no quadro da política industrial e de desenvolvimento regional, não há, em rigor, um sistema federal norte-americano de controlo dos auxílios. A legislação norte-americana é "muda" no que toca a auxílios de Estado, não existindo nenhum controlo prévio de subvenções atribuídas por instâncias governamentais, qualquer que seja o nível em que estas se situem.[27]

(FDUC), *A Revisão do Tratado da União Europeia*, 1996, p. 98) que, se a soberania dos Estados "surge diminuída ou reduzida pela expansão das atribuições comunitárias e das matérias de interesse comum, pela unidade monetária prevista, pela convergência económico-financeira e pelo peso acrescido das decisões maioritárias, não fica substituída por um poder próprio da União". Mas esta soberania, ou seja, a independência nacional "não deveria — nem deve — ser encarada num plano meramente formal; deveria — e deve — ser encarada de uma perspectiva material, atenta às condições concretas de exercício do poder político e económico. Ora, numa época de grandes espaços, mostrava-se — e mostra-se — preferível ser sujeito activo nas instituições de decisão do destino europeu do que ficar delas arredado e sem aí poder defender os seus interesses vitais".

[24] Sobre o conceito e os tipos de auxílios comunitários, vide G. SÁNCHEZ, *Tributación de las Ayudas Comunitarias*, 1996, p. 33 e ss.

[25] Neste sentido, P. GIRERD, *Aspects juridiques du Traité "Communauté Européenne"*, 1996, p. 281 e ss.

[26] Cf. CINI/ McGOWAN, *Competition Policy in the European Union*, 1998, p. 135.

[27] Cf. G. CACCIATO, "Subventions, législations et politiques en matière de concurrence: parallèle entre l'Union européenne et les USA", RMUE, n.º 4, 1996, p. 82) que procura explicar este fenómeno atendendo ao poder da ideologia. Ao exaltar de tal modo

134   *Auxílios de Estado e Fiscalidade*

Quanto a este aspecto, o controlo comunitário da compatibilidade ou licitude dos auxílios é fortemente centralizado e levado a cabo essencialmente em dois planos, um administrativo, outro judicial.[28] O primeiro é efectuado pela Comissão que, a partir das regras do Tratado, consagrou uma verdadeira política de controlo baseada em instrumentos jurídicos atípicos (*soft law*). O segundo é exercido pelo Tribunal de Justiça e pelo Tribunal de Primeira Instância.

Em suma: no quadro da soberania estadual, é, em concreto, uma decisão governamental ou parlamentar que preside à atribuição e ao controlo dos auxílios, repousando a legitimidade política das opções, num Estado de direito democrático, em última instância, na Constituição e na escolha dos eleitores.

No entanto, as decisões políticas, ao ponderarem os motivos da outorga de incentivos, devem ser racionais, efectuando um balanço dos interesses em presença, procurando estabelecer os benefícios que melhor contribuam para atingir os objectivos traçados e assegurar o controlo das condições de atribuição e da sua eficácia. Esta depende largamente da sua adequação aos objectivos de interesse público que os auxílios visam prosseguir. E tal adequação não pode iludir as considerações da teoria económica.

---

o princípio da livre concorrência no seio de uma economia de mercado, ela explicaria o silêncio do legislador: a própria noção de subvenção seria tão estranha às suas concepções que aquele não teria perdido tempo com ela. A explicação parece, porém, algo redutora. A verdadeira razão talvez se encontre no diferente contexto histórico e nos diferentes objectivos que presidiram à criação dos dois tipos de legislação da concorrência. Onde não existia ainda um mercado unificado, o controlo dos auxílios surgia como uma condição necessária. De qualquer modo, CHÉROT recorda que o Congresso é competente para intervir em sede dos auxílios dos Estados federados com base na cláusula de comércio (ob. cit., p. 6). Sem esquecer que os EUA estão igualmente submetidos às regras sobre subvenções no quadro da OMC.

[28] Como escreve J.J. ALMEIDA, "O processo de controlo das ajudas assim estabelecido caracteriza-se por impor determinados constrangimentos aos Estados, sendo ao mesmo tempo informado por alguma maleabilidade. Os interesses de ordem económica, social e política, a que andam ligadas as ajudas tornam inevitável que os Estados participem no processo de controlo das ajudas e que se deixe alguma margem de negociação à Comissão" (*A Restituição das Ajudas de Estado Concedidas em Violação do Direito Comunitário*, 1997, p. 36).

1.2. Fundamentos económicos

1.2.1. Fundamentos da atribuição de auxílios de Estado

A fundamentação económica da atribuição dos auxílios públicos depende, em larga medida, da perspectiva teórica assumida e, em particular, da visão, mais ou menos favorável, que se tenha acerca do intervencionismo estadual na economia.[29]

No entanto, mesmo quem parta de uma óptica mais crítica em relação a este fenómeno, não deixa, em regra, de aceitar que, em certas circunstâncias, a intervenção dos poderes públicos se justifica pela necessidade de corrigir as "imperfeições" ou "falhas" do mercado ("*market failures*").[30]

No plano económico, os auxílios são transferências, para pessoas ou grupos, de rendimentos que não constituem o pagamento de um serviço ou de um produto. Em consequência não afectam o montante do produto

---

[29] São mais raros os casos de atribuição de auxílios de natureza exclusiva ou essencialmente política. É o caso da preocupação de assegurar a igualdade entre os cidadãos através da subsidiação de serviços públicos ou de certas actividades destes, da promoção da cultura ou do encorajamento de certos projectos europeus de interesse comum. É, no entanto, claro que mesmo estes casos têm repercussões ou motivações económicas. Tal como é claro que os auxílios motivados por razões essencialmente económicas não estão isentos de considerações políticas.

[30] Cf. NICOLAIDES/ BILAL, "State aid rules: do they promote efficiency?", in BILAL / NICOLAIDES, *Understanding State Aid in the European Community*, 1999, p. 29 e ss., que destacam três razões (falhas de mercado) para a atribuição de auxílios que seriam conformes com um princípio de eficiência económica e justificadas por um incremento de bem estar económico: a existência de "externalidades" (e de bens públicos), as economias de escala e as assimetrias de informação. Uma grelha mais elaborada é-nos fornecida por R. MEIKLEJOHN ("The economics of State aid", in *European Economy, State Aid and the Single Market*, n.º 3, 1999, p. 25 e ss.) que destaca nove tipos de falhas de mercado que são relevantes para a análise dos auxílios de Estado. Estes tipos de falhas justificativos dos auxílios públicos dizem respeito a bens públicos, bens de mérito, incremento de economias de escala, "externalidades", informação imperfeita ou assimétrica, rigidez institucional, imperfeita mobilidade dos factores, fricções decorrentes de ajustamentos às mudanças nos mercados e subsidiação de concorrentes externos. Outras falhas, porém, poderiam ser apontadas, desde logo, as de concorrência. Sem esquecer que outras causas existem para a intervenção do Estado, como, por exemplo, a redistribuição do rendimento, a promoção da coesão ou a protecção de cidadãos.

136 *Auxílios de Estado e Fiscalidade*

nacional, mas sim a sua repartição. Por esta via, os poderes públicos visam corrigir o jogo das leis de mercado em razão de fins de interesse geral.[31]

De acordo com GERADIN, podemos agrupar as principais circunstâncias económicas justificativas de auxílios públicos fundamentalmente em três categorias: (i) a presença de efeitos externos ("externalidades"); (ii) o carácter imperfeito da informação; (iii) a mobilidade imperfeita dos factores de produção.[32]

Quando uma actividade exercida por uma pessoa influencia (através de um efeito secundário não querido) outras pessoas, sem que tal se repercuta correctamente nos preços do mercado comercial, diz-se existirem *efeitos externos* ("externalidades").

Estes podem ser positivos, como ocorre com os derivados da formação dos trabalhadores nas empresas ou da investigação e desenvolvimento, ou negativos, como é o caso da poluição atmosférica resultante de actividades industriais.

No primeiro tipo de casos, as empresas para não verem perdidos os esforços de formação ou de investigação — e seria este o caso se os formandos ou os resultados da investigação viessem a ser usufruídos por outras empresas que não contribuíram para os seus custos — poderiam ser tentadas a reduzir os esforços de apoio à formação ou à investigação. Para evitar que esse esforço se situe a nível inferior ao óptimo social, o Estado pode intervir, atribuindo auxílios à formação.

No segundo caso, não existindo mecanismos como as taxas ecológicas ou a regulamentação de taxas máximas de emissão que permitam interiorizar ("internalizar") esse custo (de acordo com o princípio "poluidor-pagador"), a "externalidade" poderá ser eliminada através de incentivos financeiros (ou fiscais) destinados, por exemplo, à compra de equi-

---

[31] Assim, WATHELET/ PARTSCH, "Délimitation des contours de la notion d'aide d'État en droit communautaire", in COMMISSION DROIT ET VIE DES AFFAIRES (CDVA*), Les Aides d'État en Droit Communautaire et en Droit National*, 1999, p. 5. De fora, nesta perspectiva, ficam os chamados "subsídios normativos" ou "regulamentares".

[32] Cf. Damien GERADIN, "Quel contrôle pour les aides d'État?", in CVDA, *Les Aides d'État en Droit Communautaire et en Droit National*, 1999, p. 68 e ss. Outras razões — nem sempre as melhores — existem ainda, como as de teor proteccionista, fenómeno que persiste quando um Estado pretende iludir os custos da dependência do comércio externo (cf. A. CARAVACA/ J. GONZÁLEZ, *Intervenciones del Estado..., ob. cit.*, pp. 183 e 204).

Capítulo II – A Regulação Comunitária dos Auxílios de Estado   137

pamentos menos poluentes. Em qualquer dos casos, a eliminação dos efeitos externos seria desejável e poderia justificar o recurso a auxílios. Os mercados não são perfeitos. Uma das suas principais imperfeições prende-se com as *dificuldades de informação*, nomeadamente sobre a evolução dos preços dos bens e dos factores de produção. Isso pode retrair o investimento privado, afastando-o de novas actividades económicas, cujo risco será, em princípio, elevado em maior ou menor grau. Outra informação prende-se com o facto de o mercado ser um mecanismo com relativa insensibilidade à resolução de questões que, por definição, envolvem uma dimensão temporal de longo prazo. A excessiva preocupação na obtenção do máximo lucro no menor tempo possível leva a que, frequentemente, as situações cuja resolução envolve um período de tempo mais ou menos dilatado — factor que implica previsibilidade, controlo do risco, programação — dificilmente sejam levadas a cabo sem a intervenção e o apoio do Estado.

Estas dificuldades, afectando as empresas em geral, fazem-se sentir, de forma mais aguda, em relação às pequenas e médias empresas. A atribuição de subsídios ou outros incentivos, fazendo os poderes públicos compartilhar o risco, pode ser um dos meios de incrementar as indústrias nascentes ou a actividade das PME, reduzindo o impacte negativo de uma informação deficiente sobre a actividade económica.

Os factores de produção não têm a mesma *mobilidade*. Há factores particularmente móveis (o capital financeiro) e há outros dotados de muito menor (a mão de obra não qualificada) ou nenhuma mobilidade (a terra, por exemplo). Por outro lado, a situação geográfica de certos territórios é pouco propícia a captar investimentos, daí resultando a cristalização de situações de desequilíbrios estruturais que a concentração das actividades económicas em regiões mais favorecidas acentua.

O mercado, por si só, é incapaz de resolver este tipo de problemas. A atribuição de incentivos no quadro de políticas regionais e de ordenamento do território (criação de redes de infraestruturas, combate às formas de degradação urbana, atracção de investimento externo, diversificação produtiva, etc.) justifica-se, neste contexto, como meio de realização do desenvolvimento sustentado das regiões mais desfavorecidas, como forma de promoção da qualidade de vida e, simultaneamente, como instrumento de distribuição mais eficiente de recursos, contribuindo, deste modo, para o melhor funcionamento do próprio mercado.

1.2.2. Fundamentos do controlo dos auxílios de Estado

Se a existência de auxílios públicos às empresas pode, em certas circunstâncias, justificar-se, a verdade é que é geralmente reconhecido que, em economia de mercado, tais auxílios podem ter efeitos económicos negativos ou mesmo perversos, nomeadamente em termos de perda de bem estar agregado. Daí a necessidade de criação, no plano estadual ou supraestadual, de mecanismos destinados ao seu controlo.[33]

Esses efeitos económicos negativos traduzem-se essencialmente em implicações ou alterações indesejáveis (i) nas condições de concorrência entre empresas, (ii) na distribuição de recursos, (iii) nas finanças públicas, (iv) na concorrência entre regiões (v) e nas relações comerciais no quadro comunitário e internacional.[34] Um aspecto particularmente em destaque nos últimos anos é (vi) o tema da concorrência fiscal prejudicial ou nefasta.

A atribuição de incentivos tem por efeito melhorar artificialmente a posição concorrencial da empresa beneficiária em relação aos seus concorrentes. Aquela poderá manter ou aumentar as suas quotas de mercado, enquanto estes, na ausência de igual benefício, poderão ser constrangidos a limitar a sua produção a um nível sub-óptimo ou a retirar-se do mercado.

Certas formas de incentivos mais sofisticadas, como as subvenções cruzadas, poderão mesmo pôr em causa os benefícios esperados pelos Estados que promoveram a liberalização de sectores de actividade dominados por monopólios públicos, tornando mais difícil a chegada de novos agentes económicos num mercado, em teoria, liberalizado.

Os incentivos podem igualmente conduzir a uma ineficiente distribuição dos recursos, nomeadamente de factores de produção e de produtos, conduzindo a um sobreconsumo de certos factores em relação a outros, ou à sobreprodução e sobreconsumo dos bens subvencionados em relação aos não subvencionados. Neste sentido, os resultados não estariam conformes com os que decorreriam de uma economia idealmente eficiente.

---

[33] Para maiores desenvolvimentos é útil a consulta de COMISSÃO, "Concurrence équitable dans le marché intérieur: la politique communautaire des aides d'État", *Économie Européenne*, n.° 48, 1991; SCHEUING, *Aides financières publiques aux entreprises privées en droit français et européen*, 1974, p. 47 e ss.; ZILJSTRA, Economic policy and problems of competition in the EEC and the Member States, *EEC Studies*, 1996.

[34] Cf. D. GERADIN, *ob. cit*, 1999, p. 63 e ss.

Capítulo II – A Regulação Comunitária dos Auxílios de Estado   139

As subvenções e incentivos representam uma importante fracção das despesas públicas, financeiras e fiscais. Dois efeitos negativos podem daí resultar.

O primeiro é relativo aos "custos de oportunidade" destes benefícios. Sendo os recursos escassos, a outorga de ajudas a empresas faz-se em detrimento de outros possíveis investimentos públicos, porventura mais eficazes. Este efeito poderá assumir mesmo uma faceta de desperdício de recursos, sempre que o investimento para o qual o incentivo foi concedido tivesse sido efectuado independentemente da outorga do estímulo.

O segundo, particularmente sensível no quadro comunitário, traduz-se em dificuldades acrescidas no cumprimento das metas orçamentais. Estas são hoje fixadas em função dos objectivos de consolidação orçamental tal como, em relação aos Estados da área do euro, são consagrados no Pacto de Estabilidade e Crescimento.

Outro dos aspectos negativos que, neste domínio, podem ocorrer decorre da "guerra dos incentivos ou dos subsídios", quer ela se realize no plano interno (entre regiões, municípios, comunas, estados federados), quer ela se realize no interior de espaços económicos integrados, como a União Europeia, quer ela se realize entre Estados independentes ou entre blocos. No quadro de um Estado ou de um espaço integrado, estas guerras aumentam o volume das despesas ou reduzem o volume das receitas e deste modo arriscam-se a anular os efeitos benéficos que os novos investimentos podem trazer.[35] Maior prejuízo poderá advir para as regiões ou os Estados menos prósperos cujas ofertas serão, em princípio, menos atractivas.

A concorrência fiscal é hoje uma das formas mais notórias desta "guerra". As recentes medidas que, no quadro da União Europeia e da OCDE, procuram disciplinar ou regular a concorrência fiscal trouxeram para a ribalta um novo olhar sobre a questão dos incentivos fiscais, em particular dos que se destinam à captação do investimento. Tais medidas constituem uma espécie de pacto de "não agressão". Ao procurarem limitar/ erradicar a concorrência fiscal prejudicial, estas instâncias internacionais desenvolvem um cerco aos regimes de incentivos susceptíveis de

---

[35] De "contra-auxílios" ("counter-aid") fala, a propósito, Ian HARDEN, "State aids and the economic constitution of the Community", in HARDEN (ed.), *State Aid: Community Law and Policy, 1993, p. 14.*

140   *Auxílios de Estado e Fiscalidade*

afectarem a localização do investimento. Deste modo, procuram prevenir a erosão das receitas fiscais que a corrida aos incentivos provocaria e construir um denominador comum mínimo nesta matéria que permita que a concorrência fiscal se exerça de forma leal.

Por fim, importa salientar os problemas decorrentes da competição internacional sobre as relações entre a Comunidade e os países terceiros. São conhecidas, por exemplo, algumas controvérsias entre a Comunidade e os Estados Unidos, sendo os auxílios concedidos internamente por um destes blocos vistos, pelo outro, como instrumentos proteccionistas equivalentes a direitos alfandegários. Acresce que esta forma de competição pode originar medidas de retaliação (através da aplicação pelo Estado importador de direitos compensadores ou de medidas de subvenção aos produtos internos) que, quanto mais generalizados, mais irracionais serão.

1.3. A importância dos auxílios de Estado: alguns dados quantitativos

O volume global médio anual de auxílios estatais na Comunidade, com exclusão do sector agrícola, ascendeu a 104,2 milhões de euros, no período que decorreu entre 1994 e 1996, e a 93,1 milhões, no período entre 1996 e 1998. Esta trajectória descendente dos níveis gerais de auxílios, que já vinha de períodos anteriores, verifica-se igualmente em quase todos os sectores, com excepção dos serviços financeiros, do sector dos *media* e cultura e da categoria residual outros serviços.[36]

Esta tendência global decrescente de um período para outro representou, no seio dos 15, uma diminuição de 1,32% para 1,12% em percentagem do PIB, de 591 euros para 526 euros por trabalhador e de 2,54% para 2,35% em percentagem do total das despesas públicas.

A convergência global não esconde, porém, uma divergência entre os indicadores dos diversos Estados. Em percentagem do PIB (média europeia 1,12%) e em percentagem total das despesas públicas (média europeia 2,35%), a Finlândia apresenta, no último período, os valores mais baixos (0,47% e 0,85%, respectivamente), cabendo a Portugal o

---

[36] Ver, sobre o assunto, o citado *Oitavo Relatório sobre os Auxílios de Estado*, da COMISSÃO.

Capítulo II – A Regulação Comunitária dos Auxílios de Estado   141

topo da escala (1,63% e 3,44%); em euros por trabalhador (média europeia 526), os mesmos lugares são ocupados, respectivamente pelo Reino Unido (223) e pela Alemanha (786) e em euros *per capita* (média europeia 214) pela Finlândia (97) e pela Alemanha (327).

Particularmente interessante é a distribuição por sectores. Em média a indústria transformadora representa cerca de um terço do total dos auxílios (35%). Na parte inferior da tabela, encontra-se Portugal que apenas destina a este sector 11% do volume global dos auxílios, enquanto a Itália e a Irlanda surgem com 51%. Em percentagem do valor acrescentado, os Estados com níveis mais baixos de auxílios ao sector transformador são o Reino Unido (0,7%), a Suécia e Portugal, situando-se a Grécia no topo com 4,9%.

Importa ainda desfazer certas ideias preconcebidas no que respeita à prática dos países da Comunidade relativa aos auxílios públicos.[37] Assim, não existe nenhuma clivagem entre os países do Norte e os do Sul: em percentagem de valor acrescentado, a Itália recorre muito mais aos auxílios que a Espanha, a Bélgica e a Alemanha situam-se na média e o Reino Unido e a Holanda abaixo da média; quando se tem em conta a rácio auxílios/ população empregada, a Alemanha, a Itália, a Bélgica e a França estão no cimo da lista enquanto que o Reino Unido, a Finlândia e Portugal ocupam a cauda da classificação. Não existe igualmente nenhuma clivagem entre os países centrais e os periféricos: proporcionalmente, a Espanha e a Irlanda recorrem menos aos auxílios que o Luxemburgo e a Bélgica.[38] Embora a quota de auxílios à indústria transformadora nos países da coesão tenha aumentado ligeiramente de um período para o outro, isto é, de 7,8% para 9,3% de 1994-96 para 1996-98, a quota das quatro maiores economias situa-se em 80%, representando a Alemanha 35%, a Itália 27%, a França, 14% e o Reino Unido 4% do total.

É ainda interessante notar que os diversos Estados membros têm manifestado preferências diferentes em relação às formas de auxílio a que recorrem. Assim, o Luxemburgo, a Espanha, o Reino Unido, a

---

[37] Para maiores desenvolvimentos, vide BILAL/ POLMANS, "Is State Aid in Decline? Trends of State Aid to Industry in the Member States of the European Union", in BILAL/ NICOLAIDES, *Understanding..., ob. cit.*, 1999, p. 47 e ss.

[38] Entre os quatro maiores países da Comunidade, a Itália e a Alemanha são os mais intervencionistas, a França situa-se abaixo da média comunitária e o Reino Unido é o mais parcimonioso no recurso aos auxílios.

142 Auxílios de Estado e Fiscalidade

Irlanda, a Holanda e Portugal têm recorrido sobretudo ao mecanismo das subvenções, a Bélgica e a Itália aos benefícios fiscais, a Dinamarca e a Alemanha, aos empréstimos bonificados, a França e a Itália às tomadas de participação públicas e a França, a Alemanha e a Bélgica às garantias. O Oitavo Relatório sobre Auxílios de Estado dá conta que as despesas orçamentais (em princípio, mais transparentes em termos de intervenção do Estado) representam 73% dos auxílios concedidos à indústria transformadora. No entanto, no último período considerado, em alguns Estados, como é o caso da Dinamarca, França e Itália, mais de 30% dos auxílios totais assumiram a forma de desagravamentos fiscais.

O elevado número dos auxílios de Estado e o seu peso no PIB da Comunidade levou a Comissão a gizar, numa Comunicação ao Comité de política económica, uma estratégia de redução global dos auxílios de Estado.[39]

Segundo esta instituição, com o advento da UEM torna-se particularmente importante reduzir os auxílios relativamente ineficientes, eliminando os que criam distorções sem contribuir para a correcção das imperfeições do mercado e contribuir para um melhor uso dos recursos públicos, necessário para a continuação dos esforços de consolidação orçamental dos Estados membros.

Uma política dirigida à redução dos auxílios de Estado deverá resultar, não só de um reforço do controlo da Comissão na apreciação dos auxílios novos, mas ainda de uma maior coordenação entre os Estados membros, de uma autodisciplina acrescida dos Estados, sobretudo daqueles em que o volume dos auxílios atinge níveis mais elevados, com eliminação prioritária dos auxílios ineficientes e esbanjadores de recursos, independentemente da forma que assumam.

Nesta linha, em Março de 2000, o Conselho Europeu de Lisboa instou os Estados membros a prosseguirem os seus esforços para promover a concorrência e reduzir o nível geral dos auxílios estatais, colocando a tónica, não sobre um apoio a empresas ou sectores individuais, mas em objectivos de interesse comunitário, como o emprego, o desenvolvimento regional, o ambiente e a formação ou a investigação.[40]

---

[39] COMISSÃO EUROPEIA, *A policy for a reduction of State Aids (Note for the Economic Policy Committee)*, de 25 de Junho de 1998 (Doc. II/441/98).

[40] Cf. COMISSÃO, *Oitavo Relatório, ob. cit.*, p. 68.

Capítulo II – A Regulação Comunitária dos Auxílios de Estado 143

2. CARACTERIZAÇÃO GERAL DO REGIME DE AUXÍLIOS DE ESTADO

2.1. O direito aplicável

2.1.1. O regime dos auxílios de Estado na União Europeia

Integradas no capítulo I do título VI do Tratado CE sobre as regras da concorrência, as normas gerais sobre os auxílios de Estado estão actualmente contidas nos seus artigos 87.º a 89.º (a. n. 90.º a 93.º).[41]

Estas normas, respondendo ao princípio da aplicação universal, aplicam-se a todo o território comunitário (art. 299.º), desde a entrada em vigor do Tratado de Roma (1.1.1958) quanto aos Estados fundadores e desde o dia da respectiva adesão quanto aos restantes.

O artigo 87.º dispõe sobre as *regras substantivas*, de carácter geral, aquelas que, de forma mais desenvolvida, serão objecto da primeira parte deste trabalho. O n.º 1 do artigo 87.º estabelece o princípio da incompatibilidade dos auxílios de Estado, quaisquer que eles sejam, com o mercado comum, e define o campo de aplicação deste princípio. Note-se, desde já, que nem este dispositivo (nem, aliás, qualquer outro no Tratado) define de modo expresso — dir-se-á porventura deliberadamente — o que deve entender-se por auxílio de Estado.[42]

Os n.ºs 2 e 3 do mesmo artigo 87.º contêm derrogações ao princípio da incompatibilidade, a do n.º 2 operando *ipso jure*, a do n.º 3 resultando de decisão discricionária da Comissão ou de deliberação do Con-

---

[41] A bibliografia jurídica (e não só) sobre o tema dos auxílios de Estado conheceu um enorme incremento nos últimos quatro anos, fruto do crescente interesse deste instituto. São particularmente importantes as obras (referenciadas de forma mais desenvolvida na lista bibliográfica em anexo) de SANTACRUZ, *Las Ayudas Públicas Ante el Derecho Europeo de la Competencia*, 2000; COMMUNIER, *Le droit communautaire des aides d'État*, 2000; PINOTTI, *Gli Aiuti di Stato alle Imprese nel Diritto Comunitario della Concorrenza*, 2000; KEPPENNE, *Guide des aides d'État en droit communautaire*, 1999; D'SA, *European Community Law on State Aid*, 1998; CHÉROT, *Les Aides d'État dans la Communauté Européenne*, 1998; COMISSION DROIT ET VIE DES AFFAIRES, *Les Aides d'État en Droit Communautaire et en Droit National*, 1988; BAUDENBACHER, *A Brief Guide to European State Aid Law,* 1997; EVANS, *European Community Law on State Aid*, 1997.

[42] Assim, Caseiro ALVES, *Lições de Direito Comunitário da Concorrência*, 1989, p. 170.

144   *Auxílios de Estado e Fiscalidade*

selho. As decisões da Comissão são, porém, frequentemente enquadradas por directrizes, orientações gerais, cartas aos Estados membros e outras formas jurídicas atípicas e flexíveis.[43]

Os artigos 88.° e 89.° (n.a. 93.° e 94.°) contêm regras procedimentais. O art. 88.° regula o procedimento de supervisão e controlo da Comissão sobre os auxílios existentes (controlo permanente) e sobre os projectos de novos auxílios (controlo preventivo), bem como o mecanismo extraordinário de derrogação da incompatibilidade por parte do Conselho (cláusula de salvaguarda).[44]

O objectivo deste artigo foi enunciado pelo Tribunal de Justiça nos seguintes termos: "O Tratado, ao organizar no art. 93.° (n.n. 88.°) o exame permanente e o controlo dos auxílios pela Comissão, entende que o reconhecimento da eventual incompatibilidade de um auxílio com o mercado comum resulta, sob controlo do Tribunal de Justiça, de um processo apropriado cuja execução é da responsabilidade da Comissão".[45]

Durante muitos anos, o controlo dos auxílios de Estado foi exclusivamente objecto de regulação administrativa e jurisprudencial. Em 1999, o Conselho, sob proposta da Comissão, aprovou um regulamento que teve por objectivo codificar as regras vigentes, introduzindo, porém, algumas novidades em relação ao enquadramento existente.[46]

---

[43] Para uma visão de conjunto deste enquadramento, vide COMISSÃO, *Direito da Concorrência nas Comunidades Europeias*, vol. II A, *Regras aplicáveis aos auxílios estatais* (situação em 30 de Junho de 1988), 1999.

[44] A doutrina costuma apontar o carácter obscuro e ambíguo do artigo 88.° do Tratado. Veja-se, a título de exemplo, entre nós, a crítica de J.J. ALMEIDA: "As diferentes fases do procedimento não se apresentam na sua ordem cronológica, mas sim numa ordem invertida, repartindo-se um tanto estranhamente o procedimento entre os n.° 1 a 3 do art. 93.° (n.n. 88.°), que se referem a fases distintas. Além do mais, o terceiro parágrafo do n.° 2 estabelece uma cláusula de salvaguarda *sui generis* (...)"(in *ob. cit.*, p. 36).

[45] Cf. o Acórdão de 22 de Março de 1977, proc. C-78/76, *Steinike*, Col.1977, p. 595. Ao lado das dimensões substancial e procedimental, existem ainda as dimensões sancionatória (inicialmente de origem jurisprudencial) e processual dos auxílios de Estado (esta visando a adaptação das regras do processo judicial comunitário ao instituto dos auxílios de Estado). Delas se dará notícia no título seguinte deste capítulo.

[46] Cf. Regulamento n.° 659/1999, do Conselho, de 10 de Março de 1999, in JOCE n.° L 83, de 27 de Março de 1999, entrado em vigor em 15 de Abril do mesmo ano. Este regulamento teve origem em proposta da Comissão publicada in JOCE n.° C 116, de 16 de Abril de 1998.

Capítulo II – A Regulação Comunitária dos Auxílios de Estado   145

Por sua vez, o art. 89.º confere ao Conselho o poder de adoptar regulamentos de execução dos mecanismos previstos nos artigos 87.º e 88.º. Ao abrigo deste dispositivo o Conselho aprovou recentemente um regulamento sobre as isenções por categoria.[47]

Ao lado deste regime geral, existem *regimes especiais de auxílios* — de natureza sectorial — regulados por disposições específicas do Tratado que respondem ao critério *lex specialis*. É o caso dos auxílios à produção e comércio de produtos agrícolas, dos auxílios em matéria de transportes e, em sede de segurança nacional, dos auxílios à produção ou ao comércio de armas, munições e armas de guerra, previstos, respectivamente, nos actuais artigos 36.º, 73.º e 296.º do Tratado.[48] Certos sectores, como a construção naval, são ainda objecto de regulamentação complementar específica.

Sublinhe-se ainda que os textos normativos relativos aos auxílios de Estado constantes dos artigos 87.º a 89.º do Tratado CE não sofreram qualquer alteração significativa com as modificações operadas ao Tratado de Roma pelo Tratado de Amesterdão, a exemplo, aliás, do que havia ocorrido com as revisões anteriores efectuadas pelo Acto Único Europeu e pelo Tratado de Maastricht.[49]

Embora, de facto, as revisões do Tratado de Roma tenham constituído uma excelente oportunidade para melhorar o texto da lei em sede de auxílios de Estado, esclarecendo algumas questões postas pela doutrina face a certas orientações administrativas ou jurisprudenciais, a verdade é que os Estados membros decidiram que, nesta matéria, o texto do Tratado deveria permanecer substancialmente inalterado, parecendo reconhecer assim as dificuldades políticas inerentes a qualquer mudança,

---

[47] Cf. Regulamento n.º 994/98, do Conselho, de 7 de Maio de 1998, sobre as isenções por categoria (JOCE n.º L 142, de 14 de Maio de 1998, p. 1).

[48] Estes artigos correspondem aos anteriores artigos 42.º, 77.º e 223, n.º 1, al. b) do Tratado CE. Ver ainda os actuais artigos 76.º (ex 80.º), 78.º, 132.º, n.º 1 (ex 112.º, n.º 1), 296.º e 297.º (ex 223.º e 224.º) e o anterior artigo 226.º, eliminado pelo Tratado de Amesterdão.

[49] Enquanto o Acto Único e o Tratado de Maastricht deixaram inalterado o articulado originário, o Tratado de Amesterdão limitou-se a eliminar a parte final da al. c) do n.º 3 do art. 87.º (ex 92.º), relativa a auxílios transitórios à construção naval, já em progressivo desuso, e a actualizar certas remissões normativas.

146   *Auxílios de Estado e Fiscalidade*

e, pelo menos implicitamente, o bem fundado da aplicação do normativo por parte da Comissão e do Tribunal.[50]

A disciplina dos auxílios de Estado não se restringe, porém, à Comunidade Europeia. No quadro da União Europeia, importa ainda referir o Tratado CECA que prevê, no seu artigo 4.°, al. c), de forma aparentemente radical, que se consideram "incompatíveis com o mercado comum do carvão e do aço e, consequentemente, *abolidos e proibidos* na Comunidade, nas condições previstas no Tratado, as subvenções ou auxílios concedidos pelos Estados ou os encargos especiais por estes impostos, independentemente da forma que assumam".[51]

2.1.2. Os regimes de auxílios públicos exteriores à União

Fora do quadro da União, mas no quadro europeu e em estreita conexão como regimes da CE e da CECA, há ainda que ter em conta o regime dos auxílios estatais previsto no artigo 61.° do Acordo de Associação sobre o Espaço Económico Europeu, regime claramente inspirado no Tratado de Roma e que vincula os Estados membros.[52]

---

[50] Nem sequer se aproveitou para esclarecer as dúvidas levantadas pela aplicação dos procedimentos constantes do art. 88.° (ex-93), das quais alguns autores se faziam eco. Ver, por todos, MATTERA, *Le Marché Unique Européen. Ses Règles, son Fonctionnement*, 1988, p.75 e ss.

[51] O Tratado CECA — em vigor até 22 de Julho de 2002 - não prevê a possibilidade de derrogações. Apesar disso, em 1980, foi adoptada uma decisão para organizar o enquadramento comunitário dos auxílios dados por certos Estados à sua indústria siderúrgica em situação de grave crise. Actualmente o enquadramento destes auxílios é efectuado pelo Sexto Código dos auxílios à siderurgia, entrado em vigor em 1 de Janeiro de 1997 (Decisão n.° 2496/96/CECA da Comissão, de 18 de Dezembro de 1996, in JOCE n.° L 338, de 28 de Dezembro de 1998) e, no que diz respeito à indústria hulhífera, pela Decisão n.° 3632/93/CECA, da Comissão, de 28 de Dezembro de 1993 (in JOCE n.° L 329, de 30 de Dezembro de 1993). Sublinhe-se, por fim, que o artigo 87.° do Tratado CE é aplicável às actividades do carvão e do aço não cobertas pelo Tratado CECA.

[52] O n.° 1 do artigo 61.° deste Acordo entre a CEE, a CECA, os Estados membros da CE e os Estados que permanecem na EFTA (Islândia, Liechtenstein, Noruega) estipula o seguinte: "Salvo disposição em contrário nele prevista, são incompatíveis com o funcionamento do presente acordo, na medida em que afectem as trocas comerciais entre as Partes Contratantes, os auxílios concedidos pelos Estados membros da CE, pelos Estados

Por outro lado, nesta última década, há também que considerar os Acordos Europeus estabelecidos com os países da Europa Central e Oriental, tendo em vista a sua futura adesão à União, os quais também contêm regras relativas à concorrência e, em particular, aos auxílios de Estado.

Por fim, no quadro mundial, não podemos esquecer a regulamentação da Organização Mundial do Comércio (OMC), a qual, nos termos do artigo 25.º do Acordo relativo às subvenções e medidas compensatórias da OMC, obriga à notificação a esta organização das subvenções concedidas por parte da Comunidade e dos respectivos Estados membros.[53]

2.2. A ratio legis do regime comunitário

2.2.1. *Ratio legis* do princípio da incompatibilidade com o mercado comum

A *ratio legis* do juízo (*a priori*) de desfavor do direito comunitário relativamente aos auxílios de Estado assenta em diversos fundamentos jurídico-económicos que, no fundo, se inspiram nos argumentos normalmente avançados pela teoria económica dominante.[54]

---

da EFTA ou provenientes de recursos estatais, independentemente da forma que assumam, que falseiem ou ameacem falsear a concorrência, favorecendo certas empresas ou certas produções". O n.º 2 corresponde às derrogações *ipso jure* e o n.º 3 às derrogações não automáticas. Este texto vai muito para além do previsto no Tratado de Estocolmo que, no seu artigo 13.º, relativo aos auxílios governamentais, se limitava a determinar que os Estados Membros da EFTA não manteriam nem introduziriam formas de auxílio à exportação ou outras que comprometessem os benefícios esperados da eliminação ou da ausência de direitos e de restrições quantitativas no comércio entre os Estados membros.

[53] Cf. também os artigos XVI e XVIII do GATT relativos ao regime dos auxílios de Estado. Note-se que este regime teve influência na filosofia desfavorável ao intervencionismo económico subjacente ao regime comunitário (R. E. HUDEC, *He GATT, Legal Sustem and World Trade Diplomacy*, 1975, p. 280 e ss.). Vide ainda, Pierre DIDIER, "Le code anti-subventions du cycle de l'Uruguay et sa transposition dans la Communauté, *CDE*, 1995, n.ºs 5/6, pp. 679 e ss. e J-M. WARÊGNE, *L'Organisation Mondiale du Commerce*, 2000, p. 73 e ss. O regime da OMC foi transposto para o direito comunitário pelo Regulamento (CE) n.º 3284/94, do Conselho, de 22 de Dezembro, alterado pelo Regulamento (CE) n.º 2026/97, do Conselho, de 6 de Outubro.

[54] Ver C. ROUAM, *Le contrôle des aides d'État aux entreprises dans l'Union européenne*, 1998, p. 28 e ss. e COMISSÃO "Concurrence équitable dans le marché euro-

Em primeiro lugar, os auxílios de Estado, como refere a Comissão, criam, pelos efeitos que provocam, distorções de concorrência entre as empresas.[55] As empresas que deles beneficiem podem diminuir os seus preços e/ ou aumentar a sua parte de mercado, melhorar a sua estrutura financeira e, deste modo, conseguir fortes vantagens competitivas. São, por isso, globalmente contrários ao art. 3.°, al. g) do Tratado, o qual inclui entre os objectivos da União o de estabelecer um regime que não falseie a concorrência.

Além disso, os subsídios estatais e outras formas de ajuda impedem frequentemente uma afectação optimizada dos recursos. Com efeito, podem conduzir a uma sobreprodução ou a um sobreconsumo do produto subvencionado, por referência a uma situação de eficiência óptima, podem produzir distorções na afectação dos factores de produção, em regra a favor das empresas que privilegiam o recurso ao factor capital (em particular, em casos de empresas de alta intensidade de capital) em relação ao factor trabalho ou a favor de empresas de grande dimensão.

Deste modo, os auxílios não são globalmente conformes com o objectivo comunitário estabelecido pelo artigo 98.° do Tratado CE, segundo o qual os Estados membros devem conduzir as suas políticas económicas de forma a favorecerem uma "repartição eficaz dos recursos".[56]

---

péen: la politique communautaire des aides d'État", in *Économie européenne*, n.° 48, septembre, 1991.

[55] Cf. COMISSÃO, *Primeiro Relatório sobre os Auxílios Estatais na Comunidade Europeia*, ponto 3.

[56] Cf. COMISSÃO, *Sexto Relatório sobre os Auxílios Estatais na Indústria Transformadora e Noutros Sectores da União Europeia*, COM (98) 417, p. 57, onde pode ler--se: "Face a uma globalização crescente e a informações preocupantes de que a Europa ocupa constantemente, em termos de competitividade, uma posição desfavorável relativamente aos seus principais parceiros comerciais, a Europa necessita explorar plenamente o potencial do mercado único. Os elevados níveis de auxílios estatais verificados põem em risco esta linha de acção. Um volume excessivo de auxílios provoca não só distorções a nível da concorrência e do comércio livre, como pode, potencialmente, atrasar e mesmo impedir a reestruturação industrial em situações em que tal intervenção é necessária e urgente. Contudo, a *livre concorrência, o comércio livre e a reestruturação industrial* constituem precisamente os instrumentos de uma afectação eficaz de recursos na economia europeia que, por seu turno, constitui a base do reforço da concorrência e, consequentemente, da criação de emprego" (itálico nosso).

Capítulo II – A Regulação Comunitária dos Auxílios de Estado 149

Por outro lado, os auxílios acabam por constituir, em particular depois da abolição das barreiras aduaneiras e técnicas, uma forma de proteccionismo mercantil contrária à liberalização propugnada pelos Tratados.[57] Perturbam os normais fluxos comerciais na Comunidade, provocando uma segmentação dos mercados nacionais. São, por isso, contrários ao princípio da unidade do mercado comunitário postulado pelo n.º 2 do artigo 14.º do Tratado.

O controlo dos auxílios apresenta-se deste modo como um complemento indispensável para a realização de um verdadeiro mercado único.[58] Daí que, como refere a Comissão, "a abertura dos mercados e a manutenção dessa abertura têm constituído desde sempre um dos principais objectivos de controlo dos auxílios estatais, tal como da política de concorrência em geral". "Num mercado mais integrado, os efeitos de distorção de determinado tipo de auxílios são ampliados, o que justifica um maior controlo".[59]

Acresce que, segundo a Comissão, a proliferação de auxílios públicos pode perturbar o objectivo da convergência dos comportamentos das economias preconizado no artigo 2.º do TCE, bem como contribuir para

---

[57] A propósito das três razões enunciadas no texto, pode ler-se no *Primeiro Relatório sobre os Auxílios Estatais na Comunidade Europeia*, elaborado pela Comissão, 1989, p. 1: "A manutenção de um sistema de concorrência livre e não falseada constitui um dos princípios fundamentais em que se baseia a Comunidade Europeia. A política comunitária em matéria de auxílios de Estado desempenha neste contexto um papel vital, uma vez que é geralmente reconhecido que esses auxílios podem falsear a livre concorrência, não só porque impedem uma afectação optimizada dos recursos, mas também porque têm o mesmo efeito que as barreiras aduaneiras e outras formas de proteccionismo". Ver também os *II, V e VI Relatórios da Comissão sobre Política de Concorrência*, respectivamente pontos 158, 167 e ss. e 201 e ss.

[58] Cf. COMISSÃO, *XXIV Relatório sobre Política de Concorrência 1994*, 1995, p. 22, ponto 12. "Uma das tarefas de primordial importância da Comissão é garantir que os auxílios não sejam concedidos unicamente para defender interesses nacionais, mas, pelo contrário, para atingir objectivos comunitários" (*ibidem*, p. 22).

[59] Cf. COMISSÃO, *XXIII Relatório sobre Política de Concorrência, 1993*, 1994, p. 28, ponto 28. Desse maior controlo têm sido alvo os chamados sectores sensíveis, com crónicos problemas estruturais, como é o caso do aço, da construção naval, das fibras sintéticas, dos veículos automóveis, particularmente em anos de recessão como o de 1993. Este maior controlo justifica-se igualmente em mercados recentemente abertos à concorrência, como os da energia, das telecomunicações e dos transportes.

agravar os défices públicos, podendo pôr em causa os objectivos de consolidação das finanças públicas, inerentes à União Económica e Monetária, tal como resultam do art. 104.º (a. n. 104.º-C) do Tratado e do Pacto de Estabilidade e de Crescimento.[60]

"No contexto da União Económica e Monetária, um dos elementos-chave subjacentes ao êxito do seu funcionamento é a solidez das finanças públicas dos Estados membros participantes. A disciplina orçamental implica que os Estados membros deverão controlar constantemente todas as rubricas das despesas públicas, incluindo os auxílios estatais. Para o efeito, é imperativo que os Estados membros, por sua própria iniciativa, avaliem tanto os regimes de auxílios existentes como as novas propostas a fim de determinarem, em primeiro lugar, se a intervenção estatal é necessária; em segundo lugar, se o auxílio estatal constitui o instrumento mais adequado para alcançar o objectivo em causa; em terceiro lugar, se o auxílio está perfeitamente adaptado ao problema a resolver; e, em quarto lugar, se o montante do auxílio não ultrapassa o necessário para alcançar o objectivo".[61]

Por fim, os auxílios de Estado podem pôr ainda em causa o objectivo de coesão económica e social, consagrado no artigo 158.º do Tratado. Na ânsia de atraírem investimentos externos ou fixarem investimentos internos, os Estados vieram a desencadear uma verdadeira corrida aos auxílios públicos, particularmente nítida na década de noventa. Esta corrida arrisca-se a saldar-se, no final, em um dispendioso jogo de soma nula, ou numa situação mais favorável aos Estados que disponham de mais recursos financeiros, em prejuízo daqueles cujos territórios integrem regiões com menor desenvolvimento no plano comunitário.[62]

Ora os Estados-membros estão ligados entre si por um dever de solidariedade. De acordo com o artigo 10.º (a. n. 5.º) do Tratado, devem,

---

[60] "Pôr cobro ao desperdício de fundos públicos em empresas que necessitam de reestruturação tem efeitos macroeconómicos benéficos, contribuindo normalmente para reduzir os défices orçamentais" (COMISSÃO, *XXIII Relatório sobre a Política da Concorrência 1993*, 1994, p. 29, pt. 30).

[61] Cf. COMISSÃO, Sexto Relatório..., *ibidem*, pp. 60-61.

[62] Acresce que, no plano da política internacional, como salienta ROUAM, *Le contrôle des aides d'État aux entreprises dans l'Union européenne*, 1998, pp. 29-30, a proliferação de auxílios públicos tem prejudicado as relações da União com os seus parceiros comerciais, em particular com os Estados Unidos.

Capítulo II – A Regulação Comunitária dos Auxílios de Estado 151

simultaneamente, "assegurar o cumprimento das obrigações" dele decorrentes, facilitar à Comunidade "o cumprimento da sua missão" e abster-se de "tomar quaisquer medidas susceptíveis de pôr em perigo a realização dos objectivos do presente Tratado". Este normativo constitui uma obrigação de alcance geral que, segundo uma grande parte da doutrina, se projecta nos dispositivos do Tratado que regulam os auxílios de Estado.[63]

Sendo estes normalmente os argumentos apontados para a existência de um princípio de incompatibilidade (e de um regime de controlo centralizado dos auxílios de Estado), é, no entanto, importante referir que este regime tem-se revelado, na prática, inadaptado para atingir os objectivos da coesão económica e social.[64]

Acresce que este regime tem igualmente grandes limitações quanto ao contributo que pode oferecer para a redução dos défices públicos no quadro da UEM.[65]

O carácter casuístico, algo fragmentado, da realização da política de concorrência relativa aos auxílios públicos, o facto de o controlo existente conduzir a uma redução indiscriminada do volume dos auxílios e de

---

[63] Cf., neste sentido, Joel CARBAJO, "La notion d'aide nationale d'aprés l'article 92 du traité C.E.E.", in C. BLUMANN (dir.), *Les aides nationales dans la Communauté européenne*, 1987. Sobre o artigo 10.º (a.n. 5.º) ver, em particular, M. BLANQUET, *L'article 5 du traité CEE; recherche sur les obligations de fidélité des Etats membres de la Communauté, 1994.*

[64] Relativamente à questão da coesão social, ver, neste sentido, entre nós, M. Eugénia GOMES / Mário LOBO, *Auxílios de Estado e Coesão Económica e Social. Tendências Contraditórias*, Documentos de Trabalho 10-98, GEPE, Ministério da Economia, 1998, os quais salientam que, "por acção dos montantes dos auxílios de Estado concedidos nos países comunitários mais importantes, é substancialmente anulada a acção dos Fundos Estruturais e do Fundo de Coesão na prossecução do objectivo da coesão económica e social" (p. 17). Ou, como refere a própria COMISSÃO: "Deve reconhecer-se que o elevado nível de auxílios estatais, sobretudo nos Estados membros mais ricos, constitui um risco potencial para o objectivo da coesão, uma vez que os países da coesão não podem competir com os níveis de auxílios concedidos pelos países mais ricos" (in *Oitavo Relatório sobre os Auxílios Estatais* ..., p. 75). Cf. também CHÉROT, *ob. cit.*, p. 7.

[65] É a própria Comissão que reconhece que a análise que efectua aos auxílios não lhe permite, por exemplo, ter em conta os auxílios já concedidos no mesmo Estado membro a outras empresas. Por conseguinte, com base nas regras da concorrência, a Comissão "possui unicamente meios relativamente limitados de agir directamente com o objectivo de limitar os orçamentos globais que os Estados membros afectam ao apoio às suas empresas" (COMISSÃO, *Quinto Relatório sobre os Auxílios Estatais...*, *ob. cit.*, 1997, p. 47).

152   *Auxílios de Estado e Fiscalidade*

este volume não ser, em si mesmo, um critério do controlo, leva a que os objectivos macro-económicos da coesão e do défice apenas possam ser considerados de forma marginal e não de modo sistemático.

Neste contexto, a *ratio legis* do regime circunscreve-se, quanto a nós, no essencial, aos três primeiros motivos analisados.

2.2.2. *Ratio legis* da admissão, no plano comunitário, de auxílios de Estado

Os mercados têm falhas. A Comunidade não está em situação nem tem condições para as colmatar. Daí que os auxílios de Estado sejam, no quadro actual, insubstituíveis. Dir-se-á mesmo que são inerentes ao funcionamento do sistema de economia mista existente nos Estados comunitários e, consequentemente, na própria Comunidade.

Estes auxílios constituem hoje provavelmente a mais importante forma de intervenção do Estado no sistema económico, tanto mais que as restantes, em particular as que se processavam através da gestão das empresas e serviços, têm vindo a perder terreno, quer com o movimento das privatizações, quer com a redução dos monopólios públicos, quer com as exigências comunitárias de maior transparência na definição de obrigações de serviço público, quer com o desaparecimento de instrumentos legais gerais que permitam intervir na economia.[66]

Ao lado de aspectos negativos já evidenciados, os auxílios de Estado comportam múltiplos aspectos positivos. Os seus objectivos dependem do enquadramento jurídico de cada país, em especial, da "constituição económica" e da política do governo em exercício. Na prática, porém, tais objectivos podem ser muito diversificados — e nem sempre alvo de adequado controlo interno —, apresentando hoje tantas formas quantas as razões, boas e más, que motivam a intervenção de um Estado na vida

---

[66] Cf. CHÉROT, *Les Aides d'État..., ob. cit., 1998*, p. 1 e ss. que, sublinhando a perda de importância de instrumentos tradicionais como o controlo dos preços, o controlo dos investimentos estrangeiros, a tutela das empresas públicas, a regulação discricionária dos serviços públicos, conclui que "os auxílios arriscam-se a tornarem-se um meio cada vez mais central e visível da intervenção estatal e o coração do direito público económico".

Capítulo II – A Regulação Comunitária dos Auxílios de Estado 153

económica e social. Neste domínio, não há limites para a imaginação dos representantes políticos dos Estados membros.

No plano comunitário, a própria Comissão reconhece que "os auxílios de Estado podem contribuir para o crescimento económico e adaptação das estruturas industriais às alterações das condições do mercado, bem como para o desenvolvimento regional, para a melhoria das condições sociais resultantes de modificações económicas e para a situação do emprego num país determinado".[67] Refere ainda, em especial, a importância dos auxílios "suaves" (por exemplo, os destinados à formação profissional) na melhoria da flexibilidade do trabalho nas PMEs ou do seu potencial técnico e comercial.

O controlo comunitário da política de concorrência dos Estados, em geral, e dos auxílios, em particular, exercido pela Comissão, ao abrigo do n.° 3 do artigo 87.° do Tratado, assume-se como uma forma de política de concorrência transformada, no interesse comunitário, em embrião de política regional e de política industrial virada para a promoção da competitividade da economia comunitária face ao exterior.[68]

Os redactores do Tratado, tendo em conta o facto de a integração nele prevista ser essencialmente uma integração negativa, contemplaram a possibilidade de, sob controlo comunitário, os Estados membros adoptarem intervenções em certos casos, muitos deles justificados pela necessidade de compensação de falhas do mercado.[69]

Note-se contudo que uma parte significativa das intervenções dos Estados pode ter, na sua origem, motivações conjunturais: evitar casos com clara "ressonância político-social", tais como o "encerramento de empresas" e os "despedimentos colectivos insuportáveis no plano social e regional" que daí podem advir.[70]

---

[67] Cf. *XII Relatório sobre Política de Concorrência (1983)*, n.° 158.

[68] Esta questão tornou-se mais clara depois da aprovação do *"Livro Branco" sobre Crescimento, Competitividade e Emprego — Desafios e pistas para entrar no século XXI*, COM (93) 700 final, de 5 de Dezembro de 1993.

[69] Assim, CHÉROT, *ob. cit.*, que igualmente chama a atenção para o facto de os redactores do Tratado terem aproveitado a experiência de aplicação do Tratado CECA para evitar a rigidez da formulação deste, prevendo a possibilidade expressa de derrogações ("salvo derrogações previstas pelo Tratado") (p. 14).

[70] Cf. COMISSÃO, *XXIII Relatório sobre a Política de Concorrência* , p, 29, pt. 29. Do facto dá também conta, Nicolas MOUSSIS, *As Políticas da Comunidade Econó-*

154   *Auxílios de Estado e Fiscalidade*

A política de controlo da Comissão é normalmente mais severa nestes casos. A Comissão é muito restritiva em relação a auxílios de emergência e sempre se manifestou contra os auxílios que servem apenas para adiar a reestruturação das empresas.

2.3. O triplo estatuto das normas que regem os auxílios de Estado

De tudo isto resulta que as normas comunitárias que disciplinam os auxílios de Estado assumem essencialmente um triplo estatuto, nem sempre de fácil compatibilização.

Em primeiro lugar, apresentam-se claramente como um elemento do *direito comunitário da concorrência*, subordinado aos objectivos gerais deste. Com efeito, ao procurarem impedir que empresas adquiram vantagens artificiais através de financiamentos públicos, os dispositivos relativos à incompatibilidade e controlo dos auxílios completam as regras comunitárias destinadas à preservação de uma estrutura de concorrência no mercado único. São, neste sentido, um prolongamento das regras do Tratado que proíbem as coligações e os abusos de posição dominante e das regras, complementares destas, sobre a regulação das concentrações das empresas.[71] Embora de forma directa e imediata se dirijam aos Estados, elas visam, em última instância, as empresas beneficiárias e a protecção de terceiros, desde logo as empresas concorrentes. O regime jurídico dos auxílios apresenta assim em diversos domínios, substantivos e processuais, uma identidade substancial com o regime das restantes formas de defesa da concorrência.[72]

---

mica Europeia, Almedina, Coimbra, 1985, p. 456. Este autor refere um motivo muito comum: "Sob o ponto de vista económico, as indústrias sensibilizam, a respeito da sua sorte, a opinião e os poderes públicos, principalmente quando se trata de actividades tradicionais ou de grandes negócios, considerados como *empresas estandartes*". Uma intervenção a favor destas actividades ou empresas, para além de muito questionável no plano interno, provoca normalmente importantes distorções no plano comunitário.

[71] Ver artigos 81.º a 85.º (ex 85.º a 89.º) do Tratado. Sobre o tema, ver entre nós, A. C. SANTOS/ M. E. GONÇALVES / M.M. L. MARQUES, *Direito Económico*, p.365 e ss. ; M. A. VAZ, *Direito Económico*, p. 271 e ss.; L. C. MONCADA, *Direito Económico*, p. 378 e ss.

[72] Sublinhando expressamente este ponto ao longo do seu trabalho, cf. M. Nuno de MACHETE, *Auxílios Públicos*, UCP, 1995, p. 123.

Mas, ao mesmo tempo, são igualmente complementares das disposições do *direito do mercado comum* que protegem as liberdades económicas fundamentais da Comunidade face às intervenções dos Estados membros. Contribuem, deste modo, para a livre circulação de mercadorias, pessoas, serviços e capitais e, consequentemente, para a consolidação do mercado interno, como é postulado pelo n.° 2 do artigo 14.° do Tratado.[73]

Esta relação da disciplina da concorrência em geral e dos auxílios em particular com a política de integração do mercado é sublinhada por quase toda doutrina. Ela ganha relevância enquanto o mercado interno não for uma realidade consolidada. Irá deixando de ter a mesma importância à medida em que a consolidação do mercado interno seja um facto. É, neste sentido, um objectivo conjuntural, embora nem por isso dotado de menor importância. Essa, aliás, uma das razões do recente reavivar da discussão sobre os objectivos subjacentes à disciplina comunitária da concorrência.

Por tudo isto, somos de opinião que não colhem as posições daqueles autores que, dando relevo excessivo a esta dimensão, aproximam o princípio da incompatibilidade dos auxílios de Estado da proibição das medidas de efeito equivalente a restrições quantitativas.[74]

---

[73] Dispõe o n.° 2 do artigo 14.° (a. n. 7.°-A): "O mercado interno compreende um espaço sem fronteiras internas no qual a livre circulação das mercadorias, das pessoas, dos serviços e dos capitais é assegurada de acordo com as disposições do presente Tratado".

[74] É o caso de SCHRAMME, "Rapport entre les mesures d'effet équivalent à des restrictions quantitatives et les aides nationales", in *RTDE*, 1985, p. 487 e ss. Parece ser também, entre nós, a posição de Luís MORAIS, *O Mercado Comum e os Auxílios Públicos, Novas Perspectivas*, 1993, p. 81 : "Pessoalmente, aderimos à tese da não sujeição do art. *92.° (n.n 87.°)* à regra "*de minimis*", tendo em conta a *ratio* e os objectivos deste preceito que o afastam, em certa medida, do regime previsto nos arts. *85.° e 86.° (n. n. 81.° e 82.°)* do TR. e o aproximam, correlativamente, do regime do art. *30.° (n. n. 28.°)* (proibição de medidas de efeito equivalente a restrições quantitativas)." E, mais adiante, acrescenta o autor relativamente a esta questão: "Neste plano, o regime jurídico do art. *92.° (n. n. 87.°)*, apesar da sua inserção sistemática no Capítulo das Regras de Concorrência, conjuntamente com as previsões dos arts. 85.° e 86.° *(n. n. 81.° e 82.°)*, estará muito mais próximo, em termos de interpretação teleológica e sistemática, do regime do art. 30.° *(n. n. 28.°)* do que daquelas previsões" (p. 85). O argumento é, quanto a nós, discutível. De facto, a proibição de medidas de efeito equivalente é absoluta por se relacionar com a construção da União Aduaneira, no quadro de uma política comum. O regime

156 *Auxílios de Estado e Fiscalidade*

Por fim, são o fundamento de uma *política comunitária* — juridicamente enquadrada — *de auxílios públicos*.

De facto, o princípio da incompatibilidade dos auxílios de Estado com o mercado comum não é, como dissemos, nem absoluto, nem incondicional, havendo determinados auxílios que, segundo o Tratado "são compatíveis com o mercado comum" ou "*podem* ser considerados compatíveis com o mercado comum". Este princípio comporta derrogações que possibilitam à Comissão estabelecer uma verdadeira política nesta matéria.

Agindo como árbitro, a ela compete, em nome do interesse comunitário, autorizar a intervenção dos Estados membros na economia através de formas, condicionadas e excepcionais, de apoio às empresas quando o mercado não funcione com eficiência ou não possibilite a atribuição de recursos destinados a certas opções ou prioridades definidas no Tratado.[75]

Estas dimensões manifestam-se na forma como se articulam as relações entre as normas que regem os auxílios de Estado e as que regulam outras obrigações decorrentes do Tratado e no modo como a Comissão aplica as derrogações ao princípio da incompatibilidade com o mercado comum.

2.4. Os auxílios de Estado entre direito e política

O Tratado procura, deste modo, estabelecer um complexo equilíbrio entre direito e política. O princípio da incompatibilidade é temperado por uma política comunitária multifacetada relativa aos auxílios de Estado.

Por um lado, pretende garantir que as empresas actuem no mercado com os seus próprios recursos ou meios financeiros, sem interferências ou apoios dos Estados. Para a Comissão isto implica que deva existir uma "política firme que impeça os Estados membros de utilizarem os auxílios

---

dos auxílios de Estado não contempla tal tipo de proibição. A construção do mercado interno não pode deixar de se fazer através da intervenção enquadrada e controlada dos Estados membros e dos agentes económicos.

[75] A grande maioria dos Estados membros no seio do Conselho tem defendido a manutenção do papel de árbitro por parte da Comissão em matéria de auxílios (Vide *Agence Europe*, n.º 5350, de 15 e 16 de Outubro de 1990, p. 6).

Capítulo II – A Regulação Comunitária dos Auxílios de Estado   157

de uma forma defensiva e negativa para resistir às necessárias alterações estruturais, transferindo para outros Estados membros o custo dos ajustamentos em termos de produção e de postos de trabalho".[76]

Por outro, visa permitir que, em certas circunstâncias e dentro de certas condições, os auxílios sejam legitimados como forma de superação das insuficiências do mercado (*market failures*), especialmente visíveis quando este não permita prosseguir os objectivos do Tratado dentro de prazos aceitáveis ou sem custos sociais intoleráveis, ou como instrumento de política económica, de desenvolvimento regional ou social. [77] Isto ocorre sob controlo da Comissão. Neste domínio "não é possível falar de subsidiariedade dado que não é possível serem os próprios Estados membros a controlarem as suas acções ou serem levados a controlar outros. Uma missão deste tipo só pode ser confiada a um organismo supranacional como a Comissão".[78]

Por fim, visa servir de instrumento de política industrial da Comunidade. Com efeito, "um dos objectivos da política de concorrência consiste em melhorar a competitividade internacional da indústria comunitária e, por conseguinte, contribuir para a realização dos objectivos enunciados no *n.º 1 do artigo 157.º* (a. n. 130.º) do Tratado CE. Portanto, as regras de concorrência devem ser aplicadas de modo construtivo para encorajar a cooperação, sobretudo quando esta permita o desenvolvimento e a divulgação de novas tecnologias nos Estados membros, no respeito das regras de propriedade intelectual. O controlo dos auxílios estatais deve ser exercido de molde a pôr os recursos à disposição dos sectores que contribuem para "melhorar a competitividade da indústria comunitária".[79]

---

[76] Cf. COMISSÃO, *XXIII Relatório, cit.*, p. 24, ponto 23.

[77] Neste sentido, G. M. ROBERTI, "Rules on State aids" in NICOLAIDES/ KLUGT (ed.), *The Competition Policy of the European Community*, 1994, p. 48. Ver, também, C. Botelho MONIZ, " O regime jurídico dos auxílios públicos às empresas na Comunidade Europeia — Reflexos na caracterização do sistema económico português", in *ROA*, ano 47.º, Abril, 1987, p. 37.

[78] Cf. COMISSÃO, *XXIV Relatório..., cit.*, p. 31, ponto 23.

[79] Ver o ponto 1.8 do "Enquadramento comunitário dos auxílios estatais à investigação e desenvolvimento" (JOCE C 45, de 17 de Fevereiro de 1996). Ver também o *XI Relatório sobre Política de Concorrência* 1982, n.º 179. Note-se, porém, que, como se deduz do n.º 3 do artigo 157.º (ex 130.º), a política industrial não justifica auxílios que

Para que os auxílios possam ter efeitos positivos que superem os seus potenciais efeitos negativos, é pois necessária a existência de uma regulação comunitária que garanta a coordenação e controlo da sua concessão e que permita a efectivação de uma espécie de *balanço económico e político*.

Importa, antes de mais, evitar certos efeitos económicos perversos, nomeadamente que a proliferação de auxílios os torne ineficazes para atingirem os objectivos extra-financeiros pretendidos e que, no final, se traduza, como frequentemente sucede, em mera erosão de receitas orçamentais.[80]

Há assim que evitar que os auxílios dêem origem a um efeito "represália" (os Estados atribuiriam auxílios para contrabalançar a penetração nos seus mercados de empresas com maior eficiência) ou a um efeito "anulação recíproca" (auxílios estatais semelhantes tenderiam a contrabalançar-se, daí decorrendo um desperdício de recursos), ambos perniciosos para os objectivos da Comunidade.[81]

O carácter não automático do princípio da incompatibilidade com o mercado comum, a inexistência de uma proibição absoluta e incondicional dos auxílios, a margem de ampla apreciação da Comissão relativa aos factos e motivos que podem fundamentar derrogações ao princípio da

---

distorçam a concorrência : "A Comunidade não pode invocar o presente Título para introduzir quaisquer medidas que possam conduzir a distorções de concorrência". No plano jurídico, esta dimensão apresenta-se assim como subalterna.

[80] Não sendo esta a razão de ser primordial do regime dos auxílios, não deixa de ser interessante sublinhar o reencontro deste tema com o da "erosão" ou "degradação" da base fiscal, caro ao discurso da Comissão em sede de concorrência fiscal nefasta. A aproximação do Código de Conduta sobre a fiscalidade das empresas e o controlo dos auxílios de Estado como instrumentos que têm o mesmo objectivo — o de combater a concorrência fiscal nefasta — é, aliás, hoje claramente assumido pela Comissão. Neste sentido, vide, a posição do novo comissário sobre a fiscalidade F. BOLKSTEIN, "Taxation and Competition: The Realization of the Internal Market" in *European Taxation*, vol. 40, n.º 9, 2000, p. 405.

[81] Cf. *Primeiro (e) Segundo Relatórios sobre os Auxílios de Estado na Comunidade Europeia, Bruxelas,* 1989 e 1991. Ver também as conclusões de L. MORAIS, *O Mercado Comum e os Auxílios Públicos, Novas Perspectivas*, p. 62-64: "A ineficiência económica gerada pelos auxílios é, assim, de tipo complexo, repartindo-se pelas perdas de competitividade e das potenciais vantagens macro-económicas e micro-económicas decorrentes da unificação do mercado e pelo desperdício de recursos orçamentais importantes dos Estados".

Capítulo II – A Regulação Comunitária dos Auxílios de Estado

incompatibilidade e a própria aplicação de sanções permitem estabelecer um equilíbrio, necessário, mas nem sempre fácil, entre direito e política. A regulação deste equilíbrio é feita por formas jurídicas menos rígidas ou atípicas, por vezes ganhando-se em flexibilidade o que se perde em segurança.

Na base deste equilíbrio, está, no fundo, a filosofia que presidiu à criação da CEE, a de estabelecer um "compromisso entre liberalismo e intervencionismo no quadro do sistema de mercado que caracteriza o Tratado de Roma".[82]

O modo como este compromisso (instável) se concretiza tem dependido muito de factores conjunturais. Nos últimos anos, porém, ele tem vindo a inclinar-se num sentido claramente mais favorável à vertente liberal.

---

[82] Cf. C. Botelho MONIZ, "O Regime dos Auxílios Públicos às Empresas na Comunidade Europeia. Reflexos na caracterização do sistema económico português", *ROA*, 1997, p. 42.

§ 2.º

A DIMENSÃO SUBSTANTIVA
DO REGIME DE AUXÍLIOS DE ESTADO

1. O PRINCÍPIO DA INCOMPATIBILIDADE DOS AUXÍLIOS DE ESTADO COM O MERCADO COMUM

1.1. O seu significado

O n.º 1 do artigo 87.º estabelece, nos seguintes termos, o princípio da incompatibilidade dos auxílios públicos com o mercado comum:

> "Salvo disposição em contrário do presente Tratado, são incompatíveis com o mercado comum, na medida em que afectem as trocas comerciais entre os Estados membros, os auxílios concedidos pelos Estados ou provenientes de recursos estatais, independentemente da forma que assumam, que falseiem a concorrência, favorecendo certas empresas ou certas produções".

Este dispositivo nada nos diz acerca da noção de auxílio de Estado nem do sentido e alcance do princípio de incompatibilidade. Limita-se a precisar que a incompatibilidade com o mercado comum abrange os auxílios, sem consideração pela forma que assumam, que sejam imputáveis ao Estado (por ele concedidos ou com origem em recursos estatais) e que, ao favorecerem certas empresas ou produções (carácter selectivo da medida), falseiem a concorrência, *na medida em que* afectem as trocas comerciais intracomunitárias.

Note-se ainda que o texto deste artigo não se refere aos objectivos dos auxílios, mas apenas à forma externa adoptada, para afastar a sua relevância na qualificação dos mesmos. Por outro lado, ao contrário do

162   *Auxílios de Estado e Fiscalidade*

que ocorre com o texto dos artigos 81.º e 82.º relativos à concorrência entre empresas, quando se refere à incompatibilidade dos auxílios também não utiliza as expressões "sejam susceptíveis de afectar" as trocas intracomunitárias ou "ameacem falsear a concorrência", mas sim "afectem as trocas comerciais" entre Estados membros e "falseiem a concorrência". Acresce que o artigo fala apenas de auxílios "incompatíveis", enquanto os regimes da concorrência relativos às empresas falam de acordos, decisões, práticas concertadas, abusos de posição dominante "incompatíveis" e "proibidos".

A primeira questão que se põe é assim a de saber qual o verdadeiro significado da incompatibilidade. ·

Duas teses existem a este respeito.

Uma parte da doutrina entende, expressa ou tacitamente, que o artigo 87.º estabelece uma verdadeira *proibição* dos auxílios que integrem a previsão da norma. Incompatibilidade seria equivalente a interdição automática. "Incompatibilidade significa — como defende, por exemplo, Carlo PINTO — que, *como questão de princípio,* tais auxílios violam o direito comunitário e devem, por consequência, ser abolidos ou modificados pelo Estado membro em causa, de modo a que se tornem compatíveis com as disposições do Tratado".[83]

Alguns acórdãos do Tribunal de Justiça, que se referem ao n.º 1 do artigo 87.º como se ele implicasse uma proibição dos auxílios a que alude, são invocados em apoio desta posição.[84] Ao fazê-lo, o Tribunal teria pretendido sublinhar os deveres decorrentes do princípio da solidariedade contido no actual artigo 10.º do Tratado.[85]

---

[83] Cf. Carlo PINTO, "EC State Aid Rules and Tax Incentives: A U-Turn in Comission Policy? (Part I), in *European Taxation*, p. 299. Vide também EVANS, *ob cit,* p. 3.

[84] Cf. a referência à *proibição,* entre vários outros, no Acórdão de 10 de Dezembro de 1969, *Comissão / França (Banque de France),* processos conjuntos 6 e 11/69, Col. 1969, p. I-523. A favor desta posição é também, por vezes, invocado o Acórdão *Steinike* (de 22 de Março de 1977, proc. 78/76, *Steinike & Weinlig /Alemanha,* Col. 1977, p. 203 e ss.). Mas este acórdão, em especial, nos pontos 8 e 9, parece contrariar esta tese.

[85] Recorde-se o texto deste artigo (a. n. 5.º): "Os Estados membros tomarão todas as medidas gerais ou especiais capazes de assegurar o cumprimento das obrigações decorrentes do presente Tratado ou resultantes de actos das instituições da Comunidade. Os Estados facilitarão à Comunidade o cumprimento da sua missão. Os Estados membros abster-se-ão de tomar quaisquer medidas susceptíveis de pôr em perigo a realização

Capítulo II – A Regulação Comunitária dos Auxílios de Estado

Diferente é a posição de WAELBROECK e FRIGNANI expressa no clássico *Commentaire Megret*.[86]

Para estes autores não existe formalmente no Tratado CE (ao contrário do Tratado CECA) nenhuma interdição *a priori* dos auxílios. A incompatibilidade de que fala o Tratado "não é nem absoluta nem incondicional".[87] Essa é, aliás, a razão pela qual tal incompatibilidade não preenche os critérios da aplicação directa da norma. [88]

O reconhecimento da eventual incompatibilidade de um determinado auxílio resulta de um procedimento apropriado cuja responsabilidade incumbe à Comissão. Enquanto esta não decidir em sentido contrário, o Estado em causa pode manter o auxílio em vigor, apesar da sua eventual incompatibilidade com o mercado comum.

Só a concretização do disposto no artigo 87.° por via de decisão em casos particulares, proferida ao abrigo do disposto no artigo 88.°, ou por via de regulamentos adoptados com base no artigo 89.°, é que confere aos tribunais nacionais competência para se pronunciarem sobre a incompatibilidade de um auxílio com o Tratado .

O argumento central desta posição baseia-se assim no n.° 2 do art. 88.°, o qual estatui que a Comissão, no caso de concluir pela incompatibilidade do auxílio, deverá adoptar uma decisão no sentido de obrigar o Estado em causa a suprimir ou modificar esse auxílio no prazo que ela

---

dos objectivos do presente Tratado". No entanto, de acordo com a opinião de M. Luísa DUARTE, (*A Teoria dos Poderes Implícitos e a Delimitação de Competências entre a União Europeia e os Estados Membros*, 1997, p. 307), este artigo "é insusceptível de fundamentar um juízo de desvalor juridicamente relevante sobre a forma como os Estados Membros exercem a sua soberania decisional (...) no quadro institucional comunitário (...)".

[86] Cf. Michel WAELBROECK e Aldo FRIGNANI, in Commentaire Megret, *Le Droit de La CEE*, t. 4, *Concurrence*, 2ème éd., IEE, 1997, p. 334-5 e 349, posição esta já defendida na primeira edição da mesma obra (1972, p. 381). Vide também, DUBOUIS/ BLUMANN, *Droit matériel de l'Union européene*, 2.ª ed., 2001, p. 445.

[87] A expressão provém do citado Acórdão *Steinike*. A propósito dos artigos 92.° a 94.° (n. n. 87.° a 89.°) do Tratado, e embora fale impropriamente em proibição, refere o ponto 8 do Acórdão que "resulta destas disposições que a proibição do n.° 1 do artigo 92.° (n. n. 87.°) não é nem absoluta nem incondicional, concedendo o n.° 3 desta mesma disposição e o n.° 2 do artigo 93.° (n. n. 88.°) à Comissão um largo poder de apreciação discricionário e ao Conselho uma ampla competência com vista a admitir auxílios por derrogação da *proibição* geral do referido n.° 1" (itálico nosso).

[88] Cf. J. Mota de CAMPOS, *Direito Comunitário*, vol. III, *ob. cit.*, p. 608.

164   *Auxílios de Estado e Fiscalidade*

fixar. [89] O argumento é impressivo, para quem defenda o carácter constitutivo daquela decisão.[90]

Esta posição foi, aliás, recentemente sustentada num documento oficial da Comissão. No entanto, aí se refere igualmente que a consequência do princípio da incompatibilidade é praticamente idêntica à que decorreria de uma proibição. Para a Comissão, a única diferença seria quanto à questão do *efeito directo* de que gozaria um princípio de proibição, ao contrário do princípio da incompatibilidade, pois este "implica uma avaliação de carácter económico que deve ser efectuada tendo em conta o interesse comunitário".[91]

1.2. Os requisitos de aplicabilidade do princípio da incompatibilidade

O artigo 87.º não define, como dissemos, auxílio público. A eventual consagração de um tal conceito teria "efeitos limitativos, pois res-

---

[89] Esta posição encontra alguma expressão na prática da Comissão, como ocorre, por exemplo, no caso de um benefício fiscal a favor das companhias aéreas alemãs que a Comissão veio a considerar como auxílio de Estado (Decisão de 13 de Março de 1996, in JOCE L 146, de 20 de Junho de 1996, p. 42 e ss.). Esta instituição entendeu que, como não tinha adoptado, até 31 de Dezembro de 1994, uma decisão final no processo, isso significava que ela, Comissão, "aceitou *de facto* a prorrogação até essa data da medida em causa (processo E4/93) que era então uma medida existente " (p. 44). Como se torna difícil admitir por parte de uma instituição encarregada da vigilância do Tratado que a expressão *de facto* (em itálico no texto da decisão) surgisse por oposição à expressão *de direito* (a medida seria proibida de direito, mas admitida de facto, sem que daí adviesse qualquer consequência jurídica), temos como líquido que a Comissão, pelo menos neste caso, admite que a incompatibilidade não significa proibição *ipso jure*. Em apoio desta tese pode apelar-se também, como se disse, para os pontos 8 e 9 do citado acórdão *Steinike*.

[90] Entre nós esta posição, que nos parece dever merecer a melhor das atenções, teve ecos favoráveis em Caseiro ALVES (*ob. cit.*, p. 170, n. 8) e em J.J. ALMEIDA (*ob. cit.*, p. 15-16).

[91] Cf. COMISSÃO, *Direito da Concorrência nas Comunidades Europeias*, vol. II B, *Explicação das Regras Aplicáveis aos Auxílios Estatais*, 1997, p. 7. Em rigor, esta não é contudo a única questão; há ainda que ponderar se os efeitos da incompatibilidade se produzem *ex tunc* (como pareceria ser lógico se estivéssemos perante uma proibição automática) ou *ex nunc* (como ocorreria caso os efeitos apenas se produzam partir da data da decisão da Comissão). Ver também o Acórdão do TJCE, de 19 de Junho de 1973, *Capolongo*, proc. 77/72, Col.1973, p. 611.

Capítulo II – A Regulação Comunitária dos Auxílios de Estado · 165

tringiria irremediavelmente a sua extensão e alcance".[92] O conceito tem vocação genérica e deve ser um conceito comunitário, de forma a possibilitar uma interpretação uniforme da norma. A determinação do seu conteúdo foi assim deixada às instituições comunitárias (Comissão e Tribunal) e à doutrina, que optaram por formular noções pragmáticas, operativas e evolutivas.

No entanto, segundo alguns autores, nem sequer seria necessário proceder, por esta via, a qualquer definição de auxílio, pelo menos, no contexto do n.º 1 do artigo 87.º.

"Podemos definir o campo de aplicação do princípio da incompatibilidade — escreve CHÉROT — sem ter precisamente necessidade de uma noção de auxílio". Mesmo reconhecendo que a referência à expressão *auxílio* "permitiu ao Tribunal definir melhor o campo de aplicação do artigo", para este autor uma noção de auxílio não é importante para delimitar o campo de aplicação do princípio de incompatibilidade.[93]

Assim CHÉROT, após analisar e esclarecer duas questões que considera como prévias (a noção de empresa beneficiária e a questão do estatuto das colectividades locais para efeitos de aplicação deste artigo), delimita as medidas incompatíveis com o mercado comum a partir de duas dimensões, os *efeitos* da medida (isto é, o seu carácter anormal e a afectação das trocas) e a sua *origem*. Três testes particulares permitiriam responder à questão de saber se uma determinada medida entraria ou não no campo de aplicação do n.º 1 do artigo 87.º: o teste da imputabilidade ao Estado, o teste do financiamento e o teste da anormalidade da medida.[94]

---

[92] Assim, J.J. ALMEIDA, *ob. cit.*, p. 17.

[93] Cf. CHÉROT, *ob. cit.*, p. 59.

[94] A construção, embora sugestiva, é complexa. Desdobra-se o elemento relativo à entidade outorgante (a origem da medida) em dois testes, o da imputabilidade e do financiamento, e opta-se pela referência ao elemento anormalidade (em vez do tradicional critério da selectividade). A anormalidade surge simultaneamente como efeito da medida (ao lado da afectação das trocas) e teste da aplicação do princípio da incompatibilidade enquanto a consideração da origem é vista com estatuto equivalente ao dos efeitos da medida. Ao mesmo tempo desvaloriza-se um destes efeitos (a afectação das trocas), uma vez que este não é erigido em teste autónomo para aplicação do n.º 1 do artigo 87.º. Note-se, porém, uma distinta apresentação do tema no recente livro do mesmo autor, *Droit Public Économique*, 2002, p. 157 e ss.

A maioria dos autores, porém, procura, a partir da exegese do texto do Tratado, detectar os requisitos a preencher por uma determinada medida para que esta possa estar sujeita à aplicação do princípio da incompatibilidade previsto no art. 87.º, n.º 1 do Tratado, por vezes deduzindo daí uma noção (descritiva) de auxílio de Estado.[95]

As diferenças entre estes autores circunscrevem-se ao número de requisitos a preencher, constituindo, na prática, cada um destes requisitos um teste de aplicabilidade daquele princípio. Assim, por exemplo, entre nós, M. Margarida MESQUITA refere a existência de quatro requisitos necessários: o auxílio deve ser concedido pelo Estado ou ser proveniente de recursos deste; deve favorecer certas empresas ou produções; deve falsear ou ameaçar falsear a concorrência e deve afectar as trocas comerciais entre Estados membros.[96]

A Comissão, na noção que procura dar de auxílio de Estado, tem uma posição semelhante. Na verdade, quando considera como elementos do conceito de auxílio quatro critérios individualizadores — a existência de vantagens concedidas a uma empresa ou a diversas empresas; a origem dos recursos; o critério da selectividade ou especificidade; a distorção da concorrência e efeitos sobre o comércio intracomunitário — sem distinguir entre elementos integradores do conceito e condições de apli-

---

[95] É o caso de Botelho MONIZ que, depois de haver enunciado cinco critérios a tomar em consideração para caracterizar a noção ("auxílios concedidos pelos Estados ou através de recursos de Estado", "sob qualquer forma", "favorecendo certas empresas ou certas produções", "que falseiem ou ameacem falsear a concorrência", " na medida em que afectem as trocas entre Estados membros"), apresenta a seguinte noção de auxílio de Estado: "qualquer vantagem específica concedida a certa ou certas empresas, através de um acto imputável a uma entidade pública, implicando a mobilização de recursos financeiros, da qual resulte — em virtude da situação de privilégio assim criada — uma afectação actual ou potencial da concorrência e uma distorção dos fluxos comerciais no interior da Comunidade" (*ob. cit.*, pp. 39-41).

[96] *O Regime Comunitário dos Auxílios de Estado e as suas Implicações em Sede de Benefícios Fiscais*, pp. 19-24. No mesmo sentido C. ROUAM, *Le Contrôle des Aides d'État aux Entreprises dans l'Union Européenne*, p. 10, que enumera as seguintes condições para que exista um auxílio no sentido do artigo 87.º, n.º 1: que haja uma intervenção dos poderes públicos; que as medidas favoreçam certas empresas ou certas produções (que não sejam discriminatórias nem discricionárias), que a medida tenha por efeito melhorar a posição concorrencial dos beneficiários; que haja afectação (ao menos potencial) das trocas intracomunitárias.

Capítulo II – A Regulação Comunitária dos Auxílios de Estado   167

cabilidade do preceito, tem na prática uma posição que apenas se distingue das enunciadas na forma como procede à enumeração dos requisitos da noção de auxílio de Estado.

Autores há, porém, que metodologicamente procuram delimitar um conceito de auxílios de Estado, distinguindo este e os elementos que o integram das condições necessárias para que a tais auxílios seja aplicado o princípio da incompatibilidade com o mercado comum.

Nesta linha parece situar-se Caseiro ALVES, o qual enumera três requisitos para que possa haver aplicação do princípio da incompatibilidade: o conceito de "ajuda de Estado", a afectação do comércio entre Estados membros e a existência de distorção de concorrência. No final, estes requisitos acabam por reduzir-se a dois, uma vez que o autor é de opinião que o requisito do falseamento da concorrência não teria autonomia face ao da afectação do comércio.[97] Para este autor, o conceito de "ajuda de Estado" abrange realidades tão diversas que apenas podem ser aglutinadas por referência a um critério geral. Este implicaria que a medida fosse "financiada pelo Estado — lato sensu " e que se traduzisse, "ainda que por forma indirecta ou temporária, numa redução das receitas públicas (por exemplo, isenções fiscais) ou num aumento de despesas (caso da cobertura de perdas de exploração)".[98]

Um outro exemplo de uma definição deste tipo é-nos dada pelo Tribunal de Justiça, no acórdão *Denkavit*. Para o TJCE, os auxílios de Estado integram "as decisões dos Estados-membros que, prosseguindo objectivos sociais e económicos que lhe são próprios, por meio de decisões unilaterais e autónomas põem à disposição das empresas ou de outros sujeitos de direito, recursos ou lhes facilitam vantagens destinadas a favorecer a realização dos objectivos económicos e sociais prosseguidos".[99]

---

[97] Cf. J. M. Caseiro ALVES, *Lições de Direito Comunitário da Concorrência*, pp. 170-179. No mesmo sentido, ver GOLDMAN/ LYON-CAEN/ VOGEL, *Droit Commercial Européen*, pp. 771-774, autores para os quais existem apenas dois requisitos.

[98] *Ibidem*, p. 171.

[99] Cf. Acórdão de 27 de Março de 1980, proc. 61/79, Rec. 1980, p. 1205 e ss., n.º 31. Próxima desta é a definição de H. D. FOBELETS, se excluirmos a referência restritiva e, no plano comunitário incorrecta, dos auxílios apenas às empresas privadas: "medida que, tendo por objectivo promover actividades julgadas úteis ao interesse geral, emprega recursos financeiros do Estado para favorecer empresas (privadas)" ("Le con-

168   *Auxílios de Estado e Fiscalidade*

Esta definição é um bom ponto de partida. Por um lado, ela concretiza o tipo de entidades que conferem (os Estados-membros) ou recebem as vantagens a elas especificamente dirigidas (empresas ou outros sujeitos de direito). Por outro, desloca o acento tónico dos auxílios para o plano jurídico, ao sublinhar que estamos perante decisões dos Estados membros, ainda que tais decisões não sejam necessariamente de natureza formal. Por fim, ao qualificar tais decisões de autónomas e unilaterais, exclui, em princípio, os auxílios de base comunitária.

Um outro exemplo ainda desta orientação é o de SANTACRUZ. Depois de analisar diversas definições propostas pela doutrina e pela prática, destaca três elementos integradores do conceito de auxílio de Estado. O primeiro é o benefício ou vantagem económica que a medida pressupõe para quem a recebe. O segundo é o papel activo que desempenham as autoridades públicas ao outorgar ou financiar a medida. O terceiro é determinado pelo beneficiário da medida que deverá ser uma empresa ou um conjunto de empresas.

Pelo contrário, não seriam elementos do conceito nem os efeitos da medida sobre a concorrência nem as finalidades ou objectivos da medida em causa. Do ponto de vista conceptual, ambos seriam irrelevantes. O mesmo, aliás, ocorre com a forma das medidas. Mas enquanto a referência aos objectivos não tem igualmente relevância do ponto de vista da delimitação das condições de incompatibilidade de um auxílio com o mercado comum, o efeito sobre a concorrência (as distorções de concorrência) é, ao lado do efeito sobre o comércio intracomunitário, visto como uma condição de aplicação do princípio da incompatibilidade.[100]

Esta posição parece-nos a mais correcta do ponto de vista metodológico. Assim, pela nossa parte, pensamos que a análise do disposto no n.º 1 do artigo 87.º implica, em primeiro lugar, delimitar o conceito de auxílio de Estado, isto é, analisar os elementos que o integram, para, em seguida, verificar quais os auxílios que preenchem as condições necessárias para serem declarados incompatíveis com o mercado comum.

---

trôle externe de l'octroi des aides étatiques aux entreprises en Belgique", *Adm. Publ. Trim.*, 1979, pp. 277 e ss.).

[100] Cf. J. Arpio SANTACRUZ, *Las Ayudas Públicas ante el Derecho Europeo de la Competencia*, 2000, p. 59 e ss. Vide ainda DUBOIS/ BLUMAN, ob. cit., p. 449.

Capítulo II – A Regulação Comunitária dos Auxílios de Estado   169

A referência ao conceito de auxílio de Estado, mesmo que a sua determinação não seja simples nem unívoca, constitui um bom princípio hermenêutico. Na verdade, o próprio CHÉROT não deixa de admitir que "a noção de auxílio é ela própria um elemento da definição das medidas estatais incompatíveis". Por outro lado, considera ainda ser útil a referência do artigo 87.º à noção de auxílio, dado isso ter ajudado o Tribunal a interpretar o conjunto do artigo.[101]

Em particular, o autor admite mesmo que o conceito de auxílio de Estado é indispensável para a aplicação da derrogação prevista no n.º 3 deste dispositivo legal.[102] Por isso, não deixa de avançar com uma noção de auxílio de Estado para efeitos dos artigos 87.º e 88.º do Tratado, definindo este, de forma ampla, como uma medida estatal ou imputável ao Estado que comporta uma vantagem anormal a favor de uma empresa, vantagem essa financiada por meio de recursos do Estado.[103]

Deste modo, e ainda que se reconheça poder ser discutível a ideia de que, numa investigação concreta (análise casuística) relativa a uma certa medida, a prévia definição de auxílio de Estado seja absolutamente indispensável para delimitar o campo de aplicação do n.º 1 do art. 87.º, é, quanto a nós, útil, no plano metodológico, fazer apelo para a delimitação dos contornos dessa noção.

Antes de mais como método de exposição. A adopção desta metodologia permite simultaneamente detectar os elementos constitutivos do conceito e analisar a sua importância relativa no que toca aos diversos tipos de auxílios e, para além disso, afastar do conceito os elementos (as condições de aplicabilidade do n.º 1 do art. 87.º) que são comuns às demais figuras da defesa da concorrência (coligações, abusos de posição dominante). Mas

---

[101] Cf. Jean-Yves CHÉROT, *Les Aides d'État dans les Communautés Européennes*, 1998, p. 17. Esta perspectiva assenta na ideia de que a jurisprudência não permite ver com clareza quais os elementos que definem o auxílio enquanto tal, dado esta ocupar-se sobretudo da questão dos efeitos das medidas. Mas, quanto a nós, a chamada *"doutrina dos efeitos"*, pelo menos na sua versão maximalista, tende a fazer diminuir a importância dos elementos do conceito de auxílio de Estado, mormente da selectividade e da origem dos recursos. A sua consideração não pode, quanto a nós, ser aceite em termos tão radicais.

[102] *Ibidem*, p. 59 e 131 e ss.. "A noção de auxílio é contudo indispensável para que possam funcionar, nomeadamente diante do juiz nacional, os princípios do n.º 3 do artigo 87.º (ex-93.º)".

[103] *Ibidem*, p. 60.

a prévia delimitação deste conceito pode ser ainda frutuosa para o aprofundamento, em concreto, de uma determinada investigação, pela maior certeza e segurança jurídica que esta metodologia comporta, evitando uma visão fundamentalista da chamada doutrina dos efeitos.

Isso não significa que se esqueça que estamos perante um conceito genérico, aberto e dinâmico, cujo conteúdo pode evoluir em função da consideração de novos problemas e das respostas que a estes sejam dadas pelas orientações e decisões administrativas (da Comissão) e, sobretudo, pelas decisões do TJCE e do Tribunal de Primeira Instância. De facto, é com base na forma como, ao longo dos anos, estas instituições (de modo casuístico, é certo) foram decidindo os diversos procedimentos e processos instaurados que emergiram elementos para a delimitação, pela doutrina, da noção de auxílio de Estado e para a definição das condições em que um auxílio de Estado está sujeito ao princípio da incompatibilidade previsto no artigo 87.º do Tratado.

No título seguinte, analisaremos a dimensão substantiva do regime, começando por determinar o conceito de auxílio de Estado para depois verificarmos as condições necessárias para que o princípio de incompatibilidade com o mercado comum lhe seja aplicável — que o auxílio falseie a concorrência e que afecte as trocas comerciais entre Estados membros — e as derrogações a este mesmo princípio.

2. O CONCEITO DE AUXÍLIO DE ESTADO

2.1. Um conceito aberto a uma realidade multiforme

2.1.1. Um conceito funcional e evolutivo

Não há uma definição lógica de auxílios de Estado que se imponha por si própria. O conceito é de natureza funcional, podendo assumir diversos conteúdos, tendo em conta as realidades a regular pelos vários ramos de direito. Podemos ter assim conceitos diferentes no direito interno (direito económico ou direito público da economia), no direito comunitário da concorrência e no direito internacional. Aliás, não existe sequer uma noção comum aos diversos tratados internacionais.[104]

---

[104] Se o Tratado do Porto que criou o Espaço Económico Europeu utiliza o termo "auxílios de Estado", o GATT e a OMC falam de "subvenções" e a OCDE e a Conven-

Capítulo II – A Regulação Comunitária dos Auxílios de Estado

Nem o Tratado de Roma nem o direito derivado definem o conceito comunitário de "auxílio", embora do n.º 1 do artigo 87.º do Tratado se extraiam, pela positiva e pela negativa, indicações importantes — critérios hermenêuticos ou factores de especificação adequados para esse efeito.

Pela positiva, a origem da medida, a situação de favor, a referência aos beneficiários. Pela negativa, a indiferença da forma e o silêncio sobre os objectivos ou causas do auxílio, questões importantes em sede de direito constitucional ou de direito público económico dos Estados membros e em sede de derrogações ao princípio da incompatibilidade, mas tidas por irrelevantes para a definição comunitária de auxílio de Estado.

É na não definição de auxílio estatal pelo Tratado e nesta indiferença pela forma e pelos objectivos que se funda uma perspectiva muito ampla e aberta do conceito de auxílio. Trata-se, desde há muito, de uma orientação firme do Tribunal de Justiça e da Comissão, havendo um largo consenso doutrinal sobre esta questão.[105]

O ponto de partida de uma visão ampla dos auxílios remonta a 1961, quando o Tribunal de Justiça, em sentença proferida no quadro do Tratado CECA — mas cuja orientação foi adoptada posteriormente no quadro da CE(E) — esclarece que "a noção de auxílio é (...) mais geral que a noção de subvenção, pois compreende, não apenas prestações *positivas* como as próprias subvenções, mas igualmente as intervenções que, sob diversas formas, aliviem os encargos que *normalmente* gravam o orçamento de uma empresa e que, por isso, sem serem subvenções no sentido estrito do termo, são da mesma natureza e têm efeitos idênticos".[106]

ção de Estocolmo, que deu origem à EFTA, referem-se a ajudas ou auxílios "governamentais". Por sua vez, diversos acordos da União com os PECOs referem-se a "auxílios públicos". Preferimos a expressão "auxílios de Estado" ou "auxílios estatais", uma vez que a expressão "auxílios públicos" é mais ampla, englobando os auxílios prestados pelas organizações internacionais e, desde logo, os auxílios comunitários. Neste trabalho, porém, utilizamos indiferentemente ambas as expressões.

[105] Sobre o tema, vide J. Mota de CAMPOS, *Direito Comunitário*, vol. III, 1997, p. 595 e ss.

[106] Esta primeira decisão do TJCE, consagrando uma definição ampla do conceito de auxílios de Estado, ocorreu a propósito da aplicação da al. c) do art. 4.º do Tratado CECA (Ac. de 23 de Fevereiro de 1961, proc. 30/59, *De Gezamenlijke Steenkolenmijnen, Limburg/ Alta Autoridade*, Col. 1961, p. I-3). Este conceito tem sido sucessivamente rea-

A questão da indiferença da forma leva a que, em princípio, uma ampla variedade de hipóteses possa cair no âmbito do conceito.[107]

O carácter omnicompreensivo dos auxílios, de que fala Farreres, permite, na verdade, abranger realidades muito distintas entre si.[108] Assim, tanto podem ser considerados como auxílios figuras mais clássicas, sobre as quais existe grande consenso doutrinal (como os subsídios e subvenções financeiras públicas, os empréstimos a taxas preferenciais e outros benefícios na concessão de crédito, os prémios na compra de certos materiais, as cessões, a título gratuito ou em condições muito favoráveis, de edifícios e terrenos, as garantias de dividendos, as garantias concedidas a operações de crédito), como figuras mais sofisticadas e que deram azo a controvérsia, como sejam a outorga de prémios a trabalhadores de um sector em dificuldades, a concessão de uma taxa de redesconto preferencial, a renúncia à remuneração do capital de uma empresa pública e as participações públicas no capital de empresas.[109]

2.1.2. Categorias de auxílios de Estado

A doutrina costuma agrupar os diversos auxílios em certas *categorias*. A referência, ainda que sumária, a estas classificações permite compreender melhor quão múltiplo é o universo dos auxílios de Estado.

---

firmado pelo Tribunal (cf., v.g., Ac. de 15 de Março de 1994, *Banco Exterior de España*, p. I-87 e Ac. de 11 de Julho de 1996, proc. C-39/94, *Syndicat français de l'Express international (SFEI) / La Poste*, Col., p. I-3547).

[107] Cf. CARAVACA / GONZÁLEZ, *Intervenciones del Estado y libre competencia en la Unión Europea*, 2001, p. 199.

[108] Assim G. F. FARRERES, *El Régimen de las Ayudas Estatales en la Comunidad Europea*, 1993, p. 26.

[109] Sobre o tema, ver MATTERA, *ob. cit.*, p. 45 e ss. Cf. também a resposta da Comissão, de 30 de Julho de 1963, à pergunta escrita n.º 48/63 de BURGBACHER (JOCE n.º 125, de 17 de Agosto de 1963), na qual se avança uma lista dos auxílios existentes, exaustiva na época, mas que hoje deveria englobar muitas outras realidades que, ao tempo, ainda não tinham sido consideradas como tal. Existem decisões judiciais sobre todas estas formas de auxílio que nos dispensamos aqui de referir. Em especial, sobre as participações públicas no capital de empresas, ver L. MORAIS, *ob. cit.*, p. 95 e ss.

Assim E. Paz FERREIRA, distingue os auxílios em função do seu conteúdo.[110] Ao lado das ajudas financeiras (entregas directas de verbas aos beneficiários, renúncia a créditos e utilização de mecanismos de crédito), enumera os benefícios ou subvenções fiscais, a assistência técnica, e, em determinadas circunstâncias, a participação pública no capital das empresas.

Outros autores preferem analisar os diversos tipos de medidas que, dentro de certas condições, podem constituir auxílios de Estado. É o caso de EVANS que distingue, para o efeito, entre medidas financeiras (v.g., subsídios, créditos, garantias, benefícios fiscais, desagravamentos de encargos com a segurança social, reduções na retribuição do capital público), medidas coercivas (v.g., o controlo de preços mínimos e máximos), intervenções gerais do Estado, incluindo as derivadas dos sistemas de tributação ou de formação profissional, o fornecimento de infraestruturas, nacionalizações e privatizações.[111]

Por seu turno, COMMUNIER, tendo em conta a tipologia das vantagens concedidas, classifica os auxílios em três categorias, os auxílios positivos, os auxílios negativos e os auxílios em espécie.

Os primeiros abrangem, entre outros, as subvenções directas, certas subvenções indirectas, as garantias, certas vantagens de tesouraria, certos compromissos de compras para lá das necessidades do comprador e múltiplas vantagens atribuídas a empresas públicas. Os segundos pressupõem uma diminuição voluntária das receitas públicas e integram, entre outros, os alívios de encargos sociais, as facilidades de pagamento destas quotizações, as renúncias a créditos, os perdões de dívidas, as "isenções" de pagamentos de multas e de outras sanções pecuniárias, os descontos sobre os preços de produtos ou serviços vendidos por pessoas colectivas de direito público ou por entidades que tenham a seu cargo a gestão de fundos públicos e os auxílios fiscais. Por fim, exemplos de auxílios em espécie seriam os casos de cessão de edifícios ou terrenos a título gratuito.[112]

---

[110] "O controlo das subvenções financeiras e dos benefícios fiscais", *Revista Trimestral do Tribunal de Contas*, 1989, n.º 1, p. 25 e ss.

[111] Vide Andrew EVANS, *European Community Law of State Aid*, 1997, p. 30 e ss.

[112] Cf. Jean-Michel COMMUNIER, *Le droit communautaire des aides d'État*, 2000, p.12-21. O autor integra também na categoria dos auxílios em espécie o fornecimento de bens e serviços em condições preferenciais como a venda de terrenos a preços

174   *Auxílios de Estado e Fiscalidade*

Classificação algo diferente é a de MARKUS que distingue entre auxílios directos e indirectos.[113] Enquanto os auxílios directos implicam uma transferência financeira, sem contrapartida ou sem contrapartida equivalente, os auxílios indirectos, noção mais difícil de circunscrever, não implicam uma transferência financeira, podendo mesmo, em certos casos, não implicar sequer qualquer tipo de transferência. Os auxílios indirectos não seriam assim uma categoria jurídica autónoma, mas uma categoria económica da qual seria possível efectuar uma nomenclatura. Exemplos destes auxílios seriam as garantias, as isenções fiscais, a colocação à disposição de bens públicos, os privilégios, a prestação de serviços a preços vantajosos, as tolerâncias administrativas.[114]

Um outro tipo de agrupamento, com grande importância para a articulação entre o regime dos auxílios de Estado e o Código de Conduta sobre a fiscalidade das empresas, é a distinção entre auxílios concedidos através do Orçamento (auxílios orçamentais) e auxílios concedidos por via do sistema fiscal e da segurança social (auxílios tributários ou fiscais em sentido amplo). Estes últimos abrangem quer as isenções e créditos de imposto (instrumentos equiparados a subvenções), quer os diferimentos na tributação (instrumentos equivalentes a empréstimos bonificados ou privilegiados), quer certas figuras que interferem na determinação da matéria colectável.

Por fim, a Comissão, para efeitos de determinação do "elemento de auxílio", costuma agrupar a multiplicidade dos auxílios existentes em quatro categorias básicas, em razão da forma como são atribuídos: auxílios que são transferidos na íntegra para o beneficiário (subvenções e instrumentos equivalentes, como reduções fiscais); as injecções ou partici-

---

nitidamente inferiores aos de mercado. Temos, porém, dúvidas sobre tal inclusão e mais ainda sobre a autonomia dos auxílios em espécie que são, no fundo, uma subespécie (de natureza material, não financeira) dos auxílios positivos.

[113] Cf. Jean Paul MARKUS, *Les Aides Publiques aux Entreprises. Contribution a l'Étude de la Notion d'Aide*, Thèse, Paris II, 1993.

[114] Cf. Jean Paul MARKUS (*ob. cit.*, p. 251) define auxílio indirecto como "toda a intervenção de uma colectividade pública ou de um agrupamento controlado por ela, tendo por objectivo conferir uma vantagem ou transferir recursos públicos ou privados colectados graças à autoridade pública a uma entidade produtiva a operar no mercado, sem juridicamente atingir a capacidade concorrencial de outras empresas e sem que a medida tome a forma de uma transferência financeira imediata".

Capítulo II – A Regulação Comunitária dos Auxílios de Estado   175

pações no capital das empresas; os empréstimos em condições favoráveis e situações equiparadas, como o deferimento de impostos e os regimes de garantias expressas em montantes nominais garantidos.[115]

2.1.3. Ensaio de um conceito

Chegados aqui, poderemos ensaiar uma noção de auxílios de Estado, suficientemente aberta para caberem situações actuais e desenvolvimentos posteriores.

Em termos genéricos, um auxílio (qualquer que ele seja) é uma vantagem conferida a uma pessoa determinada ou determinável por uma outra pessoa determinada ou determinável.[116]

Em termos específicos, um auxílio de Estado será, numa primeira aproximação, uma vantagem (com expressão económica) imputável ao Estado (em sentido lato) e conferida, directa ou indirectamente, a empresas ou produções (em sentido lato) determinadas ou susceptíveis de determinação, vantagem essa que estas não teriam recebido de acordo com o curso normal da sua actividade no mercado.

Partindo destes pressupostos, passamos a analisar os elementos integradores do conceito de auxílio de Estado para efeitos da aplicação do n.° 1 do artigo 87.° e que permitem aferir as diversas medidas em causa.

Quanto a nós, podem ser agrupados em três elementos: a existência de uma vantagem, a imputabilidade da concessão dessa vantagem ao Estado (*Staatliche Zurechnbarkeit*), a selectividade da medida concedida, ao favorecer certas empresas ou produções.[117]

---

[115] Cf. COMISSÃO, *Oitavo Relatório, cit.*, pp. 75-76 e E. Paz FERREIRA in "O controlo das subvenções financeiras e dos benefícios fiscais", *Revista Trimestral do Tribunal de Contas*, 1989, n.° 1, p. 25 e ss. Voltaremos a esta questão no ponto 4.5 deste título.

[116] Assim, MARKUS, *ibidem*, p. 125.

[117] Uma forma de exposição mais elegante seria por certo a que distinguiria entre a entidade outorgante do benefício, a entidade dele beneficiária e a relação que entre ambos se estabeleceria (vantagem/perda). Só que a ideia de relação é porventura questionável, se for entendida como se necessariamente a vantagem auferida por uma parte (a empresa, o beneficiário) implicasse sempre a correspectiva perda (financeira) por parte do outorgante (o Estado).

Estes elementos estão obviamente interligados entre si de tal forma que nem sempre é fácil analisar isoladamente um sem considerar os restantes. Por isso, autores há que não separam a ideia de vantagem do respectivo beneficiário ou da ideia de selectividade. É o caso de EVANS que subsume tudo isto na noção genérica de *"aid"* (um auxílio de Estado seria, antes de mais, um "auxílio"). Idêntica posição metodológica tem KEPPENNE para quem "a noção de "vantagem" não pode de forma alguma ser encarada separadamente da "especificidade" da medida.[118] Apesar disso, no plano metodológico, a análise em separado dos três elementos propostos parece-nos um caminho perfeitamente justificado.

A ideia de que o conceito de auxílio de Estado é um conceito aberto prende-se com o facto de a interpretação dos elementos que o compõem ser evolutiva, adequando-se às mudanças dos objectivos da Comunidade e do papel da política de concorrência, definida em articulação com as outras políticas da Comunidade para a satisfação daqueles objectivos.

Mas esta interpretação não pode deixar de ter como balizas os próprios elementos integradores do conceito. Não deve pôr em causa a especificidade de cada um deles, diluindo-os nos restantes ou subalternizando-os com base na ideia de o denominador comum de todas as formas de auxílios se encontrar nos efeitos potencialmente negativos que eles implicam sobre a concorrência ou o tráfego comercial. Se assim fosse a noção de auxílio de Estado era uma noção sem conteúdo, um mero nome, um conceito vazio, com efeitos negativos sobre a segurança jurídica. O que importaria seria a determinação dos efeitos de uma dada medida sobre a concorrência ou o tráfego e todas as medidas estatais dirigidas a empresas que tivessem tais efeitos seriam, pelo menos potencialmente, auxílios de Estado.[119]

---

[118] Cf. J.-P. KEPPENNE, "Politiques fiscales nationales et contrôle communautaire des aides d'État", *Journal des tribunaux. Droit Européen*, fév. 2000, n.º 66, p. 26.

[119] Não esquecemos que o TJCE (desde o Acórdão de 2 de Julho de 1974, proc. 173/73, Itália/ Comissão, Col. 1974, p. 709 e ss.) acolheu a chamada *doutrina dos efeitos*, segundo a qual o denominador comum de todas as formas de auxílios estatais está nos efeitos potencialmente negativos sobre a concorrência ou o tráfego comercial que delas decorrem. Numa sentença, hoje clássica, considera-se que as intervenções dos Estados são definidas como auxílios "em função dos seus efeitos" e não das suas causas ou objectivos. Mas a interpretação correcta desta fórmula é, quanto a nós, a de que os objectivos e as formas das medidas são irrelevantes para a definição da noção de auxílio e de

2.2. A existência de uma vantagem (benefício ou situação de favor)

A existência de uma vantagem económica (cujo beneficiário, directo ou indirecto) é uma empresa (ou um grupo de empresas) é o primeiro elemento constitutivo do conceito. Uma noção ampla de auxílio assenta numa noção ampla de vantagem (e, como adiante veremos, de empresa).

Na maior parte dos casos detectar a existência de uma vantagem económica não tem problemas de maior. Assim sucede quando a medida auferida tenha uma expressão económica, seja ela financeira ou não, que se traduza na existência de um apoio ou benefício desprovido de qualquer tipo de contrapartida. Qualquer medida, independentemente do modo como se apresente ou dos seus objectivos, que garanta a uma empresa uma determinada vantagem sem que esta seja obrigada a dar ou fazer algo em troca preenche, sem sombra de dúvida, o primeiro elemento integrador do conceito de auxílio.[120] Aqui o auxílio aproxima-se da ideia de gratuitidade ou de pura liberalidade. É o caso, por exemplo, da concessão, sem contrapartida, de uma garantia das autoridades públicas relativamente a uma parte do passivo de uma empresa.

Mas o conceito de auxílio pode mesmo abranger situações em que as vantagens concedidas não são gratuitas, mas são acompanhadas por contrapartidas. Nestes casos, exige-se um exame global da medida em causa, que tenha em conta o balanço das obrigações e das vantagens recíprocas, de forma a verificar se existe um desequilíbrio em favor do interessado.[121] Trata-se, no fundo, de verificar se há ou não equivalência de contrapartidas.[122]

---

que os efeitos do auxílio são centrais para a declaração do princípio da incompatibilidade. A questão dos efeitos da medida pressupõe assim metodologicamente a delimitação da noção de auxílio de Estado. Caso contrário, no limite, toda e qualquer intervenção do Estado com efeitos sobre a concorrência seria potencialmente abrangida pelo campo de aplicação do regime dos auxílios de Estado. A questão tem interesse, por exemplo, no que toca aos chamados "subsídios regulamentares".

[120] Recorde-se que a forma do auxílio é, no entanto, como melhor veremos adiante, importante, v. g., para o cálculo do "elemento de auxílio", isto é, do benefício financeiro último contido no montante nominal transferido. E que os objectivos de uma medida são muitas vezes considerados quando deles se deduz o propósito de o Estado criar uma vantagem selectiva a empresas ou produções.

[121] Cf. Jean-Paul KEPPENNE, *Guide...*, *ob. cit.*, p. 19.

[122] Cf. MARKUS, *ob. cit.*, p. 52 e ss.

Assim pode existir vantagem económica mesmo que as empresas beneficiárias tenham participado no financiamento total ou parcial da medida em causa através de contribuições impostas, para o efeito, pelas autoridades públicas.[123]

O mesmo acontece nos casos em que as vantagens (v.g. um subsídio ou uma participação no capital) são condicionais, estando dependentes de compromissos ou encargos aceites pela empresa beneficiária, como ocorre, por exemplo, quando esta se tenha obrigado a fazer algo em troca, como, por exemplo, racionalizar ou expandir a sua capacidade de produção.

Pode ser também o caso das empresas que auferem uma indemnização compensatória pelos serviços de interesse geral ou pelos serviços públicos prestados, quando aquela indemnização não seja proporcional a estes serviços, quando exceda o seu justo preço. Também neste caso existirá uma vantagem económica.[124]

A doutrina formula frequentemente a questão da existência de uma vantagem económica a partir, não tanto da perspectiva de saber se o beneficiário da medida teve ou não de dar ou fazer algo em troca, mas sim, como refere o Advogado Geral SLYNN, da óptica de detectar se o destinatário da medida obtém um benefício que não teria recebido segundo o normal curso das coisas (*"in the normal course"*)[125].

Esta óptica é, desde há muito, subscrita pela Comissão e pelo Tribunal: um auxílio pressupõe a atribuição de uma vantagem económica ou financeira de que uma empresa não teria beneficiado no curso normal da sua actividade e que alivia os encargos que normalmente oneram o seu orçamento.

---

[123] Cf. C. BELLAMY/ G. CHILD, *Common Market Law of Competition*, 3.ª, 1987, p. 615.

[124] Vide o artigo 86.º (a. n. 90) do Tratado. A posição exposta no texto decorre, *a contrario*, do teor do Acórdão de 7 de Fevereiro de 1985, proc. C-240/83, *Procureur de la République/ADBHU*, Col.1985, p. 531. Esta doutrina foi aplicada pela Comissão no caso RTP: a Comissão entendeu que neste caso, em que estava em jogo o sistema de financiamento do Estado português a favor da cadeia pública da televisão, havia apenas a compensação dos custos adicionais das obrigações de serviço público que lhe são impostas (Cf. o *XXVI Relatório sobre a Política da Concorrência*, 1996, p. 265). Cf também KEPPENNE, *Guide...*, *ob. cit.*, p. 346 e ss.; SANTACRUZ, *ob. cit.* p. 76 e ss. E mais recentemente o acórdão *Ferring* (Ac. do TJCE, de 22 de Novembro de 2000, proc. C-53/00).

[125] Cf. as observações no proc. C-84/82, *Alemanha/ Comissão*, 1984, Col. I-1451 e ss. Sobre o tema, C. BELLAMY/ G. CHILD, *ob. cit.*, 1987, p. 615 e C. PINTO, *ob. cit..*, p. 299.

Capítulo II – A Regulação Comunitária dos Auxílios de Estado

Este critério generaliza assim a formulação, hoje clássica, do Acórdão *De Gezamenlijke Steenkolenmijnen* (1961), o qual considerava como auxílios as intervenções que, sob diversas formas, atenuam os encargos que normalmente oneram o orçamento de uma empresa e que, por isso, sem serem subvenções no sentido estrito do termo, são da mesma natureza e têm efeitos idênticos.[126]

Deste modo, a transferência de fundos públicos para empresas públicas ou para empresas privadas parcialmente detidas pelo poder público constitui uma vantagem se for levada a cabo por este em condições menos favoráveis (para o Estado) do que o teria sido se efectuada por um investidor privado, actuando em condições normais de mercado.[127]

Da mesma forma, existe uma vantagem se o Estado adquirir a uma empresa algumas das suas participações a uma cotação superior à do mercado. Ou se conceder empréstimos bonificados a taxas inferiores às de mercado.

O TJCE e a Comissão subscrevem a ideia de um auxílio implicar uma efectiva vantagem económica para os beneficiários. Essa vantagem advém de uma "qualquer forma de apoio atribuída por um Estado membro por meio de recursos do Estado".[128] Normalmente, na base de um auxílio, como refere a Comissão, está "qualquer medida que represente

---

[126] Cf. o Acórdão de 23 de Fevereiro de 1961, proc. 30/59, *Limburgo/Alta Autoridade, cit.*, Col. 1961, p.I-3 e ss. Cf. também, entre outros, os Acórdãos de 27 de Março de 1980, proc. 61/79, *Denkavit italiana, cit.*, Col. 1980, p. I-205; de 2 de Julho de 1974, proc. C-173/73, *Itália/Comissão*, cit., Col., p. 709; de 7 de Outubro de 1988, proc. C-57/86, *Grécia/Comissão*, Col., p. 1855; de 15 de Março de 1994, proc. C-387/92, *Banco Exterior de Espanha*, Col., p. I-877, n.º 13; de 26 de Setembro de 1996, *França/Comissão* ("*Kimberly Clark*"), proc. C-241/94, Col. p. I-4551, n.º 34; de 29 de Junho de 1999, proc. C-256/97, *DM Transport*, Col., p. I-3913, n.º 19 e de 5 de Outubro de 1999, proc. C-251/97, *França/Comissão, cit.*, Col., p. I-6654 .

[127] Esta tem sido uma das questões politicamente mais controversas em sede de auxílios de Estado, originando frequentes conflitos entre a Comissão e os Estados membros. Cf. MEROLA, "Introduction à l'étude des règles communautaires en matière d'aides d'État aux entreprises", *ob. cit.*, 1993, p. 315-6. Entre nós, vide o estudo de L. MORAIS, *O Mercado Comum e os Auxílios Públicos*, 1993, em especial, p. 102 e ss.

[128] Vide o Acórdão de 10 de Julho de 1986, nos processos C-234/84 e 40/85 que opunham a Bélgica à Comissão relativamente à tomada de participação pública no capital de empresas, Col. 1986, respectivamente, a pp. 2263 e 2321.

180 *Auxílios de Estado e Fiscalidade*

um custo ou uma perda de rendimento para as autoridades públicas e um benefício para quem o recebe".[129]

2.3. O requisito da imputabilidade ao Estado da vantagem concedida

2.3.1. Considerações gerais

De acordo com o n.º 1 do artigo 87.º, o princípio da incompatibilidade atinge "os auxílios concedidos pelos Estados ou provenientes de recursos estatais". A doutrina e a prática das instituições comunitárias são unânimes quanto à necessidade de haver uma participação das autoridades públicas na adopção ou no financiamento das medidas para que estas sejam consideradas como auxílios de Estado.

Põem-se, porém, duas questões: primeira, a de saber como se articulam os dois aspectos, isto é, que nexo deve existir entre a concessão dos auxílios pelos Estados e a origem estatal dos recursos; segunda, a da extensão dos conceitos de "Estado" e de "recursos estatais".

A primeira questão está longe de ser pacífica, sendo objecto de leituras distintas: uma que exige, para a qualificação como auxílio, a conjunção dos dois aspectos (a disjuntiva "ou" estaria utilizada em sentido impróprio, tudo se passando como se devesse ser lida "e"); outra que se basta com um dos termos da alternativa, podendo então o acento tónico ser posto na natureza (ou origem) pública da decisão do sujeito que atribui a medida ou no carácter público dos recursos utilizados para o seu financiamento. Os resultados da adopção de uma ou outra das perspectivas não são meramente académicos, uma vez que a primeira leitura, ao contrário da segunda, tem por efeito restringir a noção de auxílio de Estado.

---

[129] Definição constante dos diversos *Relatórios sobre os Auxílios Estatais na Indústria Transformadora e Noutros Sectores da União Europeia* (*Surveys on State Aid in European Union in the Manufacturing and Certain Others Sectors*), tendo, até agora sido publicados sete destes Relatórios, cobrindo os seguintes períodos : Primeiro Relatório (1981-86), COM (88) 945; Segundo Relatório (1987-88), COM (90) 1021; Terceiro Relatório (1988-90), COM (92) 1116; Quarto Relatório (1990-92), COM (95) 365; Quinto Relatório (1992-94), COM (97) 170; Sexto Relatório (1994-96), COM (98) 417; Sétimo Relatório (1993-97), SEC (99) 148 e Oitavo Relatório (2000).

Capítulo II – A Regulação Comunitária dos Auxílios de Estado 181

A primeira leitura é, entre outros, defendida por KEPPENNE.[130] Segundo ele, quando se analisa este requisito, existem duas condições distintas e cumulativas para que uma determinada medida possa ser considerada como auxílio de Estado — que a medida apareça como resultado de um comportamento imputável a um determinado Estado e que ela seja atribuída por meio de recursos públicos. De acordo com este autor, "só as vantagens atribuídas directa ou indirectamente por meio de "recursos do Estado" são de considerar como auxílios no sentido do n.° 1 do artigo 87.°".[131]

A segunda posição, que assenta na indiferença do modo de financiamento da medida, é tradicionalmente retida pela Comissão e defendida, entre outros, por Cinthia PINOTTI. Sustenta, com efeito, esta autora que "provavelmente a solução mais correcta consiste em cindir os dois aspectos", isto é, o "carácter público dos recursos" e a "imputabilidade do comportamento ao Estado".[132]

Esta tese tem por base uma leitura crítica da jurisprudência dominante, iniciada pelos Advogados-gerais SLYNN e DARMON.[133]

Assim, o Advogado-geral SLYNN defende que, para se aplicar o artigo 87.°, basta que "o auxílio seja pago por ordem do Estado ou por ordem de um organismo habilitado para este efeito pelo Estado (...), mesmo que o auxílio não seja financiado directamente através dos recursos do Estado".[134]

---

[130] Cf. KEPPENNE, *Guide...*, *ob. cit.*, p. 108 e ss.

[131] *Ibidem*, p. 111. A favor desta posição pode invocar-se a orientação largamente dominante da jurisprudência comunitária. Vide Acórdãos de 24 de Janeiro de 1978, *Van Tiggele*, proc. 82/77, Col., p. 25, ponto 25; de 13 de Outubro de 1982, *Norddeutsches Vieh- und Fleichkontor*, proc. 213, 214 e 215/81, Col. 3583, ponto 22; de 17 de Março de 1993, *Sloman Neptun*, proc. C-72 e 73/91, Col. I-887, ponto 19; de 30 de Novembro de 1993, *Kirsammer-Hack*, proc. C-189/91, Col. I-6185, ponto 16; de 7 de Maio de 1998, *Viscido*, proc. C-52, 53 e 54/97, Col. I-2629, ponto 13 e de 14 de Julho de 1998, *Bettati*, proc. C-341/95, Col. I-4355, ponto 73.

[132] Cf. Cinthia PINOTTI, *Gli Aiuti di Stato alle Imprese nel Diritto Comunitario della Concorrenza*, 2000, p. 36.

[133] Algum apoio em prol desta tese poderá encontrar-se nos Acórdãos do TJCE de 30 de Janeiro de 1985, *Comissão/França (Caisse nationale de crédit agricole)*, proc. C-290/83, Col.1985, p. I- 439 , ponto 14 e de 7 de Junho de 1988, *Grécia/Comissão*, proc. C-57/86, Col.1988, I- 2855, ponto 12.

[134] Cf. as Conclusões de Gordon SLYNN, apresentadas em 1 de Março de 1988, no processo C-57/86 *(Grécia/Comissão)*, Col. 1988, p. 2867 e ss. Esta posição é ainda ambí-

Mas foi o Advogado-Geral DARMON quem deu expressão teórica a esta posição nas suas conclusões emitidas nos processos *Sloman Neptun* e *Kirsammer-Hack*, conclusões essas, refira-se desde já, não seguidas pelos acórdãos do Tribunal, proferidos nesses casos.

Nas conclusões gerais relativas ao primeiro processo, escreve DARMON:

> "A natureza *estatal* albergada no n.º 1 do artigo 92.º (n. n. 87.º) respeita mais à autoridade na origem da medida — o Estado e as suas emanações — que vem perturbar assim as condições normais do mercado, do que ao organismo ou pessoa que financia o auxílio. As receitas do Estado são alimentadas por pessoas privadas, através de impostos directos ou indirectos, e, ao fim e ao cabo, quaisquer que sejam a natureza e o número das entidades intermediárias, o financiamento do auxílio, de maneira mais ou menos difusa, acaba de qualquer forma por pesar sobre os particulares e os operadores económicos. Em minha opinião, como foi declarado pelo Tribunal de Justiça no acórdão Steinike & Weinling, "são (...) essencialmente os *efeitos* do auxílio sobre as empresas ou produtores beneficiários que terão que ser tomados em consideração". Assim, a origem dos fundos não tem que ser objecto de particular atenção".[135]

Partindo desta posição, bastaria para haver um auxílio incompatível com o mercado comum que determinada empresa se encontrasse em situação de vantagem, na sequência de medidas derrogatórias resultantes de comportamento preciso do Estado, independentemente de qual fosse a origem do financiamento.[136]

---

gua: por um lado parece contentar-se com a responsabilidade do Estado (em sentido muito amplo) pelo pagamento do auxílio (sem cuidar da proveniência dos fundos); por outro, permite (*a contrario*) deduzir que um financiamento indirecto através de recursos do Estado poderá ser exigido.

[135] Cf. as Conclusões de Marco DARMON, apresentadas em 17 de Março de 1992, nos processos C-72 e 73/91 *(Sloman Neptun)*, in Col.1993, pp. I-912 e C-189/91 *(Kirsammer-Hack)*, in Col. 1993, pp. I-6185. O argumento baseia-se numa leitura radical da doutrina dos efeitos e na negação da relativa autonomia política e jurídica do Estado (o Estado-pessoa) e da sua base financeira, os impostos (o Estado-Orçamento): tudo é, em última instância, privado. O argumento, quanto a nós, prova demais: pela mesma lógica, a responsabilidade de qualquer auxílio, num Estado democrático, será sempre imputável aos cidadãos, aos eleitores.

[136] *Ibidem*, p. I-912. Com esta posição, DARMON pretende "a partir do desenvolvimento do direito comunitário dos auxílios, iniciar uma evolução paralela do direito

Note-se, porém, que a contraposição entre as duas posições é, na prática, atenuada por dois motivos. Primeiro, pelo facto das condições relativas ao Estado surgirem em regra estreitamente ligadas, de tal modo que, na primeira posição, se chega a aceitar que o financiamento por recursos estatais possa ser indirecto, que a imputabilidade da medida ao Estado permita simultaneamente dar uma "coloração" pública aos recursos utilizados ou que o recurso a financiamento público revele a responsabilidade do Estado na outorga do auxílio. Segundo, pelo facto das noções de Estado e de recursos estatais serem interpretadas em sentido muito amplo.

Mas existe, pelo menos, uma importante diferença: a primeira posição, ao contrário da segunda, deixa de fora os chamados "subsídios normativos" ou "regulamentares".

2.3.2. O Estado em sentido amplo

2.3.2.1. A perspectiva orgânica

A exemplo da noção de vantagem ou benefício, também o termo "Estado" é encarado de forma muito alargada.

De um ponto de vista *orgânico*, para a Comissão e para o Tribunal, a referência à noção de Estado compreende toda e qualquer autoridade pública, independentemente da sua concreta personificação, englobando quer as autoridades centrais, quer as entidades regionais (Estados federados, Comunidades, Regiões autónomas, Departamentos) e locais (províncias, distritos, municípios, comunas, freguesias).[137]

---

anti-subsídios que permita à Comissão, a exemplo do seu homólogo americano, lutar mais eficazmente contra as medidas que afectem os interesses comerciais da Comunidade" (*ibidem*, Col., I-913). Recorde-se que a Comissão, no quadro da aplicação das regras do GATT, deixava de fora os subsídios normativos.

[137] Dois exemplos: no citado caso *Intermills/Comissão*, 1984 e no *caso Países Baixos & Leeuwarder Papierwarenfabriek / Comissão* (Ac. de 13 de Março de 1985, processos conjuntos C-296/82 e C-318/82, Col. 1985, I-809) os auxílios foram concedidos, respectivamente, por governos locais na Bélgica e na Holanda. Vide também o Ac. do TJCE, de 14 de Outubro de 1987, proc. C-248/84, *Alemanha/ Comissão ((Land de Renânia Norte Westefália)*, Col. 1987, p. I-4013, na sequência da Decisão 85/12/CEE, de 23 de Julho de 1984, in JOCE n.° L 7/85, p. 28.

184 — *Auxílios de Estado e Fiscalidade*

Aquando da redacção inicial do Tratado de Roma, sendo um dos fundadores a República Federal Alemã (RFA), era lógico que se considerasse que os Estados membros de uma federação estavam englobados na expressão "Estado". Mas o problema podia levantar-se relativamente às colectividades locais. Na verdade, a questão não se punha, no contexto da época, com a acuidade que tem hoje, uma vez que, nesse momento, com excepção da RFA, estávamos perante Estados unitários centralizados.

É sobretudo com o alargamento da Comunidade e com a crescente importância do fenómeno da descentralização que o problema nasce. Quanto mais um Estado for descentralizado, maior a percentagem de auxílios atribuídos por entidades de natureza regional ou local. Por isso, o Tribunal entendeu que não podia deixar de integrar as colectividades locais na noção de Estado, sob pena de favorecer os Estados mais descentralizados ou de incentivar, por razões de concorrência, a transferência de competências de intervenção para as colectividades locais.[138]

A intervenção do Estado pode assim advir da acção de quaisquer autoridades ou poderes públicos, em particular da acção do Parlamento ou do executivo, e ser efectuada através de medidas legislativas, regulamentares ou administrativas. Pode mesmo resultar de práticas administrativas, toleradas ou não pelos direitos nacionais.[139] Questionável é se pode resultar de intervenção judicial. Mas *a priori* nada parece impedi-lo, salvo quando os órgãos jurisdicionais nacionais actuem como órgãos comunitários.

---

[138] Neste sentido, CHÉROT, *ob. cit.*, p. 20-21. Ver também, C. BLUMANN, "Les aides des collectivités infra-étatiques aux entreprises", in *L'Union européenne et les collectivités territorialles*, 1997, pp. 133-144. Quanto à jurisprudência, cf. o importante Acórdão de 14 de Outubro de 1987, citado na nota anterior, na sequência de outros - Acórdão de 27 de Março de 1984, proc. C-169/82, *Comissão/ Itália* (auxílios à agricultura na região da Sicília), Col.1984, p.I-1603 e Acórdão de 11 de Julho de 1984, proc. C-130/83, *Comissão / Itália* (auxílios na Sicília aos sectores vitivinícolas e das frutas e produtos hortícolas), Col.1984, p. I-249 - que apontavam num idêntico sentido.

[139] Cf. A MATTERA, *Le Marché Unique Européen. Ses règles, son fonctionnement*, 1988, p 44.

2.3.2.2. A perspectiva funcional

O conceito de Estado tem, porém, sido entendido de forma muito mais ampla, fazendo apelo para um ponto de vista funcional. A origem ou natureza pública das vantagens concedidas não se circunscreve à organização política ou institucional do Estado, podendo igualmente resultar da acção de qualquer organismo público ou mesmo privado.

Em rigor, o que se torna relevante é o facto de a actividade destes organismos ou instituições poder ser imputada, directa ou indirectamente, ao Estado. Como pragmaticamente afirma o Tribunal de Justiça, a distinção estabelecida no n.º 1 do artigo 87.º entre "auxílios concedidos pelo Estado" ou mediante "recursos estatais" visa compreender na noção de auxílio de Estado "não só os auxílios concedidos directamente pelos Estados, mas também os concedidos por entes públicos ou privados designados ou instituídos pelos Estados".[140]

Esta interpretação muito ampla dos termos "concedidos pelos Estados" teve a sua origem no acórdão *Steinike*. Hoje, como sublinha SANTACRUZ, é irrelevante se a natureza jurídica do ente que administra o auxílio é pública ou privada, se o Estado lhe concedeu ou não poder discricionário na determinação das condições de concessão ou se o ente em questão realiza funções típicas do Estado.[141]

Podem assim estar abrangidos na noção de Estado não só os serviços públicos dotados ou não de personalidade jurídica (serviços públicos desconcentrados, institutos públicos), como as associações públicas, as autoridades administrativas independentes ou mesmo as empresas públicas de direito público ou privado ou os grupos de sociedades ou *holding* públicas. A título de exemplo, o Banco central grego foi já considerado pelo Tribunal como integrando, para este efeito, a noção de Estado.[142]

---

[140] Cf. o Ac. de 7 de Maio de 1998, proc. C- 52 a 54/97, *Viscido/Ente Poste Italiane*, n. p.

[141] Cf. SANTACRUZ, *Las Ayudas ...ob cit.*, 2000, p. 98.

[142] Um reembolso de juros nos créditos à exportação (envolvendo todo o tipo de produtos, com excepção dos produtos petrolíferos), concedido pelo Banco da Grécia, foi considerado como imputado ao Estado grego pelo Acórdão do TJCE de 30 de Abril de 1986, no proc. C-57/86, originado por recurso da Grécia relativamente à decisão da Comissão (n.º 86/187/CEE de 13 de Novembro de 1985, publicada in JOCE n.º L 36/86, p. 61). Vide Col. 1986, p. I-1497, ponto 13.

186 Auxílios de Estado e Fiscalidade

Esta pode mesmo abranger entidades privadas, incluindo empresas, que exerçam funções de administração pública ou que tenham sido instituídas ou designadas pelos poderes públicos para gerir a medida em causa ou que sejam por estes influenciados relativamente à sua atribuição. É, como veremos em seguida, o caso, entre outros, de uma companhia de direito privado holandesa, a *Nederlandse Gasunie,* e da *Caisse Nationale de Crédit Agricole* francesa que o Tribunal de Justiça, para efeitos da concessão de certos benefícios a agricultores, entendeu serem prolongamentos da longa *manus* do Estado.

A razão desta noção extensiva de Estado é, do ponto de vista comunitário, compreensível. Se a noção de Estado não fosse entendida de forma muito ampla, abrangendo a concessão das medidas às empresas beneficiárias por entidades "intermediárias", os poderes públicos, através da criação de pessoas colectivas dotadas de autonomia jurídica, teriam encontrado uma forma fácil de contornar o princípio da incompatibilidade dos auxílios de Estado. Estaria em causa o efeito útil da norma.[143]

A questão que se torna assim relevante é a de saber como se concretiza ou realiza a imputação ao Estado do comportamento do ente intermediário que atribui a ajuda.

Há casos em que a questão hoje não oferece dúvidas de maior. Assim é quando existam poderes delegados para o efeito ou quando existam instruções directas dos poderes públicos ou ainda quando a entidade intermediária foi instituída ou designada com a missão de gerir o auxílio. É igualmente o caso de um determinado Estado ter criado, por lei, a obrigação de financiamento de um fundo. As medidas de apoio a empresas concedidas a partir desse fundo (mesmo que gerido por instituições privadas) alimentado por contribuições impostas por lei são, neste sentido, imputáveis ao Estado.[144]

---

[143] Como refere o TPI, o direito comunitário não pode admitir que o mero facto de o Estado criar instituições autónomas encarregadas da distribuição de auxílios permita iludir as normas relativas a este instituto (Ver acórdão de 12 de Dezembro de 1996, no proc. *Air France/ Comissão,* T-358/94, Col. II-2109, ponto 62).

[144] Assim, o considerando n.º 21 do Ac. *Steinike e Weinlig,* de 22 de Março de 1977, proc.C- 78/76, Rec. 1977, p. 595. Neste acórdão, o Tribunal considera que a interdição "engloba o conjunto dos auxílios atribuídos pelos Estados ou por meio de recursos do Estado sem que deva distinguir-se entre o caso em que o auxílio é atribuído directamente pelo Estado ou por organismos públicos ou privados que ele institui ou designa

Noutros casos o vínculo de imputação manifesta-se de forma menos visível. Um critério para verificar a sua existência consiste em analisar se estas entidades agem ou não sob controlo do Estado. Ora entende-se que agem deste modo, sempre que exista uma influência dominante do Estado no comportamento daquelas entidades.[145]

Esta influência dominante — directa ou indirecta, ou seja, efectuada através da mediação de uma outra entidade — pode decorrer da existência de vários indícios ou resultar de vários factores.

Assim, de acordo com a Comissão, e tendo em conta o disposto na directiva relativa à transparência das relações financeiras entre os Estados e as empresas públicas, presume-se a existência de influência dominante quando as autoridades públicas são titulares da maior parte do capital subscrito da sociedade, controlam (directa ou indirectamente) a maioria dos votos vinculados às acções ou participações emitidas pela sociedade ou têm a possibilidade de nomear mais de metade dos membros dos órgãos de administração ou de supervisão da sociedade.[146] Os casos *ENI-Lanerossi* e *Alfa-Romeo* confirmam esta orientação.[147]

---

para gerir o auxílio". Noutros acórdãos, o Tribunal vai mais longe e considera haver auxílio de Estado sujeito ao princípio de incompatibilidade quando os organismos privados ou públicos sejam controlados pelo Estado, mesmo que não tenham por missão expressa gerir um auxílio, isto é, que não tenham sido "instituídos ou designados para gerir o auxílio". Basta que os actos destes organismos sejam imputados ao Estado. Ver o Acórdão de 17 de Março de 1993, *Sloman Neptun*, processos. C 72 e 73/91, Col. I, 902 e o Acórdão. de 30 de Novembro de 1993, proc. C-189/91, *Kirsamer-Hack,* Col. I, p. 6215 que apenas se referem a organismos públicos ou privados "designados ou instituídos pelo Estado". Ver ainda o Ac. de 2 de Fevereiro de 1988, processos conjuntos C-67, 68 e 70/85, *Van der Kooy/Comissão (Gasunie),* relativo a um recurso de uma decisão que proibia um auxílio a horticultores sob a forma de fixação de uma tarifa preferencial do gás, Col. 1998, I-219 que apenas fala de actos "imputáveis ao Estado".

[145] Sobre o tema, vide SANTACRUZ, *ob. cit.*, pp. 95 e ss.

[146] Cf. artigo 2.º da Directiva da Comissão 80/723/CEE, de 25 de Junho de 1980 (in JOCE n.º L 195, de 29 de Julho de1980). KEPPENNE (*Guide...ob. cit.*, p. 110) sintetiza a questão da imputabilidade do seguinte modo: "Em princípio não é necessário que estejamos perante a presença de uma instrução directa do Estado. Basta verificar que o organismo não podia tomar a decisão litigiosa sem ter em conta as exigências dos poderes públicos".

[147] Cf. os Acórdãos de 17 de Março de 1989, proc. C303/88R, *Itália/ Comissão (ENI-Lanerossi),* Col. 1989, I-801 e de 21 de Março de 1991, proc. C-305/89, *Itália/ Comissão (Alfa Romeo),* Col. 1991, I-1603.

188   *Auxílios de Estado e Fiscalidade*

Mas esta influência pode ainda manifestar-se por outras formas. Quando estamos perante pessoas de direito privado bastará verificar se os poderes públicos estão na origem da medida ou mesmo simplesmente se têm poderes para a impedir. No caso *Van der Kooy* (onde estava em jogo a concessão de tarifas preferenciais do gás natural destinado ao sector hortícola neerlandês), bastou verificar que as decisões de concessão destas tarifas pela empresa Nederlandse Gasunie, estavam sujeitas a um possível bloqueio por parte do Ministro da Economia, mesmo que, na prática, este não tivesse chegado a ser exercido. Por outras palavras: o TJCE entendeu que a empresa não podia tomar a decisão de concessão do benefício sem ter em conta as exigências dos poderes públicos.[148]

O mesmo aconteceu no referido caso da *Caisse Nationale de Crédit Agricole*, onde uma decisão de conceder uma "ajuda de solidariedade" a favor de agricultores com menos rendimentos adoptada pelo Conselho de administração foi imputada ao Estado em virtude de o Ministro da Agricultura ter poderes de supervisão sobre esta instituição. A decisão da *Caisse Nationale* não era assim definitiva, devendo ser aprovada pelas autoridades francesas.

2.3.3. O requisito financeiro: recursos (em sentido amplo) do Estado

O n.° 1 do artigo 87.° refere, como vimos, que a medida provenha de "recursos estatais" ("ressources d'État", "risorse statali", "State ressources"). Sendo o substantivo "Estado" entendido em sentido amplo, natural é que o seja também o adjectivo "estatais".[149]

---

[148] Cf. Acórdão de 2 de Fevereiro de 1988, processos conjuntos 67, 68 e 70/85, *Van der Kooy/ Comissão (Gasunie)*, Col. 1985, I-1315, ponto 37.

[149] Abrange, assim, v.g., o desagravamento de quotizações ou contribuições para a segurança social pagas pelas empresas, tendo sido sufragadas pelo Tribunal em vários arestos as orientações e decisões da Comissão no sentido de as submeter ao controlo dos auxílios de Estado. Ver, a propósito, as decisões da Comissão CEE n.° 80/392 de 15 de Setembro de 1980 (JOCE L 264 de 8 de Outubro 1980, p. 28, confirmada no proc. C-203/82, *Itália/ Comissão*, por sentença de 14 de Julho 1983 (Col.1983, p. I-2525) e n.° 82/245 de 12 de Janeiro de 1983 (JOCE L 137, de 26 Maio de 1983, p. 25) confirmada por sentença do TJCE de 15 de Novembro de 1983, no proc. C-52/83, *Comissão / França*, (in Col. 1983, I-p. 3707). A doutrina segundo a qual os recursos que sustentam

Capítulo II – A Regulação Comunitária dos Auxílios de Estado

O termo "recursos" é ambíguo, não implicando, à primeira vista, que se cinja à questão do financiamento e da sua origem (fala-se, por exemplo, de "recursos humanos", de "recursos naturais"). No entanto, quando se tem em conta o contexto da expressão e outras versões linguísticas do Tratado ("fondos estatales"), tudo parece indicar que este pretendeu referir-se apenas aos recursos com expressão financeira (meios pecuniários, haveres).

Deste modo, a expressão compreende, antes de mais, os recursos com origem nos orçamentos dos Estados membros, sejam estes os orçamentos centrais ou os orçamentos das instituições e órgãos territoriais. Engloba ainda, como melhor veremos na segunda parte deste trabalho, os recursos obtidos em virtude do poder tributário dos Estados, incluindo os relativos à parafiscalidade, mesmo que as receitas de que estes abdicam não se destinassem ao seu próprio orçamento, mas sim a orçamentos públicos que não obedecem à regra da não consignação ou a orçamentos privados de entidades financiadas através de receitas parafiscais.

Em última instância, o que é relevante, como sublinhou o Tribunal, em 1973, no acórdão sobre os têxteis italianos, é que os recursos sejam provenientes de contribuições obrigatórias impostas pela legislação do Estado.[150]

Deste modo, as vantagens concedidas apresentam-se normalmente como um encargo financeiro para o Estado, o qual pode assumir a forma de despesas orçamentais positivas (recursos financeiros com origem estadual, despendidos directa ou indirectamente pelo Estado) ou negativas (recursos financeiros que o Estado prescindiu de arrecadar, com vista a prosseguir determinadas finalidades, em regra de política regional ou social).

É, para o efeito, irrelevante, se a medida que possibilita uma vantagem económica é administrada por entidades públicas ou privadas. É também irrelevante o tipo de contribuições obrigatórias de onde provém (impostos, taxas, etc.). Como o é o facto de poder provir de subvenções positivas ou negativas (v.g. benefícios fiscais).

---

a vantagem ou ajuda devem provir efectivamente do Estado não é, porém, consensual (vide Acórdão do TJCE de 13 de Outubro de 1982, procs. C-213 e 215/81, *Norddeutsches Vieh- und Fleischkontor/Balm*, Col. 1982, p. I-3583). Vide ainda BELLAMY /CHILD, *ob. cit.*, p. 619.

[150] Cf. o Acórdão de 2 de Julho de 1974, já citado, Col. 1974, p. I-709 e ss.

Mas a expressão "recursos estatais" tem sido entendida de forma ainda mais ampla. Na origem da vantagem podem ainda estar recursos utilizados por empresas públicas, mesmo que estes não tenham sido provenientes de subvenções estatais afectas a esse fim: o princípio de unidade de caixa das empresas públicas permite considerar que certas vantagens financiadas por recursos próprios destas sejam tidas como financiadas por recursos do Estado. Para este efeito, basta, por exemplo, que a empresa seja apoiada financeiramente pelo Estado ou que este renuncie à sua parte dos lucros.

O denominador comum de todas estas intervenções estaduais consiste, em última instância, no facto de as autoridades públicas efectuarem uma função de distribuição ou de repartição de recursos financeiros, de que são *detentores*, a favor de empresas.

Como vemos, a tendência para alargar a noção de "recursos do Estado" é tão profunda que o TPI, a partir de considerações de realismo económico, considerou, no caso *Air France*, que fundos provenientes de depósitos privados, susceptíveis de reembolso, geridos por estabelecimentos do sector público e com base nos quais são concedidas certas vantagens, podem ser considerados como recursos do Estado. Na medida em que as entradas e saídas desses fundos produzem um saldo constante, este pode, de facto, ser utilizado como se estivesse definitivamente à disposição do organismo público. A sua efectiva utilização para financiar vantagens seria assim susceptível de falsear a concorrência tal como se o financiamento proviesse de receitas constituídas por taxas ou contribuições obrigatórias.

Deste modo, o conceito de "recursos do Estado" abrange "todos os meios financeiros que o sector público pode efectivamente utilizar para apoiar empresas, não sendo relevante que pertençam ou não de modo permanente ao património do referido sector".[151] Basta que os recursos provenham do Estado.

---

[151] Acórdão do TPI, de 12 de Dezembro de 1996, proc. T 358/94, *Air France / Comissão*, Col. 1996, p.II-2109 e ss. A Comissão sustentava que a Caisse des Dêpots et Consignations-Partitipations (CDC-P), a quem a *Air France* se dirigiu para obter assistência no âmbito de certas operações de financiamento, não era autónoma em relação à Caisse des Depôts et Consignations (CDC) uma vez que se tratava de uma filial desta, a 100%, sendo a empresa-mãe controlada pelo Estado.

Em sentença recente, o Tribunal de Justiça decidiu que a função de atribuição de auxílios pode, em certos casos, resultar mesmo do pouco empenho ou diligência numa gestão correcta dos recursos. O Tribunal já considerou que um comportamento frouxo e permissivo do Estado em dar cumprimento à sua legislação pode equivaler a transferir receitas estaduais.[152] Este critério, susceptível de ser aplicado em matéria fiscal, reveste-se de grande importância, mas também de grande delicadeza.

O critério dos recursos estatais, tal como acaba de ser apresentado, exclui do conceito de auxílios de Estado as medidas em que o Estado decide a atribuição de uma vantagem sem que o seu financiamento envolva, de forma directa ou indirecta, recursos financeiros de que disponha. O caso mais importante é, sem dúvida, o dos chamados subsídios normativos (*regulatory subsidies*), isto é, de todas as normas e regulamentações que visam promover um objectivo de política económica, mas que simultaneamente atribuem uma determinada vantagem a certas pessoas. [153] Este seria pois um importante limite relativamente ao critério dos recursos estatais e, consequentemente, ao controlo comunitário dos auxílios de Estado.

Uma importante corrente de opinião é contudo favorável à inclusão no conceito de auxílios de Estado destas situações, desvalorizando, para o efeito, como dissemos, a questão da origem dos recursos usados para financiar a medida.[154] Se a origem dos recursos é pública, a medida é considerada de natureza estatal. Mas se é privada, pode ainda ser considerada como estatal, se for imputável ao Estado. No limite, poderia até uma determinada medida não implicar sequer o uso de quaisquer recursos financeiros e ser considerada como auxílio de Estado.

A favor desta tese, o Advogado-Geral DARMON invocou, como vimos, a *ratio legis* do artigo 87.º e a doutrina dos efeitos.[155] Sendo a fina-

---

[152] Cf. proc. NN 118/97, caso SNIACE AS, referido no *XXVII Relatório sobre a Política de Concorrência 1997*, 1998, p. 67.

[153] Assim, SANTACRUZ, *ob. cit.*, p. 115.

[154] Integram esta corrente de opinião, entre outros, QUIGLEY, "The notion of State aid in the EEC", p. 250; SLOTBOOM, "State Aid in Community Law: A Broad or Narrow Definition?", p. 295 e ss. e os Advogados-Gerais VERLOOREN VAN THEMAAT (conclusões nos processos conjuntos 213 a 215/81), LENZ (conclusões no proc. 102/87, Col. 4067, p. 4078) e SLYNN (conclusões no proc. 57/86, p. 2867).

[155] Cf. as citadas Conclusões do Advogado-Geral DARMON nos processos conjuntos C-72 e 73/91, p. I-912.

lidade deste artigo manter iguais condições de concorrência entre operadores económicos em situação concorrencial, forçoso seria que as distorções de concorrência provocadas por casos em que não estão necessariamente envolvidos recursos financeiros do Estado fossem nele englobados. O carácter "estatal", recorde-se, diria sobretudo respeito à *autoridade* de que a medida emana e não ao organismo ou pessoa que a financia.

A jurisprudência e a própria prática da Comissão têm sofrido oscilações, delas decorrendo posições algo flutuantes a este respeito. Para além disso, não raro tais posições surgem de forma desencontrada.[156]

No entanto, nos últimos tempos, tem-se desenhado na jurisprudência uma clara tendência no sentido da posição mais restritiva, a que defende a necessidade da origem estatal da medida (mesmo que o adjectivo "estatal" seja interpretado de forma ampla).

Duas razões terão pesado nesse sentido. Uma que visa evitar excessivos conflitos com os Estados membros relativamente à partilha de competências entre estes e a Comunidade. Outra, baseada em razões de segurança jurídica. O critério adoptado, sendo mais restrito, será porventura mais operativo, evitando que a maioria das medidas estatais de conteúdo económico caia sob a alçada do artigo 87.° do Tratado.[157]

---

[156] A Comissão e o Tribunal estiveram em sintonia no caso *Van Tiggele* (Ac. de 24 de Janeiro de 1978 no proc. 82/77, *Openbaar Ministerie/Van Tiggele*, Col. 25), ambos defendendo que, na ausência de financiamento através de recursos estatais, uma medida não poderia ser considerada auxílio de Estado. O Tribunal, após se ter afastado desta posição nos citados acórdãos relativos à *Caisse Nationale de Crédit Agricole* e ao *Banco da Grécia*, retomou a posição inicial, reafirmando-a em múltiplos arestos, em particular nos casos *Slomann Neptun, Kirsammer-Hack, Viscido e Ecotrade*. Nestes casos, verificou-se que as decisões do TJCE estavam em dissonância com a Comissão. A posição tradicional desta instituição é, como refere CHÉROT (*ob. cit.* p. 30), no sentido de defender que são susceptíveis da consideração como auxílios de Estado (ou como "medidas de efeito equivalente a auxílios de Estado", como ocorreu no caso da *Caisse Nationale*) as medidas de origem pública que atribuam vantagens às empresas, mesmo que não sejam financiadas por recursos do Estado. No entanto, a Comissão, no quadro da regulação do comércio internacional, mostra-se contrária à assimilação a subvenções de práticas que não impliquem um encargo para o tesouro público, aduzindo a favor desta posição o ponto 1 da lista exemplificativa do Código sobre as Subvenções, anexa ao Regulamento CEE 2176/84 (cf. a Decisão 85/239/CEE in JOCE n.° L 108, p. 28, confirmada pelo TJCE por acórdão de 14 de Julho de 1988, proc. 187/85, *Fédiol/Comissão*, Col. p. 4155).

[157] Para CHÉROT (*ob. cit.*, p. 33), o Tribunal, com esta posição, pretenderia evitar que todas as medidas de intervenção económica dos Estados caíssem no controle muito

Capítulo II – A Regulação Comunitária dos Auxílios de Estado   193

De facto, uma noção muito ampla de recursos de Estado arrisca-se, no limite, a pôr em causa a utilidade do próprio critério da origem dos recursos, aproximando-se, nos efeitos, da tese do Advogado-Geral DAR-MON. No entanto, é difícil prever qual será a evolução neste domínio. É bom não esquecer que o texto do n.° 1 do artigo 87.°, ao referir-se a auxílios concedidos pelos Estados *ou* provenientes de recursos estatais, pode abrir as portas para uma interpretação mais lata (a meu ver desproporcionada) que considere como auxílios públicos as medidas com origem no Estado sem uso de recursos estatais e as medidas com origem em entidades não estaduais com uso, ainda que muito limitado, de recursos estatais.

2.4. O requisito da selectividade: a atribuição das vantagens a certas empresas ou produções

2.4.1. A determinação do beneficiário

2.4.1.1. Relevância da questão

A determinação do beneficiário das vantagens concedidas é uma tarefa muito importante, embora normalmente não muito complexa. Dela depende, antes de mais, a definição do direito aplicável (Tratado CECA ou Tratado CE, regime normal, regimes especiais). Mas tal determinação é ainda importante para verificar se o auxílio afecta a concorrência ou as trocas entre Estados membros, se é ou não compatível com o mercado comum ou para, em caso de auxílio ilegal, identificar quem está obrigado à sua restituição.

O beneficiário das vantagens concedidas é o beneficiário *real*, aquele em que os efeitos destas se projectam, que desfruta do efectivo gozo da vantagem. Pode ser determinado de forma directa e imediata ou indirecta e mediatamente. Uma mesma medida pode ter um ou vários beneficiários. Em última instância, estes são empresas, no sentido amplo em que esta expressão é usada no direito comunitário da concorrência.

---

específico do artigo 93.° (n. n. 88.°). Para além disso, uma extensão da noção de auxílio por via da sua origem conduziria o Tribunal a recorrer com mais intensidade a um outro critério redutor da noção de auxílio, o do carácter anormal da medida estatal (ou noutra linguagem, o da selectividade).

194 *Auxílios de Estado e Fiscalidade*

2.4.1.2. Uma noção ampla de empresa

A noção de empresa é perspectivada de forma muito ampla, segundo critérios idênticos aos que resultam da aplicação dos artigos 81.° e 82.° do Tratado que constituem o cerne do direito comunitário da concorrência.[158]

Nesta perspectiva funcional — típica do direito económico e do direito fiscal, mas distanciada do direito privado — uma empresa é qualquer entidade que exerça de forma autónoma uma actividade económica, isto é, que ofereça bens ou serviços num determinado mercado, independentemente do seu estatuto jurídico e do seu modo de financiamento.[159]

A noção de empresa abrange assim quer as empresas privadas, de forma societária ou não, quer as empresas públicas, integrando ou não, umas e outras, grupos de empresas. Abrange ainda, nos termos, respectivamente, dos n.°s 1 e 2 do artigo 86.°, as empresas que beneficiem de direitos especiais ou exclusivos e, em princípio e dentro de certos condicionalismos, aquelas que tenham a seu cargo a gestão de um serviço de interesse económico geral.[160] É indiferente, para efeitos da disciplina de

---

[158] Cf. J M Coutinho de ABREU, "L'européanisation du concept d'entreprise", *RIDE*, n.° 1, 1995, p. 9 e ss., em especial, 10 e ss. Vide ainda, SANTOS/MARQUES/ /GONÇALVES, *ob. cit.*, p 370 e ss..; M. Afonso VAZ, *Direito Económico. A Ordem Económica Portuguesa*, 1998, p. 274.

[159] Cf., entre outros, os Acórdãos de 23 de Abril de 1991, proc. C-41/90, *Höfner & Elser*, Col. p. I-1979, n.° 21; de 17 de Fevereiro de 1993, proc. C-159/91 e C-160/91, Col. p. I-637, n.°. 17 *(Poucet et Pistre)*; e de 18 de Junho de 1998, *Comissão/Itália,* proc. C-35/96, Col. p. I-3851, n.° 36.

[160] O n.° 1 do art. 86.° (a.n.90.°) estabelece o seguinte: "No que respeita às empresas públicas e às empresas a que concedam direitos especiais ou exclusivos, os Estados membros não tomarão nem manterão qualquer medida contrária ao disposto no presente Tratado, designadamente ao disposto nos artigos 12.° e 81.° a 89.°, inclusive." Por sua vez, o n.° 2 estipula: "As empresas encarregadas da gestão de serviços de interesse económico geral ou que tenham a natureza de monopólio fiscal ficam submetidas ao presente Tratado, designadamente às regras de concorrência, na medida em que a aplicação destas regras não constitua obstáculo ao cumprimento, de direito ou de facto, da missão particular que lhes foi confiada. O desenvolvimento das trocas comerciais não deve ser afectado de maneira que contrarie os interesses da Comunidade". Não cuidamos aqui especificamente do desenvolvimento da questão das empresas encarregadas da gestão de serviços de interesse económico geral que, pela sua actualidade e importância, mereceria, por si só, um estudo monográfico. Sobre o tema, vide Alain ALEXIS, "Services

Capítulo II – A Regulação Comunitária dos Auxílios de Estado 195

auxílios de Estado, que a empresa tenha ou não fim lucrativo.[161] Os grupos de sociedades são, para este efeito, considerados como uma única empresa (como uma unidade económica), mesmo que as empresas que os constituem gozem de personalidade jurídica distinta.[162]

Nesta perspectiva funcional e ampla, um clube de futebol profissional, por exemplo, é considerado pela Comissão como empresa.[163]

Duas questões merecem, no entanto, uma especial referência. Uma tem a ver com as relações financeiras entre o Estado e as empresas públi-

---

publics et aides d'État », RDUE, p. 63-107 ; Helen PAPACONSTANTINOU, *Free Trade and Competition in the EEC, Law, Policy and Practice*, 1998, p. 78 e ss. Cf. ainda o citado acórdão *Ferring*,

[161] "O conceito de empresa no direito comunitário da concorrência é um conceito funcional que assenta essencialmente na existência de uma autonomia real de comportamento no mercado e que visa indistintamente as pessoas singulares e as pessoas colectivas, sejam ou não dotadas de personalidade jurídica. Nos termos de uma jurisprudência constante nos tribunais comunitários, a empresa é uma organização unitária de elementos pessoais, materiais e imateriais, ligada a um sujeito juridicamente autónomo e prosseguindo, de forma durável, um fim económico determinado" (assim, L. P. ANTUNES, *Direito da Concorrência. Os poderes de investigação da Comissão europeia e a protecção dos direitos fundamentais*, p 18, nota 14). Cf. também C. MONCADA, *Direito Económico*, 2000, p. 380: "O conceito de empresa é interpretado para estes efeitos em termos muito latos. Empresa será qualquer unidade económica, dotada ou não de personalidade jurídica, desde que capaz de definir com independência essa estratégia comercial e nesta medida tomar parte num acordo ou coligação. Nela cabem pessoas físicas, sociedades ou até associações profissionais ou sindicatos. A noção de empresa para este efeito nada tem a ver com a noção corrente em direito comercial. Não se exige sequer um escopo lucrativo. Do conceito comunitário de empresa, que é absolutamente indiferente à forma jurídica respectiva, só se excluem as actividades por conta de outrem e as de autoconsumo". Note-se a proximidade deste conceito que exige a realização de uma actividade económica (de produção, distribuição, etc.) com o de sujeito passivo para efeitos de IVA. São, com efeito, entre outros, sujeitos passivos do imposto as pessoas singulares ou colectivas que, de modo independente e com carácter de habitualidade, exerçam actividades de produção, comércio ou prestação de serviços, incluindo as actividades extractivas, agrícolas e as das profissões livres.

[162] Cf. o Acórdão do TJCE, de 14 de Novembro de 1984, proc. 323/82, *Intermills / Comissão*, Col. 1984, p. 3809, ponto 11. Note-se que nem sempre o direito comunitário reconhece a realidade do grupo: para efeitos de IVA, a 6ª Directiva só o aceita facultativamente quando os Estados optam pelo regime do *Organschaft*.

[163] Cf. a resposta da Comissão à questão escrita E-402/96, in JOCE, n.º C 173, de 17 de Junho de 1996, p. 56.

196 *Auxílios de Estado e Fiscalidade*

cas.[164] Outra prende-se com os casos em que as empresas surgem apenas como beneficiários indirectos, sendo terceiros (trabalhadores, consumidores) os beneficiários directos das ajudas.

2.4.1.3. As relações entre o Estado e as empresas públicas

Saber se e em que medida as relações entre o Estado e as empresas públicas, em particular as relações financeiras, comportam elementos de auxílio tem sido objecto de controvérsia, pois põe-se a questão de como se articula o regime dos auxílios de Estado com o disposto no artigo 295.º (a. n. 225.º), segundo o qual o Tratado "em nada prejudica o regime da propriedade dos Estados membros".[165]

A Comissão, partindo da ideia que este artigo legitima a noção de capitalismo de Estado, procura verificar se o comportamento dos poderes públicos nas diversas operações de intervenção mais frequentes — em particular na atribuição de capitais sob a forma de tomadas em participação, na outorga de garantias, na atribuição de empréstimos, na recuperação do capital investido, nas subvenções cruzadas entre uma filial

---

[164] A Comissão adoptou, em Junho de 1980, a Directiva 80/723/CEE (JOCE L, 195, de 29 de Junho de 1980) relativa à transparência das relações financeiras entre os Estados membros e as empresas públicas (alterada pelas Directivas 85/413/CEE, de 24 de Julho de 1985, e 93/84/CEE, de 30 de Setembro de 1993, publicadas, respectivamente, in JOCE L 229, de 28 de Agosto de 1985, p. 20 e JOCE L 254, de 12 de Outubro de 1993, p. 16). Uma das preocupações desta directiva é, de acordo com o preâmbulo, assegurar que os Estados não atribuam auxílios incompatíveis com o mercado comum, tarefa que as relações financeiras entre empresas e Estados poderia prejudicar. Estas relações abrangem a compensação de perdas de exploração, as injecções de capital ou em dotação, as atribuições a fundo perdido, os empréstimos em condições privilegiadas, a outorga de vantagens financeiras sob a forma de não percepção de lucros ou de não cobrança de créditos, a renúncia a uma remuneração normal dos recursos envolvidos e a compensação de encargos impostos pelos poderes públicos. Vide, sobre estas questões, WYATT/ DASHWOOD, *European Community Law*, 3rd ed., 1993, p. 525.

[165] Sobre o tema, ver, entre nós, Luís MORAIS, *ob. cit.*, em especial, p. 95 e ss. . Ver ainda D. BERLIN, "L'adaptation du régime des entreprises publiques aux normes internationales et communautaires", *RTDE*, 1983, pp. 232 e ss. e A. PAPPALARDO, "La prise de participation de l'Etat dans le capital des entreprises", in *Interventions publiques et Droit Communautaire*, 1988, pp. 143 a 153 ; H. PAPACONSTANTINOU, *ob. cit.*, p. 18 e ss.

Capítulo II – A Regulação Comunitária dos Auxílios de Estado   197

rentável e uma filial não rentável de um grupo público, nas operações de privatização, etc. — é ou não idêntico ao de um *investidor privado razoável*, com características similares, operando em condições normais de uma economia de mercado.[166] A comparação entre o comportamento do Estado e a do hipotético investidor deve ser efectuada no momento em que os fundos (ou outras vantagens) são atribuídos.[167]

O critério do investidor privado (*"market economy investor principle"*) foi admitido pelo Tribunal.[168] Em sucessivos acórdãos, esta instituição tem considerado que, para saber se há ou não auxílio, se torna necessário verificar se a empresa poderia ter obtido as somas necessárias no mercado de capitais e se, em circunstâncias similares, um associado privado, baseando-se nas possibilidades de rentabilidade previsíveis, abstracção feita de toda a consideração de carácter social ou de política regional ou sectorial, teria procedido a uma tal atribuição de capital.[169] A partir da jurisprudência e da citada directiva da transparência, a Comissão elaborou métodos específicos de determinação dos auxílios às empresas públicas.[170]

Na base desta fundamentação está o *princípio do tratamento equivalente* entre o proprietário público e o proprietário privado de uma empresa e a pretensão de controlar as vantagens que as empresas públi-

---

[166] A bibliografia sobre este tema é hoje muito vasta. Cf., entre muitos outros, G. ABBAMONTE, "Market Economy Investor Principle: A Legal Analysis of an Economic Problem", 4 *ECLR*, 1996, p. 258 e ss., (autor que, a p. 259, qualifica o critério do investidor privado de "a very blunt test"); Jean Michel COMMUNIER, *ob. cit.* , p. 13 e ss.; KEPPENNE, *Guide...., ob. cit.*, p. 36 e ss.; Rose d'SA, *European Community Law on State Aid*, p. 323 e ss.; MORAIS, *ob. cit.*, p.94 e ss..

[167] Cf. Rose D' SA, *ob. cit.*, p. 68.

[168] Cf. o Acórdão do TJCE, de 14 de Novembro de 1984, proc. C-323/82, *Intermills/Comissão*, Col. 1984, p. I-3809. Note-se, contudo, que o Conselho já havia utilizado este critério em 1981 no enquadramento dos auxílios à siderurgia e à construção naval, reafirmando-o, nos mesmos sectores, em 1989 e 1990.

[169] Cf. Acórdãos de 10 de Julho de 1984, proc. 234/84, *Meura*, Col. 1986, p. 2263 e proc. 40/85, *Bélgica/Comissão*, 1986, Col. 1986, p. 2321.

[170] Cf. *Comunicação da Comissão relativa à participação das autoridades públicas nos capitais das empresas* (in Bol. CE 9/1984) e *Comunicação sobre a aplicação dos artigos 92.° e 93.°CE e do artigo 5.° da directiva "transparência" às empresas públicas do sector manufactureiro*, in JOCE n.° C 307 de 13 de Novembro de 1993, p. 3. Vide ainda WYATT/ DASHWOOD, *ob cit.*, p. 525-6.

198   *Auxílios de Estado e Fiscalidade*

cas poderiam eventualmente retirar da sua relação privilegiada com o poder político.

Mas, como bem nota M. DONY-BARTHOLME, a aplicação deste critério é delicada, uma vez que os investidores privados não estão, na realidade, subordinados a idênticas regras de comportamento, podendo, por exemplo, decidir em favor de injecções de capitais mesmo na ausência de rentabilidade, como acontece, por exemplo, quando adquirem empresas deficitárias por razões fiscais. Por outro lado, os accionistas privados preferem muitas vezes manter em funcionamento uma empresa em situação de falência, procurando salvar, pelo menos em parte, o património existente, dado o custo que o abandono dessa empresa implicaria.[171] O critério do investidor privado constituiria, na prática, uma ficção, uma vez que os investidores privados não seriam obrigados a observá-lo. O tratamento idêntico desembocava afinal num tratamento de desfavor do investidor público.

O Tribunal apercebeu-se desta contradição e, em 1991, flexibilizou a sua posição inicial. Com efeito, no Acórdão *Alfa Romeo* veio admitir que, em casos onde o Estado é accionista maioritário, o hipotético investidor privado, objecto de comparação, não é necessariamente o investidor comum que procura a rentabilidade dos capitais a curto prazo, mas é sim o investidor que, numa "*holding* privada" ou num "grupo privado de empresas", prossegue uma política estrutural global ou sectorial, guiado por factores ou perspectivas de rentabilidade a longo prazo.[172]

Podem existir assim perdas num primeiro momento: não se pode, contudo, daí concluir imediatamente a existência de um auxílio. Outras considerações, como, por exemplo, a manutenção da imagem do grupo ou o redireccionamento das suas actividades, devem igualmente ser consideradas.

Visto deste modo, o critério do investidor privado torna-se mais aceitável. Ele permite avaliar o auxílio como "a diferença entre as condições em que o Estado atribui os recursos às empresas públicas e as condições em que um investidor privado julgaria aceitável pôr recursos à dis-

---

[171] Cf. M. DONY-BARTHOLME, "La notion d'aide d'État", in *CDE*, n.ºs 3-4, 1993, p. 412.

[172] Acórdão de 21 de Março de 1991, proc. C-305/89, *Itália/ Comissão (Alfa Romeo)*, Col. 1991, p. I-1603 e ss.

Capítulo II – A Regulação Comunitária dos Auxílios de Estado

posição de uma empresa privada comparável quando opera em condições normais de uma economia de mercado".[173]

Por outro lado, esta perspectiva mostra-se mais compatível com o princípio de neutralidade entre empresas púbicas e privadas decorrente do artigo 295.° (a.n. 222.°) do Tratado.

Mesmo assim, o princípio é discutível. E, sobretudo em certos casos de privatizações, em que a aprovação dos planos de reestruturação de empresas públicas fica condicionalmente ligada à privatização das empresas em causa, muitas dúvidas permanecem sobre o respeito, por parte da Comissão, do referido princípio da neutralidade.[174]

2.4.1.4. Beneficiários directos e indirectos das vantagens

A segunda questão é a de saber se o regime comunitário dos auxílios de Estado deverá ser aplicado quando o destinatário directo da medida é uma pessoa, singular ou colectiva e não a empresa em questão. O problema pode pôr-se sempre que a vantagem seja atribuída a uma empresa ou a empresas através de um intermediário ou que, sendo formalmente concedida a uma outra pessoa, na realidade venha a beneficiar, total ou parcialmente, unicamente ou não, uma determinada empresa.

Em qualquer dos casos, o que importa é saber quem é o beneficiário real ou efectivo da medida.

No primeiro caso, quando o benefício é concedido através de uma cadeia de intermediários, o beneficiário real é o beneficiário final. São as características deste que devem ser consideradas na análise da compatibilidade da medida.[175]

No segundo, as autoridades comunitárias têm entendido que o carácter indirecto da atribuição não obsta a que o regime seja aplicável sempre que se verifique a existência de real benefício para uma certa empresa.

Assim, por exemplo, num caso em que o Governo italiano atribuiu subvenções a favor da imprensa, a Comissão considerou que, dado o facto

---

[173] Assim, COMMUNIER, *ob. cit.*, p. 15.
[174] Neste sentido, COMMUNIER, *ibidem*, p. 102.
[175] Cf. o Acórdão do TJCE, de 10 de Julho de 1986, proc. 282/85, *DEFI/ Comissão*, Col. 1986, p. 2469, pt. 16.

200   *Auxílios de Estado e Fiscalidade*

de a lei prever a possibilidade de substituir uma parte dessas subvenções por certas quantidades de papel de jornal, elas eram susceptíveis de consideração como auxílios de Estado, por estarmos, em última instância, perante medidas de apoio à produção de papel de jornal em Itália.[176]

Do mesmo modo, muitas das medidas que parecem ter por destinatários os consumidores ou os compradores de um bem constituem, de facto, um auxílio ao vendedor ou ao produtor, se o preço de compra estiver sobreavaliado.[177]

2.4.2. O carácter selectivo das medidas

2.4.2.1. Auxílios de Estado e medidas de política económica geral: fundamentos da distinção

Nem todas as vantagens económicas concedidas ou possibilitadas pelos poderes públicos a empresas constituem auxílios de Estado, mas só aquelas que, segundo o n.º 1 do artigo 87.º, favoreçam *certas* empresas ou *certas* produções.

Por outras palavras: só aquelas medidas que, na linguagem habitualmente usada pela Comissão, tenham carácter selectivo integram a noção de auxílios de Estado.[178] Só estas são, por isso, susceptíveis de sujeição ao princípio de incompatibilidade previsto no Tratado.

Ficam assim excluídas do campo de aplicação do artigo 87.º (e do artigo 88.º) as medidas que beneficiem a economia na sua globalidade. De facto, a noção de medidas selectivas só se compreende por contraposição a "medidas gerais", "medidas de natureza geral" ou "medidas de política económica geral", onde estariam incluídas "todas as intervenções estatais que se aplicam uniformemente ao conjunto da economia e que

---

[176] Cf. *XVII Relatório sobre a Política de Concorrência*, pt. n.º 234.

[177] Exemplo avançado por KEPPENNE, *ob. cit.*, p. 102.

[178] Não existe uniformidade terminológica quanto à designação deste critério. A Comissão fala indistintamente de selectividade e de especificidade. SANTACRUZ prefere a expressão "requisito da selectividade" (ob. cit., p 134 e ss.). KEPPENNE utiliza a expressão "princípio da especificidade" (*Guide...*, *ob. cit.*, p. 23 e ss.), no quadro da análise da vantagem económica. CHÉROT fala de "anormalidade" da medida. Outros ainda, como EVANS, de favorecimento.

Capítulo II – A Regulação Comunitária dos Auxílios de Estado   201

não favorecem certas empresas ou sectores".[179] Frequentemente estas medidas são de ordem fiscal ou social. Como exemplos, podemos avançar com as regulamentações nacionais relativas ao pagamento automático, pelos poderes públicos, de indemnizações por despedimentos ou de reformas antecipadas aos trabalhadores despedidos, a fim de cobrir os custos de indemnizações superiores aos decorrentes das obrigações legais de empresas, desde que não existam limitações sectoriais ou regionais.[180]

Esta contraposição, embora noutros termos e circunstâncias, está consagrada no GATT. No quadro da Comunidade, ela remonta ao Relatório SPAAK, um dos trabalhos preparatórios que esteve na origem do regime comunitário dos auxílios de Estado.[181]

A abordagem do Tratado relativa à adopção do critério da selectividade como elemento de distinção das medidas de natureza geral aos auxílios de Estado tem fundamentos económicos bem claros. Tal abordagem baseia-se, nas palavras da Comissão, "na consideração económica de que os auxílios têm um *impacte mais directo e imediato* sobre as condições da concorrência entre Estados membros do que as medidas de carácter geral. Com a concentração dos recursos em certas empresas ou certos sectores, e concedendo-lhes vantagens suplementares relativamente ao *regime normal* aplicado num Estado membro, as empresas ou sectores beneficiários são (...) colocadas numa situação de nítida vantagem, não

---

[179] Ver COMISSÃO, *Primeiro Relatório sobre os Auxílios Estatais na Comunidade Europeia, ob. cit.*, p. 6-7.

[180] Assim, COMMUNIER, *ob. cit.*, p. 31.

[181] COMITÉ INTERGOUVERNEMENTAL (créé par la Conférence de Messine), *Rapport des chefs de délégations aux ministres des affaires étrangères*, Bruxelles, 21 avril 1956, em especial, p. 60 e ss. O relatório distingue entre as distorções *gerais* de concorrência, devidas ao quadro legislativo e regulamentar em que se desenvolve a actividade económica de todas as empresas (impostos, encargos sociais, normas laborais, etc.), e as distorções *específicas*, as quais surgem quando um sector ou um ramo se encontram submetidos a um tratamento diferente em relação ao regime económico geral, susceptível de falsear a concorrência com as empresas de outros Estados membros nesse sector ou nesse ramo. Assim, por exemplo, uma disparidade nas legislações globais relativas aos encargos sociais constitui uma distorção geral, enquanto uma disparidade nos regimes especiais da segurança social pode penalizar uma indústria de mão de obra e aparecer como uma distorção específica. ROUAM, *ob. cit.*, p. 10, afirma mesmo que a distinção remonta a este relatório.

só em relação aos seus concorrentes do mesmo Estado membro, mas também em relação aos concorrentes dos outros Estados membros".[182] Este efeito de distorção dos auxílios deve ser pois comparado com o decorrente das medidas aplicadas de forma geral e não discriminatória ao conjunto da economia.[183] Ora, em relação à maioria desta medidas, a Comissão considera provável que o seu efeito directo "seja diluído através do conjunto das actividades económicas, compensado ou contrariado por outras medidas de carácter geral, ou ainda significativamente neutralizado pelas alterações das taxas de câmbio".[184]

Uma outra razão é também avançada para justificar a maior tolerância relativamente às medidas gerais: "o reconhecimento *até ao momento* por parte da Comissão que a política da concorrência não tem como objectivo tentar eliminar diferenças fundamentais entre estruturas de custos dos Estados membros, que contribuem para o estabelecimento do contexto económico e social mais amplo em que operam as empresas em cada Estado membro", entre os quais o nível geral de fiscalidade. "Tal política — diz a Comissão — minaria a base de um comércio mutuamente benéfico".[185] Repare-se, aliás, que a referência ao *"regime normal"* mostra a estreita relação entre selectividade e a ideia de anormalidade. E que a expressão *"até ao momento"* permite antecipar as razões de uma eventual mudança de atitude que a Comissão no futuro venha a ter relativamente às distorções de concorrência provocadas pelas medidas de natureza geral. O crescente interesse pelo "ambiente das empresas", independentemente das medidas que para ele possam contribuir, é um factor que poderá condicionar uma evolução futura da posição da Comissão.

Quando as distorções provocadas pelas medidas gerais persistissem, elas poderiam ser controladas ou eliminadas com base em *lex specialis*.

---

[182] COMISSÃO, *Primeiro Relatório..., ob. cit.*, pp. 8-9.

[183] Ficam fora do campo de aplicação do regime de auxílios de Estado as medidas nacionais decorrentes de actos legislativos ou regulamentares que, por serem divergentes dos de outros Estados membros, criem desigualdades de tratamento entre as empresas destes Estados.

[184] *Ibidem.* Compreende-se assim que numa UEM em que a política cambial (agora única) deixou de exercer tal efeito, a questão das distorções de concorrência provocadas pelas medidas de política económica geral de um Estado membro, entre as quais as de natureza fiscal, possa ganhar hoje outra relevância.

[185] COMISSÃO, *Primeiro Relatório..., ob. cit.*, pp. 8-9.

Capítulo II – A Regulação Comunitária dos Auxílios de Estado 203

De facto, tais medidas podem cair no campo de aplicação do instituto da "aproximação das legislações" dos Estados membros. Quando falseiam as condições de concorrência no mercado comum de tal forma que seja necessário eliminar a distorção daí existente, a Comissão pode agir contra as medidas de natureza geral no quadro dos actuais artigos 96.° e 97.° (a.n. 101.° e 102.°) do Tratado.[186] Quando se tratar de medidas de carácter geral que afectem o estabelecimento ou o funcionamento do mercado comum, a correcção das distorções poderá ser efectuada por aplicação dos artigos 94.° e 95.° (a. n. 100.° e 100.°-A).

Com base neles a Comunidade, quando concluísse que as distorções causadas pelas diferenças entre as medidas gerais dos Estados membros não podiam ser toleradas, poderia pois optar ou por harmonizá-las ou por agir de forma a que o Estado causador da distorção modificasse a sua legislação.[187]

---

[186] É a seguinte a redacção do artigo 96.° (a. n. 101.°): "Se a Comissão verificar que a existência de uma disparidade entre as disposições legislativas, regulamentares ou administrativas dos Estados membros falseia as condições de concorrência no mercado comum, provocando assim uma distorção de concorrência que deve ser eliminada, consultará os Estados membros em causa. Se desta consulta não resultar um acordo que elimine a distorção em causa, o Conselho, sob proposta da Comissão, *deliberando por maioria qualificada*, adoptará as directivas necessárias para o efeito. A Comissão e o Conselho podem tomar quaisquer outras medidas adequadas previstas no presente Tratado". Por sua vez, o artigo 97.° (a.n.102.°) estabelece um *procedimento preventivo e complementar* nos seguintes termos: 1 — «Quando houver motivo para recear que a adopção ou alteração de uma disposição legislativa, regulamentar ou administrativa possa provocar uma distorção, na acepção do artigo anterior, o Estado membro que pretenda tomar essa medida consultará a Comissão. Após ter consultado os Estados membros, a Comissão recomendará aos Estados interessados as medidas adequadas, tendentes a evitar a distorção em causa. 2 — Se o Estado que pretende adoptar ou alterar disposições nacionais não proceder em conformidade com a recomendação que a Comissão lhe dirigiu, não se pode pedir aos outros Estados membros que, por força do artigo 96.°, alterem as suas disposições nacionais a fim de eliminarem tal distorção. Se o Estado membro que ignorou a recomendação da Comissão provocar uma distorção em seu exclusivo detrimento, não é aplicável o disposto no artigo 96.°» (itálico nosso).

[187] Cf. A . SANTACRUZ, *ob. cit.*, p.134 e ss. A eliminação das medidas gerais não se efectua assim no quadro do direito comunitário da concorrência, mas no das disposições do Tratado relativas à aproximação das legislações. A aplicação do direito e da política de concorrência às medidas gerais seria, nesta óptica, susceptível de pôr em causa o desenvolvimento do comércio intracomunitário.

204   *Auxílios de Estado e Fiscalidade*

As coisas são, na realidade, mais complexas. A prática demonstra a rara invocação dos mecanismos constantes nos artigos 96.° e 97.°, bem como a nula utilização do primeiro artigo como base jurídica específica duma directiva comunitária.[188] Pelas razões aduzidas, existe, de algum modo, uma contradição latente entre a severidade do regime comunitário dos auxílios de Estado e a benevolência do regime das medidas gerais.[189]

4.2.1.2. Uma difícil distinção

A distinção entre medidas selectivas e medidas gerais é, como a doutrina e as instituições comunitárias reconhecem, difícil e melindrosa.[190]

Melindrosa porque tem particulares incidências nos planos jurídico e político. No plano das consequências jurídicas, as medidas gerais, ao contrário dos auxílios, não são, à partida, incompatíveis com o mercado comum e, por isso, não têm que ser previamente notificadas à Comissão nem estão sujeitas a um escrutínio por parte desta. De facto, enquanto as medidas de natureza geral estão apenas sujeitas aos artigos 94.° e 96.° (a. n. 100.° e 101.°) do Tratado, os auxílios de Estado estão sujeitos a notificação prévia, não podendo ser introduzidos sem aval da Comissão pronunciado ao abrigo das derrogações previstas no n.° 3 do artigo 87.°. O n.° 3 do artigo 88.° que prevê a notificação prévia do auxílio e a sua suspensão (cláusula "*standstill*") até decisão favorável da Comissão goza, aliás, de efeito directo, pelo que um Tribunal nacional pode declarar o auxílio não notificado como ilegal .

No plano político, o requisito da selectividade procura encontrar "um justo equilíbrio entre as competências conferidas à Comissão e a esfera de soberania reservada aos Estados membros": à Comissão é, em princípio, deixado o controlo das intervenções dos Estados que se produ-

---

[188] Cf. D. SIMON, "Article 101" e " Article 102" in V. CONSTANTINESCO et alii, *Traité instituant la CEE, Commentaire article par article*, Paris, 1992, pp. 577 e 585.

[189] Neste sentido, M. MEROLA, "Introduction aux règles communautaires en matière d'aides d'État aux entreprises", *RIDE*, n.° 3, 1993, p. 292.

[190] Um bom exemplo dessa dificuldade é-nos dado por C. QUIGLEY ao referir um caso em que a linha divisória entre as duas figuras é "bastante obscura" — o da distinção entre auxílios gerais (na linguagem de hoje, auxílios horizontais) e medidas gerais de política económica ("The Notion of a State Aid in the EEC", *European Law Review*, 1988, vol. 13, p. 245).

Capítulo II – A Regulação Comunitária dos Auxílios de Estado   205

zem no plano micro-económico, isto é, que se prendem de forma directa com a actividade das empresas, enquanto a estes são reservados os principais instrumentos de política económica. Ao fazê-lo, acaba, de certo modo, por reflectir "a ambiguidade fundamental das regras comunitárias".[191] Em jogo está o complexo e crucial tema da separação de poderes, isto é, da repartição de competências entre a Comunidade e os Estados membros e da distribuição de responsabilidades entre a Comissão e o Conselho. Sendo o conceito de auxílios de Estado um conceito em aberto e, portanto, evolutivo, o equilíbrio da repartição de competências entre a Comissão e os Estados é necessariamente instável e movediço.

Difícil, porque, na prática, a distinção entre medidas de natureza geral e auxílios de Estado recobre zonas sombra de difícil clarificação.[192]

Em primeiro lugar, porque a própria noção de auxílios de Estado é complexa. Por outro lado, é frequente os Estados dissimularem verdadeiros auxílios sob a capa de medidas gerais. Em seguida, porque, em resposta a essas práticas, a Comissão tem tendência para alargar o conceito de auxílio de Estado por forma a incluir nele certas medidas que inicialmente eram vistas como sendo de natureza geral e, por conseguinte, da competência dos Estados membros.

Acresce que, depois de Maastricht, as medidas de natureza geral conheceram uma nova forma de controlo comunitário indirecto: a que advém da política de convergência das economias dos Estados membros que obriga estes a terem em conta, no plano macro-económico e, em especial, nos respectivos orçamentos, os efeitos de tais medidas. Por fim, como veremos, a recente adopção de um Código de Conduta sobre a fiscalidade das empresas acentua o controlo comunitário de muitas dessas medidas, ainda que sob a égide do Conselho.

2.4.2.3. Selectividade e anormalidade da medida

A selectividade, noção interpretada pela Comissão e pelo Tribunal de forma muito alargada, está assim no centro da relação entre política e direito que atravessa o regime comunitário dos auxílios de Estado.

---

[191] Cf. MEROLA, *ibidem*, p. 292.

[192] Uma medida geral pode facilmente transformar-se em auxílio (basta, por exemplo, que se torne restrita a um sector de actividade) e vice-versa.

206 *Auxílios de Estado e Fiscalidade*

Por um lado, como refere CHÉROT, ela reenvia, em última instância, para a ideia da "anormalidade" da medida em causa. Por outro, como escreve SANTACRUZ, ela traduz-se no estabelecimento de um parâmetro abaixo do qual uma determinada medida se considera selectiva e acima do qual se considerar de natureza geral. Assim sendo, "a selectividade é uma questão de grau e, portanto, o estabelecimento de um critério que distinga entre benefícios gerais e específicos é uma questão que não tem uma resposta clara e directa".[193]

A razão de ser da preferência pelas instituições comunitárias na manutenção da noção de selectividade em vez de outra, como a da "anormalidade" proposta por CHÉROT, estaria, para este autor, no facto de o recurso explícito a este último critério por parte das instituições comunitárias ser delicado no plano político, pois tornaria patente aquilo que a referência, aparentemente mais neutra, ao elemento "selectividade" permite ocultar: isto é, que, no fundo, estamos perante concepções políticas e filosóficas sobre o papel do Estado na vida económica.

O critério da "anormalidade" da medida exigiria a definição do que é "normal" e isso colocava-nos directamente no cerne do moderno debate político sobre as relações entre Estado e mercado.

Seria, pois, esta a razão pela qual a Comissão sempre se mostrou reticente em assumir explicitamente o critério da "anormalidade" da vantagem atribuída pela medida em causa, recorrendo, com base na referência da lei a "certas empresas", ao chamado critério da selectividade.[194] Apesar disso, é inegável que a contraposição normalidade/anormalidade surge, com frequência, subjacente às análises e decisões das instituições comunitárias.

2.4.2.4. Selectividade, discricionariedade e carácter derrogatório da medida

A noção de selectividade não é fácil de precisar. Implica, segundo uns, o carácter discricionário ou discriminatório da medida ou, segundo outros, o seu carácter derrogatório.

---

[193] Cf. SANTACRUZ, *ob. cit.*, p. 136.
[194] Cf. CHÉROT, *ob. cit.*, p. 24.

Capítulo II – A Regulação Comunitária dos Auxílios de Estado 207

No primeiro caso, selectivas seriam pois as medidas que romperiam com a uniformidade, introduzindo uma qualquer diferenciação discriminatória a favor de certas empresas ou de certas produções. Essa característica permitiria distingui-las das medidas gerais que seriam as que beneficiariam o conjunto da economia, que visariam o desenvolvimento geral da actividade económica, respondendo a exigências objectivas, não discriminatórias (ou seja, observando um estrito princípio de igualdade de tratamento) nem discricionárias. A Comissão, por vezes, chega a afirmar que o critério decisivo para efectuar esta distinção repousaria no facto de os beneficiários das vantagens proporcionadas por medidas que visam melhorar a sua posição concorrencial serem reconhecíveis ou identificáveis.[195] A selectividade reenviaria assim também para a questão da transparência.

No segundo caso, a ideia de derrogação surge normalmente acoplada à ideia de anormalidade e apela, como o termo indica, para um desvio em relação a uma certa norma. Tal norma pode traduzir-se num determinado padrão de referência, como, por exemplo, uma norma de comportamento em economia de mercado. Ou num certo critério de coerência, como ocorre com a integração pelo legislador da norma num sistema de referência, como, por exemplo, o sistema fiscal. Em qualquer dos casos, a medida "anormal" surge como uma derrogação não justificável.[196]

2.4.2.5. Uma visão ampla da selectividade

A Comissão tem, como dissemos, uma visão alargada da noção de selectividade, partindo para a sua interpretação quer do n.º 1 do art. 87.º, quer do n.º 3 do mesmo artigo. Este último, ao permitir estabelecer, em certas condições, derrogações ao princípio de incompatibilidade, indicaria, *a contrario*, que, nesses casos, estaríamos perante verdadeiros auxílios de Estado.

---

[195] Cf. COMISSÃO, *XVI Relatório sobre a Política de Concorrência*, n.º 201.

[196] A Comissão refere-se à ideia de derrogação, por exemplo, no *XXV Relatório sobre a Política de Concorrência*, 1995, n.º 160. O Tribunal tem subjacente este critério no citado Acórdão *Itália / Comissão* (de 2 de Julho de 1974).

208 *Auxílios de Estado e Fiscalidade*

Para além disso, a Comissão tem muitas vezes tendência para alargar o seu poder de supervisão a certas medidas (aparentemente) gerais por entender que da sua aplicação poderia resultar uma opacidade acrescida. Assim sucede quando tais medidas não permitem conhecer com antecipação os seus prováveis efeitos em sede de concorrência e tráfego intracomunitário ou quando a sua aplicação seja susceptível de redundar em discriminações. Quando assim seja, as medidas deste tipo são sujeitas ao filtro das condições de possível derrogação da incompatibilidade.

Uma noção ampla de selectividade permite assim estender o conceito de auxílio a outras vantagens que não apenas as que tenham natureza *ad hoc*, individual ou sectorial, nas diversas acepções deste termo (sectores de produção, sectores de actividade, sectores de propriedade de meios de produção, sectores expostos à concorrência internacional). É o caso dos apoios que tenham natureza regional, em que estamos perante vantagens ou benefícios que favoreçem empresas ou produções sediadas em espaços territoriais bem demarcados e que não se estendem a todo o território nacional. Ou de medidas de apoio que, embora abranjam empresas sediadas em todo o território nacional (e, como tal, à primeira vista pareceriam situar-se fora do campo de aplicação do artigo 87.°), a sua aplicação traduz-se, de facto, em efectivas vantagens, discriminatórias ou discricionárias, a favor de certas empresas ou produções. Uma situação deste tipo pode ocorrer, por exemplo, no caso dos chamados auxílios horizontais (por vezes designados também de auxílios gerais ou intersectoriais).

O Tribunal em regra apoia esta visão da Comissão. E quando dela se afasta é, por vezes, para defender posições mais radicais, como veremos a propósito dos auxílios fiscais. Por exemplo, ao centrar exclusivamente a sua atenção na chamada "teoria dos efeitos", o Tribunal de Primeira Instância defende que "o conceito de auxílio é um conceito objectivo e *função da mera* questão de saber se uma medida estatal confere ou não um benefício a uma certa ou certas empresas".[197] A equação benefício (vantagem) provinda do Estado igual a auxílio de Estado parece algo redutora, podendo conduzir, como veremos melhor em sede

---

[197] Cf. o Acórdão do TPI de 27 de Janeiro de 1998, proc. T 64/94, *Ladbroke*, Col. 1998, p. 26, pt. 52. Cf. MERCIER et *alii*, *Grands Principes du Droit de la Concurrence*, p. 736.

Capítulo II – A Regulação Comunitária dos Auxílios de Estado 209

de auxílios tributários, à depreciação de um dos componentes do elemento selectividade — o da eventual justificação da medida diferencial por aplicação da cláusula de integração na "natureza ou economia do sistema", a que se referem diversas decisões do Tribunal de Justiça.[198]

2.4.2.6. Uma releitura do critério da selectividade

Do exposto ressalta que, para nós, tem sentido continuar a utilizar a noção, já muito difundida, de selectividade. Mas, ao fazê-lo, devemos ter em conta que o critério da selectividade comporta dois momentos distintos, que podemos designar como sendo o da especificidade e o da excepcionalidade ("anormalidade").

O primeiro visa determinar se uma determinada medida é específica, ou seja, se favorece certas empresas ou produções.

O segundo tem por objectivo avaliar se a vantagem específica assim outorgada é excepcional ("anormal"), ou se é explicada pela "natureza ou economia do sistema".

Deste ponto de vista, a "anormalidade" não seria o substituto da selectividade, nem seria mais um critério positivo para determinar o campo de aplicabilidade do princípio da incompatibilidade. Mas, contrariamente ao que transparece, por vezes, de algumas posições das autoridades comunitárias, a "normalidade" da vantagem concedida impediria, à partida, que se pudesse falar de selectividade. Não se trataria pois de

---

[198] A preocupação principal do Tribunal de Primeira Instância na defesa desta óptica parece ser, como se depreende das suas próprias palavras, a de evitar atribuir à Comissão qualquer poder de apreciação relativamente ao artigo 87.º n.º 1: "a qualificação de uma medida como auxílio de Estado, que, segundo o Tratado, incumbe tanto à Comissão como ao juiz nacional, não pode, em princípio, justificar, na ausência de circunstâncias especiais devidas nomeadamente à natureza complexa da intervenção estatal em causa, o reconhecimento de um amplo poder de apreciação à Comissão. Com efeito, a apreciação da pertinência das causas ou objectivos das intervenções estatais apenas faz parte do exame da compatibilidade eventual destas medidas com o mercado comum, como o previsto no artigo 92.º, n.º 3 (n. n. 88.º, n.º 3) do Tratado. Ora, é apenas na aplicação desta disposição, que implica a tomada em consideração pela Comissão de apreciações complexas de ordem económica, social, regional e sectorial, que é efectivamente conferido à Comissão um amplo poder discricionário" (ibidem).

210   *Auxílios de Estado e Fiscalidade*

justificar, pelo jogo das derrogações, o carácter selectivo de uma medida (a medida seria selectiva, mas justificada por aplicação do n.° 3 do artigo 87.° do Tratado), mas sim de excluir a própria qualificação de selectiva relativamente a uma medida "normal". A medida seria pois abrangida por uma causa de exclusão de selectividade. O critério da selectividade implicaria assim que para serem auxílios de Estado sujeitos ao princípio da incompatibilidade as medidas deveriam ser simultaneamente específicas e não excepcionais.

O carácter selectivo (ou não) dos apoios e ajudas concedidas ou das vantagens auferidas é, quanto a nós, a questão decisiva para a qualificação de uma medida como auxílio de Estado e para a sua sujeição ao regime do direito comunitário. Esta questão reveste, aliás, como veremos, particular importância no caso dos auxílios tributários (sob forma fiscal e parafiscal). Até, porque, na prática, reconhecida a selectividade, as condições de aplicação do princípio de incompatibilidade são, de acordo com a leitura das autoridades comunitárias, as mais das vezes, facilmente preenchidas.[199]

A relativa indefinição do critério da selectividade, permitindo que exista uma razoável zona cinzenta entre o que é claramente auxílio de Estado e o que é medida de natureza geral, leva a que, a título preventivo, seja aconselhável, em caso de dúvida, a notificação prévia da medida a adoptar e que correntemente se verifique a análise de muitas medidas de natureza geral por parte da Comissão.

2.5. Delimitação negativa do conceito de auxílios de Estado

Delimitado, pela positiva, o conceito de auxílio de Estado, é útil analisar o que permanece no exterior da fronteira (por definição, de natureza evolutiva) que, de momento, circunscreve o seu campo de aplicação.

De fora ficam, antes de mais, as situações em que embora haja uma prestação de serviços ou um apoio financeiro do Estado não existe uma

---

[199] Como refere Pierre MATHIJSEN, *Guía del Derecho de la Comunidad Europea*, Banco Exterior de España, 1987, p. 270, "parece difícil imaginar que uma medida estatal favoreça determinadas empresas sem que falseie a concorrência ou afecte o comércio intracomunitário".

Capítulo II – A Regulação Comunitária dos Auxílios de Estado

vantagem para as empresas. É igualmente o caso de indemnizações por prejuízos sofridos pelas empresas.[201] Ou, como veremos no próximo capítulo, de situações de restituição do indevido.[202] Do mesmo modo, ficam excluídas da noção de auxílio as situações em que, existindo uma vantagem, esta é anulada pela prestação, por parte do beneficiário, de contrapartidas equivalentes que se insiram no curso normal das coisas. É o caso, por exemplo, do pagamento pela empresa de uma taxa por um serviço prestado pelo Estado.[200]

De fora ficam igualmente, de acordo com a orientação jurisprudencial dominante, as vantagens não imputáveis ao Estado membro ou que não provenham de recursos estatais.

São assim, em princípio, excluídos do campo de aplicação os casos das vantagens económicas atribuídas ou financiadas por entidades privadas, sem interferência do Estado.[203] O mesmo ocorre com as medidas de apoio ou ajuda provenientes de Estados terceiros.

De igual modo são, em princípio, excluídos do conceito de auxílios de Estado, os auxílios de natureza comunitária. A questão é pacífica quando tais auxílios são financiados e geridos pela Comissão.[204] Mais duvidosa é, porventura, a situação dos chamados auxílios mistos, noção que abrange situações díspares e haverá que analisar caso a caso.[205] Recorde-se, porém, que, num curioso caso, o Tribunal decidiu que a atribuição incorrecta por parte de um Estado de um contingente pautal comunitário não configura um auxílio de Estado por não envolver uma vantagem suportada por recursos estaduais.[206]

---

[200] Cf. Acórdão de 7 de Fevereiro de 1985, proc. 240/83, *ADBHU*, Col. p. 431. Cf também *o XXV Relatório sobre a Política de Concorrência*, 1995, ponto n.º 158.

[201] Cf. Acórdão de 27 de Setembro de 1999, proc. 106 a 120/87, *Asteris*, Col. p. 5515.

[202] Cf o Acórdão de 27 de Março de 1980, proc. 61/79, *Denkavit italiana,* Col. 1205.

[203] A Comissão considerou que os apoios à exportação administrados por entidades privadas, não provenientes de recursos estatais e sem interferência do Estado ou de entidades públicas, não são considerados como auxílios públicos, mas podem infringir o disposto no artigo 81.º (a. n. 85.º) do Tratado. Vide a decisão de 7 de Dezembro de 1984 sobre o caso *Milchförderungsfonds,* (JOCE n.º L 35, de 7 de Fevereiro de 1985).

[204] Cf. KEPPENNE, "Politiques fiscales nationales et contrôle communautaire des aides d'État", p. 27.

[205] Para uma solução negativa quanto aos auxílios financiados pela Comissão mas outorgados pelo Estado, inclinam-se BELLAMY/CHILD, *ob. cit.*, p. 618.

[206] Cf. o citado caso *Balm*, proc. 213/81.

212 *Auxílios de Estado e Fiscalidade*

Não integram igualmente a noção de auxílio público os benefícios atribuídos, directa ou indirectamente pelo Estado, mas que não se traduzem, para este, em encargos financeiros, em dispêndio de recursos públicos.

Assim, em virtude da inexistência de vantagem suportada, directa ou indirectamente, através de recursos do Estado, o artigo 87.º não é aplicado aos casos de fixação estadual de preços mínimos com o efeito de favorecer os distribuidores de um determinado produto;[207] aos casos em que as pequenas empresas são excluídas de um regime geral sobre despedimentos injustificados, beneficiando de regras mais favoráveis;[208] ou, como melhor veremos no capítulo seguinte, aos casos em que um determinado Estado modifique o quadro jurídico das relações contratuais entre empresas (no caso, marítimas de transporte) e os seus empregados, de forma a permitir àquelas um benefício decorrente do pagamento de salários e da oferta de condições de trabalho inferiores a trabalhadores de países terceiros, sem residência fixa no país, do que os que seriam atribuídos aos trabalhadores do próprio país.[209]

Ficam ainda excluídas, por ausência de selectividade, as medidas gerais ou de natureza geral que regulamentam toda a actividade económica, incluindo certas formas de ajuda de aplicação generalizada, desprovidas de qualquer especificidade sectorial ou regional.[210]

Tais medidas abrangem, segundo a Comissão, "todas as intervenções estatais que se aplicam *uniformemente* ao conjunto da economia". É o caso das medidas automáticas e não discriminatórias que não têm por objecto ou por efeito favorecer certas empresas ou sectores (certas produções).[211] É também o caso das medidas que se destinam a pessoas seleccionadas com base em critérios objectivos não relacionados com a localização, sector ou empresa em que o beneficiário pode desenvolver a

---

[207] Cf. proc. 82/77, caso *Openbaar Ministerie v. van Tiggele*, 1978 JOCE 25, 40-41. Note-se, porém, que a legislação nacional de preços pode cair no campo de aplicação do artigo 28.º (ex 30.º) do Tratado.

[208] Cf o citado Acórdão *Kirsammer-Hack*.

[209] Cf. o referido Acórdão *Sloman Neptun*, relativo ao regime alemão.

[210] Para uma distinção entre vantagens ou ajudas selectivas e medidas gerais que não são abrangidas pela proibição, ver as conclusões do advogado geral Darmon nos processos apensos C-72 e C-73/91, *Sloman Neptun*, Col. 1993, p. I-887.

[211] Cf. COMISSÃO, *Primeiro relatório...*, *ob. cit.*, pp. 6-7.

Capítulo II – A Regulação Comunitária dos Auxílios de Estado

sua actividade.[212] Ou das medidas destinadas a assegurar os serviços de orientação e de aconselhamento bem como o acompanhamento e a formação dos desempregados (auxílios ao trabalhador que não favorecem certas empresas ou certas produções). Ou as medidas gerais destinadas a melhorar o quadro geral da legislação de trabalho, da legislação tributária ou a adaptar o sistema educativo. Daqui decorre, em termos práticos, que nenhum destes casos está, em consequência, sujeito a notificação prévia à Comissão.

3. AS CONDIÇÕES DE APLICAÇÃO DO PRINCÍPIO DA INCOMPATIBILIDADE COM O MERCADO COMUM

3.1. Quadro geral de análise

3.1.1. Duas condições de preenchimento quase automático

Clarificada a noção de auxílio de Estado, trata-se agora de verificar quais as condições ou requisitos necessários para que os auxílios sejam considerados incompatíveis com o mercado comum.

O texto do n.º 1 do artigo 87.º do Tratado dá-nos conta de duas condições: que os auxílios "falseiem ou ameacem falsear a concorrência" e que "afectem as trocas comerciais entre os Estados membros". O primeiro remete para a questão das distorções de concorrência. O segundo para a dos efeitos sobre o comércio intracomunitário.

Nenhuma destas condições é definida ou precisada no Tratado. São realidades mais económicas que jurídicas que devem ser analisadas de forma evolutiva, tendo em conta a natureza dinâmica da concorrência e do comércio e o aprofundamento dos objectivos do mercado comum e do próprio Tratado.

Estas condições estão presentes em todo o sistema de defesa da concorrência (coligações de empresas, abusos de posição dominante, disciplina das concentrações, empresas públicas), dizendo respeito a todos os

---

[212] Exemplo dado pela COMISSÃO, in *Direito da Concorrência nas Comunidades Europeias*, Volume II A, *Regras Aplicáveis aos Auxílios Estatais* (situação em 30 de Junho de 1998), 1999, p. 114.

214 *Auxílios de Estado e Fiscalidade*

comportamentos anticoncorrenciais susceptíveis de entravar o bom funcionamento do mercado único. Mas, em sede de auxílios de Estado, têm vindo a ser interpretadas de maneira menos exigente. Por isso, têm sido de preenchimento quase automático, conhecendo a sua aplicação poucas excepções.

Com efeito, as autoridades comunitárias têm atribuído uma menor importância a estas condições do que ocorre em sede do restante direito comunitário da concorrência. Em sede de auxílios de Estado, ao contrário do que ocorre relativamente ao controlo das coligações, dos abusos de posição dominante e das concentrações, não é, por via de norma, efectuada uma análise aprofundada do mercado económico relevante (isto é, do mercado dos produtos ou serviços da empresa beneficiária do auxílio ou dos produtos substitutivos que com estes concorram) e do mercado geográfico. Em regra, as autoridades comunitárias limitam-se a verificar que a atribuição de uma vantagem a uma empresa comporta normalmente um reforço da posição concorrencial dessa empresa em relação às restantes e, consequentemente, uma restrição de concorrência e de afectação das trocas intracomunitárias.[213] De resto, como dissemos, tendem as mais das vezes a considerá-las como elemento integrador do próprio conceito de auxílio de Estado.

3.1.2. Duas condições analisadas em simultâneo

Estas condições são, como afirma J. BIENCARELLI, "bem distintas".[214] No entanto, em sede de auxílios de Estado, ao contrário do que acontece com o restante direito comunitário da concorrência, as autoridades comunitárias costumam tratá-las simultaneamente e analisá--las, em conjunto, de forma unitária e interligada. O vínculo que existe entre elas torna de facto, muitas vezes, difícil a sua distinção em certas situações.

---

[213] Cf. o Acórdão do TJCE, de 17 de Setembro de 1980, proc. 730/79, *Philip Morris/Comissão*, Col. 1980, p. 2671, pts 9 a 11.

[214] Cf. J. BIENCARELLI, "Le contrôle de la Cour Européenne des Communautés européennes en matière d'aides publiques", *L'Actualité Juridique. Droit administratif*, 1993, p. 422.

Capítulo II – A Regulação Comunitária dos Auxílios de Estado

A dificuldade em destrinçar as duas condições é sublinhada por diversos autores. Alguns mesmo tratam-nas como uma única condição. Ou sublinham a dependência de uma em relação à outra.

Assim, Caseiro ALVES refere a falta de autonomia do requisito da distorção de concorrência em relação ao da afectação das trocas intracomunitárias. Na medida em que o auxílio nacional afecte o comércio intracomunitário (e essa afectação existe a partir do momento em que ele permite a uma empresa ou a um sector ganhos de competitividade face aos seus concorrentes comunitários) estará, simultaneamente, a modificar as condições de concorrência num sentido contrário ao pretendido pelos autores do Tratado.[215]

Para outros, é o reverso da medalha que se sublinha. É o que parece deduzir-se da afirmação de FERRERES, que aceitando que uma medida que afecta o comércio entre os Estados membros supõe necessariamente uma distorção de concorrência, põe em destaque que nem todo o auxílio que distorce a concorrência tem um efeito no comércio entre os Estados membros.[216] Posição que é igualmente sublinhada por ROUAM: "a afectação das condições de concorrência não significa necessariamente afectação das trocas entre Estados membros".[217]

Na medida do possível (e nem sempre o é) procurar-se-á, neste capítulo, separar as águas.

3.1.3. Doutrina dos efeitos e visão alargada das condições

Subjacente à interpretação dada pelas instituições comunitárias a estas condições e à sua estreita interligação está a já referida *doutrina dos efeitos* que pretende analisar as situações tendo primordialmente em conta os resultados de uma intervenção estadual efectuada através da concessão de auxílios sobre a estrutura de concorrência ou sobre a situação dos demais concorrentes.

---

[215] C. ALVES, *ob. cit.*, p. 175-6. Cf., no mesmo sentido, CHÉROT (*ob. cit.*, p. 26), para quem todo o auxílio que afecte as trocas entre Estados membros afecta a concorrência, sendo pois a condição da afectação do comércio que deve ser examinada.

[216] Cf. FARRERES, *El régimen de las ayudas estatales en la Comunidad Europea*, 1993, pp. 49-50.

[217] Assim, C. ROUAM, *Le contrôle des aides d'État..., ob. cit.*, p. 10.

Esta doutrina que, como vimos, começou a ganhar corpo no Acórdão Itália/ Comissão assumiu uma formulação mais concreta, em meados da década de oitenta, no Acórdão *Deufil*.[218]

Segundo alguns autores, ela fundamenta uma visão alargada das duas condições. A adopção da doutrina dos efeitos implica, para Luís MORAIS, a avaliação dos "efeitos *potenciais* dos auxílios, tendo em conta as situações de sobrecapacidade produtiva, ou de saturação dos mercados e contabilizando os fluxos de comércio das empresas comunitárias para os mercados exteriores à CEE" e isto "independentemente do volume efectivo das relações comerciais intracomunitárias num dado momento".[219]

Sem prejuízo de concordarmos que estas condições são interpretadas de forma ampla pela Comissão e pelo Tribunal, parece-nos que os efeitos potenciais dos auxílios não constituem novidade em sede de direito da concorrência, pois o mesmo acontece com o direito aplicável às empresas. Aliás, como bem refere SCHINA, para quem entende estarmos perante um requisito do conceito de auxílios de Estado, dificilmente poderia ser de outro modo dado ser necessário proceder à notificação à Comissão antes da introdução do auxílio. Neste estádio, os efeitos sobre a concorrência apenas poderiam ser adivinhados.[220] Por outro lado, a posição de MORAIS está muito ligada à sua tese de não admissibilidade dos auxílios *de minimis*.

De qualquer modo, a adopção da doutrina dos efeitos tem por consequência (e por objectivo) o alargamento do campo de aplicação do princípio da incompatibilidade.

Dela decorre que, salvo raras excepções, estas condições são tidas como verificadas na maioria dos casos em apreciação.

No entanto, quanto a nós, apesar da imbricação entre os dois requisitos justifica-se, no plano metodológico, a sua análise em separado.

---

[218] Cf. Acórdão de 24 de Fevereiro de 1987, proc. 310/85, *Deufil*, Rec. 1987, I-901 e ss.

[219] Vide L. MORAIS, *ob. cit.*, p. 78.

[220] Cf. D. SCHINA, *State Aids Under The EEC Treaty. Articles 92 to 94*, 1987, p. 24.

3.2 A afectação da concorrência

A sujeição de um auxílio de Estado ao princípio da incompatibilidade pressupõe que a medida seja susceptível de falsear a concorrência. Evitar falsear a concorrência (ou evitar distorções de concorrência) é, como vimos, um dos fundamentos do regime comunitário de defesa da concorrência. Os objectivos últimos da Comunidade deverão ser atingidos através da criação de um mercado comum e da UEM e de políticas e acções comuns, incluindo "um regime que garanta que a concorrência não seja falseada" (art. 3.°, al. g)).

O critério teoricamente correcto para aquilatar da existência de distorções — o de saber se existem distúrbios na acção recíproca da oferta e da procura no mercado, decorrente do mecanismo dos preços — não tem grande interesse prático, uma vez que, no momento da notificação à Comissão de um determinado auxílio, como escreve SCHINA, é "quase impossível prever o efeito preciso de um esquema de auxílios nos preços dos produtos acabados".[221]

Assim sendo, segundo uma parte substancial da doutrina, a existência de um auxílio de Estado produz quase sempre distorções de concorrência. A menos que existam circunstâncias excepcionais, os auxílios distorceriam *per se* a concorrência.[222]

Para esta doutrina, os auxílios provocam distorções de concorrência de forma quase automática, uma vez que "normalmente alteram o equilíbrio entre a oferta e a procura, assim como a informação sobre os custos e sobre as oportunidades de lucros".[223] Em princípio, estas distorções decorrem lógica e necessariamente do simples facto de haver uma interferência externa (como a intervenção do Estado) de natureza selectiva. Alguns mesmo, como SCHEUING, defendem que deve presumir-se *a priori* que a concessão de um auxílio distorce ou ameaça distorcer a concorrência já que uma vantagem selectiva altera as condições que, na sua ausência, prevaleceriam no mercado.[224]

---

[221] *Ibidem*, p. 24.

[222] Neste sentido, cf. o Advogado-Geral CAPOTORTI no já citado caso *Philip Morris*, Col. 1980, p. 2671 e ss. e SCHEUING, *Les Aides Financières Publiques aux Entreprises en Droit Français et Européen*, 1974, p. 280 e ss.

[223] Cf. SCHEUING, *ibidem*, p. 280; SANTACRUZ, *ob. cit.*, p. 155.

[224] Cf. SCHEUING, *ibidem*, p. 280.

Na prática, a Comissão tem, no essencial, partilhado desta opinião. A vantagem atribuída ao destinatário de um auxílio significaria automaticamente desvantagens para aqueles operadores económicos que não receberam qualquer auxílio.[225]

Nesta óptica, a concorrência seria falseada sempre que os concorrentes não contassem apenas com as suas próprias forças, com os seus próprios meios. Uma das formas de falsear a concorrência seria o estabelecimento de discriminações entre os concorrentes, pois estas engendrariam sempre distorções.[226] Os auxílios públicos, sendo uma forma de intervenção do Estado que privilegia certos operadores (ou produções) em relação a outros, interferem com o princípio de igualdade de oportunidades ou de equidade económica. Na medida em que contrariam o princípio segundo o qual as empresas devem concorrer com base nas suas próprias forças, os auxílios são susceptíveis de provocar distorções de concorrência, de alterar as condições de concorrência no mercado.

Esta é pois, a traços largos, ainda hoje, a filosofia subjacente à acção da Comissão. "A Comissão considerou desde sempre que os auxílios têm um impacte directo e imediato sobre a concorrência porque, pela sua própria especificidade, se destinam a realizar certos objectivos de uma maneira frequentemente selectiva e discriminatória. A fim de favorecer a empresa objecto do auxílio, cobram-se impostos sobre o resto da economia. Consequentemente, não são só as empresas dos outros Estados membros que se encontram numa posição concorrencial desvantajosa, uma vez que as empresas beneficiárias de auxílios são favorecidas de uma maneira que as exclui dos regimes fiscais ou de segurança social normais que contribuem para o equilíbrio entre Estados membros, mas também as empresas do mesmo Estado membro que não recebem auxílios uma vez que pagam, directa ou indirectamente, impostos mais elevados".[227]

---

[225] Cf. COMISSÃO, *XI Relatório sobre a Política de Concorrência*, 1981, pt. 176.

[226] Neste contexto, entende-se normalmente por *distorção* (sem cuidar aqui da sua natureza, origem ou intensidade) a existência de uma discriminação que altera as condições de concorrência de um mercado, de tal modo que provoca modificações nas correntes normais de tráfico.

[227] Cf. COMISSÃO, *Primeiro Relatório sobre os Auxílios Estatais na Comunidade Europeia*, 1988, p. 18, ponto 17.

Com base nesta filosofia, a Comissão tem vindo a interpretar esta condição de forma extensiva e muito abrangente.

Em primeiro lugar, não exige, para aplicação do princípio da incompatibilidade, que se tenha produzido uma efectiva lesão da concorrência. Basta, com efeito, que esta se encontre ameaçada, que a afectação da concorrência seja meramente potencial, que a distorção produza efeitos que ameacem falseá-la, ou seja, por exemplo, que a concessão do auxílio dificulte a entrada de novos concorrentes no mercado.

Por outro lado, decorre ainda desta filosofia um juízo de desfavor quanto à tese que legitima a acção dos Estados naqueles casos em que, ao atribuírem vantagens a certas empresas, apenas procurariam compensar a desigual situação inicial dos concorrentes ou neutralizar imperfeições do mercado, susceptíveis elas próprias de gerarem distorções de concorrência. Dir-se-ia que estes auxílios, que alguns designam de "auxílios compensatórios", estariam justificados por serem formas de discriminação positiva ou modos de contrabalançar a desproporção inicial ou a desvantagem pré-existente, criando assim idênticas oportunidades económicas entre os concorrentes.

O argumento da justificação dos auxílios em virtude da necessidade de compensar desvantagens existentes — frequentemente avançado pelos Estados membros — não tem, no entanto, sido acolhido com bons olhos pela Comissão. Esta instituição tem considerado que os auxílios destinados a compensar as imperfeições do mercado ou a eliminar as distorções que têm origem nas diferenças existentes entre as legislações dos Estados membros afectam a concorrência. Neste sentido, é, por exemplo, irrelevante que uma determinada medida de bonificação de crédito tenha sido instituída "com o fito de corrigir as disparidades de financiamento das diversas economias nacionais".[228] Este tipo de justificação poderá, quando muito, ser considerado para efeitos da análise das derrogações previstas no n.º 3 do artigo 87.º do Tratado.[229] Ou para desencadear um

---

[228] Cf. Decisão da Comissão n.º 79/519, de 18 de Maio de 1979, in JOCE n.º L 138, de 6 de Julho de 1979, p. 30, Cf., também Caseiro ALVES, *ob. cit.*, p. 178. No mesmo sentido, ver as Decisões da Comissão n.º 98/353/CE, de 16 de Setembro de 1997, relativa aos auxílios em favor da sociedade *Gemeinnützige Abfallverwertung* GmbH (in JOCE n.º L 159, de 3 de Junho de 1998) e n.º 88/565/CEE, de 29 de Março de 1998, relativa aos auxílios previstos pelo Governo francês em relação a certas áreas.

[229] Esta posição da Comissão foi criticada, entre nós, por Caseiro ALVES, nos

processo de aproximação de legislações, se a medida tomada por um Estado membro assim o justificar.

Por fim, a visão segundo a qual os auxílios distorcem a concorrência quase pelo simples facto de existirem, subscrita, na prática, pela Comissão, levava a que, ao contrário do que ocorre em sede de aplicação dos artigos 81.° e 82.° do Tratado, deixasse de ser importante efectuar qualquer análise económica relativa à posição concorrencial da empresa beneficiária no mercado. Em particular, esta visão tornava completamente desnecessário qualquer estudo do mercado relevante.

Também o Tribunal de Justiça tem um entendimento amplo desta condição, partilhando a opinião da Comissão quer em relação ao carácter potencial da afectação de concorrência, quer quanto à não admissão do argumento da justificação compensatória. De facto, passado o que alguns consideraram um período inicial de hesitação, o Tribunal tem rejeitado os chamados auxílios compensatórios. No caso *Steinike*, chegou mesmo a afirmar que "uma eventual violação por um Estado membro de uma obrigação que lhe incumbe por força do Tratado não se pode considerar justificada pelo facto de outros Estados membros também não cumprirem essa obrigação. O efeito de várias distorções de concorrência sobre as trocas entre os Estados membros não é o de se neutralizarem mutuamente, mas, pelo contrário, o de se cumularem, o que aumenta as consequências prejudiciais para o mercado comum".[230]

Mais cauteloso tem sido, porém, o Tribunal em relação à tese da automática afectação ou da presunção de afectação da concorrência pelos auxílios de Estado.

Assim, no caso *Philip Morris,* o Tribunal adoptou como critério para aferir a existência de afectação da concorrência (e do comércio intracomunitário) o critério do reforço da posição concorrencial do beneficiário do

---

seguintes termos: "mal se vê, com efeito, como é que uma ajuda cujo escopo é, afinal, o repristinar a situação concorrencial preexistente (pois se trata de anular ou compensar uma situação anterior de desvantagem que onerava certas empresas ou sectores) possa ser qualificada como distorçora...da própria concorrência; mormente quando essa desvantagem for imputável a uma obrigação legal (...) — pense-se numa empresa legalmente obrigada a praticar preços ou tarifas inferiores aos correntes no mercado — estamos em crer que a legitimidade de uma ajuda "compensatória" dificilmente poderá ser questionada" (*ob. cit.* , p. 178-179).

[230] Cf. Acórdão de 22 de Março de 1977, cit., Col. 1977, p. 213, pt. 24.

Capítulo II – A Regulação Comunitária dos Auxílios de Estado 221

auxílio em relação aos concorrentes. Mas, ao mesmo tempo, a fim de comprovar o uso desse critério, não prescindiu de uma análise do mercado relevante, ainda que menos exaustiva do que as análises que normalmente são levadas a cabo no quadro dos artigos 81.° e 82.° do Tratado.[231]

No caso em análise ficou comprovado que o auxílio financeiro outorgado reforçou, no mercado holandês, a posição da empresa *Philip Morris* em comparação com outras que competem no comércio intracomunitário.[232] A alteração do equilíbrio concorrencial pré-existente por força do auxílio foi suficiente para que o Tribunal considerasse haver distorção (ou ameaça de distorção) de concorrência e, portanto, para que ficasse provado haver afectação da concorrência.[233] Para o efeito, o facto relevante foi o de estarmos perante um sector caracterizado por sobreprodução e de a empresa beneficiária ter visto melhorar a taxa de retorno do seu investimento em relação aos concorrentes não beneficiários.

Desde então, o Tribunal tem reafirmado uma certa exigência quanto à fundamentação das decisões da Comissão. Para o Tribunal, esta instituição não pode limitar-se a efectuar afirmações genéricas sobre os efeitos prováveis dos auxílios na concorrência, devendo acompanhar o seu juízo de incompatibilidade de dados e informações concretas que suportem as suas asserções.[234]

---

[231] Neste sentido, SCHINA, *ob. cit.*, p. 25.

[232] Cf. Acórdão de 17 de Setembro de 1980, proc. 730/79, *Philip Morris Holland BV/ Comissão*, Col.1980, p. 2671. Neste caso estava em jogo a compatibilidade de uma subvenção designada "prémio suplementar para grandes projectos" que o governo dos Países Baixos queria conceder à filial holandesa da empresa multinacional *Philip Morris*, com base numa lei de 1978 sobre "incentivos e orientações dos investimentos", prémio esse que seria atribuído a todos os projectos de investimento de valor superior a 30 milhões de florins, sendo, em concreto, fixado em função do número de postos de trabalho criados e que não poderia, em qualquer caso, ultrapassar 4% do valor do investimento.

[233] Já em Acórdão 10 de Dezembro de 1969, num caso relativo a uma taxa preferencial de redesconto à exportação, o Tribunal entendia que a análise desta condição deverá considerar a situação ou a estrutura de concorrência existente antes da adopção das medidas em causa (proc. 6 e 11/69, *Comissão/ França [Banco de França]*, Col. 1969, p. 523 e ss., 8 em especial, ponto 36). Cf. também o Ac. de 2 de Julho de 1974, Itália / Comissão, proc. 173/73, Rec. 1973, p. 709, bem como a Decisão da Comissão n.° 83/245/CEE, de 12 de Janeiro de 1983 (JOCE n.° L 137 de 26 de Maio de 1983, p. 24).

[234] Cf. os Acórdãos *Intermills (*Ac. de 14 de Novembro de 1984, proc. C-323/82, Col. 1984, p. I-3809) e, sobretudo, *Leeuwarder Papierwarenfabriek* (Ac. de 13 de Março de 1985, procs. conjuntos 296 e 318/82, Col. 1985, pp. 809 e 817).

222   *Auxílios de Estado e Fiscalidade*

A definição do mercado relevante volta a assumir, neste contexto, uma certa importância.[235]

Uma outra questão que se prende essencialmente com este critério é a da admissibilidade ou não da chamada regra *de minimis*. No entanto, como a análise desta questão implica previamente a análise da segunda condição de incompatibilidade do auxílio com o mercado comum e como, na prática, ela implica o estabelecimento de um limiar de sensibilidade abaixo do qual um auxílio não seria suficientemente intenso ou significativo para alterar a concorrência ou o fluxo das trocas intracomunitárias, os "auxílios de importância menor" serão tratados no quadro da delimitação negativa das condições de incompatibilidade.

3.3. A afectação do comércio intracomunitário

A afectação do comércio entre Estados membros é a outra condição necessária para a aplicação da disciplina comunitária da concorrência.[236]

Existem, como vimos, diferenças de redacção entre os regimes da concorrência relativos às empresas e o regime relativo aos Estados. Os artigos 81.º e 82.º do Tratado proíbem as coligações e os abusos de posição dominante "que sejam susceptíveis de afectar o comércio entre os Estados membros". O artigo 87.º parece, à primeira vista conter uma formulação mais restritiva: a incompatibilidade abrange os auxílios "que afectem as trocas comerciais entre os Estados membros".

Sabe-se que o requisito dos artigos 81.º e 82.º tem uma dupla função: "por um lado, trata-se de uma regra de competência que permite delimitar o campo de aplicação (desses artigos) em relação aos direitos

---

[235] A definição do *mercado relevante* é, além disso, necessária para saber se se aplica o regime geral ou algum dos regimes especiais dos auxílios de Estado, como os destinados aos produtos agrícolas e aos transportes.

[236] A expressão "trocas comerciais", a exemplo da expressão "comércio" contida nos artigos 81.º e 82.º, é encarada de forma muito ampla, abrangendo não só a circulação de mercadorias e as prestações de serviços, como ainda todas as operações económicas relativas a valores corpóreos ou incorpóreos, aos quais o Tratado é susceptível de se aplicar. Por outro lado para que se possa falar de "trocas comerciais entre os Estados membros", é necessário que, pelo menos, estejam em causa dois destes Estados.

Capítulo II – A Regulação Comunitária dos Auxílios de Estado

nacionais; por outro, constitui uma norma material que orienta a acção das autoridades comunitárias, cuja função é velar pela realização e bom funcionamento do mercado único".[237]

E sabe-se igualmente que, na apreciação deste requisito, "o Tribunal tem-se inclinado para aceitar um sentido neutro e muito amplo do termo "afectar", vinculando-o a uma perspectiva finalista que procura prevenir que os fluxos de mercadorias ou serviços sejam orientados de forma artificial. Não se exige que a afectação da liberdade de comércio entre os Estados membros se tenha concretamente verificado. Basta que exista a susceptibilidade de afectação: algo mais do que uma mera hipótese, algo menos do que uma realidade".[238]

Por outras palavras: basta a existência de "um grau de probabilidade suficiente" de que o acordo ou prática em causa "possa exercer uma influência directa ou indirecta, actual ou potencial sobre os fluxos de trocas entre os Estados membros".[239]

Esta filosofia foi transposta para o regime dos auxílios de Estado. A noção de "afectação" contida no artigo 87.º do Tratado CE é interpretada tendo em conta o disposto nos artigos 81.º e 82.º, apesar da diferente redacção dos dois artigos. A afectação das trocas intracomunitárias é assim vista como meramente potencial, não exigindo o Tribunal que haja efectiva afectação das trocas entre os Estados membros.[240] A noção de afectação, a exemplo do que ocorre com as condições de interdição das coligações entre empresas e nos abusos de posição dominante, tende a ser encarada de forma neutra.

A interpretação desta condição é efectuada de forma tão ampla que difícil é não se verificar a sua existência em casos concretos.

---

[237] Cf. A C. SANTOS/ M M L MARQUES/ M E GONÇALVES, *Direito Económico, ob. cit.*, p. 367.

[238] *Ibidem*, p.367.

[239] *Ibidem*, p. 368.

[240] No Acórdão do TPI de 6 de Julho de 1995, procs T-447 a 449/93, *AITEC e al. /Comissão*, Col. 1995, p. II-1971 e ss., este Tribunal recusou a alegação de que não havia nenhum comércio intracomunitário (no caso o comércio de cimento entre a Grécia e os outros Estados membros) no momento da concessão do auxílio com base no argumento de que já nessa época a orientação das exportações gregas para determinados Estados membros era previsível (p. II-2021).

224 · Auxílios de Estado e Fiscalidade

Segundo uma jurisprudência bem firmada, a condição da afectação do tráfego comercial intracomunitário fica, em princípio, preenchida quando a empresa beneficiária exerça uma actividade económica relativamente a bens ou serviços em que existam trocas ou fluxos comerciais entre Estados membros.

Neste contexto, satisfaz esta condição qualquer mudança artificial no volume do comércio intracomunitário derivada da intervenção estatal de concessão do auxílio.

São irrelevantes, para este efeito, ou melhor, não impedem que a condição da afectação do comércio intracomunitário seja preenchida, factores como o pequeno montante do auxílio;[241] como a dimensão da empresa beneficiária ou a parte que ela represente no mercado comunitário;[242] como o facto de a empresa não ter actividade exportadora;[243] ou mesmo o facto de só a ter predominantemente para fora da Comunidade.[244]

---

[241] No entanto, uma segunda condição (a analisar no ponto seguinte) afirma-se hoje com clareza: que a dimensão do auxílio não seja tão pequena que o efeito que provoque na concorrência no mercado comum seja insignificante.

[242] Cf. o Acórdão do TJCE, de 14 de Setembro de 1994, *Espanha / Comissão* (auxílios a empresas públicas do sector têxtil e do sector do calçado), procs. n.ºs C-278/92, C-279/92 e C-280/92, Col.1994, p. I-4103, o citado Acórdão *Philip Morris*, p. 2671, bem como o Acórdão de 21 de Março de 1990, proc. C-142-87, *Bélgica / Comissão [Tubemeuse]*, Col., 1990, p. I-959. Aí se afirma que a importância relativamente fraca de um auxílio ou a dimensão relativamente modesta da empresa beneficiária não impedem *a priori* a eventualidade das trocas entre Estados membros serem afectadas.

[243] Cf. o Acórdão de 13 de Julho de 1988, *França/ Comissão (SEB)*, proc. C-102/87, Col.1998, p. I-4067 pronunciado em recurso de anulação da decisão da Comissão (87/303/CEE, de 14 de Janeiro de 1987, in JOCE n.º L 152/87, p.27) referente a um empréstimo concedido pelo *Fonds industriel de modernisation* a uma empresa do sector cervejeiro que limita a sua actividade ao mercado interno, não tendo actividade exportadora. Nele se dá corpo à tese (p. 4087) de que o auxílio a uma empresa pode ser susceptível de afectar as trocas comerciais entre os Estados membros e de falsear a concorrência mesmo que essa empresa se encontre em concorrência com produtos provenientes de outros Estados membros sem que ela própria participe nas exportações. Tal situação pode igualmente verificar-se quando não exista sobrecapacidade no sector em causa. De facto, quando o Estado membro concede um auxílio a uma empresa, a produção interna pode ser mantida ou aumentada, daí resultando que as hipóteses de as empresas estabelecidas noutros Estados membros exportarem os seus produtos para o mercado deste Estado membro sejam diminutas.

[244] Cf. o Acórdão de 21 de Março de 1990, *Bélgica/ Comissão [Tubemeuse]*, Col.1990, p. I-959, pronunciado em recurso de anulação da decisão da Comissão

Capítulo II – A Regulação Comunitária dos Auxílios de Estado   225

O Tribunal de Justiça entende, com efeito, que mesmo que a empresa não exporte a sua produção, o facto de receber um auxílio pode tornar mais difícil as importações de produtos provenientes de Estados membros, pois a produção interna pode ver a sua capacidade mantida ou aumentada.[245] A presença artificial da empresa beneficiária no mercado (interno) nacional torna mais difícil a penetração deste para os outros produtores.

Entende igualmente o Tribunal que é irrelevante, para o efeito, que a empresa beneficiária apenas comercialize com países terceiros. Com efeito, neste caso, o auxílio teria como efeito baixar os custos de produção, podendo constituir, deste modo, uma vantagem no mercado interno.

Para as instituições comunitárias, um auxílio de Estado, por modesto que seja, que reforce ou melhore a posição concorrencial da empresa beneficiária, é susceptível de afectar as trocas intracomunitárias, quando o sector no qual a empresa opera conhece uma viva concorrência ou existe sobrecapacidade de produção.[246]

Na base desta posição está a crescente interdependência dos mercados que a integração favorece. Um mercado nacional é, do ponto de vista comunitário, um mercado regional. Daí que, havendo concorrência efectiva num determinado sector presume-se a satisfação do critério da afec-

---

87/507/CEE, de 4 de Fevereiro de 1987, in JOCE n.º L 227/87, p. 45, relativo a uma empresa que exporta a quase totalidade da produção para fora do espaço comunitário, onde se afirma que face à interdependência dos mercados em que operam as empresas comunitárias, não é impensável que um auxílio estatal deste tipo possa falsear a concorrência intracomunitária.

[245] Vide também o citado Acórdão de 21 de Março de 1991, proc. C-303/88, *Itália/Comissão* [*ENI-Lanerossi*], Col. 1991, p. I-1433, onde se reafirma bastar, para preencher esta condição, que a empresa (mesmo que não participe ela mesma nas exportações) se encontre em concorrência com outros produtores de outros Estados membros. Com efeito, a produção interna pode manter-se ou aumentar tendo como consequência que as oportunidades das empresas estabelecidas em outros Estados membros de exportarem as suas produções para o mercado deste Estado serem sensivelmente diminuídas.

[246] Mas a inexistência de sobrecapacidade de produção no sector não implica que não possamos estar perante uma afectação da concorrência e/ou do comércio intracomunitário. Vide, a propósito, o supracitado Acórdão de 21 de Março de 1991, proc. C-303/88, *Itália / Comissão* [*ENI*-Lanerossi].

226 *Auxílios de Estado e Fiscalidade*

tação das trocas.[247] Nesses casos, o auxílio fica pois sujeito ao princípio da incompatibilidade com o mercado comum.[248]

A apreciação de forma tão ampla desta condição reveste-se, contudo, em alguns casos, de alguma delicadeza, técnica e mesmo política.

No plano técnico, assim acontece, por exemplo, quando um Estado vende um terreno público a uma empresa, caso em que o preço de mercado na realidade não existe. Ou quando outorga uma garantia, podendo esta nunca chegar a ser accionada. Ou ainda quando, no quadro das relações financeiras entre o Estado e as empresas públicas, se torne difícil verificar quando é que um Estado transgrediu o princípio do investidor privado em economia de mercado.

No plano político, a questão pode ser igualmente delicada. Como escrevem GOLDMAN/ LYON-CAEN/VOGEL: "Reforçar a produção interna é, segundo o Tribunal, diminuir as oportunidades de exportação das empresas instaladas noutros Estados membros. O raciocínio pode seduzir; generalizado, conduz a negar toda o alcance à condição de afectação do comércio entre os Estados membros".[249] O mesmo é dizer: a reescrever o Tratado, por via judicial.

---

[247] É a posição do Advogado-Geral Van GERVEN nas suas Conclusões de 10 de Janeiro de 1991 no proc. C-305/89, *Itália/ Comissão* [*Alfa Romeo*], seguidas pelo Tribunal no seu Acórdão de 21 de Março de 1991. Para o Tribunal quando uma empresa, como a Alfa Romeo, se encontre num sector com capacidade de produção excedentária onde se exerça uma concorrência efectiva da parte de produtores de diferentes Estados membros, todo o auxílio de que beneficie da parte dos poderes públicos é susceptível de afectar as trocas e trazer prejuízo à concorrência na medida em que a sua manutenção no mercado impede os concorrentes de acrescer a sua parte de mercado e diminui a sua possibilidade de aumentarem as suas exportações (Col.1991, respectivamente, p. I-1622 e 1642, ponto 26 do acórdão).

[248] Sem prejuízo, porém, da aplicação aos auxílios de Estado dos critérios relativos à aplicação da regra " *de minimis*", como decorria da Comunicação da Comissão publicada no JOCE C 68, de 6 de Março de 1996.

[249] Cf. B. GOLDMAN/ A LYON-CAEN/ L. VOGEL, *ob. cit.*, p. 774.

Capítulo II – A Regulação Comunitária dos Auxílios de Estado   227

3.4. Auxílios de Estado que não preenchem as condições de incompatibilidade com o mercado comum

3.4.1. A não afectação da concorrência ou das trocas intracomunitárias

A forma muito ampla como são interpretadas as condições de aplicabilidade do princípio de interdição, a estreita conexão estabelecida entre ambas, o aligeiramento da análise económica subjacente, em particular da necessária à definição do mercado relevante significam que, na prática, a existência de um auxílio implica, de forma quase automática, a incompatibilidade deste com o mercado comum.

São poucos, na verdade, os casos de auxílios excluídos ou que tendencialmente poderão considerar-se como excluídos da aplicação do princípio da incompatibilidade previsto no n.° 1 do artigo 87.° do Tratado.

Relativamente à segunda condição, o caso mais significativo será porventura o dos auxílios a favor de empresas que dizem respeito apenas a bens ou serviços em que não existem trocas intracomunitárias e que, por este facto, se destinam a um mercado exclusivamente local.[250] Como refere o Tribunal no acórdão proferido no caso *Eni-Lanerossi*, apenas nos mercados dos produtos em que não há comércio internacional em razão do custo muito elevado do transporte ou de outras circunstâncias particulares é que se pode conceber, no estado actual de integração dos mercados, que um auxílio não preencha as condições de afectação de trocas.[251]

Talvez por isso, os exemplos apresentados pelos autores são muitas vezes exemplos quase académicos. É o caso, v.g., de auxílios estatais às lavandarias nos departamentos franceses do ultramar ou às emissões de rádios em língua crioula.[252]

Quanto à afectação da concorrência, idêntica posição foi apresentada pelo Advogado-Geral CAPOTORTI que, nas suas conclusões ao

---

[250] Vide Acórdãos do TJCE, de 21 de Janeiro de 1976, proc. 40/75, *Produits Bertrand/ Comission*, Rec. 1976, p. 4 e de 3 de Janeiro de 1977, proc. 52/76, *Benedetti /Munari*, Rec. 1977, p. 183 e COMISSÃO, *Explicação das regras aplicáveis aos auxílios estatais*, p. 9.

[251] Cf. o Acórdão de 21 de Março de 1991, *cit.*, Col. 1991, p. I-1433.

[252] Ver C. ROUAM, *ob. cit.*, p. 12.

processo *Philip Morris*, defendeu que só em circunstâncias excepcionais, de que seriam exemplo a total ausência no mercado comum de produtos idênticos ou de substituição em relação aos fabricados pelo beneficiário do auxílio, seria possível que um auxílio não afectasse a concorrência.[253]

No fundo, com estas condições tratar-se-ia apenas de evitar que tombassem na alçada da incompatibilidade medidas cujo impacte sobre o mercado é puramente teórico ou não perceptível ou improvável.[254]

Apesar de tudo, alguns exemplos práticos podem ser elencados. Assim, um exemplo de ajudas estatais que a Comissão considerou não afectar a concorrência é o dos auxílios à formação atribuídos a uma empresa particular, mas consagrados a acções de natureza geral destinadas a facultar um "saber-fazer" profissional utilizável em outras empresas ou outros sectores de actividade.[255]

Um outro diz respeito a um projecto de auxílios do Governo francês a favor dos Departamentos franceses do Ultramar (DOM), dada a fraqueza das relações comerciais entre estes territórios e outros Estados membros.[256]

Um outro, mais recente, refere-se a subvenções dadas pelo Governo espanhol a determinadas entidades a fim de as incentivar à aquisição de veículos industriais a preço reduzido.[257] Alguns autores dão outros exemplos. Mas muitas vezes não estamos, em rigor, perante verdadeiros auxílios de Estado.[258]

Na prática, a verdadeira importância destas condições de aplicabilidade do princípio de interdição está na possibilidade de elas serem ele-

---

[253] Cf. as conclusões gerais deste Advogado-Geral no já citado acórdão *Philip Morris*, Col. 1980, p. 2698.

[254] Assim, MEROLA, *ob. cit.,* p. 294.

[255] Cf. Acórdão de 15 de Junho de 1993, proc. C-225/91, *Matra / Comissão*, Col., 1993, p. I-3203, pts. 29 e 30. No entanto parece hoje decorrer do novo enquadramento dos auxílios à formação, uma posição mais restritiva da Comissão.

[256] Cf. COMISSÃO, *XIII Relatório sobre a Política de Concorrência*, n.° 276.

[257] Cf. a Decisão da Comissão n.° 98/693, de 1 de Julho de 1998, relativa ao regime espanhol de auxílios à aquisição de veículos comerciais *"Plan Renove Industrial"* (JOCE L 329, de 5 de Dezembro de 1998, p. 23 e ss.).

[258] Vide KEPPENNE (*Guide... ob. cit.*, p. 122 e ss.) que procura apresentar outros exemplos: mas em rigor estaremos, nesses outros casos, perante medidas que não são verdadeiros auxílios de Estado, por não haver uma vantagem identificável ou por estarmos perante medidas de natureza geral. Do mesmo modo, SCHINA (*ob. cit.*).

Capítulo II – A Regulação Comunitária dos Auxílios de Estado

mentos a ter em conta na apreciação de eventuais derrogações aos auxílios considerados incompatíveis.

3.4.2. A cláusula *de minimis* (auxílios de importância menor)

Questão controversa tem sido, até recentemente, a da admissibilidade ou não da regra *de minimis* em sede de auxílios de Estado.

O regime da proibição das coligações e práticas concertadas é compatível com a existência de uma regra *de minimis*. Os Acórdãos *Volk* e *Béguelin* acolheram, nessa sede, esta tese e, na sequência disso, a Comissão elaborou uma Comunicação relativa "aos acordos de importância menor", conhecidos na gíria comunitária por "acordos de bagatelas" (*Bagatellenvertrage*). Significa isto que para estarmos perante uma coligação ao abrigo da proibição do artigo 81.º é necessário que a afectação, tendo em consideração a posição que os interessados ocupam no mercado dos produtos em causa, não seja insignificante.[259] Por outras palavras: a afectação do mercado deve ser sensível.[260]

Põe-se então a questão de saber se a transposição desta regra para o regime dos auxílios de Estado seria ou não aceitável. Ou seja: a incompatibilidade com o mercado comum abrange toda e qualquer restrição de concorrência (ou afectação do comércio) imputável a um auxílio público ou apenas as restrições sensíveis, que assumam uma certa expressão quantitativa, deixando de fora os auxílios cujo montante é demasiado fraco para ter um impacte significativo sobre as trocas?

---

[259] Cf. SANTOS/MARQUES/GONÇALVES, *ob. cit.*, p. 366; E. L. RODRIGUES, *O Acto Único Europeu e a Política de Concorrência*, Lisboa, Banco de Fomento e Exterior, 1990, p. 383 e ss.

[260] Vide Comunicação da COMISSÃO, de 3 de Setembro de 1986, relativa aos acordos de importância menor (in JOCE C n.º 231, de 12 de Setembro de 1986, p. 2), a qual substituiu várias outras, a primeira das quais de 27 de Maio de 1970. No ponto I-2 daquela Comunicação diz-se o seguinte: "A Comissão considera que a proibição dos acordos prevista no n.º 1 do artigo 85.º (n. n. 81.º) (...) não se refere aos acordos que afectem apenas de maneira insignificante o comércio entre Estados membros ou a concorrência. Só são proibidos os acordos que tenham efeitos sensíveis sobre as condições do mercado, ou seja, que modifiquem de modo sensível a posição no mercado de outras empresas e dos utilizadores, quer dizer, os seus mercados ou as suas fontes de abastecimento".

230　　　*Auxílios de Estado e Fiscalidade*

Alguns autores defenderam a legitimidade de tal regra. Assim, por exemplo, SCHINA, embora de forma algo exagerada, chegando a ver nela a expressão de um princípio geral de direito.

A maioria da doutrina inclinava-se, porém, para uma resposta negativa. A favor desta posição, argumenta-se com a necessidade de uma apreciação mais severa em relação aos Estados do que em relação às empresas. Estes teriam uma maior tendência para contornar a lei, sobretudo em contextos de crise económica, e essa violação de regras seria mais grave dado o dever de solidariedade comunitária que os une, mas que não vincula as empresas. Por outro lado, enquanto os acordos entre empresas podem não ter por objectivo ou por efeito uma restrição de concorrência, esta existiria sempre no caso de auxílios públicos a empresas ou produções determinadas. Esta é, no fundo, a posição do advogado-geral Otto LENZ, ao pronunciar-se contra a aplicação do critério do carácter sensível da afectação, por entender que deve ser mais rigorosa a apreciação destas condições para o Estado do que para as empresas.[261]

Para alguns, a regra *de minimis* seria, quando muito, admissível no quadro do procedimento regulado pelo artigo 88.º, relativo à obrigação de notificar os auxílios novos, mas não em relação à aplicação do princípio da incompatibilidade previsto no artigo 87.º do Tratado.[262]

Em teoria, esta posição, então dominante, permitia à Comissão reforçar substancialmente o seu poder e criar condições para estabelecer uma política comunitária de auxílios de Estado muito abrangente. Por isso, a Comissão era, no início, totalmente contrária à admissão da cláusula *de minimis*. A questão é que, perante a verdadeira avalanche de notificações de auxílios (ou de casos duvidosos) os meios de que dispunha cedo se revelaram escassos.

E, por isso, após algumas hesitações, a Comissão, ainda que de forma tímida, acabou por adoptar, quiçá sem base jurídica suficiente, a cláusula *de minimis*, várias vezes invocada até então pelos Estados membros.[263]

---

[261] Cf. Conclusões apresentadas em 7 de Junho de 1998, no processo 102/87, *França / Comissão*, Col. 1988, p. 4078.

[262] Também o Tribunal se mostrava inicialmente pouco inclinado a admitir a regra *de minimis*, como ressalta, entre outros, do já citado Acórdão *Tubemeuse* de 21 de Março de 1990.

[263] A Comissão reconhece pragmaticamente que a regra *de minimis* visava funda-

Capítulo II – A Regulação Comunitária dos Auxílios de Estado

Trata-se de uma tentativa de quantificação *a priori* de certos auxílios que, tendo em conta a sua reduzida importância, não afectariam as trocas e, por isso, presumia-se que não seriam incompatíveis com o mercado comum, ficando isentos de prévia notificação à Comissão.

A primeira formulação desta cláusula surgiu nas Orientações da Comissão de 20 de Maio de 1992 sobre os auxílios de Estado a favor das pequenas e médias empresas. Aí se considerava compatível com o mercado comum qualquer auxílio que, num período trienal, não excedesse 50000 *ecus* por empresa relativamente a dois tipos de grandes gastos (de investimento, excepto I&D, e outros). O referido período era contado a partir da data em que a empresa recebesse o auxílio.[264]

Em sintonia com esta perspectiva, a Comissão passou a defender, como fez no caso *Leuna-Werke GmbH*, que o auxílio tinha de ser susceptível de afectar o comércio intracomunitário de forma considerável.[265]

Posteriormente a cláusula *de minimis* passou a constar de uma Comunicação específica da Comissão.[266] Para beneficiar dela o auxílio deve satisfazer os seguintes critérios: a) o seu montante máximo é de 100000 euros (em equivalente subvenção) por um período de três anos, com início no primeiro auxílio *de minimis*; b) este montante cobre todo o auxílio público atribuído a título de auxílio *de minimis* e não afecta a possibilidade de o beneficiário obter outros auxílios com base em regimes aprovados pela Comissão e c) este montante cobre todas as categorias de auxílios, qualquer que seja a sua forma ou o seu objectivo, com exclusão dos auxílios à exportação.

Com a adopção do Regulamento n.º 994/98, de 7 de Maio de 1998, os auxílios de importância menor passaram a dispor de uma base jurídica mais sólida. Com efeito, este novo regulamento do Conselho veio habilitar a Comissão a adoptar um regulamento relativo aos "auxílios *de minimis*",

---

mentalmente a aliviar o seu trabalho, concentrando-o nos processos mais importantes. Vide a resposta à questão escrita E-2534/96, JOCE n.º C 60, de 26 de Fevereiro de 1997.

[264] Cf. Carta de 23 de Março de 1993, ref. IV/D/6878, enviada pela DG IV aos Estados membros. Na prática a mesma empresa podia beneficiar de um auxílio no total de 100000 euros, cumulando os dois tipos de despesas.

[265] Cf. COMISSÃO, *XXV Relatório sobre a Política de Concorrência*, 1995, pt. n.º 162.

[266] Vide COMISSÃO, *Comunicação relativa aos auxílios de minimis*, JOCE n.º C 68, de 6 de Março de 1996, em especial o ponto II.3.c..

232 *Auxílios de Estado e Fiscalidade*

por não terem impacte sensível sobre a concorrência e as trocas entre Estados membros, dispensando-os de notificação prévia à Comissão.[267]

4. AS DERROGAÇÕES AO PRINCÍPIO DA INCOMPATIBILIDADE DOS AUXÍLIOS DE ESTADO COM O MERCADO COMUM

4.1. As derrogações de pleno direito (auxílios incondicionados)

O Tratado prevê que certos auxílios de Estado incompatíveis com o mercado comum, possam, se satisfizerem determinadas condições, ser objecto de derrogações ao princípio da incompatibilidade com o mercado comum. Algumas destas derrogações operam de pleno direito (*ipso jure*), outras por intervenção das autoridades comunitárias, da Comissão, do Conselho ou de ambos. São, no fundo, causas de exclusão de incompatibilidade com o mercado comum, umas em que a Comissão não tendo margem de apreciação, os auxílios são compatíveis *per se*, outras em que a Comissão exerce poderes de controlo tais que lhe permitem exercer uma verdadeira política comunitária relativa aos auxílios de Estado.

Previstos no n.º 2 do artigo 87.º do Tratado, os auxílios que usufruem de derrogações *ipso jure* (auxílios incondicionados) são de três tipos, de natureza social, de natureza humanitária ou de carácter político:[268]

a) os de natureza social atribuídos a consumidores individuais com a condição de serem concedidos sem qualquer discriminação relacionada com a origem dos produtos: nestes casos o objectivo social (por exemplo, transportes a preços reduzidos para certos tipos de pessoas) preva-

---

[267] É o seguinte o texto do artigo 2.º do Regulamento n.º 994/98, de 7 de Maio: "1. A Comissão pode, através de regulamento adoptado nos termos do artigo 8.º do presente regulamento, determinar que, tendo em conta a evolução e o funcionamento do mercado comum, determinados auxílios não satisfazem todos os critérios previstos no n.º 1 do artigo 92.º (n. n. 87.º) do Tratado sendo, por conseguinte, isentos do processo de notificação previsto no n.º 3 do artigo 93.º (n. n. 88.º) do Tratado, desde que os auxílios concedidos a uma mesma empresa, durante determinado período, não excedam um montante fixo determinado. 2. Os Estados membros prestarão a todo o tempo, a pedido da Comissão, todas as informações adicionais relativas aos auxílios isentos nos termos do n.º 1".

[268] Alguns autores, como MACHETE (*ob. cit.*, p.81), defendem o efeito directo deste n.º 2 do artigo 87.º.

Capítulo II – A Regulação Comunitária dos Auxílios de Estado 233

lece sobre as vantagens indirectas de que certas empresas podem eventualmente auferir;[269]

b) os destinados a remediar os danos causados por calamidades naturais ou por outros acontecimentos extraordinários, caso em que se trata de repor as condições de concorrência preexistentes prejudicadas por ocorrências de natureza não económica;[270]

c) os atribuídos à economia de certas regiões germânicas afectadas pela divisão da Alemanha, desde que sejam necessários para compensar as desvantagens económicas causadas pela divisão.[271]

O facto de estarmos perante uma norma que prevê derrogações que funcionam *ipso jure*, em que os auxílios são automaticamente válidos, não exigindo qualquer autorização especial da Comissão, não implica que esta não deva verificar se os Estados interpretaram bem ou não as condições da derrogação. Talvez por isso, na prática, por precaução, os Estados optam, na dúvida, muitas vezes por notificar a Comissão e respeitar os procedimentos constantes do artigo 88.° do Tratado.

---

[269] Um exemplo: em 27 de Agosto de 1998, a Comissão pronunciou-se favoravelmente, com base neste ponto, em relação aos auxílios concedidos aos residentes da Região Autónoma da Madeira que utilizam as ligações aéreas com o continente.

[270] Este tipo de derrogação é frequente em relação a auxílios concedidos aos produtos agrícolas referidos no anexo II do Tratado de Roma. Aplica-se ainda a actos de guerra, graves acontecimentos políticos internos, epidemias, inundações, terramotos, etc., mas não, segundo a Comissão, a greves.

[271] Antes da reunificação alemã (1990) esta disposição aplicava-se sobretudo a Berlim-Oeste e a regiões de fronteira da RFA com a ex-RDA. Depois da reunificação poderia eventualmente abranger a fronteira leste, mas não a totalidade do território dos novos Länder, como a Alemanha pretendia. De qualquer modo, apesar de a Alemanha ter vetado a supressão desta alínea aquando da revisão operada pelo Tratado de Maastricht, hoje entende-se que o tratamento especial concedido a estas áreas deixou de fazer sentido. Mais sentido teria, quanto a nós, a referência aqui à situação das regiões ultraperiféricas.

4.2. Derrogações por intervenção das autoridades comunitárias (auxílios condicionados)

4.2.1. Derrogações por decisão do Conselho

4.2.1.1. Derrogações *ad hoc*

Os auxílios cuja incompatibilidade com o Tratado pode ser objecto de derrogação por decisão do Conselho não estão tipificados no Tratado. Deste modo, tais auxílios podem revestir qualquer forma, destinar-se à prossecução de qualquer tipo de objectivo ou abranger qualquer domínio sócio-económico.

Com efeito, o Tratado, na al. e) do n.° 3 do art. 87.°, limita-se a definir o procedimento a seguir, adoptando a regra da maioria qualificada na decisão e exigindo proposta da Comissão. Na prática, o facto de à Comissão ser reservada a iniciativa deste procedimento, dando-lhe um papel decisivo nesta matéria, torna excepcional a sua utilização.

Até agora o Conselho apenas tem recorrido a este mecanismo, declarando compatíveis certos auxílios nos domínios da construção naval e da agricultura.

4.2.1.2. *As isenções por categoria*

Mais interessante é a possibilidade, decorrente do disposto no art. 89.° do Tratado, de o Conselho, deliberando sob proposta da Comissão, e após consulta do Parlamento Europeu, designar as categorias de auxílios que ficam dispensadas da obrigação de informar a Comissão da instituição ou alteração de quaisquer auxílios. Permite-se desta forma, a exemplo do que ocorre em sede do direito da concorrência aplicável às empresas, a introdução da figura das isenções por categoria.

Neste sentido, o Conselho adoptou, em 7 de Maio de 1998, um regulamento que habilita a Comissão a isentar da obrigação de notificar determinadas categorias de auxílios estatais, essencialmente auxílios horizontais.[272] São potencialmente abrangidos por estas isenções por categoria,

---

[272] Cf. o já referido Regulamento (CE) n.° 994/98 do Conselho, de 7 de Maio de 1998, relativo à aplicação dos artigos 92.° e 93.° (n.n. 87.° e 88.°) do Tratado que insti-

Capítulo II – A Regulação Comunitária dos Auxílios de Estado   235

a conceder mediante regulamento, os auxílios às pequenas e médias empresas, à investigação e desenvolvimento, à protecção do ambiente, ao emprego e à formação. São também abrangidos certos auxílios com finalidade regional. Os regulamentos de isenção devem especificar, em relação a cada categoria de auxílios, o seu objectivo, as categorias dos beneficiários, os limiares e as condições relativas à cumulação dos auxílios, bem como as condições do seu controlo.

Com este regime pretende-se aumentar a transparência e a segurança jurídica, manter níveis mais elevados de controlo dos auxílios não abrangidos pelos regimes de isenção e simplificar a gestão administrativa dos auxílios isentos.

4.3. Derrogações por decisão da Comissão (derrogações discricionárias ou facultativas)

As finalidades dos auxílios cuja incompatibilidade com o Tratado pode ser levantada por decisão da Comissão, após apreciação casuística em que detém amplos poderes, estão enumeradas nas alíneas a) a d) do n.° 3 do artigo 87.° do Tratado. Este texto constitui a base jurídica genérica das isenções ou derrogações concedidas.

A alínea a) permite conceder uma isenção aos auxílios de natureza regional dirigidos às regiões menos favorecidas da Comunidade. Estes visam "promover o desenvolvimento económico de regiões em que o nível de vida seja anormalmente baixo ou em que exista grave situação de subemprego". São auxílios motivados pelo princípio da coesão económica e social comunitária e, por isso, a aferição do nível de vida ou do subemprego grave nessas regiões deve ser efectuada tendo estritamente em consideração o plano comunitário.[273]

---

tuiu a Comunidade Europeia a determinadas categorias de auxílios estatais horizontais (in JOCE L 142, de 14 de Maio de 1998). Sobre este regulamento, vide BLUMANN, "L'émergence de l'exemption catégorielle en matière d'aides d'État : le Règlement n.° 994/98 du 7 mai 1998", *RMC*, 1999, p. 319.

[273] Segundo a Comissão, caem na previsão desta norma os auxílios destinados às Regiões Ultraperiféricas. No entanto, o artigo 299.°, n.° 2 do Tratado aponta, quanto a nós, para uma consideração autónoma deste tipo de auxílios (ou preferencialmente, como se disse, no quadro do n.° 2 do art. 87.° do Tratado).

A alínea b) permite declarar a compatibilidade com o mercado comum dos auxílios destinados a "fomentar a realização de um projecto importante de interesse europeu comum", como é o caso dos auxílios atribuídos ao projecto *Airbus*, a projectos de investigação e desenvolvimento que tenham um interesse europeu, como os sistemas de telecomunicações ou a construção de auto-estradas ou do canal da Mancha. Necessário é para que se possa falar de "interesse europeu" que estejam envolvidas as economias de, pelo menos, dois Estados membros.

Mas esta alínea permite ainda autorizar derrogações relativamente aos auxílios destinados a "sanar uma perturbação grave da economia de um Estado membro". É ao abrigo desta disposição que as perturbações conjunturais da economia ou de sectores importantes da economia dos Estados membros podem ser objecto de auxílios destinados a salvar empresas e evitar despedimentos.

A alínea c) é o fundamento jurídico mais invocado. Com base nele têm sido concedidas derrogações a auxílios com objectivos bem distintos. Desde logo, aos auxílios destinados a "facilitar o desenvolvimento de certas (,,,) regiões", as economicamente mais desfavorecidas no plano nacional, ou seja, aos auxílios de natureza regional em prol da coesão interna dos Estados membros. [274]

Em seguida, aos auxílios destinados a "facilitar o desenvolvimento de certas *actividades*", fórmula entendida em termos amplos, de modo a englobar tanto os diversos sectores de actividade económica como os auxílios com objectivos horizontais ou intersectoriais. É o que acontece com a generalidade dos auxílios destinados à investigação e desenvolvimento;[275] com os auxílios ambientais concedidos nas regiões não assisti-

---

[274] As regras comunitárias actualmente aplicáveis aos auxílios de Estado regionais foram recentemente expostas em três documentos da Comissão: *"Orientações relativas aos auxílios estatais com finalidade regional"* (JOCE n.º C 74, de 10 de Março de 1998, p. 9), com a alteração introduzida pelo documento 2000/C 258/06, publicado no JOCE n.º C 258, de 9 de Setembro de 2000; *"Comunicação da Comissão aos Estados membros sobre a política regional e a política de concorrência — Reforçar a respectiva concentração e coerência"* (JOCE n.º C 90, de 26 de Março de 1998) e *"Enquadramento multissectorial dos auxílios com finalidade regional para grandes projectos de investimento"* (JOCE n.º C 107, de 7 de Abril de 1998, p. 7).

[275] Tendo em conta os arts. 157.º, n.ºs 1 e 3 e 163.º do Tratado CE e o art. 8.º do Acordo sobre as Subvenções e as Medidas de Compensação concluído no âmbito do

Capítulo II – A Regulação Comunitária dos Auxílios de Estado

das;[276] com os auxílios de emergência e à reestruturação concedidos a empresas em dificuldades (que não sejam concedidos ao abrigo das alíneas anteriores deste artigo ou que não sejam auxílios regionais); com os auxílios concedidos a bairros urbanos degradados;[277] com os auxílios às pequenas e médias empresas;[278] e com os auxílios destinados à criação de emprego.[279]

Todos estes tipos de auxílios apenas podem ser aceites "quando não alterem as condições das trocas comerciais de maneira que contrariem o interesse comum". Os auxílios deste tipo que afectem as trocas, mas não as afectem numa medida contrária ao interesse comum, podem pois ser considerados compatíveis com o Tratado. [280]

GATT de 1994, a Comissão tem em regra uma atitude favorável perante os auxílios destinados à investigação e desenvolvimento (ver o documento da Comissão *"Enquadramento comunitário dos auxílios estatais à investigação e desenvolvimento*, in JOCE C 45, de 17 de Fevereiro de 1996, p. 5).

[276] Cf. COMISSÃO, *"Enquadramento comunitário dos auxílios estatais a favor do ambiente"* (in JO C 72, 10 de Março de 1994, p. 3) os quais procuram tomar em consideração o disposto nos arts. 174.º a 176.º do Tratado CE. No caso destes auxílios serem concedidos nas regiões assistidas abrangidas pela al. a) do n.º 3 do art. 87.º podem ser autorizados ao abrigo desta disposição.

[277] Vide COMISSÃO, *Orientações comunitárias relativas aos auxílios estatais de emergência e à reestruturação concedidos a empresas em dificuldade* (in JOCE C 368, de 23 de Dezembro de 1994, p. 5) e *Enquadramento dos auxílios estatais às empresas nos bairros económicos desfavorecidos* (in JOCE C 146 de 14 de Maio de 1997, p. 6), ambos visando o objectivo da coesão económica e social previsto nos artigos 158.º e 159.º do Tratado.

[278] Em 2001, relativamente aos auxílios às PME, foi adoptado o Regulamento n.º 70/2001, de 12 de Janeiro. Anteriormente estes auxílios eram regidos por meio de *soft law*: vide COMISSÃO, *Enquadramento comunitário dos auxílios estatais às pequenas e médias empresas"* (in JOCE C 213, de 23 de Julho de 1996, p. 4), bem como a *Recomendação 96/280/CE, da Comissão, de 3 de Abril de 1996, relativa à definição de pequenas e médias empresas* (in JOCE L 107, de 30 de Abril de 1996).

[279] Cf. COMISSÃO, *Orientações relativas aos auxílios ao emprego* (in JOCE C 334, de 12 de Dezembro de 1995) e a *Comunicação da Comissão sobre o controlo dos auxílios estatais e redução do custo de trabalho"* (in JOCE C 1, de 3 de Janeiro de 1997, p. 10).

[280] Assim, J. VANDAMME, "Article 92.º. Commentaire" in CONSTANTI-NESCO/JACQUÉ/ KOVAR/ SIMON, *Traité Instituant la CEE. Commentaire article par article, ob. cit.,* 1982, p. 498.

Por fim, a alínea d) prevê uma derrogação ao princípio da incompatibilidade, introduzida na revisão operada pelo Tratado de Maastricht, em relação a um sector específico, o da cultura. De qualquer modo, estes auxílios destinados a "promover a cultura e a conservação do património, quando não alterem as condições das trocas comerciais e da concorrência num sentido contrário ao interesse comum" já eram susceptíveis de isenção ao abrigo da alínea antecedente. A referência adicional às "condições da concorrência", não constante da anterior alínea c), não parece ter trazido, pelo menos até agora, uma visão mais restritiva na outorga desta isenção.

Em todos estes casos estão em jogo questões de articulação entre a política da concorrência e outras políticas previstas pelo Tratado ou casos em que estão em jogo objectivos e políticas transversais, que atravessam todas as outras políticas comunitárias (v.g., a política de ambiente). O carácter taxativo da enumeração do n.º 3 do artigo 87.º não preclude, antes exige, que a apreciação das situações não se venha a cingir apenas ao objectivo da protecção da concorrência.

4.4. A política da Comissão e seu enquadramento

4.4.1. O poder discricionário da Comissão e os seus limites

Outorgado pelos n.ºs. 1 e 2 do artigo 88.º do Tratado e reconhecido pelo Tribunal, a Comissão possui, na apreciação dos auxílios de Estado, um amplo poder discricionário, de natureza simultaneamente técnica e administrativa.

Este poder, que é um dos poderes de regulação mais importantes desta instituição, assume clara natureza supranacional.[281] É-lhe atribuído na qualidade de instituição guardiã do Tratado e tendo em conta o estatuto de autoridade autónoma em relação aos Estados que lhe é reconhe-

---

[281] Sobre o carácter regulador deste poder, vide Laraine LAUDATI, "The European Commission as regulator; the uncertain pursuit of the competitive market", in MAJONE, *Regulating Europe*, 1996, p. 253 e ss.

Capítulo II – A Regulação Comunitária dos Auxílios de Estado

cido por lei. Os seus membros, como diz o Tratado, devem exercer funções "com total independência, no interesse geral da Comunidade".[282]

É este poder (normativamente enquadrado) que tem permitido à Comissão levar a cabo uma verdadeira política de concorrência em articulação com as outras políticas previstas nos Tratados e, por vezes mesmo, antecipar a emergência de novas políticas comunitárias como aconteceu com as políticas de ambiente e de emprego.[283]

Importa, porém, não esquecer que o exercício deste poder implica a aplicação de regras derrogatórias de um princípio geral, o da incompatibilidade dos auxílios de Estado com o mercado comum. Por essa razão, segundo doutrina unânime e jurisprudência constante, as derrogações devem ser objecto de interpretação restritiva.

Trata-se, para além disso, de um poder controlado jurisdicionalmente, no âmbito das competências próprias do Tribunal de Justiça e do Tribunal de Primeira Instância.

Por outro lado, como já se referiu, a Comissão tem vindo a tornar públicos, através da emissão de comunicações, linhas directrizes, orientações, cartas aos Estados membros e outros documentos, as regras, os critérios, os princípios e procedimentos que aplica no uso deste seu poder, transmitindo alguma objectividade, transparência e previsibilidade à sua acção, proporcionando maior segurança aos destinatários e consolidando assim a legitimação política do processo de decisão. O Tribunal de Justiça já esclareceu, aliás, que a Comissão fica vinculada às regras que emite.

---

[282] Cf. o art. 213.º do Tratado. Em tempos chegou a discutir-se na Comunidade a ideia de entregar a apreciação e controlo dos auxílios estatais a uma entidade mais técnica que política e dotada, na prática, de maior independência do que a Comissão, mas tal ideia não chegou, a meu ver, bem, a vingar.

[283] Sobre a *política de auxílios de Estado*, a bibliografia é vasta. Para além dos textos já citados, indicam-se, a título meramente exemplificativo, algumas referências bibliográficas consultadas (desenvolvidas na lista final): CINI /McGOWAN, *Competition Policy in the European Union*, 1998; EVANS, "Law, Policy and Equility in the European Union. The Exemple of State Aid Control", *ELR,* 1998; BISHOP, "The European Comission's policy towards State aid: a role for a rigorous competitive analysis", *ECLR*, 1997; MEDERER, "The Future of State Aid Control", *Competition Policy Newsletter*, 1996; EHLERMANN, "State Aid Control in the European Union: Sucess or Failure?, *Fordham International Law Journal*, 1995; GARBAR, "Aides d'État: Pratique décision-

240   *Auxílios de Estado e Fiscalidade*

4.4.2. Os princípios orientadores da acção da Comissão

A partir dos documentos e das decisões da Comissão é possível detectar os princípios e critérios mais relevantes — alguns em aplicação dos princípios gerais de direito comunitário — que norteiam, em geral ou no concreto, a sua acção e que permitem estabelecer, através de um enquadramento flexível, certas balizas ao exercício do poder discricionário que esta instituição possui.[284]

Não há uniformidade doutrinal quanto ao número e quanto à natureza destes princípios. De forma mais constante são invocados ou enunciados pela jurisprudência e pela doutrina os seguintes:

a) O critério da "perspectiva comunitária" ou do "interesse comunitário"

É um critério considerado pela jurisprudência, a partir das normas do Tratado, e, como tal, delimitador do poder discricionário da Comissão. Trata-se porventura do critério decisivo para efeitos de avaliação dos benefícios dos auxílios do ponto de vista económico e social: a apreciação da compatibilidade do auxílio com o Tratado (isto é, a sua avaliação positiva) deve ser efectuada "no quadro comunitário e não no de um único Estado membro".[285] O enquadramento comunitário das medidas tem por objectivo garantir uma maior eficácia e um menor custo das acções nacionais.

---

nelle de la Commission de la Communauté Européenne (1990-1994)", *RMCUE*, 1994; CANANEA, "Il ruolo della Commissione nell'attuazione del diritto comunitario. Il controllo sull' aiuti statali alle impresa", *RIDPC*, n.º 3, 1993; PETTERSON, "State Aid and European Union: State Aid in the Light of Trade, Competition, Industrial and Cohesion Policies", 1993; Alfredo MARQUES, "Aspectos da política comunitária de concorrência no domínio dos auxílios às empresas", *Competir: informação para a indústria*, n.º 2, 1991, pp. 67-77.

[284] Sobre o tema, MEROLA, Massimo, "Introduction à l'étude des règles communautaires en matière d'aides d'État aux entreprises", *RIDE*, n.º 3, 1993, pp.298 e ss.; MATTERA, Alfonso, *Le Marché Unique Européen, ob. cit.*, p. 58 e ss. e CHÉROT, *ob. cit.*, p. 67 e ss.

[285] Vide o citado Acórdão *Philip Morris*, pt. 26. Este quadro é hoje extensível ao EEE.

Capítulo II – A Regulação Comunitária dos Auxílios de Estado 241

b) *O critério da "necessidade do auxílio"*

Este critério, que decorre do primado do mercado e da concorrência e do carácter excepcional e supletivo da intervenção estadual (subsidiariedade face ao mercado), significa que os objectivos a atingir só poderão ser prosseguidos e alcançados por meio da atribuição do auxílio previsto, não podendo sê-lo por outros meios, nomeadamente através do livre jogo das forças de mercado.

c) *Os critérios da "eficácia económica" e do "funcionamento"*

O critério da *eficácia económica* significa que o auxílio deve ter por objectivo o regresso dos beneficiários a situações de auto-sustentação económica em condições normais de mercado. Estes devem dar indícios de pretenderem ganhar competitividade própria. Sinais desse esforço são, por exemplo, o reforço do autofinanciamento ou a existência de um programa viável de reestruturação (da empresa ou sector).

O critério do *funcionamento*, segundo o qual os auxílios devem ser reservados para a fase de arranque das empresas e não para manutenção artificial do seu funcionamento ou conservação, é, de algum modo, um corolário do da eficiência. Dele decorre, por exemplo, a prática de, em regra, a Comissão apenas considerar favoravelmente os auxílios de emergência quando integrados em projectos de reestruturação ou de reconversão de empresas ou sectores de actividade em declínio.[286]

d) *O critério da "contrapartida" ou da" justificação compensatória"*

Este critério traduz-se na exigência de fazer acompanhar a atribuição do auxílio de uma determinada contrapartida, nomeadamente de um contributo da empresa beneficiária para facilitar a realização dos objectivos comunitários enunciados nas derrogações do n.º 3 do artigo 87.º do Tratado.[287] De uma forma geral, os efeitos positivos do auxílio devem compensar os seus efeitos negativos para os concorrentes.

---

[286] Cf. HOUTMAN, "Entreprises en difficulté et règles communautaires en matière d'aides d'État", RIDE, 1995, pp. 331 e ss. e IDOT, "Les aides aux entreprises en difficulté et le droit communautaire", *RTDeur.*, 1998, p. 295 e ss.

[287] Cf. MORTELMANS, "The compensatory justification criterion in the practice of the Commission in decisions on State aids", *CMLR*, 1984; D' SA, *ob. cit.*, p. 135; EVANS, *European ..., ob. cit.*, 1997, p. 107 e ss.

242 *Auxílios de Estado e Fiscalidade*

e) *Os princípios da "proporcionalidade" e da "degressividade"*

O princípio da *proporcionalidade* surge como um prolongamento do princípio da necessidade e traduz-se na aplicação, neste contexto, de um princípio geral de direito comunitário: o auxílio (o seu montante e a sua intensidade) deve ser proporcional à gravidade dos problemas a resolver.

O princípio da *degressividade* é, de algum modo, um corolário do primeiro e prende-se com a natureza transitória, temporária, dos auxílios e a sua eficácia. À medida que o projecto se realize e que a intensidade do problema a resolver se esbata, a medida de apoio deve decrescer em proporção.

f) *O critério da "transparência"*

Um auxílio deve ser, na sua configuração, o mais transparente possível, quer no plano quantitativo (mensurabilidade), quer no plano qualitativo (susceptibilidade de qualificação), quer no plano procedimental (formas de execução). Só assim a Comissão pode analisar a sua importância face ao investimento efectuado e identificar facilmente os beneficiários. Para além disso, a sua concessão deve ser objecto de publicidade, para que não existam discriminações entre os possíveis interessados. É por razões de transparência que, em regra, a Comissão costuma ser mais cauta na análise de muitos dos chamados auxílios horizontais (auxílios em relação aos quais tem, em geral, uma atitude favorável), do que em relação aos auxílios regionais ou sectoriais, mais facilmente identificáveis. A transparência é igualmente importante para o controlo das falsas medidas de natureza geral.

A natureza destes princípios e critérios é contudo algo ambígua. Do ponto de vista da Comissão, este enquadramento não parece significar a existência de uma verdadeira autovinculação aos critérios e princípios que adopta. Tratar-se-ia de um enquadramento indicativo, da formulação de meros princípios e critérios orientadores da acção, e não de reais formas de autolimitação decisória. No entanto, temos para nós que estes princípios ou critérios, pelo menos quando decorram do Tratado ou tenham sido consagrados pela jurisprudência do Tribunal de Justiça, devem assumir o estatuto de heterolimitação dos poderes da Comissão.

Capítulo II – A Regulação Comunitária dos Auxílios de Estado 243

A tudo isto acresce a necessidade de a Comissão verificar a congruência dos auxílios de Estado com as restantes normas do Tratado ou do direito derivado. Trata-se de importante heterolimitação dos poderes da Comissão que assume, como veremos no capítulo seguinte, um alcance significativo relativamente aos auxílios tributários.

4.4.3. O controlo da Comissão segundo os objectivos dos auxílios

4.4.3.1. Os auxílios regionais

No exercício da sua política de supervisão, controlo e apreciação do grau de incompatibilidade dos auxílios de Estado com o mercado comum, a Comissão estrutura a sua intervenção em função dos objectivos dos auxílios, distinguindo quatro grandes tipos.

O primeiro é constituído pelos *auxílios regionais* que os Estados criam para impulsionar o desenvolvimento sócio-económico de áreas deprimidas no interior do seu território ou para compensar os custos de certas regiões periféricas. Os beneficiários destas ajudas são, normalmente, as empresas sediadas ou que operam na região, abrangendo todos ou apenas alguns sectores de actividade.[288]

Existe, nestes casos, uma vantagem a favor destas empresas e uma discriminação em relação às empresas que, operando no território nacional ou no território comunitário, não o fazem na região assistida. Tal facto implica um criterioso balanço entre os objectivos da protecção da concorrência e os do desenvolvimento regional, factor de coesão económica e social.

Em linhas gerais, a Comissão, delimita o campo de aplicação da alínea a) do n.° 3 do artigo 87.° do Tratado, às regiões NUTS II (em que o

---

[288] Sobre os auxílios regionais, cf. WISHLADE, "Competition Policy, Cohesion and Coherence? Member State Regional Policies and the New Regional Guidelines" e LAMBARDI/ EZKURDIA, "Regional Development Guidelines: Do They Really Help Regional Development?", ambos in BILAL/ NICOLAIDES, *Understanding..., ob. cit*, respectivamente, p. 173 e ss e 143 e ss.; D' SA, *ob. cit*., p. 213 e ss.; KEPPENNE, *ob. cit*., p. 412 e ss.; EVANS, *European..., ob. cit*., p. 146 e ss.; ROUAM., *ob. cit*., p. 35 e ss. e JALLES, "Ajudas de Estado com finalidade regional no âmbito do mercado comum", *Assuntos Europeus*, 1982, n.° 1, p. 81 e ss.

244 *Auxílios de Estado e Fiscalidade*

PIB/por habitante é inferior a 75% da média comunitária) e o da alínea c) do n.º 3 do mesmo artigo às regiões desfavorecidas no contexto nacional, definidas na base de indicadores nacionais propostos pelos Estados membros.

Os auxílios públicos destinados à promoção do desenvolvimento destas regiões, em especial os que se destinem a apoiar o investimento inicial e os "grandes projectos de investimento" podem, dentro de certas condições (como a subordinação à manutenção do investimento ou dos empregos criados durante um período mínimo de cinco anos), ser admitidos.[289] Em casos excepcionais, podem ser igualmente permitidos, nas regiões mais desfavorecidas no plano comunitário, certos auxílios ao funcionamento, isto é, auxílios que se destinem a reduzir despesas correntes das empresas, como, por exemplo, custos salariais ou de transporte.[290]

4.4.3.2. Os auxílios sectoriais

O segundo tipo é o dos *auxílios sectoriais* tendo em vista incentivar o investimento ou ajudar a reestruturação ou o desenvolvimento de certos sectores da economia, como os transportes ferroviários, aéreos, marítimos por via navegável ou os da produção e comercialização dos produtos da agricultura e da pesca, e que têm vindo a ser objecto de regula-

---

[289] Por *investimento inicial* entende-se o investimento em capital fixo relativo à criação de um novo estabelecimento, à extensão de um estabelecimento existente ou ao arranque de uma actividade que implique uma transformação fundamental do produto ou do processo de produção de um estabelecimento existente. Os *grandes projectos de investimento* são os que satisfazem os seguintes critérios: ou 1) o montante total do auxílio é, pelo menos, de 50 milhões de euros ou 2) o projecto representa um custo total do mesmo montante, a intensidade do auxílio total é superior a metade do tecto do auxílio regional aplicável e o auxílio por emprego criado ou preservado é de, pelo menos, 40000 euros.

[290] Os *auxílios ao funcionamento* devem satisfazer três condições cuja prova incumbe ao Estado outorgante: devem ser justificados do ponto de vista da sua contribuição ao desenvolvimento regional, o seu nível deve ser proporcional às desvantagens que visam superar, devem ser limitados no tempo e degressivos. Apenas as regiões ultraperiféricas ou de fraca densidade populacional podem beneficiar de auxílios destinados a compensar os sobrecustos de transporte.

mentação específica.[291] Em alguns casos, como ocorre com certos sectores mais sensíveis, confrontados com problemas económicos particularmente graves, como os da construção naval, das fibras sintéticas, da indústria automóvel, da siderurgia e da indústria do carvão, esta regulamentação é mesmo mais restritiva.[292]

Os beneficiários destes auxílios são normalmente todas as empresas do sector assistido, caso em que não há, dentro dele, discriminações ou distorções de concorrência. No entanto, como estes auxílios dão vantagem às empresas destes sectores em relação às dos sectores não assistidos e podem, deste modo, afectar a concorrência com estes ou ter efeitos no comércio intracomunitário, impõe-se também aqui um balanço económico para a sua admissão e uma apertada supervisão na aplicação destes auxílios quando permitidos.

4.4.3.3. Os auxílios horizontais (ou intersectoriais) [293]

Este tipo de auxílios caracteriza-se pelo facto de terem em vista objectivos de promoção de certas funções específicas da actividade

---

[291] Sobre os auxílios sectoriais, cf. D' SA, *ob. cit.*, p. 154 (com destaque para os sectores do aço, carvão e veículos a motor); CHÉROT, *ob. cit.*, p. 97 e ss.; KEPPENNE, *Guide...,ob. cit.*, p. 507 e ss. (com destaque para a agricultura e pescas, e transportes ferroviários, rodoviários e por via navegável, bem como para o regime do Tratado CECA); ROUAM, *ob. cit.*, p. 95 e ss.

[292] Há, no entanto, sectores de crescente importância, como o financeiro, o audiovisual, a cultura e o da energia, que não foram, até agora, objecto de qualquer regulamentação ou enquadramento específico.

[293] A doutrina e a Comissão costumavam designar de "auxílios gerais" (ou de carácter geral) aqueles de que poderia beneficiar qualquer empresa, independentemente da sua localização geográfica ou dependência sectorial, e que se traduziam em formas gerais de apoio, nomeadamente no quadro de programas de expansão económica ou em favor de empresas em dificuldade (auxílios a favor do desenvolvimento económico geral, da modernização industrial, da expansão económica, ao investimento, etc.). A expressão era, não raro, confundida com a de regime geral de auxílios (as duas realidades andam frequentemente ligadas) e mesmo com a de medidas económicas de natureza geral (que não são auxílios, mas cuja exacta linha de demarcação é, na prática, por vezes pouco clara). Ao lado destes surgia a expressão "auxílios horizontais ou intersectoriais" para dar conta daquelas medidas que não sendo especificamente regionais ou sectoriais, também

empresarial em geral ou de apoio a empresas em função da dimensão ou da situação de crise destas, em qualquer dos casos independentemente do sector, do tipo de actividade ou da região em que se insiram.[294] É este o caso quer das medidas de apoio à investigação e desenvolvimento ou ao emprego, à formação profissional e à protecção do ambiente, quer das medidas de apoio a pequenas e médias empresas ou a empresas em dificuldade.[295]

Ao contrário do que ocorre com os auxílios regionais e sectoriais, em princípio, todas as empresas ou todas as empresas que preencham certos requisitos podem ter acesso a este tipo de auxílios. Mas como, na prática, algumas empresas podem deles tirar mais proveito directo ou indirecto do que outras (v.g., os incentivos à I&D beneficiam as empresas que deles fazem maior uso, mas também aquelas que, em sectores de ponta, como o da informática, fabricam o *hardware* ou disponibilizam o *software*), este tipo de auxílio deve ser igualmente submetido ao prévio escrutínio da Comissão, se bem que actualmente, como dissemos, tenha à partida, por parte desta, uma apreciação mais benévola, se não mesmo francamente encorajadora.

---

não seriam "gerais", por serem limitadas a um certo número de sectores, tendo em vista a realização de certos objectivos ou a implantação de certas soluções comuns a alguns sectores. A posição da Comissão sempre foi de grande desconfiança em relação aos chamados "auxílios gerais", apenas os permitindo, a título excepcional, quando enquadrados em programas com especificidade regional ou sectorial ou quando tivessem por finalidade remediar perturbações graves da economia de um Estado membro. Essa desconfiança era por vezes extensiva aos auxílios horizontais. Na prática, hoje a expressão "auxílios gerais" quase deixou de ser usada. O que dela resta (auxílios de emergência e à reestruturação) aparece integrado na categoria "auxílios horizontais", continuando, porém, ao contrário dos restantes auxílios horizontais, a receber uma atitude de desfavor por parte da Comissão.

[294] Cf. D'SA, *ob. cit.*, p. 246 e ss. (em especial no que toca a PMEs, I&D, protecção ambiental, emprego e formação e empresas em áreas urbanas deprimidas); KEPPENNE, *Guide...,ob. cit.*, p. 435 e ss.

[295] A Comissão insere ainda neste grupo as medidas de apoio às pequenas empresas situadas em bairros urbanos desfavorecidos, embora, em rigor, se trate de uma medida híbrida.

Capítulo II – A Regulação Comunitária dos Auxílios de Estado 247

4.4.3.4. Os auxílios ao investimento directo externo

Um quarto tipo, recentemente autonomizado pela Comissão, é o dos auxílios ao *investimento directo "no estrangeiro"*.

A Comissão distingue aqui entre os auxílios aos investimentos levados a cabo por pequenas e médias empresas e os auxílios aos investimentos levados a cabo por grandes empresas.

Atendendo a que os primeiros promovem um objectivo comunitário, o desenvolvimento das PMEs, a sua compatibilidade com o mercado comum será analisada favoravelmente, tendo em conta o enquadramento genérico dos auxílios a este tipo de entidades, se produzirem efeitos positivos sobre a competitividade das empresas comunitárias.

No segundo caso, a apreciação será exercida de forma casuística e sujeita a apertada vigilância, tendo em consideração a necessidade do auxílio, a sua intensidade, o risco dos projectos e, em especial, as distorções de concorrência que provoca no EEE. Neste contexto, como sublinha a Comissão, "qualquer potencial elemento de subsídio à exportação deve ser minuciosamente apreciado, uma vez que os mesmos são proibidos pelo Acordo sobre Subvenções e Medidas de Compensação no âmbito da Organização Mundial do Comércio".[296]

4.5. A consideração da forma dos auxílios

Tal como acontece com os objectivos, também as formas de auxílio, sendo indiferentes para efeitos do princípio da incompatibilidde, são relevantes para efeitos da política da Comissão, em particular da sua autorização.

De facto, esta instituição atribui grande importância, para este efeito, à distinção que, desde há muito, efectua entre auxílios concedidos através do orçamento ("auxílios orçamentais") e auxílios concedidos através do sistema fiscal ou do sistema da segurança social ("auxílios tributários"), quer estes se traduzam em reduções de impostos, quer estes se traduzam mesmo em simples deferimento de tributação.[297]

---

[296] Cf. COMISSÃO, *XXVIII Relatório sobre a Política de Concorrência*, 1998, n.ºs 228 e 229; KEPPENNE, *Guide..., ob. cit.*, p. 452 e ss.

[297] Cf. COMISSÃO, *Primeiro Relatório, ob. cit.*, p. 13 do anexo técnico.

Por outro lado, a forma do auxílio permite revelar a intensidade da vantagem auferida pelo beneficiário. Com efeito, o *elemento de auxílio* (ou seja, o benefício financeiro último contido no montante nominal transferido) depende, em grande medida, da forma como o auxílio é atribuído.

Em função destes considerandos, a Comissão define quatro grupos de benefícios.

O primeiro grupo caracteriza-se pelo facto de o auxílio ser integralmente transferido para o beneficiário (isto é, o elemento de auxílio é igual ao capital de auxílio) e integra as subvenções, subsídios e outras prestações atribuídas pelo orçamento bem como as medidas de natureza fiscal equivalentes a subvenções.

O segundo grupo integra as transferências financeiras efectuadas pelas autoridades públicas sob a forma de participação no capital, incluindo a conversão de dívidas, e que não correspondam a um envolvimento do sector público numa actividade comercial, caso em que agiria como um investidor privado em condições normais de mercado. A autonomização deste grupo face ao primeiro justifica-se essencialmente pela necessidade do prévio apuramento da natureza da transferência e pela necessidade de se proceder ao cálculo do benefício da intervenção para a empresa beneficiária.

O terceiro grupo abrange as transferências provisórias em que o elemento de auxílio, sendo constituído pelo juro poupado pela empresa beneficiária durante o período em que o capital transferido estiver à sua disposição, é muito menor do que o capital de auxílio. Entram neste grupo os empréstimos em condições favoráveis, suportados pelo orçamento e os diferimentos de impostos, concedidos por via do sistema fiscal que, nos seus efeitos, se assemelham a empréstimos por parte do Estado.

Por fim, o quarto grupo inclui os montantes cobertos por regimes de garantias e as perdas no âmbito destes mesmos regimes. No primeiro caso, o elemento de auxílio é em regra muito inferior aos montantes nominais, visto corresponder ao benefício que a empresa recebe sem encargos ou a preço inferior ao que pagaria no mercado para cobertura dos riscos. No segundo, o elemento de auxílio corresponde ao montante do prejuízo total, líquido dos prémios pagos, equivalendo, na prática, a uma transferência definitiva para o beneficiário.

§ 3.º

O CONTROLO DOS AUXÍLIOS DE ESTADO: AS DIMENSÕES PROCEDIMENTAL, SANCIONATÓRIA E PROCESSUAL

1. O PROCEDIMENTO ADMINISTRATIVO DE CONTROLO

1.1. O novo "Regulamento de processo"

1.1.1. Antecedentes

Os procedimentos de controlo comunitário dos auxílios de Estado são de extrema relevância não só prática, como teórica e política.[298] Até muito recentemente, tais aspectos eram apenas disciplinados pelo artigo 88.º (a. n. 93.º) do Tratado, por abundante jurisprudência comunitária e por algumas comunicações da Comissão que continham as principais linhas de orientação da sua acção, com importantes repercussões no domínio procedimental.[299] A enorme flexibilidade deste enquadramento jurídico permitia uma ampla margem de apreciação à Comissão e o estabelecimento de relações bilaterais e multilaterais entre esta instituição e os Estado membros, que, por vezes, assumia, uma natureza "quase-negocial".

---

[298] A especificidade da matéria do controlo dos auxílios implicaria um tratamento mais aprofundado do que aquele nos propomos fazer, mas isso afastar-nos-ia dos objectivos centrais deste trabalho, prejudicando a sua economia. Deste modo, aqui apenas serão considerados os aspectos processuais e procedimentais (expressões que usaremos indistintamente) inovadores ou que se mostrem complementares ou necessários para a compreensão da disciplina substantiva dos auxílios públicos.

[299] De acordo com o artigo 88.º, o controlo da Comissão desdobra-se num controlo *permanente* (sucessivo) dos auxílios existentes e num controlo *preventivo* dos auxílios

250   *Auxílios de Estado e Fiscalidade*

Existia assim desde há muito, no plano jurídico, uma séria lacuna nesta matéria: a falta de um regulamento do processo que cumprisse as funções atribuídas, em sede de regime das coligações, proibições de abuso dominante e de controlo das concentrações, ao Regulamento do Conselho n.° 17/62, de 6 de Fevereiro de 1962.[300] Um dispositivo deste tipo deveria completar, no domínio dos auxílios de Estado, as disposições previstas no Tratado.

Ainda em 1966, a Comissão chegou a apresentar uma proposta de regulamento destinada a fixar certas condições e modalidades de aplicação do exame preventivo dos projectos de auxílios, que, no entanto, nunca viu a luz do dia.[301]

Na realidade, durante muito tempo, ninguém esteve verdadeiramente interessado na aprovação de um regulamento de processo. A Comissão, porque, sendo-lhe reconhecido um poder discricionário na apreciação da compatibilidade dos auxílios, dispunha de uma situação muito confortável.[302] Os Estados membros porque aproveitavam o vazio legal existente

---

novos, este último frequentemente a ser efectuado em duas fases, uma de natureza preliminar, outra de natureza pré-contenciosa. A jurisprudência, em relação à fase preliminar, clarificou, ao longo dos anos, vários aspectos controversos: por exemplo, como se deveria processar a notificação prévia e quais as consequências da sua falta, o âmbito e a delimitação dos poderes da Comissão e o prazo de duração desta fase. Quanto à Comissão, para lá das comunicações sobre os auxílios *de minimis*, já referidas, é de salientar a importância das orientações relativas à restituição dos auxílios atribuídos em violação das regras do Tratado, a primeira de 1983 (JOCE n.° C 318, de 24 de Novembro de 1983), a última de Maio de 1995 (JOCE n.° C 156, de 27 de Junho de 1995).

[300] Publicado in JOCE n.° L 13, de 21 de Fevereiro de 1962. Para uma síntese dos procedimentos contidos no Regulamento n.° 17/62, vide Gerhard GRILL, "The Enforcement of EC Competition Policy", in NICOLAIDES/ van der KLUGT, *The Competition Policy of the European Community*, 1994, pp. 71 e ss.

[301] Cf. a proposta da Comissão, COM (66) 95, de 30 de Março de 1996, modificada pela proposta COM (66) 457, de 10 de Novembro de 1966.

[302] Durante muito tempo a questão não foi pacífica. Recordamos, a propósito, apesar da sua extensão, a resposta do então comissário Leon BRITTAN a uma carta do ministro italiano da indústria (M. Battaglia), convidando a Comissão a submeter ao Conselho uma proposta de regulamento neste domínio: "Eu não posso partilhar o vosso sentimento de que a falta de um regulamento do Conselho provoque uma muito elevada incerteza no domínio das ajudas à indústria. A Comissão tem sempre informado e, quando tal seja necessário, consultado os Estados membros a propósito da sua política. Ela não se tem poupado a desenvolver esforços para conseguir a maior transparência pos-

Capítulo II – A Regulação Comunitária dos Auxílios de Estado 251

para manterem os terceiros fora do processo e negociarem, até um certo ponto, com a Comissão a aplicação das regras, caso a caso.[303]

---

sível, publicando entre outros, *"guidelines"* e enquadramentos sobre numerosos aspectos da política de ajudas. O Tribunal de Justiça tem igualmente clarificado um grande número de questões tanto no que toca a matéria processual (por exemplo, o prazo de dois meses para avaliar os casos das ajudas notificadas), como no que toca a questões de fundo (por exemplo, a definição de ajuda e a determinação dos factores que devem ser tomados em conta para avaliar a compatibilidade da ajuda). Através dos seus acórdãos, o Tribunal de Justiça tem desenvolvido um *corpus* jurisprudencial que obriga tanto a Comissão como os Estados membros. Como já o tinha explicado antes, o Tratado estabelece uma separação clara em matéria de ajudas de Estado, entre os poderes da Comissão e os do Conselho. Por esta razão não penso que os autores do Tratado tenham querido confiar aos Estados membros um poder de decisão ao nível da formulação dos critérios e dos princípios de avaliação das ajudas. A própria formulação do artigo 94.° (n. n. 89.°) visa simplesmente os regulamentos de aplicação, na medida em que os artigos 92.° e 93.° (n. n. 87.° e 88.°) compreendem já um conjunto relativamente completo de regras, tanto processuais como materiais. Tais regulamentos de aplicação não poderiam senão completar ou precisar as regras próprias do Tratado, eles não as poderiam modificar. Um regulamento baseado no artigo 94.° (n. n. 89.°) não poderia pois limitar o campo de aplicação do artigo 92.° (n. n. 87.°), nem a competência da Comissão, tal como se encontra definida no artigo 93.° (n. n. 88.°). Além disso, as numerosas decisões tomadas pela Comissão no passado, assim como a jurisprudência do Tribunal de Justiça, levam-me a pensar que não há nenhuma necessidade aparente para a Comissão de apresentar uma proposta na base do artigo 94.° (n. n. 89.°) do Tratado (...). Depois de ter examinado atentamente as consequências tanto institucionais como práticas de um recurso ao artigo 94.° (n. n. 89.°) e considerando que os objectivos da segurança jurídica e da transparência podem ser realizados prosseguindo na prática já bem estabelecida dos diálogos bilaterais e multilaterais e das consultas no quadro do processo de decisão, eu próprio cheguei à conclusão de que não seria apropriado para a Comissão, preparar uma nova proposta de regulamento sobre as ajudas de Estado fundada no artigo 94.° (n. n. 89.°) do Tratado" (in *Agence Europe, Europe Documents* n.° 1656, de 19 de Outubro de 1990; usamos a tradução de J. J. ALMEIDA, in *A Restituição das Ajudas de Estado Concedidas em Violação do Direito Comunitário*, 1997, p. 93-94).

[303] Assim, J-P. KEPPENNE, *"Les premières ébauches d'une réglementation du Conseil en matière de contrôle des aides d'État: le règlement sur les exemptions par catégorie et le règlement de procédure"*, 1999, p. 95.

1.1.2. Os inconvenientes da inexistência de um regulamento de processo

Recentemente, os inconvenientes da ausência de regulamentação tornaram-se, aos olhos dos principais protagonistas, mais nítidos do que as vantagens.

A crescente importância do controlo dos auxílios públicos, o aumento do número de casos com que a Comissão lida todos os anos, a perspectiva do novo alargamento da Comunidade tornavam clara a necessidade de uma adaptação do regime às novas circunstâncias.[304]

Em particular, a Comissão, por acção do Tribunal, foi progressivamente confrontada com cada vez maiores limitações ao exercício dos poderes de quase-regulamentação e de controlo que possuía, em especial no que respeita à perda de flexibilidade das formas não vinculativas que usava para proceder ao controlo dos auxílios de Estado. Com efeito, o Tribunal, para além de tornar claro que os documentos de enquadramento da Comissão não podiam derrogar as disposições do Tratado e do direito comunitário derivado, vinculou a Comissão às suas próprias directrizes e orientações na apreciação dos casos concretos.[305]

Por outro lado, começou a tornar-se muito nítido o risco de um acréscimo dos direitos processuais das partes interessadas. Este facto, desencadeado sobretudo pela decisão do Tribunal de Primeira Instância no caso *Sytraval,* ia contra a prática clássica da Comissão e também não entusiasmava os Estados membros, ciosos do diálogo bilateral ou multilateral com a aquela instituição.[306]

---

[304] Neste sentido, cf. Adinda SINNAEVE, "State aid procedures: the reform project", in BILAL/NICOLAIDES, *Understanding State Aid Policy in the European Community*, 1999, p. 209.

[305] O papel do órgãos jurisdicionais comunitários tem sido central na tutela dos privados. A filosofia da sua acção tem sido claramente a de limitar ao máximo o âmbito da discricionariedade da Comissão, em particular na fase preliminar do controlo das medidas estatais não notificadas, evitando a inércia ou os comportamentos dilatórios que possam trazer prejuízos irreparáveis às empresas (assim, PINOTTI, *Gli Aiuti di Stato..., ob. cit.*, 2000, pp. 252, 302 e 313).

[306] Cf. o Acórdão do TPI, de 28 de Setembro de 1995, proc. T-95/94, *Sytraval e Brink's France/ Comissão e França*, Col. 1995, II- 2651. Neste acórdão, o TPI afirma, pela primeira vez, quais são os direitos dos recorrentes particulares na fase preliminar,

Capítulo II – A Regulação Comunitária dos Auxílios de Estado   253

Com efeito, neste acórdão, o TPI decidiu que a fundamentação da decisão da Comissão de não acolher uma denúncia poderia implicar um debate contraditório com os denunciantes, "quando, para justificar de modo juridicamente suficiente a sua apreciação da natureza das medidas denunciadas, a Comissão tenha necessidade de conhecer a posição do denunciante sobre os elementos que recolheu no âmbito da sua instrução".[307] Esta obrigação de um eventual debate contraditório com os denunciantes ocorreria logo na fase preliminar, o que transformaria esta fase numa investigação formal, terminando com a prática do carácter bilateral do diálogo entre a Comissão e os Estados membros, característico daquela fase. Para além disso, o TPI considerou que as cartas enviadas pela Comissão aos denunciantes equivaliam a decisões, que deveriam ser devidamente fundamentadas, quando a Comissão sempre entendeu que os destinatários das decisões em sede de auxílios públicos eram exclusivamente os Estados membros.

1.1.3. Génese do novo regulamento

Daí que não espante que, trinta anos depois da apresentação da primeira proposta, a Comissão tenha alterado a sua posição, tornando públicos, no Conselho de Indústria de 14 de Novembro de 1996, durante a presidência irlandesa, os seus planos de reforma do sistema de controlo dos auxílios públicos, com base no artigo 89.º do Tratado.[308] Nem que o Con-

---

sancionando a obrigação a cargo da Comissão de examinar todas as denúncias, sem fazer recair o ónus da prova nos denunciantes. Sobre o tema, P. J. SLOT, "EC Policy on State Aid: are the procedures "user-friendly"? The rights of third parties", in BILAL/ NICO-LAIDES, *Understanding...ob. cit.*, p. 81 e ss., em especial, p. 86 e ss. Vide ainda, na linha deste acórdão, o inovador Acórdão do TPI, de 15 de Setembro de 1998, proc. T-95/96, *Gestevisión Telecinco/ Comissão*, Col. 1998, p. II-3407.

[307] Cf. o n.º 2 do sumário do citado acórdão *Sytraval* que justifica tal posição da seguinte maneira: "Em semelhantes circunstâncias, esta obrigação constitui o prolongamento necessário da obrigação que incumbe à Comissão de assegurar, sem que, de modo algum, tal implique o início do processo previsto no n.º 2 do artigo 93.º (n. n. 88.º) do Tratado, um tratamento diligente e imparcial da instrução do processo, recolhendo todos os pareceres necessários."

[308] A existência de um número crescente de processos em análise e a dificuldade de lhes dar vazão também pesou nesta mudança de orientação. Mas pesou sobretudo na

selho tenha acolhido de bom grado a iniciativa e incentivado a Comissão a submeter-lhe propostas formais.

Assim, na sequência da apresentação de um primeiro projecto de proposta de regulamento processual aos peritos dos Estados membros durante a reunião multilateral de 3 e 4 de Novembro de 1997, a Comissão entregou ao Conselho, em 18 de Fevereiro de 1998, uma proposta de regulamento que organizava a sua competência de controlo.[309]

O Conselho, após acordo político obtido em 16 de Novembro, adoptou, em 22 de Março de 1999, o Regulamento (CE) n.° 659/1999 (adiante "Regulamento de processo") que define as regras relativas aos procedimentos a seguir no domínio dos auxílios de Estado em todos os sectores, colmatando a lacuna existente.[310]

Este Regulamento, que entrou em vigor em 15 de Abril do mesmo ano, condensa e codifica, introduzindo algumas novidades, as regras que se extraem da abundante jurisprudência comunitária e da prática processual. Deste modo, complementa e dá corpo aos dispositivos previstos no Tratado, em especial ao artigo 88.° deste diploma.

Após um longo período de hesitações, existe assim hoje, em sede de auxílios de Estado, um regulamento com funções similares ao existente

---

apresentação da proposta que visava alterar o sistema de controlo dos auxílios, a proposta de regulamento relativa às isenções por categoria de certos auxílios horizontais, apresentada em 15 de Julho de 1997 e adoptada em 7 de Maio de 1998 (Regulamento do Conselho n.° 994/98, in JOCE n.° L 142). Curiosamente esta proposta e a do regulamento de processo ignoraram-se mutuamente, apesar de provindas da mesma organização. Sobre o tema, vide C. AHLBORN, "Unequal Twins: Reform of the State Aid Rules Under Article 94", in BILAL/ NICOLAIDES, *ob. cit.*, 1999, p. 231 e ss.

[309] Cf. Proposta de Regulamento do Conselho que estabelece regras de execução do artigo 93.° (n. n. 89.°) do Tratado CE (in JOCE C 116, de 16 de Abril de 1998). O Parlamento Europeu deu o seu parecer em 14 de Janeiro de 1999 (JOCE n.° L 83, de 27 de Março de 1999). O parecer do Conselho Económico e Social foi dado em 1 de Julho de 1998 e publicado no JOCE C 284, de 14 de Setembro de 1998, p. 10. Sobre esta proposta, para além de KEPPENNE, "Ébauches...", *ob. cit.,* 1999, vide também, SINNAEVE," State aid procedures...", *ob. cit.,* 1999, pp. 209-230.

[310] Cf. Regulamento (CE) n.° 659/1999 do Conselho, de 22 de Março de 1999, que estabelece as regras de execução do artigo 93.° (n.n. 88.°) do Tratado, in JOCE n.° L83, de 27 de Março de 1999. Este regulamento - que, em princípio, tem vocação para se aplicar a todos os sectores - não prejudica a existência de normas procedimentais específicas previstas em outros regulamentos para certos sectores especiais.

Capítulo II – A Regulação Comunitária dos Auxílios de Estado   255

no domínio das regras da concorrência aplicáveis às empresas, o referido Regulamento n.° 17/62, do Conselho, de 6 de Fevereiro de 1962.[311]

A jurisprudência, as posições doutrinais e as comunicações e outras orientações da Comissão devem ser assim revistas hoje à luz do novo Regulamento de processo.

1.2. Estrutura e objectivos do Regulamento de processo

O Regulamento de processo integra oito capítulos: quatro deles (do II ao V) regulam o processo aplicável aos auxílios notificados (cap. II), aos auxílios ilegais (cap. III), aos auxílios utilizados de forma abusiva (cap. IV) e aos regimes de auxílios existentes (cap. V); os restantes dizem respeito às disposições gerais, incluindo definições (cap. I), às disposições comuns (cap. VIII), às disposições relativas a partes interessadas (cap. VI) e ao controlo (cap. VII).

Os motivos da apresentação da proposta da Comissão foram por ela avançados num relatório de 1997. O regulamento processual em elaboração — dizia então a Comissão — "constituirá uma verdadeira codificação, no âmbito de um regulamento único do Conselho, das diferentes regras processuais que existem actualmente em matéria de auxílios estatais, melhorando assim a transparência e a segurança jurídica. Proporcionará uma base jurídica mais sólida para as actuais práticas, decorrentes na sua maior parte da jurisprudência do Tribunal ou das regras pragmáticas que a Comissão se fixou".[312]

---

[311] Há, porém, em muitos sectores doutrinais, uma forte insatisfação quanto à eficácia e transparência das soluções adoptadas (ver, por todos, AHLBORN, *ob. cit.,* p. 240-1) Para além disso, não se foi, porém, tão longe como seria necessário. Com razão foi, entre nós, defendido por M. Nuno de MACHETE que a solução mais consentânea com os problemas existentes seria a da "codificação, num único diploma legislativo, do Direito processual da concorrência, que integrasse, não só as actuais soluções previstas nas regulamentações dispersas dos Regulamentos n.°s 17/62 e 4064/89 e respectiva legislação complementar, como também as regras aplicáveis aos auxílios estatais. Uma tal regulamentação da concorrência deveria, pois, obedecer à unidade teleológica e sistemática que caracteriza o movimento codificador e, no tocante aos auxílios, deveria aproveitar algumas das soluções já ensaiadas noutros domínios da concorrência" (*Auxílios Públicos, A Conexão entre os Arts. 85.° e ss. e os arts. 92.° e ss. do Tratado de Roma*, 1995, pp.121-2).

[312] Cf. COMISSÃO, *Política de Concorrência da Comunidade Europeia*, 1997,

A codificação da disciplina existente procura assegurar um reforço da transparência e da segurança. Com efeito, a multiplicação dos textos da Comissão, mesmo que tendo por objectivo tornar as regras dos auxílios mais transparentes conduzia, na prática, a um decréscimo da transparência, aquilo a que SINNAEVE designa por *"paradox of less transparency by more transparency"*.[313]

Para garantir a segurança jurídica, o regulamento propõe-se definir as circunstâncias em que se deve considerar a existência de auxílio. Procura, em particular, diminuir a incerteza relativa aos casos em que determinadas medidas que, no momento da sua execução não constituíam auxílios, podem passar a constituí-los por força da evolução permanente da política de auxílios estatais, decorrente do processo gradual que é a realização e o reforço do mercado interno.[314]

Para KEPPENNE, o principal mérito do regulamento reside na sua natureza vinculativa.[315] Com esta codificação, escreve, por sua vez SINNAEVE, põe-se fim à mistura de *case law* e de *soft law* que caracterizava a situação anterior.[316] Mas, apesar de alguns novos instrumentos poderem melhorar a efectiva aplicação do controlo dos auxílios, no essencial, o processo de controlo dos auxílios já existente não é substancialmente modificado pelo Regulamento de processo. Em muitos casos, este limita-se a confirmar e clarificar o *acquis* regulamentar que já decorria da jurisprudência ou das orientações ou da prática da Comissão. Ao mesmo

---

p. 67. Para uma análise das regras em vigor anteriormente ao novo regulamento, vide, entre outros, COMISSÃO, *Direito da Concorrência das Comunidades Europeias*, vol. IIA (*Regras aplicáveis aos auxílios estatais*), 1999, em especial, pp. 23 e ss. e vol. IIB (*Explicação das regras aplicáveis aos auxílios estatais*), 1996, pp. 29 e ss.; Michel STRUYS, "Questions choisies de procédure en matière d'aides d'État", *RTDE*, n.° 1, 1993, p. 17-38; P. J. SLOT, Procedural Law on State Aids", in HARDEN, *ob. cit.*, 1993, p. 36 e ss.; C. PINOTTI, *Gli Aiuiti..., ob. cit.*, 2000, p. 167 e ss; K. LENAERTS e M. PITTIE, "Problématique générale de la procédure de contrôle des aides d'État", in *CDVA*, *ob. cit.*, 1999, p. 217 e ss.

[313] Cf. SINNAEVE, *ob. cit.*, 1999, p. 215. Já em 19 de Maio de 1993, o Advogado-Geral TESAURO, nas conclusões apresentadas no proc. C-198/91, referindo-se, no caso, ao procedimento preliminar, descrevia-o como "opaco".

[314] Cf. o considerando n.° 4 do Regulamento de processo.

[315] Cf. KEPPENNE, *ob. cit.*, 1999, p.106.

[316] Cf. SINNAEVE, *ob. cit.*, 1999, p. 226.

Capítulo II – A Regulação Comunitária dos Auxílios de Estado   257

tempo, permanecem sem resposta muitas das questões processuais que anteriormente se punham.[317]

1.3. Conceitos fundamentais na aplicação do processo

1.3.1. Considerações gerais

O Regulamento não define auxílio de Estado, limitando-se a remeter, neste ponto, para o Tratado. Mas fez um esforço no sentido de proceder à clarificação de algumas noções usadas desde há muito (por exemplo, as distinções entre regimes de auxílios e auxílios individuais ou entre auxílios novos e auxílios existentes) e que têm consequências nos regimes processuais aplicáveis. Muitas destas noções tinham sido alvo de delimitação por parte da Comissão ou do Tribunal, mas nunca de uma definição legal.

Nem sempre, porém, as questões ficam resolvidas. Ao intérprete estará ainda reservada uma importante tarefa.

1.3.2. Auxílios novos e auxílios existentes

Um aspecto crucial quanto aos procedimentos a utilizar prende-se com a distinção entre auxílios existentes e auxílios novos.[318]

O núcleo duro dos auxílios *existentes* é constituído pelos auxílios e regimes de auxílios *antigos* (isto é, vigentes nos Estados fundadores da Comunidade antes da entrada em vigor do Tratado CEE ou à data da adesão dos Estados que vieram posteriormente a integrar a Comunidade e que continuem a aplicar-se depois dessa data); pelos auxílios *autorizados expressamente* pela Comissão ou pelo Conselho e pelos auxílios autorizados tacitamente ou *por omissão* (isto é, os auxílios *legalmente* concedidos depois de a Comissão não ter tomado em devido tempo uma decisão, e após o Estado haver informado a Comissão de que ia proce-

---

[317] Cf. KEPPENNE, *Guide...*, *ob. cit*, 1999, p. 286.
[318] Cf. a alínea b) do artigo 1.º do Regulamento de processo.

258 *Auxílios de Estado e Fiscalidade*

der à execução do auxílio, sem que da parte desta tenha sido suscitada qualquer reacção).[319]

Para além destes, o Regulamento passou também a considerar como auxílios existentes dois novos tipos. O primeiro, introduzido pelo Conselho, é o dos auxílios ilegais cuja recuperação não foi efectuada no prazo de dez anos a contar da data em que o auxílio ilegal tenha sido concedido ao beneficiário. De facto, o Regulamento dispõe que "qualquer auxílio cujo prazo de prescrição tenha caducado será considerado um auxílio existente".[320]

O segundo é constituído pelos casos das medidas que comprovadamente não constituíam auxílios no momento da sua execução e se vieram a transformar subsequentemente em auxílios, devido à evolução do mer-

---

[319] O "núcleo duro" corresponde ao universo dos auxílios existentes delimitado pela Comissão e pelo Tribunal antes do novo Regulamento. A COMISSÃO, *in Direito da Concorrência..., ob. cit.*, , p. 43, incluía na noção de auxílios existentes os "auxílios antigos" ou de "pré-adesão", isto é, regimes de auxílio em execução ou auxílios autorizados ou em fase de concessão antes da entrada em vigor do Tratado CE (1 de Janeiro de 1958 ou a data de adesão relevante no que respeita aos Estados membros que aderiram à Comunidade posteriormente, ou ainda 1 de Janeiro de 1994 no caso dos Estados membros da EFTA signatários do acordo EEE), que nunca foram objecto de investigação, nem formalmente autorizados pela Comissão; os "auxílios autorizados", isto é, "regimes de auxílios ou medidas de auxílio em vigor autorizados pela Comissão após notificação ou após terem sido executados sem notificação"; e os "auxílios autorizados por omissão", ou seja, "legalmente concedidos depois de a Comissão não ter conseguido adoptar uma decisão no prazo de dois meses estabelecido para a apreciação de uma notificação, tendo o Estado membro informado a Comissão de que ia proceder à execução do auxílio, sem ter suscitado qualquer reacção da parte desta última". Quanto ao segundo, vide, entre outros, os citados Acórdãos *Banco Exterior de España*, ponto 19 e *Namur*, ponto 13. Mais restritiva era a posição de MATTERA (*Le Marché Unique..., ob. cit.*, p. 79) que excluía da noção de auxílio existente os auxílios autorizados por omissão, sendo de opinião que a tese contrária entraria em flagrante contradição com o princípio da ilegitimidade *ab initio* dos auxílios não notificados. O Regulamento põe fim à controvérsia, embora, como bem nota PINOTTI, *ob. cit.*, p.188 e ss., a aplicação do conceito aos auxílios tacitamente autorizados suscite vários problemas interpretativos.

[320] Cf. o artigo 15.º do Regulamento de processo, em especial o seu n.º 3. Trata-se de importante inovação, uma vez que a jurisprudência, na ausência de prazo fixado previamente pelo legislador, inclinava-se para a imprescritibilidade do direito/poder (Cf. o Acórdão de 15 de Setembro de 1998, proc. T-126 e 127/97, BFM e EFIM / Comissão, Col. 1998, p. II-3437).

Capítulo II – A Regulação Comunitária dos Auxílios de Estado

cado comum e não por qualquer alteração por parte do Estado membro que as concedeu.[321]

Os auxílios existentes não têm que ser notificados, mas estão sujeitos a um exame *a posteriori*. Com efeito, a Comissão tem, nos termos do n.º 1 do artigo 88.º do Tratado, a faculdade de proceder, em cooperação com os Estados membros, ao exame permanente dos regimes de auxílios existentes, podendo propor aos Estados as medidas adequadas, que sejam exigidas pelo desenvolvimento progressivo ou pelo funcionamento do mercado comum.

Os auxílios *novos* definem-se por exclusão (ou por defeito): são todos aqueles que não sejam considerados como existentes, incluindo as alterações a um regime de auxílios já existente.[322]

De acordo com o n.º 3 do artigo 88.º (a. n. 93.º) do Tratado, "para que possa apresentar as suas observações, deve a Comissão ser informada atempadamente dos projectos relativos à instituição ou alteração de quaisquer auxílios". Os auxílios novos estão assim sujeitos a *notificação* (ou, de forma talvez mais rigorosa, a comunicação) à Comissão, notificação esta que deve ser completa e efectuada em prazo útil.[323]

A notificação é a chave do controlo prévio (ou *a priori*) que caracteriza estes auxílios.[324] A ausência de notificação dos auxílios novos ou a sua execução antes de a Comissão ter tomado, ou de se poder considerar que tomou, uma decisão que os autorize, converte esses auxílios em auxílios *ilegais*.

---

[321] Este tipo não constava da proposta da Comissão, não sendo muito claro qual o seu alcance. Fica a dúvida se abrange apenas aquelas medidas que não constituíam auxílios ou que não eram auxílios incompatíveis ou se abrange também as medidas em relação às quais a Comissão não se tenha ainda pronunciado.

[322] Cf. a alínea c) do artigo 1.º do novo Regulamento.

[323] Cf. os n.ºs 1 e 2 do artigo 2.º do Regulamento. A Comissão deve informar imediatamente o Estado membro da recepção da notificação. Esta deve conter todas as informações necessárias para que a Comissão possa tomar uma decisão.

[324] A razão de ser da notificação é impedir que o efeito distorção de concorrência se verifique antes da análise da compatibilidade comunitária dos auxílios. Por outro lado, tem também a função de permitir à Comissão formular as suas observações sobre o projecto de auxílios e autorizá-lo, se necessário, sob determinadas condições (Cf., PINOTTI, *Gli Aiuti.., ob. cit.*, 2000, p.168).

260 *Auxílios de Estado e Fiscalidade*

A noção parece englobar os auxílios que, depois de autorizados pela Comissão, não foram, por intervenção do Estado membro em causa (e não por intervenção do beneficiário), aplicados de acordo com a autorização. Trata-se de auxílios autorizados, mas em que houve abuso na aplicação por parte do Estado que o atribuiu. Sendo qualificados como auxílios novos, e não tendo sido notificados, seriam auxílios ilegais.

1.3.3. Auxílios incompatíveis e auxílios ilegais

A distinção entre auxílios incompatíveis e ilegais é central para efeitos do sistema de controlo dos auxílios públicos em direito comunitário.

Por "auxílio ilegal" entende-se um novo auxílio executado em violação do n.º 3 do artigo 88.º (a. n. 93.º) do Tratado.[325] Ou seja: são ilegais os auxílios públicos que não tenham sido devidamente notificados ou tenham sido atribuídos antes de autorização por parte da Comissão.[326]

A noção de ilegalidade não se confunde com a de incompatibilidade. A *ilegalidade* (por vezes, designada irregularidade) do auxílio é uma noção processual, a *incompatibilidade* uma noção substancial. A primeira reenvia para a questão de saber se, independentemente dos seus efeitos sobre a concorrência, a concessão de um auxílio ao beneficiário foi efectuada ou não de acordo com as regras processuais previstas no artigo 88.º (a. n. 93.º) do Tratado. A segunda implica a análise dos efeitos do auxílio sobre a concorrência e do seu contributo para o desenvolvimento da Comunidade.[327] A plena incompatibilidade do auxílio de Estado traduz-se, em última instância, na inexistência de causas de derrogação.

---

[325] Vide a al. f) do artigo 1.º do Regulamento de processo.

[326] Antes do Regulamento, a Comissão centrava a sua atenção na noção de "auxílios não notificados" que, segundo ela, abrangia "todos os auxílios concedidos ou autorizados sem notificação, independentemente do motivo (incluindo dúvidas quanto à natureza de auxílio), bem como todos os auxílios que são notificados após terem sido "executados" ou os auxílios previamente notificados mas "executados" antes de a Comissão ter tomado uma decisão a seu respeito", para concluir que "os auxílios concedidos sem autorização são ilegais." (COMISSÃO, *Direito da Concorrência, ob. cit.*, vol. II A, p. 39).

[327] Assim, J-P. KEPPENNE, *Guide ..., ob. cit.*, 1999, p. 13.

Os dois conceitos são pois independentes um do outro e mutuamente impermeáveis.[328] A *ilegalidade do auxílio* não implica automática ou necessariamente a sua incompatibilidade. Um auxílio pode ser ilegal e compatível. Basta que, sendo susceptível de ser objecto de derrogação ao abrigo do n.º 3 do artigo 87.º, não tenha sido devidamente notificado. Se o tivesse sido, por certo, seria considerado compatível com o mercado comum. Mas, como o não foi, o auxílio é ilegal, independentemente da decisão que sobre ele possa vir a recair em sede de apreciação de incompatibilidade.

Já um auxílio atribuído legalmente deverá ser, por definição, compatível, pois a sua concessão foi objecto de prévia autorização.[329] Do mesmo modo, um *auxílio incompatível* que tenha sido executado contrariando a decisão de incompatibilidade será necessariamente considerado ilegal.[330]

Esta distinção tem consequências importantes: é que enquanto a apreciação da compatibilidade ou incompatibilidade de um determinado auxílio é, em princípio, da exclusiva competência da Comissão, o mesmo não acontece com a verificação do carácter legal ou ilegal da concessão de um auxílio.[331] Aqui estamos perante uma competência partilhada entre a Comissão e os Tribunais nacionais dos Estados membros. Na verdade, estes estão habilitados a declarar a ilegalidade de uma medida que conceda um determinado auxílio público, mas são incompetentes para se pronunciarem sobre a compatibilidade ou não do auxílio, sob pena de invadirem a esfera das competências da Comissão.

---

[328] A "impermeabilidade mútua" das duas noções é sublinhada pelo Tribunal que delimita cuidadosamente as competências dos tribunais nacionais e da Comissão a este respeito.

[329] Para assegurar uma aplicação correcta e eficaz das regras relativas aos auxílios estatais, a Comissão tem a possibilidade de revogar uma decisão baseada em informações incorrectas prestadas durante o procedimento. Cf. o considerando n.º 10, os artigos n.º 9.º e 16.º e os n.ºs 3 do artigo 13.º e 2 do artigo 19.º do Regulamento de processo.

[330] Equivale a um auxílio novo não autorizado.

[331] Ver, contudo, o novo Regulamento do Conselho n.º 994/98 relativo à isenção por categoria de certos auxílios e o papel por este concedido às autoridades nacionais.

1.3.4. Regimes de auxílios e auxílios individuais

O Regulamento de processo consagra a contraposição entre regimes de auxílios e auxílios individuais.

Por *regime de auxílios* deve entender-se "qualquer acto com base no qual, sem que sejam necessárias outras medidas de execução, podem ser concedidos auxílios individuais a empresas nele definidas de forma geral e abstracta e qualquer diploma com base no qual pode ser concedido a uma ou mais empresas um auxílio não ligado a um projecto específico, por um período de tempo indefinido e /ou com um montante indefinido".

Por *auxílio individual* (auxílio pontual ou *ad hoc*) entende-se "um auxílio que não seja concedido com base num regime de auxílios ou que seja concedido com base num regime de auxílios, mas que deva ser notificado".[332]

Na prática, os beneficiários dos auxílios individuais, ao contrário do que ocorre com os beneficiários dos regimes de auxílios, são previamente identificados.

A distinção releva para dois efeitos. Em primeiro lugar, um regime de auxílios permite que a Comissão analise as suas características gerais e abstractas e que os Estados membros obtenham uma aprovação ou autorização única, com base nessas características. Estes não terão, em princípio, que notificar de novo cada uma das suas aplicações. Aquela não terá de analisar cada caso de aplicação concreta do regime.

Em seguida, pode mostrar-se também importante para efeitos de exame de compatibilidade. Embora os critérios de apreciação sejam os mesmos, o exame permanente dos auxílios existentes apenas se aplica aos regimes de auxílios. Os auxílios individuais existentes foram aprovados com base nas sua características próprias. Por isso devem atribuídos directamente ao beneficiário, sem que haja a possibilidade de pô-los em causa.[333]

---

[332] Cf., respectivamente, as alíneas d) e e) do artigo 1.º do Regulamento de processo.

[333] Cf. KEPPENNE, *Guide..., ob. cit.,* 1999, p. 180.

Capítulo II – A Regulação Comunitária dos Auxílios de Estado   263

1.4. Os protagonistas dos processos de controlo

1.4.1. A Comissão

A Comissão, enquanto "guardiã do Tratado", tem, em todo este processo, um papel crucial. Ela detém, nas palavras de COMMUNIER, "uma competência quase exclusiva do controlo dos auxílios de Estado".[334] Dispõe, antes de mais, como ocorre na generalidade dos domínios, de um poder normativo que se traduz na possibilidade de propor regulamentos (direito de iniciativa legislativa) e de os emitir quando para tal habilitada e que, no plano da regulamentação, se prolonga, como vimos, no enquadramento de práticas e políticas através de orientações ou directrizes administrativas.[335] Para além disso, a Comissão dispõe ainda de um poder de controlo e investigação, de um poder genérico de apreciação, culminando num poder de decidir, e, em termos menos extensos, de um poder de sanção.

É, com efeito, à Comissão que compete a instrução e investigação nos diversos processos de auxílios, em particular, como veremos, o procedimento formal de investigação. O poder de controlo da Comissão é assegurado por três distintas vias: através de relatórios anuais enviados pelos Estados membros sobre todos os regimes de auxílios existentes;[336] através da possibilidade de recorrer ao Tribunal de Justiça em caso de incumprimento por parte do Estado membro das decisões condicionais

---

[334] Cf. J-M. COMMUNIER, *ob. cit.*, 2000, p. 110.

[335] Cf., em geral, o artigo 211.º (a. n. 155.º), segundo o qual, a Comissão vela pela aplicação das disposições do Tratado bem como das medidas tomadas pelas instituições por força deste e dispõe de poder de decisão próprio, participando na formação dos actos do Conselho e do Parlamento Europeu, nas condições previstas no Tratado; os artigos 250.º a 252.º (a. n. 189.º-A a 189.º-C) que demonstram a importância das propostas da Comissão em matéria legislativa; e, em especial, a al. e) do n.º 2 do artigo 87.º (a. n. 92.º) e 89.º (a. n. 94.º) do Tratado.

[336] Cf. o artigos 21.º e 27.º do Regulamento de processo. O não cumprimento por parte do Estado desta obrigação poderá originar a abertura do procedimento previsto no artigo 18.º do Regulamento. Sobre os relatórios, vide ainda COMISSÃO, *Direito da Concorrência...*, vol. II A, *ob. cit.*, 1999, p. 45.

264   *Auxílios de Estado e Fiscalidade*

ou negativas proferidas pela Comissão;[337] e através do sistema de controlo *in loco*.[338]

Este último, uma novidade inspirada nos processos relativos às práticas anticoncorrenciais e nos processos do Tratado CECA, prevê a possibilidade de controlos nos locais da empresa beneficiária de auxílios individuais.[339] Assim, nos casos em que a Comissão tenha sérias dúvidas quanto ao cumprimento dos diversos tipos de decisões que possibilitam a concessão de auxílios individuais, o Estado membro em causa, depois de ter podido apresentar as suas observações, permitirá que os funcionários incumbidos pela Comissão efectuem visitas no local.[340] Estes funcionários serão mandatados para ter acesso às instalações e terrenos da empresa, pedir explicações orais e examinar a escrita e outra documentação bem como tirar ou pedir cópias. A Comissão poderá ainda ser assistida por peritos independentes.

---

[337] Quando o Estado membro em causa não der cumprimento às decisões condicionais ou negativas, em especial as relativas à recuperação dos auxílios ilegais, a Comissão pode recorrer directamente ao Tribunal de Justiça, com base no processo simplificado previsto no n.º 2 do artigo 88.º (a. n. 93.º), isto é, em derrogação do disposto nos artigos 226.º e 227.º do Tratado (cf. o artigo 23.º do Regulamento de processo). Pode ainda, em alternativa, recorrer ao regime normal da acção por incumprimento, previsto no artigo 226.º (a. n. 169.º) do Tratado (cf. A DASHWOOD, "Control of State aids in the EEC prevention and cure under article 93", *CMLR*, vol. 12, 1975). Se considerar que o Estado membro em causa não deu cumprimento ao acórdão do Tribunal, pode ainda a Comissão agir nos termos do artigo 228.º (a. n. 171.º) do Tratado.

[338] Cf. o artigo 22.º do Regulamento de processo. Ao contrário do que ocorre com o Regulamento 17/62, este procedimento não culmina com sanções dirigidas à empresa beneficiária, mas sim eventualmente em relação ao Estado (artes. 88.º n.º 2 e 23.º do Regulamento de processo). Vide ainda as observações críticas de KEPPENNE (*"Les premières ébauches..."*, *ob. cit.*, 1999, p. 125), que teme tratar-se de um reforço das competências da Comissão "en trompe l'oeil", traduzindo-se, na prática, numa situação pior do que a que tinha. Questão não resolvida é a da articulação entre este mecanismo e o procedimento previsto no artigo 16.º, nomeadamente a de saber se se trata de procedimentos alternativos ou concorrenciais.

[339] Até agora a Comissão apenas dispunha do acesso à informação fornecida, a seu pedido, pelos Estados membros ou por terceiros.

[340] Põe-se, no entanto, a questão de saber qual é a posição da empresa a inspeccionar (a real destinatária da medida) neste processo, em particular, quais são os direitos de defesa de que goza. PINOTTI (*ob. cit.*, 2000, p. 234) sugere a aplicação, com adaptações, da solução prevista no Regulamento 17/62.

Capítulo II – A Regulação Comunitária dos Auxílios de Estado   265

A exemplo do que acontece nos demais domínios do direito da concorrência, é também à Comissão que compete, como veremos, tomar as decisões nos diversos tipos de processos de auxílios. Estas decisões são actos jurídicos no sentido do artigo 249.° (a. n. 189.°) do Tratado: são obrigatórias em todos os seus elementos para os destinatários que designarem. Noutros casos, poderá emitir "medidas adequadas" que, configurando actos não vinculativos (são uma espécie de recomendações), poderão, dentro de certos condicionalismos, originar decisões vinculativas. A Comissão pode ainda revogar as decisões que tomou quando estas, baseando-se predominantemente em informações incorrectas prestadas durante o procedimento a que respeitam, falsearem a análise por ela efectuada. Para além disso, a Comissão pode também adoptar *medidas de execução* respeitantes à forma, conteúdo e outros aspectos das notificações e dos relatórios anuais, bem como relativas ao cálculo de prazos e à taxa de juros dos auxílios a recuperar.[341]

Acresce que a Comissão dispõe de poderes de injunção em certos casos e de um poder para sancionar pecuniariamente os Estados membros que atribuíram auxílios ilegais, podendo não só obrigá-los a proceder à sua recuperação junto das empresas beneficiárias, como ao pagamento de juros.[342]

Este poder é contrabalançado por alguns deveres de origem legal ou jurisprudencial, entre os quais o dever de controlo da compatibilidade dos auxílios com o direito comunitário (poder-dever), o respeito pelo princípio da colegialidade na decisão, o dever de fundamentar as decisões e de as tomar em prazos razoáveis e o dever de segredo profissional.[343] É ainda contrabalançado pelos poderes do Conselho, pelo princípio da cooperação com o Estado que concede os auxílios e pelos direitos deste e das restantes partes interessadas. Ele é igualmente objecto de controlo jurisdicional. Mas, apesar destes limites, no conjunto, os poderes da Comissão são, neste domínio, muito extensos.

---

[341] Cf. o artigo 27.° do Regulamento de processo.

[342] Cf. o artigo 14.° do Regulamento de processo.

[343] Este dever, inspirado no artigo 287.° do Tratado, é, aliás, extensível aos Estados membros e seus funcionários e aos peritos independentes. A sua violação, porém, não é objecto de sanção específica, parecendo estar sujeita ao regime da responsabilidade extracontratual.

1.4.2. O Conselho

O Conselho goza, antes de mais, como vimos, de um poder normativo. A ele compete, com fundamento no artigo 89.° (a. n. 94.°) do Tratado, a adopção, por maioria qualificada, com base em proposta da Comissão e após consulta do Parlamento Europeu, dos regulamentos necessários à execução do regime dos auxílios de Estado, em especial dos artigos 87.° e 88.° do Tratado. Pode, nomeadamente, definir as categorias de auxílios que não ficam sujeitas a notificação prévia, subtraindo-as deste modo à competência da Comissão.[344]

Por outro lado, o Conselho dispõe também de um poder de decisão de natureza regulamentar que lhe permite, deliberando por maioria qualificada, sob proposta da Comissão, determinar compatíveis com o mercado comum outras categorias de auxílios para além das especificamente previstas nas alíneas a) a d) do n.° 3 do artigo 87.° do Tratado.

Por fim, o Conselho possui um poder de decisão muito especial, uma competência de decisão individual, que lhe permite, em casos excepcionais, derrogar as decisões da Comissão, fazendo, por razões de índole substancialmente política, prevalecer a perspectiva dos Estados membros. Este mecanismo, uma espécie de "válvula de segurança" do sistema, tem sido utilizado sobretudo em matéria de auxílios ao sector agrícola.

Com efeito, o terceiro parágrafo do n.° 2 do artigo 88.° do Tratado estipula que "a pedido de qualquer Estado membro, o Conselho, deliberando por unanimidade, pode decidir que um auxílio, instituído ou a instituir por esse Estado, deve considerar-se compatível com o mercado comum, em derrogação do disposto no artigo 87.° ou nos regulamentos previstos no artigo 89.°, se circunstâncias excepcionais justificarem tal decisão".[345] Este

---

[344] É o seguinte o texto do artigo 89.° (a. n. 94.°) do Tratado: "O Conselho, deliberando por maioria qualificada, sob proposta da Comissão, e após consulta ao Parlamento Europeu, pode adoptar todos os regulamentos adequados à execução dos artigos 87.° e 88.° e fixar, designadamente, *as condições de aplicação do n.° 3 do artigo 88.° e as categorias de auxílios que ficam dispensadas desse procedimento*." A necessidade de consulta ao Parlamento Europeu foi introduzida com a revisão operada pelo Tratado de Maastricht.

[345] Sobre o conceito de circunstâncias excepcionais, cf. KEPPENNE, *Guide..., ob. cit.*, 1999, p. 282.

Capítulo II – A Regulação Comunitária dos Auxílios de Estado   267

pedido suspende o procedimento formal de investigação que tenha eventualmente sido instaurado pela Comissão relativamente ao Estado em causa, até que o Conselho se pronuncie sobre a questão, devendo, no entanto, fazê-lo no prazo de três meses a contar da data do pedido. Caso o Conselho não se pronuncie dentro desse prazo, a Comissão decidirá.

Trata-se de uma decisão individualizada, tomada ao abrigo de um largo poder discricionário, que visa autorizar uma medida de auxílio especial, quer esta se trate de um auxílio novo quer se trate de um auxílio existente. Uma tal decisão poderá ocorrer, v.g., nos casos em que um Estado tenha recusado as medidas adequadas propostas pela Comissão. Ela pode não se limitar a derrogar as disposições da concorrência, mas outras regras de direito comunitário como, por exemplo, as relativas à organização comum de um mercado como o dos produtos viti-vinícolas.

1.4.3. Os Estados membros

Enquanto destinatários directos e exclusivos das decisões da Comissão relativas aos auxílios que atribuem, os Estados membros são associados ao processo de controlo. São o interlocutor privilegiado da Comissão, quer relativamente aos auxílios existentes, quer em relação aos novos. São, em particular, como partes interessadas, notificados dos projectos de auxílios novos de outros Estados membros e da prestação de informações.

Sublinhe-se, contudo, que as autoridades nacionais têm também um poder de controlo dos auxílios de Estado no quadro do novo regulamento relativo à isenção por categoria de certos auxílios horizontais.

1.4.4. O Comité Consultivo em Matéria de Auxílios Estatais

O Regulamento de processo criou o Comité Consultivo em Matéria de Auxílios Estatais composto por representantes dos Estados membros e presidido pelo representante da Comissão.[346] Apesar disto, os poderes

---

[346] Em contrapartida não foi aceite pelo Conselho a proposta da Comissão de, em cada Estado membro, existir uma autoridade de controlo independente, com a qual a Comissão colaborasse.

268   *Auxílios de Estado e Fiscalidade*

do Comité são limitados, mantendo-se intacto o carácter central da intervenção da Comissão em todo o processo.

Este Comité será obrigatoriamente consultado pela Comissão que lhe deve submeter para apreciação os projectos das medidas de execução que pretenda tomar. O Comité emitirá o seu parecer sobre esses projectos, o qual será exarado em acta, sendo publicado no Jornal Oficial. O parecer não é vinculativo. No entanto, a Comissão deve tomá-lo na melhor conta e informar disso mesmo o Comité.[347]

O Comité será ainda consultado relativamente aos regulamentos que estabelecerão as isenções por categoria.[348]

1.4.5. Os particulares como partes interessadas

O Regulamento de processo define "parte interessada" como sendo "qualquer Estado membro ou qualquer pessoa, empresa ou associação de empresas cujos interesses possam ser afectados pela concessão de um auxílio, em especial o beneficiário do auxílio, as empresas concorrentes e as associações sectoriais."[349]

A noção é muito ampla. Para além dos restantes Estados membros (cujo estatuto não se distingue, neste domínio, dos demais interessados), integra um conjunto indeterminado de destinatários que, em certos casos, poderá mesmo abarcar compradores, fornecedores, trabalhadores ou organismos representativos dos trabalhadores das empresas. É, porém, discutível que seja tão ampla que abranja, por exemplo, em relação a um auxílio tributário, todo e qualquer contribuinte.[350]

---

[347] Cf. os artigos 28.º e 29.º do Regulamento de processo. Em princípio, esta obrigação da Comissão tomar o parecer na melhor conta deveria conduzir a um dever de fundamentação do não acolhimento das propostas do Comité.

[348] Cf. os artigos 7.º e 8.º do citado Regulamento n.º 994/98, de 7 de Maio.

[349] Cf. a al. h) do artigo 1.º do Regulamento. No considerando n.º 16, o Regulamento, ao dizer que "é conveniente definir todas as possibilidades a que os terceiros podem recorrer na defesa dos seus interesses nos procedimentos relativos a auxílios estatais", não utiliza a expressão "parte interessada", ficando a dúvida se as duas expressões (*terceiros* e *partes interessadas*) se equivalem.

[350] Note-se contudo que os terceiros (mesmo que não sejam interessados no sentido do Regulamento) podem desempenhar um papel muito activo através da apresenta-

Capítulo II – A Regulação Comunitária dos Auxílios de Estado 269

O Regulamento atribui às partes interessadas certas prerrogativas. Assim, as partes interessadas (e os terceiros, em geral) podem informar a Comissão sobre qualquer alegado auxílio ilegal ou utilização abusiva de um auxílio. São neste sentido um elemento coadjuvante do processo de controlo. Para além disso, elas podem, na sequência da decisão da Comissão de abrir o procedimento formal de investigação, apresentar observações, num prazo em regra não superior a um mês. Por fim, têm ainda direito a receber oficiosamente cópia das decisões de encerramento do procedimento formal de investigação quando tenham enviado observações e das decisões relativas às informações por elas transmitidas, bem como, a seu pedido, das decisões que a Comissão tome relativamente à fase preliminar dos auxílios novos, às diversas injunções no processo aplicável aos auxílios ilegais e ao encerramento do procedimento formal de investigação.[351]

O Regulamento adopta contudo uma posição conservadora relativamente à participação dos queixosos, fazendo, de certo modo, eco do recuo que o Tribunal de Justiça encetara quando apreciou o recurso da Comissão no referido caso *Sytraval*.[352]

1.5. Os processos administrativos aplicáveis aos auxílios de Estado

1.5.1. Tipos e fases: caracterização geral

O Regulamento distingue quatro tipos de processos aplicáveis aos auxílios de Estado em função da sua natureza. São eles: o relativo aos auxílios novos, o relativo aos auxílios existentes, o relativo aos auxílios ilegais e o relativo aos auxílios utilizados de forma abusiva.

Importa pois ter bem presente as distinções entre estes tipos de auxílios, uma vez que lhes correspondem processos diferentes.

ção de denúncias. Neste sentido, terceiros podem ser mesmo particulares que protestem contra o desperdício do dinheiro dos contribuintes. Sobre o tema, vide, A WINCKLER, "La procédure de contrôle des aides d'État devant la Comission. Vers un statut du plaignant?", 1999, p. 254 e ss., em especial, 258.

[351] Cf. o artigo 20.º do Regulamento de processo.

[352] Cf. o Acórdão do TJCE de 2 de Abril de 1998, proc. C-367/95 P, *Comissão/Sytraval*, Col. P. I-1719.

270 *Auxílios de Estado e Fiscalidade*

Importa ainda salientar que todo e qualquer processo de controlo, independentemente do seu tipo, pode ter duas fases. Uma, a *fase preliminar*, sempre necessária, destina-se a averiguar se uma medida é ou se tornou incompatível com as condições do mercado interno ou se é aplicada ilegalmente ou de forma abusiva. Outra, a *fase pré-contenciosa*, que é meramente eventual. Se a Comissão, no decurso da fase preliminar, concluir pela incompatibilidade ou se verificar que não são seguidas as suas recomendações no sentido de adequar os regimes de auxílios às novas condições do mercado comum, a Comissão deve, no primeiro caso, e pode, no segundo, abrir a fase pré-contenciosa, convidando os interessados a apresentarem as suas observações.

Enquanto as regras processuais aplicáveis à fase preliminar de controlo são distintas em função do tipo de auxílios em causa, as regras aplicáveis à fase pré-contenciosa são, no essencial, idênticas para todos os tipos, não dependendo das fases preliminares decorridas.[353]

No final da fase pré-contenciosa, a Comissão, caso verifique a existência de incompatibilidade ou de aplicação abusiva, pode decidir a sua supressão, a sua modificação ou, de acordo com o Regulamento de processo e a jurisprudência do Tribunal, a recuperação do auxílio concedido, dentro do prazo que vier a definir.

1.5.2. A fase preliminar do processo de controlo prévio dos auxílios novos

1.5.2.1. A notificação prévia

O sistema do controlo prévio dos auxílios novos, previsto no n.º 3 do artigo 88.º do Tratado e no artigo 2.º do Regulamento de processo, implica que, sem prejuízo de aplicação da regra *de minimis* ou da existência de isenções por categoria, a Comissão seja, em devido tempo, informada dos projectos de auxílio, antes pois da sua execução. Esta obrigação tem por fundamento o princípio da leal cooperação dos Estados

---

[353] Cf. J-M.COMMUNIER, *ob. cit.*, 2000, p. 122: "As regras processuais relativas ao controlo dos auxílios de Estado caracterizam-se pela diversidade das fases preliminares de controlo e pela unicidade da fase formal de exame."

Capítulo II – A Regulação Comunitária dos Auxílios de Estado   271

membros com as instituições comunitárias e por corolário a proibição de o auxílio novo ser aplicado *(standstill)* antes de ser implícita ou explicitamente autorizado pela Comissão.[354]

A fase preliminar do processo de controlo dos auxílios novos inicia-se, assim, com a *notificação do projecto de auxílio*, devendo os Estados (mais especificamente, as autoridades centrais dos Estados membros) utilizar, para o efeito, formulários recomendados pela Comissão. A obrigação de notificar previamente os projectos de auxílio é uma obrigação incondicional dos Estados relativos a *auxílios novos,* incluindo a modificação dos existentes e é normalmente levada a cabo pelos serviços das representações permanentes dos Estados membros em Bruxelas.[355]

A notificação é exigida sempre que exista um grau suficiente de probabilidade, à luz da jurisprudência do Tribunal de Justiça e da prática da Comissão, de uma determinada medida envolver auxílios estatais.[356] Os textos legais não precisam o momento em que a notificação deve ser efectuada, limitando-se a referir que deve sê-lo "em tempo útil". A doutrina costuma, porém, precisar que esta expressão visa salvaguardar que, no limite, o auxílio não tenha sido ainda formalmente atribuído.[357] O seu objectivo é permitir à Comissão exercer um controlo preventivo que ficaria obviamente prejudicado caso o auxílio já tivesse sido formalmente executado.

1.5.2.2. A análise preliminar (instrução prévia)

Recebida a notificação, a Comissão acusa a recepção e procederá imediatamente à sua *análise preliminar*.

---

[354] Cf. COMISSÃO, *Direito da Concorrência...,Explicação...,* vol. IIB, *ob. cit.,* p. 29. Recorde-se que, dada a ilegalidade dos auxílios não notificados (ou não autorizados), o potencial beneficiário tem todo o interesse em verificar se um determinado auxílio constitui um caso de aplicação de um regime já autorizado ou se foi autorizado pela Comissão após notificação prévia.

[355] Cf. J.-M COMMUNIER, *ob. cit.,* 2000, p. 123.

[356] Cf. COMISSÃO, *Direito da Concorrência...Regras aplicáveis...,* Vol. II A, p. 29. A Comissão presta esclarecimentos informais sobre a exigência ou não de notificação.

[357] Assim, v.g., M. WALBROECK e A FRIGANI, Commentaire Megret, Vol. IV, *Concurrence, ob. cit.,* p. 377.

A notificação é normalmente acompanhada de um conjunto de informações (constante de uma nota justificativa) que permite que a Comissão tome uma decisão. A notificação considera-se *completa* se, no prazo de dois meses a contar da sua recepção ou da recepção de qualquer informação adicional, a Comissão não solicitar mais nenhuma informação.[358]

Caso a notificação não seja acompanhada de informações suficientes, a Comissão pode solicitar *informações complementares*, interrompendo, deste modo, o estudo da notificação. Apesar do silêncio da lei, poderá entender-se, com base na prática anterior ao Regulamento de processo, que o pedido de informações complementares deve ser formulado em quinze dias contados a partir da data da recepção da notificação.

Normalmente o Estado membro tem vinte dias úteis para responder. Se o não faz, ou se o não faz de forma completa, a Comissão, através de uma "carta de insistência", concederá um prazo adicional adequado (segundo a prática, um prazo de quinze dias) para que lhe sejam prestadas as informações solicitadas.

No final do prazo fixado, se as informações não tiverem sido transmitidas, considera-se que a notificação foi retirada, devendo a Comissão informar desse facto o Estado membro em causa.

Só assim não ocorrerá se o Estado membro e a Comissão tiverem chegado a acordo quanto a um alargamento do prazo fixado ou se aquele considerar, em declaração devidamente fundada, efectuada antes do prazo fixado terminar, a notificação completa pelo facto de as informações solicitadas não existirem ou já terem sido transmitidas.

A partir do dia seguinte à data da recepção desta declaração, começa a correr, para a decisão da Comissão, o prazo de dois meses, na gíria comunitária conhecido por *"prazo Lorenz"*, designação que advém do primeiro processo em que o Tribunal de Justiça fixou tal prazo como sendo razoável para este efeito.[359]

O exame preliminar da notificação é uma espécie de instrução prévia, de natureza confidencial, que permitirá à Comissão emitir uma primeira opinião sobre o auxílio. Antes da emissão de uma decisão final

---

[358] Cf. n.º 5 do artigo 4.º do Regulamento de processo.

[359] Cf. o Acórdão de 11 de Dezembro de 1973, proc. C-120/73, *Lorenz/ Alemanha*, Col. I-1471. Este prazo inspirou-se no prazo estabelecido nos artigos 230.º (a. n.173.º) e 232.º (a. n. 175.º) do Tratado.

Capítulo II – A Regulação Comunitária dos Auxílios de Estado

positiva, o Estado membro em causa não pode pôr em execução as medidas projectadas. A violação do dever de suspensão origina, tal como a não notificação da medida, a ilicitude do auxílio.

Embora a Comissão não seja, nesta fase, obrigada a informar outros Estados e demais terceiros, nada impede que o faça ou que proceda a reuniões com eles, como nada impede que formule observações, as quais, para este efeito, são equiparadas a recomendações.

1.5.2.3. A decisão

A partir da recepção da notificação completa (ou do dia seguinte à recepção da declaração do Estado membro considerando completa a notificação), a Comissão tem, como se disse, o prazo de dois meses para tomar uma decisão.

A Comissão pode então tomar uma das seguintes atitudes:[360]

a) considerar que a medida notificada não constitui auxílio, fazendo constar esse facto por via de decisão, a publicar na série C do Jornal Oficial; [361]

---

[360] Este prazo de dois meses começa a correr no dia seguinte ao da recepção de uma notificação completa. Este prazo pode ser alargado com o acordo da Comissão e do Estado membro, podendo, no entanto, se for caso disso, a Comissão fixar prazos mais curtos.

[361] De acordo com a jurisprudência (Acórdão do TJCE de 19 de Maio de 1993, proc. C-198/91, *Cook,* Col. I-2522), esta decisão pode ser objecto de recurso de anulação quando um interessado considere que ela lhe diz directa e individualmente respeito. "Os não destinatários de uma decisão só podem sustentar ser afectados, na acepção do artigo 173.º (n. n. 230.º), segundo parágrafo, do Tratado, se essa decisão os atingir devido a determinadas qualidades que lhes são próprias ou a uma situação de facto que os caracteriza em relação a qualquer outra pessoa e, com isso, os individualiza de modo análogo ao destinatário. Sempre que, sem iniciar o procedimento do n.º 2 do artigo 93.º (n.n. 88.º) do Tratado, a Comissão concluir, com base no n.º 3 do mesmo artigo, que um auxílio de Estado é compatível com o mercado comum, as pessoas, empresas ou associações eventualmente afectadas nos seus interesses pela concessão do auxílio, nomeadamente as empresas concorrentes e as organizações profissionais, que, enquanto interessadas, gozam de garantias processuais quando é aplicado o procedimento do artigo 93.º (n.n. 88.º), n.º 2, devem ser admitidas a interpor recurso de anulação da decisão que contém essa conclusão."

274   *Auxílios de Estado e Fiscalidade*

b) considerar que a medida é compatível com o mercado comum, proclamando esse facto através de uma "decisão de não levantar objecções", devidamente justificada;[362]

c) considerar que a medida suscita dúvidas quanto à sua compatibilidade, caso em que emitirá uma "decisão de início de um procedimento formal de investigação";

d) não tomar qualquer decisão no prazo de dois meses, caso em que a lei considera que o auxílio foi, em princípio, tacitamente autorizado pela Comissão, transformando-se num auxílio existente.[363]

Se, por conseguinte, a Comissão tiver sérias dúvidas sobre a compatibilidade da medida, deve obrigatoriamente abrir a fase pré-contenciosa, com o início do procedimento formal de investigação, durante a qual permanece a suspensão dos efeitos do auxílio em análise.[364]

---

[362] A decisão de não levantar objecções pode ser também objecto de recurso de anulação, nos termos da nota anterior. Note-se que a partir desta decisão, o Estado pode dar início à execução da medida, ficando esta, como auxílio existente, sujeita ao controlo permanente. O n.º 3 do artigo 4.º diz que "a decisão referirá expressamente a derrogação do Tratado que foi aplicada", parecendo, deste modo, significar que apenas poderiam ser invocadas as derrogações previstas nos n.ºs 2 e 3 do artigo 87.º (a. n. 93.º) do Tratado. Cremos, porém, que a justificação poderá igualmente consistir, por exemplo, em o auxílio não preencher as condições de aplicabilidade do n.º 1 do artigo 87.º (a. n. 93.º) ou não existir a obrigação de o notificar em virtude de aplicação da regra *de minimis*.

[363] "Em princípio", porque a Comissão ainda poderá tomar uma decisão de exclusão de compatibilidade ou de abertura de procedimento formal de investigação. Neste último caso, o Estado membro em causa pode então executar as medidas em questão após informação prévia à Comissão, excepto se esta tomar uma decisão no prazo de 15 dias úteis a contar da recepção da informação.

[364] Cf. o mencionado Acórdão *Cook*: "O procedimento do n.º 2 do artigo 93.º (n.n. 88.º) do Tratado reveste um carácter indispensável sempre que a Comissão se depare com dificuldades sérias para apreciar se um auxílio é compatível com o mercado comum. A Comissão só se pode limitar à fase preliminar do n.º 3 do artigo 93.º (n. n. 88.º) para adoptar uma decisão favorável a um auxílio se tiver a convicção, no termo de um primeiro exame, de que esse auxílio é compatível com o Tratado. Pelo contrário, se esse primeiro exame tiver levado a Comissão à convicção oposta, ou não tiver permitido ultrapassar todas as dificuldades suscitadas pela apreciação da compatibilidade desse auxílio com o mercado comum, a Comissão tem o dever de obter todos os pareceres necessários e dar início, para o efeito, ao procedimento do n.º 2 do artigo 93.º (n.n. 88.º)." (Col. 1993, I-2488).

Capítulo II – A Regulação Comunitária dos Auxílios de Estado   275

1.5.3. A fase preliminar do processo de controlo dos auxílios existentes

1.5.3.1. O exame permanente (controlo sucessivo)

O Tratado prevê relativamente aos regimes de auxílios existentes, um sistema de *controlo a posteriori*, a efectuar através do *exame permanente* desses regimes, no quadro de uma cooperação entre a Comissão e os Estados membros. Este sistema tem em conta a evolução do mercado interno e a aplicação que os Estados membros façam dos regimes.

Quando sejam exigidas modificações aos regimes pelo desenvolvimento progressivo ou o funcionamento do mercado comum, a Comissão proporá aos Estados membros *medidas adequadas* nesse sentido.[365]

O Regulamento de processo pretendeu clarificar e desenvolver o sistema de controlo instituído pelo Tratado.

Em primeiro lugar, refere-se, tal como o Tratado, apenas a regimes de auxílios (*"régimes d'aides"*, *"systems of aid"* ou *"aid scheme"*), deixando bem claro que o exame permanente não se aplica a auxílios individuais ou *ad hoc*. Por razões de segurança jurídica, em relação a estes auxílios não podem ser propostas pela Comissão quaisquer medidas adequadas.[366]

O sistema de controlo pretende pois abranger exclusivamente todo e qualquer regime de auxílios previamente aprovados pela Comissão (ou em situação equivalente à autorização). Engloba assim toda e qualquer "medida nacional, normalmente de carácter legislativo, que fixa as condições de elegibilidade dos projectos para efeitos de concessão do auxílio, bem como os seus limites máximos e intensidade do auxílio e as modalidades de pagamento".[367]

---

[365] Cf. o n.° 1 do artigo 88.° (a. n. 93.°) do Tratado : "A Comissão procederá, em cooperação com os Estados membros, ao exame permanente dos regimes de auxílios existentes nesses Estados. A Comissão proporá também aos Estados membros as medidas adequadas que sejam exigidas pelo desenvolvimento progressivo ou pelo funcionamento do mercado comum."

[366] Cf. SINNAEVE e SLOT, "The new regulation on State aid procedures", *CMLR*, n. .° 36, 1999, p. 1160. Note-se que mesmo os auxílios individuais "autorizados por defeito" parecem ficar excluídos deste controlo.

[367] Cf. COMISSÃO, *Direito ..., Explicação das regras...*, vol. II B, p. 31.

276 *Auxílios de Estado e Fiscalidade*

Em seguida, o Regulamento visa especificar o grau de cooperação entre a Comissão e os Estados membros.[368] No seu capítulo V, o Regulamento de processo desenvolve este procedimento, distinguindo três etapas: o pedido de informações pela Comissão, a proposta de medidas adequadas (ou de medidas úteis) pela mesma instituição e a resposta do Estado membro.

1.5.3.2. O pedido de informações

Para proceder ao exame permanente destes auxílios, a Comissão obterá dos Estados membros em causa "todas as informações necessárias".

Durante o prazo de vigência de um determinado regime de auxílios existentes, a Comissão vai recebendo, por vias distintas, informações sobre a sua aplicação e o seu funcionamento.

Nuns casos, isto processa-se através da leitura dos relatórios enviados pelos Estados (relatórios anuais sobre todos os regimes de auxílios existentes em relação aos quais não foram impostas quaisquer obrigações especiais que os Estados membros devem apresentar à Comissão ou de relatórios específicos relativos a medidas aprovadas por decisão condicional).[369]

Noutros casos, as informações surgem na sequência de reuniões periódicas multilaterais, onde são convidados a participar todos os Estados membros. Segundo jurisprudência constante, a cooperação entre a Comissão e os Estados membros traduz-se numa "obrigação regular e periódica", sendo uma manifestação, no campo dos auxílios de Estado, do dever recíproco de lealdade comunitária previsto no artigo 10.º (a. n.

---

[368] Cf. o considerando n.º 17 do Regulamento de processo.

[369] Cf. o n.º 1 do artigo 21.º do Regulamento de processo. Se, após uma carta de insistência, o Estado membro não apresentar um relatório anual, a Comissão pode efectuar uma proposta de medidas adequadas, nos termos do artigo 18.º do Regulamento, relativamente ao regime de auxílios em causa. Refira-se ainda que a prática da Comissão tem sido no sentido de estabelecer uma sistematização e harmonização crescentes dos relatórios anuais, instituindo, para o efeito, formulários padronizados (de uso facultativo), dados a conhecer aos Estados membros através de carta a eles dirigida (Carta SG (94) D/2472-2494, de 22 de Fevereiro de 1994, publicada in COMISSÃO, *Direito da Concorrência...*, *ob. cit.*, Vol. II-A, p. 81 e ss.).

Capítulo II – A Regulação Comunitária dos Auxílios de Estado   277

5.°) do Tratado.[370] Isto não significa, como é obvio, a existência de um direito dos Estados membros a partilharem com a Comissão o direito de decidir o modo de encerramento da fase preliminar. Mas implica que os Estado membros afectados por um determinado regime de auxílios tenham o direito de suscitar a questão da eventual incompatibilidade deste como o mercado comum, devendo a Comissão tomar posição a este respeito, decidindo se opta ou não por propor medidas adequadas.[371]

Em qualquer destes casos, estamos perante uma clara manifestação do princípio da leal cooperação dos Estados membros para com a Comissão. Mas as informações podem também provir de denúncias ou queixas apresentadas por terceiros, em especial por particulares que sejam partes interessadas.[372]

Desse conjunto de informações, pode a Comissão extrair a conclusão, necessariamente provisória, de que um determinado regime existente deve ser eliminado ou alterado. De facto, pode ter havido alteração das circunstâncias que justificaram a atribuição dos auxílios. O próprio conceito de auxílio é, como dissemos, evolutivo. Assim, de acordo com o Regulamento, "quando a Comissão considerar que um regime de auxílio existente não é ou não deixou de ser compatível com o mercado comum, informará o Estado membro em causa da sua conclusão preli-

---

[370] Cf., entre outros, os Acórdãos do TJCE de 15 de Outubro de 1999, proc. C--311/94, *IJssel-Vliet Combinatie BV / Minister van Economische Zaken,* Col. I-5023, ponto 36 e de 29 de Junho de 1995, proc. C-135/93, *Espanha / Comissão,* Col. P. I-1651, ponto 24. Ainda segundo este último acórdão (pontos 24 e 38), a Comissão e os Estados membros não podem libertar-se desta obrigação estabelecendo regras para um período indefinido que ficasse dependente da vontade unilateral de qualquer um deles.

[371] Segundo a boa doutrina, um Estado membro tem o direito de pedir a anulação da decisão de não reconhecimento pela Comissão do direito de um Estado membro ser associado ao exame permanente ou a decisão de não tomar posição relativamente à solicitação do Estado membro de aquela instituição se pronunciar sobre a denúncia de incompatibilidade de um determinado regime de auxílios com o mercado comum. Neste sentido, K. LENAERTS e M. PITTIE, "*Problématique générale..., ob. cit.,* 1999, p. 225-6.

[372] Como reconhece a COMISSÃO (in *Direito da Concorrência,* vol. IIA, *ob. cit.,* p. 47), as cartas de terceiros (isto é, de particulares que apresentam denúncias sobre a aplicação incorrecta do dinheiro dos contribuintes, ou de concorrentes das empresas beneficiárias) dirigidas à Comissão constituem uma importante fonte de informações sobre os auxílios estatais, tal como as informações divulgadas pela imprensa.

278   *Auxílios de Estado e Fiscalidade*

minar e dar-lhe-á a possibilidade de apresentar as suas observações no prazo de um mês".[373]

Saliente-se, porém, que, ao contrário do que ocorre com os auxílios novos, a abertura deste processo não suspende o auxílio existente.

1.5.3.3. As propostas de medidas adequadas

Em função das informações e das observações recebidas, a Comissão pode concluir que o auxílio continua a ser compatível com o mercado comum e, nesse caso, arquiva o processo.[374] Ou pode persistir na ideia de que o auxílio não é ou deixou de ser compatível com o mercado comum, caso em que formulará uma recomendação propondo ao Estado membro medidas adequadas. Estas podem ir ou no sentido da alteração do conteúdo do regime de auxílios, ou no sentido da introdução de requisitos processuais ou ainda, em casos de incompatibilidade total, no sentido da supressão do regime de auxílios.

Na prática, a Comissão tem vindo a utilizar *duas vias* para propor tais medidas: uma, mais tradicional, é a de enviar directamente aos Estados membros uma *carta* contendo e justificando as medidas propostas; outra, mais recente, é a de utilizar indirectamente a publicação de novas *comunicações ou textos de enquadramento* e considerar que a proposta de medidas adequadas decorre logicamente da nova disciplina ou orientação dos auxílios neles consagrada.[375]

Como quer que seja, a doutrina e a jurisprudência são unânimes no sentido de as propostas de medidas adequadas não terem, em si mesmas,

---

[373] Cfr. o n.º 2 do artigo 17.º do Regulamento de processo. A Comissão pode prorrogar este prazo em casos devidamente justificados.

[374] De acordo com o Acórdão do TPI de 22 de Outubro de 1996 (in proc. T-330/94, *Salt Union Ltd*, Col. II-1475), não haveria possibilidade de recurso desta decisão que se tornaria assim definitiva. No entanto, o Regulamento de processo é omisso em relação a esta matéria. Neste sentido, vide COMMUNIER, *ob. cit.*, 2000, p. 131.

[375] Foi esta a via seguida no caso da Zona Franca da Madeira (cf. o convite à apresentação de observações, nos termos do n.º 2 do artigo 88.º do Tratado CE, relativamente ao auxílio C 37/2000 (ex NN 60/2000, ex E19/94, E713/91 e N 204/86) — regime de auxílios financeiros e fiscais da zona franca da Madeira, Portugal (2000/C 301/03) in JOCE n.º C301, de 21 de Outubro de 2000.

Capítulo II – A Regulação Comunitária dos Auxílios de Estado   279

efeitos vinculativos para os Estados membros, não sendo estes portanto obrigados a acatá-las.[376]

Tratando-se de um acto preparatório, a proposta de medidas adequadas também não constitui, por si só, um acto atacável nem perante os tribunais nacionais nem no quadro de um recurso de anulação ao abrigo do artigo 230.º (a. n. 173.º) do Tratado.[377]

1.5.3.4. A resposta do Estado membro

Face à proposta de medidas adequadas, o Estado membro em causa poderá pois tomar uma de duas atitudes: ou as aceita, informando disso mesmo a Comissão que registará o facto;[378] ou não as aceita, devendo, em princípio, apresentar os argumentos em que fundamenta a não aceitação.

No primeiro caso, as medidas adquirem um carácter vinculativo em relação a esse Estado membro, ficando este obrigado a aplicá-las.[379] No segundo, a Comissão, se mantiver a posição de que as medidas propostas são necessárias por considerar o regime incompatível ou tiver dúvidas quanto à sua compatibilidade com o mercado comum, dará início a um procedimento formal de investigação, nos termos aplicáveis aos auxílios novos.[380]

---

[376] Cf., por todos, K. LENAERTS e M. PITTIE, *ob. cit.*, 1999, p. 224.

[377] Cf., neste sentido, K. LENAERTS e PITTIE, *ibidem*, p. 225 e M. DONY, "Examen de jurisprudence: aides d'État — année 1996", *JTDE*, 1997, p. 108.

[378] Dispõe a primeira parte do n.º 1 do artigo 19.º do Regulamento: "Quando o Estado membro em causa aceitar as medidas propostas e disso informar a Comissão, esta registará esse facto e informará o Estado membro."

[379] Esta solução, hoje constante da parte final do n.º 1 do artigo 19.º do Regulamento de processo, que estabelece que "por força dessa aceitação, o Estado membro fica obrigado a aplicar as medidas adequadas", era já pacífica na jurisprudência e na doutrina. Cf., a título de exemplo, o Acórdão de 24 de Março de 1993, proc. C-313/90, *CIRF et al. / Comissão*, Col. I-1125.

[380] É o seguinte o texto do n.º 2 do artigo 19.º do Regulamento: "Quando o Estado membro em causa não aceitar as medidas propostas e a Comissão, tendo em conta os argumentos do Estado membro, continuar a considerar que essas medidas são necessárias, dará início a um procedimento nos termos do n.º 4 do artigo 4.º. Os artigos 6.º, 7.º e 9.º são aplicáveis *mutatis mutandis*." A doutrina considera que a abertura do procedimento formal de investigação é, para a Comissão, uma verdadeira *obrigação* (e não o exercício de uma mera faculdade).

280   *Auxílios de Estado e Fiscalidade*

Levantam-se, porém, a propósito, duas questões. Uma é a de saber qual o prazo para a Comissão agir. Na ausência de qualquer orientação jurisprudencial, a doutrina tendia para considerar que a Comissão teria uma grande margem de manobra quanto à oportunidade e quanto ao prazo para reagir à recusa do Estado em executar as medidas propostas. No entanto, quanto a nós, a remissão do Regulamento para o regime dos auxílios novos parece implicar que, também neste caso, deva ser observado o prazo *Lorenz*.

Outra questão é a de saber se é possível haver uma recusa implícita. Uma boa parte da doutrina inclina-se para uma resposta negativa com base no princípio da leal cooperação a que os Estados membros estão submetidos.[381] No entanto, o silêncio do Estado não pode significar acordo sobre as medidas adequadas propostas. Como a lei não fixa um prazo para o Estado membro responder, nem há sobre este ponto orientação jurisprudencial, a questão pode assumir, na prática, contornos delicados.

1.5.4. A fase preliminar do processo de controlo dos auxílios ilegais

1.5.4.1. Caracterização geral

Os auxílios ilegais, isto é, os auxílios não notificados ou postos em execução antes de uma decisão da Comissão, são objecto de um específico processo de controlo que se inicia com a recepção e análise de informações que a Comissão tenha recolhido oficiosamente ou através de denúncias de terceiros.

Trata-se de um ponto importante, pois, embora o Regulamento consagre, no essencial, a jurisprudência anteriormente existente, é a primeira vez que, de forma explícita, o legislador comunitário regula os casos de atribuição de auxílios em violação das regras processuais contidas no artigo 88.º (a. n. 93.º) do Tratado.

---

[381] Para alguns, como é o caso de T. JORIS, referido por LENAERTS e PITTIE (*ob. cit.*, pp. 224-5), a *proibição de recusa* implícita seria dedutível do disposto no n.º 1 do artigo 88.º. O Estado seria pois obrigado a reagir, fazendo conhecer o seu ponto de vista junto da Comissão. O acto através do qual esta instituição proporia as medidas adequadas precisaria o prazo para o Estado em causa reagir, não havendo contudo, no Tratado, qualquer indicação acerca da duração desse prazo.

Capítulo II – A Regulação Comunitária dos Auxílios de Estado 281

Esta fase preliminar, tendo pontos de contacto com o processo de controlo dos auxílios notificados, é, no entanto, mais breve. Ela tem, porém, uma certa especificidade na medida em que permite à Comissão avançar com *formas de intervenção provisórias* para pôr travão às consequências prejudiciais da atribuição do auxílio ilegal.

1.5.4.2. A injunção para prestação de informações (injunção Pleuger)

A Comissão deve examinar imediatamente todas e quaisquer informações relativas a um auxílio susceptível de ser considerado ilegal e pode, a exemplo do que ocorre com os outros processos de controlo, solicitar informações completas ao Estado membro que alegadamente os concedeu.

Caso o Estado membro as não forneça dentro do prazo fixado pela Comissão, esta instituição, antes de proferir uma decisão final, ordenará ao Estado menos cooperante, por via de decisão ("injunção para prestação de informações"), o fornecimento, dentro de um prazo adequado, das informações requeridas.[382] Este prazo, a fixar pela Comissão, costuma ser curto, em regra não ultrapassando as duas semanas. Em caso de incumprimento desta injunção, a decisão será tomada com base nas informações disponíveis.

1.5.4.3. As injunções de suspensão e de recuperação

Analisadas as informações prestadas e as observações apresentadas pelo Estado em causa, a Comissão, enquanto não decida quanto à compatibilidade das medidas com o mercado comum, pode tomar, em relação a estas, duas decisões de *natureza preventiva* que visam repor provisoriamente a situação anterior, evitando efeitos negativos sobre a concorrência.

---

[382] O Regulamento de processo segue, neste ponto, a jurisprudência do Tribunal de Justiça (vide o Acórdão de 13 de Abril de 1994, processos C-324 e C-342/90, *Alemanha e Pleuger/ Comissão*, Col. I-1173).

282 · *Auxílios de Estado e Fiscalidade*

Uma, de origem jurisprudencial, designada por "*injunção de suspensão*" (injunção *Boussac*), traduz-se numa ordem para que o Estado membro em causa suspenda o auxílio ilegal.[383]

Outra, com origem em uma Comunicação da Comissão de 1995, designada "*injunção de recuperação*", traduz-se numa ordem ao Estado membro em causa para proceder à recuperação provisória do auxílio outorgado.[384] Esta injunção exige, porém, com base numa emenda introduzida pelo Conselho à proposta da Comissão, que estejam preenchidas *três condições*: a de não haver dúvidas sobre o carácter de auxílio da medida em causa; a de haver urgência na acção e a de haver sério risco de prejuízos substanciais e irreparáveis causados a um concorrente.[385]

Se o Estado membro não respeitar as injunções de suspensão ou de recuperação, a Comissão fica habilitada a recorrer directamente ao Tribunal de Justiça a fim de este declarar a existência de uma violação do Tratado.

1.5.4.4. A decisão da Comissão

No final desta fase preliminar, a Comissão pode arquivar o processo, caso decida que não se trata de um auxílio de Estado ou optar por não levantar objecções, se considerar o auxílio conforme com o mercado comum.

Caso contrário, deve abrir o procedimento formal de investigação. Sublinhe-se que, em caso de auxílio eventualmente ilegal, a Comissão

---

[383] Cf. o caso *Boussac* (Acórdão de 14 de Fevereiro de 1990, proc. C-301/87, *França/Comissão*, Col. I-307, em especial, os pontos 18 a 20). KEPPENNE põe, porém, a questão de saber se a Comissão pode agora agir deste modo quando os auxílios ainda não tenham sido executados, mesmo que haja fortes indícios de que em breve serão postos em execução ("Les premières ébauches...", *ob. cit.*, 2000, pp. 116-117).

[384] Esta Comunicação (publicada in JOCE n.º C 156, de 22 de Junho de 1995), no entanto, nunca chegou a ser usada, em virtude de haver dúvidas da sua conformidade com algumas decisões judiciais, nomeadamente com o referido Acórdão *Boussac* e com o Acórdão *SFEI* (de 11 de Julho de 1996, proc. C-39/94, Col. I-3547, pontos 43 e 45).

[385] A injunção de recuperação provisória apenas se aplica aos auxílios ilegais executados após a entrada em vigor do novo Regulamento. De qualquer modo, dado os efeitos definitivos que podem decorrer desta injunção (por ex., a falência de uma empresa), KEPPENNE é de opinião que tal faculdade só deve ser utilizada quando a Comissão esteja fortemente convencida, desde o início, que a sua decisão será negativa (in "Les premières ébauches...", *ob. cit.*, p. 118).

Capítulo II – A Regulação Comunitária dos Auxílios de Estado   283

não está vinculada pelo chamado "prazo *Lorenz*" (de dois meses) para tomar estas decisões.[386]

1.5.5. A fase preliminar do processo aplicável aos auxílios utilizados por forma abusiva

Um dos casos em que, de acordo com o Tratado, a Comissão decide que um determinado Estado deva suprimir ou modificar um certo auxílio público é o de este auxílio estar a ser aplicado "de forma abusiva". O Tratado, porém, não explicita em que consiste tal situação, não refere quem aplica o auxílio de forma abusiva ou em que é que consiste o abuso.

Antes da entrada em vigor do Regulamento, a Comissão considerava como utilização abusiva o caso dos auxílios concedidos pelos Estados membros com base num regime de auxílios existente, mas em que o Estado não observava o regime ou as condições da autorização.

O Regulamento pôs fim a esta qualificação, ao limitar a noção de "auxílio utilizado de forma abusiva" aos auxílios utilizados pelo *beneficiário* em violação de uma "decisão de não levantar objecções", proferida em processo aplicável aos auxílios novos, ou de uma "decisão positiva", condicional ou não, proferida no acto de encerramento do procedimento formal de investigação.

Nestes casos, a Comissão pode dar início a um procedimento formal de investigação, tendo em conta o disposto para idênticos procedimentos desencadeados no âmbito do controlo dos auxílios novos e dos auxílios ilegais.

1.6. A fase pré-contenciosa do controlo dos auxílios: o procedimento formal de investigação

A fase pré-contenciosa, designada hoje pelo Regulamento por "procedimento formal de investigação", é uma fase comum e única para todos os tipos de auxílios, com características de processo público, norteado pelo *princípio do contraditório*.

---

[386] Cf. o n.º 2 do artigo 13.º do Regulamento.

284 *Auxílios de Estado e Fiscalidade*

Segundo o novo Regulamento de processo, "a decisão de dar início a um procedimento formal de investigação resumirá os elementos de facto e de direito, incluirá uma *apreciação preliminar* da Comissão quanto à natureza de auxílio da medida proposta e indicará os elementos que suscitam dúvidas quanto à sua compatibilidade com o mercado comum".[387]

O Estado membro em causa e as partes interessadas serão convidados para, num prazo, normalmente não superior a um mês, apresentarem as suas observações. As *observações* das partes interessadas serão transmitidas ao Estado membro em causa, sem revelação da identidade destas nos casos em que esta tenha invocado a existência de eventuais prejuízos.[388]

Aquele Estado pode responder às observações apresentadas num prazo estabelecido, também ele normalmente não superior a um mês. Pode igualmente durante o decurso deste procedimento introduzir, de *motu proprio*, por acatamento de sugestões da Comissão ou das partes interessadas, alterações à medida notificada.

Dissipadas as dúvidas ocorridas quanto à compatibilidade do auxílio, e caso o Estado não tenha entretanto retirado a notificação, o procedimento formal de investigação encerra com uma *decisão* da Comissão.[389] Esta decisão poderá:

a) verificar que a medida notificada, eventualmente após introdução de alterações pelo Estado membro em causa, não constitui um auxílio;

b) considerar que a medida é compatível com o mercado comum (isto é, tomar uma "decisão positiva"), sendo que esta decisão pode ser, como na prática frequentemente ocorre, acompanhada de condições que permitam à Comissão considerar o auxílio compatível e controlar o cumprimento da decisão (isto é, a decisão positiva pode ser "condicional"); [390]

---

[387] Cf. o n.º 1 do artigo 6.º do Regulamento de processo.

[388] Cf. o dispositivo inovador constante do n.º 2 do artigo 6.º do Regulamento de processo. A *ratio* desta norma parece ser encorajar a participação dos possíveis queixosos, evitando eventuais riscos de retaliação por parte do Estado.

[389] Havendo retirada da notificação, o procedimento formal de investigação é encerrado pela Comissão por falta de objecto.

[390] A condição pode dizer respeito a limites de intensidade, à forma, ao destino e à duração do auxílio ou pode traduzir-se em obrigações de *facere* ou *non facere* a cargo do Estado.

Capítulo II – A Regulação Comunitária dos Auxílios de Estado

c) considerar o auxílio incompatível com o mercado comum e, como tal, insusceptível de ser executado ("decisão negativa").

Uma norma inovadora constante do Regulamento de processo é a que regula os prazos de decisão de encerramento do procedimento formal de investigação.

"Na medida do *possível*, a Comissão *esforçar-se-á por adoptar uma decisão* no prazo de 18 meses a contar da data de início do procedimento. Este prazo pode ser prorrogado por comum acordo entre a Comissão e o Estado membro em causa".

Esta norma é, à primeira vista, estranha. Fixa um prazo meramente *indicativo* que parece demasiadamente longo, podendo através da inércia a Comissão pôr em causa um determinado regime de auxílios. No entanto, antes do Regulamento, nenhum prazo estava especificamente previsto, entendendo a jurisprudência que a decisão deveria ser tomada num *prazo razoável*. Por outro lado, pelo menos uma parte da doutrina chama a atenção para o facto de ser difícil fixar um prazo peremptório num domínio em que as dificuldades de análise técnica são grandes e em que a duração do processo depende muito da colaboração dos Estados membros.

A fim de evitar consequências mais graves, o novo Regulamento prevê que decorrido aquele prazo "e desde que o Estado membro em causa o solicite, a Comissão tomará uma decisão no prazo de dois meses com base nas informações disponíveis. Se necessário e se as informações prestadas não forem suficientes para estabelecer a compatibilidade, a Comissão tomará uma decisão negativa".[391]

Se não houver acatamento da decisão da Comissão, esta pode recorrer ao Tribunal, solicitando, caso necessário, medidas provisórias.

---

[391] Cf. o n.º 6 do artigo 7.º do Regulamento de processo.

2. A DIMENSÃO SANCIONATÓRIA: A OBRIGAÇÃO DE RECUPERAÇÃO DOS AUXÍLIOS DE ESTADO ATRIBUÍDOS EM VIOLAÇÃO DO DIREITO COMUNITÁRIO

2.1. A consagração judicial da obrigação de recuperação dos auxílios indevidos

O Tratado de Roma não prevê expressamente a possibilidade de a Comissão decidir a recuperação dos auxílios atribuídos em violação das normas do Tratado nem a obrigação de os Estados membros restituírem os auxílios ilegais ou incompatíveis com o mercado comum.

A faculdade de a Comissão exigir tais auxílios foi, porém, reconhecida pelo Tribunal de Justiça. A *leading decision* sobre o tema consta de um Acórdão de 1973 no processo relativo aos auxílios à reconversão das regiões mineiras alemãs do Estado da Renânia do Norte-Westefália.[392] Tratava-se, no caso concreto, de um prémio de investimento a favor dos investidores que construíssem ou desenvolvessem um estabelecimento industrial nas zonas carboníferas previsto numa lei de 1968 (*Kohlgesetz*), a que a Comissão não se havia oposto, e que o Governo federal alemão resolveu prorrogar e alargar a regiões limítrofes, aprovando para o efeito uma lei modificativa (*Steueränderungsgesetz*).

A Comissão resolveu abrir o procedimento previsto no n.º 2 do artigo 92.º (n. n. 88.º) do Tratado e, neste contexto, emitiu uma decisão que ordenava à RFA que tomasse as medidas necessárias para pôr fim à atribuição dos prémios de investimento, por estes serem incompatíveis com o mercado comum. Face ao incumprimento da RFA que continuava

---

[392] Cf. o Acórdão do TJCE, de 12 de Julho de 1973, proc. C- 70/72, *Comissão / Alemanha* (auxílios à reconversão das regiões mineiras), Rec. 1973, p. I-813 e ss. Sobre este acórdão, vide, entre outros, KOVAR, "Le régime des aides en droit communautaire. Chronique de la jurisprudence de la Cour de Justice", *Journal du Droit International*, n.º 101, 1974, pp. 416-427. Sobre o tema da restituição dos auxílios, vide J. J ALMEIDA, *A Restituição das Ajudas de Estado Concedidas em Violação do Direito Comunitário, ob. cit.*, em especial, p. 97 e ss.; I. CROIZIER, *L'Offensive de la CEE Contre les Aides Nationales, La récupération des aides nationales octroyées en violation du traité CEE,* 1993; M. FROMONT, "La récupération des aides versées en violation du droit communautaire", in HARDEN, *ob. cit.*, p. 96 e ss.; S. MORSON, "La récupération des aides octroyées par les États en violation du Traité CEE", *RTDE*, n.º 3, 1990, pp. 409-440.

Capítulo II – A Regulação Comunitária dos Auxílios de Estado

a proceder à distribuição daqueles prémios, a Comissão solicitou ao Tribunal de Justiça a declaração de incumprimento da decisão e, simultaneamente, a declaração de que a RFA fosse obrigada a exigir a devolução dos prémios atribuídos a partir da data em que a decisão da Comissão produzia efeitos (24 de Fevereiro de 1971).

Apesar da oposição da RFA a esta pretensão, o TJCE não se limitou a considerar que a Comissão tinha poderes para decidir a supressão ou modificação do auxílio atribuído. Considerou ainda "que esta supressão ou modificação, para ter efeito útil, pode incluir a obrigação de exigir o reembolso dos auxílios atribuídos em violação do Tratado, de modo que, na falta de medidas de recuperação, a Comissão pode recorrer para o Tribunal". E o TJCE acrescentou que, no quadro do processo previsto nos artigos 169.º a 171.º (n. n. 226.º a 228.º), será igualmente atendível um pedido da Comissão para que o Tribunal verifique que, ao abster-se de tomar as medidas determinadas, um Estado membro não cumpriu as obrigações que lhe incumbem por força do Tratado. Com efeito, diz o Acórdão, "se o objectivo do Tratado é o de levar à eliminação efectiva dos incumprimentos e das suas consequências passadas e futuras, compete às autoridades comunitárias, que têm como missão assegurar o respeito do Tratado, determinar a medida em que aquela obrigação, incumbindo ao Estado membro, pode eventualmente ser concretizada nos pareceres motivados ou decisões emitidas por força, respectivamente, dos artigos 169.º (n. n. 226.º) e 93.º, n.º 2 (n. n. 88), bem como nos recursos dirigidos ao Tribunal de Justiça".[393]

Daqui decorre que este Acórdão de 1973 não só reconheceu à Comissão a faculdade de exigir aos Estados membros a recuperação dos auxílios outorgados em violação do Tratado, como, perante o incumprimento do Estado membro da decisão de recuperação dos auxílios, reconheceu igualmente àquela instituição a possibilidade de, em alternativa, accionar duas vias judiciais directas, a do processo simplificado previsto no artigo 88.º ou a do processo do regime normal, constante do artigo 226.º (a. n. 169.º). Caso o Estado membro persista no incumprimento, agora da decisão do Tribunal, a Comissão pode ainda accionar o mecanismo previsto no artigo 228.º (a. n. 171.º).[394]

---

[393] *Ibidem*, pp. 828-9.

[394] Recorde-se que a nova redacção do artigo 228.º (a. n. 171.º), introduzida pelo Tratado de Maastricht, possibilita a aplicação, ao Estado incumpridor, de sanções de

288 *Auxílios de Estado e Fiscalidade*

Para além disso, os termos usados pelo Tribunal, ao referirem-se à possibilidade de a obrigação de recuperação poder ser concretizada nos pareceres motivados, ou nas decisões da Comissão ou nas decisões proferidas por via dos recursos, mostram que, neste caso, o Tribunal foi "muito para além do que lhe era habitual", isto é, do que a "simples verificação do incumprimento"[395].

2.2. Objectivo e fundamentos da obrigação de recuperação

O princípio da recuperação dos auxílios atribuídos em violação do direito comunitário tem por base a necessidade de remediar as distorções de concorrência deles decorrentes. Segundo o Tribunal, o objectivo e a função de tal princípio é o de restabelecer o *statu quo ante*, isto é, a situação anterior ao incumprimento por parte do Estado da decisão de recuperação dos auxílios, eliminando as vantagens financeiras atribuídas às empresas ou grupos de empresas num determinado mercado.[396]

Esta posição fundamenta-se simultaneamente no método de interpretação teleológico, normalmente utilizado pelo Tribunal para prosseguir a interpretação mais conforme com os objectivos fundamentais dos Tratados (neste caso, a sã concorrência no mercado comum), numa interpretação extensiva da noção de supressão (esta implicaria a supressão *ex ante*) e no princípio do efeito útil: de nada valeria a simples declaração de incumprimento se esta não fosse acompanhada do reconhecimento do poder de exigir, por parte dos órgãos comunitários, a recuperação dos auxílios.[397]

---

carácter pecuniário, a propor pela Comissão e a definir pelo Tribunal. Que se saiba, até hoje este mecanismo nunca foi aplicado.

[395] Cf. ALMEIDA, *ob. cit.*, p. 102.

[396] Assim, D' SA, *ob. cit.*1998, p. 382 e BORDE, D. / KIRCH, P., "La restitution des aides d'État (Le point de vue français)", *RTDE*, n.° 3, 1993, p. 497 e ss.

[397] Vide J. J. ALMEIDA, *ob. cit.*, p. 103; CROIZIER, ob. cit., p. 28 e ss..

2.3. A questão do âmbito e dos efeitos da obrigação de recuperação na jurisprudência

A aplicação prática do princípio da recuperação dos auxílios atribuídos em violação do direito comunitário tem suscitado, porém, alguns problemas.

Um deles diz respeito ao próprio *âmbito* do princípio e aos efeitos que advêm da sua aplicação. Que significa atribuição de auxílios "em violação do direito comunitário"? Que basta o auxílio ser ilegal? Que é suficiente que seja incompatível com o mercado comum? Que é necessário que se verifiquem os dois tipos de violação? E que efeitos decorrem da aplicação do princípio, efeitos *ex nunc* ou *ex tunc*?

Há quem defenda que a recuperação de um auxílio "é consequência lógica, não da sua incompatibilidade, mas sim da sua ilegalidade. A declaração da incompatibilidade de uma ajuda é em alguns casos (...) condição prévia da existência da obrigação de restituição, mas não fundamenta ela própria, a obrigação de restituição".[398]

Neste enquadramento, a obrigação de recuperação não derivaria automaticamente do facto de um auxílio ser declarado incompatível, mas nasceria sim da violação de uma obrigação decorrente do Tratado.

De novo se põe aqui a questão de saber se a decisão da Comissão sobre a incompatibilidade tem ou não *efeitos* constitutivos. Quem entenda que sim, terá dificuldade em aceitar essa tese. O artigo 87.º não goza de efeito directo, como foi salientado no caso *Capolongo*. Apenas o n.º 3 do artigo 88.º dispõe, de acordo com o acórdão *Costa/ Enel*, de tal efeito. Deste modo, a violação automática do Tratado apenas se poderia dar nos casos em que estivéssemos perante um vício de ilegalidade, isto é nos casos em que a violação se traduziu no facto de o Estado não haver notificado o auxílio atribuído ou, tendo-o notificado, de o haver posto em execução sem esperar pela decisão final (expressa ou tácita) da Comissão. Ou seja, nos casos em que estamos perante irregularidades de natureza processual e que o Tribunal tem reconhecido serem as menos graves.[399]

---

[398] Assim, J.J. ALMEIDA, *ob. cit.*, p. 108, que refere, em favor da sua posição, uma expressão do Acórdão *Tubemeuse*.

[399] É o próprio J. J. ALMEIDA que o refere (*ob. cit.*, p. 124). Ao analisar os diversos tipos de vícios, o dos auxílios incompatíveis com o mercado comum, o dos auxílios in-

290 *Auxílios de Estado e Fiscalidade*

Assim, no caso de o auxílio ter sido notificado, podem verificar-se diversas situações: a) o auxílio não foi objecto de decisão expressa, sendo tacitamente admitido; b) o auxílio foi objecto de decisão positiva; c) o auxílio foi objecto de decisão negativa; d) o Estado executou o auxílio antes de existir qualquer decisão, expressa ou tácita.

Nos dois primeiros casos, os auxílios são compatíveis, sendo considerados como auxílios existentes, sujeitos, portanto, ao controlo permanente. Neste contexto, nestes casos, pode ser declarada, após procedimento formal de investigação, uma eventual incompatibilidade desses auxílios que decorra de alterações de circunstâncias, de modificações ou de aplicação abusiva dos auxílios existentes, situações em que passaremos a estar perante auxílios novos.

No terceiro caso, se o Estado executar o auxílio, apesar de este haver sido considerado incompatível pela Comissão, a obrigação de restituição só existe a partir do momento em que a decisão de incompatibilidade começar a produzir os seus efeitos, não retroagindo ao tempo em que o auxílio deveria ter sido notificado. A decisão tem efeitos constitutivos, que se produzem *ex nunc*. Na quarta hipótese, tudo se passa como se o auxílio não tivesse sido notificado.

No caso dos auxílios novos (ou seja, de o auxílio não ter sido notificado ou de, tendo-o sido, o Estado haver procedido à sua execução antes de decisão expressa ou tácita), podem ocorrer duas possibilidades: a) o auxílio, uma vez analisado, é declarado compatível com o mercado comum; b) o auxílio é declarado incompatível.

Na primeira hipótese, estamos perante uma simples ilegalidade de natureza formal. Durante muito tempo, porém, a Comissão procurou fazer valer a tese de que a mera existência de uma ilegalidade arrastaria *per se* automaticamente a incompatibilidade do auxílio, tornando desnecessário o exame de fundo do auxílio (tese da ilegalidade *per se*).

---

compatíveis e, ao mesmo tempo, ilegais, o dos auxílios atribuídos sem respeito pelas competências da Comissão, mas compatíveis e o dos auxílios atribuídos violando as competências da Comissão, isto é, ilegais, reconhece que os três primeiros tipos "são reconhecidos desde há muito como os mais graves, sendo igualmente aqueles aos quais o Tribunal liga as consequências mais precisas. Razão pela qual o Tribunal de Justiça reconheceu à Comissão o poder de proceder à recuperação das ajudas indevidamente atribuídas somente nestes três tipos".

Capítulo II – A Regulação Comunitária dos Auxílios de Estado 291

O Tribunal, contudo, rejeitou esta posição. Com o Acórdão *Boussac* ficou claro que a Comissão não poderia interditar o auxílio não notificado só por esse motivo, devendo obrigatoriamente examinar a sua compatibilidade ou incompatibilidade com o mercado comum.[400] Caso o auxílio seja declarado, após exame, como compatível, transforma-se num auxílio existente.[401] Caso seja declarado incompatível, estamos perante um auxílio simultaneamente ilegal e incompatível, cuja devolução total, muitas vezes com cobrança de juros de mora, a Comissão, na sequência da sua Comunicação de 1983, tem sistematicamente vindo a exigir de forma rigorosa e inflexível.[402] Segundo o *Acórdão Deufil* II, proferido em recurso de anulação, a injunção às autoridades nacionais para que estas recuperem os auxílios simultaneamente ilegais e incompatíveis terá efeitos *ex tunc*.[403]

---

[400] Cf. o Acórdão de 14 de Fevereiro de 1990, proc. C-301/87, *França /Comissão (Boussac)*, Col. 1990, p. I- 307. Estava em jogo um caso de execução de auxílio antes da decisão final.

[401] Segundo MARTÍN / MUÑOZ, *ob. cit.*, p. 63, o n.º 2 do artigo 11.º do Regulamento de processo, ao autorizar, como vimos, sob certas condições, que a Comissão possa, em relação aos auxílios ilegais executados após a sua entrada em vigor, ordenar a sua recuperação provisória até que tome uma decisão quanto à sua compatibilidade (cf. o artigo 11.º), vem, de algum modo, superar a doutrina do Acórdão *Boussac*. De qualquer maneira, a injunção de recuperação tem efeitos provisórios e objectivos de prevenção, não se sobrepondo à decisão final.

[402] Cf. Comunicação da Comissão de 3 de Novembro de 1983 (JOCE n.º C 318, de 24 de Novembro de 1983, na sequência de diversos outros avisos efectuados por esta instituição (vide a carta de 31 de Julho de 1980, dirigida a todos os Estados membros (in JOCE n.º C 252, de 30 de Setembro de 1980). Entre nós, ALMEIDA (*ob. cit.*, p. 117 e ss.) distingue três fases na atitude da Comissão relativamente à recuperação dos auxílios indevidos: a primeira, entre 1973 e 1980, em que, apesar das possibilidades abertas pelo Acórdão de 1973, a Comissão não exigiu qualquer recuperação; a segunda, de 1980 a 1983, em que a Comissão iniciou uma política mais rigorosa, fazendo diversas advertências aos Estados membros e exigindo, ainda que a título excepcional, a recuperação de dois auxílios individuais, simultaneamente ilegais e incompatíveis (uma a 10 de Março de 1982 — in JOCE n.º L 138, de 19 de Maio de 1982, outra a 16 de Fevereiro de 1983 — in JOCE n.º L 91, de 9 de Abril de 1983); e a última fase, a partir de 1983, com a referida Comunicação que marca o início de uma "verdadeira e própria política de recuperação das ajudas" (p. 122).

[403] Cf. o Acórdão de 24 de Fevereiro de 1987, proc. 310/85, *Deufil/ Comissão*, Col. 1987, pp. I-901 e ss. A construção subjacente ao acórdão será, segundo cremos, a

2.4. O enquadramento da obrigação de recuperação no Regulamento de processo

O Regulamento de processo veio dar expressa base legal à obrigação de recuperação dos auxílios atribuídos em violação do direito comunitário.

Estipula o n.º 1 do artigo 14.º: "Nas decisões negativas relativas a auxílios ilegais, a Comissão decidirá que o Estado membro em causa deve tomar as medidas necessárias para recuperar o auxílio do beneficiário, adiante designada *decisão de recuperação*".[404] O auxílio a recuperar mediante esta decisão, estabelece o n.º 2 do mesmo artigo, "incluirá juros a uma taxa adequada fixada pela Comissão".[405]

Considera assim o Regulamento que, nos casos de "auxílios ilegais incompatíveis com o mercado comum, deve ser restabelecida uma concorrência efectiva" e que, "para este efeito, é necessário que o auxílio, acrescido de juros, seja recuperado o mais rapidamente possível".[406]

O Regulamento não se pronuncia expressamente sobre a questão, até agora discutida na doutrina, de saber se a Comissão tem, nesta sede, um poder discricionário ou vinculado. A expressão "a Comissão decidirá" não é clara a este respeito, parecendo contudo apontar no sentido da obrigatoriedade e não da discricionariedade.[407] Dela se depreende que a Comissão continua livre de fixar o *quantum* a restituir, podendo decidir, como já ocorria, a recuperação total ou parcial dos auxílios e que a sua decisão não exige fundamentação específica. Mas não se depreende necessariamente que a Comissão tenha o direito de apreciar a oportuni-

---

seguinte: em situação de tal gravidade, o efeito útil da declaração de incompatibilidade do auxílio implica que esta tenha efeitos retroactivos até ao momento em que a notificação do novo auxílio deveria ter sido efectuada ou até ao momento em que o Estado indevidamente executou o auxílio. O auxílio é incompatível *ab initio*.

[404] O Regulamento não estabelece qualquer sanção (por exemplo, juros) para os auxílios ilegais, mas compatíveis.

[405] O n.º 2 acrescenta: "Os juros serão devidos a partir da data em que o auxílio ilegal foi colocado à disposição do beneficiário e até ao momento da sua recuperação". Consagra-se assim uma prática da Comissão que o Tribunal nunca pôs em causa.

[406] Cf. o considerando n.º 13 do Regulamento de processo.

[407] Contra, COMMUNIER, *ob. cit.*, p. 140

Capítulo II – A Regulação Comunitária dos Auxílios de Estado   293

dade de ordenar ou não a recuperação do auxílio, como, na prática sucedia, com a concordância da jurisprudência do Tribunal de Justiça.[408]

No entanto, algum juízo prévio à decisão (se não de oportunidade, pelo menos de legalidade), a Comissão vai ter de efectuar, uma vez que o Regulamento estipula que a Comissão "não deve exigir a recuperação do auxílio se tal for contrário a um princípio geral de direito comunitário". Em causa está essencialmente o respeito pelo princípio da confiança legítima.

Note-se ainda que, nos termos do Regulamento de processo, os poderes da Comissão para recuperar o auxílio ficam sujeitos a uma prazo de prescrição de dez anos, findo o qual o auxílio será considerado como existente.[409] Trata-se de disposição inovadora que trará maior certeza e segurança ao sistema.

2.5. A efectividade da obrigação de recuperação

A Comunidade não tem poderes de execução. Isto põe o problema de como fazer executar e dar efectividade à decisão de recuperação.

Esta decisão, nos termos do artigo 249.° do Tratado (a. n. 189.°) vincula o Estado a quem se dirige, tendo este, por força do artigo 10.° do mesmo diploma, a obrigação de assegurar a sua efectividade.

Ora, isto envolve a aplicação de um sistema normativo estratificado em dois planos (*a two-layered system of rules*): enquanto a acção da Comissão apenas está subordinada ao direito comunitário, a acção dos Estados membros deve obediência ao direito comunitário e ao direito nacional.[410] Como a Comissão não tem poderes de execução, os proce-

---

[408] Cf. o Acórdão de 11 de Julho de 1996, proc. C-39-/94, *SFEI/La Poste*, Col. 1996, p. I-3547.

[409] Cf. os n.°s 1 e 3 do Regulamento. Por sua vez, o n.° 2 estipula: "O prazo de prescrição começa a contar na data em que o auxílio ilegal tenha sido concedido ao beneficiário, quer como auxílio individual, quer como auxílio ao abrigo de um regime de auxílio. O prazo de prescrição é interrompido por quaisquer actos relativos ao auxílio ilegal praticados pela Comissão ou por um Estado membro a pedido desta. Cada interrupção inicia uma nova contagem de prazo. O prazo de prescrição será suspenso enquanto a decisão da Comissão for objecto de um processo no Tribunal de Justiça das Comunidades Europeias".

[410] Cf. Rose D'SA, *ob. cit.*, 1998, p. 384.

294   *Auxílios de Estado e Fiscalidade*

dimentos a observar no processo de recuperação dos auxílios são regulados pelo direito interno de cada Estado membro e o respectivo contencioso desenrola-se junto dos tribunais nacionais.[411]

O Tribunal pronunciou-se sobre esta questão, tendo sempre entendido que "a recuperação de uma ajuda ilegalmente concedida deve em princípio ter lugar segundo as disposições pertinentes do direito nacional, sob reserva todavia de que estas disposições sejam aplicadas de maneira a não tornar praticamente impossível a recuperação exigida pelo direito comunitário".[412]

O Regulamento de processo confirma e reforça esta linha de orientação, ao estabelecer que, sem prejuízo de o Tribunal decidir, nos termos do artigo 242.º (a. n. 185.º), ordenar a suspensão da execução da decisão da Comissão, se considerar que as circunstâncias o exigem, "a recuperação será efectuada imediatamente e segundo as formalidades do direito nacional do Estado membro em causa, desde que estas permitam uma execução imediata e efectiva da decisão da Comissão. Para o efeito, e na eventualidade de um processo nos tribunais nacionais, os Estados membros interessados tomarão as medidas necessárias previstas no seu sistema jurídico, incluindo as medidas provisórias, sem prejuízo da legislação comunitária".[413]

A orientação que atribui ao Estado infractor a obrigação de recuperar os auxílios atribuídos em violação do direito comunitário e simultaneamente a competência material e funcional para o efeito não deixa de comportar riscos. Como sublinha CROIZIER, "o Estado condenado deve, ele próprio, executar a sua pena", pelo que se pode sempre duvidar da real eficácia da obrigação de recuperação.[414] Mas, no actual quadro de distribuição de competências na Comunidade, não é possível qualquer outra solução.[415]

---

[411] A Comissão pode, porém, em certos casos, bloquear a atribuição de novos auxílios totalmente conformes com o direito comunitário, enquanto espera a execução de uma decisão de recuperação. Este *sui generis* direito de retenção foi reconhecido pelo Tribunal no caso *Deggendorf* (Acórdão de 15 de Maio de 1997, proferido no proc. C-355/95, Col. 1997, p.I-2549) .

[412] Cf. o Acórdão de 30 de Setembro de 1990, proc. C-5/89, *Comissão/ RFA (BUG-Alutechnik)*, Col. 1990, p. I- 3437 e ss., especialmente, p. 3457.

[413] Cf. o n.º 3 do artigo 14.º do Regulamento de processo.

[414] Cf. I. CROIZIER, *ob. cit.*, p. 81.

[415] Na execução da decisão levanta-se, por vezes, o problema da identificação das empresas beneficiárias do auxílio junto das quais a recuperação deve ser efectuada. Esta

3. O CONTROLO JURISDICIONAL: O CONTENCIOSO DOS AUXÍLIOS DE ESTADO

3.1. Aspectos gerais

Quando se fala do controlo jurisdicional dos auxílios de Estado importa sobretudo ter em conta os desvios ou os traços distintivos que a dimensão substantiva do regime imprime no regime processual geral.[416]

Na globalidade, pode-se afirmar que, em termos gerais, o contencioso dos auxílios de Estado envolve:

— no plano das *jurisdições*, a intervenção de três entidades: a) o Tribunal de Justiça das Comunidades Europeias, como órgão jurisdicional com competência geral, cuja função é garantir o respeito pelo direito comunitário; b) o Tribunal de Primeira Instância, uma jurisdição instituída pelo AUE e associada ao TJCE, a quem compete conhecer, em primeira instância, certas categorias de acções definidas por acto jurídico do Conselho, no caso dos auxílios de Estado os recursos interpostos por particula-

---

questão é interessante porque revela que, apesar do juízo de censura pela atribuição dos auxílios em violação do Tratado ser directamente dirigido aos Estados pelo seu comportamento, ele tem como destinatários últimos as empresas beneficiárias: são estas no final quem deve proceder à restituição dos auxílios. Para alguma doutrina (assim, MACHETE, *ob. cit.*, pp. 64 e 71), este facto serve de argumento para defender, no plano do direito material, a substancial identidade entre os diversos regimes de regulação da concorrência. Para além disso, tal identificação pode suscitar problemas de ordem prática. Com efeito, se na maior parte das vezes é relativamente fácil identificar os beneficiários, ou seja, em regra quem usufruiu realmente da vantagem económica, casos há em que tal identificação é bem complexa. Ver, a título de exemplo, o caso Alfa Romeo (decisão da Comissão de 31 de Maio de 1989, in JOCE n.º L 394, p. 9 e ss.) analisado in J J ALMEIDA, *ob. cit.*, p. 111 e ss.

[416] Neste capítulo, apenas se dará conta das principais especificidades que o controlo jurisdicional reveste nesta sede e que se afigurem relevantes para a compreensão global do tema. Para a análise do contencioso comunitário em geral, vide J. Mota de CAMPOS, *Direito Comunitário*, vol. II, *ob. cit.,*1994, p. 501 e ss., M.-C. BERGERÈS, *Contencioso Comunitário*, Editorial RES, s/d, e MENGOZZI, *Il Diritto della Comunità Europea*, 1990, p. 172 e ss. Para aprofundamento do tema do controlo jurisdicional dos auxílios públicos, vide J. L. Caramelo GOMES, *O Contencioso dos Auxílios de Estado*, UCP, 1995; V. MARTÍN/ J. MUÑOZ, *El Control de las Ayudas de Estado en el Derecho Europeo*, 1999, pp. 67-95; J.-P. KEPPENNE, *Guide...*, *ob. cit.*, 1999, p. 581 e ss.

res;[417] c) os órgãos jurisdicionais dos Estados membros, encarregados de garantir, na ordem jurídica interna, a aplicação do direito comunitário por parte dos Estados membros e o primado deste direito sobre o direito interno respectivo.

— no plano das *partes* com legitimidade processual *activa*, as instâncias comunitárias, em particular a Comissão, os Estados membros e os particulares, pessoas singulares ou colectivas; e com legitimidade processual *passiva*, a Comissão, o Conselho e os Estados membros;

— no plano das *acções ou tipo de processos*, os recursos de anulação (de decisões da Comissão proferidas com base no artigo 88.º do Tratado ou no Regulamento de processo);[418] os recursos por omissão (relativamente à ausência de decisão da Comissão);[419] as

---

[417] Cf. o artigo 225.º, em especial os n.ºs 1 e 2, do Tratado (a. n. 168.º-A) e a al. c) do n.º 1 do artigo 3.º da Decisão n.º 88/591, do Conselho, de 24 de Outubro de 1988, que criou o TPI (JOCE n.º L 319, de 25 de Novembro de 1998). As categorias de acções para que o TPI é competente são determinadas pelo Conselho, deliberando por unanimidade, a pedido do TJCE e após consulta do Parlamento Europeu e da Comissão. O TPI não tem competência para conhecer das questões prejudiciais. As suas decisões são susceptíveis de recurso para o TJCE, limitado às questões de direito e nas condições estabelecidas no respectivo Estatuto.

[418] De acordo com o previsto no artigo 230.º do Tratado (a. n. 173.º) , "o Tribunal fiscaliza a legalidade dos actos (...) da Comissão (...) que não sejam recomendações ou pareceres". Para efeitos dos *recursos de anulação* de actos da Comissão, interpostos por Estados membros (constituem, sem dúvida, a maioria dos recursos em sede de auxílios de Estado) ou pelo Conselho, "o Tribunal de Justiça é competente para conhecer dos recursos com fundamento em incompetência, violação de formalidades essenciais, violação do presente Tratado ou de qualquer norma jurídica relativa à sua aplicação, ou em desvio de poder (...)". Este recurso não tem efeitos suspensivos, pelo que, na ausência de medidas provisórias decretadas judicialmente, as decisões devem ser executadas, mesmo no caso de pendência de recurso de anulação. Este deverá ser peremptoriamente interposto nos prazos estabelecidos (isto é, de acordo com o n.º 1 do artigo 81.º do Regulamento de Processo do Tribunal, de 19 de Junho de 1991, dois meses contados a partir do dia seguinte à da notificação do acto, ou do décimo quinto dia seguinte ao da sua publicação oficial no JOCE ou na falta de notificação ou publicação, do dia em que o recorrente tiver conhecimento do acto). Por razões de segurança jurídica, o Tribunal decidiu, por Acórdão de 9 de Março de 1994 (no caso *Deggendorf*, já citado), que se os Estados ou os particulares deixam expirar este prazo, não podem posteriormente pôr em causa o acto comunitário, nem sequer perante as jurisdições nacionais.

[419] Quanto ao *recurso por omissão*, dispõe o primeiro parágrafo do artigo 232.º (a.

Capítulo II – A Regulação Comunitária dos Auxílios de Estado

acções por incumprimento (dos Estados membros relativamente às decisões emanadas da Comissão);[420] as acções de responsabilidade extracontratual da Comunidade;[421] sem esquecer outras formas de contencioso, como o da repetição do indevido. A restituição de auxílios de Estado outorgados indevidamente, admitida, como vimos, pela primeira vez pelo TJCE, em 1973, no processo

n. 175.°) do Tratado: "Se, em violação do presente Tratado, o Parlamento Europeu, o Conselho ou a Comissão se abstiverem de pronunciar-se, os Estados membros e as outras Instituições da Comunidade podem recorrer ao Tribunal de Justiça para que declare verificada essa violação". Embora possível, este tipo de recurso não tem sido muito utilizado e, quando o foi, raramente lhe foi dado provimento pelo Tribunal. Vide, contudo, o Acórdão do TPI, de 3 de Junho de 1999, proc. T-317/96, *TF1/ Comissão* (referenciado in *Gaz. Pal. Européenne* n.° 21, 17 e 18 de Dezembro, 1999, p. 43) que condena a Comissão por esta instituição se ter abstido de adoptar uma decisão relativamente à denúncia apresentada pela empresa TF1, em Março de 1993, sobre os modos de financiamento e de exploração das cadeias de *France-Télévision*, e o Acórdão do mesmo Tribunal, de 15 de Setembro de 1998, proc. T-95/96, *Gestevisión Telecinco*, Col., p. II-3407, no qual se afirma que a Comissão tem a obrigação de adoptar uma decisão definitiva num prazo razoável sob pena de ser condenada por omissão. Note-se que este acórdão dá alguma abertura à *legitimidade dos particulares* para instaurarem um recurso por omissão, contra a doutrina tradicional, ancorada na letra do artigo 232.° do Tratado.

[420] O recurso por *incumprimento* é regulado pelos artigos 226.° a 228.° (a.n. 169.° a 171.°) do Tratado. A Comissão, após não acatamento tempestivo do Estado membro de um parecer fundamentado formulado por aquela instituição sobre o não cumprimento das obrigações que lhe incumbem, pode recorrer ao Tribunal de Justiça, nos termos do artigo 228.° do Tratado. "Se o Tribunal de Justiça declarar verificado que um Estado membro não cumpriu qualquer das obrigações que lhe incumbem por força do presente Tratado, esse Estado deve tomar as medidas necessárias à execução do acórdão do Tribunal de Justiça". Este recurso pode igualmente ser interposto pelos Estados membros, coisa rara em sede de auxílios de Estado, mas a sua interposição está vedada aos particulares.

[421] Trata-se, de acordo com o disposto no artigo 235.° (a. n. 178.°) do Tratado, de uma competência exclusiva do Tribunal. Estabelece o artigo 288.° (a. n. 215.°) que "em matéria de responsabilidade extracontratual, a Comunidade deve indemnizar, de acordo com os princípios gerais comuns aos direitos dos Estados membros, os danos causados pelas suas Instituições ou pelos seus agentes no exercício das suas funções." Assim, uma acção deste tipo será viável quando, por exemplo, uma empresa considere que sofreu um prejuízo por a Comissão não haver exercido os seus poderes de controlo relativos aos auxílios de Estado, em particular os previstos no n.° 2 do artigo 88.° do Tratado, e demonstre existir um nexo de causalidade entre o prejuízo sofrido e o erro cometido pela Comissão no quadro das suas funções de controlo (cf. o Acórdão de TJCE de 21 de Janeiro de 1976, proc. 40/75, *Société produits Bertrand*, Rec. 1976, p. 1).

relativo aos auxílios à reconversão das regiões mineiras na RFA, é uma típica situação de repetição do indevido.[422]

Dado que as especificidades ou desvios surgem essencialmente nos recursos por anulação, nas acções por incumprimento ou nos processos relativos à restituição dos auxílios, apenas estes serão objecto de atenção. Os principais *desvios ou especificidades* concentram-se fundamentalmente nos planos das jurisdições e das acções.

No plano das *jurisdições*, importa sublinhar dois factos: o primeiro diz respeito à crescente importância do papel do TPI no contencioso dos auxílios públicos, como resultado da progressiva intervenção de particulares no processo; o segundo prende-se com as funções dos órgãos jurisdicionais nacionais, a sua menor, mas nem por isso menos complexa, intervenção no domínio dos auxílios de Estado e as formas cooperação entre a Comissão e o juiz nacional.[423]

No plano das *acções*, é de salientar a existência de um *processo simplificado* de recurso por incumprimento. Para além disso, importa ter presente que as principais questões suscitadas são as relacionadas com a admissibilidade dos recursos de anulação, em virtude da incerteza que envolve a determinação dos actos decisórios adoptados (a questão de saber se um acto é ou não atacável) e com a natureza dos recorrentes não privilegiados (isto é, todas aquelas que não sejam instituições comunitárias ou Estados membros).[424] Estas questões dizem apenas respeito aos recursos de anulação e às acções por incumprimento e serão afloradas no ponto 3 deste capítulo.

---

[422] Cf. o citado Acórdão de 12 de Julho de 1973, proc. 70/72, *Comissão/ Alemanha*, Rec. 1973, p. 813. Sobre este acórdão, vide J.J. ALMEIDA, *A Restituição das Ajudas..., ob. cit.*, 1997, p. 97 e ss.

[423] Cf. a Comunicação da Comissão sobre a cooperação entre a Comissão e as jurisdições nacionais no domínio dos auxílios de Estado (JOCE n.° C 312, de 23 de Novembro de 1995).

[424] Cf. KEPPENNE, *Guide...ob. cit.*, p. 585.

3.2. As jurisdições

3.2.1. A intervenção do juiz comunitário

A intervenção do juiz comunitário não tem, no plano teórico, especificidade face a outros domínios. Compete ao Tribunal de Justiça e ao Tribunal de Primeira Instância garantir o respeito pelo direito comunitário por parte das Instituições comunitárias, fundamentalmente através dos recursos de anulação e por omissão, e por parte dos Estados membros, mediante a instauração de recursos por incumprimento. Neste domínio, como dissemos, é o TPI que conhece os recursos – cada vez mais numerosos – interpostos por particulares.[425] No plano prático, é, porém, de sublinhar o facto de o TPI ter vindo a produzir uma jurisprudência original (mas discutível) cujos resultados se concretizam no alargamento da noção de auxílios de Estado e na diminuição ou limitação dos poderes de intervenção da Comissão.

A importância dos recursos de anulação e de incumprimento advém, sobretudo, do facto de, no caso das decisões da Comissão sobre a ilegalidade ou a incompatibilidade dos auxílios serem mantidas por denegação da pretensão da parte contrária, as respectivas decisões judiciais poderem servir de fundamento aos processos de restituição dos auxílios e de responsabilidade do Estado por violação das normas de direito comunitário que gozam de efeito directo. Quer um quer outro destes processos são resolvidos de acordo com o direito nacional, competindo assim ao juiz nacional a sua apreciação.

3.2.2. A intervenção do juiz nacional

O juiz nacional, cuja função no quadro do sistema jurisdicional comunitário é fazer respeitar o primado do direito comunitário na ordem jurídica interna, tem, em teoria, um papel relativamente mais limitado no controlo dos auxílios de Estado do que em outros domínios de interven-

---

[425] Cf. a alínea c) do n.º 1 do artigo 3.º da Decisão 88/591, do Conselho, de 24 de Outubro de 1988 (JOCE n.º L 319, de 25 de Novembro de 1988).

300   *Auxílios de Estado e Fiscalidade*

ção. Isso advém do facto de aos tribunais nacionais estar vedada a pronúncia sobre o fundo das questões (a compatibilidade ou incompatibilidade dos auxílios). Em princípio, estes apenas se podem pronunciar sobre questões processuais (a legalidade ou ilegalidade dos auxílios).[426]

Ainda assim, há que sublinhar que os tribunais nacionais podem intervir nas questões de fundo quando o dispositivo do artigo 87.º tenha sido desenvolvido por actos de carácter geral, como os regulamentos, ou quando tenha sido concretizado por decisões da Comissão, ao abrigo do n.º 2 do artigo 88.º do Tratado. Com a recente regulamentação do processo e das isenções por categoria e com a crescente prática da Comissão no sentido de decidir a recuperação dos auxílios ilegais, o papel do juiz nacional tenderá a crescer de importância nos próximos tempos.

De qualquer modo, na prática, o papel do juiz nacional está, já hoje, bem longe de ser insignificante.

Pode, em primeiro lugar, verificar toda e qualquer violação da obrigação de *standstill* consagrada no n.º 3, *in fine*, do artigo 88.º do Tratado e ordenar a sua cessação. Esta competência decorre do efeito directo atribuído pelo Tribunal de Justiça a este normativo.

Pode e deve, para além disso, ordenar a restituição dos auxílios atribuídos pelo Estado em violação daquele dispositivo (isto é, dos auxílios ilegais).

A violação do n.º 3, *in fine*, do artigo 88.º é também fundamento bastante para que as empresas concorrentes da empresa beneficiária instaurem, nas jurisdições nacionais, uma acção de responsabilidade pelos danos causados contra o Estado que concedeu o auxílio ilegal.[427]

É ainda perante as jurisdições nacionais que as empresas beneficiárias poderão fazer oposição às medidas internas de recuperação dos auxílios fundadas em decisões da Comissão.

---

[426] Recorde-se que o artigo 87.º não goza de efeito directo, não é directamente invocável pelos interessados nem aplicável pelos órgãos jurisdicionais (ou quaisquer outros) dos Estados membros. A competência para declarar compatível ou incompatível com o mercado comum um auxílio de Estado pertence à Comissão, sob controlo da jurisdição comunitária.

[427] Sobre o tema, em geral, cf. Marta C. M. RIBEIRO, *Da Responsabilidade do Estado pela Violação do Direito Comunitário*, 1996

Capítulo II – A Regulação Comunitária dos Auxílios de Estado　　301

Neste quadro, o juiz nacional torna-se, cada vez mais, "um actor incontornável nesta quão sensível e técnica matéria".[428]

3.3. Especificidade do contencioso segundo os tipos de processos

3.3.1. O recurso de anulação

Uma das dificuldades do contencioso de anulação no domínio dos auxílios de Estado está na determinação precisa do *objecto* dos actos cuja anulação pode ser requerida. Outra está na determinação de quem possui *legitimidade activa* em cada caso.[429]

São actos susceptíveis de recurso de anulação todas as decisões da Comissão em matéria de auxílios públicos, quer as que declaram a sua compatibilidade ou incompatibilidade com o mercado comum ou a sua legalidade ou ilegalidade, quer as que mandam arquivar uma denúncia, quer as que ordenam medidas provisórias.[430]

No que respeita à legitimidade activa, o Estado responsável pelo auxílio, enquanto destinatário das decisões, tem sempre, por definição, legitimidade para instaurar o recurso, não tendo para o efeito que demonstrar qualquer interesse específico.[431] A interposição deste recurso não tem efei-

---

[428] Cf. M. STRUYS, "Le rôle des juridictions nationales dans le contentieux communautaire des aides d'État", CDVA, *Les Aides...*, *ob. cit.*, 1999, p. 314; D' SA, *ob. cit.*, p. 418 e ss.

[429] A fundamentação e o prazo de interposição do recurso de anulação (dois meses) não apresentam qualquer especificidade a assinalar. A fundamentação consta do n.º 2 do artigo 230.º (a. n. 173.º) do Tratado e o prazo do n.º 1 do artigo 81.º do Regulamento de processo do TJCE, de 19 de Junho de 1991. As sentenças que dêem provimento ao recurso, anulando a decisão da Comissão, têm efeitos *erga omnes* e *ex tunc,* enquanto as que negam provimento consolidam o acto impugnado, que passa a ser caso julgado.

[430] Cf. MARTÍN / MUÑOZ, *El Control...*, *ob. cit.*, p. 68. Recorde-se, porém, que, em princípio, as decisões que propõem medidas adequadas não são susceptíveis de recurso de anulação, uma vez que estamos perante simples propostas que os Estados não são obrigados a acatar (neste sentido, o Acórdão do TPI, de 22 de Outubro de 1996, proc. T-330/94, *Salt Union / Comissão*, II- 1475, pontos 33 a 37). Cf. KEPPENNE, *Guide...*, *ob. cit.*, p 617.

[431] Cf. o parágrafo 4.º do artigo 230.º (a. n. 173.º) do Tratado ("Qualquer pessoa singular ou colectiva pode interpor, nas mesmas condições, recurso das decisões de que

tos suspensivos, não eximindo "o Estado de se conformar com as determinações do acto impugnado, sob pena de violar as obrigações para ele decorrentes do artigo 189.° (n. n. 249.°) do Tratado CE".[432]

Diversa é a situação dos particulares. Estes, não sendo nunca destinatários das decisões da Comissão, podem recorrer apenas daquelas decisões "que, embora tomadas sob a forma de regulamento ou de decisão dirigida a outra pessoa" (no caso, os Estados) lhes digam "directa e individualmente respeito".

O TPI tem interpretado esta expressão como significando que o acto que os particulares pretendem impugnar deve "afectar os seus interesses, modificando de modo caracterizado a sua situação jurídica".[433] Do mesmo modo, o TJCE veio declarar que "os sujeitos distintos dos destinatários de uma decisão só podem alegar que esta os afecta individualmente se os prejudica por causa de determinadas qualidades específicas suas ou de uma situação de facto que os caracteriza com respeito a qualquer outra pessoa, individualizando-os de uma maneira análoga à dos destinatários".[434]

Tendo em conta a conjugação das duas questões, isto é, a recorribilidade dos actos e a legitimidade dos recorrentes, podemos, em síntese, estabelecer os seguintes critérios gerais:

a) São recorríveis, quer a decisão de não levantar objecções relativamente a uma medida, na sequência do exame preliminar (signifique ela a inexistência de auxílio ou a compatibilidade de um auxílio novo, notificado ou ilegal), quer a decisão que considera, em regra na sequência de uma denúncia de uma empresa concorrente, que um determinado auxílio

---

seja destinatária...") e o artigo 25.° do Regulamento 659/1999 do Conselho, de 22 de Março, que define como destinatário das decisões da Comissão o Estado membro interessado.

[432] Cf. o artigo 242.° (a. n. 185.°) do Tratado que exceptua, porém, os casos em que o Tribunal considere necessário atribuir efeitos suspensivos ao recurso. Vide J. Caramelo GOMES, *ob. cit.*, p. 54.

[433] Cf. o Acórdão do TPI , de 18 de Dezembro de 1997, *Associação Telefónica de Mutualistas / Comissão*, proc. T-178/94, Col. 1997, p. II-2531. Ver também o Acórdão do TPI, de 5 de Junho de 1996, T-398/94, *Kahn Scheep vaart / Comissão*, Rec. 1996, p. II-477.

[434] Cf. Acórdão de 31 de Março de 1998, *França e outros / Comissão*, processos C-68/94 e C-30/95, Col. 1998, p. I-1453. Esta orientação é já antiga. Vide, no mesmo sentido, as sentenças de 5 de Julho de 1963 proc. 25/62, *Plaumann / Comissão*, Rec. 1963, p. 197 e de 28 de Janeiro de 1986, proc. 169/84, *Cofaz e outros / Comissão*, Rec. 1986, p. 391.

Capítulo II – A Regulação Comunitária dos Auxílios de Estado   303

constitui um auxílio existente (seja ele decorrente da aplicação de um regime de auxílios já existente, da decisão que declara não haver aplicação abusiva de um auxílio individual existente ou da que resolve não abrir o procedimento formal de investigação).

Nos casos acima mencionados, a legitimidade processual activa compete aos *interessados* no sentido do n.° 2 do artigo 88.° (a. n. 93.°) do Tratado. Trata-se, como decorre da jurisprudência (acórdãos *Cook* e *Matra)*, de pessoas, empresas (desde logo, as concorrentes) ou associações (as organizações profissionais) eventualmente afectadas nos seus interesses pela atribuição do auxílio, uma vez que ficam privadas de apresentar as suas observações.[435] Note-se, porém, que, para que estes critérios se apliquem, é necessário que o requerente ataque especificamente a recusa da Comissão de abrir o processo formal de investigação, salvaguardando os seus direitos processuais, e não se limite apenas a atacar a decisão de aprovação do auxílio.

b) É recorrível a decisão da Comissão que determina o procedimento formal de investigação: neste caso, tratando-se de auxílio individual, só a empresa beneficiária tem legitimidade para recorrer.

c) É igualmente recorrível a decisão final. Neste caso, detêm legitimidade activa as empresas beneficiárias (pois sendo individualmente consideradas pela decisão final, negativa ou condicional, estão em posição equiparada à do destinatário da decisão).[436] Detêm-na também as empresas concorrentes das empresas beneficiárias (relativamente às decisões positivas ou condicionais).[437] Por fim, dentro de certas condições,

---

[435] Cf. os Acórdãos de 19 de Maio de 1993, proc. C-198/91, *Cook / Comissão*, Col. p. I-2487, pontos 23 e 24, e de 15 de Junho de 1993, proc. C-225/91, *Matra / Comissão*, Rec. P. I-3203, pontos 17 e 18. A jurisprudência *Cook / Matra* não se aplica, porém, às decisões de aprovação de regimes gerais de auxílios, conforme decisão do TPI, de 5 de Junho de 1996, no caso *Kahn Scheepvaart/ Comissão*, já citado, a propósito da aprovação de um regime de auxílios fiscais sectoriais. Cf. KEPPENNE, *Guide..., ob. cit.*, p 605.

[436] Cf. os acórdãos do TJCE de 17 de Setembro de 1980, proc. 730/79, *Philip Morris / Comissão*, p. 2671, ponto 5; de 14 de Novembro de 1984, proc. 323/82, *Intermills / Comissão*, p. 3809, ponto 5; de 13 de Março de 1985, proc. 296 e 318/82, *Papierwarenfabriek / Comissão*, p. 809, ponto 13; de 24 de Novembro de 1987, proc. 223/85, *RSV/ Comissão*, 4617, ponto 16; de 9 de Março de 1994, proc. C-188/92, *T W D Textilwerke Degendorf*, I-833, ponto 31; e acórdão do TPI, de 12 de Dezembro de 1996, proc. T-358/94, *Air France / Comissão*, p. 2109, ponto 31.

[437] Estas empresas têm, enquanto concorrentes, um interesse *directo* na decisão.

304 *Auxílios de Estado e Fiscalidade*

podem possuir igualmente tal legitimidade as associações representativas das duas categorias de empresas.[438]

d) Quanto à decisão de recuperação de auxílios ilegais, é também ela susceptível de recurso por parte das empresas beneficiárias prejudicadas com a decisão.

3.2. A acção por incumprimento

Menos frequente até agora que o recurso de anulação, a acção por incumprimento, regulada pelos artigos 226.º a 228.º (a. n. 169.º a 171.º) do Tratado, tende a revestir-se de crescente importância em sede de auxílios de Estado.

Quanto ao *interesse individual,* pode não ser bastante o facto da empresa possuir a qualidade de interessado no sentido do n.º 2 do artigo 88.º (a. n. 93.º) do Tratado (isto é, de pessoa legitimada a apresentar as suas observações à Comissão) para que tal seja dado como comprovado. No caso *Cofaz* (Acórdão de 28 de Janeiro de 1986, proc. 169/84, *Cofaz / Comissão,* p. 391, pontos 23 e ss.), o TJCE declarou que o interesse individual ficava identificado quando estivesse preenchida pelo requerente uma dupla condição, a da empresa ter intervindo no quadro do procedimento previsto no artigo 88.º e a da sua posição no mercado, em que se encontra em relação directa de concorrência com a empresa beneficiária, ficar substancialmente afectada pelo auxílio cuja decisão de atribuição é objecto de acção. Em decisões posteriores, a jurisprudência comunitária parece inclinar-se para deixar de considerar a questão da intervenção da empresa no procedimento do artigo 88.º como uma condição (na sua plenitude) para passar a pôr o acento tónico na questão da afectação directa e substancial de concorrência. De facto, o TPI considerou suficiente o preenchimento desta condição no caso *Italgrini,* sem tomar em consideração a ausência de participação no processo (Acórdão de 27 de Abril de 1995, proc. T-435/93, *ASPEC e al. / Comissão,* p II-1281, pontos 63 a 70). Aparentemente a condição processual só seria relevante quando a afectação da situação concorrencial, por si só, se mostrasse relativamente exígua (cf. a decisão do TPI de 15 de Setembro de 1998, proc. T-11/95, *BP- Chemicals/ Comissão,* e KEPPENNE, *ob. cit,* p. 614).

[438] Note-se que face aos critérios jurisprudenciais, é muito pouco provável ser aceite que as associações representativas de trabalhadores das empresas beneficiárias, apesar de serem admitidas a apresentar observações no procedimento administrativo perante a Comissão, possam demonstrar que têm um interesse directo na anulação da decisão da Comissão (cf. a decisão do TPI, de 18 de Fevereiro de 1998, proc. T-198/97, *Comité de empresa da Societé française de production e al. / Comissão,* II-355 e a observação de MARTÍN / MUÑOZ, *El Control...,* *ob. cit.,* p. 71, que entendem não dever ser tido como axiomático este critério de legitimação, por ser muito restritivo).

Capítulo II – A Regulação Comunitária dos Auxílios de Estado   305

A *regra* neste domínio é, porém, que a Comissão não possa valer-se deste regime geral de acção por incumprimento contra o Estado por violação, por parte deste, do artigo 87.° (a. n. 92.°), sem previamente ter aberto o procedimento formal de investigação previsto no artigo 88.° (a. n. 93.°) e regulado pelo artigo 6.° do Regulamento de processo. A razão de ser desta regra é a salvaguarda das garantias das partes interessadas, consagradas no procedimento formal de investigação, mas não acauteladas pelo regime geral, dado que a fase pré-contenciosa deste regime reserva o contraditório à Comissão e ao(s) Estado(s) membro(s).

Duas são, contudo, as *excepções* formuladas pela jurisprudência que permitem à Comissão socorrer-se do regime geral previsto no artigo 226.° (a. n. 169.°) do Tratado.

A primeira diz respeito aos casos em que o auxílio é ilegal, ou seja, em que o Estado membro violou as obrigações processuais contidas no n.° 3 do artigo 88.°.[439] Nestes casos, a Comissão pode fazer acompanhar a acção de um pedido de medidas provisórias com o fim de recuperar ou suspender a medida não notificada.[440]

---

[439] No Acórdão de 2 de Julho de 1974, proc. C-173/73, *Itália / Comissão*, Col. 1974, p. 709 e ss., o Tribunal determinou que a Comissão tinha ao seu dispor dois meios de actuação concorrentes para declarar a ilegalidade da concessão de um auxílio, o procedimento previsto no artigo 169.° (n. n. 226.°), no final do qual o Tribunal pode declarar que o Estado não cumpriu a obrigação de notificação ou não observou a cláusula de *standstill* e o procedimento previsto no n.° 2 do artigo 92.° (n. n. 88.°), quando procede à análise da sua compatibilidade (vide também as conclusões do Advogado-Geral TESAURO neste mesmo processo e o artigo de A DASHWOOD, "Control of State aids in the EEC prevention and care under article 93", *CMLR*, vol. 12, 1975).

[440] Hoje o artigo 11.° do Regulamento de processo atribui, como vimos, expressamente à Comissão a faculdade de poder emitir "injunções de recuperação" independentemente de qualquer acção por incumprimento. Recorde-se ainda que independentemente de a instauração da acção por incumprimento nos termos gerais previstos no artigo 226.°, a Comissão não pode deduzir do facto de determinado auxílio não ter sido notificado que ele é incompatível com o mercado comum. A ilegalidade dos auxílios não arrasta consigo a sua incompatibilidade. O Tribunal, como vimos, pronunciou-se contra a admissibilidade da tese da ilegalidade *per se* dos auxílios não notificados nos casos *Boussac* (Acórdão de 14 de Fevereiro de 1990, proc. C-301/87, *França/ Comissão*, Col. 1990, p. 307 e ss.) e *Saumon* (Acórdão de 21 de Novembro de 1991, proc. C-354/90, *Fédération nationale du commerce extérieur des produits alimentaires*, Col. 1990, p I-5505).

A segunda compreende os casos em que a Comissão pretende que a acção não se cinja à violação do artigo 87.º (a. n. 92.º), mas que aprecie também a violação de outras normas de direito comunitário.

Note-se, porém, que o n.º 2 do artigo 88.º (a. n. 93.º) do Tratado instituiu uma forma particular, um *procedimento simplificado*, deste tipo de acção, que se traduz essencialmente no facto de a Comissão poder dirigir-se ao Tribunal sem necessidade de formular previamente o parecer fundamentado exigido pelo regime geral.[441] Compreende-se que assim seja, uma vez que, neste domínio, a Comissão já havia notificado o Estado para apresentar as suas observações, estando, deste modo, salvaguardado o princípio do contraditório que é garantido, no regime geral, pela fase administrativa ou pré-contenciosa.[442]

O Tratado permite, pois, que a Comissão e os Estados membros interessados possam accionar *directamente* o Tribunal de Justiça (em derrogação do disposto nos artigos 226.º e 227.º), quando o Estado em causa não der cumprimento à decisão final de modificação ou supressão ou (inicialmente por interpretação judicial, hoje em virtude de normativo expresso) restituição dos auxílios, no prazo por ela fixado. Por sua vez, o Regulamento de processo especifica, no n.º 1 do artigo 23.º, que a Comissão pode recorrer directamente ao Tribunal, nos termos do n.º 2 do artigo 88.º (a. n. 93.º), isto é, do procedimento simplificado, quando o Estado membro em causa não der cumprimento às decisões condicionais (no caso dos auxílios utilizados abusivamente) ou negativas (no caso dos auxílios incompatíveis), em especial nos casos de recuperação de auxílios ("decisões de recuperação").[443] Estamos assim perante decisões adoptadas na sequência de um procedimento formal de investigação e que versam sobre o fundo da questão.

Recorde-se ainda que o Regulamento, desviando-se das orientações jurisprudenciais existentes, veio excluir, porém, o automatismo entre a

---

[441] Cf. o artigo 226.º do Tratado.

[442] Cf. KEPPENNE, *Guide...ob. cit.*, 1999, p. 630.

[443] É o seguinte o texto do n.º 1 do artigo 23.º do Regulamento de processo: "Quando o Estado membro em causa não der cumprimento às decisões condicionais ou negativas, em especial nos casos previstos no artigo 14.º, a Comissão pode recorrer directamente ao Tribunal de Justiça das Comunidades Europeias nos termos do n.º 2 do artigo 93.º (n. n. 88.º) do Tratado". Cf. Chintia PINOTTI (*Gli Aiuti..., ob. cit.*, p. 237), a qual questiona a admissibilidade da solução relativa às decisões condicionais.

Capítulo II – A Regulação Comunitária dos Auxílios de Estado 307

decisão negativa e a ordem de recuperação, exigindo uma expressa tomada de posição da Comissão sobre a questão de saber se a recuperação do auxílio contraria ou não um princípio geral de direito comunitário.[444]

Em sede de auxílios de Estado, a acção por incumprimento é, portanto, normalmente interposta pela Comissão, no final do procedimento administrativo, contra o Estado que atribuiu indevidamente um auxílio, tendo por objectivo a recuperação deste.[445]

O ónus da prova do incumprimento pertence à Comissão. A jurisprudência comunitária é muito restritiva quanto aos motivos que um Estado pode validamente invocar para justificar o incumprimento, limitando-os à impossibilidade absoluta do Estado executar a decisão da Comissão e interpretando restritivamente a noção de impossibilidade absoluta.[446]

Mesmo que o Estado infractor rectifique entretanto o seu comportamento, anulando o acto de concessão do auxílio, a acção não termina, por falta de objecto, uma vez que a sentença poderá servir de fundamento para estabelecer a responsabilidade do Estado infractor pelos prejuízos eventualmente causados a particulares.[447]

Provado o incumprimento, o Tribunal confirma a obrigação de o Estado recuperar o montante do auxílio.

Caso o Estado membro não dê cumprimento ao acórdão, o Regulamento de processo, reforçando os princípios gerais admitidos, reconhece

---

[444] Cf. o n.º 1, *in fine*, do artigo 14.º do Regulamento de processo. Vide ainda PINOTTI, *ob. cit.*, p. 237.

[445] Pressupõe assim que o Estado não tenha impugnado a decisão definitiva da Comissão e que a não tenha cumprido, anulando o acto que esteve na base da concessão do auxílio. Note-se que, embora seja menos frequente, nada impede que a acção por incumprimento seja interposta antes ou durante o procedimento administrativo. No primeiro caso, ela é limitada à verificação, pelo Tribunal, do incumprimento formal (da não notificação da medida), no segundo, tem por objecto a decisão provisória de recuperação do auxílio.

[446] Cf. o Acórdão de 29 de Janeiro de 1998, proc. C-280/95, *Comissão/ Itália*, Col. 1998, p. I-271. O Tribunal não tem retido como justificações aceitáveis, por exemplo, a autorização de auxílios idênticos pela Comissão, a simples enunciação pelo Estado das dificuldades jurídicas, políticas ou práticas da execução da decisão ou, inclusive, a invocação da confiança legítima da empresa beneficiária.

[447] Cf., neste sentido, o Acórdão de 19 de Março de 1991, proc. C-249/88, *Comissão / Bélgica*, Col. 1991, p. I-1306.

à Comissão a possibilidade de actuar nos termos de artigo 228.º (a. n. 171.º).[448] Esta instituição pode assim submeter o caso a Tribunal, podendo este, se verificar que o Estado membro não deu cumprimento ao seu acórdão, condená-lo ao pagamento de uma quantia fixa ou progressiva correspondente a uma sanção pecuniária.

---

[448] Dispõe o n.º 2 do artigo 23.º do Regulamento de processo; "Se a Comissão considerar que o Estado membro em causa não deu cumprimento a um acórdão do Tribunal de Justiça das Comunidades Europeias, pode actuar nos termos do artigo 171.º (n. n. 228.º) do Tratado".

CAPÍTULO III

OS AUXÍLIOS TRIBUTÁRIOS

§ 1.º

CONSIDERAÇÕES GERAIS

1. AUXÍLIOS TRIBUTÁRIOS: DELIMITAÇÃO DA NOÇÃO

1.1. Os auxílios tributários, uma forma de auxílios de Estado

Um dos modos de intervenção indirecta do Estado, no quadro das suas políticas de fomento, é a prestação de apoio financeiro a empresas, regiões, actividades ou sectores de produção por via de incentivos ou benefícios fiscais, tendo em vista a promoção de objectivos de política económica e social determinados por lei.[1]

Ora os incentivos ou benefícios de natureza fiscal ou parafiscal, na medida em que se traduzam em vantagens económicas atribuídas pelos poderes públicos a certas empresas ou produções, configuram auxílios de Estado (auxílios sob forma tributária ou auxílios tributários) que, como tal, podem ser, caso satisfaçam as condições previstas no artigo 87.º do Tratado, sujeitos ao princípio da incompatibilidade com o mercado comum e, eventualmente, usufruir das derrogações existentes na lei comunitária.[2]

---

[1] Sobre as inúmeras modalidades de instrumentos fiscais a que os Estados podem recorrer para este efeito, cf. F. FICHERA, *Le Agevolazioni Fiscali*, Cedam, Padova, 1992, p. 32 e ss. Sobre os incentivos fiscais ao investimento e à actividade económica, vide ainda, respectivamente, S. ROCH, *Incentivos fiscales a la inversión y justicia tributaria*, Cuadernos Civitas, Madrid, 1983 e E. NUZZO, "Le incentivazioni fiscali e le attività economiche in ambito CEE", *Rassegna Tributaria*, 5, 1998, pp. 1211-1230; D. HOLLAND/ R. VANN, "Income Tax Incentives for Investment", in Victor THURONYI, *Tax Law Design and Drafting*, vol. 2, cap. 23, IMF, Washington, 1997, p. 986 e ss..

[2] Questão pacífica, desde há muito, na jurisprudência e na doutrina (cf., quanto a esta, C. COSCIANI, *Problemi fiscali del mercato comune*, Giuffrè, Milano, 1958, p. 44

O Instituto dos Auxílios de Estado e a Fiscalidade

Os auxílios tributários são pois uma simples forma, ainda que muito importante, dos auxílios públicos. De facto, as medidas legislativas ou administrativas que conduzem à não arrecadação (ou à não arrecadação no prazo fixado por lei) da totalidade ou de parte das receitas provenientes dos tributos que, na ausência de regimes derrogatórios ou de práticas discriminatórias, seriam devidos por certas empresas, implicam objectivamente situações de favorecimento, ao desonerarem aquelas empresas de tributos que teriam constituído para elas um custo.

Se a noção de auxílio não suscita, neste contexto, por ora, desenvolvimentos de maior, a noção de auxílio tributário implica clarificar, ainda que de modo breve, o qualificativo tributário, ou seja, os tributos e as modalidades de técnica tributária a que o instituto dos auxílios de Estado pode referir-se.

1.2. O princípio da irrelevância da forma dos auxílios tributários

1.2.1. A irrelevância do tipo de tributos

O instituto dos auxílios de Estado pode aplicar-se a qualquer tipo de tributo.[3] Com efeito, a regulação comunitária dos auxílios sob forma fiscal e parafiscal não se cinge aos impostos, mas integra um conjunto de figuras que, sendo jurídica ou economicamente distintas destes, realizam funções similares ou tendem a produzir efeitos idênticos, a elas recorrendo, muitas vezes, os poderes públicos como figuras sucedâneas.

---

e D. BERLIN, *Droit fiscal communautaire*, Paris, 1988, p. 201 e ss. e "Las ayudas de Estado en materia fiscal y el Derecho comunitario", *Noticias CEE* n.º 32, 1987, pp. 95 e ss.).

[3] Não se desconhece que historicamente tributo e imposto são termos equivalentes, que ainda hoje são usados indiferentemente por muitos autores, havendo, por isso, quem prefira manter a relação de sinonímia. Assim, P. S. MARTINEZ, *Manual de Direito Fiscal*, 1993, pp. 23 e 24, escreve: "A expressão *tributo* acompanhou geralmente a ideia de imposto, de exigência que, em concreto, não tem contraprestação; não se identificou com a ideia de custo de utilização de determinados serviços". Mas a noção evoluiu e hoje tributo é geralmente considerado como um conceito mais abrangente do que o de imposto. Assim, falamos, neste contexto, de auxílio "tributário" em vez de "fiscal" por ser, deste modo, possível abranger realidades mais amplas do que as da fiscalidade clássica.

Capítulo III – Os Auxílios Tributários   313

Para efeitos de integração no conceito de auxílio tributário a forma do tributo é assim indiferente.[4] Se pensarmos na realidade portuguesa (a realidade dos demais Estados membros não é, aliás, neste particular, muito distinta), a regulação comunitária dos auxílios engloba, antes de mais, os impostos.[5] Para além disso, ela abrange outras espécies tributárias criadas por lei, como as *taxas*, as *contribuições financeiras* a favor de entidades públicas e outras contribuições e taxas de natureza parafiscal.[6]

---

[4] Este princípio deve ser entendido *cum grano salis*. A forma do auxílio tem, como se verá, uma certa relevância, aliás, demonstrada pela própria consideração autónoma dos auxílios tributários, para adequar os princípios gerais que regem os auxílios de Estado a realidades complexas, como a fiscalidade.

[5] Ou, dito de outro modo, envolve todas as prestações patrimoniais impostas por lei a favor de uma entidade que exerça funções públicas, com o fim de satisfazer os fins próprios desta e sem carácter de sanção, que possam dar origem à atribuição de incentivos ou benefícios. A noção de tributo abrange, pois, antes de mais, a moderna figura do imposto. São múltiplas as concepções doutrinais sobre a natureza jurídica dos impostos. A concepção aqui recolhida (P. S. MARTINEZ, *ibidem*, pp. 33-4) permite considerar as características essenciais do imposto que são relevantes para a regulação jurídica da concorrência: o imposto como prestação (actualmente, de natureza pecuniária e com origem "ex lege"), unilateral (sem contrapartida, hoje ou no futuro), a favor de entidades que exerçam funções públicas (no plano externo, representadas pelo Estado) e sem fins sancionatórios. Falamos da concepção moderna de imposto assente no príncipo *no taxation without representation*. O imposto é, neste sentido, concebido, "como receita não resultante de imposição arbitrária, mas de uma ponderação da proporção relativa entre propriedade privada e orçamento, entre sector público e sector privado, sendo essa proporção definida pelos representantes dos contribuintes ("contribuição"); por outro lado, o imposto como que sintetiza o essencial da relação económica entre o cidadão e o Estado, resultante por isso de uma determinada doutrina, ideologia ou filosofia social e devendo inserir-se numa complexa relação psicossociológica entre os cidadãos e a sociedade política" (assim, Sousa FRANCO, *Direito Financeiro, ob. cit.*, II, p. 147-8).

[6] O termo tributo remete actualmente para uma realidade que, entre nós, é descrita na alínea a) do n.º 1 do artigo 3.º e no n.º 2 do artigo 3.º da Lei Geral Tributária (LGT), aprovada pelo Decreto-Lei n.º 398/98, de 17 de Dezembro. Aí se estabelece que os tributos podem ser fiscais e parafiscais, compreendendo "os impostos, incluindo os aduaneiros e especiais, e outras espécies tributárias criadas por lei, designadamente as taxas e demais contribuições financeiras a favor de entidades públicas" (Sobre o tema, cf. A. GUERREIRO, *Lei Geral Tributária Anotada*, 2000, p. 44 e ss). Note-se que, em si mesmo, o imposto é o inverso de um auxílio de Estado. A situação de não imposição ou de menor imposição é que pode constituir um auxílio de Estado.

Nuns casos, estamos perante transferências financeiras do sector privado para o sector público, transferências forçadas, sem directa contrapartida, como ocorre com os impostos, ou baseadas num princípio de equivalência das prestações, como sucede com as taxas. Noutros, podemos mesmo estar perante transferências, efectuadas através da intervenção do Estado, no interior do sector privado, como acontece com a generalidade das formas de parafiscalidade.

1.2.2. Uma noção de tributo em sentido amplo

1.2.2.1. Os impostos (em sentido amplo)

Para efeitos de qualificação de determinadas situações fiscais como auxílios de Estado, não importa distinguir entre impostos directos e indirectos, distinção problemática, mas incontornável no plano comunitário.[7] Tão pouco importa distinguir, com base numa tipologia mais económica, entre impostos baseados na riqueza e independentes da riqueza, e no seio dos primeiros, entre impostos sobre o rendimento, sobre a despesa e sobre o património.[8] Ou entre impostos com finalidades fiscais ou extrafiscais, como os impostos ambientais.[9] Ou entre impostos organizados com base no princípio da capacidade contributiva ou no princípio do benefício. Todos eles são susceptíveis de originar situações de auxílios de Estado.

---

[7] Sobre as dificuldades da distinção e análise dos vários critérios (económico-financeiros, administrativos e jurídicos) usados, vide, entre nós, MARTINEZ, *Manual...*, *ob. cit.*, 1993, p.49-52 e A Sousa FRANCO, *Finanças Públicas e Direito Financeiro*, vol. II, *ob. cit.*, p. 162 e ss. No plano comunitário, opta-se por um critério económico. Assim, o Tratado, no artigo 93.º (a. n. 99.º), define as condições substantivas e processuais da "harmonização das legislações relativas aos impostos sobre o volume de negócios, aos impostos especiais de consumo e a outros impostos indirectos" (ver também o artigo 92.º).

[8] Sobre esta distinção, ver A Sousa FRANCO, *Finanças Públicas e Direito Financeiro*, Vol, II, *ob. cit.*, p. 157 e ss.

[9] O carácter ambiental de uma imposição existe quando o facto gerador do imposto tem um efeito negativo evidente, ou, pelo menos, discernível sobre o ambiente (cf. COMISSÃO, *Taxas e impostos ambientais no mercado interno* (COM (97) 9 final, de 26 de Março de 1997).

Capítulo III – Os Auxílios Tributários 315

Dúvidas existem, porém, sobre se devem ser excluídas da noção as situações relativas a impostos que são recurso próprio da Comunidade, ainda que cobrados pelas autoridades dos Estados membros, como ocorre com os direitos aduaneiros sobre a importação de mercadorias provenientes de países terceiros.

1.2.2.3. As contribuições financeiras a favor de entidades públicas

Os auxílios de Estado podem ainda ser efectuados através das *contribuições financeiras* a favor de entidades públicas. [10] Entre elas salientam-se, pela sua importância, as contribuições para a segurança social, quer sejam provenientes das entidades patronais, quer dos trabalhadores.[11] A isenção ou redução destas contribuições ou a admissão de atrasos no seu pagamento possibilitam uma diminuição dos custos das empresas e, por isso, podem gerar para estas, directa ou indirectamente, vantagens selectivas de natureza económica. Tanto basta para efeitos de uma eventual aplicação do regime dos auxílios de Estado a este tipo de tributos.[12]

---

[10] Na noção de tributos estão igualmente compreendidas as chamadas *contribuições especiais*, tais como as contribuições de melhoria (como ocorria com os encargos de mais-valias) e as contribuições devidas por motivo de maior despesa ocasionada por particulares a uma entidade pública (como é o caso dos impostos de circulação e camionagem). Trata-se de casos de imposição justificada pelo facto de uma entidade pública levar a cabo "um empreendimento de interesse geral", como, por exemplo, a construção de uma estrada ou de uma barragem, e, de modo reflexo ou indirecto, resultarem desse empreendimento "benefícios particulares e extraordinários" para determinadas pessoas, sem que esses benefícios sejam da "essência do funcionamento" dos serviços daquela entidade (assim, MARTINEZ, *ob. cit.*, p. 1993, p. 18; cf, entre nós, o n.° 3 do artigo 4.° da LGT) As contribuições especiais são juridicamente impostos, embora, no plano económico-financeiro, o não sejam, uma vez que pressupõem uma utilidade individualizada, distinta, porém, da taxa porque meramente reflexa.

[11] Pode discutir-se a natureza jurídica de umas e outras, embora poucas dúvidas existam quanto à natureza de imposto das contribuições devidas pelas entidades patronais. Quanto às devidas pelos trabalhadores apresentam características que as aproximam de um seguro forçado. Mas, em qualquer caso, trata-se de prestações pecuniárias não sancionatórias com origem na lei e a favor de entidades de natureza pública.

[12] Cf. C. SILVESTRO, "Aiuti di Stato nella Contribuzione Previdenziale", *Interessi pubblici nella disciplina delle public companies, enti privatizzati e controlli*, 2000, pp. 435-444.

1.2.2.4. As taxas

As taxas, ao contrário dos impostos, têm natureza bilateral ou sinalagmática, ou seja, têm "como correspectivo uma actividade do Estado dirigida ao respectivo obrigado, uma qualquer vantagem ou utilidade". Ora, nestes casos, "o montante da taxa deve ter alguma relação de proximidade com o valor do serviço prestado".[13]

Para além dos casos da sua isenção ou redução, sempre que aquela relação seja desequilibrada e o preço se afaste, para menos, do preço que resultaria do valor de mercado haverá uma vantagem económica para a empresa tributada, que pode configurar um elemento de auxílio de Estado.

1.2.2.5. A parafiscalidade

Para além destes casos, a noção de auxílio tributário pode ainda abranger situações em que estão em jogo outras *contribuições ou taxas de natureza parafiscal*, fenómeno muito generalizado em alguns países, nomeadamente em Itália (sob a designação *"tributi di scopo"*) e, até agora, em França.[14]

---

[13] D. L. CAMPOS e M. de CAMPOS, *Direito Tributário,* 1997, p. 28. No plano da economia financeira, as taxas distinguem-se dos impostos na base do critério da divisibilidade ou indivisibilidade dos serviços públicos, sendo os divisíveis suportados por taxas, os indivisíveis por impostos. No plano jurídico, as taxas, ao contrário dos impostos, têm origem sinalagmática. Têm como pressuposto "uma actividade administrativa de prestação de serviços, a utilização do domínio público ou a remoção de um limite jurídico à actividade dos particulares" (*ibidem,* 1997, p. 27 e o estatuído no n.° 2 do art. 4.° da LGT). Contudo, a relação que se estabelece entre a entidade que presta o serviço ou faculta uma determinada actividade e os particulares tem subjacente a si a lei: "a relação de taxa, tal como a relação de imposto, é uma obrigação legal e não voluntária" (*ibidem,* p. 27). Entre nós, não existe ainda (apesar de prevista na LGT) uma lei especial que preveja o regime geral das taxas.

[14] As receitas parafiscais são "receitas, análogas ao imposto mas que deste se distinguiram ou pela própria essência conceptual ou pela especialidade de regimes jurídicos a que estão submetidos" (assim, Alberto XAVIER, *Manual de Direito Fiscal,* 1974, p. 64). Até há bem pouco tempo, a França contava, num universo de pouco mais de cem impostos, cerca de cinquenta "taxas parafiscais". A parafiscalidade resultou da inadaptação do imposto para prover o financiamento de novas actividades económicas e sociais dos pode-

Capítulo III – Os Auxílios Tributários

A noção de "parafiscalidade" abrange tributos percebidos por entidades de direito público ou mesmo privado, a quem são atribuídas, por lei, certas funções de natureza pública e cuja receita é por elas destinada ou consignada a certos fins.[15]

O direito comunitário assimila, contudo, a parafiscalidade à fiscalidade, dando-lhe idêntico tratamento.[16]

1.3. A irrelevância das modalidades de técnica fiscal

Os auxílios tributários podem igualmente revestir toda e qualquer forma ou modalidade susceptível de trazer vantagens para as empresas em situação de concorrência real ou potencial com outras. A redução da carga fiscal pode assim abranger várias formas ou técnicas, tais como reduções à matéria colectável (abatimentos ou deduções derrogatórias, amortizações extraordinárias ou aceleradas, inscrição de reservas no balanço, etc.), reduções do montante de imposto (através de isenções, créditos de imposto, deduções à colecta, etc.), impostos diferidos, adia-

---

res públicos, sendo um meio de cobertura de novas missões económicas do Estado. Hoje a realidade, incluindo a da concepção do imposto, alterou-se, mas a parafiscalidade continua viva. No fundo trata-se de uma fiscalidade paralela, muitas vezes tendo subjacente a si uma visão corporativa ou neo-corporativa da vida económica. Prova disso é que, muitas vezes, o produto destas "taxas" é destinado a organismos representativos de classes de sujeitos passivos, em particular em domínios de actividade como a agricultura e a indústria. Sobre o tema, vide François QUÉROL, *La parafiscalité*, 1997.

[15] Cf. F. FICHERA, "Gli Aiuti Fiscali nell'Ordinamento Comunitario", *RDFSF*, 1998, p. 94 e ss. e M. MARTINS, *Auxílios de Estado no Direito Comunitário*, 2001, p. 186 e ss. Em rigor, estaremos, na maioria dos casos, perante uma subvenção realizada através do sistema tributário, em que a contribuição ou taxa parafiscal é apenas um elemento, uma condição do auxílio e a sua modalidade de financiamento. Um exemplo que nos diz respeito consta do Ac do TJCE, de 16 de Dezembro de 1992, relativo ao caso *Celulose Beira Industrial (Celbi)*, proc. C-266/91, Col. I-4337 e ss.

[16] Num comunicado à imprensa, datado de 22 de Dezembro de 1986, a Comissão define a parafiscalidade como "uma imposição recebida por um organismo privado ou público aquando da produção ou comercialização, tendo em vista financiar actividades que beneficiam o conjunto do sector profissional a que respeita" (in QUÉROL, *ob. cit.*, p. 47). Sobre o tema da relação entre a parafiscalidade e o direito comunitário, ver E. KORNPRORBST, "Les taxes parafiscales en droit communautaire, mode d'emploi d'un labyrinthe juridique", *DF*, 1993, p. 1260 e ss.

mentos ou anulações ou mesmo reescalonamentos excepcionais da dívida fiscal.[17]

1.4. A irrelevância das finalidades das medidas tributárias

É constante, como vimos no capítulo anterior, a jurisprudência quanto à irrelevância dos fins ou objectivos visados com a instituição de determinados benefícios que configurem auxílios de Estado. Esta mesma doutrina estende-se às medidas fiscais e parafiscais. Com isso sublinha-se que um determinado fim, mesmo previsto na Constituição de um determinado Estado membro, não é, em si mesmo, susceptível de afastar a qualificação de uma medida como auxílio de Estado.

Não significa contudo a total irrelevância dos fins ou objectivos dessa medida. Primeiro, porque a confissão por parte de um determinado Estado de que uma medida visa beneficiar ou favorecer certas empresas ou produções é tomada em conta para a sua qualificação como auxílio público. Segundo, porque os fins das medidas são muito importantes para efeitos de concessão de derrogações.

1.5. Auxílios tributários e sistema de inserção dos tributos

Para a análise da questão dos auxílios tributários devemos, desde já, salientar que é importante ter sempre presente que os tributos, ainda que existam como figuras isoladas e cada um deles se estruture tecnicamente à volta de determinados elementos constitutivos, de natureza qualitativa e quantitativa, devem ser vistos como partes integrantes de um conjunto mais amplo, o sistema em que se inserem (nomeadamente, o sistema fiscal, o sistema aduaneiro, o sistema da segurança social ou, eventualmente, o sistema de financiamento alimentado pelos diversos tipos de tributos).[18]

---

[17] Cf. FICHERA, *ob. cit.*, pp. 99-100. Sobre este ponto, vide ainda A. M. JIMÉNEZ ("El concepto de ayuda de Estado y las normas tributarias: problemas de delimitación del ámbito de aplicación del art. 87.1 TCE", *Noticias de la Unión Europea*, 2001, p. 95 e ss.).

[18] A noção de sistema implica a existência de um conjunto coerente de elementos em interacção. No caso do sistema fiscal, como refere C. NABAIS (*Direito Fiscal*, 2000,

Capítulo III – Os Auxílios Tributários

Voltaremos a esta questão quando, a propósito do elemento selectividade, analisarmos a cláusula, de origem jurisprudencial, relativa à "economia ou natureza do sistema" em que os tributos se inserem.

2. AUXÍLIOS TRIBUTÁRIOS E FIGURAS AFINS: AS NOÇÕES DE BENEFÍCIO FISCAL E DE DESPESA FISCAL

2.1. A distinta natureza das figuras

Auxílios tributários, benefícios fiscais e despesa fiscal são noções estreitamente ligadas entre si, mas de distinta natureza e amplitude. Importa, por isso, referir os pontos de contacto e de clivagem que estas noções têm com a de auxílios tributários.

O núcleo duro das vantagens económicas de natureza fiscal ou parafiscal susceptível de integrar a noção de auxílio tributário é, na óptica da empresa beneficiária, essencialmente constituído pelos *benefícios fiscais* de que venha a usufruir e, na óptica da entidade outorgante, pela despesa fiscal que aqueles representam.

Mas a natureza das noções é bem distinta. Assim, quando se fala de auxílios tributários tem-se em vista um instituto de direito económico ou de direito da concorrência, de índole comunitária aplicável à fiscalidade. Já a noção de benefício fiscal — em sentido amplo, englobando as dimensões estática e dinâmica (os incentivos) — é uma noção de direito interno dos Estados membros, de direito fiscal ou de direito económico (ou direito administrativo da economia).

Ora a formulação de uma política de benefícios fiscais é muito dependente das concepções jurídico-políticas e sócio-económicas de quem a concebe. Decorre, directa ou indirectamente, da constituição política dos Estados membros, em especial da constituição económica em sentido amplo, englobando a fiscal. Mesmo que se entendesse que os

---

p. 50), implica a análise dos "impostos vistos como um conjunto dotado duma dada articulação ou estrutura interna". Sobre o tema, cf., entre nós, Albano SANTOS, "Os sistemas fiscais: análise normativa", *Ciência e Técnica Fiscal*, n.° 388, 1997, p. 9 e ss e A. Carlos dos SANTOS, "Sistemas fiscais: conceitos e tipologias à luz das experiências angolana e moçambicana", *Ciência e Técnica Fiscal*, n.° 356, p. 31 e ss.

320   *O Instituto dos Auxílios de Estado e a Fiscalidade*

princípios constitucionais dos Estados membros que interferem com a questão dos benefícios tributários são comuns a todos eles, ainda aí restaria a questão da sua concreta hierarquização.[19] Não admira assim que haja substanciais diferenças entre os Estados membros (na sua legislação, na sua prática jurisdicional e administrativa) e na respectiva doutrina.

Mas, do ponto de vista comunitário, estas diferenças não podem impedir a construção de um conceito de auxílio de Estado válido para todo o espaço comunitário (*rectius:* para todo o espaço económico europeu).

A questão que se põe é, assim, a de saber como construir um conceito comunitário que seja, ao mesmo tempo, suficientemente respeitador da estrutura dos sistemas fiscais de cada Estado membro, dos princípios e valores constitucionais que lhe estão subjacentes e da sua hierarquia, os quais representam escolhas democráticas dos respectivos povos. Digamos, desde já, que, em nosso entender, essa é a função da cláusula relativa à "economia ou natureza do sistema", verdadeira válvula de segurança inerente à noção de auxílio tributário.

Quanto à noção de *despesa fiscal*, é uma noção que não tem origem nem no direito fiscal nem no direito económico nem decorre da técnica fiscal. Ela representa a expressão financeira dos benefícios fiscais atribuídos, devendo o seu cálculo exprimir o custo (bruto) destes benefícios. É pois, na origem, uma noção financeira recebida pelo direito financeiro e fiscal dos Estados membros e pelo direito económico comunitário.

2.2. Auxílios tributários e benefícios fiscais

Entre nós, Sá GOMES define, no plano jurídico, benefícios fiscais como "factos complexos, impeditivos do nascimento da obrigação tributária com o seu conteúdo normal, que cabem na tributação — regra, com natureza excepcional e fundamento extrafiscal, traduzido na tutela de

---

[19] Como afirma Sá GOMES (*Teoria Geral dos Benefícios Fiscais*, Lisboa, 1991, p. 67) "todos os Estados modernos aceitam os princípios da igualdade dos cidadãos perante a lei fiscal e o princípio da generalidade do imposto, com o correspondente dever de pagar os tributos de harmonia com a capacidade contributiva". Mas as excepções ou derrogações a estes princípios podem ser muito díspares, dependendo, em larga medida, da definição da política económica.

interesses públicos constitucionalmente relevantes superiores ao da própria tributação".[20]

Um benefício fiscal, do ponto de vista técnico, caracteriza-se assim, essencialmente, por três requisitos: "ser uma derrogação às regras gerais de tributação; constituir uma vantagem para os contribuintes; e ter um objectivo económico ou social relevante".[21]

A primeira característica (na prática, muitas vezes difícil de determinar) é comum à de auxílio tributário, sublinhando a natureza excepcional de uma e outra das figuras. Quer os benefícios quer os auxílios tributários representam excepções ao modelo de tributação-regra, ao princípio da generalidade na tributação e traduzem a ideia de uma intervenção do poder público a favor de certos contribuintes. Estamos perante factos que cabem na tributação-regra, mas que beneficiam de uma regulamentação contrária a essa mesma regra. Na linguagem dos auxílios de Estado, a questão prende-se com o requisito da selectividade.

A segunda característica, a existência de uma vantagem económica, evoca a situação mais favorável usufruída por certos contribuintes face ao direito de um determinado Estado, "em virtude de concorrerem na sua pessoa ou situação determinadas circunstâncias genericamente previstas na lei".[22]

Esta vantagem económica é, como se sabe, o primeiro dos requisitos da própria noção de auxílio de Estado. Só que a ideia de "vantagem económica de natureza tributária", subjacente à noção de auxílio tributário para efeitos de aplicação do regime de defesa da concorrência, é, como veremos, simultaneamente, mais ampla e mais restrita do que a noção de benefício fiscal.

Na prática, estes dois primeiros requisitos — vantagem e selectividade — andam, no domínio tributário, tão ligados entre si que muitas vezes são, no plano comunitário, tratados em conjunto.

---

[20] N. Sá GOMES, *ob. cit*, , p. 77.

[21] Cf. M. H. Freitas PEREIRA, "Os incentivos fiscais e o financiamento do investimento privado", in CEF, *Influência da Fiscalidade na Forma de Financiamento das Empresas*, Lisboa, 1980. Esta definição é retomada no Relatório do Grupo de Trabalho constituído pelo Despacho n.º 130/97-XIII do Ministro das Finanças e presidido por M. H. F. Pereira, intitulado *Reavaliação dos Benefícios Fiscais*, Lisboa, 1998, p. 21.

[22] Cf. A Sousa FRANCO, *Finanças...*, Vol. II., *ob. cit.*, p. 183.

322 O Instituto dos Auxílios de Estado e a Fiscalidade

A terceira característica dos benefícios (o objectivo económico ou social relevante) não integra, porém, o conceito de auxílio estatal — o qual, sendo um conceito de direito comunitário, é visto, à partida, pela jurisprudência como indiferente às causas ou objectivos das vantagens outorgadas pelos Estados.

Do ponto de vista do direito interno, subjaz a esta última característica a ideia que um benefício não se confunde com um privilégio, antes decorre de uma exigência de justiça ou de interesse geral, sufragado por lei. Quer se sublinhe, na aproximação ao conceito, o aspecto traduzido na derrogação ao regime norma de impostos, quer o carácter promocional ou fomentador da medida, ressaltará, na maioria dos benefícios, a "finalidade extrafiscal dominante" tida em conta pelo legislador na sua atribuição.[23]

Por outras palavras: "os benefícios fiscais são sempre instrumentos de política que visam certos objectivos económico-sociais ou outras finalidades que justifiquem o seu carácter excepcional em relação à normalidade".[24]

---

[23] Assim, Casalta NABAIS, *O Dever Fundamental de Pagar Impostos*, Coimbra, 1998, p. 637 e ss. Cf. também o citado relatório *Reavaliação dos Benefícios Fiscais*, p. 22, o qual acrescenta: "Não se vê como o sistema fiscal possa infringir o princípio básico da igualdade de todos os contribuintes sem que tal excepção à regra se justifique face aos objectivos que a determinam. Sem objectivos que a fundamentem, aquela vantagem não é um benefício fiscal mas outrossim um privilégio que, face ao princípio da igualdade, não tem razão de ser. Deste modo, não se concebe um benefício fiscal que não seja um meio de atingir um fim assumido de valor hierarquicamente superior ao da igualdade de todos os contribuintes." Ressalve-se, porém, que há benefícios que existem por razões de índole técnica, inerentes ao sistema de tributação (vg. certas isenções de IVA, como as relativas às actividades financeiras ou, nos impostos em geral, as situações de "mínimos de rendibilidade fiscal"). Nem sempre os benefícios fiscais têm objectivos de justiça ou de estímulo, protecção ou incentivo à actividade económica ou de apoio à acção cultural, política, etc... No caso de estar em jogo a função "incentivo", "o benefício é então uma subvenção ou subsídio indirecto e poderá a médio prazo provocar um aumento do rendimento nacional que gere aumento da matéria colectável e, daí, maior rendimento fiscal no futuro" (assim, A Sousa FRANCO, *ibidem*., p. 184). No caso do benefício não integrar a dimensão de incentivo, estaremos, em regra, perante um auxílio ao funcionamento.

[24] Esta posição tem, aliás, expresso acolhimento na nossa legislação. A LGT determina que "a criação de benefícios fiscais depende da clara definição dos seus objectivos" (cf. o n.º 3 do artigo 14.º). Por sua vez, o Estatuto dos Benefícios Fiscais (EBF), aprovado pelo Decreto-Lei n.º 215/89, de 1 de Julho de 1989, ao abrigo da Lei n.º 8/89, de 22 de Abril do mesmo ano, define os benefícios fiscais como "medidas de carácter excepcional instituídas para tutela de *interesses públicos extrafiscais relevantes* que sejam

Capítulo III – Os Auxílios Tributários   323

A noção de auxílios sob forma tributária abstrai, em princípio, dos fins ou dos motivos (sociais, culturais, económicos, políticos, etc...) pelos quais os Estados membros recorrem "ao não imposto ou ao menos imposto, com o objectivo de condicionar os comportamentos económicos e sociais dos contribuintes".[25] O que importa para a qualificação como auxílio é a ideia de favorecimento específico e os efeitos ou resultados que dele decorrem (alívio da carga fiscal que normalmente onera as empresas e não o efeito de condicionamento dos comportamentos em si mesmo).

Trata-se claramente de um instituto com características de direito económico que visa, embora de modo não exclusivo, impedir distorções de natureza fiscal, salvaguardando a lealdade e sanidade da concorrência entre empresas e o comércio intracomunitário. Por isso, o interesse público relevante que lhe está associado é de natureza comunitária, tra-

---

superiores aos da própria tributação que impedem" (cf. o n.° 1 do artigo 2.° do EBF). O preâmbulo deste Estatuto sublinhava já "o carácter obrigatoriamente excepcional" dos benefícios fiscais, que só deveriam ser concedidos em casos de "reconhecido interesse público"; a necessidade de "estabilidade", de modo a garantir aos contribuintes uma "situação clara e segura" e de "moderação", para evitar que as receitas perdidas ponham em causa objectivos de redução do peso do défice público e a realização de investimentos em infra-estruturas e serviços públicos. O EBF não determina, em concreto, quais são os interesses públicos extrafiscais relevantes, deixando para o legislador ordinário essa tarefa. No entanto, na definição e sobretudo na concretização normativa da política de benefícios fiscais, aquele não poderá deixar de considerar os fins e tarefas do Estado definidos na Constituição. Entre nós, a Resolução do Conselho de Ministros n.° 119/97, de 14 de Julho, sobre os Quadros Gerais para a Reforma Fiscal, considerou, no n.° 2 do ponto 12.°, "objectivos económicos e sociais prioritários os que visem": a) Promover o investimento produtivo, a capitalização e o autofinanciamento das empresas, a investigação e o desenvolvimento, a criação de novos postos de trabalho, a internacionalização da economia portuguesa (...); b) Promover (...) o autofinanciamento, o reforço de capitais próprios e o investimento das pequenas e médias empresas; c) Preservar o ambiente (...), incentivando, nomeadamente, a utilização de energias renováveis e as iniciativas de diversificação energética; d) Preservar o património cultural e estimular o desenvolvimento da actividade cultural; e) Promover o acesso dos estratos médios e médios-baixos da população à habitação própria e permanente, o relançamento de um mercado de habitação para arrendamento (...) e a conservação e requalificação do parque habitacional; f) Reforçar a coesão económica e social (...); g) Reforçar a acção solidária; h) Criar condições para o desenvolvimento do sistema de caucionamento mútuo (...)."

[25] Recorrendo de novo a uma expressão de C. NABAIS, O Dever..., ob. cit., p. 632.

324   *O Instituto dos Auxílios de Estado e a Fiscalidade*

duzindo-se no controlo das medidas tributárias com finalidades extrafiscais, independentemente dos fins não financeiros (económicos, sociais, culturais, ambientais, etc...) que se proponham atingir.

Decorre do exposto que a noção de auxílios tributários abrange muito mais do que os benefícios, estáticos ou dinâmicos: pode abranger até vantagens tributárias ilegais ou privilégios decorrentes de práticas administrativas arbitrárias ou mesmo laxistas.[26] Mais complexa é a questão de saber se e em que termos pode abranger situações de exclusão tributária, conceito mais amplo que o de benefício fiscal.

Num outro sentido, porém, a noção de auxílio tributário abrangerá um universo menor do que o dos benefícios fiscais, uma vez que a sua aplicação restringe-se, em princípio, às empresas, por muito amplo que este conceito seja em direito da concorrência. De fora ficarão assim, em princípio, os benefícios ou incentivos fiscais concedidos directamente a destinatários que não sejam empresas, como as famílias, os deficientes, as infra-estruturas, as instituições universitárias, os centros públicos de formação profissional ou os países em vias de desenvolvimento.[27]

2.3. Auxílios tributários e despesa fiscal

A noção de despesa fiscal evoca, numa perspectiva económico-financeira, a face oculta dos benefícios fiscais. Numa primeira aproximação, como refere Sá GOMES, ela pode definir-se como "as perdas de ingressos fiscais decorrentes da existência de benefícios fiscais excepcionais, relativos a situações sujeitas a tributação, e que equivalem a subsídios directos em dinheiro".[28]

Note-se, porém, que nem toda a perda de receitas fiscais representa necessariamente uma despesa fiscal. De facto, como escreve o mesmo autor, no plano económico, "pode haver perdas de receita fiscal

---

[26] Existem ainda tipos híbridos de auxílios, não tributários quanto à forma, mas sim quanto aos objectivos. É o caso de subvenções ou indemnizações outorgadas pelo Estado com o fim de compensar a sobretributação de certos produtos.

[27] Essa é a razão pela qual a Comissão não considera estas ajudas para efeitos do cálculo da despesa fiscal.

[28] Cf. N. Sá GOMES, p. 84 e ss. e 318 e ss.

decorrentes de lacunas da tributação, considerando como tais as situações, expressas e implícitas, de não tributação ou de tributação reduzida, relativamente a situações que revelem capacidade contributiva, de harmonia com o próprio modelo estrutural da tributação-regra", tal como pode haver perdas de receita imputáveis à elisão fiscal lícita (*tax avoidance*) ou à evasão fiscal ilícita (*tax fraud*).[29] No primeiro caso estamos perante receita económica potencial que legalmente não pode ser cobrada (neste sentido, não há receita cessante); no segundo perante receita juridicamente possível de ser arrecadada ou exigida, mas que, por razões de ineficácia legislativa ou administrativa, não chega a ser cobrada.

No plano comunitário, a noção de despesa fiscal é usada pela Comissão e pelo Tribunal para clarificar os requisitos "recursos estaduais" e "selectividade" inerentes à noção de auxílio tributário, e ainda pela Comissão para efeitos de tratamento dos dados, fontes e métodos de avaliação do elemento de auxílio.

A noção de despesa fiscal utilizada pelas instituições comunitárias inspira-se na da OCDE, para quem ela tem por base "um desvio à estrutura fiscal geralmente aceite ou que constitui a referência, traduzindo-se num tratamento mais favorável de determinados tipos de actividades ou grupos de contribuintes".[30]

Deste modo, ela é, "ao mesmo tempo, o *simétrico* da expressão *despesas orçamentais* e o negativo da expressão *receitas fiscais*".[31]

A detecção de um mecanismo considerado internamente como despesa fiscal poderia assim indiciar a existência de uma vantagem selectiva e, consequentemente, de um auxílio tributário.

É, no entanto, muito difícil distinguir, as mais das vezes, entre as medidas de desagravamento que integram o conceito de benefício fiscal e as medidas de desagravamento fiscal que são consideradas como exclu-

---

[29] *Ibidem.*

[30] Vide OCDE, *Dépenses fiscales – expériences récentes*, Paris, 1996, p. 14 e ss.; COMISSÃO, "Anexo Técnico" ao *Primeiro Relatório sobre os Auxílios Estatais na Comunidade Europeia*, p. 12. Sobre este conceito, cf. ainda F. J. BRAÑA, "Los gastos fiscales" e X. B. PINO, "Los Gastos Fiscales — concepto y problematica", ambos in *Hacienda Publica Española*, n.º 72, IEF, 1981.

[31] Cf. CONSEIL des IMPÔTS, *4e Rapport*, Paris, 1979, p. 109.

são tributária ou como desagravamentos estruturais da própria tributação-regra, como ocorre, em particular, com certas situações especiais que não são excepcionais em relação à tributação-regra.[32]

No primeiro caso, estamos perante despesas fiscais em sentido próprio (restrito), pois aí apenas se englobam as perdas de receitas fiscais decorrentes da existência de benefícios excepcionais, relativos a situações sujeitas a tributação.[33] No segundo, estaríamos perante despesas fiscais em sentido impróprio, na medida em que seriam abrangidas as próprias perdas de ingressos provindas de desagravamentos estruturais, incluindo as exclusões tributárias, implícitas ou explícitas.[34]

A ideia de contabilizar a despesa fiscal aparece num contexto muito particular, o dos anos cinquenta-sessenta, quando as economias eram relativamente fechadas e as concepções económicas e sociais dominantes se fundavam na crença num decisivo papel do Estado que conduziu a um forte crescimento do intervencionismo fiscal e parafiscal com as mais variadas finalidades (incentivos à poupança e ao investimento, ao ordenamento do território, à reorganização ou reestruturação de empresas, benefícios para a sua manutenção, etc...).[35]

Foi no final deste período que, exprimindo a intenção de medir o fenómeno deste tipo de intervencionismo e mesmo de o conter ou limi-

---

[32] Sá GOMES reconduz a clivagem entre as duas situações à distinção entre normas excepcionais e normas especiais (*ibidem*, p. 96). No plano comunitário a questão torna-se ainda mais complexa: na realidade, a dificuldade começa na identificação do próprio sistema de tributação-regra existente em cada Estado membro, sabendo-se que a escolha de um sistema ou modelo de tributação tem muito de convencional.

[33] Esta é, aliás, a posição recebida no direito positivo português (cf. o art. 2.º, n.º 3 e o art.º 3.º, n.ºs 1 e 2 do EBF, bem como o art.º 106.º al. g) da Constituição), conquanto de forma não isenta de críticas (cf. S. SANCHES, *Manual de Direito Fiscal*, 1998, p. 180).

[34] Embora a prática das instituições comunitárias, na detecção dos auxílios tributários, parta da despesa fiscal em sentido estrito, casos há em que vai, na verdade, para além dessa noção. A extensão às receitas não cobradas por comportamento demasiadamente permissivo da Administração ainda poderá no limite ser considerada na fronteira da noção (a receita que não foi arrecadada não deriva de um desvio legislativo, mas sim de um desvio à diligência exigida a uma administração agindo dentro da norma). Mais problemática é a sua extensão às situações de exclusão tributária, de não incidência ou a situações especiais que ainda se inserem na própria tributação-regra.

[35] Cf. G. ORSINI, *ob. cit.*, p. 59.

Capítulo III – Os Auxílios Tributários 327

tar, surgiu, nos Estados Unidos e na Alemanha, a noção de despesa fiscal (*tax expenditure, Steuervergünstigungen*).[36]

Hoje a importância da noção de despesa fiscal não se restringe ao controlo interno dos benefícios fiscais. A noção galgou fronteiras para se afirmar como um elemento das "boas práticas" financeiras difundidas por certas organizações internacionais. A OCDE, já o dissemos, é um exemplo. A Comunidade, onde tal noção veio a ser acolhida, em particular em sede de auxílios tributários, é outro. Não só para mensurar a intensidade do auxílio, mas, como nota JIMÉNEZ, também para efeitos de detectar o próprio requisito da selectividade dos auxílios tributários, dado a Comissão identificar (ainda que de forma tendencial) o auxílio (a vantagem selectiva) com a noção de despesa fiscal.[37]

A importância desta recepção é dupla. Por um lado, ela sugere que, como alternativa aos benefícios fiscais, se poderia pensar em "desembolsos directos cujos efeitos fossem equivalentes às normas reguladoras dos gastos fiscais que favoreçam certos grupos, estimulem certas actividades ou protejam certas fontes de rendimentos".[38] Deste modo, ela, de algum modo, legitima, para efeitos de controlo dos auxílios de Estado, um princí-

---

[36] No domínio dos impostos sobre o rendimento a noção de despesa fiscal foi formulada pelo Secretário adjunto do Tesouro americano Stanley SURREY em diversos textos, nomeadamente in "Tax incentives as a device for implement government policy: a comparison with direct government expenditures", *Harvard Law Review*, 1970, 83, p. 705 e ss e *Pathways to Tax Reform : The Concept of Tax Expenditures*, Harvard Business Press, 1973 ; S. SURREY/ Mc DANIEL, « El concepto de gasto fiscal y el processo legislativo », *Hacienda Publica Española*, n.º 97, IEF, 1985. Do ponto de vista da teoria da despesa fiscal defendida por estes autores, as facilidades e ajudas fiscais podem ser consideradas como subvenções mascaradas. Da noção de despesa fiscal decorre, na síntese de Casalta NABAIS (*ob. cit.*, p. 634), a identificação dos benefícios fiscais com "todo e qualquer desvio ao modelo abstracto de imposto geralmente acolhido, com toda e qualquer derrogação dos princípios suportes da estrutura fiscal ou da estrutura fiscal normal, com base na qual é concedido um regime preferencial a determinadas categorias de actividades ou a certos grupos de contribuintes, através de reduções de impostos que, de outro modo, teriam de suportar".

[37] Cf. A. M. JIMÉNEZ, "El concepto de ayuda de Estado ...", *ob. cit.*, p. 89. Sobre a aproximação entre os conceitos de auxílios tributários e de despesa fiscal, vide M. G. SÁNCHEZ, "Los gastos fiscales y su consideración en el ámbito comunitario", *Noticias de la Unión Europea*, vol. 17, n.º 196, 2001, p. 3544 e ss..

[38] Cf. Sá GOMES, *Teoria...*, *ob. cit.*, p. 326.

328 *O Instituto dos Auxílios de Estado e a Fiscalidade*

pio de igualdade de tratamento entre auxílios tributários e os auxílios directos como as subvenções, as garantias ou os empréstimos bonificados.

Por outro, ao funcionar como referência de base para o cálculo do elemento de auxílio, a noção de despesa fiscal tenderá a assumir-se como norma e como factor de normalização das diversas noções de despesa fiscal recebidas nos ordenamentos jurídicos dos Estados membros. [39]

3. ESPECIFICIDADE DA REGULAÇÃO COMUNITÁRIA DOS AUXÍLIOS TRIBUTÁRIOS

3.1. A questão da relativa autonomia dos auxílios tributários

Os benefícios, incentivos ou favores de natureza tributária estão, como melhor veremos adiante, sujeitos à disciplina comunitária da concorrência. Durante muito tempo, mais ainda do que ocorreu com os restantes auxílios de Estado, o controlo dos auxílios de carácter tributário viveu, apesar das normas do Tratado, quase à margem da política de concorrência.

Só nas últimas duas décadas, e em particular a partir de meados dos anos noventa, é que, sobretudo através de uma intervenção mais activa da

---

[39] A noção de despesas fiscais como expressão financeira dos benefícios fiscais ganhou foros de cidade no direito positivo português. Em primeiro lugar na Constituição da República, onde se prevê a obrigatoriedade de a proposta de Orçamento de Estado ser acompanhada de relatórios sobre os benefícios fiscais e da estimativa da receita cessante. Em seguida, na Lei do Enquadramento Orçamental que prevê igualmente a consideração da despesa fiscal (art. 12.° n.° 1, da Lei n.° 91/2001, de 20 de Agosto). Por fim, no EBF, ao estabelecer, no n.° 3 do artigo 2.°, que "os benefícios fiscais são considerados despesas fiscais, as quais podem ser previstas no Orçamento do Estado ou em documento anexo e, sendo caso disso, nos orçamentos das regiões autónomas e das autarquias locais" (ver ainda o n.° 4 do mesmo artigo). Este diploma, embora não qualifique as exclusões tributárias como despesa fiscal, pois em boa verdade não haveria aí perda de receita, prevê também, no n.° 3 do mesmo artigo, a quantificação da perda de receita imputável a tais exclusões, e, por extensão, aos restantes desagravamentos estruturais que não qualifica como despesa fiscal (ou seja, a situações de não sujeição tributária). A razão de ser é simples: "apesar de não revestirem a natureza de benefícios fiscais, a verdade é que a sua existência influi negativamente na produtividade do imposto" (assim, F. Pinto FERNANDES/ J, Cardoso dos SANTOS, *Benefícios Fiscais*, 1993, p. 70).

Capítulo III – Os Auxílios Tributários   329

Comissão, a política de regulação dos auxílios tributários se arvorou num pilar necessário e de pleno direito da política de concorrência e ganhou relevância como instrumento específico da política comunitária de coesão económica e social.[40] Apesar disso, até finais de 1998, os auxílios tributários nunca tinham sido expressamente objecto de qualquer consideração autónoma por parte das autoridades comunitárias ou de análise específica e sistemática por parte da jurisprudência ou mesmo da doutrina.[41]

Esta falta de autonomia dos auxílios tributários em relação aos auxílios de Estado em geral parecia, aliás, justificar-se com base na irrelevância da forma para aplicação do princípio da incompatibilidade dos auxílios estatais com o mercado comum. De facto, perguntar-se-á, com toda a legitimidade, porquê considerar ou analisar separadamente a regulação comunitária dos incentivos e benefícios tributários, dando relevo, aparentemente de modo contraditório, à consideração da forma na própria aplicação do princípio da incompatibilidade? Porquê este recente interesse da Comissão e da doutrina pela questão dos auxílios sob forma fiscal e parafiscal, a tal ponto que um autor refere que a Comissão teria mudado, de forma dramática, a sua política em relação aos incentivos fiscais dos Estados membros?[42] Será devido a qualquer especificidade ou autonomia relativa da fiscalidade, que se tornaria visível com a aplicação a este fenómeno do regime dos auxílios de Estado? Será por outras razões?

3.2. Razões de ordem formal

Reflectindo um crescente interesse pelo tema, a Comissão, em 11 de Novembro de 1998, emitiu uma Comunicação sobre a aplicação das regras relativas aos auxílios de Estado às medidas decorrentes da *fiscalidade directa* das empresas. [43]

---

[40] Neste sentido, A. SINNAEVE, "State Aid Control: Objectives and Procedures ", in BILAL/ NICOLAIDES, *Understanding State Aid Policy in the European Community,* 1999, p. 13.

[41] A eles se refere, no entanto, D. BERLIN, *Droit Fiscal Communautaire*, Paris, 1988, p. 201 e ss., como que antecipando a sua importância futura.

[42] Cf. C. PINTO, "EC State aid...", *ob. cit.,* I, p. 295.

[43] Ver *Comunicação da Comissão sobre a aplicação das regras relativas aos auxílios estatais às medidas da fiscalidade directa das empresas*, adoptada em 11 de Novem-

330   *O Instituto dos Auxílios de Estado e a Fiscalidade*

Esta Comunicação dá conta da filosofia e das orientações gerais que pautarão a sua acção nos próximos tempos em sede de auxílios tributários, clarificando os critérios que permitem determinar que medidas fiscais caem no âmbito de aplicação do regime dos auxílios públicos, bem como dilucidar as respectivas consequências processuais e as condições de aplicação de derrogações. O facto de se revestir, a exemplo de outros instrumentos similares, de um carácter meramente indicativo e de, como ela mesma reconhece, não ser exaustiva, aplicando-se essencialmente aos impostos directos (sobre o rendimento das empresas), não lhe retira importância.

Note-se que esta Comunicação não surge isoladamente mas emerge, como vimos, no quadro de uma verdadeira (r)evolução da disciplina dos auxílios de Estado em geral, em curso nos últimos anos.[44] Desde 1997, está, de facto, em curso uma ofensiva das instituições comunitárias, tendo por principal objectivo o reforço do controlo dos auxílios de Estado, a fim de eliminar as principais distorções de que a construção daquele mercado era alvo. Muitas destas distorções provinham da forma como os Estados membros desenhavam ou aplicavam os seus sistemas tributários e, por isso, a Comissão deu prioridade à redução dos auxílios tributários, em geral, e aos decorrentes da fiscalidade directa em particular.[45]

---

bro de 1988 (SEC (1988) 1800 final), publicada no JOCE, C 348, de 10 de Dezembro de 1998 (adiante designada a "Comunicação"). O compromisso de a Comissão apresentar "uma comunicação que precise e aprofunde a sua política sobre a aplicação às medidas fiscais das regras em matéria de auxílios estatais, à luz do desenvolvimento do mercado único" prenunciado no *Plano de Acção para o Mercado Único* (Comunicação da Comissão ao Conselho Europeu, CSE (97) 1 final, de 4 de Junho de 1997), havia sido retomado na Comunicação da Comissão ao Conselho, de 1 de Outubro de 1997, intitulada " *Rumo a uma coordenação em matéria fiscal na União Europeia*" [COM (97) 495 final] e reafirmado, como veremos, no Código de Conduta sobre a fiscalidade das empresas (in JOCE n.º C 2, de 6 de Janeiro de 1998).

[44] De (r)evolução fala precisamente Jean-Paul KEPPENNE in "(R)évolution dans le système communautaire de contrôle des aides d'État", *RMUE*, n.º 2, 1998, p. 125 e ss.

[45] O referido *Plano de Acção para o Mercado Único* (1997) enunciava como objectivo estratégico a eliminação das principais distorções do mercado, começando pelas fiscais. Depois de enunciar as medidas que deveriam fazer parte de um pacote fiscal a aprovar pelos Estados membros, o Plano acrescenta: "Além disso, a Comissão clarificará o âmbito e melhorará a coerência da aplicação das regras comunitárias da concorrência, nomeadamente em matéria de auxílios estatais". Esta directriz apontava, pois,

Capítulo III – Os Auxílios Tributários

331

Esta razão leva a que o sentido e alcance da Comunicação de Novembro de 1998 não possam ser desligados de outros instrumentos similares que a Comissão tem vindo a produzir para a divulgação de critérios relativos às derrogações ao princípio da incompatibilidade dos auxílios estatais com o mercado comum e que interferem com auxílios tributários.

De entre todos, três são especialmente de destacar neste campo. Um é a Comunicação relativa à redução dos custos de trabalho, onde, de forma mais específica, se analisa a questão das contribuições sociais.[46] Outro é o documento intitulado "Orientações relativas aos auxílios estatais com finalidade regional", uma vez que muitos dos auxílios deste tipo assumem forma tributária.[47] O terceiro respeita aos auxílios destinados à protecção do ambiente.[48]

Quanto à doutrina, o seu recente interesse pelos auxílios tributários, em particular com os auxílios de Estado relativos à tributação directa, é essencialmente um reflexo da cada vez maior preocupação por parte da Comunidade com esta forma de auxílios.[49]

---

para uma revisão da relação dos auxílios fiscais (em rigor, tributários) com as restantes políticas da Comunidade. Cf. M. MONTI, "How State Aid Affects Tax Competition", *EC Tax Review*, n.° 4, 1994 e "EU policy towards fiscal state aid", intervenção no *Seminar on "State Aid and Tax"* — Universiteit Nyenrode, 2002; VISSER, "Commission expresses its view on the relation between state aid and tax measures", *EC Tax Review*, n.° 4, 1999, p. 224 e ss.

[46] Cf. JOCE n.° C 1, de 3 de Janeiro de 1997, p. 10.

[47] Vide *Orientações relativas aos auxílios estatais com finalidade regional* (98/C 74/06), JOCE n.° C 74, de 10 de Março de 1998, pp. 9-31. Estas *Orientações* foram objecto de recentes alterações. Comunicadas inicialmente por carta da Comissão (SG (2000) D/106234, de 14 de Agosto de 2000), tais alterações (2000/C 258/06) foram posteriormente objecto de publicação no JOCE n.° C 258, de 9 de Setembro de 2000.

[48] Cf. o novo *Enquadramento comunitário dos auxílios estatais a favor do ambiente*, JOCE n.° C 37, de 3 de Fevereiro de 2001, p 3 e ss. (que substituiu o anterior enquadramento publicado no C 72 de 10 de Março de 1994), em especial o ponto relativo às condições aplicáveis a todos os auxílios ao funcionamento sob forma de reduções ou isenções de impostos ambientais (p. 10).

[49] Embora o tema dos auxílios de Estado sob forma fiscal tenha vindo a ganhar importância nos últimos tempos, quase que se contam pelos dedos os trabalhos até agora publicados. De entre a bibliografia específica mais recente, para além dos já citados Carlo PINTO, " EC State Aid...", *European Taxation*, JIMÉNEZ "El concepto de ayuda de Estado...", pp. 81-116, MONTI, "How State Aid...", VISSER, "Commission expres-

No entanto, esta razão (a existência, pela primeira vez, de orientações comunitárias específicas sobre certos auxílios fiscais), sendo pertinente, não seria, por si só, suficiente para justificar um tratamento analítico autónomo deste tipo de auxílios.

Tratar-se-ia, de facto, de uma razão predominantemente formal. Importa ver quais as razões de índole substantiva que se podem perfilar por detrás da autonomia formal e que permitiriam legitimar esta perspectiva.

Dois tipos de razões, umas de ordem técnica, outras de ordem política, poderão ser avançadas. Mas, diga-se desde já, que, quanto a nós, só as razões de ordem política poderão dar simultaneamente resposta a duas questões: porquê a Comissão só agora se preocupou de forma notória e sistemática com a questão da fiscalidade, e porquê cingiu o tratamento da questão à fiscalidade directa.

---

ses...", e FICHERA, *ob. cit.* pp. 84-137, vide ainda P. VALENTE / F. ROCCATAGLIATA, "Fiscal Aids: (In)Compatibility with EU Rules?", *Tax Notes International*, 27 July 1998; J. BOURGEOIS, "State Aids, taxation measures and specificity. Some thoughts", *Mélanges en Hommage à Michel Waelbroek*, vol. II, 1999, p. 770 e ss; W. SCHÖN, "Taxation and State Aid Law in the European Union", CMLR, 36, 1999, p. 911 e ss.; J. BLUMENBERG/ M. LAUSTERER, "Staatliche Beihilfen im Bereich der direkten Unternehmensbesteuerung", *Steuerrecht und europäische Integration: Festschrift für Albert J. Rädler zum 65. Geburstag*, Beck, München, 1999, pp 1-32; KEPPENNE, "Politiques fiscales nationales et contrôle communautaire des aides d'État", *JTDE*, fév., 2000, p. 25 e ss; F. VANISTENDAEL, "Taxation and State Aid Law in the European Union", *EC Tax Review*, 2000, n.° 3, p. 152 e ss.; Patrícia Silveira da CUNHA, "Auxílios de Estado Fiscais e Princípio da Não Discriminação Fiscal", *Estudos Jurídicos e Económicos em Homenagem ao Professor João Lumbrales*, FDUL, 2000, p. 885 e ss.; Jan WOUTERS / Bruno VAN HEES, "Les règles communautaires en matière d'aides d'État et la fiscalité directe: Quelques observations critiques", *RTDeur.*, 37, 3, 2001, p. 551 e ss.; M.-C. BERGÈRES, "De quelques difficultés liées aux régimes fiscaux constitutifs d'aides en droit communautaire", *Recueil Le Dalloz*, n.° 30, 2002, pp. 2394-2399; E. MEIER/ T. PERROT, "Les aides d'État comme instrument de lutte contre la concurrence fiscale dommageable: la pierre philosophale?", RDF, n.° 3, 2002, pp. 136-149. Cf. ainda a tese de M. M. KOSCHYK, *Steuervergünstigungen als Beihilfen nach Artikel 92 EG-Vertrag: Grundsätze und Beurteilung Steuerlichen Beihilfen*, Nomos, Baden-Baden, 1999.

3.3. Razões de ordem técnica

Existe uma "técnica fiscal" assente num conjunto de regras gerais e de figuras de natureza contabilística, financeira, administrativa, nuns casos importadas de outras áreas, noutros nascidas da experiência e consolidadas na prática tributária.

Tais regras dão suporte ao quadro jurídico dos impostos (à sua concepção e aplicação).[50] Por exemplo, a determinação dos elementos qualitativos de um imposto é vertida juridicamente nas normas, positivas ou negativas, de incidência.[51]

Sem a existência destas regras e institutos, a política fiscal não disporia de um quadro suficientemente sólido e duradouro para ser correctamente posta em acção. É que, ao contrário dos fundamentos das políticas fiscais, que evoluem rapidamente no tempo e são distintos de país para país, de governo para governo, as regras técnicas, como sublinha SCHMIDT, "permanecem relativamente estáveis e figuram em geral nas diversas legislações". Neste sentido revestem, em geral, de uma certa neutralidade.[52] São, de algum modo, um património comum dos sistemas fiscais. São normalmente, como veremos, parte integrante da "natureza e economia" do sistema tributário.

---

[50] A técnica fiscal respeita assim a elementos jurídicos e pré-jurídicos, mas susceptíveis de juridificação. Segundo A. Sousa FRANCO (*Finanças* II, *ob. cit.*, p. 148-9), " a técnica fiscal é o processo jurídico-financeiro mediante o qual se define como é configurado e repartido entre os membros da sociedade o sacrifício fiscal e como se adapta a formulação genérica do sacrifício fiscal ao caso concreto, até à efectiva percepção da receita que, paga por cada contribuinte, ingressa no cofre do Estado". Ela integra duas fases, uma *estática* (abrangendo a incidência e a repartição do imposto) e uma *dinâmica* (envolvendo o seu lançamento, liquidação e cobrança). Cf. igualmente J. P. de AYALA, *Explicación de la Técnica de los Impuestos*, 2ª ed., 1980.

[51] Assim, S. MARTINEZ, *ob. cit.* , p. 126.

[52] Assim, Jean SCHMIDT, *L'impôt, politique et technique*, 1995, p. 8. Reconhecer a neutralidade da técnica fiscal não significa cair em qualquer tentação tecnocrática. Como diz o mesmo autor:" A escolha da técnica é política. A técnica, ela mesma, é *apolítica*". Em sentido semelhante vide L. MEHL/ P. BELTRAME, *Science et technique fiscales*, 1984, pp. 32-33, para quem a técnica fiscal é objectiva, escapando aos juízos de valor, e faz aparecer, detrás da multidão dos particularismos dos sistemas fiscais, a relativa permanência dos problemas postos e dos meios accionados para os resolver. Estes autores desenvolvem amplamente a questão da técnica do imposto, a p. 217 e ss.

334   *O Instituto dos Auxílios de Estado e a Fiscalidade*

Sem dúvida que uma importante ordem de razões para justificar a Comunicação de 1998 prende-se com a necessidade de, numa área profundamente interdisciplinar como a da fiscalidade, a Comissão ter pretendido dar maior atenção à especificidade da técnica tributária, de forma a tornar mais clara a aplicação, neste domínio, dos elementos do conceito de auxílios, dos requisitos da aplicação do princípio da incompatibilidade e dos princípios e critérios que presidem à sua política. A redução do seu âmbito à fiscalidade directa não é, porém, inocente, uma vez que é sobretudo neste domínio que existe uma tensão mais nítida entre as regras fiscais nacionais e as do Tratado, nomeadamente em sede de concorrência.[53] Por outro lado, tal redução traduz, de forma implícita a ideia que, em relação à fiscalidade indirecta existe um processo de harmonização mais intenso e, mesmo, em relação ao IVA — ainda que de forma inacabada — um modelo comunitário de imposto. [54]

De qualquer modo, a Comunicação representa um passo decidido, embora não decisivo, no sentido de uma maior transparência do regime dos auxílios públicos e de uma maior previsibilidade das deliberações da Comissão, necessidades que, aliás, de há muito se faziam sentir. Representa, simultaneamente, um relevante contributo para a análise da articulação entre a disciplina comunitária da concorrência e a fiscalidade dos Estados membros. Mas — dir-se-á — razões de índole técnica existiram desde sempre e não se cingem à fiscalidade directa. Não explicam porquê só agora a referida Comunicação viu a luz do dia.

3.4. Razões de ordem política

As razões da adopção da Comunicação são essencialmente do foro político. Elas prendem-se com a necessidade de conciliar vectores contraditórios.

Um desses vectores é de índole *estrutural*. A fiscalidade é um clássico domínio da soberania dos Estados. No quadro comunitário, essa asserção continua a ser válida, especialmente quanto à fiscalidade directa,

---

[53] No mesmo sentido, WOUTERS/ VAN HEES, *ob. cit.*, p 647.

[54] Sobre o modelo comunitário do IVA, cf. P. VALERO, *La Armonizacion del IVA Comunitario: un Proceso Inacabado*, CES, Madrid, 2001.

domínio em que, na quase ausência de medidas de harmonização, a política dos Estados membros está apenas sujeita a um controlo de compatibilidade com as liberdades económicas e com as regras de concorrência.[55] Por outro lado, a fiscalidade é um domínio não mercantil, ou como diz KEPPENNE, as medidas de política fiscal situam-se, por definição, fora da esfera das transacções económicas normais.[56] Este facto tem importantes repercussões em sede de auxílios de Estado. Por exemplo, a noção de vantagem não pode ser determinada utilizando os instrumentos clássicos a que a Comissão normalmente recorre, como o critério do investidor privado em economia de mercado.[57]

Acresce que a fiscalidade é igualmente uma das componentes mais importantes das política orçamental e económica, porventura das poucas que os Estados membros continuam a poder dispor com grande autonomia.

Outro desses vectores é de natureza *conjuntural*. A Comunidade mostra sinais de crescente preocupação com o volume global dos auxílios fiscais existente, dado que, na prática, eles perturbariam a unidade do mercado interno e a neutralidade concorrencial entre empresas, tendo efeitos similares aos das barreiras fiscais. Para além disso, a fiscalidade, pela sua complexidade técnica, seria uma área propícia à outorga de auxílios de Estado menos transparentes.

A isto acresce, e este facto parece-nos decisivo, a crescente preocupação das instituições comunitárias com a questão da concorrência fiscal nefasta no domínio da tributação directa.[58] Esta "leva cada Estado a tirar

---

[55] Cf. B. H. Ter KUILE, " Legal aspects of fiscal sovereignty within the internal market", *Intertax*, n.° 11, 1991, p. 503 e ss.; B. PATTERSON/ A. M. SERRANO, *Tax Coordination in the European Union*, European Parliament, WP, ECON 125, 2000, p. 1.

[56] Cf. KEPPENNE, "Politiques fiscales...", *ob. cit.*, p. 27.

[57] Mesmo o critério do credor privado em economia de mercado não é susceptível de mecânica transposição, uma vez que os créditos fiscais são indisponíveis.

[58] Desta preocupação – e da degradação fiscal que a falta de coordenação fiscal (isto é, a concorrência fiscal) provocaria - dava conta M. MONTI, numa entrevista à *R.A.E.* em 1996 (n.° 2, p. 85 e ss.), onde curiosamente não cingia tais efeitos à fiscalidade directa, referindo igualmente a questão do IVA e das *accises*. No caso da fiscalidade das empresas, a atenção de MONTI ia sobretudo para os regimes derrogatórios que originam possibilidades de evasão e de fraude fiscal e para as diferenças entre regimes nacionais destinados a residentes e não residentes. Na sua opinião, as vantagens que, para certos países, decorreriam da concorrência fiscal não contrabalançariam as quebras de rédito para os outros. Vide ainda F. BOLKESTEIN, "Taxation and competition: the rea-

336 *O Instituto dos Auxílios de Estado e a Fiscalidade*

vantagem, para atrair capital, trabalho ou actividade produtiva, de regras cada vez mais favoráveis, com fins de atracção competitiva, capazes de distorcer a equidade e a justiça fiscal, a racionalidade e a eficiência económica relativamente a outros Estados".[59] Um dos seus instrumentos seria precisamente a concessão de incentivos ou benefícios através do recurso ao sistema tributário.[60]

Na sequência de um longo processo de maturação, adiante evidenciado, o Conselho de Ministros de Economia e Finanças, de 1 de Dezembro de 1997, deu o seu acordo a um pacote contra a concorrência fiscal, de onde consta um Código de Conduta no domínio da fiscalidade das empresas.[61]

Este Código, embora, como veremos melhor adiante, se esgote num compromisso político, é provavelmente o instrumento mais inovador de

---

lization of the Internal Market", *EC Tax Review*, n.º 2, 2000. p. 78 e ss., bem como C. PINTO, *ob. cit.*, I, 1999, p. 295; W. SCHÖN, *ob. cit.*, pp. 911-913. Esta preocupação havia sido formulada pelo Relatório Ruding e, na sequência deste, pela Comissão, numa Comunicação ao Conselho e ao Parlamento em que aquela instituição tomou posição relativamente ao Relatório Ruding (SEC (92) 118, de 24 de Junho de 1992). Também o Conselho ECOFIN, nas suas Conclusões de 23 de Novembro do mesmo ano, se tinha já referido à necessidade de aplicar o instituto dos auxílios de Estado aos incentivos fiscais como forma de combater a concorrência fiscal prejudicial.

[59] A. S. FRANCO/ A. C. SANTOS/ et al., "Estruturar o Sistema Fiscal do Portugal Desenvolvido" (Relatório de Apoio à Resolução do Conselho de Ministros sobre os Quadros Gerais para a Reforma Fiscal no Limiar do Século XXI), MINISTÉRIO DAS FINANÇAS, *Estruturar o Sistema Fiscal do Portugal Desenvolvido. Textos Fundamentais da Reforma Fiscal para o Século XXI*, Almedina, Coimbra, 1998, p. 96.

[60] Cf. COMISSÃO (Primeiro Relatório Monti apresentado ao ECOFIN informal de Verona de 12 e 13 de Abril de 1996), *A política fiscal da União Europeia*, SEC (96) 487 final, Bruxelas, 20 de Março de 1996 (*Europe Documents* n.º 1981, de 3 de Abril de 1996) e *A Fiscalidade na União Europeia. Relatório sobre a Evolução dos Sistemas Fiscais* (Segundo Relatório Monti), de 22 de Outubro de 1996 , COM (96) 546 final (*Europe Documents* n.º 2014, de 4 de Dezembro de 1996). Cf. ainda, A. ESSON, "Tax Competition and Investment Incentives", *EC Tax Journal*, 1997, p. 63 e ss.

[61] Ver Conclusões do Conselho ECOFIN e a Resolução que aprova o Código de Conduta sobre a fiscalidade das empresas (daqui em diante, abreviadamente Código de Conduta) no JOCE n.º C 2, de 6 de Janeiro de 1998, p. 1 e ss., (cf. também *Europe Documents* n.º 2061, de 2 de Dezembro de 1997). Genericamente, sobre o pacote, F. MURRAY, "EU package of measures to tackle harmful tax competition", *European business law review*, n.º 5-6, 1999, pp. 237-242; B. TERRA / P. WATTEL, *European Tax Law*, 3 ed., 2001, p. 193 e ss.

um pacote de medidas que tem por objectivo o combate contra a "concorrência fiscal prejudicial".[62] No essencial, ele veio consagrar um sistema de informação mútua entre os Estados membros e de avaliação conjunta das medidas fiscais susceptíveis de serem consideradas como prejudiciais. O seu objectivo é o congelamento (*standstill*) e o desmantelamento (*rollback*) destas medidas, dentro de um determinado prazo.[63] De resto, este combate insere-se numa estratégia mais global, que ultrapassa o quadro de uma acção coordenada no plano europeu, desencadeada simultaneamente pelo G7 e pela OCDE.[64]

---

[62] Sobre esta estratégia, delineada no consulado do comissário Monti, nomeadamente no Primeiro Relatório Monti, onde se propunha uma abordagem global em matéria de política fiscal, ver a Comunicação da COMISSÃO ao Conselho intitulada "*Rumo a uma coordenação em matéria fiscal na União Europeia. Um pacote de medidas contra a concorrência prejudicial em matéria fiscal*" (COM (97) 495 final, de 1 de Outubro de 1997). Esta estratégia tinha por base três objectivos: uma acção coordenada para reduzir as distorções ainda existentes no mercado único, a prevenção da erosão ou degradação fiscal e a orientação das estruturas fiscais num sentido mais favorável ao emprego (sobre esta estratégia, vide C. RADAELLI, *Policy Narratives in the European Union: The Case of Harmful Tax Competition*, EUI Working Paper RSC n.º 98/34, San Domenico). Esta abordagem desembocou num "pacote" que, para além do Código de Conduta, integrava as propostas de directiva sobre a fiscalidade da poupança e sobre os juros e *royalties* e o compromisso da Comissão elaborar linhas orientadoras relativas à aplicação dos artigos 92.º e 93.º (n.n. 87 e 88) do Tratado às medidas decorrentes da fiscalidade directa das empresas. Sobre a feitura deste "pacote" ver, entre nós, M. Freitas PEREIRA, "Concorrência Fiscal prejudicial – O Código de Conduta na União Europeia" in *CTF* n.º 390, 1998, pp. 207-219 e A. Carlos dos SANTOS, "A coordenação fiscal face à construção do mercado interno e à unificação monetária: estado da arte" in *Da Questão Fiscal à Reforma da Reforma Fiscal*, 1999, p. 365 e ss .

[63] Sobre o Código de Conduta, para além de F. PEREIRA, cit. na nota anterior, cf. RAINER, " The E.C. Code of Conduct for Business Taxation" in *European Union Focus*, 1998, pp. 13-18.; L. Ruibal PEREIRA, "Código de conducta para la fiscalidad de las empresas", *Noticias de la Unión Europea*, n.º 179, 1999, p. 105-109; J. MALHERBE, "Harmful Tax Competition and the European Code of Conduct", *Tax Notes International*, 2000, p. 151 e ss.; F. VANISTENDAEL, "Fiscal support measures and harmful tax competition", *EC Tax Review*, n.º 3, 2000, pp. 152-161.

[64] Cf. OCDE, *Concurrence Fiscale Dommageable, Un problème mondial*, Paris, 1998. Este Relatório foi, em 9 de Abril de 1998, aprovado pelo Conselho da OCDE (com as abstenções do Luxemburgo e da Suíça) e apresentado ao Conselho de Ministros de 27 e 28 de Abril do mesmo ano. Um relatório de progresso dos trabalhos do *Forum on Harmful Tax Practices* foi apresentado ao Conselho de Ministros de 2000 e publicado

338   *O Instituto dos Auxílios de Estado e a Fiscalidade*

Do Código de Conduta decorre igualmente a necessidade de aprofundar a colaboração entre Conselho e Comissão, na aplicação, não só do próprio Código, como da disciplina dos auxílios fiscais, residindo aqui, quanto a nós, a justificação última da referida Comunicação de 11 de Novembro de 1998.[65] Ao tema regressaremos no capítulo seguinte.

4. O CONTROLO DOS BENEFÍCIOS FISCAIS: NOVAS E VELHAS PREOCUPAÇÕES

Através da acção conjugada da disciplina dos auxílios de Estado e do Código de Conduta, as instituições comunitárias procuram hoje limitar o recurso aos incentivos ou benefícios fiscais por parte dos Estados membros.

Não é contudo o primeiro movimento, com expressão no plano internacional, que tem subjacente um juízo de desfavor em relação a tais fenómenos.

Um primeiro impulso nesse sentido foi dado pelas reformas da tributação directa levadas a cabo, com maior ou menor êxito, a partir da década de oitenta.[66] Com efeito, entre meados dos anos oitenta e o início dos anos noventa, a maioria dos países mais industrializados procedeu à introdução de reformas com o objectivo de baixar a pressão fiscal e de conseguir uma maior neutralidade na tributação, em particular nos impostos sobre o rendimento das pessoas singulares e colectivas. Este

---

pela OCDE sob o título *Vers une Coopération Fiscale Globale. Rapport pour la Réunion du Conseil au Niveau des Ministres de 2000 et Recommandations du Comité des Affaires Fiscales. Progrès dans l'Identification et l'Élimination des Pratiques Fiscales Dommageables*. Para uma análise comparativa entre o Código de Conduta e a Recomendação da OCDE e Relatório que a suporta, ver, entre nós, A.Carlos dos SANTOS e Clotilde PALMA, "A Regulação Internacional da Concorrência Fiscal Prejudicial", in *CTF* n.º 395, 1999, p. 7 e ss.

[65] Vide ponto J do Código de Conduta. A Comissão dava conta no seu *Oitavo Relatório* da continuação dos trabalhos para identificar as medidas fiscais prejudiciais que poderiam constituir auxílios de Estado e no *XXIX Relatório sobre Política de Concorrência* (1999) que tais trabalhos tinham começado relativamente às normas tributárias identificadas como potencialmente prejudiciais pelo Relatório do Grupo do Código de Conduta.

[66] Para uma avaliação destas reformas, cf. C. HECKLY, *La Politique Fiscale dans les Pays Industrialisés*, 1999, p. 43 e ss.

Capítulo III – Os Auxílios Tributários   339

movimento foi largamente influenciado pelo *US Tax Reform Act* de 1986, que reduziu o número de escalões do imposto sobre o rendimentos das pessoas singulares e procurou compensar as perdas de receita através da reponderação da estrutura dos impostos e de uma modificação na composição das taxas. Mas não deve esquecer-se igualmente a importância do primeiro orçamento do Governo Tatcher (1979) que marcou uma viragem na história dos impostos.

Estas reformas foram, no essencial, caracterizadas pela ideia de alargamento da base tributária (*base broadening*), com diminuição ou eliminação da maioria dos benefícios fiscais, e da redução das taxas (*rate reduction*).[67]

Sem dúvida que muitos factores, como o elevado crescimento das despesas públicas, o descontentamento com os sistemas existentes e, sobretudo, as alterações no ambiente económico, contribuíram para esta mudança. É, porém, bom não esquecer o papel exercido pelas mutações na própria filosofia económica, agora favorável à redução do peso do Estado na economia, à desregulação, às privatizações, à liberdade das taxas de câmbio, à promoção da concorrência, ao incremento da eficiência dos mercados e da gestão das empresas. Neste sentido, o ideário neo-liberal, em particular, a teoria da tributação óptima, funcionou como forma de legitimação ideológica deste movimento.[68]

Na sua base estava uma enorme desconfiança face ao intervencionismo estadual, de natureza fiscal ou não, o primado da ideia de neutralidade fiscal e, em princípio, uma preocupação mais acentuada com a eficiência fiscal do que com as questões da equidade.[69]

---

[67] Neste sentido, Ken MESSERE in Ken MESSERE (ed) *The Tax System in Industrialized Countries*, Oxford University Press, 1998, p. 2. Note-se que, anos mais tarde, curiosamente a redução do défice para 3% do PIB exigido pelo Tratado de Maastricht implicou aumentos de impostos em quase todos os Estados membros.

[68] Cf. Cedric SANDFORD, *Successful Tax Reform, Lessons from an Analysis of Tax Reform in Six Countries*, Fiscal Publications, Bath, 1993, p. 20. Cf. sobre o tema, entre nós, J. Costa SANTOS, *Bem-Estar Social e Decisão Financeira*, 1993, p. 277 e ss. A célebre curva de Laffer, mesmo que fosse matematicamente duvidosa, mostrava-se, como algures escreveu Sorman, politicamente correcta.

[69] A realidade é contudo sempre mais complexa do que as ideologias. Por isso não deixa de ser interessante sublinhar que os dois grandes países (Estados Unidos e Reino Unido) que levaram a cabo as reformas fiscais reputadas como liberais foram, juntamente

O juízo sobre os incentivos fiscais era globalmente negativo: estes, ao perturbarem o *"level playing field"*, tenderiam a distorcer as decisões normais de investimento e, consequentemente, a produzir uma distribuição ineficiente de recursos e uma redução do bem-estar geral.

Este movimento é, no entanto, muito distinto do que aquele que ocorre hoje. Tratava-se então de um movimento gerado no interior de alguns países, em particular os Estados Unidos e a Grã-Bretanha, que, posteriormente, foi importado por muitos outros Estados do mundo industrializado e difundido através da doutrina e acção de alguns organismos internacionais, em particular do FMI, em países em vias de desenvolvimento. Não estava aqui em jogo a questão da concorrência fiscal, fosse ela interestadual ou interjurisdicional.

É, contudo, importante ter em conta que, independentemente desta fundamentação teórica e ideológica, a proliferação dos benefícios fiscais constituía, na generalidade dos países, um real problema.[70] A sua existência indiscriminada tornava os sistemas fiscais mais opacos, bem como dificilmente quantificável a despesa fiscal. A sua cristalização em privilégios fiscais ou em estatutos fiscais diferenciados ameaçava conduzir a uma "refeudalização" do sistema fiscal e a uma repartição mais injusta da carga tributária. Por isso, este movimento acabou por ser interiorizado por quadrantes teórico-ideológicos muito distintos.

---

com a Espanha, os únicos que submeteram as mais-valias mobiliárias ao regime de direito comum dos rendimentos das famílias, terminando assim com um privilégio existente (Vide, H. STERDYNIAK et al., *Vers Une Fiscalité Européenne*, 1991, p.146). Como não deixa de ser interessante observar que um movimento, como o que ocorreu nestes países, tendente a reduzir o peso do Estado na economia acabasse, na prática, por aumentar o volume dos impostos arrecadados.

[70] Dessa preocupação davam conta, entre nós, os preâmbulos do Decreto-Lei n.º 485/88, de 30 de Dezembro ("A proliferação da legislação existente sobre incentivos fiscais e a sua extensão a inúmeros domínios têm criado dificuldades, quer a nível das receitas públicas, quer a nível da justiça e do equilíbrio do sistema tributário, importando salientar que o correlativo estreitamento da base tributária tem implicado ao longo dos anos o acréscimo da carga fiscal para todos os não beneficiários de incentivos") e do diploma que aprovou o EBF ("A multiplicidade e dispersão dos benefícios fiscais (...) constituía um dos aspectos mais criticáveis do sistema tributário português, dada a sua manifesta falta de coerência, as consequências negativas de que era causa no plano da equidade e a receita cessante que implicava").

No plano das fundamentações ideológicas, não deixa, porém, de ser curioso registar um fenómeno interessante. As posições actualmente parecem inverter-se. Com efeito, enquanto as correntes neo-liberais tendem a sublinhar as vantagens da concorrência fiscal internacional e, em consequência, a legitimar o recurso aos incentivos fiscais como forma de captação dos investimentos, as preocupações com a proliferação dos incentivos fiscais surgem agora em outros quadrantes teórico-ideológicos que, temendo os potenciais efeitos nefastos da concorrência fiscal entre Estados no plano sócio-económico, procuram regular o fenómeno no plano internacional.

A proliferação dos incentivos decorrente de tal competição tenderia para uma verdadeira *race to the bottom,* provocando, segundo estas correntes, uma substancial redução de impostos. A erosão das bases fiscais (*fiscal degradation*) seria impeditiva da consolidação ou da construção do modelo social europeu, para além de dificultar o cumprimento do próprio Pacto de Estabilidade e Crescimento.

5. BREVE SÍNTESE

Dois movimentos paralelos tendem hoje a trazer para a ribalta a questão dos auxílios tributários, em especial os relativos à fiscalidade directa, tendo por consequência a emissão de uma comunicação específica da Comissão sobre a matéria.

Um é de natureza *endógena*: a extensa revisão da política e da disciplina comunitárias dos auxílios públicos em geral, tendo simultaneamente em vista a redução do seu volume global de forma a minorar as distorções de concorrência no mercado interno e a reorientação da acção de fomento dos Estados membros, no sentido da sua concentração em fins considerados úteis no plano comunitário.

De facto, a realização do mercado único e a liberalização dos movimentos de capitais representam um desenvolvimento do processo de integração que, segundo a Comissão, implica reavaliar os "efeitos específicos dos auxílios concedidos sob forma fiscal e precisar as respectivas consequências do ponto de vista da apreciação da sua compatibilidade" com aquele mercado.[71]

---

[71] Cf. *Comunicação* de 1998, ponto 3.

Por outro lado, a construção da UEM e os esforços de consolidação orçamental por ela exigidos tornariam ainda mais premente um rigoroso controlo dos auxílios de Estado em geral e dos fiscais em particular. Daí, segundo a Comissão, a necessidade de, "no interesse comum", serem também considerados "os efeitos importantes de certos auxílios fiscais sobre as receitas dos outros Estados membros".[72]

Outro é de natureza *exógena*: o controlo dos auxílios fiscais é exigido pelo combate a uma forma muito particular de concorrência, a concorrência fiscal prejudicial e a erosão que ela pode provocar nas receitas dos Estados membros.[73] O combate à erosão fiscal é, aliás, o elo de ligação entre os movimentos endógeno e exógeno.

A própria Comunicação reconhece expressamente o vínculo existente entre o Código de Conduta e o regime dos auxílios de Estado. "O Código de Conduta aumentará a transparência no domínio fiscal graças a um sistema de informação mútua entre os Estados membros e de avaliação das medidas fiscais susceptíveis de serem abrangidas pelo seu âmbito de aplicação. As disposições do Tratado em matéria de auxílios estatais com o seu mecanismo próprio, contribuirão igualmente, por seu lado, para a consecução do objectivo de luta contra a concorrência prejudicial em matéria fiscal".[74] Mais claras ainda são as palavras do Comissário Monti que, numa recente intervenção, reconheceu que os auxílios fiscais são *"so topical"* devido à abordagem política sancionada pelo Conselho de pôr voluntariamente fim à *"harmful tax competition"*.[75]

---

[72] *Ibidem*, ponto 3. Este ponto representa uma profunda inovação e reflecte as preocupações genéricas de alguns sectores doutrinais. Assim, por exemplo, STERDYNIAK *et al.*, *ob. cit.*, p. 363, para quem a realização da UEM arrisca-se a reduzir mais ainda a autonomia das políticas orçamentais e fiscais dos Estados membros, ao mesmo tempo que faz repousar sobre elas a política nacional de estabilização conjuntural. Neste contexto, sublinham os autores do citado estudo, "é preciso evitar as políticas que consistam em tentar transferir as dificuldades sobre os parceiros económicos, definindo políticas coordenadas e respeitadoras das preferências e dos constrangimentos de cada país". É o caso das políticas fiscais de atracção de investimentos que podem pôr em causa as receitas dos outros Estados membros. O seu controlo em sede de auxílios de Estado reflecte a crescente importância do tema da concorrência fiscal na aplicação deste instituto.

[73] Cf., entre outros, SCHÖN, *ob. cit.*, pp. 911-913; e PINTO, *ob. cit.*, I, 1999, p. 295 e ss.

[74] Comunicação, *ibidem*, ponto 1.

[75] Cf. M. MONTI, "EU policy towards fiscal state aid", *ob. cit.*, p. 2. Segundo o

Capítulo III – Os Auxílios Tributários

Este duplo movimento acentua uma tendência que atravessa quer o Código de Conduta, pensado para o combate à concorrência fiscal danosa, quer o regime dos auxílios tributários, que visa, em primeira instância, garantir uma sã concorrência interempresarial: a da transformação qualitativa do próprio fenómeno da concorrência. De "concorrência entre empresas" passamos para uma " concorrência entre sistemas" [76]. A concorrência é, como vimos, hoje em dia largamente uma competição entre Estados, entre instituições, entre sistemas legislativos e não apenas entre empresas. As fronteiras entre institutos destinados a combater formas distintas de concorrência esbatem-se.

Comissário os auxílios tributários seriam mecanismos muito atractivos para os governos por duas razões: como instrumento de persuasão para a deslocalização de actividades económicas móveis (ex: fabrico de automóveis, serviços financeiros) e pelo facto de este tipo de auxílios ser muitas vezes *off-shore balance* (caso Enron), escondido dos olhares nas profundezas da complexas teias da lei fiscal (p. 1).

[76] Escrevem, a este propósito, WAELBROECK e FRIGNANI, *ob. cit.*, p. 324: "A vida económica contemporânea caracteriza-se pelos estreitos liames que unem as empresas à administração do Estado, aos organismos paraestatais, aos serviços públicos e aos estabelecimentos de crédito público. As escolhas das empresas já não se exercem sem terem em conta este condicionamento externo. Assiste-se a uma transformação da qualidade da concorrência que, de "concorrência entre empresas" tende, cada vez mais, para uma "concorrência entre sistemas."

§ 2.°

A ADEQUAÇÃO DA REGULAÇÃO
DOS AUXÍLIOS DE ESTADO À FISCALIDADE

1. A ESPECIFICIDADE DAS MEDIDAS FISCAIS

Os factos enunciados imprimem particular relevância e actualidade à questão dos auxílios de Estado sob forma tributária. Eles impeliram as instituições e a doutrina a dedicarem uma atenção redobrada à questão da adequação dos princípios e critérios gerais do regime dos auxílios públicos à matéria fiscal.[77]

Na base desta nova atitude está o reconhecimento de que a fiscalidade, em particular a questão dos benefícios e incentivos fiscais, é um domínio política e juridicamente controverso, económica e financeiramente sensível e tecnicamente complexo. Por vezes mesmo, opaco. Do conjunto desses factores decorrerá a especificidade dos auxílios tributários perante as formas de auxílio orçamental. A questão que então se põe é a de saber se (e em que medida) essa especificidade influi ou não no modo como se irá processar a adequação do regime dos auxílios públicos aos auxílios tributários.[78]

---

[77] A análise dos auxílios fiscais pode partir de uma outra óptica, com evidentes relações com a avançada no texto, mas com um objectivo mais restrito: a da análise dos limites à soberania tributária dos vários Estados membros. Esta análise está, entre nós, subjacente ao estudo de M. Margarida MESQUITA, *O regime comunitário dos auxílios de Estado e as suas implicações em sede de benefícios fiscais*, Cad. CTF 158, Lisboa, 1989. Como refere a autora (p. 8), "a integração comunitária supõe outros limites à soberania tributária, que se consubstanciam na impossibilidade da criação ou manutenção de benefícios fiscais a empresas e produtos em oposição ao disposto no artigo 92.° (n.n. 87.°) do Tratado"

[78] De algum modo, a doutrina tem vindo a reconhecer, implícita ou explicitamente, alguma especificidade, destacando a questão das medidas fiscais como um ponto espe-

346   *O Instituto dos Auxílios de Estado e a Fiscalidade*

Esta questão implica, pois, a análise das facetas concretas em que tal especificidade se manifesta e a verificação da sua eventual projecção na disciplina dos auxílios de Estado sob forma tributária.

Três aspectos, nem sempre jogando no mesmo sentido, parecem poder justificar uma particular atenção quando se analisa a aplicação dos princípios e condicionalismos gerais relativos aos auxílios públicos aos auxílios sob forma tributária.

O primeiro, mais clássico, prende-se com a questão da soberania tributária.

---

cial na análise dos auxílios de Estado. Assim, por exemplo, de entre os autores que analisam os auxílios tributários a partir da fiscalidade, BERLIN refere a questão como um caso de descoberta das potencialidades fiscais do Tratado (*ob. cit.*, p. 201). Por sua vez, de entre os autores que tratam genericamente da questão dos auxílios de Estado, KEPPENNE refere-a no capítulo sobre as medidas cobertas pela interdição de princípio dos auxílios, analisando-a no contexto dos "auxílios e actividades do poder público", sob a epígrafe "política fiscal" (*Guide des aides d'État en droit communautaire*, *ob. cit.*, pp. 74-77); R. D'SA refere-se à hipótese de a tributação constituir auxílio de Estado no âmbito da análise do requisito da selectividade (*European Community Law on State Aid*, *ob. cit.*, pp. 86-91). Muito semelhante parece ser a posição de SANTACRUZ para quem as "medidas fiscais" são analisadas no quadro da "aplicação do parâmetro da selectividade", isto é, no quadro da prática institucional de aplicação deste parâmetro aos diferentes tipos de auxílios de Estado, tais como os auxílios ao emprego, ao investimento, as infraestruturas e os auxílios à exportação (*Las Ayudas Públicas ante el Derecho Europeo de la Competencia*, *ob. cit.*, pp. 141-143). De entre os autores que tratam especificamente dos auxílios tributários, alguns, como Carlo PINTO ("EC State Aid Rules and Tax Incentives: A U-Turn in Comission Policy? (Part II)", 1999, p. 346 e ss), fazem ainda uma menção especial à questão dos auxílios fiscais de natureza regional. No entanto, esta menção apenas se justifica pelo peso dos incentivos fiscais nos auxílios regionais, e não porque tais incentivos tenham aí natureza diversa da que apresentam quando integrados em auxílios de Estado de índole sectorial ou horizontal. Note-se que a especificidade dos auxílios tributários prende-se sobretudo com a dimensão substantiva da questão. No entanto, podem surgir problemas relativamente à dimensão processual, nomeadamente, no que toca à obrigação de notificação prévia dos auxílios. Com efeito, dado o facto dos direitos fiscais nacionais e os procedimentos constitucionais serem muito díspares quanto à tramitação para outorga de auxílios tributários, pode pôr-se o problema de saber em que momento deve ocorrer tal obrigação. Na ausência de critérios legais claros, a prudência aconselha, em particular quanto a regimes de auxílios, que a notificação seja efectuada quando a probabilidade da atribuição seja forte, mas antes da sua real produção de efeitos (v.g., entre nós, consoante os casos, no estado de diploma de autorização legislativa ou de proposta ou de projecto de lei).

Esta questão assume uma intensidade mais forte neste domínio do que no da generalidade dos outros domínios em que são atribuídos auxílios estatais. Com efeito, os subsídios, subvenções ou outras formas similares de auxílios financeiros envolvem prestações positivas decorrentes de intervenções públicas de carácter não sistemático. Por outro lado, eles representam, na sua globalidade, transferências directas de recursos do sector público para o sector privado cuja limitação, traduzindo-se embora em restrições à soberania estatal em geral, não interfere com um dos seus núcleos duros, como a fiscalidade.

Diferente é o caso dos auxílios tributários. Sendo os impostos, no plano económico, uma forma de transferências monetárias do sector privado para o sector público, estaríamos aqui perante uma situação em que o Estado, através do sistema fiscal, renuncia à extracção de recursos financeiros à sociedade civil. Esta renúncia decorreria do exercício de um núcleo duro da soberania, o da soberania tributária, o qual implica o poder de tributar ou de não tributar certas situações.

É certo que a soberania tributária tem limites e, entre eles, como hoje é claro, o do controlo inerente ao regime dos auxílios de Estado. Mas significa isto que, em sede de auxílios de Estado, a Comissão não acabe por dar especial atenção à questão da soberania, tão sensível no plano jurídico-político, mormente na análise da intensidade da incompatibilidade e da aplicação das derrogações?

O segundo aspecto diz respeito ao facto de, no domínio fiscal, ao contrário do que ocorre no domínio financeiro, a livre concorrência empresarial não poder, por definição, ser garantida através da não interferência do Estado. Sendo este, no domínio fiscal, omnipresente e sendo a sua intervenção permanente, põe-se a questão de saber como pode (e deve) ser salvaguardado o princípio da livre concorrência neste campo.

É neste contexto que deve ser analisada a ideia, frequentemente veiculada, que pretende que a forma mais eficaz de salvaguardar a neutralidade concorrencial repousaria na estrita observação da neutralidade fiscal.

Neste quadro, outros fins do sistema fiscal que não o da mera arrecadação de receitas seriam suspeitos, por poderem afectar as trocas comerciais e a concorrência. Levado ao extremo, isto significaria, por exemplo, que, não só os estímulos ou incentivos ao investimento, mas também as próprias medidas fiscais ligadas à função de redistribuição do sistema fiscal — que têm por base o princípio da capacidade contribu-

348 *O Instituto dos Auxílios de Estado e a Fiscalidade*

tiva, hoje inerente a qualquer Estado social, e que implicam, na sua concretização, certas formas de discriminação positiva ou de diferenciação entre os contribuintes — ou a possibilidade de consagração de uma fiscalidade não neutra, como a ambiental, estariam, à partida, atingidas pela aplicação do princípio da neutralidade enquanto fundamento do princípio da incompatibilidade dos auxílios com o mercado comum. Estas medidas poderiam, quando muito, ser objecto de consideração para efeitos das derrogações previstas no Tratado .

A questão é complexa. Há medidas fiscais não neutras que não podem deixar de ser excluídas do campo de aplicação do n.° 1 do artigo 87.° do Tratado. O juízo de valor que incide sobre uma determinada medida fiscal não pode, como veremos, deixar de ter em conta o sistema fiscal no seu conjunto.[79] Ainda que imperfeita, essa será, no contexto actual, a forma de conciliar o difícil equilíbrio entre os vectores Comunidade (os seus objectivos), concorrência e mercado (como instrumentos) e Estados membros (como legítimos representantes dos povos), ou, noutra óptica, entre neutralidade e subsidiariedade, encarada esta, neste domínio, simultaneamente como expressão da soberania tributária e de um embrionário federalismo financeiro. [80]

O terceiro aspecto implica questionarmo-nos sobre as razões pelas quais os Estados optam, com excessiva frequência, por instrumentos tributários em detrimento de instrumentos financeiros. Será que são razões meramente técnicas ou de oportunidade política que estão na base dessa escolha ou tal facto terá a ver com o que, muitas vezes, se designa por maior opacidade dos auxílios tributários? Será que na base da preferência por este tipo de auxílios está o facto de os Estados procurarem tipos

---

[79] O que equivale ao reconhecimento de que a neutralidade é, nos modernos sistemas fiscais, um valor entre outros e a concorrência um meio e não um fim em si mesmo.

[80] Esta é uma área onde a reflexão parece ser ainda relativamente incipiente. Um bom contributo para o tema é dado por VOGEL, BRANDS e Van RAAD no livro *Taxation of Cross-Border Income, Harmonization, and Tax Neutrality under European Community Law, An Institutional Approach*, 1994. Noutro plano, o livro de J. BANACLO-CHE, *El IVA beligerante: un estudio sobre la pretendida neutralidad del impuesto sobre el valor añadido* (1987), permite reflectir sobre a forma como, mesmo num domínio hoje de forte intervenção comunitária, as omissões de regulamentação (v.g., as taxas) e o jogo das derrogações e opções permitem que a subsidiariedade se afirme em prejuízo da neutralidade do imposto.

Capítulo III – Os Auxílios Tributários

de auxílios em que o controlo seria mais frouxo ou mais ineficiente do que ocorreria com os auxílios financeiros?

E, se assim for, não estaria legitimada a existência de regras mais rígidas relativamente aos auxílios tributários do que aos financeiros?

2. A QUESTÃO DA SOBERANIA FISCAL

2.1. O poder e direito de tributar ou não tributar

O direito de tributar é, para usarmos as palavras de CHALTIEL, "uma marca contemporânea da soberania".[81]

No quadro da distribuição de competências entre a Comunidade e os Estados membros é sobejamente reconhecido que o Tratado de Roma integrou as matérias fiscais na esfera da reserva dos Estados membros, onde, aliás, no essencial, ainda hoje permanecem. Se exceptuarmos o domínio da fiscalidade aduaneira, sendo a distribuição de competências norteada por um princípio de competências de atribuição, em parte alguma do Tratado se encontra uma norma que atribua às instituições comunitárias competência neste domínio.[82]

---

[81] Cf. F. CHALTIEL, *La Souveraineté de l'État et l'Union Européenne*, *ob. cit.*, 2000, p. 484 . A própria Comissão reconhece que a soberania fiscal é um importante fundamento da soberania nacional (*The scope for convergence of tax systems in the Community*, COM (80)139). Sobre as alterações do conceito de soberania, Carla AMADO, "A evolução do conceito de soberania. Tendências recentes", *Ciência e Técnica Fiscal*, n.º 399, 2000, p. 399 e ss.

[82] Sobre o tema da repartição de competências entre a União (as Comunidades) e os Estados membros, ver, entre outros, A Goucha SOARES, *Repartição de Competências e Preempção no Direito Comunitário*, 1996, em especial, p. 128 e ss., Maria Luísa DUARTE, *A Teoria dos Poderes Implícitos e a Delimitação de Competências entre a União Europeia e os Estados-membros*, Lisboa, 1997, em especial, p. 213 e ss.; J. M. NANCLARES, *El sistema de competencias de la Comunidad Europea*, 1997; V. CONSTANTINESCO, *Compétences et Pouvoirs dans les Communautés Européennes – Contribution à l'étude de la nature juridique des Communautés*, Paris, 1974; e A. C. SANTOS, *As transferências de competências estatais decorrentes do Tratado de Maastricht*, UCP, 1993. O primeiro autor sintetiza a questão do seguinte modo: "Em razão da sua génese de organização internacional, a Comunidade Europeia, em matéria de competências, comunga das características fundamentais deste tipo de sujeitos. Na verdade, por

350 *O Instituto dos Auxílios de Estado e a Fiscalidade*

Só que a soberania dos Estados não é absoluta, mas limitada em função dos objectivos e instrumentos da Comunidade e, em alguns domínios mesmo, como ocorre com o IVA e os impostos especiais de consumo, de algum modo, partilhada.[83] De facto, estando as políticas fiscais nacionais sujeitas, dentro de certas condições, a formas de harmonização, de coordenação e a outras limitações de origem comunitária (como, v.g., as que decorrem do instituto dos auxílios de Estado), o poder tributário, manifestação essencial da soberania, surge, no limite, e na medida em que os direitos fiscais nacionais são parcialmente configurados pela União (mesmo que se entenda que esta não dispõe de um verdadeiro poder tributário pelo menos no seu sentido clássico), como um exemplo de "soberania dual".[84]

Este facto é, aliás, o que permite manter a construção europeia em consonância com os princípios inerentes às organizações políticas democráticas. Um poder tributário clássico reservado à União exigiria, em nome do princípio *no taxation without representation,* a consagração de um papel muito mais relevante a atribuir ao Parlamento Europeu e, consequentemente, um reforço do federalismo financeiro, se não mesmo do

---

um lado, a Comunidade Europeia é uma entidade dotada de competências de atribuição e, por outro lado, tem as suas competências determinadas em função dos objectivos que lhe foram assinalados pelo seu Tratado instituitivo. Temos, assim, que a Comunidade detém necessariamente competências limitadas, na medida em que, enquanto organização internacional, está condicionada pelo princípio da especialidade das competências, o qual se contrapõe (...) ao princípio da plenitude de competências de que gozam os Estados. De facto, apesar da extensa atribuição de competências de que beneficia a Comunidade, é notório que ela não usufrui de uma universalidade de fins, única situação em que um sujeito de direito internacional se pode permitir a detenção de competências plenas ".

[83] Através do mecanismo da preempção, a Comunidade foi-se dotando, em certos domínios, de manifestações de poder tributário, mesmo que este não seja por ela directamente exercido em relação aos contribuintes (e sem esquecer que estes podem invocar, em seu favor, as normas fiscais comunitárias que gozem de efeito directo). Sobre o tema, em geral, vide C. M. ESPADAFOR, "El Poder Tributario de las Comunidades Europeas", *REDF*, n.º 82/1994, p. 329 e ss; e, de forma mais geral, R. JEFFERY, *The Impact of State Sovereignity on Global Trade and International Taxation*, 1999.

[84] Preferimos o termo "configurado" ao termo "influenciado" usado por F. CHATIEL (*ibidem*, p. 484). Do mesmo modo, devemos relativizar a afirmação de que a União não dispõe de qualquer poder fiscal. Estas "correcções" acentuam, aliás, a ideia defendida pela autora da existência de uma "soberania dual".

federalismo político.[85] Não é o que se passa actualmente na Europa, onde continuam a ser os Parlamentos nacionais os detentores da legitimidade política para a tributação. Este facto é, aliás, indirectamente acentuado pela permanência da regra de unanimidade de decisão em matéria fiscal. Apesar de algumas tentativas para a sua alteração, mormente por parte da Comissão, esta nunca foi assumida pelos Tratados que procederam à revisão do Tratado de Roma, mesmo por aqueles, mais recentes, que ficaram ligados a avanços no processo de integração, como a construção do mercado interno (Acto Único Europeu), a introdução de uma política monetária única e de uma moeda comum (Tratado de Maastricht) ou o aprofundamento das políticas comunitárias (Tratado de Amesterdão).

Existe pois na doutrina um substancial acordo quanto ao facto de "a fiscalidade e a aplicação de regimes fiscais" permanecerem, no essencial, na competência das autoridades nacionais.[86] O mesmo acontece, na esfera da fiscalidade internacional, com a negociação e aprovação de tratados ou convenções de dupla tributação. Salvo em questões muito específicas, o clássico poder de tributar ou não tributar (*jurisdiction to tax*) e o poder de aplicar a lei tributária não integram, não é demais sublinhá-lo, a esfera das competências próprias da Comunidade Europeia. A acção desta configura-se como uma forma de limitação (ainda que, por vezes, forte) ou, no limite, de partilha de competências reservadas aos Estados membros.[87]

A única e verdadeiramente importante excepção é a relativa aos direitos aduaneiros e encargos de efeito equivalente, uma vez que, ao inserirem-se na União Aduaneira, integram a esfera de competências exclusivas da Comunidade Europeia, e não são objecto de decisão com base na regra da unanimidade. E, mesmo aí, a aplicação da lei é efectuada pelos Estados membros.

---

[85] Cf. F. VANISTENDAEL, "No European taxation without European representation", *EC Tax Review*, n.º 3, 2000, pp. 141-2.

[86] Cf. por todos, KEPENNE, *Guide, ob. cit.*, p. 74; «Politiques fiscales...», p. 26.

[87] Sobre os constrangimentos que pesam sobre a soberania fiscal, vide, entre nós, Saldanha SANCHES, "Fiscal sovereignty and external constraints" in J. Silva LOPES, *Portugal and EC Membership Evaluated*, Pinter Publishers/ St. Martin's Press, 1993.

2.2. Os limites da soberania fiscal

A soberania fiscal dos Estados membros não é, pois, irrestrita. Sofre limitações, consentidas pelos Estados, que decorrem dos princípios gerais de direito comunitário e, em particular, do regime das liberdades económicas fundamentais, das normas sobre harmonização da tributação indirecta, das normas sobre a aproximação das legislações e da disciplina da concorrência, ou seja, do regime dos auxílios de Estado.[88] Neste campo, porém, as limitações dão-se não em relação ao poder de tributar, mas em relação ao poder de não tributar.

Mas tais limitações, sendo excepções consentidas em virtude de objectivos superiores aos nacionais, são elas próprias limitadas, devendo ser interpretadas restritivamente. Daí decorre, quanto a nós, uma importante consequência: a acção das instituições comunitárias nesta matéria, em particular das não legitimadas democraticamente, não poderia ir tão longe que transformasse as limitações às competências fiscais dos Estados membros em competências tributárias próprias ou concorrenciais, subvertendo os princípios do Tratado. As instituições comunitárias estão vinculadas aos princípios da proporcionalidade e da igualdade e não discriminação entre Estados membros e, por isso, as limitações devem ser limitadas, isto é, proporcionais aos fins e não discriminatórias.

A observação ganha ainda maior relevo no domínio da tributação directa.[89] Neste domínio, o Tratado nem sequer previu formas específicas de harmonização fiscal. Na ausência de mecanismos deste tipo, a adopção de um modelo harmonizado de imposto para as sociedades (como sucedeu com o IVA no campo da tributação indirecta) implicaria, quanto a nós, o recurso ao mecanismo da "pequena revisão" consagrado no artigo 308.° (a.n. 235.°) do Tratado.[90] O mecanismo da aproximação

---

[88] De entre a ampla bibliografia sobre o tema, saliente-se: P FARMER/ R. LYAL, *EC Tax Law,* Clarendon Press, Oxford, 1994; A J EASSON, *Taxation in the European Community*, The Athlone Press, London & Atlantic Highlands, NJ, 1993; David WILLIAMS, *EC Tax Law*, Longman, London & New YorK, 1998; e B. TERRA/ P. WATTEL, *European Tax Law*, Kluwer, The Hague, London, Boston, 1997.

[89] Neste domínio, altamente simbólico, a soberania é claramente deixada aos Estados membros: a conhecida formulação de Knobbe-Keuk *"The power to tax is the power to govern"* adquire aqui pleno sentido.

[90] Diz o artigo 308.° (a.n. 235.°) : "Se uma acção da Comunidade for considerada necessária para atingir, no curso de funcionamento do mercado comum, um dos objecti-

de legislações previsto no artigo 94.° (a.n. 100.°), base jurídica para formas de harmonização pontual da tributação directa, como foram as que ocorreram com a aprovação das directivas relativas às fusões e cisões e às sociedades mães e filhas, não parece poder ser interpretado de forma tão ampla que legitime uma harmonização substitutiva.

Entende-se hoje que as restrições à soberania tributária decorrentes do regime comunitário dos auxílios de Estado derivam directamente do Tratado e atingem a possibilidade dos poderes públicos utilizarem livremente os benefícios e incentivos fiscais e parafiscais da forma que considerem ser mais favorável para o interesse nacional. Elas consubstanciam-se, como vimos, no princípio da incompatibilidade dos auxílios — independentemente da sua forma — com o mercado comum e na atribuição à Comissão (com competência exclusiva) do controlo da aplicação desse princípio e das derrogações previstas no Tratado. Deste modo, quer o processo de atribuição de auxílios tributários, quer as modalidades e a intensidade que estes revistam ficam fortemente condicionados pela acção da Comissão. Mais: ficam mesmo, de algum modo funcionalizados a objectivos comunitários, só sendo considerados os objectivos nacionais compatíveis com aqueles.[91]

Tendo os Estados membros consentido em limitar o seu poder de não tributar, a afirmação da soberania fiscal tornou-se inoponível às regras de auxílios de Estado. Trata-se, como melhor veremos, de questão de há muito resolvida pelo Tribunal de Justiça.

Assim sendo, pareceria à primeira vista não ter qualquer sentido (res)suscitar esta questão. Apesar de tudo pensamos ser útil levantá-la no plano jurídico e político.

No plano jurídico, ela conduzir-nos-á a recordar que, se não há razão para a fiscalidade ser objecto, em sede de aplicação do princípio da incompatibilidade, de um tratamento privilegiado face às outras formas de auxílio, a verdade é que também não existem razões bastantes para

---

vos da Comunidade, sem que o presente Tratado tenha previsto os poderes de acção necessários para o efeito, o Conselho, deliberando por unanimidade, sob proposta da Comissão, e após consulta ao Parlamento Europeu, adoptará as disposições adequadas."

[91] Tudo se passa como se a execução de objectivos comunitários fosse delegada nos Estados nacionais, usando estes recursos próprios. A questão pode suscitar problemas de compatibilidade entre as constituições económicas nacionais e a comunitária.

354   *O Instituto dos Auxílios de Estado e a Fiscalidade*

que a fiscalidade seja objecto de um tratamento mais gravoso (ou mais limitativo) do que o reservado às restantes formas de auxílios estatais. A soberania fiscal surge pois como um limite a uma desigualdade de tratamento entre formas de subvenções positivas e negativas.

No plano político, ela implicará que a Comissão seja particularmente cauta, em relação à apreciação que fará destes auxílios em sede de derrogações ao princípio da incompatibilidade. Estas justificam-se em nome do interesse comunitário. Mas este, sobretudo em domínios politicamente sensíveis como os da fiscalidade, dificilmente será aceitável se se manifestar como uma imposição totalmente contrária aos interesses legítimos dos Estados membros.[92]

3. SISTEMAS FISCAIS E DOUTRINA DA NEUTRALIDADE

3.1. As facetas da neutralidade

A "doutrina da neutralidade" é apontada por muitos como a principal norma de tributação.[93]

Há, no entanto, que analisar o que deve entender-se hoje por neutralidade fiscal. Por definição, a fiscalidade é uma forma de intervenção do Estado. Mais do que intervenção: em economia de mercado é uma condição de existência do próprio Estado. É imanente ao seu funcionamento.

Neste sentido, não se pode estar mais de acordo com a afirmação de Annie VALLÉE de que, em bom rigor, a neutralidade fiscal não existe: um sistema que se limitasse a arrecadar impostos sem modificar os comportamentos dos operadores económicos e, consequentemente, sem atin-

---

[92] Como lapidarmente escreveu CNOSSEN ("The Case for Tax Diversity in the European Community", *European Economic Review*, 1990, p. 473): "A Comunidade foi criada pelos e para os Estados membros e não os Estados membros para a Comunidade".

[93] O próprio TCE, ao ter subjacente a algumas das suas normas (e, desde logo, no instituto dos auxílios de Estado) uma ideia de promoção da "neutralidade dos poderes públicos" face à unidade do mercado e à livre concorrência, dois princípios básicos da construção europeia, acolhe, de certo modo, a ideia de neutralidade da tributação e, consequentemente, a ideia de excepção relativamente ao uso extrafiscal dos impostos. Cf., neste sentido, JIMÉNEZ, "El concepto de ayuda de Estado...", *ob. cit.*, p. 82.

Capítulo III – Os Auxílios Tributários

gir o funcionamento da economia de mercado não seria concebível. Nem os impostos são neutros, nem a escolha dos impostos ou do sistema fiscal o é.[94]

Todos as formas de tributação provocam distorções. O mesmo acontece com as exclusões, benefícios e incentivos fiscais. Numa primeira aproximação, a questão da neutralidade será assim a da escolha dos impostos (e das técnicas tributárias) que menos distorções provoquem. A neutralidade é um conceito relativo, não um conceito absoluto.

A ideia de neutralidade está quase sempre presente em trabalhos sobre finanças públicas e fiscalidade, ora referindo-se ao facto de a tributação não dever prejudicar ou favorecer grupos concretos dentro de um sector, ora sublinhando que o imposto deve ser neutro perante produtos de natureza similar, processos de produção, formas de empresas ou procedimentos alternativos de financiamento, ora ainda chamando a atenção para que a tributação deve evitar produzir voluntária ou involuntariamente efeitos prejudiciais sobre a concorrência.[95] Pelo contrário, deveria

---

[94] Cf. Annie VALLÉE, *Pourquoi l'impôt. Voyage à travers le paysage fiscal*, 1997, p. 28. Sobre a falta de pertinência económica da ideia de neutralidade do imposto, vide G. GIBERT, "La théorie de l'impôt optimal" in *RFFP*, n.º 55, 1996.

[95] Em sede de tributação indirecta, CNOSSEN contrapõe a neutralidade na produção (*production neutrality*) à neutralidade no consumo (*consumption neutrality*). "Um imposto de transacções é neutro nos seus efeitos sobre a produção se não leva os produtores a modificar os seus métodos de produção, isto é, a forma como organizam os seus negócios; e diz-se neutro nos seus efeitos sobre o consumo se não conduz os consumidores a modificar as suas escolhas entre os diferentes bens que procuram" (Xavier de BASTO, *A Tributação do Consumo...*, *ob. cit.*, p. 29). Em sede tributação directa costuma contrapôr-se a *neutralidade em relação à exportação de capitais* (NEC) e à *importação de capitais* (NIC). Existe a NIC quando quem oferece capital, independentemente de ser um operador nacional ou estrangeiro, obtém, num determinado mercado nacional, para investimentos similares nesse mercado, a mesma taxa de rendimento, após tributação. Existe a NEC quando é aplicada aos investidores do país exportador de capitais a mesma taxa de tributação marginal efectiva sobre os rendimentos de investimentos similares, quer eles sejam investidos na economia nacional ou no estrangeiro (sobre o tema, vide COMISSÃO — Relatório Ruding —, *Rapport du Comité de Réflexion des Experts Indépendents sur la Fiscalité des Entreprises*, p. 35 e ss; Ana P. DOURADO, *A Tributação dos Rendimentos de Capitais: A Harmonização na Comunidade Europeia*, 1995, p. 266 e ss; K. VOGEL, *Taxation of Cross-Border Income, Harmonization and Tax Neutrality under European Community Law*, Kluwer, 1994, p. 21 e ss.).

intervir para suprimir ou atenuar as imperfeições desta ("neutralidade activa").[96]

Se muitos falam de neutralidade fiscal ou tributária, difícil é, no entanto, definir-lhe os contornos e, mais ainda, haver uma perspectiva unitária sobre o tema. Em rigor, como sublinha Carmen BERGER, não há, quanto à neutralidade tributária, "uma posição geral e sacramentada".[97]

Frequentemente, muitos autores partem, mesmo hoje, de uma visão liberal clássica (ortodoxa) da noção de neutralidade.

Uma visão em que a neutralidade está quase sempre intimamente ligada à ideia de eficiência económica, sendo esta proporcionada através do mercado. Uma visão que se baseia no primado da economia e numa desconfiança perante a acção política, a qual deveria ser neutralizada. Assim, um imposto não deveria alterar nem o comportamento dos consumidores, nem o dos produtores ou dos investidores no mercado ou interferir no seu esquema inicial de preferências. Não deveria, numa palavra, interferir na "afectação" dos recursos da economia, uma vez que esta seria efectuada, no ponto óptimo, pelo mercado.[98]

Numa outra formulação, porventura mais restrita, mas mais operacional, tributação neutral seria " aquela que deixa inalterado o sistema de preços relativos".[99]

Esta visão dos impostos tem, em última instância, por base a ideia de que o imposto é um mal necessário, que se justifica e apenas se justifica pela sua função financeira. Como sustentava um conhecido defensor da ideia de neutralidade no início do século (STOURM), "o imposto ape-

---

[96] Cf. J. Sanz SANZ, " Sobre el concepto de neutralidad fiscal" in *Actualidad Tributaria*, n.° 16, 1991, 285 e ss.

[97] Cf. C. M. BERGER, "Neutralidad Impositiva", p. 41.

[98] Clara SULLIVAN define imposto neutro como aquele que não tem nenhum efeito na afectação dos recursos da economia, embora sublinhe que nunca foi idealizado, mesmo hipoteticamente, um imposto completamente neutro. A definição permitiria, porém, o exame da influência que um qualquer imposto pode ter sobre as decisões adoptadas pelos proprietários dos recursos da economia, consideração de vital importância quer para quem pense que a neutralidade deva ser um princípio rector da tributação, quer para quem pretenda, por este meio, favorecer determinados intentos de modificação da forma pela qual os recursos são utilizados (in *El Impuesto sobre el Valor Añadido*, 1978, p. 339).

[99] Assim, C. BERGER, *ibidem*.

Capítulo III – Os Auxílios Tributários

nas se justifica pela sua necessidade financeira. Aí reside a sua razão de ser, a sua única desculpa. O direito de servir-se dos bolsos dos cidadãos, de retirar cada ano uma parte da sua riqueza, é um direito exorbitante, por conseguinte estritamente limitado. Ele não poderia, sem monstruoso abuso, ser desviado do seu único legítimo destino, o de prover às despesas públicas".[100]

Esta visão dos impostos é muitas vezes legitimada ou reforçada pelo ideário da "teoria da troca voluntária" e pelos princípios da Escola de Estocolmo, em particular por LINDHAL.[101] Para que a tributação seja considerada neutra seria necessário que os impostos e as despesas públicas se encontrassem directamente relacionadas com a decisão dos indivíduos que participam no processo das instituições democráticas, devendo existir uma estreita correlação entre o que se paga de imposto e o que se recebe de bens públicos.[102]

No quadro desta perspectiva, a noção de neutralidade assume uma importância decisiva, podendo mesmo, no limite, surgir como princípio orientador exclusivo da fiscalidade. A ela seriam, em última análise, subordinadas quaisquer outras considerações sobre a tributação e, consequentemente, quaisquer outros princípios ou valores que a ela dizem também respeito. Mais: em boa verdade, estes nem teriam existência autónoma. A neutralidade (o outro nome do mercado) seria a verdadeira forma de os atingir .

Salvo em quadrantes ultra-ortodoxos, esta óptica hoje tende a ser relativizada. A "doutrina da neutralidade" veio a ser sistematizada e desenvolvida posteriormente à época liberal. Com efeito, só relativamente tarde, em finais do século XIX, princípios do século XX, se passou a falar expressamente de neutralidade do imposto, como resposta ao aparecimento de outras concepções.[103]

Ou seja: a doutrina da neutralidade surgiu quando o Estado começou a exercer certas formas de intervenção pela positiva, emergindo

---

[100] Cf. STOURM, *Systèmes Généraux d'Impôts*, 3, ed.1912, p. 41 (*apud* ORSINI, *L' Interventionnisme Fiscal,* p. 30).

[101] Sobre o modelo de LINDHAL, vide Y. CROZET, *Analyse économique de l'État*, 1997, pp. 54-55; STIGLITZ, *La Economía del Sector Público*, 1997, pp. 186-188.

[102] É, entre outros, a perspectiva de J. BUCHANAN e M. FLOWERS in *Introducción a la Ciencia de la Hacienda Pública* , Editorial de Derecho Financiero, 1982.

[103] Assim, ORSINI, *ob. cit.*, p. 27.

358 O Instituto dos Auxílios de Estado e a Fiscalidade

como visão alternativa, como contraponto ou oposição ao "dirigismo fiscal", ao "intervencionismo" fiscal", à "intervenção tributária na esfera privada", à "interferência no exercício das liberdades económicas".

Tal doutrina assenta nos pressupostos ideológicos difundidos pela perspectiva liberal clássica da tributação, inerente à redução do papel do Estado ao papel de Estado-polícia. Mas, embora em embrião, os seus fundamentos se encontrem em textos de representantes da escola clássica do pensamento económico, os textos dos clássicos são mais ricos do que a simplificação redutora que, por vezes, se fez do seu pensamento, permitindo que de tais textos se extraia uma visão mais complexa da própria ideia de neutralidade.

Assim acontece, por exemplo, com as famosas "quatro máximas" formuladas por A. SMITH.[104] Com efeito, as regras da justiça, da certeza, da comodidade e da economia têm implícita uma ideia de neutralidade bem mais densa do que a inerente à vulgata liberal.

É assim igualmente com RICARDO, o qual aceita que a existência de efeitos sobre a produção ou sobre os preços é um mal inseparável de toda a tributação. Todos os impostos reduzem, segundo ele, o poder de acumulação de capital. Ou seja: nenhum imposto é verdadeiramente neutro. As suas análises dos efeitos da tributação sobre a produção e os preços permitem avaliar situações de não neutralidade, muitas vezes identificadas com a não generalidade da tributação, como forma de estabelecer um imposto mais equitativo. A crítica que este clássico faz aos tributos que se destinem a financiar despesa pública improdutiva em rigor não pode ser ligada à ideia de neutralidade sob pena de esta ser tão extensa que perderia o seu conteúdo.[105]

Se a teoria clássica não legitima a defesa de uma visão radical (redutora) de neutralidade, a experiência de tributação do liberalismo ainda menos a legitima.

No período liberal foram, com efeito, claramente assumidas formas de intervencionismo fiscal, de fim económico, social, moralizador. Basta recordar, no plano económico, o intervencionismo aduaneiro que assumiu

---

[104] Adam SMITH, *Inquérito sobre a Natureza e as Causas da Riqueza das Nações* (1876), Lisboa, 1993, vol. II, p. 485 e ss.

[105] David RICARDO, *Princípios da Economia Política e do Imposto* (1817), Lisboa, 4.ª ed., 2001, em especial, p. 169 e ss.

Capítulo III – Os Auxílios Tributários

um carácter sistemático e não meramente pontual como forma de defesa contra a concorrência estrangeira e a favor da protecção das actividades nacionais. Ou, no plano social, a admissão, teórica e prática, dos direitos de sucessão como forma de redistribuição da riqueza. Ou ainda, no plano da moralização, a admissão, teórica e prática, de impostos sobre produtos nocivos para a higiene ou a saúde, como o álcool e o tabaco, legitimados pela promoção de certos imperativos éticos.[106]

Hoje, a ideia de neutralidade tende a afirmar-se de forma mais restrita e serena. A sua importância relativizou-se, perdendo a pretensão de se erigir como princípio orientador absoluto das formas de tributação.[107]

Tal relativização traduz-se, por vezes, na simples verificação do facto de a neutralidade ser um objectivo nunca alcançado, dada a própria natureza do imposto. Reconhece-se, de forma realista, nunca ter sido idealizado, ainda que de forma hipotética (menos ainda posto em prática), um imposto completamente neutro. Como recorda LAUFENBUR-GER, "o imposto atinge e modifica a ordem preestabelecida das coisas, exerce efeitos sobre a produção e o consumo, a circulação (preços) e, sobretudo, sobre o rendimento e as fortunas, desencadeia reacções psicológicas".[108] Por outras palavras: um imposto integralmente neutro não existe. Depois da sua incidência, só por milagre a situação tributada poderia permanecer a mesma.

A neutralidade é pois sempre relativa. Um imposto pode manifestar-se mais neutro que outro no contexto de uma determinada escolha, e, porventura, menos neutro que um terceiro no contexto diverso de outra escolha.[109]

Outras vezes, esta relativização é uma forma de delimitar o conceito, dele afastando certas componentes que normalmente lhe andam associadas. Assim acontece no quadro da chamada teoria da conveniência social, que procura analisar as considerações de conveniência que jus-

---

[106] Sobre este último ponto, cf. S. VASQUES, *Os Impostos do Pecado, O Álcool, O Tabaco, O Jogo e o Fisco*, Coimbra, 1999.

[107] Como escreve J.-B. GEFRROY (*Grands problèmes fiscaux contemporains*, 1993, pp. 390-392), intervencionismo e neutralidade surgem hoje como dois elementos integrantes da política fiscal.

[108] Assim, LAUFENBURGER, *Traité d'Économie et de Législation Financière*, t. 1, Sirey, 1956, *apud* ORSINI, *ob. cit.*, p. 34.

[109] Cf. LAMPREAVE, GIMENO, TEROL, *La Empresa Española ante el Impuesto sobre el Valor Añadido*, p. 64 e ss

tificariam a opção por uma certa forma de tributação: conveniência fiscal, traduzida na facilidade com que um imposto produz receita com comodidade administrativa; conveniência política, traduzido na eleição do imposto menos impopular; conveniência económica, relativa à neutralidade impositiva, no sentido de não se criarem obstáculos às relações entre empresas ou à distribuição do rendimento ou da riqueza.

A ideia de neutralidade torna-se aqui mais restrita, despojando-se de certas componentes que tradicionalmente lhe eram associadas. No fundo, a sua própria adopção é vista como uma mera consideração de conveniência.[110]

Muitas vezes, porém, a relativização da neutralidade revela claramente efectivas mudanças de perspectiva, embora em sentidos nem sempre coincidentes.

Nuns casos, a ideia de neutralidade continua a sustentar o combate contra o intervencionismo fiscal largamente dominante até aos anos setenta, mas surgindo agora associada a uma busca de "optimalidade", a um finalismo económico e mesmo social. [111] É de algum modo o que sucede com a concepção de LAURÉ a favor de impostos neutros em relação aos meios de produção, em que se preconiza a introdução de impostos que sejam insusceptíveis de alterar as estruturas económicas e sociais e de falsear as condições de produção e de distribuição. Trata-se de uma neutralidade activa ou intervencionista.[112]

Noutros casos, a relativização da ideia de neutralidade tem por base a consciência de que os mercados nem sempre são eficientes. "Existem falhas de mercado que implicam a necessidade de uma intervenção pública para alcançar a própria afectação óptima de recursos ou obter taxas maiores de crescimento e estabilidade económicas".[113] Neste con-

---

[110] A crítica desta teoria poderá ser encontrada em STUDENSKI que a considera inferior, no plano das justificações da tributação, em relação a muitas outras.

[111] Vide ORSINI, *ob cit*, p. 246.

[112] A perspectiva de uma "neutralidade intervencionista" ou "activa", já clara no *Traité de Politique Fiscale* (PUF, Paris, 1956) continua a atravessar a obra de LAURÉ, como se depreende da sua *Science Fiscale*, PUF, Paris, 1993.

[113] Cfr. SANZ, *ibidem*, p. 291. Sobre as falhas de mercado, vide, por todos, STIGLITZ, *ob. cit.*, pp. 74-85 e Yves CROZET, *Analyse économique de l'État*, A. Colin, Paris, 1997, p. 34 e ss.

texto, o imposto (mesmo que implique certas distorções, mesmo que não seja neutro) pode ser a forma de corrigir beneficamente certas ineficiências do mercado. Um exemplo deste tipo é dado por certos impostos ambientais.

A neutralidade deve assim ser conectada com a racionalidade de um determinado sistema tributário e com a racionalidade da actividade económico-financeira como um todo. Ou seja, deve passar a ter em conta todas as funções da actividade económica (de afectação de recursos, de redistribuição, de estabilização e de desenvolvimento) e o orçamento na sua integralidade (receitas e despesas).

Encarada desta forma, poder-se-á chegar, de facto, à conclusão que nem sempre a neutralidade fiscal é benéfica. A neutralidade pode ceder o passo à não neutralidade. Nesta óptica, importa, distinguir, com SANZ, dois tipos de "não neutralidade", a "positiva" e a "negativa". Enquanto na "não neutralidade negativa" um efeito não neutral afasta o sistema económico da consecução de um objectivo económico, na positiva sucede o contrário.

Uma perspectiva deste tipo já não põe em causa que o imposto possa ter finalidades extrafiscais, que ele se possa preocupar com a consecução de outros valores para além ou em vez da consagração da neutralidade. Ou mesmo que outros valores adquiram, em certas circunstâncias, maior protagonismo que o da neutralidade. Esta é, aliás, uma evidência revelada pelas finalidades que o moderno constitucionalismo atribui aos impostos.

3.2. A neutralidade tributária na Comunidade Europeia

No plano comunitário a questão pode parecer mais complexa. Como conciliar a neutralidade, postulada pelo mercado interno, com a soberania tributária dos Estados membros e com os fins últimos (a "missão") da Comunidade e os meios através dos quais esta deve atingir os seus fins ? Que "acção concertada" deve ser estabelecida que possibilite a eliminação dos obstáculos existentes, em particular as "barreiras" fiscais, tendo em vista garantir a estabilidade na expansão económica, o equilíbrio nas trocas comerciais e a lealdade na concorrência e, simultaneamente, preserve o essencial da soberania fiscal dos Estados membros?

As divergências entre os diversos sistemas fiscais, muitas delas decorrentes das respostas da soberania tributária às mutações do ambiente sócio-económico, explicam a parcimónia das "disposições fiscais" contidas no Tratado de Roma. Este não só não contém uma "política fiscal" da Comunidade, como insere as normas fiscais num título sobre "as regras *comuns* relativas à concorrência, à fiscalidade e à aproximação das legislações". Em última instância, parece reflectir a ideia de que mais importante do que atingir os objectivos do Tratado, seria a concretização dos meios (unificação do mercado, aproximação das políticas económicas dos Estados membros, consecução de políticas comuns ou comunitárias) e que para concretizar os meios seria suficiente o simples estabelecimento da neutralidade fiscal nos intercâmbios.[114]

Esta concepção revela o primado da "integração negativa" sobre a "integração positiva".[115] A neutralidade fiscal nos intercâmbios seria, no contexto do Tratado, uma condição necessária que implica, por uma lado, a existência de formas de coordenação fiscal, de harmonização e de aproximação das legislações fiscais (isto é, de neutralidade activa) e, por outro, de não perturbação das liberdades económicas fundamentais e de salvaguarda do não falseamento da concorrência no mercado interno por razões fiscais (ou seja, de neutralidade passiva).

O estabelecimento de formas de coordenação ou de harmonização fiscal era, como se sabe, na versão inicial do Tratado de Roma, a função dos artigos 95.º a 99.º (n. n. 90.º a 93.º). Deles decorriam certos princípios que visavam promover a neutralidade fiscal nas trocas comerciais, como o princípio da não discriminação tributária nos intercâmbios intracomunitários, o princípio da tributação no destino nos impostos indirectos e o princípio da proibição das subvenções à exportação. Foi com base nestes normativos que se processou a "comunitarização" da fiscalidade indirecta, aspecto que, como se sabe, não ocorreu com a fiscalidade directa.

Por outro lado, a salvaguarda da concorrência leal decorria de um regime de direito económico, o da defesa da concorrência, de que uma

---

[114] Cf. J. de la Llave de LARRA, *El Sistema Fiscal Europeo*, Madrid, 1986, p. 8.

[115] Sobre o tema, JIMÉNEZ, *Towards Corporate Tax Harmonization in the European Community. An Institutional and Procedural Analysis*, Kluwer, 1999, em particular, p. 205 e ss. O autor trata da questão dos auxílios tributários no quadro da integração negativa.

Capítulo III – Os Auxílios Tributários

das traves mestras era o regime do controlo dos auxílios de Estado, não podendo os auxílios de natureza tributária, em regra traduzidos em formas de exclusão, benefícios ou incentivos fiscais de vária ordem, ficar à margem deste controlo.

De facto, "a actividade financeira em si mesma é uma forma de actuação económica do Estado" que "pode ser usada como meio de intervenção (por exemplo, atribuindo benefícios fiscais para incentivar determinada actividade económica ou iniciativa dos particulares)".[116] Ora a compatibilização de um princípio de neutralidade nos intercâmbios com um princípio de neutralidade (relativa) da tributação (isto é, que não exclua os outros fins da tributação directa ou indirecta) torna mais complexo o regime dos auxílios tributários do que o regime da maioria dos restantes auxílios, em especial do que os regimes de subsidiação directa. A coerência dos sistemas fiscais em que as medidas de desagravamento fiscal se inserem pode implicar a clarificação daquelas que integram o sistema e o direito fiscal por contraposição àquelas que, em última análise, são medidas fiscais exteriores ao sistema fiscal, porque integram o direito económico fiscal.

Para efeitos do regime de auxílios de Estado, não importa apenas a existência da vertente financeira em si mesma (que se esgota na outorga de uma vantagem económica de natureza tributária), mas, sobretudo, a possibilidade de esta acção do Estado ser dirigida à modificação concreta do comportamento dos operadores ou das condições concretas da actividade económica e, com isso, provocar distorções de concorrência.

A vertente financeira em si mesma seria insuficiente. As medidas gerais de onde resultem vantagens estritamente fiscais (que integram o direito fiscal) não são — esse é o princípio — atingidas pelo princípio da incompatibilidade dos auxílios de Estado com o mercado comum. Diferentemente se passam as coisas com as medidas de promoção e apoio: estas são medidas extrafiscais, de direito económico (fiscal), e, como tal, sujeitas àquele princípio, muito embora possam ser objecto de derrogações, no quadro de uma política comunitária de controlo dos auxílios de Estado.[117]

---

[116] Assim, Sousa FRANCO, *Noções de Direito da Economia*, vol. I, 1982-3, p.297.

[117] Na ausência de uma verdadeira política fiscal comunitária, funcionando como elemento de uma política financeira activa ao serviço de políticas de integração positi-

3. RAZÕES DA PREFERÊNCIA DOS PODERES PÚBLICOS POR AUXÍLIOS TRIBUTÁRIOS

3.1. Enunciado da questão

É sabido que as decisões de investimento são influenciadas por múltiplos factores, geográficos (o afastamento, a rede de comunicações), políticos (o risco, a segurança), culturais (o domínio de línguas), tecnológicos (o grau de inserção na sociedade de informação, o sistema de telecomunicações), jurídicos (a legislação laboral e da segurança social, a resolução de conflitos), financeiros (o sistema bancário e segurador), etc. As empresas que pretendam instalar-se no estrangeiro têm que resolver um conjunto de questões delicadas das quais a fiscalidade não é necessariamente a mais importante.[118]

O factor fiscal é, de facto, apenas um dos factores a ponderar e muitas vezes não é fácil determinar a sua efectiva ou real importância.[119] Não se questiona normalmente que a internacionalização (mundialização, "globalização") da economia tenha por efeito "a importância crescente da fiscalidade", que com ela seja mais evidente " a influência do factor fiscal no investimento" ou resulte ampliada "a possibilidade de evasão e planeamento fiscais".[120] Nem tão pouco que a fiscalidade possa jogar um papel fundamental na eleição da forma jurídica da implantação de uma empresa no estrangeiro, uma vez que, em regra, ela não é neutra em relação às estruturas jurídicas escolhidas.[121] A fiscalidade é, porém, um mundo multiface-

---

vas, compete subsidiariamente aos Estados dar satisfação aos interesses comunitários através da defesa dos seus próprios interesses e sob o olhar vigilante da Comissão.

[118] Assim, entre outros, Elli ASSIMACOPOULOU, *L'Harmonisation de la Fiscalité de l'Épargne dans les Pays de la Communauté*, p. 24, o qual dá como exemplos de questões a decidir ou factores a ponderar pelas empresas os problemas de natureza comercial, a escolha dos parceiros locais, a inadaptação das regulamentações locais, o controlo dos câmbios, e mesmo os constrangimentos de natureza linguística, psicológica e outros ligados à gestão do pessoal deslocado.

[119] Cf. A. EASSON, "Tax Competition and Investment Incentives", *The EC Tax Journal*, 1996/7, p. 81 e ss.; p. 70.

[120] Cf. M. PIRES, "*Harmonização fiscal face à internacionalização da economia. Experiências recentes*", Ministério das Finanças, (Colóquio) *A Internacionalização da Economia e a Fiscalidade*, Lisboa, 1993, p. 16.

[121] Neste sentido, E. ASSIMACOPOULOU, *ibidem*. Não é, em regra, indiferente

tado, onde não contam apenas os factores normativos, mas também factores como a eficiência da administração e da justiça tributária. E mesmo no plano dos factores normativos, não é líquido se é preferível, como arma competitiva, um sistema de incentivos fiscais ou um sistema fiscal de baixa tributação genérica dos factores dotados de maior mobilidade.

De qualquer modo, o recurso por parte dos Estados a incentivos fiscais ao investimento em detrimento dos financeiros não é pacífico: ele suscita a questão de saber as razões pelas quais essa preferência pode ocorrer.

Dependerá dos objectivos a atingir? Das particularidades da técnica fiscal e da sua eventual maior aptidão (da sua eficácia ou eficiência) para atingir os objectivos programados? Ou serão porventura outras as razões que induzem os Estados a recorrerem preferencialmente à despesa fiscal em vez da despesa directa ou orçamental?

3.2. Os objectivos das medidas que constituem auxílios tributários

Os objectivos das medidas tributárias de apoio a empresas confundem-se com os dos benefícios fiscais. Estes não são um fim em si mesmo, mas um meio, típico do Estado social (de forma mais ampla, do Estado intervencionista), atingir objectivos extrafiscais, em regra fixados na Constituição ou na lei dos Estados membros.

É, porém, possível, tendo em conta as diversas experiências, eleger os seus principais objectivos.[122]

---

saber se se escolhe como estabelecimento uma sucursal ou uma filial e, neste último caso, que tipo de sociedade (de pessoas ou de capitais, por quotas ou anónima) deverá eleger-se. Cf. J-M. TIRARD, *La fiscalité des sociétés dans l'Union européenne*, Groupe Revue Fiduciaire, Paris, 2000. Vide igualmente S. GIMBERT ("La fiscalité, déterminant de l'attractivité?", CONSEIL d'ANALYSE ÉCONOMIQUE, *Politiques industrielles pour l'Europe*, 2000, p. 399 e ss) que, a partir da análise de alguns estudos empíricos, relativiza a importância da fiscalidade (e da concorrência fiscal) como factor de atracção dos investimentos.

[122] Sobre o tema, cf. A. EASSON, "Tax competition and investment incentives" já citado; UNCTAD (United Nations Conference on Trade and Development), *Incentives and Foreign Direct Investment*, U.N, New York, 1996; OECD, *Investment Incentives and Desincentives: Effects on International Direct Investment*, Paris, 1989; e WORLD BANK, *Fiscal Incentives for Investment in Developing Countries*, Washington, 1992.

366   *O Instituto dos Auxílios de Estado e a Fiscalidade*

Um primeiro objectivo é o da promoção do desenvolvimento regional. Os incentivos fiscais ao *desenvolvimento regional* são muito comuns, encontrando a sua legitimação no facto de serem normalmente considerados como um aspecto necessário da política regional ou de coesão social interna. Em regra exercem muito mais influência quanto à escolha da localização do investimento dentro das regiões de um certo país, do que em relação à escolha do país beneficiário. Daí que não constituam, na maior parte dos casos, um instrumento privilegiado de concorrência fiscal internacional ou um factor significativo de distorção da concorrência. Isso não significa que, no quadro de um espaço económico integrado, como o da UE, não possam afectar o comércio, na medida em que interfiram com a escolha de regiões de Estados diferentes. Uma certa vigilância justifica-se pois, quer para controlar o carácter verdadeiramente regional do auxílio, quer para assegurar que os objectivos pretendidos serão atingidos (adequação ao fim), quer ainda para evitar afectações injustificadas ou excessivas de comércio (proporcionalidade).

Na Comunidade, a legitimação dos incentivos fiscais ao desenvolvimento é, quanto a nós, mais intensa em relação às regiões mais desfavorecidas do espaço comunitário, e dentro destas, em relação às regiões ultraperiféricas definidas pelo artigo 299.º, n.º 2 do Tratado. A sua avaliação não pode deixar de ter em conta o dever de discriminação positiva resultante deste artigo que aprofunda assim a política comunitária de coesão económica e social.[123]

Um segundo objectivo, frequentemente ligado ao primeiro, é o da *promoção do emprego*, particularmente em áreas onde o desemprego é grande ou destinados a certas categorias de trabalhadores. Com isso pretende-se incentivar o investimento que recorre fundamentalmente à mão de obra (*labour-intensiv investment*) ou que visa criar novos postos de trabalho tendo por alvo os jovens, os desempregados de longa duração ou os deficientes.

Um outro tipo de objectivos prende-se com a *captação de investimento em tecnologias de ponta* ou em actividades de investigação e desenvolvimento, a fim de promover a modernização da actividade económica e empresarial do país. Este tipo de incentivos, na medida em que interfira na localização de instalações de estabelecimentos de empresa

---

[123] Cf. os artigos 158.º a 162.º do Tratado.

Capítulo III – Os Auxílios Tributários

multinacionais, pode igualmente obrigar a uma certa vigilância na sua atribuição e utilização.

Importantes são também os incentivos fiscais destinados à reestruturação ou ao funcionamento de empresas ou a certos *sectores de actividade*. Quando atribuídos a sectores mais tradicionais, como a agricultura, as pescas ou as actividades manufactureiras, têm, em regra, por fim a promoção das actividades e indústrias domésticas. No plano da concorrência a questão que se levanta é normalmente a de saber se tais empresas ou actividades subsistiriam sem esses incentivos.

Quando atribuídos a sectores como os serviços financeiros, centros de coordenação, quartéis-generais operacionais ou a sectores de ponta (informática, *leasing* de aviões, actividades cinematográficas, etc.), que gozam de grande mobilidade internacional, podem ser uma fonte potencial de concorrência fiscal ou de distorção de concorrência pelos efeitos que provoquem relativamente à deslocalização de investimentos.

Por fim, outro dos objectivos clássicos é o da *promoção das exportações*. O investimento destinado a actividades orientadas para a exportação é sensível à tributação do país de acolhimento, uma vez que os impostos deste país constituem parte dos custos de produção, ao lado dos salários e dos custos de transporte. Deste modo, não existindo ajustamentos de fronteiras, esses impostos acabariam por ser exportados. A fiscalidade directa do país de acolhimento não é pois indiferente para a actividade de exportação. Frequentemente usado nos países em vias de desenvolvimento, este tipo de incentivos é muito menos comum nos países desenvolvidos, integrados ou com estruturas semelhantes no que respeita à fiscalidade indirecta, devido à existência de mecanismos de ajustamento nas fronteiras. Para além disso, há que ter em conta a transposição para o direito comunitário das regras que restringem os subsídios às exportações emanadas da OMC (como é o caso do Acordo sobre as subvenções e as medidas compensatórias). Na Comunidade Europeia são, em princípio interditos, e alvo de uma apertada vigilância em sede de auxílios de Estado.[124]

---

[124] Quanto ao acordo da OMC, vide Thiébaut FLORY, *L'Organisation mondial du commerce, Droit institutionnel et substantiel,* Bruxelles, 1999, p. 106 e ss. Sobre a prática comunitária, vide TJCE, Ac. de 10 de Dezembro de 1969, procs. 6/69 e 11/69, França/ Comissão, bem como a decisão da Comissão de 3 de Maio de 1989 (JOCE n.º C 394, 30 de Dezembro, p. 1) e a decisão da mesma instituição no caso dos créditos de

368 O Instituto dos Auxílios de Estado e a Fiscalidade

Em suma: da análise das diversas formas de tratamento fiscal preferencial, pode, no essencial, deduzir-se haver uma identidade substancial entre os objectivos dos incentivos ou benefícios que configuram auxílios tributários e os dos restantes auxílios. Os objectivos manifestos dos auxílios tributários não se afastam de facto dos objectivos dos restantes tipos de auxílios. Em geral, também os auxílios não fiscais visam promover a fixação do capital interno ou atrair o capital externo para investimento directo ou para investimento financeiro, com objectivos de desenvolvimento regional ou sectorial ou de promoção do emprego e da competitividade. A roupagem "fiscal" ou não das medidas é, no plano dos fins, relativamente secundária. A verdadeira natureza destas medidas fiscais e das normas que as criam é, aos olhos da Comunidade, de direito económico. Neste quadro, a justificação da escolha do instrumento fiscal em relação aos subsídios directos deverá ser procurada alhures.

3.3. A flexibilidade da técnica fiscal

Se a preferência, em muitos casos, pelos auxílios tributários não é explicável pelos objectivos em si mesmos, será que o recurso a uma técnica dúctil como a fiscal permitirá atingir, de forma mais eficaz, os objectivos pretendidos?[125]

A técnica fiscal é, de facto, suficientemente flexível, para poder adequar os auxílios aos objectivos pretendidos. Ela diz respeito quer à escolha do tipo de manifestação de riqueza que se pretende desagravar (rendimento, despesa, património), quer, de modo mais específico, à própria forma do benefício. Daí pode resultar uma maior eficiência na prossecução dos objectivos. Mas, conjugando tipos e formas, essa mesma flexibilidade pode redundar em maior complexidade e em menor transparência dos incentivos e, em consequência, num controlo menos eficaz.

Os Estados, na hora da adopção de incentivos tributários em detrimento de incentivos financeiros, ponderam necessariamente todos estes

---

imposto espanhóis à exportação (Comunicado de imprensa IP/00/1246, de 31 de Outubro de 2000). Para uma análise crítica da aplicação do instituto dos auxílios de Estado aos subsídios à exportação, cf. BACON, *ob. cit.*, pp. 312-313.

[125] Cf. A.. EASSON, *ob. cit.*, p. 78 e ss.

Capítulo III – Os Auxílios Tributários

factores. A questão do recurso aos incentivos tributários põe-se sobretudo quando está em jogo o objectivo de atrair capitais ou investimentos. Mas nem sempre é fácil saber quais são os seus verdadeiros efeitos.[126]

Há certos tipos de incentivos fiscais que são pouco vocacionados (pelo menos quando usados isoladamente) para a captação de investimento. É o caso das deduções ou reduções de taxas do imposto pessoal sobre o rendimento, de natureza global ou cedular. É também o caso da exclusão de certos *fringe benefits* da matéria colectável do mesmo imposto pois, embora concedam um tratamento especial aos expatriados (em particular aos quadros), raramente têm um impacte decisivo sobre as decisões de investimento.

O mesmo acontece, aliás, com as reduções de taxas das contribuições para a segurança social, em regra usadas como incentivo ao investimento em regiões de alto desemprego ou ao emprego de certas categorias de trabalhadores. Quanto a tais reduções, porém, é preciso distinguir entre os casos em que os trabalhadores são os verdadeiros alvos dos incentivos, dos casos em que os incentivos se destinam, em última instância, às empresas onde aqueles laboram (mesmo quando o meio escolhido é a exclusão ou diminuição das contribuições que sobre os trabalhadores recaem).

Uma segunda categoria de incentivos é constituída pelas reduções dos chamados impostos sobre a propriedade. A vantagem que deles resulta para os investidores é a de poderem ser usufruídos mesmo na ausência de lucros. Normalmente têm natureza de incentivos locais ou regionais e a sua influência nas decisões de investimento projecta-se mais na escolha da localidade ou região dentro de um determinado país do que na escolha entre países. São assim, antes de tudo, um instrumento de concorrência fiscal interna.

Mais importantes são os casos de isenção completa ou de redução de taxa do imposto sobre o rendimento das sociedades (e outros benefícios conexos) que, em regra, se estendem por períodos que vão de um a

---

[126] Não abundam os estudos empíricos sobre o assunto. Entre nós, António MARTINS ("Os incentivos fiscais, os subsídios financeiros e o investimento das empresas", CTF n.° 387, 1997, p. 99 e ss.), concluiu que a possibilidade de utilização de certos apoios ao investimento privado (amortizações degressivas, crédito fiscal ao investimento, subsídios financeiros do PEDIP) "afecta consideravelmente os fluxos financeiros associados aos projectos e, nessa medida, a respectiva taxa de rentabilidade" (p. 112).

vinte anos (*tax holidays*). No entanto, quanto mais curto for o período das "férias" fiscais, menos atractivo será o incentivo para o investidor, embora, aos olhos de organizações internacionais, como a OCDE, mais legítimo seja tal incentivo, pois menores serão as distorções de concorrência.

Importa ainda referir os casos de *deduções e créditos fiscais* ao investimento. Preferíveis, em termos de eficiência, em relação às "férias fiscais", são, porém, incentivos, em regra, menos atractivos para os potenciais investidores. Mais complexo é o caso das *amortizações aceleradas*. Nestes casos, por vezes, é difícil determinar qual é o regime geral de depreciação e quais são os regimes (ou dispositivos) especiais que dão origem ao benefício. A sua aceitação por parte dos investidores é incerta, dependendo muito de sector para sector.

Um outro tipo de incentivos ao investimento estrangeiro é a *redução ou eliminação das taxas de retenção na fonte*. Particularmente usado em sede de atracção das transferências de tecnologia, terá, segundo alguns autores, a vantagem de promover a abolição de barreiras à livre circulação do capital e de acabar com uma discriminação contra o investimento externo. Mas razões financeiras poderão condicionar a sua adopção por parte dos Estados.

Para além destas formas de incentivos — que se traduzem todas elas na possibilidade de pagar menos imposto por virtude de previsão legal —, outras há que se traduzem em simples deferimentos de pagamentos no tempo (equivalem, neste sentido, a empréstimos sem juros, aliviando a tesouraria das empresas) ou que resultam de práticas administrativas, mais ou menos discricionárias. Note-se que existe uma certa tendência para, nos países mais desenvolvidos, se incrementar o recurso aos incentivos fiscais por via contratual ou quase contratual em detrimento dos incentivos automáticos. Sem dúvida que mecanismos deste tipo ou similares (como os acordos vinculativos prévios em sede de preços de transferência) permitem um fato à medida e que, nesse sentido, podem ser muito atractivos. Podem, porém, ter o custo de uma menor transparência e incrementar o carácter discricionário das medidas ou mesmo as oportunidades de corrupção.

Refira-se, por fim, a existência de *zonas económicas especiais*, oferecendo conglomerados de incentivos de composição muito diversa. Muitas delas são zonas francas e áreas de nula ou muito baixa tributação,

Capítulo III – Os Auxílios Tributários 371

em particular em relação a não residentes. Algumas abrangem o território de pequenos Estados ou regiões. Muitas vezes estes benefícios são acompanhados de incentivos de distinta natureza (subsídios, infraestruturas específicas).

Quando estas zonas de baixa tributação se dotam de certos privilégios, de natureza fiscal (como a ausência de troca de informações entre administrações) ou extrafiscal (como o sigilo bancário ou a ausência de supervisão financeira), são referidas na literatura económica, ainda que de forma pouco rigorosa, como "paraísos fiscais".[127]

Quando tais privilégios não existem ou não são significativos e os regimes de incentivos surgem localizados em países de tributação normal fala-se de regimes de tributação preferencial.[128]

Finalmente, um outro tipo de incentivos, porventura muito eficaz em países em vias de desenvolvimento, mas inviável no quadro de uma união aduaneira, é a isenção de direitos de importação e impostos ou encargos equivalentes.

Do exposto resulta que é difícil para um determinado Estado conseguir um equilíbrio entre a adopção das técnicas ou medidas mais eficazes para atingir os objectivos previstos e a não afectação da concorrência ou do tráfego comercial ou o não estabelecimento de uma concorrência fiscal prejudicial face aos outros Estados. Na verdade, quanto mais eficaz é a técnica fiscal adoptada na captação de investimento, mais possibilidades tem de afectar o tráfego ou se mostrar prejudicial no plano da concorrência; quanto menos eficaz, mais inócua se torna para terceiros Esta-

---

[127] A expressão foi recuperada pela OCDE (Harmful Tax Competition, p. 21 e ss.) para os contrapor aos "regimes fiscais preferenciais". No entanto as dificuldades para estabelecer uma distinção não política são patentes. Para uma crítica da noção, cf. T. AFSCHRIFT, "Peut-on définir les paradis fiscaux?", Les Paradis Fiscaux et l'Évasion Fiscale, Bruxelas, 2001. Sobre os paraísos fiscais, mas sem efectuar a distinção da OCDE, vide, entre nós, J. Braz da SILVA, Os Paraísos Fiscais. Casos práticos com empresas portuguesas, Coimbra, 2000. No total, entre paraísos fiscais e regimes fiscais preferenciais existem no mundo cerca de 500 zonas de baixa tributação, muitas delas situadas em território dos países da União ou da OCDE.

[128] Para uma descrição e avaliação de alguns destes regimes na União Europeia, cf. COMISSÃO de ESTUDO da TRIBUTAÇÃO das INSTITUIÇÕES e PRODUTOS FINANCEIROS (presidida por P: Pitta e Cunha), A Fiscalidade do Sector Financeiro Português em Contexto de Internacionalização, Cadernos CTF n.º 181, Lisboa, 1999, p. 207 e ss. e N. S. RIBEIRO, Regimes fiscais preferenciais, Lex, Lisboa, 2001.

dos, mas mais dispensável é como instrumento de desenvolvimento. Por outras palavras: mais prejudicial é para quem a adopta.

Estas reflexões mostram que a adopção da técnica fiscal pode ser, em certos casos, um importante meio de tornar mais flexível a consecução de um objectivo de política económica e social do que o recurso aos instrumentos não fiscais.[129] Flexibilidade esta que aumenta no caso dos chamados incentivos fiscais por via contratual.[130] Mas mostra também que muitas vezes a adopção da técnica fiscal pode tornar opaca a adopção de uma determinada medida, fazendo-a passar por uma medida de política estritamente fiscal e não por uma medida de política económica e social. Esta uma das razões da especificidade dos auxílios de natureza tributária que justifica a sua análise autónoma.

3.4. Razões de índole política

Vimos que os objectivos dos auxílios tributários não se distinguem, no essencial, dos objectivos dos auxílios financeiros. Aliás, os regimes de auxílios frequentemente recorrem simultaneamente a ambos. Vimos ainda que a flexibilidade da técnica fiscal, podendo interferir, em nome da eficácia, na adopção de incentivos tributários, não é, normalmente, razão bastante para justificar tal opção.

---

[129] Note-se, porém, que o recurso à fiscalidade contém também certos elementos de rigidez. Basta pensar na necessidade de intervenção do Parlamento em sede de benefícios fiscais que, na maioria dos casos, não existe em relação aos outros tipos de auxílios. A Comissão tende, aliás, a explicar a preferência de Estados membros pelas subvenções directas pelo facto de este tipo de auxílio ser mais flexível do que as reduções fiscais. Estas são mais "onerosas" em termos de procedimentos parlamentares, pois implicam, em regra, alterações à legislação fiscal que, de acordo com o princípio da legalidade tributária, não estão apenas dependentes dos governos, antes envolvem necessariamente os parlamentos dos Estados membros (*ibidem*, pp. 22-23).

[130] Cf., entre nós, Casalta NABAIS, *Os Contratos Fiscais. Reflexões acerca da sua admissibilidade,* Coimbra, 1994, C. Pamplona CORTE-REAL, "O contrato de investimento estrangeiro e a problemática decorrente da pretensa contratualização da concessão de benefícios fiscais" e J. B. GOUVEIA, "Os incentivos fiscais contratuais ao investimento estrangeiro no direito fiscal português – Regime jurídico e implicações constitucionais", ambos in *Internacionalização da Economia e Fiscalidade*, Ministério das Finanças (CEF), Lisboa, 1993, a pp., respectivamente, 237-268 e 269-298.

Capítulo III – Os Auxílios Tributários

A razão pela qual os Estados preferem os primeiros em detrimento dos segundos não é nem linear nem pacífica. As razões normalmente reveladas pelos próprios Estados, não sendo, em regra, muito convincentes, pouco ajudam a dilucidar esta questão.

Em inquérito efectuado, há já algum tempo, num Congresso da IFA, alguns Estados referiram, por exemplo, que o recurso aos incentivos fiscais seria, no plano administrativo, mais cómodo e de mais baixo custo. Ora isto não explica por que razão muitos Estados preferem a despesa directa.

Outros Estados afirmaram que os incentivos fiscais implicariam menor interferência do poder político na vida privada dos cidadãos. Tal argumento pressupõe que estes incentivos fossem automáticos e não controláveis *a posteriori*. Para além disso, não explica por que razão o Estado que os concede não seria capaz de estabelecer mecanismos menos burocráticos relativamente à concessão de subsídios ou outros incentivos financeiros.

Outros ainda afirmam que os incentivos fiscais são mais estáveis. Mas se esta é uma boa notícia para os beneficiários dessas medidas, não é, em si mesma, uma boa razão. Por isso, no relatório geral desse Congresso, SURREY e SUNLEY, depois de analisarem estas e outras razões avançadas em diversos relatórios nacionais, acabam por concluir que a razão mais plausível é de *natureza política,* tendo a ver com dois factores: por um lado, a maior invisibilidade dos destinatários dos benefícios fiscais face à opinião pública; por outro, a preferência dos grupos de pressão por este tipo de benefícios, por serem um alvo mais fácil para a sua actividade. [131]

---

[131] Cf. Stanley SURREY, Emil SUNLEY, Jr., "Rapport Général", pp. 80-82. Esta conclusão foi, de algum modo, sufragada, entre nós, pela COMISSÃO para o DESEN-VOLVIMENTO da REFORMA FISCAL nos seguintes termos: "A Comissão concluiu que as considerações de eficiência económica e social, são, com grande frequência, abusivamente invocadas por grupos de pressão para conseguir vantagens especiais ou regimes de excepção. Na prática, essas considerações estão normalmente em conflito com os princípios da neutralidade, da equidade, da simplicidade e, em última instância, podem conduzir a situações de ineficiência económica. Em economia de mercado, as excepções ao princípio da neutralidade só se justificam quando seja inegável a existência de falhas de mercado. E mesmo quando haja falhas de mercado ou poderosas razões de natureza social que aconselhem desvios em relação ao princípio da neutralidade, será em regra

Na base desta conclusão está a ideia de que a atribuição de subvenções financeiras tende a ser, quando publicitada, mais transparente do que a de benefícios ou incentivos fiscais, pois os seus beneficiários são conhecidos *a priori* e o montante das subvenções atribuídas é mais facilmente mensurável.[132] De facto, a despesa fiscal pode ser estimada, mas o seu montante efectivo só é, quando o é, conhecido *a posteriori*.[133] Embora as técnicas de cálculo da despesa fiscal tenham desde então evoluído e um grande esforço tenha sido efectuado no sentido da sua maior transparência e controlo, a verdade é que há muitos casos em que esta observação continua a ser pertinente. No entanto, qualquer generalização é perigosa. Basta pensar que, entre nós, quer no plano da sua criação ou atribuição, quer no do controlo da despesa envolvida, é mais intenso o controlo dos auxílios fiscais do que o da maioria dos auxílios financeiros.

---

preferível que se recorra a subvenções orçamentais, em vez de despesas fiscais traduzidas por benefícios fiscais ou regimes especiais" (*Relatório, ob. cit.*, p. 6).

[132] Di-lo expressamente a Comissão Europeia, daí retirando uma orientação geral de desfavor dos auxílios tributários: " As despesas orçamentais são a forma preferida de concessão de auxílios estatais à indústria transformadora em todos os Estados membros. Tal deverá ser considerado favoravelmente, visto que o financiamento através do orçamento é mais transparente do que a alternativa do financiamento através do sistema fiscal" (in *Sexto Relatório...*, *ob. cit.*, p. 54).

[133] "Todo o incentivo (ou, por maioria de razão, benefício) fiscal representa uma despesa. Equivale a uma receita potencial, a que o Estado teria direito e da qual, por razões extra-financeiras, abdica (...)". A única diferença relevante face à despesa orçamental clássica é que "a despesa com incentivos, sendo uma despesa que equivale a subsidiar algo para atingir um determinado objectivo, é uma despesa resultante de uma não-cobrança e não de uma cobrança de imposto. Como tal mais difícil de contabilizar. Um bom sistema financeiro deveria fazer um reduzido recurso a incentivos. Deveria privilegiar a óptica da despesa em detrimento da intervenção pela via da receita e, deste modo, o recurso a incentivos apareceria como via subsidiária. Isso simplificaria o sistema fiscal, torná-lo-ia mais transparente e possibilitaria a existência de taxas mais baixas." (cf. A . Carlos dos Santos, in *Da Questão Fiscal à Reforma da Reforma Fiscal*, pp. 160-161). Posição que pressupõe, como é bom de ver, a existência de um sistema de atribuição dos auxílios não tributários transparente e dotado de controlo eficaz.

4. NEUTRALIDADE NO TRATAMENTO DOS REGIMES DE AUXÍLIOS TRIBUTÁRIOS E DOS REGIMES DE AUXÍLIOS NÃO TRIBUTÁRIOS

Decorre do que expusemos que não há razões que justifiquem haver um tratamento mais favorável dos auxílios tributários em relação aos auxílios não tributários. Os auxílios tributários são, no essencial, a exemplo daqueles, considerados como regimes de direito económico e não de direito fiscal. Estão ligados a funções extrafiscais do Estado, justificam-se por políticas económicas e sociais e não pela política fiscal em sentido estrito. Por isso, o seu controlo não deve ser mais frouxo do que o controlo dos auxílios financeiros.

Mas também não há, quanto a nós, qualquer razão para que os auxílios tributários tenham um tratamento menos favorável. Se é certo que, muitas vezes, serão menos transparentes e de mais difícil contabilização, há outros factores que importa considerar e que podem justificar o seu uso por parte dos Estados.

É que o recurso a subsídios ou subvenções pressupõe a prévia existência dos recursos financeiros, enquanto o uso de incentivos fiscais não. É como se concedesse hoje um bem futuro, como se fosse antecipado para agora o uso de recursos financeiros de amanhã. Neste sentido, a capacidade de recorrer a um ou outro tipo de benefícios é diferente para os países ricos e para os países menos ricos. Por isso, um ataque mais incisivo aos incentivos fiscais do que aos financeiros correria o risco de se transformar numa situação de favor para os países com mais recursos financeiros, aqueles onde, em princípio, o recurso aos auxílios menos se justificaria. Para além de, como dissemos atrás, significar uma maior intromissão nas competências dos parlamentos nacionais, órgãos de soberania aos quais as Constituições atribuem a aprovação dos regimes de benefícios e incentivos fiscais.

Por tudo isto, defendemos uma estrita neutralidade no tratamento dos dois tipos de auxílios.

§ 3.º

O REGIME COMUNITÁRIO DOS AUXÍLIOS TRIBUTÁRIOS

1. ENQUADRAMENTO GERAL

1.1. A sujeição dos auxílios tributários ao princípio da incompatibilidade com o mercado comum

Os benefícios e incentivos tributários, independentemente da modalidade técnica adoptada e dos fins a que se destinem, quando satisfaçam os requisitos gerais dos auxílios públicos e preencham as condições previstas no artigo 87.º, n.º 1 do Tratado, estão, como qualquer outro auxílio de Estado, sujeitos ao princípio da incompatibilidade com o mercado comum.

Não oferece dúvida que os auxílios de Estado podem revestir forma tributária. A incompatibilidade destes auxílios decorre implicitamente da letra do Tratado, sendo confirmada com clareza por múltiplas orientações e decisões da Comissão e pela jurisprudência do Tribunal de Justiça: os auxílios tributários são incompatíveis com o mercado comum quando afectam o normal funcionamento do tráfego comercial comunitário e a leal concorrência entre empresas.

O primeiro caso, na então CEE, relativo a medidas de natureza tributária foi suscitado em Tribunal, ainda em 1972, pela Comissão num processo movido contra a Alemanha por incumprimento de uma decisão sua.[134] A Comissão retomou a tese do acórdão CECA, de 4 de Fevereiro

---

[134] Cfr. o Acórdão de 12 de Julho de 1973, proc. C-70/72, *Comissão/ Alemenha (Renânia-Vestefália)*, Col. 1973, p. I-813, na sequência da acção por incumprimento

378   *O Instituto dos Auxílios de Estado e a Fiscalidade*

de 1959 *(De Gezamenlijke Steenkolenmijnen in Limburg)*, defendendo que um benefício pode ser um auxílio de Estado, quer tome a forma de créditos orçamentais, quer de uma isenção do imposto sobre as sociedades, tendo o TJCE lhe dado razão.

Mas a questão não foi pacífica para os Estados membros. Em 1973, a Itália instaurou um recurso de anulação contra a Comissão, pondo em causa a decisão desta instituição que considerava incompatível com o mercado comum o art. 20.º da Lei italiana n.º 1101, de 1 de Dezembro de 1971, que, no quadro da reestruturação, reorganização e reconversão da indústria têxtil, previa a atribuição às empresas deste sector, por um período de três anos, de uma redução de 10% a 15% do montante das quotizações a pagar por aquelas empresas, a título de prestações familiares.[135]

A Itália alegava, entre outras coisas, a existência de "excesso de poder", defendendo a não aplicabilidade do princípio de incompatibilidade a estas medidas por entender que, desse modo, a Comissão invadia um domínio reservado pelo Tratado à soberania dos Estados membros — o das imposições fiscais internas.[136]

Neste processo, o advogado-geral Warner defendeu que o carácter fiscal ou social da medida era irrelevante para efeitos do controlo atribuído pelo Tratado à Comissão em sede de auxílios públicos.[137]

Seguindo, no essencial, a posição do advogado geral, o Tribunal, no seu acórdão de 2 de Julho de 1974, hoje clássico, deu razão à Comissão, acolhendo a já referida *teoria dos efeitos*.[138] Nesse acórdão pode ler-se:

---

da decisão da Comissão n.º 71/121/CEE, de 17 de Fevereiro de 1971 (JOCE n.º L 57/71, p. 199).

[135] JOCE n.º L 254, de 11 de Novembro de 1973, p. 14.

[136] A Itália invocava ainda tratar-se de uma medida de natureza social que estaria fora do campo de aplicação dos artigos 92.º e 93.º (n.n. 87.º e 88.º) do Tratado.

[137] Ver Conclusões do Advogado Geral J. P. WARNER, de 15 de Maio de 1974, in Col. 1974, p. 367 e ss.

[138] Assim o Acórdão, de 2 de Julho de 1974, proc. 173/73, Rec. 1974-5. Contrariando a posição da Itália que defendia então que os Estados membros eram livres de organizar o sistema fiscal como entendessem, o Tribunal foi de opinião que o desagravamento parcial das quotizações que recaíam sobre as empresas de um dado sector industrial apenas poderia ser encarado no quadro de uma reforma global do sistema, mas não no quadro de uma medida específica para beneficiar um determinado sector industrial.

"O artigo 92.° (n.n. 87.°) tem por objectivo evitar que as trocas entre Estados-membros sejam afectadas por vantagens permitidas pelas autoridades públicas e que, sob diversas formas, falseiam ou ameaçam falsear a concorrência, favorecendo certas empresas ou certas produções. O artigo 92.° (n.n. 87.°) não distingue as intervenções em causa de acordo com as suas causas ou os seus objectivos, mas define-as em função dos seus efeitos. Por conseguinte, nem a natureza fiscal nem os objectivos sociais dos referidos procedimentos poderão justificar a não aplicação do artigo 92.° (n.n. 87.°)".[139]

O art. 87.° aplica-se pois aos auxílios de Estado independentemente da sua forma. Na esteira da Comissão, o Tribunal, tem, aliás, vindo sistematicamente a decidir no sentido de esta proibição poder englobar os benefícios e incentivos fiscais e parafiscais. Uma perda de receitas fiscais equivale a um consumo de recursos do Estado sob a forma de despesas fiscais.

Não há assim quaisquer dúvidas, nem na jurisprudência nem na doutrina da Comissão, que estes incentivos, quando preenchem os requisitos e condições do artigo 87.° do Tratado, são considerados auxílios de Estado (auxílios tributários), sendo-lhes aplicável o conjunto dos princípios e dispositivos gerais, substantivos e adjectivos, do regime comunitário constante do Tratado e respectiva regulamentação complementar.

Estes auxílios — independentemente das finalidades que visem (económicas, sociais, ambientais, culturais, etc.) — estão pois sujeitos ao princípio geral da incompatibilidade, por serem, à partida, contrários aos princípios de cooperação, de unicidade do mercado e de leal concorrência consignados no Tratado, os quais se projectam, com carácter vinculativo, como vimos, no n.° 1 do artigo 87.° do mesmo diploma.

1.2. Consideração da especificidade dos auxílios tributários

Os auxílios tributários, sendo uma subespécie do conceito de auxílios públicos, devem satisfazer os mesmos requisitos ou critérios e

---

[139] Em rigor o acórdão não deveria referir-se à natureza da medida mas à sua forma. De facto, trata-se de uma medida extrafiscal (de política e direito económico) revestindo forma fiscal.

subordinar-se genericamente às mesmas condições que as restantes formas de auxílio de Estado para serem qualificados como incompatíveis com o mercado comum ou para serem objecto de uma derrogação.

Os requisitos para que as medidas de desagravamento fiscal integrem o conceito de auxílios tributários são pois os mesmos que existem em relação aos auxílios de Estado em geral. Não há requisitos novos: nem a letra nem o espírito do Tratado permitem outra solução.

Por outro lado, são igualmente as mesmas as razões que poderão justificar as excepções ao princípio de incompatibilidade dos auxílios tributários, sejam elas excepções "de jure" (art. 87.°, n.° 2 do Tratado) ou excepções decorrentes de declaração da Comissão, no quadro da política de controlo dos auxílios que lhe está consignada (art. 87.°, n.° 3 do Tratado).

Também aqui, em razão da articulação da política comunitária de concorrência com outras políticas comunitárias — e não, como dissemos, com políticas internas, pois as finalidades dos auxílios, mesmo se legítimas e conformes com o direito constitucional do Estado membro em causa, não são, no plano comunitário, relevantes para este efeito — é possível, em certos casos e dentro de certas condições, que esta incompatibilidade seja objecto de derrogações.

Não surpreende que assim seja. O texto do Tratado não faz qualquer referência específica aos auxílios tributários. Por outro lado, os fundamentos jurídico-políticos e económicos que estão na base da atribuição ou do controlo de incentivos desta natureza não são, no essencial, distintos dos fundamentos que presidem à atribuição e controlo dos auxílios em geral.

A única questão que se põe é pois a da adequação dos critérios e requisitos legais dos auxílios de Estado aos auxílios que tenham forma tributária. Isto implica analisar se e em que medida na apreciação dos requisitos ou condições dos auxílios tributários existe uma certa especificidade. [140]

De facto, a subordinação genérica aos princípios e critérios da disciplina da concorrência não significa a inexistência de uma certa especificidade dos auxílios tributários relativamente aos auxílios públicos em geral.

---

[140] Em sentido idêntico, C. PINTO, *ob. cit.*, I, p. 303.

Capítulo III – Os Auxílios Tributários 381

No plano técnico, essa especificidade traduz-se sobretudo na necessidade de considerar duas questões: a de, na qualificação das medidas, ser tida em conta a *coerência* do sistema (em particular, do sistema fiscal ou da segurança social); e a de, no conjunto das medidas de política fiscal ou de política económica e social com roupagem fiscal (isto é, com recurso à técnica fiscal), se proceder à destrinça entre as medidas gerais e as medidas dirigidas a favorecer certas empresas ou produções.[141] O requisito da selectividade (em particular, como veremos, a cláusula que exclui do princípio da incompatibilidade uma medida tributária por esta ser inerente à natureza ou economia do sistema) assume um papel central neste contexto.[142]

A importância da questão da especificidade fiscal esteve latente desde o início. A Comissão reconhece-o implicitamente ao utilizar a noção de despesa fiscal preconizada pela OCDE na avaliação que, neste domínio, faz do chamado elemento de auxílio. A consideração da especificidade está também implícita no tipo particular de vantagem atribuída e no facto de, na apreciação da selectividade, não estar em jogo apenas o tratamento preferencial de certas actividades ou contribuintes, inerente a todos os auxílios, mas igualmente a questão do *desvio à norma*, ou seja, à estrutura fiscal de referência ou geralmente aceite. A ideia de *derrogação* assume aqui um papel muito importante.

Por fim, o aparecimento da Comunicação de 1998 sobre a aplicação das regras relativas aos auxílios de Estado às medidas decorrentes da fiscalidade directa das empresas representa a pública confissão dessa especificidade.

---

[141] A especificidade dos auxílios tributários não se esgota aqui, havendo outras facetas que os distinguem dos auxílios que se traduzem na realização de prestações pecuniárias, como, por exemplo, o facto de a sua gestão e aplicação competir à administração tributária. Só que esta faceta não é, em princípio, relevante para efeitos de disciplina da concorrência.

[142] Note-se, como lembra M. MONTI ("EU Policy towards fiscal state aid", *ob. cit.*, p. 2), que a distinção entre medidas fiscais gerais e específicas demonstra que o instituto dos auxílios de Estado não pode ser usado como instrumento alternativo para acabar a harmonização no campo da tributação, pois esta diz respeito ao alinhamento dos sistemas fiscais gerais dos Estados membros.

1.3. Efeitos da especificidade das medidas tributárias

Não é, no entanto, pacífica a questão de saber que efeitos devem ser retirados da especificidade das medidas tributárias.

Duas posições parecem emergir a este respeito. A primeira, recentemente afirmada pelo Tribunal de Primeira Instância (TPI), parece ir no sentido de reduzir o campo de tal especificidade ao mínimo.

Ao defender que a noção de auxílio de Estado é uma noção objectiva e apenas função da questão de saber se uma medida estatal confere ou não uma vantagem a uma ou certas empresas e ao inviabilizar a aplicação, pela Comissão, de critérios de operacionalização da cláusula de justificação das medidas pela "natureza e economia do sistema", o TPI acaba, na prática, por remeter a questão da especificidade tributária para o campo da eventual concessão de derrogações ao abrigo do n.º 3 do artigo 87.º do Tratado. A argumentação utilizada pelo TPI torna, de facto, muito difícil a consideração da especificidade fiscal no momento da qualificação da medida como auxílio e, consequentemente, no que toca à aplicação ou não do princípio da incompatibilidade previsto no n.º 1 do mesmo artigo.[143]

A segunda posição é sustentada pela Comissão e visa alargar a consideração da especificidade do fenómeno tributário. Ela implica a possibilidade desta especificidade poder ser relevante para efeitos do aprofundamento dos requisitos necessários para a qualificação de uma medida tributária como auxílio de Estado, em particular, o requisito da selectividade, e, consequentemente, para efeitos de aplicação do n.º 1 do artigo 87.º do Tratado.

Estas duas posições estão bem patentes no processo *Ladbroke Racing Ltd. vs. Comissão*.[144] Tratava-se neste caso, entre outras coisas,

---

[143] Cf. Acórdão do TPI de 27 de Janeiro de 1998, proc. T-67/94, *Ladbroke Racing Ltd/ Comissão*, Col. 1998, II, p.1. O caso tem, no entanto antecedentes: cf. Ac. do TJCE, de 9 de Dezembro de 1997, *Tiercé Ladbroke/ Comissão*, proc. C-353/95 P, Col. I-7007.

[144] Cf. Acórdão do TPI, de 27 de Janeiro de 1998, proc. T-67/94, *Ladbroke Racing Ltd/ Comissão*, Col. 1998, II, p.1. A empresa *Ladbroke* é uma sociedade de direito inglês cujas actividades englobam, entre outras, a organização e fornecimento de serviços de apostas sobre corridas hípicas no Reino Unido e noutros países da Comunidade. Em Abril de 1989 a *Ladbroke* (acompanhada por outras sociedades do grupo) apresentou queixa junto da Comissão contra um conjunto de medidas atribuídas pela França à

Capítulo III – Os Auxílios Tributários

de analisar um recurso interposto por esta empresa britânica duma decisão da Comissão relativa a vários benefícios atribuídos pela França a uma empresa francesa, a *"Pari mutuel urbain"* (PMU).[145] Estes benefícios, cuja maioria revestia carácter fiscal ou parafiscal, eram os seguintes:

a) não aplicação da regra de adiamento de um mês para a dedução do IVA (a célebre regra da *"décalage d'un mois"* então em vigor em França) que se traduzia numa facilidade de tesouraria para a empresa;

b) isenção, da PMU e das sociedades de corridas de cavalos que a integram, de um imposto com base na massa salarial, recaindo sobre os empregadores, para participação na política de alojamento (construção de habitação social), concedida tendo por fundamento a equiparação das actividades de todas estas empresas a actividades agrícolas;

c) renúncia de uma parte das deduções públicas relativa ao produto do arredondamento dos prémios à décima anterior, durante o período entre 1982 e 1985, a favor das sociedades de corridas, destinada ao financiamento da informatização das operações da PMU;

d) isenção do pagamento do imposto sobre as sociedades, dada a natureza jurídica da PMU;

e) atribuição, à PMU, dos montantes correspondentes aos prémios não reclamados, afectados, por lei, a certas despesas;

f) deferimento, autorizado por duas decisões do ministro francês do Orçamento, do prazo de pagamento ao tesouro das deduções públicas efectuadas sobre as apostas das corridas de cavalos, que a PMU deveria ter realizado em devido tempo;

g) modificação da repartição das "deduções públicas" (encargos, direitos e taxas) em detrimento do Orçamento do Estado: esta modificação implicava uma redução das quantias deduzidas das

---

empresa PMU. Como a decisão da Comissão (Decisão da Comissão n.º 93/625/CEE, de 22 de Setembro de 1993, JOCE n.º L 300, de 7 de Dezembro de 1993, p. 15) lhe foi desfavorável, a *Ladbroke* interpôs recurso para o TPI.

[145] Face ao direito francês, a PMU é um agrupamento de interesse económico composto pelas principais sociedades de corridas de cavalos em França, criado para gerir, a título exclusivo, os direitos destas sociedades na organização de apostas mútuas fora dos hipódromos.

384   *O Instituto dos Auxílios de Estado e a Fiscalidade*

apostas para entrega nos cofres do Estado (equivalente à renúncia de receitas tributárias na ordem dos 180 milhões de francos em 1986), com o correspondente aumento das quantias distribuídas aos apostadores (as chamadas "deduções não públicas").

Os três primeiros benefícios foram considerados pela Comissão como auxílios de Estado, mas susceptíveis de autorização ao abrigo da al. c) do n.º 3 do artigo 92.º (n.n.87.º) do Tratado.

Os restantes foram excluídos do âmbito de aplicação do n.º 1 do mesmo artigo, por, no entender da Comissão, não preencherem os requisitos necessários para a sua qualificação como auxílios de Estado. A isenção do imposto sobre as sociedades deveria ser considerada como uma consequência da aplicação normal do regime fiscal geral, uma vez que, devido ao seu estatuto jurídico de *"Groupement d'intérêt économique"*, este imposto não poderia recair sobre a PMU. No fundo, tratar-se-ia aqui de uma "falsa isenção".

Por sua vez, a atribuição dos montantes dos prémios não reclamados não envolveria recursos públicos, mas recursos normais da empresa.

Quanto aos dois últimos benefícios, faltaria o requisito da selectividade, uma vez que eles seriam justificados pela "economia ou natureza do sistema". É, pois, em relação a estas últimas medidas, em especial quanto à repartição das "deduções públicas", que o problema se põe.

É interessante analisar a argumentação da Comissão.

No que diz respeito à redução do conjunto dos tributos englobados na designação "deduções públicas", não estaríamos perante uma derrogação do regime fiscal geral, mas sim perante um sistema de tributação *especial* (e, no caso em análise, mais gravoso) destinado ao sector das corridas hípicas e aplicável a um único operador.[146]

A Comissão começou por relembrar um parecer enviado, em Março de 1991, às autoridades francesas, segundo o qual "os regimes fiscais aplicáveis às corridas hípicas são da competência das autoridades nacionais" e, por conseguinte, "os arredondamentos para cima ou para baixo

---

[146] O TPI considera este sistema de tributação especial como um auxílio de Estado, enquanto a Comissão, ao excluí-lo, parece considerar que um sistema especial de tributação é susceptível de ser considerado como medida económica geral, directamente ou indirectamente, se for compatível com a natureza do sistema.

Capítulo III – Os Auxílios Tributários

das taxas fixadas não correspondem à concessão de auxílios estatais desde que as consequências decorrentes desses arredondamentos sejam aplicáveis de modo uniforme a todas as empresas interessadas".[147]

Neste contexto, a existência de um auxílio exigiria que alguns indícios estivessem presentes. Para a Comissão, ela seria a entidade competente para definir tais indícios ou critérios, que, em sua opinião, seriam em número de três: que a redução fosse significativa, conduzindo ao reforço da situação financeira de uma empresa monopolista, que a medida fosse temporária e que o financiamento se destinasse a operações pontuais. Não estando preenchidos (como seria o caso) estes critérios, não estaríamos perante um auxílio de Estado, mas perante uma reforma sob a forma de acertamento "fiscal", justificado pela natureza e economia do regime em causa.

Idênticas considerações foram produzidas a propósito do adiamento do prazo concedido para o pagamento das deduções públicas, uma vez que esta medida não configurava uma renúncia temporária a recursos por parte das autoridades públicas nem uma medida pontual.

A posição da Comissão é, pois, no sentido de alargar o espaço de análise da especificidade das medidas fiscais, nomeadamente através da análise da conformidade destas com a natureza e economia do sistema, para efeitos do n.º 1 do artigo 87.º do Tratado. Esta operação é feita no momento da apreciação do requisito da selectividade, entendendo a Comissão, para efeitos de interpretação deste requisito (e da cláusula de justificação das medidas pela natureza ou economia do sistema), poder fazer apelo para os critérios ou indícios que julgue relevantes.

Diferente foi a posição do Tribunal de Primeira Instância (TPI).[148] Este não pôs em causa o princípio de que a fiscalidade e a introdução dos regimes fiscais relevam da competência das autoridades nacionais. Mas lembrou a doutrina estabelecida segundo a qual o exercício de tal competência pode, eventualmente, revelar-se incompatível com o artigo 87.º, n.º 1 do Tratado. Para o TPI, a qualificação de uma medida como auxílio de Estado, que incumbe à Comissão e ao juiz nacional, não justifica, na ausên-

---

[147] Seguimos de perto a argumentação da Comissão e do TPI tal como resultam dos textos da decisão da Comissão (p. 18) e do acórdão em análise.

[148] O acórdão *Ladbroke* deu razão à requerente no que respeita às três ultimas medidas e à Comissão no que toca às derrogações autorizadas por esta.

386　　O Instituto dos Auxílios de Estado e a Fiscalidade

cia de circunstâncias particulares devidas nomeadamente à complexa natureza da intervenção estatal em causa, o reconhecimento dum largo poder de apreciação à Comissão.[149] A apreciação da pertinência das causas ou objectivos das intervenções estatais, a efectuar pela Comissão, apenas diz respeito ao exame da compatibilidade eventual das medidas com o mercado comum, nos termos do n.º 3 do artigo 87.º (a.n. 92.º) do Tratado, dispondo, neste caso, aquela instituição de um largo poder discricionário.

Interpretando de forma muito rígida estas premissas, o TPI restringe ao máximo a consideração de argumentos derivados da especificidade do sistema fiscal para justificar uma eventual não aplicação do princípio da incompatibilidade. No caso em análise, o TPI mostrou-se insensível em relação à técnica dos indícios e à argumentação da Comissão para afastar a qualificação de certas medidas como auxílios de Estado.

Para o TPI, o n.º 1 do artigo 87.º do Tratado não distingue entre medidas estatais permanentes e temporárias, critério este que, a ser aceite, daria origem, na opinião desta instituição judicial, a incertezas tais que não seria conforme com o princípio da segurança jurídica. Qualquer vantagem, mesmo que derivada de uma medida permanente, poderia assim ser considerada como auxílio de Estado. O mesmo ocorre com o carácter pontual ou não das medidas: este seria um facto que respeitaria aos fins da medida e destes não cuida o n.º 1 do artigo 87.º. Ou com o carácter limitado do benefício, o qual, à partida, não excluiria a qualificação deste como auxílio de Estado.

Por outro lado, também o facto do regime tributário das corridas hípicas ser um regime especial (segundo a Comissão, tratar-se-ia inclusivamente de um regime de tributação derrogatório, mas no sentido de infligir uma carga fiscal mais pesada do que a que recai sobre as outras actividades económicas) seria irrelevante, não o subtraindo à aplicação do artigo 87.º, n.º 1, do Tratado.[150]

---

[149] O TPI invoca, para justificar esta posição, os acórdãos do TJCE, de 29 de Fevereiro de 1996, *Bélgica/Comissão*, proc. C-56/93, Col. I-723, pontos 10 e 11, do TPI, de 12 de Dezembro de 1996, *Air France/Comissão*, T-358/94, Col. P. II-2109, ponto 71.

[150] Para a Comissão seria legítimo, neste contexto, que o Estado, através da redução da carga fiscal, contribuísse para a reestruturação das empresas em causa, garantindo, desse modo, as suas próprias receitas futuras, resultantes da melhoria da eficácia da PMU.

Idênticas considerações são efectuadas pelo TPI a propósito da medida de diferimento dos prazos de entrega das deduções públicas.

Para o TPI, o essencial era a existência de uma vantagem financeira outorgada pelo Estado a uma empresa, que melhorava o seu posicionamento no mercado das apostas interno e internacional. Assim sendo, o resto, incluindo o facto de a redução dos tributos que integram as chamadas "deduções públicas" beneficiarem também, de forma indirecta, vários outros operadores cujas actividades dependiam daquela empresa, seria indiferente ou irrelevante.

Com base nestes considerandos, o Tribunal concluiu que a redução da tributação de que a PMU iria beneficiar deveria ser considerada como auxílio de Estado.

1.4. Análise crítica

Na base desta decisão está uma leitura, quanto a nós, demasiado radical, da chamada *teoria dos efeitos*, segundo a qual o n.º 1 do artigo 87.º do Tratado não define os auxílios em função das causas ou dos objectivos das intervenções estatais, mas sim em função dos seus efeitos. Pôr o acento tónico directamente nos efeitos significa diluir a importância dos vários requisitos que integram o conceito de auxílios de Estado.

Dois tópicos são conexos a esta leitura. O primeiro traduz-se na ideia de que a noção de auxílio é uma noção objectiva e função da mera questão de saber se uma medida estatal confere ou não um benefício a uma ou a certas empresas. Uma noção deste tipo é tão ampla que, em rigor, tende a reduzir, de forma desproporcionada, o campo das medidas de política fiscal geral.

O segundo implica que, na ausência de "circunstâncias especiais" (que o acórdão, aliás, não especifica), deverá ser negado à Comissão "o reconhecimento de um amplo poder de apreciação" quanto à qualificação de uma medida como auxílio de Estado.[151] A Comissão dispõe de tal

---

[151] Lê-se no referido acórdão: "a qualificação de uma medida como auxílio de Estado que, segundo o Tratado, incumbe tanto à Comissão como ao juiz nacional, não pode, em princípio, justificar, *na ausência de circunstâncias especiais* devidas nomeadamente à natureza complexa da intervenção estatal em causa, o reconhecimento de um amplo poder de apreciação à Comissão" (p. 3).

poder em relação à aplicação das derrogações previstas no n.º 3 do artigo 87.º do Tratado. Mas não em relação ao n.º 1 do mesmo artigo. Esta formulação obscurece o facto de o n.º 1 do artigo 87.º não ser um modelo de clareza e necessitar de interpretação. Ora esta compete, em primeira linha, à Comissão, órgão que tem por função o controlo dos auxílios de Estado. Nessa tarefa, a Comissão não se pode eximir de apreciar a justificação da medida pela sua integração na "natureza ou economia do sistema". E um dos modos dela a apreciar é a formulação de critérios — de um feixe de indícios — que a possam ajudar nessa tarefa e que a tornam menos incerta. Isto não é discricionariedade, é ainda interpretação da lei.

A posição do TPI traduz as reticências deste órgão em considerar a especificidade fiscal (ou parafiscal) como fundamento para adaptar aos auxílios tributários a configuração dos requisitos gerais do conceito de auxílio de Estado, nomeadamente no que respeita ao elemento "selectividade". Não ataca directamente a "cláusula justificativa" relativa à economia ou natureza do sistema (embora prefira falar de "circunstâncias especiais"), mas põe em causa os critérios que a podem operacionalizar.

Levada às suas últimas consequências, a posição do TPI pode conduzir a situações algo absurdas. De facto, ela suscita a seguinte interrogação: será que, uma vez introduzida uma determinada taxa ou encargo tributário (cuja existência, na prática, desfavorece um determinado sector, por ser superior à existente na concorrência internacional), os poderes públicos de um determinado Estado membro vêem vedada a possibilidade de, no futuro, abolir (ou simplesmente alterar) unilateralmente tal medida? Ao ter efeitos sobre a concorrência, não cairá essa abolição (ou redução) automaticamente na noção "objectiva" de auxílio de Estado?

Assim, no caso em apreço, como bem nota SCHÖN, a decisão do TPI põe a questão de saber se o Estado francês poderia abolir as "deduções públicas" sem submeter tal medida aos procedimentos previstos no artigo 87.º e seguintes do Tratado.[152] Estará esta consequência da decisão do TPI de acordo com a razão de ser do princípio da incompatibilidade?

Em última análise, o acórdão abstrai da especificidade da questão fiscal, tornando, na prática, muito difícil, a invocação e análise da cláu-

---

[152] Cf. SCHÖN, "Taxation ...", *ob. cit.*, *CMLR*, 36, 1999, p. 911 e ss., em especial, 924 e ss..

Capítulo III – Os Auxílios Tributários

sula, também ela de origem jurisprudencial, de justificação "pela natureza ou economia do sistema". A consolidar-se tal doutrina, ela representará uma mudança de rumo e, por certo, um sério e novo cerceamento à soberania fiscal dos Estados membros.

2. REQUISITOS DE APLICABILIDADE DO INSTITUTO DOS AUXÍLIOS DE ESTADO ÀS MEDIDAS TRIBUTÁRIAS

2.1. Uma reanálise dos requisitos?

É provável que a orientação seguida pelo acórdão *Ladbroke* tenha contribuído para que a Comissão, na Comunicação de 11 de Novembro de 1998 — emitida, como vimos, no quadro de uma reavaliação geral dos auxílios de Estado e da articulação destes com a concorrência fiscal desleal, como decorre do compromisso, assumido no Código de Conduta, de assegurar um rigoroso controlo dos auxílios públicos, independentemente da sua forma — sentisse a necessidade de, no plano técnico, aprofundar a questão dos auxílios tributários.[153]

Um exemplo: um benefício fiscal (por exemplo, uma isenção) produz normalmente uma vantagem para quem dela usufrui.[154] Uma bonificação fiscal provoca, por definição, uma diminuição das receitas potenciais do Estado. Uma bonificação fiscal, não se aplicando de maneira uniforme a toda a economia, favorece certas empresas, sectores ou regiões. Mas há, pelo menos, um caso em que, segundo a Comissão e o Tribunal de Justiça, ainda que todos estes elementos estejam reunidos, a intervenção do Estado que concede a bonificação não é, em rigor, consi-

---

[153] Para uma aproximação ao conteúdo da Comunicação de 11 de Novembro e das propostas iniciais da Comissão, ver TUTT, " European Comission to Propose Guidelines on Providing State Aid Through Tax System", *17 Tax Notes International* 156, de 20 de Julho de 1998 e "European Commission to Reassess Member States'Special Tax Schemes", 17 *Tax Notes International* 1473, de 16 de Novembro de 1998, e, bem assim, TORRES/ TUCKER, "European Commission Adopts Guidelines to End Special Tax Regimes", *17 Tax Notes International* 1579, de 23 Novembro de 1998.

[154] "Normalmente, "por não ser exacto que todas as isenções sejam benefícios: assim as isenções incompletas em sede de IVA não são um verdadeiro benefício para o sujeito passivo.

derada como um auxílio tributário. É quando, "a medida excepcional se inscreve no âmbito de um regime geral — fiscal ou de segurança social (...) — e é justificada pela natureza ou economia do sistema".[155]

De facto, a análise desta especificidade mostra que ela não atinge com a mesma intensidade todos os elementos do conceito de auxílio ou as condições de aplicabilidade do artigo 87.° do Tratado. Ela é particularmente nítida, como já avançamos, na apreciação do critério da *selectividade* da vantagem concedida. É sobretudo aí que se põe a consideração da cláusula da justificação de uma determinada medida fiscal "pela natureza e economia do sistema".

Decorre daí uma reanálise dos requisitos, como pretendem alguns autores? Não cremos. Como se disse, esta cláusula equivale ao critério do operador privado, utilizado quando está em jogo a acção privada do Estado, num domínio em que está em jogo a sua acção sob a veste eminentemente pública (o Estado dotado de *jus imperii*, o Estado autoridade).[156]

Esta questão será, por isso, no momento próprio, alvo de um desenvolvimento mais acentuado na economia deste texto.

2.2. O critério da vantagem de natureza fiscal para as empresas

2.2.1. Uma consideração ampla da vantagem de natureza fiscal [157]

O primeiro elemento a ter em conta para efeitos de analisar se um determinado desagravamento fiscal (ou parafiscal) é ou não uma medida

---

[155] Cf. as *Conclusões* do Advogado-Geral Dámaso COLOMER, apresentadas em 17 de Setembro de 1998, no caso Itália/ Comissão, proc. C-/97, Col. I- 2990. Note-se que, mesmo quando os respectivos requisitos parecem estar reunidos, uma medida não é, em geral, considerada como auxílio de Estado se, para além do caso citado no texto, o Estado actuar como um operador comercial privado e se o Estado actuar em cumprimento de obrigações de carácter civil, como a obrigação de reparar danos ou a obrigação de restituir o indevido (*ibidem*). Nestes casos, não se pode, em rigor, falar da existência de um auxílio. Destas, a segunda consideração foi, no acórdão *Denkavit*, aplicável em sede tributária (ver ponto 2.2.5.1).

[156] Distinção que não é, aliás, desconhecida no direito fiscal comunitário: basta pensar a forma como, em sede de IVA, a Sexta Directiva trata a questão do Estado como sujeito passivo.

[157] O auxílio tributário é um auxílio de Estado que reveste uma *forma* fiscal ou parafiscal. As vantagens que dele decorrem para as empresas são vantagens económico-

Capítulo III – Os Auxílios Tributários

incompatível com o mercado comum é o da própria extensão da noção de vantagem inerente ao conceito de auxílios tributários.

Estamos perante situações em que, por via do sistema fiscal, em sentido amplo, é concedida aos seus beneficiários (directa ou indirectamente, as empresas) uma vantagem extraordinária (em relação às condições normais de mercado) que os alivia de encargos que normalmente agravariam os seus orçamentos.[158]

Esta vantagem, independentemente da forma que revista (isenção, abatimento, dedução, etc.) ou do meio jurídico utilizado para a sua concessão (lei, regulamento, contrato, dispositivos ou práticas administrativas) ou dos impostos a que diga respeito, traduz-se, em regra, numa redução (ou num diferimento) da carga fiscal ou parafiscal que normalmente sobre ela impenderia, suportada pelo Estado (em sentido amplo) ou por meio de recursos do Estado. Essa redução pode, segundo o TPI, ser temporária ou definitiva.

A vantagem auferida deve, como se disse, ser *extraordinária*. Ou seja, segundo o TJCE, para se apreciar se uma determinada medida estatal constitui ou não um auxílio de Estado é necessário determinar se, sem a sua existência, a empresa beneficiaria da mesma vantagem económica em condições normais de mercado.[159]

Questão muito diversa desta — e a analisar no contexto das condições de aplicabilidade do n.° 1 do artigo 87.° do Tratado — é a de saber se qualquer vantagem fiscal, por mínima que seja, deve ser tida em conta para este efeito, ou se essa vantagem só deve ser considerada quando for apreciável em termos económicos.[160]

-financeiras de *natureza* fiscal ou parafiscal. Recorde-se que há autores que analisam em conjunto os requisitos da atribuição da vantagem e da selectividade: assim, KEPPENNE fala, a propósito deste tipo de auxílios, de "vantagem selectiva".

[158] De facto, como vimos na primeira parte deste trabalho, quer o Tribunal (vide, por ex., o Acórdão de 26 de Setembro de 1996, proc. C-241/94, *França / Comissão*, Col. 1996, I, p. 4551), quer a Comissão têm, com frequência, defendido que constituem auxílios de Estado as vantagens concedidas pelas autoridades públicas, que reduzem os encargos que *normalmente* fazem parte do orçamento de uma empresa.

[159] Ver, entre outros, o Acórdão do TJCE, de 11 de Julho de 1996, no proc. C-39/94, *SFEI/La Poste*, Col. 1996, p. I-3547, ponto 60.

[160] Distanciámo-nos assim da posição de M. WATHLET e P-E. PARTSCH ("Delimitation des contours de la notion d'aide d'État en droit communautaire", *ob. cit*, p. 13), segundo os quais "o auxílio define-se como a outorga por uma autoridade pública a uma

2.2.2. Os instrumentos de técnica fiscal usados para a concessão de vantagens fiscais

A primeira questão que se põe é a de saber se a noção de auxílios públicos sob forma tributária deve englobar ou não todos os tipos de vantagens fiscais e parafiscais ou apenas alguns deles. Esta questão diz pois respeito à extensão da ideia de vantagem (para a empresa) e de sacrifício (para o Estado).

O problema pode ser concretizado, recorrendo a uma distinção efectuada, entre nós, por Sá GOMES.[161] Assim, devemos, para efeitos de delimitação do conceito de auxílio de Estado, partir da noção de "benefícios fiscais em sentido amplo" — isto é, abrangendo os benefícios fiscais (estáticos), de natureza excepcional, e os incentivos ou estímulos fiscais (dinâmicos) — ou, pelo contrário, devemos partir de uma noção ainda mais abrangente, a de "desagravamento fiscal em sentido lato" que abrange mesmo medidas "estruturais", inerentes ao sistema, incluídas na tributação-regra, nos planos da incidência, da determinação da matéria colectável, da liquidação, da estrutura das taxas aplicáveis?[162]

---

empresa ou a um grupo de empresas ou a uma certa produção de uma vantagem *apreciável em termos económicos* que não teria podido ser obtida em condições normais de mercado". Temos para nós que a questão dos auxílios *de minimis* não se prende, como vimos, com o conceito de auxílios de Estado, mas sim, com as condições de incompatibilidade do auxílio no mercado comum.

[161] Cf. Nuno Sá GOMES, *Teoria...*, *ob. cit.*, p. 37 e ss.

[162] O autor não qualifica como benefícios fiscais, "por serem medidas de carácter *estrutural*, as exclusões tributárias, as taxas reduzidas, as deduções e abatimentos à matéria colectável e à colecta, as restituições de colecta, as amortizações e reintegrações, as provisões etc., que se traduzem em regimes jurídicos de carácter geral, aplicáveis aos contribuintes, em execução dos princípios que informam a tributação-regra" (*ibidem*, p. 38). O mesmo acontece com as medidas deliberadamente instituídas para evitar a dupla tributação, interna e internacional, incidindo sobre a mesma matéria colectável, incluindo as situações de exclusão de tributação por impostos especiais face a impostos gerais que na sua incidência contemplam a daqueles. Estas situações são *falsos benefícios fiscais*, na medida em que são meros expedientes técnicos destinados a evitar duplas tributações, de harmonia com o sistema instituído de tributação-regra (*ibidem*, pp.42-43). E o mesmo acontece ainda com as isenções de rendimentos e capitais mínimos (pelo menos nos casos em que estas são criadas através de isenções técnicas, de mínimos liquidáveis) e com as isenções inerentes aos regimes de transparência fiscal, todas elas consideradas como verdadeiras situações de exclusão tributária. E, bem assim (*ibidem*, pp. 83-84),

Capítulo III – Os Auxílios Tributários　　393

Por outras palavras: todas as vantagens de natureza fiscal podem, pelo menos potencialmente, ser consideradas como integrando a noção de auxílio tributário?

Para melhor análise desta questão, é útil recordar os *instrumentos de técnica fiscal* usados para conceder benefícios ou incentivos. A partir dos elementos do imposto necessários para definir e calcular a responsabilidade tributária dos contribuintes e para assegurar a cobrança do imposto é possível agrupar os vários tipos de benefícios e incentivos incluídos na noção de desagravamentos em sentido amplo.[163]

Assim, quando cria um determinado imposto, o legislador defronta-se, antes de mais, com a tarefa de definir a matéria tributável (rendimentos, consumos, riquezas ou patrimónios) sobre a qual esse imposto há-de recair, bem como determinar os sujeitos passivos que podem, como no caso do IVA, não coincidir com os reais contribuintes (incidência em sentido estrito).

Ao fazê-lo, permite a *exclusão* de determinadas situações do campo normal de aplicação do imposto. Nuns casos implicitamente. Noutros prevendo expressamente, em normas de delimitação negativa de incidência, situações de não tributação. Em ambos os casos, pode afirmar-se que existe uma "vantagem" para quem seja abrangido por estas situações. Mais duvidoso é que se possa falar de não arrecadação de receitas tributárias. A questão que se pode pôr é a de saber se esta vantagem é suficiente (pelo menos em certas situações) para satisfazer o primeiro requisito do conceito de auxílio de Estado.

Diferente desta questão é a atribuição de *isenções* (totais ou parciais, temporárias ou permanentes, absolutas ou condicionadas, genéricas ou individuais) de imposto. De acordo com Sousa FRANCO, neste caso, "trata-se da dispensa do dever de pagar imposto, quer por directa dispo-

---

com os privilégios ou favores fiscais, as imunidades constitucionais tributárias (as limitações constitucionais ao poder de tributar), os subsídios financeiros atribuídos por via da tributação negativa e outros desagravamentos inerentes à tributação-regra (entre nós seria o caso das taxas gerais, das taxas especiais liberatórias e da taxa especial de mais-valias presentes no Código do IRS).

[163] Carlo PINTO (*ob. cit.*, I, p. 303) estabelece uma tipologia centrada nos elementos usados para o cálculo da responsabilidade fiscal e para assegurar a cobrança dos impostos devidos, distinguindo entre elementos relativos à base tributável, às taxas de imposto e ao cumprimento das obrigações de imposto.

394 O Instituto dos Auxílios de Estado e a Fiscalidade

sição da lei, quer mediante intervenção, vinculada ou discricionária, da administração fiscal ou económica".[164] Um caso especial, que em certas circunstâncias, pode equivaler a uma isenção é o da restituição de colectas já pagas, por exemplo, por imposição de facto superveniente. Quando total ou parcialmente indevida, tal restituição pode configurar uma vantagem, contendo um elemento de auxílio de Estado.

Uma questão com algumas semelhanças foi aflorada no caso *Adria--Wien Pipeline*. Aí o Tribunal esclareceu que a criação, pela Áustria, de taxas sobre a energia eléctrica e sobre o gás natural, acompanhada de um reembolso, a pedido, destas taxas sobre a energia quando o seu produto, no decurso do ano civil, ultrapasse 0,35% do valor líquido da produção, não seria considerada um auxílio de Estado, se este mecanismo se aplicasse a todas as empresas. Neste caso, não existiria certamente selectividade. A questão, porém, era a de saber se existiria uma real vantagem para as empresas em causa. Ora o Tribunal esclareceu que, neste caso, não existiria, em rigor, uma vantagem para tais empresas, mas sim novos encargos, embora parcialmente reduzidos em certas hipóteses, que afectariam a competitividade das empresas sobre que incidissem. Ora o direito comunitário não proíbe que os Estados membros criem um novo imposto que recaia sobre o conjunto das suas empresas, mesmo que o faça através de um mecanismo complexo que, numa primeira fase, comporta a percepção do produto duma taxa e, numa segunda, um reembolso obrigatório, a pedido, na base de critérios objectivos, duma parte do montante arrecadado.[165]

Hoje, porém, na tributação das empresas, difundido que está um modelo de tributação assente no lucro real, são os instrumentos ligados à *redução da matéria tributável* que, consistindo na possibilidade de imputar como custos certas despesas de fomento económico, ganham relevância. Eles podem ser fruto de deduções ou abatimentos à matéria colectá-

---

[164] Cf. A. Sousa FRANCO, *O Sistema Fiscal Português e o Desenvolvimento Económico e Social*, Lisboa, 1969, p. 112.

[165] Cf. o Acórdão do TJCE, de 8 de Novembro de 2001, no proc C-143/99, *Adria-Wien Pipeline GmbH e Wietersdorfer & Peggauer Zementwerke GmbH/ Finanzlandesdirektion für Kärnten*, 2001, Col. I- 8365, pontos 26 a 31. Sobre este acórdão, cf. Franz SUTTER, "The Adria Wien Pipeline Case and the State Aid Provisions of the EU Treaty in Tax Matters", *European Taxation*, 2001, p. 239 e ss.

Capítulo III – Os Auxílios Tributários   395

vel, de amortizações, extraordinárias ou aceleradas, de reintegrações, de provisões, de inscrições de reservas no balanço, etc. É muitas vezes em torno destes instrumentos que se discute se estamos ou não perante mecanismos inerentes à economia do sistema e, portanto, se estamos ou não perante auxílios de Estado.

Outro instrumento técnico importante é o da aplicação de *taxas reduzidas*, inicial ou por criação posterior, definitivas ou temporárias, generalizadas ou circunscritas a certos sectores, tipos de empresas ou áreas geográficas. Deste modo, permite-se que o montante do imposto seja calculado por aplicação de uma taxa inferior à taxa normal, daí decorrendo a absorção de uma menor parcela da matéria colectável.[166]

Meio susceptível de atribuir vantagens é ainda o das reduções, totais ou parciais, do montante a descontar ao valor da prestação tributária, após aplicação da taxa. Elas podem decorrer de técnicas como as do crédito de imposto (por ex., créditos fiscais ao investimento), operando através de deduções à colecta, restituições e anulações de imposto, "perdões fiscais", etc.[167]

Por fim, as vantagens podem decorrer ainda de medidas de adiamento ou reescalonamento excepcional da dívida fiscal. O diferimento de prazos de pagamento ou o estabelecimento de formas de pagamento de impostos em prestações têm essencialmente natureza creditícia. No entanto, por se referirem a impostos, são instrumentos híbridos que podem, dada a dominância da característica tributária, ser integrados neste conjunto de instrumentos. As vantagens que deles decorrem traduzem-se numa espécie de empréstimo que tem por base receitas fiscais.

---

[166] Questão em análise actualmente é a da redução das taxas de IRC nos Açores. Note-se que enquanto a existência da redução das taxas de IVA nas Regiões Autónomas, em 30% das taxas aplicáveis no Continente, é expressamente permitida face ao Tratado de Adesão de Portugal à Comunidade, idêntica disposição não existe em sede de impostos sobre o rendimento.

[167] Medidas fiscais como, por exemplo, a possibilidade de, dentro de certas condições, serem efectuados pagamentos de impostos em falta em regimes extraordinários de prestações tal como estabelecia o plano de recuperação de dívidas constante do Decreto-lei n.º 124/96, de 10 de Agosto, bem como as medidas de apoio aos grandes projectos de investimento previstas no Decreto-lei n.º 401/99, de 14 de Outubro, foram objecto de análise em sede de auxílios de Estado, mas não atacados pela Comissão.

2.2.3. A extensão da ideia de vantagem

A ideia de vantagem fiscal tem o seu núcleo duro na noção de benefícios fiscais em sentido amplo e, muito em particular, na de incentivos. Estes não podem *a priori* deixar de ser submetidos ao critério da selectividade, um dos momentos seguintes na determinação do conceito de auxílios de Estado.

Daí que o campo de acção deste conceito deva, em primeiro lugar, englobar as "medidas de carácter excepcional que se dirigem a situações que, cabendo embora na tributação-regra, constituem factos impeditivos da tributação normal, com fundamentos extra-fiscais" — isto é, os benefícios fiscais em sentido lato.

As dúvidas começam em relação às "exclusões tributárias, implícitas e expressas e todas as outras formas de desoneração da carga fiscal, de natureza estrutural, inerentes ao sistema, isto é, incluídas na própria tributação-regra, ao nível da incidência, da determinação da matéria colectável, da liquidação, da estrutura das taxas aplicadas, etc".[168]

Pelo menos, em relação às primeiras — os desagravamentos que se traduzem em exclusões das regras de incidência, onde se manifesta, de forma clara, o poder de não tributar — pode parecer excessivo considerar tais medidas como verdadeiras vantagens e, como tal, sujeitas ao critério da selectividade.[169] À primeira vista, só se fosse claro que um determinado Estado procurava, por essa via, contornar a proibição do Tratado, disfarçando certas isenções em sentido técnico sob a capa de exclusões tributárias (v.g., ocultando-as sob a forma de normas de delimitação negativa de incidência), é que a medida poderia, em rigor, ser considerada como vantagem fiscal, por ser excepcional, anormal, extraordinária e não transparente, e assim tombar, caso satisfizesse os demais requisitos do conceito de auxílio de Estado (uso de recursos estatais, selectividade), sob a alçada do princípio da incompatibilidade.

Quanto às restantes medidas de desoneração da carga fiscal — dada a diversidade dos sistemas dos Estados membros —, compreende-se a adopção de uma noção *lata* de vantagens de índole fiscal que as englobe.

---

[168] Cf. Sá GOMES, *Teoria Geral dos Benefícios Fiscais*, *ob. cit.*, pp. 37-38.

[169] Uma vez mais estamos perante uma aplicação demasiado extensiva da chamada a teoria dos efeitos.

Não podemos esquecer que está aqui em causa a questão da aplicação, pela Comissão, de um instituto comunitário — o dos auxílios de Estado — que pretende defender a concorrência no mercado interno contra a actuação dos próprios Estados membros da União, o que implica a construção de uma noção ampla de vantagem e de auxílio. Não estamos perante a aferição da constitucionalidade ou legalidade internas das medidas fiscais concedidas por estes mesmos Estados membros, nem perante a questão de saber se, no plano nacional, tendo em os princípios que regem um Estado de direito, a outorga do desagravamento se justifica ou não em função de um interesse público extrafiscal constitucionalmente relevante.[170] Nem tampouco da questão de saber por que meio ou instrumento técnico foi a vantagem concedida. A apreciação da eventual relevância destes factos não pode ser deixada aos Estados membros. Uma noção ampla de "vantagem tributária" permite fazer funcionar o crivo dos restantes requisitos para determinar quais os auxílios susceptíveis de incorrerem na interdição prevista no Tratado, e, em seguida, em sede de derrogações, aferir do interesse comunitário da medida. E permite — sendo essa, quanto a nós, a *ratio* da cláusula de justificação de uma determinada medida pela sua conformidade com a "natureza ou economia do sistema" — que a Comissão possa, em função do sistema fiscal concreto, avaliar se essa medida, apesar de poder ser considerada como uma vantagem fiscal selectiva outorgada pelo Estado, é ou não inerente ao regime de tributação-regra.

No plano comunitário, uma aferição efectuada com base em critérios jurídicos internos aos Estados membros nunca poderia ser decisiva, dados os valores em presença e os objectivos do exercício serem muito distintos.

Com efeito, no plano jurídico interno, a outorga de benefícios, em sentido amplo, tem, em regra, em vista, por meio de excepções ao princípio da generalidade tributária, objectivos de desenvolvimento económico (nacional, regional, intersectorial), de fomento económico-social ou de promoção de ambiente, de apoio à reestruturação ou recuperação de sectores ou empresas em situação difícil ou pode mesmo disfarçar autênticos privilégios fiscais. No plano do direito comunitário, a questão dos auxílios de Estado gira essencialmente em torno da proibição das dis-

---

[170] Assim, N. S. GOMES, *ob. cit.*, p. 17.

398   *O Instituto dos Auxílios de Estado e a Fiscalidade*

torções de concorrência e traduz-se na regulação (disciplina, controlo, polícia, orientação) da acção dos Estados membros em matéria de subvenções positivas ou negativas.[171] Se, para este efeito, nos cingíssemos à noção de benefício fiscal em sentido amplo, correr-se-ia o risco de ficarem de fora do requisito da vantagem importantes medidas que podem ter natureza estrutural, tais como regimes de amortizações e reintegrações, abatimentos à matéria colectável e deduções à colecta, etc., medidas estas que, podendo ser, na prática, selectivas, poderiam causar tantos ou mais danos para a concorrência que as de natureza excepcional...

Por isso, do ponto de vista comunitário, é lógico partir-se de uma noção o mais ampla possível de vantagem de índole fiscal, para, em seguida, se analisar se essa vantagem outorgada pelo Estado tem ou não carácter selectivo, e, em caso afirmativo, se o auxílio tributário, assim delimitado, afecta ou não a concorrência no mercado comum e o comércio intracomunitário.

2.2.4. A óptica da Comissão

A óptica da Comissão não parece afastar-se do que acaba de ser dito. Partindo da ideia que as medidas devem acarretar para os seus beneficiários uma "vantagem que alivie os encargos que normalmente oneram o seu orçamento", a Comissão refere que, neste campo, tal vantagem se concretiza numa "redução da carga fiscal da empresa sob diversas formas, designadamente:
— uma redução da matéria colectável (deduções derrogatórias, amortizações extraordinárias ou aceleradas, inscrição de reservas no balanço, etc.);
— uma redução total ou parcial do montante do imposto (isenção, crédito de imposto, etc.);
— um adiamento ou uma anulação, ou mesmo um reescalonamento excepcional da dívida fiscal".[172]

---

[171] Em sentido idêntico, cf. G. F. FARRERES, *El Régimen de las Ayudas Estatales en la Comunidad Europea*, 1993, p. 13 e ss.

[172] Cf. ponto 9 da Comunicação de 11 de Novembro de 1998, p. 3. A Comissão não aborda aqui a questão de saber se o favorecimento de uma empresa através da criação de

À partida não efectua qualquer distinção entre medidas de carácter estrutural ou de carácter excepcional. No entanto, abre um espaço para a consideração deste problema quando aceita a cláusula justificativa da medida segundo a "economia ou natureza do sistema".

De qualquer modo, é bom não esquecermos que não é fácil detectar se, perante certos casos concretos, existe ou não uma vantagem económica decorrente de medidas fiscais.

2.2.5. Aplicação prática do requisito da vantagem: alguns exemplos

2.2.5.1. O caso do acordo *technolease (Philips)*

a) **A decisão de abertura de procedimento**

Um bom exemplo das dificuldades havidas para detectar a existência de vantagens de natureza fiscal podemos encontrá-lo no caso da empresa *Philips*.[173]

Em 1992, figurava no activo do balanço desta empresa um valor de 2180 milhões de florins a título de despesas de investigação e desenvolvimento ("saber-fazer") capitalizadas. Este "saber-fazer" foi vendido a uma das suas filiais, a *Electrologica*, por aquele mesmo valor, tendo em contrapartida a *Philips* adquirido o capital social da *Electrologica* e concedido um empréstimo com uma taxa de juro anual de 7%. Não houve qualquer transferência de fundos entre a filial e a *Philips*.

---

um tributo que atinge os seus concorrentes pode ser ou não considerado como uma vantagem para este efeito (sobre o tema , vide o caso da "*windfall tax*" britânica in BACON, *ob. cit.*, p. 318). O mesmo acontece com o estabelecimento de taxas diferenciadas de tributação (v. g., a subida de uma taxa aplicável apenas a certas empresas poderá ser considerada uma vantagem para as concorrentes?). Sobre o tema, do mesmo autor, vide "Differential Taxes, State Aids and the Lunn Poly Case", *ECLR*, 1999, vol. 7, p. 384 e ss.: trata-se de um caso discutido nos tribunais britânicos onde estava em causa a substituição de uma taxa uniforme sobre contratos de seguros por um regime com duas taxas, uma *standard* e uma agravada, esta última aplicável, entre outras situações, a contratos de seguros de viagem concluídos com operadores e agentes de viagens.

[173] Processo C 28/97 (NN 38/97), *Technolease Philips-Rabobank* (JOCE n.° C 338, de 8 de Novembro de 1997). Ver também a súmula deste processo in COMISSÃO, *Política de Concorrência da Comunidade Europeia*, 1997, p. 70.

Em 3 de Janeiro de 1994, o *Rabobank* comprou a *Electrologica* e, deste modo, o saber-fazer por um valor, estimado e aceite pela administração fiscal, de 2780 milhões de florins. De acordo com a Comissão, esta cessão configurava um acordo de locação financeira de tecnologia (acordo *technolease*) que permitiu à *Philips* usufruir de uma mais-valia num montante de 600 milhões de florins. Por seu lado, o *Rabobank* teria conseguido uma amortização mais rápida da sua aquisição do que aquela que a *Philips* poderia ter realizado, dado os períodos de amortização serem diferentes consoante os sectores de actividade. Aparentemente, ao aprovar (por via de um *ruling*) o acordo que previa esta operação e a inerente transferência contabilística, o fisco holandês teria permitido que ambas as empresas (a *Philips* e a *Rabobank*), utilizando mecanismos distintos, diminuíssem os seus impostos.

A aceitação pelo fisco holandês destas medidas foi inicialmente considerada pela Comissão como susceptível de constituir um auxílio de Estado e, por essa razão, a Comissão deu início, em 24 de Abril de 1997, ao processo previsto no n.º 2 do artigo 93.º do Tratado (n.n. 88.º, n.º 2).[174]

---

[174] No âmbito do procedimento relativo ao auxílio eventualmente concedido sob a forma de benefícios fiscais no quadro de um acordo relativo à venda e posterior locação financeira de saber-fazer ao próprio vendedor, celebrado entre a *Philips* e o *Rabobank*, o programa de investigação que a Comissão teve de levar a cabo para detectar as eventuais vantagens da *Philips* e do *Rabobank* é elucidativo das dificuldades deste processo. "A Comissão deve verificar se a *Philips* obtém uma vantagem sob a forma de meios líquidos ou quase líquidos, bem como sob a forma de um lucro obtido sobre um activo que não seria líquido na ausência da transacção em troca de amortizações fiscais que não teria eventualmente podido utilizar totalmente devido às presumidas dificuldades da empresa a nível da sua situação financeira. No caso da *Philips* ter realizado, a todos os níveis, lucros suficientes para tirar pleno partido das amortizações, constituindo uma indicação de tal o facto de a *Philips* não ter tido no final de 1992 qualquer prejuízo reportável, deve determinar-se se a *Philips* obtém uma vantagem fiscal ao pagar ao *Rabobank* a contraprestação acordada mais rapidamente do que teria sido o ritmo da amortização da *Philips*". "A Comissão deve igualmente examinar a eventual vantagem decorrente da operação para o *Rabobank*. Esta vantagem poderá consistir na possibilidade de realizar uma amortização fiscal a um ritmo superior à obtenção dos pagamentos nos termos do contrato de locação para cobertura das amortizações, bem como na obtenção de receitas correspondentes aos pagamentos de *royalties* relativos ao saber-fazer adquirido." (in JOCE n.º C 338, p. 5).

Capítulo III – Os Auxílios Tributários

b) A decisão final

Em 21 de Abril de 1999, a Comissão encerrou o procedimento com uma decisão negativa: o tratamento do acordo *technolease* por parte das autoridades fiscais dos Países Baixos não configuraria um auxílio de Estado. Na base do encerramento estão os resultados da investigação efectuada pela Comissão que a levou a concluir que "as autoridades neerlandesas não concederam à Philips nem ao Rabobank qualquer vantagem fiscal em detrimento do fisco neerlandês em virtude da aplicação discricionária da regulamentação fiscal" e que "nenhuma das partes no acordo *technolease* entre a Philips e o Rabobank beneficia de um elemento de auxílio estatal na acepção do n.° 1 do artigo 92.° (n.n. n.° 1 do art. 87.°) do tratado CE".[175]

Interessante no processo argumentativo da Comissão é o facto de só ter sido possível detectar a inexistência de vantagem após prévia análise dos requisitos da selectividade — em processo de recurso de uma eventual intervenção discricionária da Comissão (que não se provou) — e da utilização de recursos estatais (que não se verificou, uma vez que o acordo não acarretou perdas para o erário público).[176]

2.2.5.2. O caso *Megafesa*

O grupo *Megafesa*, produtor em Espanha de artigos para uso doméstico, nomeadamente utensílios de cozinha e pequenos aparelhos eléctricos, encontrava-se, nos finais de 1985, à beira da falência. No quadro da reestruturação do grupo, o governo central e os governos das comunidades autónomas onde estavam situadas as fábricas do grupo,

---

[175] Decisão da Comissão (2000/735/CE), de 21 de Abril, publicada no JOCE L n.° 297, de 24 de Novembro de 2000, p. 13 e ss.

[176] Após ter concluído existir um interesse económico das partes na operação decorrente do acordo, a Decisão, no considerando 38, regista que este interesse não pode ser posto em causa em virtude de uma eventual vantagem fiscal, visto que "não é de esperar que o Estado registe uma perda de receitas fiscais". O que se prevê é que as receitas fiscais totais aumentem a curto prazo, mas diminuam a longo prazo (ver considerando 21). Do ponto de vista do Estado holandês, a transferência de lucros tributáveis entre a *Philips* e o *Rabobank* consecutiva ao acordo conduziu simplesmente a uma nova repartição de receitas fiscais no tempo, sem implicar um encargo para o erário público (cf. o comunicado de imprensa (IP/99/241), de 21 de Abril de 1999).

atribuíram diversos auxílios, considerados, pela Comissão, ilegais e incompatíveis com o mercado comum.[177]

Nesta mesma decisão, a Comissão solicitou a suspensão de certos auxílios, a transformação de outros e a recuperação dos auxílios não reembolsáveis. Como esta não ocorreu, em 1997, a Comissão recebeu várias queixas de concorrentes, respeitando, não só à não restituição dos auxílios ilegais e incompatíveis, mas também relativas ao não cumprimento de obrigações financeiras e fiscais por parte do grupo. Como estes factos poderiam configurar uma vantagem para as empresas do grupo *Megafesa*, a Comissão abriu um procedimento de investigação, e, na sequência deste, declarou ilegal e incompatível o auxílio constituído pelo não pagamento de impostos e de quotizações sociais por empresas do grupo, solicitando a sua recuperação com juros.[178]

O governo espanhol interpôs um recurso de anulação da decisão, invocando, entre outras coisas, o carácter geral do regime de falências, ao abrigo do qual o não pagamento de impostos se justificaria, razão pela qual a medida não seria selectiva. A Comissão, sem pôr em causa o carácter geral da legislação das falências, retorquiu que o que estava em causa era uma outra coisa, o não pagamento sistemático dessas dívidas e a acumulação de novas no seguimento da decisão dos credores públicos que se abstiveram de solicitar a liquidação dessas empresas. Ao mesmo tempo, sublinhou que as empresas do grupo *Megafesa* não pagaram, ao longo de anos, as somas devidas à segurança social e ao tesouro público, sem que as autoridades tenham accionado os procedimentos de falência e sem que tenham obtido o pagamento das somas devidas por outros meios, isto é, não revelaram a diligência que um credor privado teria tido em situação similar. Aliás, foram estes quem veio solicitar a falência das empresas do grupo.

O Tribunal deu razão à Comissão. Para tal, apoiou-se nas conclusões do Advogado-geral J. MISCHO que sustentou não ser admissível que os poderes públicos tolerem passivamente uma acumulação de dívidas por longos períodos sem que se desenhe a menor possibilidade de melhorar a situação, caso em que um credor privado tomaria todas as medidas necessárias para limitar as perdas. Ancorado nesta argumentação, o Tribunal, aceitando embora que a eventual perda de receitas fiscais

---

[177] Cf. Decisão 91/1/CEE, de 20 de Dezembro de 1989 (JO L 5, 1991, p. 18).
[178] Cf. Decisão 1999/509/CE, de 14 de Outubro de 1998 (JO L 198, 1999, p. 15).

que decorreria para o Estado da aplicação a uma empresa da legislação sobre recuperação de empresas e de falências, não seria, em si mesma, suficiente para justificar a qualificação de auxílio, pronunciou-se a favor de que uma vantagem poderia resultar de certas medidas ou mesmo da ausência de medidas tomadas pelas autoridades em circunstâncias particulares. Seria esse o caso sempre que uma empresa prosseguisse as suas actividades durante vários anos sem respeitar as obrigações fiscais e de segurança social.[179]

Esta é, quanto a nós, uma decisão histórica, abrindo caminho para uma nova frente na luta contra a evasão fiscal e o laxismo administrativo. Assim as empresas prejudicadas assimilem as imensas possibilidades contidas nesta jurisprudência.

Em resumo: numa formulação genérica, as vantagens fiscais susceptíveis de interdição serão incentivos ou benefícios concedidos pelo sistema fiscal sob a forma de desagravamentos ou diferimentos de tributação que assumem, do lado da empresa destinatária, a natureza de reduções da carga fiscal das empresas ou de facilidades extraordinárias nos pagamentos.

Do lado do outorgante, implicam um sacrifício financeiro do Estado. Embora este sacrifício seja legitimado, no plano interno, pela aplicação de instrumentos de política económica estadual em sentido lato, do ponto de vista comunitário esta legitimação não é relevante.

2.3. O critério da origem: a imputabilidade das medidas tributárias ao Estado

2.3.1. Os auxílios tributários como medidas imputáveis a autoridades públicas

À primeira vista, também a aplicação deste critério não levanta problemas específicos.[180] A *imputabilidade* da vantagem fiscal a autoridades

---

[179] Cf. o Acórdão do TJCE, de 12 de Outubro de 2000, no processo C-480/98, Espanha/Comissão, Col. 2000, I-8717

[180] Não cuidaremos aqui, como é óbvio, da outra faceta da relação entre impostos e subvenções, ou seja, a da tributação destas, questão por vezes complexa (como ocorre, por exemplo, em sede de IVA).

404   *O Instituto dos Auxílios de Estado e a Fiscalidade*

públicas é intrínseca à própria definição de medida fiscal.[181] Por natureza, nos modernos sistemas de impostos, todos os benefícios e vantagens fiscais têm natureza pública, devendo ser, em regra, legalmente autorizados pelo Parlamento e postos em prática pelo executivo. A cobrança ou arrecadação por entidades privadas (bancos, correios, quiosques, como no imposto de selo) não lhes retira, obviamente, essa característica. A sua origem, independentemente de estarmos perante impostos centrais, locais ou regionais, é sempre o Estado em sentido amplo.[182] Assim tem sido decidido em diversos processos, relativos, v.g., aos Länder alemães, às ilhas Canárias e às Comunidades autónomas do País Vasco e de Navarra.[183] No que nos diz respeito, o mesmo se tem passado com as Regiões Autónomas dos Açores e da Madeira.

Também a *origem* dos recursos concedidos por via do sistema fiscal — os quais se traduzem na não arrecadação (ou na não arrecadação no tempo legalmente previsto) de impostos ou contribuições devidos por lei e, consequentemente, numa não entrada de receitas fiscais para o Orçamento — é, por definição, estadual, uma vez que é efectivamente suportada por fundos ou recursos públicos, consignados ou não.[184]

A renúncia dos poderes públicos à entrada de receitas públicas é, já o dissemos, equivalente ao uso de um recurso financeiro do Estado.[185] Mesmo que essas receitas se destinem a financiar um fundo, inclusive privado, como ocorre com muitas das medidas parafiscais, isso não altera a sua proveniência.

Apesar de tudo, o preenchimento deste requisito não é desprovido de incertezas. Elas manifestam-se quanto aos chamados "subsídios normativos" dos quais deriva uma perda de receitas fiscais, e quanto à linha de demarcação entre auxílios de Estado e auxílios comunitários, em particular no caso dos impostos harmonizados.

---

[181] No mesmo sentido, KEPPENNE, "Politiques fiscales nationales et contrôle communautaire des aides d'État", *ob. cit.*, 2000, p. 27.

[182] Cf. o Acórdão. de 14 de Outubro de 1987, proc. 248/84, *Alemanha / Comissão*, Col. 1987, p. I- 4013, proferido em recurso de anulação da decisão da Comissão 85/12/CEE, de 23 de Julho de 1984, in JOCE L n.° 7/85, p. 28.

[183] Cf. WOUTERS / VAAN HEES, *ob. cit.*, p. 652.

[184] Cf. o processo C-7/97 (in JOCE C 192, de 24 de Junho de 1997).

[185] Cf o citado Acórdão de 21 de Janeiro de 1998 no caso *Ladbroke*, pontos 107 e 108.

2.3.2. Aplicação prática: alguns exemplos

2.3.2.1. O caso *Sloman Neptun*

Neste caso, o Tribunal analisou a compatibilidade com o Tratado da lei alemã sobre a criação de um registo suplementar de navios para barcos com pavilhão federal nos transportes internacionais. Esta lei autorizava as companhias de navegação alemãs a contratar marinheiros estrangeiros (não provenientes da Comunidade) que não tivessem residência fixa na Alemanha, sem ficarem sujeitos às convenções colectivas de trabalho alemãs.

Deste modo, as companhias podiam pagar remunerações inferiores a estes trabalhadores, semelhantes às que seriam pagas no país de origem e sujeitá-los a condições de trabalho menos satisfatórias do que as oferecidas aos marinheiros alemães.

A empresa *Sloman Neptun* pretendia contratar alguns marinheiros filipinos, ao abrigo desta legislação, pagando 20% do salário dos marinheiros alemães. Perante a oposição da comissão de trabalhadores, a companhia accionou um processo contra esta junto de um Tribunal alemão. Para a empresa, a diferença de remunerações era justificada, uma vez que a finalidade e o objecto da lei alemã era precisamente a de permitir aos armadores o emprego de marinheiros estrangeiros na equipagem de navios registados, de acordo com o direito e condições de origem dos tripulantes.

A comissão de trabalhadores, porém, alegava, entre outras coisas, que o dispositivo legal que permitia a não aplicação das convenções colectivas atribuía à empresa uma vantagem que se revelava contrária ao disposto no artigo 92.º (n.n. 87.º) do Tratado. Da sua aplicação resultava, para o fisco alemão e para os organismos de segurança social, uma menor arrecadação de imposto sobre o rendimento das pessoas singulares e de quotizações para a segurança social do que aquela que derivaria do pagamento aos marinheiros de salários do nível previsto nas convenções colectivas. A vantagem seria pois financiada, em última instância, por dinheiros públicos.

O Tribunal de Justiça, ao decidir a questão prejudicial que lhe foi apresentada, afastou a qualificação da medida como auxílio de Estado, deliberando nos seguintes termos:[186]

> "Com efeito, tais regimes não tendem, pelas suas *finalidades* e estrutura geral, a criar vantagens que constituam encargos suplementares para o Estado ou os organismos mencionados, mas apenas a modificar a favor das empresas de navegação marítima o quadro no qual se estabelecem as relações contratuais entre aquelas empresas e os seus assalariados. As consequências daí resultantes, quer para a diferença da base de cálculo das quotizações sociais, referida pelo tribunal nacional, quer quanto a uma eventual perda de receitas fiscais imputável ao baixo nível das remunerações, invocada pela Comissão, são inerentes ao regime e não constituem uma forma de atribuir às empresas em causa determinada vantagem".

O Tribunal inspirou-se, neste último ponto, na posição do Advogado-Geral DARMON. Segundo este "as eventuais perdas de receitas pelo tesouro e pelos organismos de segurança social são apenas consequência daquela situação. Sendo necessário, poderiam ser justificadas pela "*natureza ou estrutura do sistema*", na medida em que é absolutamente usual que os impostos e as quotizações sociais sejam calculados em função do salário pago ao trabalhador".[187]

Este caso e a decisão que sobre ele recaiu permite chamar a atenção para dois pontos: primeiro, o Tribunal, ao dar relevância à finalidade dos regimes e ao neutralizar as consequências destes, desviou-se da chamada "doutrina ou teoria dos efeitos"; segundo, o Advogado-Geral admite, de forma expressa (o Tribunal, de forma implícita) que a cláusula de justificação pela "natureza ou estrutura do sistema" pode ser invocada para afastar os critérios da "vantagem" e dos "recursos estatais".

---

[186] Cf. o Acórdão de 17 de Março de 1993, proc. C 72 e 73/91, *Sloman Neptun Schiffarts AG/ Bodo Ziesemer*, Col. 1993, p. I-887. Vide ainda a Decisão 89/659/CEE (JOCE L 394, 1987, p.1). Note-se que o TJCE, distanciando-se da posição do Advogado-geral DARMON, que considerava a medida imputável ao Estado, por ser decorrente de uma conduta de que aquele era responsável, entendeu que a medida não satisfazia o critério da origem estatal dos recursos por meio dos quais foi financiada.

[187] Cf. as Conclusões do Advogado-Geral M. DARMON, apresentadas em 17 de Março de 1992, in Col. 1993, p- I, 905. Para uma análise crítica, cf. BACON, *ob. cit.,* 1997, p. 313 e ss.

2.3.2.2. O caso *Ecotrade*

Em muitas situações, a vantagem de natureza fiscal outorgada pelo Estado pressupõe um desvio a um regime regra, apenas sendo detectável em casos concretos. O caso *Ecotrade* permite exemplificar melhor esta afirmação.[188]

A *Altiforni*, um produtor siderúrgico, havia contraído uma determinada dívida para com a *Ecotrade*, uma empresa de comercialização de produtos siderúrgicos. Tendo esta empresa exigido a realização do seu crédito em Tribunal, este ordenou a cessão a favor da *Ecotrade* de um crédito da *Altiforni* sobre um banco. Mas a *Altiforni*, estando entretanto sujeita ao regime de administração extraordinária com autorização para continuar a sua actividade, passou a beneficiar, a partir do início daquele regime, de certas vantagens, entre as quais a da proibição das acções individuais de execução. Com base nisso, exigiu da *Ecotrade* a restituição da quantia em questão.

A *Ecotrade* opôs-se em recurso interposto diante de um tribunal nacional. Neste processo alegou que o normativo relativo ao procedimento de administração extraordinária, muito mais favorável do que o regime das falências, contrariava o disposto no Tratado CECA em sede de auxílios de Estado.

Em causa estavam as vantagens extraordinárias que este regime atribuía às grandes empresas com obrigações pecuniárias elevadas para com organismos públicos, nomeadamente a suspensão de todas as acções de execução, *incluindo* as de dívidas fiscais e dos juros e sanções em caso de atraso no pagamento do impostos sobre sociedades ou de falta de pagamento das quotizações sociais obrigatórias.

O Tribunal começou por afirmar que, como regra geral, a possível perda de receitas fiscais e parafiscais derivada da proibição absoluta de acções de execução com carácter individual e a interrupção do pagamento de juros sobre todas as dívidas da empresa decorrente do regime de administração extraordinária não justifica, por si só, que a medida fosse qualificada como auxílio de Estado.

---

[188] Acórdão de 1 de Dezembro de 1998, proc. C-200/97, *Ecotrade Srl/ Altiforni e Ferriere di Servola SpA*, Col. 1998, I-7907. Em jogo está, antes de mais, a questão da utilização ou não de recursos estatais.

408   *O Instituto dos Auxílios de Estado e a Fiscalidade*

Na base desta posição estava o facto de estas consequências serem inerentes ao regime legal aplicável às relações entre uma empresa insolvente e a massa de credores, sem que daí se pudesse inferir automaticamente a existência de uma carga económica adicional suportada pelas autoridades públicas em benefício das empresas interessadas.

No entanto, no caso em apreço, o Tribunal considerou existirem fortes indícios de que os dispositivos aplicáveis ao regime de administração extraordinária constituíam um auxílio de Estado.[189] Entre esses indícios estava precisamente o facto de a empresa beneficiar das referidas medidas de natureza tributária. As vantagens deste tipo são imputáveis ao Estado. Por outro lado, estão em jogo recursos estatais: um encargo adicional para o Estado existe a partir do momento em que este e outros organismos públicos figuram entre os principais credores da empresa em dificuldade.[190]

2.3.2.3. A questão dos impostos harmonizados

Outra zona de incerteza tem a ver com a transposição de directivas de harmonização fiscal para o direito dos Estados membros.

A questão põe-se sobretudo em sede de tributação indirecta, em particular no que respeita ao IVA, onde a harmonização abrange entre outras coisas, as isenções e a estrutura de taxas. Mas também em relação às *accises,* pois embora a harmonização fiscal seja aqui relativamente embrionária, há várias directivas respeitantes a impostos específicos sobre o álcool e as bebidas alcoólicas, sobre os produtos petrolíferos e sobre os tabacos.

Põe-se então a seguinte questão: serão imputáveis ao Estado, para efeitos de aplicação do n.° 1 do artigo 87.° do Tratado, as medidas fiscais que decorrem da transposição para a sua ordem jurídica interna de medidas de harmonização fiscal adoptadas no plano comunitário?

Segundo KEPPENNE, em princípio, sim.[191] Apenas não haveria imputabilidade quando as medidas de harmonização em causa fossem

---

[189] No mesmo sentido, ver ainda o Acórdão de 17 de Junho de 1999, proc. C-295/97, *Rinaldo Piaggio SpA/ International Factors Itália SpA,* 1999, Col. I-3735.

[190] No caso, o TJCE concluiu ainda que, estando o regime delineado de forma a aplicar-se em favor das grandes empresas industriais, o elemento da selectividade estaria igualmente presente.

[191] "Politiques fiscales...", *ob. cit.,* p. 27.

Capítulo III – Os Auxílios Tributários

suficientemente exaustivas e não deixassem margem de manobra às autoridades nacionais.

Não creio que, em regra, seja de acolher esta tese. A harmonização fiscal faz-se essencialmente através de directivas e não de regulamentos. E assim é devido ao princípio da subsidiariedade, corolário, neste domínio da soberania fiscal. Como decorre do Tratado, as directivas vinculam os Estados membros destinatários "quanto ao resultado a alcançar, deixando, no entanto, às instâncias nacionais a competência quanto à forma e os meios"[192]

Assim se, por exemplo, uma directiva em sede de IVA ou de impostos especiais sobre o consumo, habilita um determinado Estado membro para optar pela adopção de taxas reduzidas ou de derrogações previstas e possibilitadas por aqueles instrumentos jurídicos, tem pouco sentido imputar ao Estado a adopção da medida, apesar da margem de manobra que este detém na opção e, porventura, na configuração da medida. Só se esta extravasar ou contrariar o enquadramento previsto na directiva a medida poderá, em nosso entender, ser imputável ao Estado membro.

2.4. O critério da selectividade da vantagem de índole fiscal

2.4.1. Auxílios tributários e medidas gerais de natureza tributária

Só as medidas imputáveis ao Estado que, independentemente da forma, dos objectivos ou dos meios usados, atribuam vantagens às empresas e tenham um carácter selectivo podem constituir auxílios de Estado na acepção do n.º 1 do artigo 87.º do Tratado.

Segundo a Comissão, o carácter selectivo de uma medida consiste em *favorecer apenas determinadas empresas ou determinadas produções*, afectando assim o equilíbrio que existe entre as empresas beneficiárias e as suas concorrentes.[193] Transposto, de forma genérica, este requisito para o domínio tributário significaria que o Estado, através de medidas fiscais ou parafiscais, criaria, independentemente do tipo de imposto, da forma técnica ou do instrumento jurídico a que recorra, uma

---

[192] É o que dispõe o n.º 2 do artigo 249.º (a. n. 189.º) do Tratado.

[193] Cf. COMISSÃO, *Explicação das regras aplicáveis aos auxílios estatais*, p. 9.

situação de favor em relação a "certas empresas" ou "certas produções" situadas no seu território. Esta situação implica uma desoneração da carga fiscal normal que, na ausência daquelas medidas, incidiria sobre tais empresas e produções e que continua a incidir sobre as restantes empresas ou produções.[194]

O critério da selectividade é muito importante, pois, recorde-se, é ele que, na prática, permite distinguir os auxílios de Estado, em geral, e os tributários (ou subvenções públicas negativas), em particular, das medidas gerais de política económica e, em especial, das medidas gerais de natureza fiscal ou parafiscal. Contudo, a aplicação do requisito da selectividade às vantagens de natureza tributária é uma questão repleta de escolhos, que se reveste de particular melindre e complexidade.[195] Como reconhece, a propósito, o Advogado-geral COLOMBER, "a linha de demarcação entre as medidas que podem constituir subvenções públicas, por um lado, e as que caem no âmbito do sistema fiscal de um Estado, por outro, pode ser, por vezes, difícil de traçar".[196].

Não basta, com efeito, haver uma situação fiscal vantajosa para que se possa falar de auxílio tributário. De facto, nem todas as medidas de apoio fiscal ou parafiscal à economia (às empresas) podem ser consideradas como tal. Como recorda KEPPENNE, "a maior parte das medidas fiscais adoptadas pelos poderes públicos constituem medidas gerais, mesmo quando tratam diferentemente certas categorias de contribuintes"[197]. Ou ainda, como refere, por sua vez, a Comissão, "as medidas fiscais acessíveis a *todos* os agentes económicos que operam no território de um Estado-membro são, *em princípio*, medidas de carácter geral."[198]

---

[194] Cf. o ponto 9 da Comunicação.

[195] Cf., no mesmo sentido, JIMÉNEZ, "El concepto de ayuda...", *ob. cit.*, p. 89.

[196] Cf. as Conclusões do Advogado-Geral R. J. COLOMER apresentadas em 17 de Setembro de 1998, no caso *Itália/ Comissão*, proc. C-6/97, Col. I- 2991.

[197] In *Guide...*, *ob. cit.*, p. 74. A afirmação de que as medidas fiscais são normalmente de aplicação geral é igualmente subscrita por BACON, *ob. cit.*, 1997, p. 271. Para este autor, a linha de demarcação entre auxílios de Estado e medidas de política geral passa pelo facto de as medidas visarem, respectivamente, favorecer empresas específicas (*specifics undertakings*) ou factos-alvo (*targetted events*). Muitas das medidas fiscais integram esta segunda categoria.

[198] Itálico nosso.

Capítulo III – Os Auxílios Tributários

Põe-se pois a questão de saber como distinguir as medidas gerais de natureza fiscal (que em princípio ficam fora do campo de aplicação do n.º 1 do artigo 87.º do Tratado) das medidas consideradas como auxílios de Estado.

Trata-se, como sublinha SANTACRUZ, de uma distinção crucial que tem por base uma inequívoca fundamentação nos planos económico e jurídico.[199]

No plano jurídico, porque o próprio artigo 87.º do Tratado, ao referir-se a "determinadas empresas ou produções", exclui os benefícios que favorecem a economia como um todo. Ou seja: enquanto a apreciação das "medidas tributárias selectivas" entra no campo de aplicação da disciplina dos auxílios de Estado, cuja competência pertence exclusivamente à Comissão, embora com sujeição ao controlo do juiz comunitário, o combate às "medidas tributárias não selectivas ou de natureza geral" (às "medidas tributárias fiscais gerais"), no caso de constituírem um obstáculo ao funcionamento do mercado interno ou causarem distorções de concorrência, está sujeito às regras do capítulo do Tratado relativo à harmonização da fiscalidade e aproximação das legislações, matéria em que o poder de decisão pertence ao Conselho, dispondo apenas a Comissão, como ocorre em geral, do poder de iniciativa.[200]

Esta posição é sufragada pela jurisprudência. Partindo da ideia de que o regime fiscal e o regime de contribuições para a segurança social costumam, em termos globais, constituir medidas de carácter geral, o já clássico Acórdão de 1974 (Itália/ Comissão), por diversas vezes citado, reconhece que "o Tratado prevê, nos artigos *99.º a 102.º* (n.n. 93.º a 97.º), as formas de eliminar *distorções genéricas* provenientes de divergências entre os sistemas fiscais e de segurança social dos diferentes Estados membros".[201]

---

[199] Assim, SANTACRUZ, *ob. cit.*, p.134 e ss.

[200] De algum modo, isto reflecte o que se passa no *plano político*, uma vez que as medidas de política tributária geral enquanto medidas de direito fiscal (e não de direito económico) situam-se claramente na esfera de soberania final e na reserva de competência dos Estados membros. Daí que, no plano comunitário, apenas possam ser postas em causa em circunstâncias muito delimitadas.

[201] Vide Acórdão cit., Col. 1974, p. I-709 e ss.. Esta diferença de tratamento não é nova, tendo, entre nós, sido intuída por P. Pitta e CUNHA. Através de medidas gerais um Estado membro pode promover a competitividade do sistema económico. "Se, porém, -

412   *O Instituto dos Auxílios de Estado e a Fiscalidade*

Esta posição foi igualmente acolhida pela Comissão na Comunicação de 11 de Novembro de 1998. Aí se reconhece que "algumas medidas fiscais de carácter geral podem impedir o funcionamento adequado do mercado interno". Mas em relação a elas, o Tratado previu, por um lado, a possibilidade de harmonizar as disposições fiscais dos Estados-membros, com base no artigo *100.º* [n.n.94.º] (directivas do Conselho adoptadas por unanimidade)". Por outro lado, será com base nos artigos *101.º e 102.º* [n.n. 95.º e 96.º] (consulta dos Estados-membros em causa pela Comissão; se necessário, directivas do Conselho adoptadas por maioria qualificada), que algumas disparidades entre as disposições gerais vigentes nos Estados membros ou por eles previstas que podem falsear a concorrência e provocar distorções, devem ser eliminadas.[202]

No *plano económico*, porque os efeitos provocados sobre a concorrência pelas medidas gerais são mais limitados do que os efeitos provocados pelas medidas selectivas. Ao contrário destes, aqueles tendem a diluir-se no conjunto da actividade económica ou a ser compensados por factores macro-económicos, tais como as flutuações de taxa de câmbio, e outras provisões administrativas e fiscais.[203]

---

escreve este autor (*Aspectos Fiscais da Integração Económica Internacional*, 1964, p. 83) – certo Estado promover uma política fiscal de concessão de vantagens tão consideráveis às colocações e investimentos de capitais, que estes afluam em massa, desviando-se do seu destino normal, suscitar-se-á uma distorção nas condições de concorrência no mercado comum e poderá actuar o mecanismo previsto nos artigos 101.º [n.n. 96.º] (disparidades pré-existentes) e 102.º [n.n. 97.º] (disparidades supervenientes) do Tratado de Roma". Cf. também MILLÁN, *La armonización de legislaciones en la CEE*, pp. 110-145. Questão interessante é a de saber qual o processo de decisão para aprovação das directivas previstas no artigo 96.º. Este fala de maioria qualificada, não havendo expressa exclusão das matérias fiscais. A Comissão parece inclinar-se neste sentido. Mas a questão não é pacífica. Contra, na doutrina, JIMÉNEZ ("El concepto de ayuda...", *ob. cit.*, 2001, p. 102 e ss.).

[202] Ver ponto n.º 6 da referida Comunicação (*ibidem*, p. 3). Contra: J. H. BOURGEOIS, *ob. cit.*, p. 766 e ss.

[203] Posição também sustentada por BESELER e WILLIAMS, *Anti-Dumping and Anti-Subsidy Law*, Sweet & Maxwell, 1986, p. 138, os quais salientam que, por definição, no plano nacional, as medidas gerais não produzem distorções de concorrência e que, no plano internacional, os seus efeitos são difíceis ou impossíveis de determinar, uma vez que são contrabalançados por outras circunstâncias macroeconómicas, como flutuações de taxa de câmbios e outras provisões administrativas e fiscais. Ver, igualmente, a posição da COMISSÃO expressa na Decisão n.º 96/542/CE, JO L 231, 1996,

Capítulo III – Os Auxílios Tributários   413

De resto, a maior tolerância revelada *"até ao momento"*, pela Comissão, relativamente às medidas de carácter geral, incluindo as tributárias, reside, como ela própria exprime, no reconhecimento "que a política da concorrência não tem como objectivo tentar eliminar diferenças fundamentais entre as estruturas de custos dos Estados membros, que contribuem para o estabelecimento do contexto económico e social mais amplo em que operam as empresas em cada Estado membro"[204]

Mais, acrescenta ainda a Comissão: "efectivamente tal política minaria a base de um comércio mutuamente benéfico. Na medida em que existam diferenças a nível do papel que o Estado desempenha na economia e no fornecimento dos bens públicos, haverá igualmente diferenças a nível da fiscalidade global. Mesmo em países em que a carga fiscal geral é semelhante, pode haver, por razões históricas e políticas, diferenças significativas na estrutura da fiscalidade".[205]

Apesar deste reconhecimento, não pode esquecer-se que, conforme decorre das orientações administrativas da Comissão e da jurisprudência do Tribunal de Justiça, o conceito de auxílio de Estado é *evolutivo*. Ele deve ser aferido de acordo com as condições de cada momento, característica que tem uma especial repercussão na aplicação do requisito da "selectividade". Com efeito, a tendência dominante, tem sido, até agora, a de, na maioria dos casos, o Tribunal alargar o alcance e a aplicação deste parâmetro, de forma a favorecer o controlo da Comissão. Daí decorre uma cada vez maior compressão do âmbito de aplicação das medidas gerais.

Esta posição está de algum modo reflectida na citada Comunicação de 11 de Novembro de 1998. Quando aí se aborda o tema das medidas

---

pp. 23-9. Note-se, porém, que a situação torna-se mais complexa quanto aos países que integram o Eurosistema: não podendo recorrer aos mecanismos das taxas de câmbios, estão mais expostos aos efeitos de medidas gerais de outros países do que aqueles que optaram pela exclusão ou não reúnem ainda as condições de integração.

[204] Vide COMISSÃO, *Primeiro Relatório sobre os Auxílios Estatais na Comunidade Europeia*, 1988, ponto 15, p. 8-9. A Comissão enumera, a título de exemplo de factores que entram na estrutura do contexto económico e social global em que as empresas operam, o nível geral de infraestruturas e de fornecimento de bens e serviços públicos, *o nível geral de fiscalidade*, o nível geral de educação e de formação dos trabalhadores, a estabilidade financeira e política, o nível geral dos custos dos factores de produção (capital e mão-de-obra) e a dotação em recursos naturais (itálico nosso).

[205] COMISSÃO, *ibidem*.

414   *O Instituto dos Auxílios de Estado e a Fiscalidade*

fiscais de carácter geral que podem impedir o funcionamento adequado do mercado interno, a formulação adoptada sugere que o campo de aplicação das medidas gerais deve ser visto com algumas cautelas. Exige-se que tais medidas sejam efectivamente acessíveis "a todas as empresas numa base de igualdade" e que o seu âmbito não possa ser "restringido de facto, por exemplo, pelo poder discricionário do Estado quanto à sua concessão ou por outros elementos que limitem o seu efeito prático".[206] A preocupação parece ser a de incluir nos auxílios de Estado as "falsas" medidas tributárias gerais e as medidas em que exista uma "selectividade de facto". O requisito da selectividade pode, na verdade, ocultar-se atrás de uma medida formalmente geral que, apresentando-se como destinada a toda a economia, beneficia na realidade apenas algumas empresas ou produções.[207]

Apesar da importância da distinção, esta é uma questão relativamente em aberto. Aliás, a própria Comissão, ainda há bem pouco tempo, admitia a existência de um défice de conhecimento da sua parte na área dos auxílios concedidos através de medidas fiscais e sociais.[208]

De facto, as medidas gerais (sejam elas de política fiscal, económica, monetária, social, etc.), não se consideram como auxílios uma vez que são aplicadas a toda a economia (mesmo que nem todas as empresas delas efectivamente beneficiem), a todos os sectores, a todas as regiões, e visam regular as condições e o equilíbrio geral do sistema.

Torna-se, porém, difícil estabelecer uma linha de demarcação entre as medidas fiscais gerais (que, mesmo sendo acessíveis a todos os agentes económicos, não são normalmente usufruídas por todos eles) e as medidas selectivas (cujos destinatários são alguns mas que formalmente podem ser apresentadas como medidas gerais). Esta questão ganha ainda maior relevo quando estamos perante regimes gerais de auxílios ou perante os chamados auxílios horizontais, por natureza, difíceis de delimitar face às medidas de natureza geral.[209]

---

[206] Ver ponto 13 da referida Comunicação (in JOCE n.° C 384, de 10 de Dezembro de 1998, p. 5).

[207] Cf. D. SCHINA, *State Aids Under the EEC Treaty — Articles 92 to 94*, 1987, p. 30 e ss.

[208] Vide *XVII Relatório sobre a Política da Concorrência*, ponto 172.

[209] Cf. BACON, *ob. cit.*, p. 270 e ss. Recorde-se que a Comissão tem uma visão alargada do critério da selectividade, pois nele engloba, não apenas aquelas vantagens de

2.4.2. Medidas selectivas indirectas

2.4.2.1. A questão da determinação dos beneficiários

A ideia de selectividade pressupõe normalmente a prévia escolha de beneficiários-alvo, mesmo que estes porventura não sejam directa ou imediatamente identificáveis. Por isso, neste domínio, tal como nos auxílios em geral, não são, em regra, considerados como auxílios as vantagens a favor de beneficiários indeterminados, como sucede com os contribuintes na sua generalidade ou com quem frui as infra-estruturas públicas (estradas, portos, aeroportos). As medidas fiscais que beneficiem o universo das empresas não têm carácter selectivo.[210]

Por exclusão, não são considerados auxílios tributários as vantagens deste tipo a favor de beneficiários que não têm natureza empresarial, como os benefícios a favor de famílias e deficientes, estabelecimentos universitários, centros de formação profissional de natureza pública, etc.[211] O mesmo acontece, em princípio, relativamente às medidas que beneficiem consumidores ou trabalhadores por conta de outrem.[212]

A questão pode, porém, complicar-se nos casos em que exista uma vantagem económica *indirecta* para certas empresas, decorrente de um benefício fiscal atribuído directamente a contribuintes singulares ou mesmo a outras pessoas colectivas. E mais complexa se torna se este

---

que beneficiam empresas localizadas numa certa área geográfica do território nacional (auxílios regionais) ou certos sectores ou ramos de actividade (auxílios sectoriais), mas também as medidas que, aparentemente seriam de carácter geral, por se aplicarem a todo o território e ao conjunto das empresas de todos os sectores económicos de um Estado membro, mas que, na realidade acabariam por favorecer certas empresas ou categorias de empresas ou produções com *características comuns* (auxílios horizontais).

[210] A questão dos destinatários, em abstracto, das vantagens de natureza fiscal não põe, em princípio, problemas novos. Os beneficiários são as empresas (incluindo os grupos de empresas), conceito que, em direito da concorrência, é, como se sabe, entendido de forma muito ampla, englobando, por exemplo, comerciantes em nome individual e profissões liberais. Por isso, os auxílios não se circunscrevem ao imposto sobre os rendimentos das sociedades, podendo também dizer respeito ao imposto sobre os rendimentos das pessoas singulares.

[211] Cf. COMISSÃO, *Sexto Relatório...*, *ob. cit.*, p. 64.

[212] Esta exclusão é similar à delimitação negativa do conceito de sujeito passivo em sede de IVA.

416   *O Instituto dos Auxílios de Estado e a Fiscalidade*

benefício não tiver a aparência de medida selectiva, mas se apresentar como uma medida fiscal de natureza geral. Um exemplo permite esclarecer melhor este ponto.

2.4.2.2. O caso dos incentivos aos novos *Länder* alemães e a Berlim ocidental

Um caso deste tipo foi objecto de recente apreciação pela Comissão.[213] Em jogo estava um desagravamento fiscal a favor dos sujeitos passivos (em geral) que vendiam determinados bens económicos e podiam deduzir os lucros resultantes dessa venda (no caso, até 100% dos custos de aquisição e de fabrico), desde que estes fossem utilizados para a aquisição de outros bens económicos.[214]

Em si mesma, esta operação, aplicando-se genericamente, pelo menos de forma potencial, a todos os sujeitos passivos, parece constituir uma medida fiscal de natureza geral.

Só que, para efeitos de outorga do benefício, os bens económicos a adquirir deveriam ser participações em sociedades de capitais. Esta aquisição seria efectuada em conexão com um aumento do capital ou com a criação de novas sociedades de capitais que satisfizessem certas condições alternativas: ou (1) que tivessem a sua sede bem como a sua direcção nos novos *Länder* ou em Berlim Ocidental e, no momento da aquisição, não empregassem mais de 250 trabalhadores, ou (2) que fossem sociedades gestoras de participações sociais exclusivamente destinadas à aquisição ou à gestão e venda de participações em empresas com aquelas mesmas características.

Com base nestes dados, a Comissão considerou que aquela medida fiscal geral tinha por efeito um aumento da rentabilidade das participações

---

[213] Exemplos similares podem decorrer de benefícios fiscais a consumidores destinados, por exemplo, à aquisição de material informático ou de bens de equipamento ou de material de protecção ambiental. Estas medidas podem ocultar verdadeiros auxílios de Estado às empresas desses sectores.

[214] Cf. Decisão da Comissão, de 21 de Janeiro de 1998, referente a desagravamentos fiscais concedidos ao abrigo do n.º 8 do artigo 52.º da Lei alemã relativa ao imposto sobre o rendimento (*Einkommensteurgesetz*, abreviadamente *EstG*), in JOCE n.º L 212, de 3 de Julho de 1998.

detidas em empresas cuja sede e direcção estivessem situadas nos novos *Länder* ou em Berlim Ocidental (em última instância, as verdadeiras destinatárias da medida) relativamente às participações detidas em empresas sediadas ou localizadas fora daquelas regiões. Este acréscimo de rentabilidade não existiria, em condições normais de mercado, pois decorria indirectamente da medida estatal em causa. De facto, a condição para obter o desagravamento fiscal (investir nos novos territórios ou em Berlim) conduzia à atribuição de uma vantagem económica gratuita às empresas aí localizadas que, de forma indirecta, beneficiavam do novo regime.[215]

2.4.3. Medidas tributárias selectivas directas: seus fundamentos

Quais as medidas que atribuindo vantagens de natureza tributária podem ser consideradas directamente como selectivas? Uma vez que apenas as vantagens selectivas integram o conceito de auxílios de Estado, estando sujeitas à aplicação do princípio da incompatibilidade caso afectem a concorrência e o comércio intracomunitário, como as distinguir daquelas medidas que, embora possam proporcionar certas vantagens de índole tributária, têm realmente natureza geral?

A primeira disputa judicial importante onde foi, inicialmente, formulado pelo Tribunal um critério específico de selectividade relativo aos auxílios tributários ocorreu no processo, já clássico, relativo ao sector têxtil que opôs a Itália à Comissão.[216]

---

[215] Como sustenta a Comissão: "Este regime fiscal beneficia directamente determinadas pessoas singulares e colectivas (beneficiários directos), por forma a que estas adquiram certos bens económicos a determinadas empresas (beneficiários indirectos). A vantagem económica reside no aumento, relativamente à situação jurídica anterior à entrada em vigor do n.º 8 do artigo 52.º da *EstG*, da procura de participações em empresas que beneficiam indirectamente do regime. Dessa forma, os investidores (beneficiários directos) estarão dispostos a adquirir participações em empresas dos novos *Länder* e de Berlim, em condições mais vantajosas para essas empresas do que o seriam na ausência da medida em causa. Esta situação dá origem a um aumento do volume de participações nas referidas empresas e/ou a uma melhoria das condições contratuais (preço da participação relativamente ao seu valor nominal, duração e remuneração da participação, etc.) estabelecidas, para estas aquisições de participações a favor das empresas referidas." (*ibidem*, p. 53).

[216] Para maiores desenvolvimentos relativos a este caso, cf. os *Primeiro, Segundo,*

418   *O Instituto dos Auxílios de Estado e a Fiscalidade*

A Lei italiana n.° 1101 de Dezembro de 1971 previa um desagravamento parcial de certas contribuições sociais, a título de prestações familiares, por um período de três anos, em benefício de empresas industriais e artesanais do sector têxtil. Tal desagravamento traduzia-se numa redução de cinco pontos percentuais em relação à taxa de tributação aplicável.

A Comissão considerou que esta medida favorecia o sector dos têxteis (era sectorialmente selectiva) e decidiu que se tratava de um auxílio de Estado incompatível com o mercado comum.[217]

A Itália recorreu, com base, entre outras coisas, na necessidade de ser efectuada uma distinção entre medidas pontuais de isenção ou de desagravamento de encargos tributários que entrariam na categoria dos auxílios públicos e medidas, como aquelas que estavam em jogo, destinadas a completar e a integrar o sistema tributário geral de um Estado membro que estariam excluídas daquela categoria.

O Tribunal, porém, não acolheu a posição da Itália. Seguindo a orientação do Advogado-Geral WARNER, adoptou o seguinte critério:

> "(...) é necessário concluir que o desagravamento parcial dos encargos sociais a título de prestações familiares que recaem sobre os empresários do sector dos têxteis se apresenta como uma medida destinada a isentar parcialmente as empresas de um determinado sector industrial dos encargos financeiros *que resultam da normal aplicação do sistema geral* da previdência social *sem que essa isenção encontre justificação na natureza ou estrutura desse sistema*".[218]

Com base nele, a medida em questão foi considerada, não como uma medida de natureza geral, mas como um auxílio público.[219]

Terceiro e Quarto Relatórios sobre a Política de Concorrência, de, respectivamente, 1971, 1972, 1973 e 1974, pontos 173, 98-99, 100-101 e 156-157.

[217] Cf. Decisões da Comissão de 27 de Maio de 1970 (in JOCE L n.° 128/70, p. 33) e de 25 de Julho de 1973 (73/274/CEE in JOCE L n.° 254/73, p. 14).

[218] Cf. Acórdão. 173/73, *Itália/ Comissão, cit.*, ponto 33, p. 364.

[219] É interessante reproduzir a argumentação do Advogado-Geral WARNER centrada na ideia do *efeito útil* do art.°. 92.° [n.n. 87.°]: "Tal como salientou a Comissão, muitas indústrias em numerosos Estados-membros sofrem de desvantagens especiais de uma ou de outra natureza. Se as medidas adoptadas para as ultrapassar não devessem considerar-se auxílios, o artigo 92.° (n.n. 87.°) tornar-se-ia rapidamente letra morta. Uma reforma geral

A Itália decidiu então adoptar uma nova lei que previa um desagravamento parcial, para todas as empresas, das contribuições sociais relativas ao seguro obrigatório de doença. Este desagravamento consistia numa determinada redução de taxa para as contribuições respeitantes à mão de obra masculina e numa redução substancialmente majorada para as contribuições relativas à mão-de-obra feminina.

A Comissão entendeu que esta medida, embora fosse formalmente aplicável a todas as empresas, favorecia em especial os sectores industriais, como o têxtil, que empregavam mão-de-obra predominantemente feminina e, com base nisso, declarou a medida como auxílio de Estado incompatível, solicitando à Itália a eliminação das diferenças de taxas. [220]

Esta decisão suscita várias observações. Em primeiro lugar, ressalta a existência de uma fundamentação específica para o critério da selectividade em sede de auxílios tributários. A decisão do Tribunal ao referir-se (implicitamente) a excepções ou derrogações à "normal aplicação do sistema" remete para a ideia de que a selectividade é uma questão de grau. Implica o estabelecimento de um parâmetro abaixo do qual a medida se considera selectiva ("anormal") e acima do qual a medida se deve considerar geral.[221]

---

do sistema de segurança social num Estado-membro, tendo designadamente por efeito reduzir os montantes das quotizações patronais, poderia como tal ser alheia ao domínio de aplicação daquela disposição. Mas a medida em causa não se traduzia numa reforma nesses termos e também não constituía um elemento de uma reforma com essa natureza. Ela tinha por objecto resolver um problema especial de um sector industrial determinado. Tinha sido prevista para um período limitado de três anos no âmbito de uma lei que visava a "reestruturação, a reorganização e a reconversão" daquele sector da indústria. Também não se encontrava baseada num critério geral associado à proporção dos trabalhadores do sexo feminino em diferentes indústrias. Foi referido na audiência pela Itália que outras indústrias e em especial a indústria electrónica contam também com uma elevada percentagem de trabalhadores do sexo feminino; ora, nenhuma disposição análoga foi adoptada a favor deste sector. O carácter selectivo da medida demonstra já, em meu entender, e por si só, que esta era um auxílio e foi como tal concebida pelos seus autores" .

[220] Cf. Decisão da Comissão 80/932/CEE, de 15 de Setembro de 1980 (in JOCE L n.° 264/80, p. 28). A Itália não acatou a decisão, dando origem a uma acção por incumprimento posta pela Comissão (cf. o Acórdão de 14 de Julho de 1983, proc. C-203/82, *Comissão/Itália*, in Col. 1983, I-2525).

[221] Neste sentido SANTACRUZ, *ob. cit.*, p. 136. Essa é a razão pela qual, como vimos, CHÉROT prefere falar de "anormalidade", em vez de "selectividade". A questão

420   *O Instituto dos Auxílios de Estado e a Fiscalidade*

Em segundo lugar, permanece, ao lado desta fundamentação, uma outra, mais clássica, em regra, a mais utilizada pela Comissão. De facto, considera esta instituição que o critério da selectividade se encontra preenchido "quando as medidas fiscais ou medidas relativas às contribuições sociais introduzem uma *diferença de tratamento* a favor de um ou diversos sectores de actividade, sem que tal diferença se justifique pela natureza ou pela economia do sistema de cobrança".[222] Ou seja, parece fazer apelo para a ideia de discriminação ou tratamento discriminatório.[223]

Tendo, no entanto, como sabemos, esta instituição uma visão alargada do critério da selectividade, as *diferenças de tratamento* podem estar subjacentes não apenas a medidas que beneficiem empresas que integram certos sectores ou ramos de actividade (auxílios sectoriais), mas também a medidas destinadas a empresas localizadas numa certa área geográfica do território de um Estado membro (auxílios regionais), ou mesmo a medidas transversais que, embora se apliquem a todo o território e ao conjunto das empresas de todos os sectores económicos de um Estado membro, na realidade, acabam por favorecer certas empresas (ou categorias ou grupos de empresas com características comuns) ou certas produções em detrimento de outras (auxílios horizontais). É, de algum modo, a justificação que preside à declaração como auxílio de Estado das medidas de redução majoradas das contribuições para a segurança social das empresas que empreguem população feminina.

Sublinhe-se ainda que, em qualquer dos casos, o Tribunal e a Comissão salvaguardam a invocação da já mencionada cláusula de justificação pela "natureza ou estrutura" ou pela "natureza e economia" do sistema. As diferenças de linguagem não parecem traduzir diferenças de substância.

Quanto a nós, estas diferentes fundamentações não são necessariamente incompatíveis entre si. A segunda reflecte a perspectiva clássica de aproximação ao tema da selectividade procurando, em concreto, verificar a existência de excepções a um princípio de igualdade de tratamento entre empresas. A primeira procura transpor para a análise dos auxílios tributários o critério do funcionamento normal do mercado (da vantagem

---

desloca-se pois da determinação dos beneficiários para a questão da derrogação à normal aplicação do sistema.

[222] Cf. COMISSÃO, *Política de Concorrência da Comunidade Europeia*, 1997, p. 72.

[223] Trata-se de uma condição suficiente para integrar o requisito da selectividade.

Capítulo III – Os Auxílios Tributários 421

que não poderia advir do funcionamento normal do mercado), substituindo a referência ao mercado pela referência ao sistema fiscal ou da previdência social (ou seja: uma vantagem que não poderia advir do funcionamento normal do sistema). Importa, porém, verificar em concreto, através da análise dos diversos testes que o critério da selectividade comporta, qual a forma como podem ser compatibilizadas as duas fundamentações.

2.4.4. Âmbito do requisito da selectividade: desdobramento de testes

A doutrina não é unânime quanto à forma como interpreta e ao âmbito que atribui ao requisito da selectividade, em especial no que toca ao que designamos de teste de não excepcionalidade.

Na perspectiva tradicional, o requisito da selectividade fundar-se-ia, em última instância, na identificação dos beneficiários concretos da medida, os quais seriam positivamente discriminados em relação aos não beneficiários.

Este critério tem contudo limites. Por um lado, muitas vezes as próprias medidas gerais só aproveitam, na realidade, a algumas empresas. Por outro, frequentemente ocorre que não é possível *a priori* determinar o círculo exacto dos beneficiários.

Daí que alguns prefiram reconduzir este teste à questão de saber se a medida tem carácter derrogatório ou não.

Assim, nas conclusões apresentadas no já mencionado caso *Sloman Neptun*, o Advogado-Geral M. DARMON declara:

> "A leitura da jurisprudência do Tribunal de Justiça inclina-nos para pensar que o único elemento fundamental requerido para a aplicação do n.º 1 do artigo 92.º é o *carácter derrogatório* da medida, na sua própria natureza, em relação à estrutura do sistema geral em que se insere".

E adiante acrescenta:

> "A referência à possibilidade de justificar a isenção "pela natureza ou estrutura" do sistema mostra bem que é necessário identificar o carácter derrogatório da disposição em litígio em relação, de algum modo, à "normalidade jurídica".

Na sua perspectiva, "as medidas são derrogatórias quando não se aplicam a todas as empresas ou a todos os sectores industriais susceptíveis de dela beneficiarem, *tendo em conta a natureza e a estrutura do sistema*". Deste modo, "o critério da derrogação impede de considerar auxílios as medidas de aplicação geral, fiscais ou sociais, na medida em que todas as empresas do Estado-membro delas possam beneficiar, tais como a fixação das quotizações patronais ou do imposto sobre os lucros comerciais a certas taxas". Para ser aplicado o artigo 92.º, n.º 1 (n.n. 87.º) do Tratado — conclui o Advogado-Geral — " é necessário verificar a existência de *vantagens suplementares* resultantes da derrogação efectuada na legislação, nomeadamente, social ou fiscal".

Esta posição é muito semelhante à adoptada por CHÉROT, o qual prefere contudo referir-se à "anormalidade" da medida. Segundo este autor, "a anormalidade pode definir-se em relação a um critério de coerência quando o legislador se dota de um sistema (nomeadamente em matéria social ou fiscal). Neste caso, constituem auxílios as derrogações ao sistema geral que não sejam justificadas em relação aos objectivos prosseguidos pela regulamentação geral." Para além destes casos, a "anormalidade" pode ainda manifestar-se na existência de um poder discricionário ou, tratando-se da aplicação de normativos de direito económico, definir-se em relação às normas de comportamento numa economia de mercado.[224]

Posição diversa têm outros autores, entre os quais, por exemplo, J. CARBAJO, que prefere utilizar o termo "discriminação"[225]. A selectividade pressuporia uma discriminação em desfavor dos não beneficiários. Mas, segundo DORMON, este conceito é ambíguo. A discriminação implica necessariamente a existência de empresas ou de produções em situações idênticas, em concorrência portanto, as quais não beneficiariam da medida em causa. Ora, num caso concreto, pode não existir num Estado membro qualquer empresa ou produção concorrente (e, portanto, não haver discriminação) e haver derrogação em relação à aplicação normal do sistema em causa: basta que a medida falseie a concorrência em detrimento das empresas estabelecidas noutros Estados membros.

---

[224] Cf. CHÉROT, *Les Aides d'État...*, *ob. cit.*, pp. 24-25.

[225] Cf. Joël. CARBAJO, *ob. cit.*, in Claude BLUMANN et al., *Les aides nationales dans la Communauté européenne*, Publications de l'Université de Tours, 1987, p. 12.

Capítulo III – Os Auxílios Tributários

As raízes ideológicas desta posição não são ocultadas. O próprio DARMON diz que "ninguém duvida de que a referência feita (...) ao aspecto derrogatório do auxílio remete para concepções políticas e filosóficas sobre o papel do Estado e os limites da sua intervenção económica. Tal não tem nada de surpreendente, dado que a *ratio legis* do artigo 92.º (n.n. 87.º) é a de submeter a um controlo comum as intervenções do Estado que vão para além do enquadramento jurídico geral das actividades económicas, nomeadamente em matéria fiscal e social".

A observação implica, porém, considerar o alcance da derrogação para além do Estado-membro em causa. Ou seja: considerar os seus efeitos sobre os restantes Estados membros. A questão é a de saber se, neste caso, não estaremos, uma vez mais, perante uma radical aplicação da doutrina dos efeitos, que acabaria por fazer tábua rasa do requisito do conceito de selectividade. De resto, o mesmo se poderia passar com o conceito de discriminação: bastaria que este fosse entendido tendo também em conta as empresas dos outros Estados membros. No fundo, esta questão, prende-se, quanto a nós, com a do sistema de referência, adiante analisado.

De qualquer modo, mesmo admitindo que a adopção, como sistema de referência, do sistema nacional, não resolva, no concreto, todos os problemas, cremos, por razões de segurança jurídica e de preservação da especificidade da soberania fiscal, ser o quadro de referência admissível. É a partir dele que se deverá procurar desenvolver a questão dos testes da selectividade.

O parâmetro da selectividade deverá assim ser apreciado em dois momentos: o *primeiro* remete para a existência de discriminações ou de desvios em relação à norma (de desvios em relação à "normal aplicação do sistema", referindo-se este, em regra, à fiscalidade ou à segurança social); o *segundo* implica que essas discriminações ou desvios não tenham uma justificação inerente ao próprio sistema (no caso, não haver " qualquer justificação para a isenção na base da *natureza ou do esquema geral desse sistema"*).[226]

---

[226] Ver, a propósito, QUIGLEY, "The Scope of the Article 92 (1) of the EEC Treaty", (1993) e Rose D'SA, *European Community Law on State Aid,* (1998), p. 87-88. Ver também o ponto 12 da Comunicação de 11 de Novembro de 1998 (98/C 384/03) onde, baseando-se neste mesmo acórdão, a Comissão afirma que "o carácter selectivo de uma medida pode ser justificado "pela natureza ou pela economia do sistema. Se for este o caso,

424   *O Instituto dos Auxílios de Estado e a Fiscalidade*

A análise do parâmetro da selectividade desdobra-se, já o dissemos, em dois testes, que poderemos designar como o teste da especificidade e o teste da não excepcionalidade.

O primeiro teste, o da *especificidade*, relativo aos critérios gerais a utilizar para determinar se a medida é ou não específica, visa detectar as medidas que, apresentando-se ou não formalmente como medidas gerais, favorecem, "de jure" ou "de facto", apenas uma ou algumas empresas (ou sectores ou regiões) de um determinado Estado membro.

O segundo, o da *não excepcionalidade*, relativo aos critérios a adoptar para analisar se uma medida não é excepcional (noutra linguagem, anormal ou derrogatória) no quadro do sistema fiscal, visa excluir que sejam consideradas como selectivas medidas que, respondendo afirmativamente ao primeiro teste, ou seja, sendo específicas, não sejam excepcionais, isto é, se integrem coerentemente naquele mesmo sistema.

Num caso e noutro, o que está normalmente em jogo, quanto a nós, é o princípio da igualdade de tratamento em duas das suas manifestações.

No teste da *especificidade*, visa-se determinar se existe uma excepção ao princípio liberal clássico da igualdade formal, na acepção de proibição de tratamento discriminatório.

No teste da *não excepcionalidade* está em jogo a questão de saber se existe ou não justificação para o tratamento diferenciado. Uma dessas justificações é expressão de uma outra faceta do princípio de igualdade que, como é sabido, em matéria fiscal não se esgota na mera igualdade formal típica do pensamento liberal clássico.

Esta acepção moderna (igualdade em sentido material) pressupõe tratar de forma igual o que é igual e de forma desigual o que é desigual. Por isso, sempre que estas diferenças de tratamento respeitam a natureza e economia do sistema fiscal, estão, quanto a nós, fora do campo de aplicação do princípio da incompatibilidade.[227]

---

a medida não é qualificada como auxílio na acepção do n.º 1 do artigo 92.º (n.n.87.º) do Tratado". Neste sentido, parece estarmos perante uma causa de exclusão de selectividade. Recorde-se, no entanto, que a cláusula geral de justificação "pela natureza ou pela economia do sistema", embora mais utilizada no que toca à selectividade, não se reduz a este requisito, também se aplicando aos restantes requisitos da noção de auxílio de Estado.

[227] Cf. também a resposta à questão escrita E-126/96, JO C 183, de 24 de Junho de 1996, p. 13. Outras justificações para um tratamento diferenciado podem provir de razões de eficácia fiscal.

2.4.5. O requisito da selectividade: o teste da especificidade

A prática decisória da Comissão e a sua condensação na citada Comunicação de 11 de Novembro de 1998 mostram que a resposta à questão da especificidade se desdobra, ela mesma, em vários testes, cada um deles relativo a uma fonte concreta de especificidade.

Primeiro: aplica-se a medida fiscal a todo o território nacional? Uma resposta negativa aponta para a especificidade da medida. A Comissão considera, em princípio, selectivas, as vantagens que apenas se apliquem a certas circunscrições do território de um Estado membro (*auxílios regionais*), uma vez que só as medidas cujo âmbito se estenda a todo o território não serão, em princípio, consideradas como tal.[228] A questão assume, como dissemos, um certo melindre político quando essas medidas são adoptadas por autoridades de regiões que, face à Constituição dos respectivos Estados membros, disponham de autonomia fiscal.

Segundo: a medida, mesmo quando aplicada a todo o território, recai apenas sobre certo tipo de produções (ou produtos), certos sectores de actividade ou certas empresas? Em caso afirmativo, a medida é igualmente considerada como específica.

De facto, a Comissão considera selectivas as medidas que digam respeito a um ou vários sectores de actividade (*auxílios sectoriais*) ou que se apliquem a empresas concretas (auxílios *ad hoc*). Ela considera igualmente como tal as medidas que sejam restritas a certos produtos, por exemplo, os produtos nacionais exportados ou certos tipos de produções[229]. Um caso próximo deste, e que merece adiante uma referência especial, diz respeito à consideração como específica de uma medida relativa ao conjunto dos sectores submetidos à concorrência internacional. [230]

Terceiro: a medida, mesmo que responda negativamente aos testes anteriores, beneficia ou não certas funções gerais das empresas?

Esta questão surge em situações muito díspares, globalmente conotadas com os chamados *auxílios horizontais*. Se a resposta é afirmativa, pode considerar-se que, em princípio, a medida é específica e eventual-

---

[228] Cf. Comunicação, ponto 17.

[229] No entanto, a Comissão exclui do âmbito de aplicação do artigo 87.º, por considerar reduções gerais, a isenção de IVA relativa aos produtos alimentares no Reino Unido.

[230] Cf. a Decisão da Comissão, de 4 de Dezembro de 1996, no caso *Maribel bis/ter* (em julgamento, caso C-75-97).

mente selectiva, embora possa gozar de uma apreciação benevolente no quadro das derrogações ao abrigo do n.º 3 do artigo 87.º do Tratado. A questão pode pôr-se, por exemplo, relativamente a certas medidas fiscais de apoio ao ambiente ou aos regimes de crédito fiscal ao investimento que sejam, à partida, acessíveis, no conjunto do território, a todas e quaisquer empresas.[231]

Quarto: depende a aplicação da medida do estatuto público ou privado ou da forma da empresa, isto é, da sua inserção num determinado sector de propriedade dos meios de produção? Ou têm as vantagens fiscais apenas por destinatário o universo das pequenas e médias empresas ou das empresas em situação económica difícil? Em caso afirmativo, a medida será normalmente considerada como selectiva, pois a Comissão rejeita as discriminações em função do estatuto jurídico das empresas ou em função da dimensão das empresas.[232]

Assim, por exemplo, reduzir o IRC (pelo jogo de taxas ou de alterações nas regras de determinação da matéria colectável) a favor do universo das PME é um auxílio de Estado, cuja atribuição implicaria a prévia notificação à Comissão.[233]

Alguns casos suscitam, porém, interrogações, merecendo uma análise mais circunstanciada.

Encontrar um critério equilibrado e operacional para dar resposta à determinação da selectividade em "medidas intersectoriais" é uma questão claramente controversa e, em certos casos, de difícil resposta.

É o que acontece, por exemplo, com a existência de condições de amortização ou de reintegração mais favoráveis do que as que resultam da vida económica útil dos bens.[234] Ou ainda nos casos em que as vanta-

---

[231] A Comissão tem, contudo, considerado os regimes de crédito de imposto ligados às despesas de investigação como medidas gerais.

[232] Note-se contudo que a Comissão exclui do âmbito de aplicação do n.º 1 do artigo 87.º, por considerar, em princípio, regimes fiscais especiais e, consequentemente medidas de carácter geral, os regimes mais favoráveis relativos a cooperativas, empresários e trabalhadores por conta própria. (Cf. *Sexto Relatório...*, *ob. cit.*, p. 64).

[233] Uma taxa de imposto sobre as sociedades inferior à normal, aplicável, como ocorreu na Alemanha, às empresas de pequena dimensão, constitui, para a Comissão, um auxílio (Cf. *Sexto Relatório, ibidem*).

[234] A Comissão tem considerado que, embora o cálculo das amortizações do activo e os métodos de valorização dos *stocks* variem de Estado para Estado, cada método é ine-

Capítulo III – Os Auxílios Tributários 427

gens concedidas são limitadas a certas funções (serviços intra-grupo, intermediação, coordenação), daí decorrendo uma situação de favor relativamente a certas empresas.

Quinto: mesmo que a medida se apresente formalmente, no plano legislativo, como medida geral (e não como "selectiva"), há que analisar se a prática corresponde ao modelo legislativo, isto é, se a administração fiscal de um determinado Estado membro aplica ou não a medida em causa de forma "selectiva". A concessão de poderes discricionários ou a existência de práticas administrativas discriminatórias são factos suficientemente graves para qualificar a medida como selectiva, não havendo aqui lugar para a Comissão verificar se a medida se justifica pelo mercado ou pela natureza ou economia do sistema.[235] A existência de elementos de discricionariedade na atribuição de vantagens fiscais — ainda que no contexto de um regime geral — transforma cada aplicação desse regime num caso específico de auxílio.

---

rente ao sistema fiscal no qual é inserido. Existe, porém, presunção de auxílio se a Administração decide discricionariamente atribuir prazos de amortizações distintos ou aplicar métodos de valorização diferentes, sector por sector, ou empresa por empresa. Mas isto respeita normalmente mais às práticas administrativas que ao desenho do sistema.

[235] Cfr. Comunicação, ponto 12, doutrina que parece inspirar-se no acórdão *Kimberly Clark*. Neste caso, o Tribunal decidiu que constituía um auxílio de Estado o co-financiamento por um Estado, no âmbito de um fundo público que dispõe de um poder discricionário para modular a sua intervenção, de medidas de acompanhamento dos planos sociais elaborados, em conformidade com as legislações desse Estado, por empresas confrontadas com problemas de emprego. Por outro lado, de acordo com o Tribunal de Justiça, o tratamento discricionário dos agentes económicos por parte da administração pode conferir à aplicação individual de uma medida geral a qualidade de medida selectiva. Havendo discricionariedade, não existindo aplicação automática da norma mediante referência a critérios objectivos, não pode uma determinada medida ser qualificada de medida de natureza geral. Esta posição do Tribunal, formulada num contexto diferente da aplicação de normas fiscais, foi adoptada pela Comissão no âmbito da fiscalidade. Entende esta instituição que há selectividade na concessão de uma medida quando existe um poder discricionário exercido fora do quadro da simples gestão das receitas fiscais segundo critérios objectivos.

2.4.6. Aplicação do teste da especificidade a casos concretos

2.4.6.1. O caso dos grandes projectos de investimento

Um caso interessante diz respeito a Portugal. Em 1991, a Comissão considerou que as medidas fiscais aplicáveis entre nós que favoreciam as empresas que realizassem investimentos de valor superior a 56 milhões de *ecus* eram auxílios de Estado. Não sendo aquelas medidas, *de jure* ou de facto, aplicáveis a todas as empresas, favoreciam certas empresas, reduzindo os seus custos normais. Constituíam uma excepção à aplicação coerente do sistema fiscal português, não sendo, segundo a Comissão, justificadas pela natureza ou economia deste.[236]

2.4.6.2. O Caso *Montedison/Enimont*

No caso *Montedison/Enimont*, a Comissão considerou como medida selectiva "de facto" um mecanismo de reduções fiscais previsto numa lei geral sobre medidas fiscais italiana. Este benefício, sendo, em teoria, aplicável a qualquer empresa que encetasse um processo de reestruturação, na prática, dada a forma como a lei estava redigida, só se aplicava a uma única operação deste tipo, precisamente a que dizia respeito a uma empresa do sector químico, a *Enimont*. Segundo a Comissão o auxílio não se destinava a financiar investimentos produtivos, mas a melhorar a posição financeira do beneficiário.[237]

2.4.6.3. O caso *Institut Français du Pétrole*

Um outro exemplo: preencherá os critérios de existência de auxílios de Estado, o financiamento, através de um encargo parafiscal incidindo

---

[236] Cf. *XXI Relatório sobre a Política de Concorrência*, 1991, pontos 273 e 275. Um outro exemplo, este ocorrido no quadro de uma reforma fiscal dinamarquesa, é o da entrada em vigor de um novo imposto — uma ecotaxa sobre as águas usadas — em que simultaneamente foram introduzidos benefícios fiscais para certos sectores, considerados como selectivos.

[237] Decisão da Comissão 92/389/CEE, de 25 de Julho de 1992. Cf. o *XX Relatório sobre a Política de Concorrência*, 1990, ponto 305.

sobre certos produtos internos ou importados, de actividades de investigação fundamental desenvolvidas por um estabelecimento público não lucrativo?

O "Institut Français du Pétrole" (IFP), embora seja no plano jurídico uma organização não lucrativa de natureza científica e técnica, fundada em 1944, é um estabelecimento público empenhado em projectos de I&D no campo petroquímico. Este instituto é essencialmente financiado por meio de um encargo sobre produtos petrolíferos. No entanto, também obtém recursos de transferências para empresas dos resultados da I&D.[238]

A Comissão, seguindo a orientação da jurisprudência consagrada em 1970 no caso *"Institut Textile de France"*, considera que este tipo de financiamento, proveniente de receitas parafiscais, envolve recursos estatais, constituindo normalmente uma forma de auxílio.[239]

No entanto, no caso IFP, a Comissão, numa decisão não isenta de críticas, pronunciou-se em sentido contrário, por ter concluído que, embora as principais companhias francesas na indústria petrolífera e automóvel estivessem entre os clientes mais importantes do IFP, as empresas estrangeiras tinham igualmente acesso, sem discriminações, aos resultados da I&D. No caso, existiria uma vantagem concedida a um estabelecimento público que provém de recursos estatais, mas não haveria selectividade.[240]

---

[238] Cf. Decisão da Comissão 96/615/CE, *IFP* (in JOCE n.º L 272, 1996, p. 29) que adopta a mesma doutrina da anterior Decisão 91/500/CEE *Friuli region* (in JOCE n.º L 262, 1991, p. 29).

[239] Acórdão de 25 de Junho de 1970, proc. 47/69, França/ Comissão, Col. 1970, p. 487. Ver também a Decisão da Comissão 69/266/CEE, de 18 de Julho de 1969 (in JOCE n.º L 220, p.1).

[240] Parecem, contudo, pertinentes as observações, produzidas a este propósito, por M. N. MÜLLER. Segundo este autor, dada a política de vendas do IFP, baseada na obtenção de excedentes, o encargo parafiscal seria, em relação a este instituto, um auxílio de Estado, pelo que a Comissão deveria ter prosseguido a investigação para ver se tal auxílio seria justificado ao abrigo do n.º 3 do artigo 92.º (n.n. 87.º) do Tratado. Em vez disso, a Comissão misturou dois níveis distintos, ao considerar o carácter não discriminatório da alegada política de vendas do IFP como um facto capaz de limpar o encargo parafiscal do seu "odor" de auxílio de Estado (in " The community framework for State aid for research and development: the recent practice of the Court and the Comission", BILAL/ NICOLAIDES, *Understanding State Aid Policy in the European Community, Perspectives on Rules and Practice*, 1999, p. 110).

430 O Instituto dos Auxílios de Estado e a Fiscalidade

2.4.7. O requisito da selectividade: o teste da não excepcionalidade (a cláusula "natureza ou economia do sistema")

2.4.7.1. Explanação geral

A segunda questão — a do critério da não excepcionalidade (isto é, a questão da justificação da medida com base na "natureza ou economia do sistema") — é mais complexa[241]. Saber se uma medida é ou não excepcional implica determinar, de forma objectiva, um sistema fiscal de referência que permita detectar quais são as vantagens que se traduzem em desvios ou entorses em relação a esse sistema e quais são as medidas de alívio de carga fiscal que lhe são inerentes.[242]

Como estabelecer um critério que permita distinguir, de forma objectiva, qual é o sistema de referência e quais são os desvios a esse sistema?[243]

Em termos de auxílios públicos em geral, o Tribunal tem considerado que uma medida através da qual o Estado (em sentido lato) conceda uma determinada vantagem a favor de certas empresas ou produções não escapa, em princípio, à qualificação de auxílio público, a menos que seja objectivamente justificada no contexto do mercado.[244]

Esta doutrina tem um equivalente no campo dos auxílios tributários. Com efeito, em sede de auxílios parafiscais, o Tribunal decidiu, no célebre acórdão de 1974 (*Itália vs. Comissão*), que o desagravamento parcial dos encargos públicos a favor de empresas de um sector industrial constituía um auxílio de Estado, uma vez que esse procedimento se destinava

---

[241] Recorde-se que, à partida, esta cláusula poderá aplicar-se relativamente a outros requisitos. No entanto, o lugar próprio para o seu tratamento é aqui, por ser sobretudo aqui que tem expressão. Como sublinham WOUTERS e VAAN HEES (*ob. cit.*, p. 660), foi a dificuldade de determinar o requisito da selectividade numa medida fiscal que esteve na origem deste teste.

[242] Note-se que este teste só permite justificar a especificidade de uma medida em relação à fonte concreta de especificidade e não, de modo genérico, em relação a todas elas.

[243] Vide, PINTO, "EC State aid rules and tax incentives: a U-turn in Comission Policy? (Part I)", in *European Taxation*, p. 303.

[244] Ac. de 12 de Julho de 1990, CFD Chimie et SCGP / Comissão, proc. C-169/84, Rec. 1990, I. 3083.

a isentar parcialmente essas empresas de encargos financeiros que resultavam da normal aplicação do sistema geral de contribuições obrigatórias imposto por lei e que estas medidas desviantes em relação às regras tributárias gerais (no caso, uma isenção parcial) não se justificavam *pela natureza ou economia do sistema*.[245]

Note-se que o acórdão refere-se a medidas que, na linguagem que aqui utilizamos, qualificaríamos de específicas, uma vez que eram apenas aplicadas a um certo sector. O juízo final sobre a selectividade da medida envolveria, porém, um outro teste, o da sua não excepcionalidade face à natureza ou economia do sistema.[246]

Infelizmente nem a cláusula de justificação "pela natureza ou economia do sistema" foi, até hoje, alvo de esclarecimento por parte do Tribunal, nem tampouco a justificação mais genérica do "contexto do mercado" foi objecto de qualquer outra adaptação mais concreta à fiscalidade.

Assim sendo, como fazer uso deste critério?

2.4.7.2. O sistema de referência

Duas questões devem ser, a este propósito, dilucidadas. A primeira é uma questão prévia, a de saber a que sistema de referência se refere o teste. Escolhido este, há, em seguida, que analisar, caso a caso, qual é, dentro do sistema de referência, o regime regra.

Quanto à questão prévia, a do sistema de referência, a resposta, no estádio actual do direito comunitário, só pode ser uma: o sistema fiscal nacional de cada Estado membro.

No plano comunitário, na ausência de uma harmonização fiscal avançada, em particular no campo da tributação directa, não existe, como é sabido, um padrão de tributação-regra.[247]

---

[245] Cf. o citado Ac. de 2 de Julho de 1974, proc. 173/73, Itália / Comissão, Col 1973.

[246] Segundo WOUTERS/ VAAN HEES (*ob. cit.*, p. 661), a formulação do Tribunal no acórdão de 1974 não passava de um *obiter dictum*. Dir-se-ia que esta expressão teria permanecido "em banho maria" durante muito tempo, para renascer das cinzas muito recentemente.

[247] A questão pode, no entanto, pôr-se de forma distinta para a tributação indirecta harmonizada, em especial no que respeita ao IVA.

432   *O Instituto dos Auxílios de Estado e a Fiscalidade*

Os Estados membros são, em princípio, livres de modelar os aspectos fundamentais dos seus sistemas fiscais, definindo as situações tributárias, as bases de tributação e os níveis de taxas. Sendo circunscritas a certos domínios as limitações à soberania fiscal dos Estados membros, nada impede, à partida, que um determinado Estado proceda à redução ou abolição de um imposto para atingir objectivos económicos.[248] Como nada impede, em princípio, que estabeleça um imposto que, na prática, recaia sobre um certo grupo de empresas, criando, por exemplo, impostos sobre certos bens ou serviços específicos (álcool, tabacos, produtos petrolíferos).

Neste enquadramento, o sistema fiscal de referência não pode deixar de ser, como reconhece expressamente a própria Comissão na referida Comunicação de 1998, o *sistema interno* de cada um dos Estados membros.

O critério principal para a aplicação do n.° 1 do artigo 87.° do Tratado, — lê-se na Comunicação — é "o facto dessa medida instituir, a favor de determinadas empresas do *Estado membro,* uma excepção à aplicação do sistema fiscal".[249]

---

[248] Esta posição, como vimos, parece hoje um pouco abalada, caso se consolide a doutrina subjacente ao referido acórdão do TPI, o Acórdão *Landbroke Racing*.

[249] Cf. *Comunicação,* de 11 de Novembro de 1998, ponto 16. Sublinha-se a expressão "determinadas empresas do Estado membro" que, à partida, pareceria excluir a aplicação do instituto dos auxílios de Estado a um regime a favor de empresas de outros Estados membros, o que estaria, aliás, de acordo com a ideia de que a discriminação inversa (*à rebours*), ao contrário da discriminação simples, não estaria vedada ao Estado membro em sede tributária [cf. o estudo de Abel LAUREANO, *Discriminação Inversa na Comunidade Europeia (O Desfavorecimento dos Próprios Nacionais na Tributação Indirecta),* cujas conclusões são, por maioria de razão, aplicáveis à tributação directa]. No entanto, influenciada pela problemática da concorrência fiscal desleal ou nefasta, a Comissão, de modo algo contraditório, pronuncia-se pela impossibilidade da discriminação inversa, com base na seguinte argumentação: "Certas excepções às regras fiscais são, pelo contrário, difíceis de justificar pela lógica do sistema fiscal. É o que acontece, por exemplo, se as empresas não residentes forem tratadas de forma mais favorável do que as empresas residentes ou se forem concedidos benefícios fiscais às sedes das empresas ou às empresas que fornecem certos serviços (por exemplo, serviços financeiros) no interior de um grupo". A questão é que a cláusula de justificação só deverá ser aplicada caso a medida, no quadro da análise da selectividade, seja específica. Ora o requisito da selectividade apenas se aplica em relação às empresas de um determinado Estado membro a quem é proporcionado um tratamento de favor. O que está, aliás, de acordo com a lógica

Importa, assim, comparar, *com base no direito ou na prática de um Estado membro*, o tratamento dado às empresas que beneficiam da medida em causa e o regime geral aplicado às empresas que se encontram objectivamente na mesma situação.

A Comissão retira daqui algumas conclusões. Em primeiro lugar, o termo de comparação relativamente a uma medida tributária aplicável a favor de certas empresas decorre da aplicação normal do regime geral aplicável às outras empresas do mesmo Estado membro. É no quadro do sistema fiscal de um determinado Estado membro que deve ser buscada a definição do "regime comum aplicável".[250]

Em segundo lugar, existindo uma diferenciação vantajosa para uma determinada empresa (integrada num sector, região, etc.), a justificação dessas medidas fiscais diferenciais através da cláusula "pela natureza ou economia do sistema" compete aos Estados membros que as atribuem. Se tal justificação não existir, as medidas constituem auxílios. Cria-se, de algum modo, uma *presunção de excepcionalidade* das medidas diferenciais, competindo aos Estados membros demonstrar que tal presunção não corresponde à realidade.[251]

---

do instituto dos auxílios de Estado quando pretende evitar barreiras ou formas de proteccionismo. Nos casos de discriminação inversa não existe tal *ratio legis*. Dir-se-á: mas as discriminações inversas podem provocar distorções de concorrência. Sem dúvida: a forma de as resolver não é, porém, através da aplicação do regime dos auxílios de Estado, mas do artigo 97.º (a.n. 102.º), que se ocupa das disparidades supervenientes entre as legislações dos Estados membros, ou através de formas de harmonização fiscal. Ou, quando muito, de forma sucedânea, através de compromissos políticos como o Código de Conduta sobre a fiscalidade das empresas. Mas sem que da aplicação deste possam ser retiradas ilações para a qualificação das medidas em causa como auxílios de Estado.

[250] Cf. Comunicação, *ibidem*. Impõe-se ainda uma outra observação: a Comissão refere-se, por um lado, ao facto de o carácter selectivo de uma medida poder ser justificado pela "natureza ou pela economia do sistema" para efeitos de não aplicação do n.º 1 do artigo 87.º do Tratado (ponto 12) e, por outro, fala de "*derrogação* pela natureza ou economia do sistema", sendo que o termo "derrogação" é equívoco, podendo gerar a ideia de que a Comissão hesitaria ainda sobre a natureza desta cláusula. No entanto, cremos tratar-se mais de uma questão de deficiente formulação. A natureza desta cláusula é a de uma cláusula de exclusão de selectividade (ou eventualmente de outros requisitos da noção de auxílio de Estado).

[251] Vide ponto 23 da Comunicação: "O carácter distinto de algumas medidas não significa necessariamente que as mesmas devem ser consideradas como auxílios estatais. É o caso das medidas cuja racionalidade económica as torna "necessárias ou funcionais

434   *O Instituto dos Auxílios de Estado e a Fiscalidade*

Sendo, pois, certo que o carácter diferencial de algumas medidas não significa necessariamente que as mesmas devam ser consideradas como auxílios estatais, como tornar mais preciso o critério que permite detectar as medidas fiscais diferenciais que não serão consideradas como excepcionais? Ou, por outras palavras, como proceder à distinção entre auxílios tributários e medidas tributárias de carácter geral?

2.4.7.3. Os princípios fundadores ou directores do sistema fiscal do Estado membro em causa

É de novo na Comunicação de 11 de Novembro de 1998 que a Comissão desvenda o seu entendimento. Se no âmbito do regime comum aplicável houver excepções ou diferenciações tributárias, há que analisar se elas "emanam directamente dos princípios fundadores ou directores do sistema fiscal do Estado-membro em causa. Se assim não for, a medida constitui um auxílio estatal", pois não estará justificada "pela natureza ou economia do sistema tributário.[252] Isto significa que a Comissão decidiu optar, pelo menos no que à tributação directa diz respeito, por uma abordagem positiva em detrimento de uma abordagem normativa do problema.[253]

A Comissão não estabelece o elenco desses princípios. Essa seria, congruentemente, uma tarefa para as Constituições fiscais dos Estados membros. Mas, apesar disso, a Comissão sempre vai, aqui e além, deixando algumas indicações a esse respeito.

Em primeiro lugar, a ideia de que "a razão de ser do sistema fiscal é cobrar receitas destinadas a financiar as despesas do Estado". Deste modo, a orientação da Comunicação assenta na "distinção entre, por um lado, os objectivos atribuídos a um determinado sistema fiscal e que lhe são externos — nomeadamente objectivos sociais ou regionais — e, por outro, os objectivos inerentes ao próprio sistema fiscal".[254] Ou seja:

---

em relação à eficácia do sistema fiscal". No entanto, é ao Estado membro que compete fornecer essa justificação".

[252] Cf. ponto 16 da citada Comunicação da Comissão sobre a aplicação das regras relativas aos auxílios estatais às medidas que respeitam à fiscalidade directa das empresas.

[253] Cf. FICHERA, *ob. cit.*, p. 107.

[254] *Ibidem*, ponto 26.

afirma o *primado da função financeira* dos impostos sobre as funções extra-financeiras.

Seguindo esta lógica, haveria pois que separar os fins inerentes ao sistema fiscal dos fins inerentes a outros sistemas que se projectam na fiscalidade e que, em última instância, traduziriam o recurso ao sistema fiscal como forma de intervenção do Estado na economia. Nesta lógica, apenas aqueles regimes que seriam norteados por razões de *eficácia fiscal* permaneceriam fora da esfera de acção específica da Comissão e, consequentemente, permaneceriam na competência exclusiva dos Estados membros. Estes casos, consentâneos com o princípio da *neutralidade*, seriam justificados pela "natureza ou economia do sistema" e considerados como medidas fiscais de natureza geral. Os demais seriam considerados como excepcionais e, portanto, selectivos, só podendo ser justificados por aplicação das derrogações previstas nos n.ºs 2 e 3 do artigo 87.º do Tratado.

Um outro princípio, com idêntica raiz filosófica, referido pela Comissão, é o princípio da igualdade na sua faceta de *igualdade de tratamento ou não discriminação*. Este princípio, patente na proibição das práticas discriminativas discricionárias e na obrigação de as diferenciações terem base objectiva, é, no entanto, um princípio de direito comunitário e não apenas de direito interno que, no essencial, reforça os princípios atrás enunciados.[255]

---

[255] Cf. os pontos 21, 22, 24 e 27 da Comunicação. Em sede de apreciação das derrogações previstas nos n.ºs 2 e 3 do artigo 87.º, a Comissão faz ainda menção aos princípios e normas de direito comunitário (igualmente integrantes dos ordenamentos nacionais) que as medidas tributárias devem observar, sob pena de o auxílio não ser autorizado: para além da proibição da discriminação é o caso do direito ao estabelecimento e das disposições de direito derivado em matéria fiscal (ponto 29). Obviamente deveriam ser acrescentados os dispositivos do Tratado e da legislação complementar relativos à tributação indirecta, sendo neste quadro importante, como veremos, a análise das relações entre os artigos 12.º, 30.º, 90.º e os artigos 87.º a 89.º do Tratado, se, de forma redutora, a comunicação não se limitasse à tributação directa. Quanto aos auxílios contrários ao direito comunitário, por violação destes dispositivos, a Comissão, independentemente de poder atacá-los recorrendo, em paralelo, a um processo baseado no art. 226.º do Tratado, o mais que pode fazer – e de facto faz – é não os autorizar (cf. COMISSÃO, *Comunicação, ob. cit.*, ponto 29 e as referências jurisprudenciais invocadas em favor desta orientação: Acórdão de 22 de Março de 1977, proc. 74/76, *Iannelli e Volpi / Meroni*, Col. 557; Ac. de 21 de Maio de 1980, proc. 73/79 *("sovraprezzo")*, Col. 1533; Acórdão

436   *O Instituto dos Auxílios de Estado e a Fiscalidade*

Se ficasse por aqui, a Comissão estava longe de se aproximar de princípios que inequivocamente são hoje património comum dos Estados membros. A referência, em abstracto, aos princípios fundadores ou directores do sistema fiscal não pode ser entendida como se esgotando nos princípios de eficácia, de neutralidade, de generalidade, de não discriminação ou à afirmação do primado dos objectivos financeiros.

Na realidade, seria difícil ver como estes fundamentos da cláusula justificativa se mostrariam compatíveis com o facto de os modernos sistemas de tributação do rendimento se basearem no princípio, integrante das constituições fiscais materiais dos Estados membros, da capacidade contributiva. Este não é um princípio motivado por meras razões de economia do sistema, de eficácia de cobrança de receitas, mas sim por preocupações de justiça fiscal que pode conduzir a situações especiais ou de diferenciação de tributação.[256] A ele se refere implicitamente a Comunicação ao aceitar, por exemplo, a progressividade das taxas, como justificada pela "lógica redistributiva do imposto".[257]

Por fim, em direito e técnica fiscal, os benefícios ou desagravamentos concretizam-se em derrogações (entorses ou desvios) aos princípios da generalidade e da igualdade tributárias (na sua faceta tradicional) que informam, num determinado Estado, a tributação-regra. A questão é a de saber como e em que medida tais princípios são aceitáveis quando implicam formas de discriminação positiva, isto é, quando está em jogo um princípio material de igualdade tributária. Desde que tais diferenciações tenham um cunho objectivo, decorram da lei (e não de práticas administrativas) e se integrem nos princípios directores da fiscalidade do Estado membro, devem, quanto a nós, ser aceites. A cláusula não se esgota na mera justificação por razões de eficácia ou economia do sistema.

---

de 18 de Setembro de 1985, proc. T- 49/93, Col. II p. 2501 e Acórdão de 27 de Maio de 1981, proc. C 142-143/80 *(Salengo)*, Col. 1413.

[256] Cf. Clotilde C. PALMA, "Da evolução da capacidade contributiva", *Ciência e Técnica Fiscal*, n.º 402, 2001, pp. 109-147.

[257] Ibidem, pontos 24 e 27.

2.4.7.4. A doutrina da Comissão: alguns exemplos de exclusão de selectividade

A Comissão dá vários exemplos de medidas de excepção ou diferenciais que aceita como justificadas pela *natureza ou economia do sistema*. Em qualquer caso, compete, porém, ao Estado membro ó ónus da prova: é ele quem deve demonstrar que a justificação é adequada.

O primeiro, relembrando a decisão do Tribunal no citado caso *Kimberley Clark Sopalin*, é o das medidas cuja racionalidade económica as torna "necessárias ou funcionais em relação à eficácia do sistema".

É, por exemplo, o caso do cálculo das amortizações do activo. Os *sistemas de amortizações* são necessários para a determinação do rendimento real tributável, embora os métodos adoptados (degressivos, lineares, etc.) para o efeito possam variar consoante os sistemas fiscais. Há que analisar, em cada caso concreto, se o método ou métodos escolhidos são "necessários ou funcionais em relação à eficácia do sistema" ou se, pelo contrário, se destinam a encobrir elementos de auxílio.

O mesmo se passa com os métodos ou critérios de *valorimetria de existências* que influem nos proveitos e custos e, consequentemente, na determinação do resultado dos exercícios. Ou ainda, embora a Comissão não o mencione na Comunicação, com o *regime das provisões* fiscalmente dedutíveis.

Num outro plano, o mesmo ocorre com os métodos de *cobrança das dívidas fiscais* que, também eles, podem ser diferentes de Estado para Estado. Importará, por exemplo, verificar, nos casos da cobrança ser atribuída a entidades privadas, se as condições da concessão (em particular os custos da cobrança) são fixados numa base objectiva justificável.[258] Do mesmo modo, importa verificar se idêntica situação ocorre quanto à arrecadação dos impostos liquidados aos contribuintes, se são ou não formuladas condições de pagamento cuja racionalidade económica não seja objectivamente justificada pela eficácia do sistema de cobrança, isto é, pela optimização da cobrança das dívidas das empresas em causa.

Em todos estes casos, a Comissão declara que a existência de certos tratamentos diferenciados ou de algumas condições distintas (de amorti-

---

[258] Caso em que a justificação do sistema é dada por um critério de mercado (por exemplo, abertura de concurso público).

438   *O Instituto dos Auxílios de Estado e a Fiscalidade*

zações, de métodos de valorização, etc.) podem ser justificadas "por diferenças objectivas entre os contribuintes".[259] Mas já não por diferenças subjectivas ou práticas discriminatórias.[260]

Estas diferenças podem manifestar-se igualmente noutros planos. Assim, a Comissão admite ser justificada pela natureza do sistema fiscal uma isenção específica do imposto sobre os lucros que recaia sobre as entidades sem fins lucrativos, como as fundações ou associações, caso estas não possam na realidade tê-los. Tal como admite a não tributação dos benefícios das cooperativas quando aqueles benefícios sejam distribuídos aos seus membros e o imposto seja cobrado junto destes.[261]

Ou ainda as disposições específicas (e não discricionárias) que permitam a fixação do imposto numa base fixa, justificada por razões objectivas, tais como diferentes exigências contabilísticas ou, no casos das empresas dos sectores da agricultura e pescas, a importância do factor fundiário nos activos destes sectores.

Um outro caso justificável pela natureza ou economia do sistema é o dos métodos para evitar (método da isenção) ou atenuar (método do crédito de imposto) situações de dupla tributação. Deles poderão advir vantagens para as empresas, mormente quando confrontados com os sistemas clássicos onde o princípio é o da aceitação da dupla tributação económica.[262] Mas tais vantagens são justificadas pela economia do sistema e, consequentemente, não selectivas. "Presume-se que cada empresa paga o imposto uma única vez. É por isso inerente à lógica do sistema fiscal que sejam considerados os impostos pagos ao Estado em que a empresa tem residência fiscal".[263]

A Comissão integra ainda no grupo de medidas susceptíveis de justificação pela natureza ou economia do sistema a progressividade das taxas do imposto sobre os rendimentos ou sobre os lucros, justificando-a pela

---

[259] Cf., porém, as dúvidas levantadas pelo TPI (no citado acórdão *Ladbroke*) em relação ao critério da objectividade.

[260] *Ibidem*, ponto 24.

[261] *Ibidem*, ponto 25.

[262] Há métodos para atenuar a dupla tributação ao nível da sociedade (taxas duplas para lucros distribuídos e não distribuídos e métodos de dedução parcial dos lucros) ou ao nível do sócio (métodos de imputação parcial) e para eliminar a dupla tributação (imputação total e taxa zero).

[263] *Ibidem*, ponto 26.

lógica redistributiva do imposto. Ao fazê-lo, tem em conta, como vimos, um princípio — o da capacidade contributiva — hoje bem radicado na generalidade dos sistemas fiscais. Mas, deste modo, vai além da mera racionalidade económica, integrando considerações de justiça fiscal.[264]

Por fim, cite-se ainda o caso de certas disposições específicas relativas à fiscalidade das pequenas e médias empresas, incluindo as pequenas empresas agrícolas, isto é, os operadores do sector agrícola que não empregam mais de dez unidades de trabalho anual. Segundo a Comissão, a lógica subjacente a essas disposições é comparável à lógica da progressividade de uma tabela de tributação. A razão de ser desta justificação parece pois decorrer, ela também, do princípio da capacidade contributiva.

A aplicação do critério definido pela Comissão foi, nesta matéria, testada em alguns casos recentes.[265]

2.4.7.5. A prática da Comissão: alguns casos concretos relativos ao requisito da selectividade

a) O caso das amortizações aceleradas

Um exemplo de certa complexidade diz respeito ao já referido caso das amortizações aceleradas em benefício das companhias aéreas alemãs.[266]

As autoridades alemãs defendiam que a forma de amortização excepcional prevista na al. f) do artigo 82.º do regulamento de aplicação do imposto sobre o rendimento constituía "uma medida geral do direito

---

[264] Claro que sempre se poderá dizer que um sistema injusto não é um sistema eficaz.

[265] Cf. *Política de Concorrência da Comunidade Europeia, ob. cit.*, p. 72. Recorde-se que um importante caso de aplicação da cláusula em análise dizia respeito a uma disposição da lei alemã relativa ao imposto sobre os rendimentos para o ano de 1996. Consagrava-se aí uma diminuição do rendimento colectável das pessoas singulares ou colectivas relativamente a empresas estabelecidas nos *Länder* da parte oriental da Alemanha ou em Berlim Ocidental. Esta medida foi considerada como auxílio de Estado de natureza regional, tendo a Comissão entendido que tal medida não era justificada nem pela natureza nem pela economia da fiscalidade alemã.

[266] Cf. Decisão da Comissão de 13 de Março de 1996 relativa a um auxílio fiscal na forma de amortização em benefício das companhias aéreas alemãs (96/369/CE) in JOCE n.º L 146, de 20 de Junho de 1996, p. 42 e ss.

440 *O Instituto dos Auxílios de Estado e a Fiscalidade*

fiscal alemão". Esta medida, sendo "indissociável do conjunto do sistema fiscal alemão" deveria ser considerada apenas com base no artigo 101.° (n.n. 96.°) e não com base no instituto dos auxílios de Estado.

A Comissão respondeu a esta questão na já referida decisão de 1996 a partir das seguintes premissas:

> "Em matéria fiscal, a Comissão é de opinião que as medidas cuja natureza diverge da regra geral não são de considerar como auxílios estatais, na condição de a sua racionalidade económica as tornar necessárias ou funcionais em relação à eficácia do sistema. Tal deve traduzir-se normalmente no carácter não discriminatório do seu âmbito de aplicação que assenta em critérios ou condições objectivos e horizontais e num prazo ilimitado".

Ora não tendo tais premissas sido respeitadas no caso presente e não havendo fundamento para outorgar uma derrogação ao abrigo do n.° 3 do artigo 87.°, a Comissão decidiu-se pela incompatibilidade da medida de auxílio e, consequentemente, pela sua supressão.

b) O caso *Maribel*

Um outro caso onde esteve em jogo a questão da distinção entre medidas tributárias de natureza geral e auxílios tributários foi o caso *Maribel* que, em finais de 1996, provocou uma certa emoção nos meios políticos e empresariais belgas. Em jogo estava uma redução de encargos sociais acordada aos empregadores no quadro da chamada operação *Maribel*.[267]

Esta operação surgiu em 1981 tendo por fim melhorar a posição concorrencial das empresas belgas. Tratava-se então de atribuir de, modo geral e incondicional, uma diminuição das taxas de cotizações patronais devidas sobre a remuneração dos trabalhadores manuais. Esta operação sofreu algumas alterações, a última das quais em 1993, sem contudo alterar, no essencial, a natureza de medida de natureza geral.

---

[267] MARIBEL é a abreviação de *Model Analysing Rapid Investigation of the Belgian Economy*, nome de um modelo macroeconómico elaborado pelo *Bureau du Plan* para simular os efeitos a prazo na economia belga de medidas económicas ou sociais, como a redução dos encargos sociais. Sobre este caso, cf. A . SADZOT, "Les mesures de soutien à l'emploi: le cas Maribel", in COMMISSION DROIT ET VIE DES AFFAIRES, *Les Aides d'État en Droit Communautaire et en Droit National*, p. 141 e ss.

Capítulo III – Os Auxílios Tributários   441

Em 1993, o governo belga decidiu criar, ao lado do regime *Maribel* de base, um regime específico mais favorável. O *Maribel bis*, constituído por uma majoração do regime geral para as empresas que exercem a sua actividade nos sectores mais expostos à concorrência internacional, dele ficando excluídos expressamente sectores como o transporte e a construção. O financiamento desta vantagem suplementar era assegurada pela afectação de uma parte importante de uma nova taxa sobre a energia, a chamada "taxa para o emprego e a competitividade". Como esta medida se mostrou insuficiente, foi adoptado, entre outras coisas, um aumento da redução suplementar prevista no regime *Maribel bis* e o seu alargamento a outros sectores, como, por exemplo, o dos transportes, passando-se então a falar da operação *Maribel bis/ter*. Esta última operação foi questionada pela Comissão num processo de investigação instaurado ao abrigo do n.º 2 do artigo 93.º do Tratado.[268]

Em causa estava, neste caso, a redução adicional das contribuições para a segurança social das empresas de sectores mais envolvidos na concorrência internacional. Esta medida foi considerada selectiva e, como tal, integrando o conceito de auxílio de Estado, na acepção do n.º 1 do artigo 87.º do Tratado. A decisão da Comissão considerou o regime *Maribel bis/ter* incompatível com o mercado comum e ilegal, uma vez que as alterações aprovadas eram dirigidas a empresas que actuam num dos sectores mais expostos à concorrência internacional e não tinham sido objecto de notificação prévia.[269]

Depois de forte controvérsia, este regime veio a ser substituído por um outro (*Maribel quater*), em que se previa a redução das contribuições para a segurança social de todas as empresas que empregam trabalhadores manuais. A Comissão finalmente não levantou obstáculos ao novo regime, considerando que este constituía uma medida geral. De facto, o regime *Maribel quater* tinha carácter geral, aplicava-se indistinta e automaticamente, não efectuando *a priori* uma discriminação entre sectores[270].

---

[268] In JOCE n.º C 227/8, de 6 de Agosto de 1996.

[269] Cf., no proc. C-14/96, a Decisão da Comissão 97/239/CE, de 4 de Dezembro de 1996 (JOCE L 95, de 10 de Abril de 1997).

[270] Cf. proc. N 132/97 (JOCE C 201 de 1 de Julho de 1997) e *Boletim U E* 3/97 n.º 1.3.48. Vide ainda M. WATHELET, "Délimitation des contours de la notion d'aide d'État en droit communautaire", in COMISSION DROIT et VIE des AFFAIRES, *ob. cit.*, pp. 19 a 21.

442 *O Instituto dos Auxílios de Estado e a Fiscalidade*

Este caso é interessante porque revela quais os indícios que a Comissão tomou em consideração para verificar se havia ou não um selectividade: a natureza automática ou discricionária da atribuição das vantagens; a maior ou menor duração do período de aplicação do regime; e o carácter não derrogatório da medida em causa. A existência de uma derrogação representaria um desvio à norma, seria o produto de um regime excepcional que não teria por objectivo o desenvolvimento geral do conjunta da actividade económica.[271]

2.4.7.6. O requisito da selectividade: balanço crítico

Existe um conjunto de ambiguidades e de zonas obscuras em todo este exercício sobre o requisito da selectividade em matéria tributária. Apesar do esforço de esclarecimento que foi feito, continuam a existir zonas cinzentas que tornam árdua a distinção entre auxílios tributários e medidas de política fiscal geral. O alcance da fórmula usada na cláusula "economia ou natureza do sistema" continua a não ser totalmente claro. O mesmo acontece, aliás, com o fundamento desta cláusula de "derrogação" como modo de justificar a não aplicação do princípio da incompatibilidade, fora do campo de aplicação dos n.°s 2 e 3 do artigo 87.° do Tratado.[272]

Há, evidentemente, casos em que a aplicação daquela fórmula parece pacífica, permitindo estabelecer clivagens entre auxílios tributários e medidas tributárias de natureza geral.

---

[271] É este o sentido defendido pelo advogado geral DARMON no processo *Sloman Neptun* : "uma medida é derrogatória quando não se aplica a todas as empresas ou a todos os sectores industriais que, tendo em conta a natureza da economia do sistema, seriam susceptíveis de beneficiar dele" (Conclusões de 17 de Março de 1992, no proc. C-72/91, Col. 1993, p. I, pontos 47 a 62). Este critério tem a sua origem em análises da OCDE e foi retomado pela Comissão no *Segundo Relatório sobre os Auxílios de Estado* (anexo III, ponto 10, ponto 4).

[272] Existe, como se disse, uma grande ambiguidade terminológica acerca do termo derrogação. Umas vezes fala-se dele como desvio à norma, outras, como ocorre na Comunicação de 1998, a Comissão fala de "justificação de uma *derrogação* pela natureza ou necessidade do sistema". Noutras ainda, o termo derrogação é usado a propósito dos n.°s 2 e 3 do art. 87.° para designar as excepções aos auxílios e, portanto, a medidas que são selectivas.

Assim, a estrutura de taxas do imposto sobre o rendimento é normalmente considerada como parte integrante do sistema de referência, não integra a noção de despesa fiscal e, como tal, desde que aplicada uniformemente, não tem carácter selectivo. Reduzir, por exemplo, a taxa de IRC, de maneira uniforme, em todo o território nacional e abrangendo todos os sujeitos passivos, é uma medida fiscal de natureza geral que participa da economia geral do sistema.[273]

Mas já assim não será quando exista uma derrogação à taxa normal (base, geral) do imposto sobre as sociedades a favor de certas áreas da economia, como era o caso do regime irlandês aplicável ao conjunto do sector manufactureiro.[274] Ou os casos de redução de taxa (incluindo a taxa zero) desse mesmo imposto em zonas geográficas delimitadas, incluindo as zonas francas.[275]

Todos estes benefícios seriam considerados selectivos e, caso preencham as demais condições, incompatíveis com o mercado comum e, como tal, susceptíveis de sujeição ao escrutínio da Comissão para determinar se poderiam ou não ser objecto de derrogação ao princípio da incompatibilidade.

Em muitos casos, porém, a situação não é tão nítida.

A primeira questão prende-se, de forma genérica, com a própria distinção entre medidas tributárias de natureza geral e auxílios tributários. A tese clássica da Comissão é a de que, na base dessa distinção, está o requisito da selectividade.

Mas, no campo dos auxílios tributários, a análise da selectividade parece, como vimos, desdobrar-se em duas questões. Primeira questão: é

---

[273] É o caso da redução de 36% para 34%, numa primeira fase, e de 34% para 32%, em seguida, como fizeram entre nós, respectivamente os XIII e XIV Governos constitucionais. Segundo a Comissão, o mesmo aconteceria com a proposta da Irlanda de reduzir, a partir de 2003, a taxa do imposto sobre as sociedades para 12,5%, acabando com certos regimes de auxílios de Estado de natureza fiscal. A questão implica clarificar qual das taxas, a de 12,5% que se destina às chamadas *"trading activities"* ou a de 25% (taxa *standard*, aparentemente residual) é a verdadeira taxa *geral* do imposto irlandês sobre as sociedades.

[274] Note-se que nem sempre a Comissão teve esta posição em relação a este regime irlandês.

[275] É o que permitiu qualificar o regime da Zona Franca da Madeira como auxílio de Estado destinado ao desenvolvimento regional.

a medida específica? Caso o não seja ela é uma medida de natureza geral.[276]

Segunda: é a especificidade da medida justificada, em concreto, pela natureza e economia do sistema, isto é, pelos princípios fundadores ou directores do sistema tributário do Estado membro em causa? Caso o seja, e não subsistam fontes de especificidade por justificar, a medida é igualmente uma medida de natureza geral.

Não se trata de questões de somenos. Se estivermos perante uma cláusula justificativa de não selectividade o resultado lógico seria a inexistência de auxílios de Estado. Consequentemente, não deveria haver qualquer obrigação de notificar tal medida à Comissão. Deste modo, o ónus que, de acordo com esta instituição, pesa sobre o Estado de justificar o carácter não excepcional da medida, em rigor, só poderia traduzir-se numa obrigação *a posteriori*.[277] Esta solução redundaria, contudo, em perda de eficácia do controlo. E, por isso, mesmo que tal possa implicar alguma quebra de lógica, conduzindo a um regime híbrido, não previsto pelo regime dos auxílios, a solução mais consentânea com a *ratio legis* do controlo dos auxílios de Estado é a de, nos casos de invocação da cláusula em análise, os Estados deverem notificar a Comissão dos regimes de benefícios ou incentivos.

Os exemplos fornecidos pela Comissão de medidas tributárias de natureza geral podem ser desdobrados em dois tipos de medidas: as que não são específicas (medidas gerais em sentido estrito) e, as que o sendo, não são excepcionais (medidas gerais em sentido lato).

---

[276] A ambiguidade aqui está no facto de, por vezes, as decisões comunitárias parecerem ver a questão da "natureza e economia do sistema", não como uma justificação da medida, mas quando não se comprove, como um indício mais da existência de um auxílio de Estado.

[277] Tratar-se-ia de uma ambiguidade de natureza processual: a Comissão atribui ao Estado membro interessado a incumbência de fornecer a justificação, mas não diz o momento em que tal justificação deve ocorrer. Se se tratasse de verdadeira derrogação ao 87.º n.º 1, este tipo de medidas deveria ser objecto de notificação prévia à Comissão. Não se tratando e ocorrendo ainda na fase da própria incidência do n.º 1 do art. 87.º, para efeitos de não ser considerada como auxílio, fica sem se saber se e quando deve ser produzida tal justificação e qual a forma desta. Não estando nós perante uma verdadeira derrogação, o que existiria, aliás, seria uma situação susceptível de controlo *a posteriori* (isto é, sem prévia comunicação...). Do ponto de vista comunitário, esta solução – inscrita na lógica das coisas — redundaria, por certo, em perda de eficácia do controlo.

Capítulo III – Os Auxílios Tributários

Compreende-se que no campo das primeiras estejam as medidas de pura técnica fiscal, desde que se apliquem indistintamente a todas as empresas e a todas as produções. Exemplos deste tipo são, segundo a mesma instituição, a fixação das taxas de tributação, as regras de depreciação e amortização, as regras em matéria de reporte de prejuízos e as disposições destinadas a evitar a dupla tributação ou a evasão fiscal.[278]

Já parece, porém, mais discutível que, no mesmo grupo, figurem medidas que, podendo ter um objectivo de política económica geral, reduzem a carga fiscal que onera certos custos de produção de certas categorias de empresas, uma vez que, em termos genéricos, tais medidas correspondem aos chamados auxílios horizontais (por exemplo, incentivos à investigação e desenvolvimento, ao ambiente ou à formação e emprego). Recorde-se que estas medidas são vistas como derrogações em sede de formas de auxílio de Estado não tributários, aplicando-se-lhes o n.º 3 do artigo 87.º do Tratado. Pode assim questionar-se o porquê de, em sede de auxílios tributários, terem à partida um tratamento distinto e mais favorável do que o daqueles outros auxílios. Será que a Comissão pretendeu, neste domínio, antecipar o efectivo funcionamento das isenções por categoria, pré-figuradas no Regulamento (CE) n.º 994/98, do Conselho, de 7 de Maio de 1998, relativas a determinados auxílios estatais horizontais (a favor das PME, da I&D, da protecção do ambiente e do emprego e formação)?

Registe-se uma outra ambiguidade, a de saber se há e quais serão os outros princípios fundadores ou directores do sistema fiscal reconhecidos como tal.

A Comissão, ao avançar, em termos gerais (isto é, sem referência a um sistema fiscal concreto de um Estado membro), com exemplos de princípios fundadores ou rectores — de forma a clarificar ou aprofundar o sentido da expressão "justificação de uma derrogação pela *natureza ou economia do sistema*" — deixa no ar a ideia de que existem certos princípios fundadores ou directores comuns aos diversos sistemas fiscais dos Estados membros e que seria desejável que tais princípios se consolidassem, de forma a, pelo menos no futuro, poderem ser a base do sistema de referência, a partir de uma abordagem normativa.

Imaginemos que, num determinado caso, existe uma situação em que um Estado membro justifica uma certa medida de excepção na base

---

[278] Cf. COMISSÃO, *ibidem*, ponto 13.

446   *O Instituto dos Auxílios de Estado e a Fiscalidade*

da cláusula da economia ou natureza do sistema interno. Mas que essa medida, ao afastar-se claramente das soluções dos sistemas dos outros Estados membros (podem, por exemplo, existir desvios significativos em relação a critérios económicos normalmente aceites e subjacentes à legislação dos Estados membros, nomeadamente em sede de amortizações ou de preços de transferência), provoca efeitos negativos sobre a concorrência e o tráfego comercial e sobre as receitas de outros Estados membros.

Nestas condições, deverá a justificação da natureza do sistema ser aceite?

Actualmente, sendo os sistemas fiscais de referência os próprios sistemas nacionais e sendo estes distintos de país para país, nada impede que um determinado sistema fiscal venha a ser construído de forma a tornar aceitáveis medidas que, pelos efeitos que provocam, poderiam ser consideradas, face a um sistema que respeitasse certos princípios comuns, ou a uma maior homogeneidade ou transparência dos sistemas, como verdadeiros auxílios fiscais. De momento, pragmaticamente, a Comissão opta por uma abordagem positiva, em que o sistema de referência é, como vimos, o sistema fiscal nacional, mesmo que, por essa razão, este entendimento acerca da questão da selectividade deixe de fora certas situações de distorção.

Questão diferente desta, mas com ela relacionada, é a de saber se a Comissão deve aceitar, sem mais, os contornos do sistema estabelecido no direito positivo de um determinado Estado, quando este tenha desenhado tais contornos para disfarçar verdadeiros desvios ao sistema sob a capa de medidas gerais?

Não deverá toda esta problemática ser aferida pelos princípios gerais de direito fiscal comuns aos diversos Estados membros?

É certo que alguns destes princípios existem e integram o direito comunitário. Como é certo que o seu estatuto ficou clarificado e reforçado com o disposto no artigo 6.º do Tratado da União Europeia.[279] Mas,

---

[279] O n.º 1 do art. 6.º do TUE (ex art. F) — introduzido pelo Tratado de Amesterdão — estipula que "A União assenta nos princípios da liberdade, da democracia, do respeito pelos direitos do Homem e pelas liberdades fundamentais, bem como do Estado de direito, princípios que são comuns aos Estados membros", enquanto o n.º 2 estabelece que "A União respeitará os direitos fundamentais (...) tal como resultam das tradições constitucionais comuns aos Estados membros, enquanto princípios gerais de direito comunitário".

Capítulo III – Os Auxílios Tributários 447

no estádio actual do direito comunitário, não parece possível fazer um apelo sistemático para tais princípios.

De facto, a Comissão não dispõe de poderes com tal amplitude. A construção de um sistema comunitário de referência ou a invocação dos princípios comuns parece até agora fora de questão.

Compreende-se que assim seja, por razões simultaneamente técnicas e políticas. No plano técnico, é muito difícil delimitar esse tipo de desvios, questão que implicava, na ausência de sistemas de fiscais harmonizados, recriar um sistema fiscal de referência ideal, distinto dos diversos sistemas positivados ou, pelo menos, um maior esforço no sentido de clarificar e solidificar, não apenas os princípios de direito económico comunitário que se projectam na fiscalidade, mas sobretudo os princípios gerais de direito fiscal, decorrentes da noção de Estado de direito e das tradições constitucionais comuns, que atravessam os diversos sistemas fiscais.

No plano político, isso seria provavelmente visto como mais uma intrusão no domínio da soberania dos Estados membros e seria objecto de forte reacção por parte destes.

Estamos em crer que o empenhamento da Comissão no Código de Conduta sobre a fiscalidade das empresas teve, entre outros, também este objectivo. E isto porque, quanto a nós, o Código de Conduta iria permitir que o Conselho analisasse certas medidas que, do ponto de vista do regime dos auxílios de Estado, são consideradas como medidas fiscais gerais, sempre que delas resultasse concorrência fiscal desleal, em particular, quando provocassem erosão das receitas de outros Estados membros.

2.5. Delimitação negativa do conceito de auxílio tributário

Não integram o conceito de auxílio tributário as medidas que não preencham algum dos requisitos do conceito, isto é, aquelas que não se traduzam em reais vantagens de natureza fiscal ou parafiscal para as empresas, que não provenham de recursos financeiros dos Estados ou que sejam genuínas medidas fiscais de índole geral.

Importa enunciar ou relembrar alguns exemplos em que falta um ou alguns dos requisitos do conceito.

448   *O Instituto dos Auxílios de Estado e a Fiscalidade*

Um exemplo de medidas em que não existe uma real vantagem nem uma transferência de recursos estaduais para os contribuintes é o caso da restituição ou reembolso de imposto (de colecta), efectuados a seu favor, por terem sido arrecadados sem base legal ou, de modo mais genérico, pela sua cobrança se ter mostrado indevida. No caso *Denkavit,* o Tribunal pronunciou-se a favor desta solução, pelo menos em relação aos impostos incompatíveis com o direito comunitário.[280]

Neste caso, as autoridades fiscais italianas tinham cobrado a uma empresa um imposto por inspecções sanitárias na importação de leite e produtos lácteos, imposto este que, em 1974, foi declarado contrário ao disposto no artigo 12.º (n.n. 25.º) do Tratado.[281]

O Tribunal considerou que se tratava, porém, de compensar uma desvantagem anteriormente infligida pelas autoridades tributárias e não de atribuir uma verdadeira vantagem fiscal. Quando o Estado cumpre rigorosamente obrigações de carácter civil, como a obrigação de reparar danos e prejuízos ou a obrigação de restituição do indevido, não estamos perante um auxílio de Estado.[282]

No entanto, nem sempre é fácil saber se o Estado efectuou ou não um reembolso de acordo com a lei ou se, por detrás de um reembolso, não se esconde um elemento de auxílio de Estado. A questão é delicada pois, segundo certos tribunais nacionais superiores, não compete à Comissão verificar se um determinado Estado aplicou ou não correctamente a legislação fiscal nacional.[283]

---

[280] Cf. o Acórdão de 27 de Março de 1980, proc. C-61/79, Col. 1980, p. 1205, pt 31.

[281] Dispõe o artigo 25.º do Tratado: "São proibidos entre os Estados membros os direitos aduaneiros de importação e de exportação ou os encargos de efeito equivalente. Esta proibição é igualmente aplicável aos direitos aduaneiros de natureza fiscal."

[282] Cf. nota 144. Caso interessante é o do estatuto das verbas atribuídas pelo Estado a empresas a título de compensação por obrigações de serviço público. A tese clássica, de que não existe vantagem (e, consequentemente, auxílio), caso se verifique uma relação de equivalência entre os dois termos da relação (estaríamos perante um preço que representava a contrapartida das prestações efectuadas), havia sido posta em causa pelo TPI (nos casos *FFSA* e *SIC*, respectivamente, acórdãos de 27 de Fevereiro de 1997, proc. T-106/95, e de 10 de Maio de 2000, proc. T-46/97). Ela foi, no entanto, recentemente reafirmada — e bem — pelo TJCE no acórdão *Ferring SA*, de 22 de Novembro de 2001 (proc. C- 53/00), o qual tornou claro que uma vantagem fiscal não constitui um auxílio se tem por efeito compensar as obrigações de serviço público.

[283] SCHÖN (*ob. cit.,* p. 921) refere, a propósito, uma decisão do High Court no

Capítulo III – Os Auxílios Tributários

Mesmo que exista uma vantagem para o contribuinte, há que excluir do conceito de auxílios as medidas que não se traduzem em real sacrifício para o Estado, ou que decorrem da adopção de uma melhoria do enquadramento geral, económico e jurídico (*"general economic and legal playing field"*).

A jurisprudência comunitária dá-nos exemplos de medidas deste tipo. Recordemos dois. O primeiro diz respeito ao caso *Sloman Neptun*, no qual o Tribunal estava confrontado com uma redução de impostos sobre o rendimento e de contribuições para a segurança social no negócio do *shipping* decorrente de uma quebra dos salários provocada pela adopção de mudanças na lei laboral. O Tribunal considerou que o sacrifício financeiro era suportado pelos marinheiros e não em rigor pelo Estado.[284]

No segundo caso (*"Ecotrade"*), mais recente, o Tribunal decidiu que uma modificação na lei da insolvência no sentido de garantir às empresas insolventes maior protecção contra os seus credores não constitui auxílio de Estado, mesmo que daí adviesse uma quebra na cobrança de impostos. Apenas se a nova lei especificamente contivesse um alívio dos créditos fiscais dirigido a certas empresas com dívidas significativas, a qualificação como auxílio de Estado se tornaria possível.[285]

Isto conduz-nos a outra questão: como se sabe, não são auxílios de Estado as medidas fiscais que, em princípio, sejam acessíveis a todos os agentes económicos que operam no território de um Estado membro, isto é, as medidas fiscais de natureza geral. A Comissão caracteriza-as pelo facto de deverem estar efectivamente abertas a todas as empresas na base de uma igualdade de acesso e de o seu alcance ou importância não poder ser reduzido, de facto, pela discricionariedade do Estado na sua outorga ou por outros elementos que restrinjam o seu efeito prático.[286]

---

caso ICI (*The Queen vs. Attorney General ex parte Imperial Chemical Industries plc, Tax Cases* 60, p. 1). Vide, a este propósito, a p. 234 e ss., o Relatório da AEA intitulado *"Application of EC State aid and law by the Member State courts"* (disponível na *internet*, no *site* http://europa.eu.int/comm/competition/state_aid/legislation/app_by_member_states/sommaire.pdf).

[284] Cf. Acórdão do TJCE no proc. 72, 73/91, caso *Sloman Neptun*, Col. I-887.

[285] Cf. Acórdão *Ecotrade,* no proc. C-200/97, 1998, Col. I-7907, ponto 34.

[286] Cf. COMISSÃO, *ob. cit.* p. 4. Note-se que, neste caso, ao referir-se que o acesso diz respeito a todos os agentes económicos operando no território do Estado, parece pôr em causa a existência de discriminações *"a rebours"*, isto é, a possibilidade de o Estado

450   *O Instituto dos Auxílios de Estado e a Fiscalidade*

Deste modo, por não preenchimento do critério da selectividade, são excluídas do conceito de auxílio, as medidas fiscais que sejam aplicadas indiferentemente a todas as empresas e produções, ou seja, aquelas que tenham repercussões intersectoriais e visem favorecer a economia no seu conjunto. São disso exemplo as medidas de pura técnica fiscal e — embora tal seja, como dissemos, mais questionável — as medidas que procuram exclusivamente prosseguir um objectivo de política económica geral, reduzindo a carga fiscal ligada a certos custos de produção.[287]

2.3. As condições de aplicação do princípio da interdição: distorções da concorrência e efeitos sobre o comércio intracomunitário

Agrupamos aqui, numa só referência, as duas condições de aplicação do princípio da incompatibilidade. E, fazêmo-lo, por duas razões. Por um lado, embora tal posição seja, como foi dito no capítulo anterior, metodologicamente questionável, é cada vez mais evidente que o requisito da distorção de concorrência tem muito pouca autonomia face ao modo amplo como é interpretado o requisito da afectação da concorrência.[288] Daí que as instituições comunitárias os analisem, as mais das vezes, em conjunto.

---

poder não conceder aos seus cidadãos ou aos seus residentes benefícios outorgados a não residentes.

[287] A Comissão esclarece que o facto de certas empresas ou certos sectores beneficiarem, uns mais que outros, de certas medidas fiscais de natureza geral não conduz necessariamente a que a elas se apliquem as regras da concorrência em sede de auxílios de Estado: é o caso das medidas que visam aliviar, em geral, a fiscalidade do trabalho e que, na prática, têm mais efeitos sobre as indústrias com forte intensidade de mão de obra ou que visam favorecer os investimentos ambientais, em ID ou formação e que só se aplicam às empresas que os promovam (*ibidem*, p. 5)

[288] Na verdade, como a "afectação" do comércio intracomunitário por parte de uma subvenção nacional ou de uma medida fiscal existe - como escreve Caseiro ALVES (*Lições de Direito Comunitário da Concorrência, ob. cit.*) - "a partir do momento em que a ajuda permite a uma empresa ou a um sector ganhos de competitividade face aos seus concorrentes comunitários", ela não pode deixar de estar "simultaneamente, a modificar as condições de concorrência num sentido contrário ao pretendido pelos autores do Tratado." Na ausência de estudos económicos, a Comissão, na sua Comunicação de 1998, unifica os dois momentos em um único critério (p. 3). Cf., também, as conclusões do

Capítulo III – Os Auxílios Tributários   451

Por outro, o preenchimento destas condições relativamente aos auxílios fiscais não parece revestir qualquer particularidade especial.

Tal como resulta das orientações da Comissão e do Tribunal, que tem jurisprudência firmada nesta matéria, a condição da afectação das trocas fica preenchida desde que a empresa beneficiária exerça uma actividade económica que implique trocas entre os Estados membros. Como refere a Comissão, o simples facto de o auxílio reforçar a posição desta empresa em relação a outras empresas concorrentes nas trocas intracomunitárias permite considerar que estas trocas foram afectadas.

Assim, por exemplo, a Comissão considerou como auxílio de Estado um regime que previa a extensão de um desagravamento fiscal a favor da produção de electricidade a partir de fontes renováveis, por considerar que o comércio da electricidade entre os Estados membros, nomeadamente o comércio entre o Reino Unido e a França através do canal da Mancha, era susceptível de ser afectado.[289]

Por outro lado, são irrelevantes para este efeito factores como a modesta dimensão da empresa beneficiária ou a sua reduzida parte no mercado comunitário;[290] o fraco montante do auxílio;[291] a ausência de actividade exportadora por parte da empresa beneficiária;[292] ou mesmo o facto de esta exportar a quase totalidade da sua produção para fora da Comunidade.[293]

A lógica da Comissão é a de que, dada a crescente interdependência dos mercados, o reforço da produção interna de um Estado em virtude de

---

Advogado-geral CAPOTORTI no citado proc. *Philip Morris* e as referências à sentença do Tribunal no Ac. de 23 de Fevereiro de 1961, proc. 30/59, De Gezamenlijke Steenkolenmijnen, *Limbourg / Alta Autoridade*.

[289] Cf. proc. 153/98 (Reino Unido), relativo à obrigação de não utilização de combustíveis fósseis como fonte de energia renovável (COMISSÃO CE, *Política de Concorrência na Comunidade Europeia*, 1998, p. 77).

[290] Cf. Ac. de 14 de Setembro de 1994, procs. C-278, 279 e 280/92, Espanha / Comissão, Rec. 4130.

[291] Recorde-se, porém, que, ao contrário do que acontecia anteriormente e da posição de alguma doutrina, as instituições comunitárias aceitam hoje, dentro de certos condicionalismos, a regra *de minimis* (cf. a Comunicação publicada in JOCE C 68/9, de 6 de Março de 1996 e o Regulamento n.º 69/2001, da Comissão, de 12 de Janeiro de 2001).

[292] Cf. Ac de 13 de Julho de 1998, proc. 102/87, França / Comissão, Rec. 4067.

[293] Cf. Ac de 21 de Março de 1990, proc. C-142/87, Bélgica / Comissão, Col. p. 959.

auxílios significa diminuir as possibilidades de exportação das empresas instaladas em outros Estados membros.

Nesta lógica, ficam, porém, prejudicados a autonomia e o alcance da condição da afectação do comércio entre os Estados membros. Na prática, apenas a consideração da regra *de minimis*, também aplicável em sede de auxílios tributários, acabará por ser tomada em conta.

§ 3.º

AS DERROGAÇÕES AO PRINCÍPIO DE INCOMPATIBILIDADE DOS AUXÍLIOS TRIBUTÁRIOS

1. AS CAUSAS DE DERROGAÇÃO

1.1. Inexistência de especificidade das causas de derrogação aplicáveis aos auxílios tributários

Em sede de auxílios tributários, não existe qualquer especificidade digna de nota quanto às causas que podem justificar derrogações ao princípio da incompatibilidade dos auxílios de Estado. São assim aplicáveis neste domínio as considerações já efectuadas a propósito das derrogações automáticas (*ipso jure*) ou discricionárias (por intervenção da Comissão).

Em relação às primeiras, constantes do n.º 2 do artigo 87.º, o recurso à forma tributária dos auxílios é pouco comum. Poderá dar-se como exemplo uma isenção ou redução do imposto sobre os rendimentos de agricultores sujeitos a situações de calamidade ou, questão que ganhou maior relevo depois da reunificação alemã, situações de outorga de benefícios fiscais em que a Alemanha invocou, sem êxito, como fundamento de derrogação, a alínea c) do n.º 2 do artigo 87.º.

Já quanto aos auxílios que, por decisão da Comissão, poderão ser considerados compatíveis ao abrigo do n.º 3 do mesmo artigo, a utilização da forma tributária é muito frequente. A lista dos auxílios tributários, sujeitos a análise neste âmbito e mesmo autorizados, é significativa, destacando-se, pela sua importância, os que se destinam a promover o desenvolvimento económico de regiões (isto é, a coesão económica no interior da Comunidade ou dos Estados membros) e os que visam facilitar o incremento de certas actividades, em especial os auxílios ao ambiente, à

454   *O Instituto dos Auxílios de Estado e a Fiscalidade*

investigação e desenvolvimento, às PME, à reestruturação de empresas, etc.

Regista-se, porém, hoje uma tendência no sentido do estabelecimento de condições mais restritivas e de um controlo mais apertado dos auxílios regionais, em especial dos atribuídos ao abrigo da alínea c) do n.º 3 do artigo 87.º.[294] Pelo contrário, no que toca a certos auxílios horizontais, a tendência é no sentido de facilitar a sua atribuição, como o demonstra o aparecimento das isenções por categoria.

1.2. Especificidade quanto à análise dos critérios para outorga das derrogações

1.2.1. Apresentação do problema

Na ponderação e apreciação dos diversos aspectos (princípios, critérios) a considerar pela Comissão para efeitos de eventual derrogação ao princípio de incompatibilidade, há um que tem, em sede de auxílios tributários, uma importância porventura maior do que em relação a outras formas de auxílio. Trata-se da necessidade de a Comissão analisar se as vantagens fiscais outorgadas a empresas contrariam ou não outras normas do Tratado que não as dos auxílios de Estado ou outras normas de direito derivado que contendem com aspectos tributários.

Algumas destas normas, como, por exemplo, as relativas às liberdades económicas fundamentais, aplicam-se igualmente a todos os tipos de vantagens fiscais que sejam susceptíveis de constituir auxílios. No quadro da fiscalidade directa incidente sobre as empresas, tem, aliás, uma especial relevância o artigo 52.º do Tratado relativo ao direito de estabelecimento.[295]

---

[294] Cf. COMISSÃO, *Política de Concorrência na Comunidade Europeia*, 2000, p. 86. Esta tendência deveria ser acompanhada por um maior empenho da União nas políticas comunitárias regionais e de coesão social.

[295] Em bom rigor, esta questão mereceria uma análise mais aprofundada, não possível, no âmbito deste estudo, por razões de economia de tempo. A ela voltaremos em trabalhos posteriores. Sobre o assunto, cf. VANISTENDAEL, "Fiscal support measures and harmful tax competition", *EC Tax Review*, n.º 3, 2000, p. 155 e ss.; Gianluigi BIZIOLI, "Impact of the freedom of establishment on tax law", *EC Tax Review*, n.º 4, 1998, p. 239 e ss. Cf. também, COMISSÃO, *Política da Concorrência*, 2000, p. 99. Refira-se ainda

Outras, porém, visam a proibição de distorções fiscais e podem, pela própria natureza das coisas, contender com o âmbito de aplicação dos auxílios tributários. De facto, o direito comunitário contém certas normas aplicáveis a intervenções dos Estados membros que assumem uma forma tributária, como é o caso, no âmbito da tributação indirecta, das constantes dos artigos 90.° (a.n. 95.°) e 25.° (a.n.12.°), o primeiro respeitante à proibição de discriminações de índole fiscal, o segundo, no quadro da união aduaneira, relativo à proibição de encargos de efeito equivalente a direitos aduaneiros, ambos com reflexo na regulação da concorrência. A estes, acrescem as disposições de direito derivado em matéria fiscal que tanto abrangem a fiscalidade directa como a indirecta.

Sem prejuízo da violação destes normativos poder ser objecto de procedimentos autónomos (recorrendo ao art. 226.° do Tratado), a verdade é que ela deve ser, de acordo com orientação hoje corrente, objecto de análise pela Comissão no quadro da concessão de derrogações ao princípio de incompatibilidade dos auxílios tributários com o mercado comum.

Resulta assim da economia geral do Tratado que o procedimento previsto nos artigos 87.° e 88.° do TCE não deve conduzir a um resultado que seja contrário às suas disposições específicas suas. A Comissão tem a obrigação de respeitar a coerência entre aqueles artigos e outras disposições do Tratado, muito em particular na hipótese em que estas também visem, directa ou indirectamente, o objectivo de uma concorrência não falseada no mercado comum.[296]

Deste modo, a Comissão considera que as modalidades de um auxílio indissoluvelmente ligadas ao seu objecto e que contrariem outras disposições do Tratado que não sejam as constantes dos artigos 87.° e 88.°

---

que também o princípio da não discriminação tem grande relevância em sede de fiscalidade directa (Cf. Jesús RUPÉREZ, *La No Discriminación Fiscal*, Madrid, 2001, pp. 317-381).

[296] Esta doutrina deduz-se, entre outros, do Ac do TPI de 21 de Janeiro de 2001 nos procs. conjuntos T-197 e 198/97 relativo ao caso *Weyl Beef Products BV et a. / Comissão*, no quadro das relações entre os artigos 87.° e 88.° e 81.° (a.n. 85.°), mas é extensível aos artigos 25.° e 90.°. Cf. também o *Relatório sobre Política de Concorrência na Comunidade Europeia 2000*, onde a Comissão subscreve a posição do Tribunal acima referida, ao afirmar que "decorre claramente da economia geral do Tratado que os processos nos termos do artigo 88.° do Tratado CE nunca deverão produzir um resultado contrário às disposições específicas do Tratado" (p. 99).

456   *O Instituto dos Auxílios de Estado e a Fiscalidade*

(a.n. 92.º e 93.º) devem ser examinadas através do processo previsto no artigo 88.º, no quadro de um exame de conjunto da compatibilidade ou incompatibilidade da medida. Para tal invoca a jurisprudência comunitária, nomeadamente os acórdãos *Iannelli* e *Meroni*, *"Sovraprezzo"*, *SIDE* e *Salengo*.[297]

Todas estas questões pressupõem pois a análise, ainda que sumária, do relacionamento entre o instituto dos auxílios de Estado (sob forma fiscal e parafiscal) e outras disposições do Tratado, como os artigos 25.º e 90.º, que contendem com aspectos fiscais.

A esta questão acresce hoje, pela sua novidade e importância, a da relação entre o regime dos auxílios tributários e o Código de Conduta sobre a fiscalidade das empresas.

1.2.2. Auxílios tributários e encargos de efeito equivalente a direitos aduaneiros

O artigo 25.º do TUE (a. n. 12.º) estabelece que "são proibidos entre os Estados membros os direitos aduaneiros de importação e de exportação ou os encargos de efeito equivalente".[298]

---

[297] Cf. COMISSÃO, *Comunicação, ob. cit.*,. ponto 29 e as referências jurisprudenciais invocadas em favor desta orientação: Acórdão de 22 de Março de 1977, proc. 74/76, *Iannelli e Volpi / Meroni*, Col. 557; Ac. de 21 de Maio de 1980, proc. 73/79 *("sovraprezzo")*, Col. 1533; Acórdão de 18 de Setembro de 1985, proc. T- 49/93, Col. II p. 2501 *(SIDE)* e Acórdão de 27 de Maio de 1981, proc. C 142-143/80 *(Salengo)*, Col. 1413.

[298] A questão pode pôr-se também com as normas que proíbem as medidas de efeito equivalente a restrições quantitativas (MEERQ). Com efeito, o art.º 28.º (a. n. 30.º) do Tratado dispõe que "são proibidas entre os Estados membros, as restrições quantitativas à importação, bem como todas as medidas de efeito equivalente". Segundo o TJCE constitui uma medida de efeito equivalente toda a regulamentação comercial dos Estados membros susceptível de entravar directa ou indirectamente, actual ou potencialmente, o comércio intracomunitário Este dispositivo goza de efeito directo (Ac. *Iannelli* e *Volpi*), podendo ser invocado por particulares. A sua violação pode dar lugar a um recurso por incumprimento ao abrigo dos artigos 226.º a 228ª do Tratado. Procurando atribuir o máximo efeito útil a este normativo, o TJCE assume uma concepção muito ampla de MEERQ: a regulamentação referida na letra da lei é entendida como podendo abranger mesmo simples práticas nacionais informais; para preencher o requisito da origem estatal basta estarmos perante qualquer colectividade pública, qualquer organismo misto ou

Capítulo III – Os Auxílios Tributários   457

Desde 1969, a definição jurisprudencial de *encargo de efeito equivalente* tem-se mantido estável. O TJCE entende por tal um encargo pecuniário, por mínimo que seja, unilateralmente imposto, quaisquer que sejam a designação e a técnica, que atinja as mercadorias nacionais ou estrangeiras pelo facto de elas atravessarem a fronteira, mesmo que tal encargo não seja cobrado a favor do Estado, nem exerça nenhum efeito discriminatório ou protector, nem que o produto tributado não se encontre em concorrência com uma produção nacional.[299]

Trata-se, pois, de uma noção comunitária, que abstrai das qualificações nacionais e que, tal como a de auxílios tributários, abrange impostos, taxas fiscais e parafiscais e outros contributos obrigatórios, independente-

---

mesmo perante entes de direito privado que exerçam prerrogativas de poder público; o objecto comercial da regulamentação é igualmente visto de modo extensivo, abrangendo, não só regulamentações que se situam no estádio da comercialização, mas também no da produção e da distribuição, bem como controlos sanitários, normas técnicas, formalidades administrativas, etc. A noção é, pois, bem distinta da de auxílio de Estado. À primeira vista, apesar da origem estatal (em sentido amplo) de ambas, dificilmente se cruzariam: a primeira insere-se na disciplina da concorrência, a segunda na da livre circulação de mercadorias, a primeira tem uma dimensão financeira, a segunda decorre de uma norma legislativa ou regulamentar. Ambas, porém, conduzem a dar uma certa vantagem a operadores económicos nacionais em detrimento dos concorrentes comunitários e são interpretadas em sentido muito lato. Daí serem, na prática, possíveis os cruzamentos de regimes, podendo uma determinada medida cair na alçada de um ou de ambos. Tais cruzamentos são mais difíceis relativamente aos auxílios tributários. De facto, só de forma muito residual (na medida em que haja taxas ou encargos não sujeitos aos artigos 25.° e 90.°) pode haver situações dessa natureza (cf. Ac. do TJCE de 7 de Maio de 1985, *Comissão/França*, proc. 18/84, Col., p.1339 e ss.). Havendo concorrência de normas, o caso costumava ser resolvido de acordo com a regra *"lex specialis derogat generali"*, pelo que o conceito mais amplo, o de MEERQ, cedia perante o de auxílio de Estado (Ac. do TJCE, de 22 de Março de 1977, *Iannelli e Volpe/ Meroni*, proc. 74/76, Col., p. 557 e ss.). No entanto, a jurisprudência tem evoluído no sentido de poder haver uma aplicação cumulativa dos dois institutos: o facto de um determinado caso cair no campo de aplicação do regime dos auxílios de Estado não implica que escape à interdição prevista no artigo 28.° do Tratado. Sobre o tema, vide CHÉROT, *Les Aides...*, *ob. cit.*, pp. 119-123.

[299] Cf. o Ac. do TJCE, de 2 de Julho de 1969, no proc. 24/68, Comissão/ Itália, Col., p. 193. Para maiores desenvolvimentos sobre o tema, vide, por todos, G. DRUESNE, *Droit de l'Union européenne et politques communautaires*, 6ª ed., 2001, pp. 39 e ss; MEGRET, *ob. cit.*, t.I, pp. 82 e ss.; COMMUNIER, *Droit Fiscal Communautaire*, *ob. cit.*, p. 25 e ss.; M. MARTINS, *Auxílios de Estado no Direito Comunitário*, 2001, p 188 e ss.; A. MATTERA, *Le marché unique européen*, *ob. cit.*, p. 21 e ss.

458   *O Instituto dos Auxílios de Estado e a Fiscalidade*

mente de quem os cobre, desde que unilateralmente impostos. A noção de Estado é também aqui entendida de forma ampla. O facto gerador é, tal como ocorre com a proibição dos direitos aduaneiros, a travessia de uma fronteira no interior da Comunidade, entendida aquela como fronteira fiscal (entre Estados, entre regiões) e não necessariamente político-administrativa ou geográfica. Por outro lado, é indiferente o montante pecuniário do encargo ou a sua forma ou os motivos que pretendem justificá-lo.[300]

Ao contrário dos auxílios tributários, trata-se de um encarecimento do produto (e nos encargos das empresas) e não de um alívio do preço (ou dos normais encargos da empresa). A sua proibição é mais ditada em função do seu objecto do que dos seus efeitos.

Na prática, porém, pode haver situações em que se cruzam ou se fundem auxílios de Estado com encargos de efeito equivalente. Basta, por exemplo, que um Estado crie um encargo deste tipo e simultaneamente isente, total ou parcialmente, desse encargo certas empresas ou sectores de actividade. Ou que, se tiver que proceder a reembolsos do encargo, os efectue de forma que eles sejam superiores àqueles a que o contribuinte teria direito.

Segundo o Tribunal, uma taxa parafiscal que seja aplicada nas mesmas condições a produtos nacionais e importados e cujas receitas sejam canalizadas apenas em proveito dos produtos nacionais, de tal modo que as vantagens que daí decorrem compensem integralmente o encargo que recai sobre estes constitui um encargo de efeito equivalente a um direito aduaneiro proibido pelo art. 25.º (a. n. 12.º) do Tratado. Ora esta taxa, segundo a mesma jurisprudência, pode constituir, em função da afectação do seu produto, um auxílio de Estado incompatível com o mercado comum, se as demais condições do artigo 87.º (a.n. 92.º) do Tratado se encontrarem satisfeitas.

Um exemplo: no caso *Compagnie Commerciale de l'Ouest* estávamos perante uma taxa cobrada sobre produtos petrolíferos no momento da introdução no comércio (no mercado francês), criada pelo executivo a

---

[300] Os encargos financeiros que escapam à interdição são apenas aqueles que se traduzam em imposições internas, de natureza compensatória, cobradas na importação, ao abrigo do artigo 90.º do Tratado (os artigos 25.º e 90.º não são susceptíveis de aplicação cumulativa, dados os diferentes objectivos prosseguidos e o seu diferente estatuto) e as que representem a adequada contrapartida de um real serviço prestado ao operador económico.

fim de compensar a redução dos custos petrolíferos provocada pela diminuição do câmbio do dólar, de modo que o preço final daqueles produtos permanecesse inalterável. Esta taxa era atribuída à *Agence pour les économies d'énergie*.[301] Por sua vez, este estabelecimento público utilizava a receita para o financiamento das suas próprias actividades e, em particular, para acções de incitação à realização de economias de energia e ao uso racional de recursos energéticos insuficientemente explorados. Donde, encargo, do lado da receita, auxílio na óptica da despesa.

Nada impede, pois, que um auxílio tributário constitua também uma taxa de efeito equivalente contrária ao artigo 25.°, havendo , nestes casos, uma aplicação cumulativa dos dois regimes.[302]

1.2.3. Auxílios tributários e medidas tributárias internas de natureza discriminatória

O artigo 90.° (a.n. 95.°) do Tratado estabelece um princípio comunitário de não discriminação fiscal em sede de tributação indirecta, ao estipular que "nenhum Estado membro fará incidir, directa ou indirectamente, sobre os produtos dos outros Estados membros imposições internas, qualquer que seja a sua natureza, superiores às que incidam, directa ou indirectamente, sobre produtos nacionais similares" nem "fará incidir sobre os produtos dos outros Estados membros imposições internas de modo a proteger indirectamente outras produções".[303]

Este dispositivo, que goza de efeito directo, visa garantir a livre circulação de mercadorias e a neutralidade das imposições internas, objectivos que devem orientar as tarefas da sua interpretação e aplicação.[304]

---

[301] Cf. Ac. do TJCE, de 11 de Março de 1992, procs. apensos C-78/90 e C-83/90, *Societé Compagnie Commerciale de l'Ouest / Récéveur Principal des Douanes de la Pallice-Port*, Col. 1992, p. I-1847 e ss.

[302] Cf. o Ac. do TJCE, de 19 de Junho de 1973, *Capolongo/ Maya*, proc. 77/72, Col., p. 624 e ss.

[303] Este artigo não proíbe, no entanto, a discriminação *à rebours*. Sempre que não existam taxas harmonizadas de imposto, os Estados membros podem aplicar, em relação aos produtos nacionais, taxas superiores às que aplicam aos produtos importados.

[304] Cf. Patrícia Silveira da CUNHA, *ob. cit.*, p. 911.

460   *O Instituto dos Auxílios de Estado e a Fiscalidade*

De certo modo, prolonga a proibição dos direitos aduaneiros e taxas de efeito equivalente. Ele visa, por um lado, garantir uma igualdade de tratamento entre produtos nacionais e estrangeiros, impedindo, ao mesmo tempo, a exemplo das medidas de efeito equivalente, formas ocultas de proteccionismo por via fiscal. Por outro lado, a exemplo dos auxílios de Estado, tem por fim evitar que, por meio de uma imposição (formal ou materialmente) discriminatória, o Estado falseie as condições de concorrência no mercado comum.[305]

Há, no entanto, diferenças entre os mecanismos previstos neste artigo e o instituto dos auxílios de Estado. O primeiro apenas se aplica à fiscalidade indirecta, goza de efeito directo e contém uma proibição insusceptível de derrogações. O segundo abrange, para lá da fiscalidade indirecta, também a directa e a parafiscalidade, não tem efeito directo, com excepção do n.° 3 do artigo 88.° e prescreve um princípio de incompatibilidade com o mercado comum que é susceptível de derrogações. Acresce que o instituto dos auxílios de Estado não exige, ao contrário do dispositivo do artigo 90.°, o carácter protector ou discriminatório das medidas fiscais em causa.[306]

Só que, a Comissão, no exame dessas derrogações, deve verificar se há ou não compatibilidade do auxílio de Estado com outros normativos do Tratado, entre os quais este. Se houver incompatibilidade com o disposto no artigo 90.°, a Comissão não deve autorizar tal auxílio, caso contrário frustaria as regras do Tratado que proíbem a existência de disposições fiscais discriminatórias. Caso o auxílio seja irregularmente concedido ou executado e viole o disposto no artigo 90.°, o Tribunal, com base no princípio da aplicação cumulativa dos dispositivos contidos nos artigos 87.° e 90.°, admite hoje que tal auxílio possa ser objecto de impugnação pelos particulares interessados. Como refere Patrícia CUNHA, "a regra estabelecida pelo TJCE é a de que as disposições relativas aos auxílios de Estado previstas no art. 92.° (n. n. 87.°) do Tratado não devem ser aplicadas por forma a frustar as regras do Tratado quanto a disposições fiscais discriminatórias, pelo que uma medida fiscal deve

---

[305] Cf. A. CARAVACA/ J. GONZÁLEZ, *Intervenciones del Estado...*, *ob. cit.*, p. 191.
[306] Cf., sobre o assunto, DRUENE, *ob. cit.*, pp. 43-50; COMMUNIER, *ob. cit.*, pp. 38-69.

Capítulo III – Os Auxílios Tributários

ser compatível tanto com o art. 92.º (n. n. 87.º) como com o art. 95.º (n. n. 90.º).[307]

2. OS AUXÍLIOS TRIBUTÁRIOS E O CÓDIGO DE CONDUTA SOBRE A FISCALIDADE DIRECTA DAS EMPRESAS

2.1. Concorrência fiscal prejudicial, um fenómeno antigo, uma preocupação nova

Num mundo global, de economias abertas e interdependentes, assume grande relevo o fenómeno da competitividade das nações, a outra face da competitividade das empresas e dos agentes económicos, das formas de concorrência interempresarial.[308]

Uma das formas de tal competitividade é, como vimos, a concorrência fiscal.[309] A base da concorrência fiscal repousa, antes de mais, na diversidade dos sistemas fiscais. Essa diversidade não decorre apenas da estrutura económica ou nível de desenvolvimento de um dado país, mas também da sua história política, da sua cultura técnica e administrativa, do tipo de sistema jurídico, da própria psicologia colectiva. Ela existe mesmo dentro de grandes espaços económicos integrados ou em vias de integração onde, em princípio, os Estados que lhes dão corpo partilham um sistema de valores relativamente homogéneo.

Independentemente das políticas fiscais, estes factores constituem o primeiro sustentáculo da concorrência fiscal no que, por analogia, poderá designar-se de "mercado internacional dos impostos", a outra face do "mercado internacional" das despesas públicas (em bens colectivos), financiadas pela tributação.

---

[307] Cf. Patrícia S. CUNHA, *ob. cit.*, p. 926 e jurisprudência aí mencionada.

[308] Neste ponto retomam-se e desenvolvem-se considerações efectuadas em textos anteriores, em especial, A. C. SANTOS, "Point J of the Code of Conduct or the Primacy of Politics over Administration", *European Taxation*, vol. 40, n.º 9, 2000 e A. C. SANTOS/ C. C. PALMA, "A Regulação Internacional da Concorrência Fiscal Prejudicial", *CTF* n.º 395, 1999.

[309] A mundialização da actividade económica e a crescente interdependência dos Estados transformam as questões de natureza fiscal (e não só) de políticas domésticas dos Estados em políticas quase internacionais, dados os possíveis reflexos nos outros Estados.

462   *O Instituto dos Auxílios de Estado e a Fiscalidade*

Este "mercado", integrando países com reduzidos níveis (globais ou sectoriais) de tributação, é naturalmente aproveitado pelas empresas transnacionais para, através da adopção de políticas de planeamento fiscal, diminuírem (artificialmente) os custos de produção. Tal "mercado" é fomentado, muitas vezes, por políticas estaduais de atracção de investimento estrangeiro que discriminam negativamente o investimento interno (discriminação inversa).

Trata-se, nesse caso, de uma forma de intervenção estadual distinta do clássico proteccionismo: em vez da criação de barreiras impeditivas aos factores externos de produção, desmantelam-se, parcial ou totalmente, as barreiras fiscais para captar esses mesmos factores, em especial, os móveis como o capital. Ao lado desta pode igualmente persistir ou coexistir um proteccionismo fiscal visando, através de medidas fiscais mais benignas, a melhoria da situação competitiva de residentes ou nacionais ou a promoção de produtos nacionais.

Quer as políticas activas de atracção, quer as políticas proteccionistas constituem, as mais das vezes, factores de concorrência fiscal, com efeitos que se podem fazer sentir nos planos financeiro, económico e social. Mas enquanto o Tratado prevê vários instrumentos específicos de combate ao proteccionismo, uma das quais é a regulação dos auxílios de Estado, o mesmo não acontece com a concorrência fiscal.

A concorrência fiscal e a concorrência interempresarial são, como vimos, distintas. As regras da concorrência no Tratado, em particular as dos auxílios de Estado, tiveram em vista esta última forma de concorrência e não a primeira.[310] Para os fundadores da Comunidade, a concorrência fiscal, quando perturbasse gravemente a construção do mercado comum, deveria ser alvo de medidas de harmonização fiscal ou de aproximação de legislações.

A utilização da política fiscal para atrair investimentos, directos ou financeiros, bem como empresas, serviços, mercadorias, tecnologias, quadros técnicos e consumidores transfronteiriços, não era então encarada como um fenómeno perverso. Pelo contrário: até há bem pouco

---

[310] Em sentido próximo, F. VANISTENDAEL, que distingue dois tipos de regras de concorrência, as do Tratado — tendo em vista a protecção do princípio da livre e sã concorrência — e as do Código de Conduta ("Fiscal support measures and harmful tax competition", *ob. cit.*, p. 55).

tempo, a concorrência fiscal era vista como um fenómeno natural, decorrendo da livre concorrência e da soberania fiscal, quase irrestrita, dos Estados. A concorrência decorrente das políticas fiscais estaduais, em particular nos domínios da poupança e da tributação das sociedades era, quase sempre, objecto de um juízo de valor positivo, por se traduzir num meio de controlo ou redução de cargas fiscais excessivas, de travão às despesas públicas, de aumento induzido de eficiência dos serviços públicos, de promoção da liberdade de circulação de capitais ou, numa outra perspectiva, num factor de compensação de desvantagens competitivas de um país ou região (geográficas, escassez de recursos, etc.), as quais justificariam a existência de mecanismos fiscais de atracção ou fixação de investimento externo e interno.[311]

Até aos anos noventa, o fenómeno da concorrência fiscal entre Estados soberanos, mormente na vertente das políticas de atracção de investimento externo, não era, na realidade, na Comunidade Europeia, objecto de uma preocupação específica e muito menos de uma qualquer forma de sistemática regulação.[312] É certo que inúmeros estudos, relatórios e propostas eram favoráveis a uma harmonização da tributação directa ou, pelo menos, a uma forte aproximação, ainda que selectiva, das legislações dos Estados membros sobre a fiscalidade das sociedades que, a terem sido objecto de concretização, teriam contribuído para a diminuição do impacto do fenómeno da concorrência fiscal. Mas esse não era o

---

[311] Questão particularmente sensível nos países que, nos últimos anos, acederam a uma independência meramente formal ou nos países ou regiões (como é o caso de Macau) que, em virtude da profusão de receitas com origem em outras fontes de riqueza (v.g., as receitas do jogo), não têm necessidade de possuir um sistema fiscal com níveis de fiscalidade elevados.

[312] Eduarda AZEVEDO exprimiu, do seguinte modo, o dilema da Comunidade, a propósito da questão das diferenças entre os sistemas tributários dos Estados membros constituírem um importante factor de distorção da concorrência empresarial: "Deverá a Comunidade assumir a tarefa de definir e aprovar medidas capazes de obviar aos inconvenientes apontados, ou, pelo contrário, haverá que apostar na auto-regulação emergente do próprio funcionamento do Mercado Interno — cuja pujança e dinamismo constituirão um estímulo à aproximação das legislações nacionais em matéria de fiscalidade das empresas — e na concorrência fiscal entre os Estados membros?" ("A Política da Empresa e a Fiscalidade na União Europeia — Alguns aspectos", *Ciência e Técnica Fiscal* n.º 171, 1995, p. 292)

464   *O Instituto dos Auxílios de Estado e a Fiscalidade*

objectivo de tais estudos e propostas que antes visavam a convergência de sistemas.[313]

É a partir de então — curiosamente numa altura em que a Comunidade abandonava a perspectiva da harmonização adoptando formas de coordenação fiscal mais flexíveis, e consolidava o princípio da subsidiariedade, entendido na prática, neste domínio, como um meio de respeitar o exercício da soberania fiscal por parte dos Estados membros — que a concorrência fiscal se torna uma preocupação real.[314] A plena realização do programa de construção do mercado interno decorrente do Acto Único e, sobretudo, a unificação monetária e a criação de um espaço financeiro europeu são factores que, juntamente com a chamada globalização e as inovações tecnológicas (o comércio electrónico, o teletrabalho, etc.), vieram dar outra projecção a este fenómeno. Deste modo, no início dos anos noventa, ele surge, enfim, como objecto de consideração específica num documento oficial da Comissão, o Relatório RUDING, muito embora não fosse esse o principal objecto de análise deste relatório.[315]

Começavam a estar assim criadas as condições sociais e teóricas para a regulação deste fenómeno.[316] Faltava apenas traduzi-las para o discurso político e encontrar os meios ou vias a utilizar para esse efeito.

---

[313] É, desde logo, o caso do Relatório NEUMARK (1962), como é o caso, entre outros, do relatório Van den TEMPEL (1970), e de vários documentos da Comissão, como o *Programa de actuação no domínio dos impostos directos* (1967), do Relatório sobre as *Perspectivas de convergência dos sistemas fiscais na Comunidade* (1980) e das *Orientações em matéria de fiscalidade directa* (1990).

[314] A concorrência fiscal prejudicial — fenómeno que é mundial — passa a ser vista como ligada às "unfair trade practices", esbatendo-se a linha divisória entre o comércio e a política fiscal (assim, J. OWENS, "Taxation within a Context of Economic Globalization", *Bulletin for International Fiscal Documentation*, vol. 52, n.º 7, 1998, pp. 290 e 292).

[315] Cf. CEE, *Rapport du Comité de Réflexion des Experts Indépendants sur la Fiscalité des Entreprises*, 1992, pp. 11 e 149. Diga-se de passagem que esta abordagem não deu frutos imediatos, como o demonstra o conteúdo da Comunicação da Comissão subsequente a este relatório (*Communication de la Commission au Conseil et au Parlement européen consecutive aux conclusions du Comité de réflexion par M. Ruding et portant sur les Orientations en matière de Fiscalité*, SEC (92) 118, de 27 de Julho de 1992). Vide ainda, no quadro da "harmonização pelo mercado", a abordagem efectuada por Henry STERDYNIAK et al., *Vers Une Fiscalité Européenne*, 1991, p. 89 e ss.

[316] Esta regulação evidencia, porém, as dificuldades de construção de uma verdadeira política fiscal comunitária, ao continuar a manter a política de coordenação fiscal

Capítulo III – Os Auxílios Tributários   465

E esse passo foi dado. Hoje tende a acentuar-se a outra face da moeda: a concorrência fiscal pode conduzir à erosão das receitas fiscais de outros Estados, pode traduzir-se na obtenção de mais uma vantagem competitiva em relação a outras já existentes, provocando, por razões fiscais, entorses na própria dinâmica da concorrência interempresarial, induzindo uma deficiente afectação de recursos.

O fenómeno da concorrência fiscal ganha, como é natural, maior relevo em espaços económicos integrados, tanto maior quanto mais aprofundado seja o processo de integração. É o caso da União Europeia, onde se concretizou uma verdadeira política comunitária de regulação deste fenómeno, de forma a evitar os efeitos negativos da concorrência fiscal.[317]

Tal política implica, porém, a compatibilização de princípios distintos, por vezes relativamente contraditórios entre si, afirmados ou reafirmados no Tratado da União, após Maastricht: o princípio de mercado aberto e de livre concorrência entre as empresas, os princípios da lealdade, cooperação e solidariedade que devem reger as relações entre os Estados membros, o princípio da subsidiariedade e da prevalência da soberania fiscal estadual.[318]

2.3.2. A regulação comunitária da concorrência fiscal

Em teoria, reconhece-se que a concorrência fiscal quando erigida, por um dado Estado membro, como um fim em si mesmo, é dificilmente compatível com um dos objectivos da própria Comunidade, o da solidariedade

---

sob tutela das políticas de mercado interno e de concorrência. De facto, o programa fiscal da Comunidade foi avançando de acordo com as necessidades do processo de integração, sendo sucessivamente impulsionado pela concretização da liberdade de circulação de mercadorias, pela introdução dos recursos próprios, pela construção do mercado único e, mais recentemente, pela implantação do espaço financeiro europeu.

[317] A concorrência fiscal traduz uma ausência de harmonização que gera comportamentos de evasão fiscal, uma quase não-tributação dos factores móveis (capital) e uma sobretributação dos factores não móveis (trabalho) (assim, Jean-Paul FITOUSSI et al., *Rapport sur l'État de l'Union européenne*, Fayard, 1999, p. 146).

[318] Nesta perspectiva, a regulação da concorrência fiscal pode ser vista como mais uma limitação dos poderes dos Estados sobre a sua própria fiscalidade e um reforço desses poderes relativamente à fiscalidade dos outros (assim, J. P. GASTRAUD, "Les pouvoirs des États et la concurrence fiscale déloyale", *RIDE*, 1999, n.° 3, p. 341 e ss.).

466 O Instituto dos Auxílios de Estado e a Fiscalidade

entre Estados membros. A solidariedade tem por corolários os princípios da cooperação e lealdade, que implicam que os Estados se abstenham de tomar quaisquer medidas que possam pôr em perigo a realização dos objectivos cometidos pelo Tratado à Comunidade, entre os quais o de que a concorrência não seja falseada no mercado interno, e que tenham em conta os efeitos das suas decisões relativamente aos outros Estados membros.[319]

Mas a verdade é que estes princípios são temperados pelos princípios da soberania fiscal estadual (ancorado, como se sabe, na regra da decisão por unanimidade em matéria fiscal e no princípio da territorialidade das leis tributárias) e da subsidiariedade. Este conduz a que sejam, em primeira linha, os Estados membros a intervir (de forma isolada ou por via de acção conjunta) para a realização dos objectivos comunitários quando as acções encaradas para o efeito não sejam do domínio das atribuições exclusivas da Comunidade.[320]

Por isso, uma acção conjunta contra a concorrência fiscal implicava, no plano da aceitabilidade e da argumentação políticas, uma forte sensibilização dos Estados e da opinião pública para a necessidade de regulação deste fenómeno.[321]

Dois tópicos foram decisivos neste domínio. O primeiro, de ordem intracomunitária, foi a afirmação de que a concorrência fiscal podia conduzir à degradação fiscal, isto é, à erosão das bases tributárias dos Estados membros e à deslocação da carga fiscal a favor do capital e em detrimento do trabalho por conta de outrem, numa altura em que a palavra de ordem na Comunidade tinha passado a ser a promoção do emprego.[322]

---

[319] Cf. o já citado artigo 10.º do Tratado. Outros princípios comunitários (como os da proporcionalidade e não-discriminação) têm igualmente relevância, podendo mesmo ser invocados para incitar a observância do Código de Conduta sobre a fiscalidade das empresas pelos Estados membros (neste sentido, C. DAVID, *ob. cit., RIDE*, n.º 3, 1999, p. 312).

[320] Sobre o princípio da subsidiariedade existe hoje uma bibliografia muito ampla. Vide, por todos, F. QUADROS, *O Princípio da Subsidiariedade no Direito Comunitário Após o Tratado da União Europeia*, 1995 e J-L. CLERGERIE, *Le principe de subsidiarité*, 1997.

[321] Cf. C. RADAELLI, *Policy narratives…, ob. cit.*, 1998.

[322] No período entre 1981 e 1994, a taxa implícita de imposto sobre os trabalhadores por conta de outrem aumentou mais de 7 pontos percentuais enquanto a mesma taxa aplicada a outros factores de produção diminuiu mais de 10 pontos percentuais (cf. COMISSÃO, *Relatório sobre a evolução dos sistemas fiscais*, COM (96) 546 final, pp. 4-5).

O segundo prendeu-se com o reconhecimento do facto de, em espaços económicos integrados, como o da União Europeia, o fenómeno da concorrência fiscal ter, a exemplo do que ocorre no quadro das experiências de federalismo financeiro, não só uma dimensão interna (a concorrência fiscal entre os Estados do espaço integrado), como uma importante dimensão externa (a concorrência fiscal entre blocos económicos ou entre Estados pertencentes a distintos espaços).

Por isso, do ponto de vista europeu, o combate à concorrência fiscal desleal só seria aceitável se não ficasse circunscrito ao espaço da União Europeia.[323] O próprio facto de o território fiscal ou aduaneiro da União não coincidir com o território político-administrativo (em sentido amplo) do conjunto dos Estados da União agrava o problema, pois aquele deixa de fora vários territórios dependentes ou associados de Estados membros com regimes fiscais altamente privilegiados.

Na base dos objectivos da regulação da concorrência fiscal está assim a ideia de que, como Janus, ela possui uma dupla face. Por um lado, pode ser benéfica, funcionando, no interior da União, como factor de dinamização das economias e conduzindo mesmo a uma certa harmonização de facto dos sistemas fiscais. Por outro, para além de certos limites, pode ter efeitos perversos, nomeadamente sobre os défices públicos e as políticas sociais.[324]

O fenómeno da concorrência fiscal passou a ser encarado como um fenómeno predominantemente político, como um elemento da concorrência institucional, na medida em que interfere com as condições que, em cada Estado, permitem escolher o nível das receitas fiscais e, consequentemente, a forma de Estado e o próprio tipo de civilização.[325] A defi-

---

[323] Não é apenas na Europa que, de facto, a liberdade de circulação de capitais se consolidou. Daí que os sectores mais lúcidos da própria alta finança, como SOROS (*ob. cit.*) passassem a defender a necessidade de uma regulação do sistema financeiro, sob pena de este poder soçobrar ou ser exposto a graves crises. Torna-se para muitos claro que devem evitar-se as disfunções que resultam da volatilidade do capital financeiro, entre as quais a quase ausência de tributação. Uma outra proposta relativamente a esta matéria gira em torno da chamada "taxa Tobin".

[324] Os prós e os contras da concorrência fiscal são bem sistematizados por Helmut KRAMER na comunicação "Economic Aspects of Tax Co-ordination in the EU", in *Conference Proceedings Tax Competition and Co-ordination of Tax Policy in the EU*, Viena, 1998, p. 51 e ss.

[325] Cf. C.DAVID, *ob. cit.*, p. 310.

468 *O Instituto dos Auxílios de Estado e a Fiscalidade*

nição dos limites da concorrência fiscal (que práticas são prejudiciais ou desleais?) e das vias para tornar efectivos tais limites surgem como as questões centrais a resolver.

A justificação última desta nova política de coordenação prende-se, pois, com a necessidade de impedir que se restrinja ou falseie a concorrência interempresarial no mercado interno, quando tal resulte de um planeamento fiscal dos agentes económicos induzido pela política fiscal dos Estados membros.[326] No essencial, a técnica utilizada é a da neutralização das medidas fiscais consideradas nefastas para a concorrência económica, Procura-se, ao mesmo tempo, estabelecer limites à concorrência fiscal, salvaguardar o princípio da subsidiariedade e a possibilidade de os Estados membros disporem de uma política fiscal própria.

2.3.3. A génese da regulação comunitária da concorrência fiscal

É interessante analisar o caminho trilhado pela União Europeia para regular a concorrência fiscal prejudicial.

A ideia de regular, no plano comunitário, a concorrência fiscal prejudicial foi germinando lentamente nos últimos anos, ganhando relevo, sobretudo, a partir do consulado do Comissário Monti.[327] No relatório da Comissão de 20 de Março de 1996 sobre "*A fiscalidade na União Europeia*" (Primeiro Relatório Monti), era proposta uma abordagem global das questões fiscais, tendo em conta, nomeadamente, o enquadramento

---

[326] É este, no fundo, o enlace entre concorrência fiscal e concorrência interempresarial. É, no plano jurídico, a legitimação da aplicação do instituto dos auxílios de Estado relativamente à concorrência fiscal. Desvalorizando esta relação, M. MARTINS, *Auxílios de Estado..., ob.cit*, p. 15 e ss.

[327] Sobre o tema, na literatura nacional, vide, entre outros, Clotilde C. PALMA, "Código de Conduta da Fiscalidade das Empresas versus Relatório da OCDE sobre as Práticas da Concorrência Fiscal Prejudicial: a Concorrência Fiscal sob Vigilância", in *Revisores & Empresas*, n.º 4, Jan/Mai/99; M Freitas PEREIRA, "*Concorrência Fiscal Prejudicial – O Código de Conduta da União Europeia*", *ob. cit.*; COMISSÃO DE ESTUDO DA TRIBUTAÇÃO DAS INSTITUIÇÕES E PRODUTOS FINANCEIROS, *ob. cit.*, p. 147 e ss.; e A. Carlos SANTOS, "O Estado Português e a Fiscalidade Internacional", in *Da Questão Fiscal à Reforma da Reforma Fiscal*, Lisboa, 1999, pp. 339-350 e "A Coordenação Fiscal face à construção do Mercado Interno e à Unificação Monetária: Estado da arte", in *Palavras no Tempo*, IV, p. 415 e ss.

Capítulo III – Os Auxílios Tributários

da política fiscal no contexto mais amplo das políticas comunitárias. Três tipos de problemas — ligados entre si — iriam passar a comandar a agenda da política fiscal dos próximos anos: a estabilização das receitas fiscais dos Estados membros, o bom funcionamento do mercado único e a promoção do emprego. A estes problemas, de natureza estrutural, acresciam os derivados da criação da UEM, uns e outros a exigirem uma abordagem global e uma acção coordenada no campo da política fiscal.[328]

Na reunião informal dos Ministros das Finanças e da Economia ocorrida em Abril de 1996, em Verona, o Conselho, tendo em conta este relatório, propôs um amplo debate sobre a concorrência fiscal prejudicial. Um grupo de alto nível, com participação de representantes pessoais dos Ministros ECOFIN e do Secretariado-Geral do Conselho, foi criado e coordenado pela Comissão, para debater estes problemas e encontrar soluções[329].

Dos resultados dos trabalhos e debates efectuados nos dá conta o Segundo Relatório Monti *sobre a evolução dos sistemas fiscais na União*

---

[328] Cf. COMISSION, *La fiscalité dans l'Union européenne*, Document d'orientation pour la reunion informelle des Ministres ECOFIN, (SEC (96) 487 final), de 20 de Março de 1996 (vide *Europe Documents*, n.° 1981, de 3 de Abril de 1996). Neste documento, um *non-paper* também conhecido por *Memorandum de Verona*, a Comissão propõe-se agir quer sobre a fiscalidade indirecta (programa de passagem ao regime definitivo do IVA e de simplificação deste imposto, propostas sobre as *accises*, nova abordagem da fiscalidade dos produtos energéticos) quer sobre a fiscalidade directa das empresas. Recorde-se ainda que a importância da redução da fiscalidade incidente sobre o factor trabalho (a financiar por outras vias) a fim de promover o emprego havia sido já evidenciada pelo *Livro Branco* sobre *Crescimento, Competitividade e Emprego. Os desafios e as pistas para entrar no século XXI* (COM (93) 70; *Boletim das Comunidades Europeias*, Suplemento 6/93).

[329] Este Grupo reuniu quatro vezes, em 24 de Junho, 19 de Julho, 12 de Setembro e 7 de Outubro de 1996. Dos trabalhos do Grupo de Alto Nível sobre a Fiscalidade na União Europeia, é de salientar a análise contida num *Document de Travail sur l'Érosion Fiscale*, de 19 de Julho de 1996. Nele se sublinha que as causas da erosão são múltiplas, sendo uma delas a concorrência fiscal exacerbada entre Estados, e que a erosão se reflecte, de forma mais aguda, em quatro domínios (fiscalidade dos rendimentos de capital, fiscalidade das empresas, IVA e *accises*). Quanto ao impacte da concorrência fiscal destrutiva sobre a erosão da fiscalidade das empresas, o documento, para além de questionar a necessidade de se aplicar uma taxa mínima de tributação e de afastar uma harmonização mais profunda da matéria colectável, analisa as questões da aplicação das regras dos auxílios de Estado a certos tipos de vantagens fiscais e da criação de um novo quadro de cooperação entre os Estados membros.

Europeia, de 22 de Outubro de 1996, onde se reafirma a necessidade de ser efectuada uma análise alargada sobre a política fiscal, de dar resposta aos desafios, para os anos vindouros, da competitividade das empresas, do emprego e do ambiente, da consolidação do mercado único e da construção da UEM, da erosão das receitas fiscais e da deslocação da carga fiscal em desfavor do trabalho e se propõe a criação de um grupo específico, no âmbito da Comissão, para debater todos estes problemas.[330] Este Relatório foi apresentado em Bruxelas ao Conselho ECOFIN, de 11 de Novembro do mesmo ano, o qual solicitou que o Grupo, a criar, integrasse na sua ordem de trabalhos a questão da concorrência fiscal.

Em Março de 1997 foi constituído, no âmbito da Comissão, o Grupo de Política Fiscal, composto por representantes políticos dos Estados membros, sendo-lhe cometida a tarefa de dinamizar debates e preparar recomendações das medidas fiscais necessárias.[331]

Por sua vez, em 4 de Junho de 1997, a Comissão, numa Comunicação ao Conselho Europeu de Amesterdão, apresentou o seu *Plano de Acção para o Mercado Único*, onde destacava um conjunto de medidas destinadas a eliminar os entraves fiscais e os comportamentos anticoncorrenciais que constituam distorções.[332] Aí se referia que as barreiras fiscais e as distorções que estas causam no mercado único ainda não tinham sido abordadas com suficiente determinação. E que "os efeitos negativos associados à concorrência em termos fiscais aumentam as dificuldades dos Estados membros na reestruturação dos seus sistemas fiscais e entravam a evolução no sentido de um sistema fiscal mais coerente

---

[330] Cf. COMISSÃO (Segundo Relatório Monti), *A Fiscalidade na União Europeia, Relatório sobre a Evolução dos Sistemas Fiscais*, COM (96) 546 final (vide *Europe Documents* n.º 2014, de 4 de Dezembro de 1996). Sobre o tema: L. HINNEKENS, "The Monti Report: the uphill task of harmonizing direct tax systems of EC Member States", *EC Tax Review*, n.º 1, 1997, pp. 31-49, em especial 34 e ss.

[331] A problemática da concorrência fiscal esteve, desde o início, no centro das atenções do Grupo: logo na sua reunião de 11 de Março de 1997, o Grupo analisou um documento de trabalho da Comissão (Doc. TPG\970311\1) intitulado precisamente *La Concurrence Fiscale*.

[332] Cf. *Plano de Acção para o Mercado Único*, Comunicação da Comissão ao Conselho Europeu (CSE(97)1 final, 4 de Junho de 1997). O projecto de plano havia sido divulgado em 30 de Abril de 1997, numa Comunicação ao Parlamento Europeu e ao Conselho (COM (97) 184).

Capítulo III – Os Auxílios Tributários

471

a nível da União".[333] Já então se previa a apresentação de um pacote de medidas fiscais, nele se incluindo um código de conduta que permitisse reduzir eficazmente os efeitos negativos da concorrência fiscal nefasta, em especial na área da fiscalidade das empresas e a clarificação do âmbito e a melhoria da coerência da aplicação das regras comunitárias sobre os auxílios estatais.

A opção por um código de conduta foi, entretanto, ganhando corpo no seio do Grupo de Política Fiscal, nomeadamente nas suas reuniões de 6 de Maio e de 20 de Junho de 1997.[334]

A reunião informal do ECOFIN de Mondorf-les-Bains, em Setembro de 1997, veio dar um novo impulso a favor da regulação da concorrência fiscal. As comunicações da Comissão *"Rumo a uma coordenação em matéria fiscal na União Europeia"* e *"Um pacote de medidas contra a concorrência prejudicial em matéria fiscal na União Europeia"* procuraram dar resposta aos novos desafios no campo da fiscalidade comunitária.[335]

Sem prejuízo de, como resultava do debate efectuado, se continuar a sentir a necessidade e de se afirmar a intenção de adoptar uma abordagem global deste fenómeno, o programa imediato circunscrevia-se às áreas da fiscalidade directa, não que a concorrência fiscal a elas se circunscrevesse, mas por razões pragmáticas de operacionalidade temporal e política.

Assim, no final de todo este processo, o resultado mais evidente foi o acordo sobre um programa de ataque à concorrência fiscal desleal assente em três pilares.

---

[333] *Ibidem*, p. 6.

[334] Nas reuniões de 6 de Maio 1997, o Grupo discutiu dois documentos de trabalho da Comissão, intitulados, respectivamente *Options pour un Code de Conduite* (Doc. TPG/970506/1) e *Une Approche en Termes de Paquet* (Doc. TPG/970506/2) e, na reunião de 20 de Junho do mesmo ano, um terceiro documento *Éléments d'un Code de Conduite* (Doc. TPG\970606\1). Nos dois primeiros documentos dava-se conta dos elementos que poderiam integrar o pacote fiscal, ao mesmo tempo que eram aprofundados certos aspectos ligados à adopção de um Código de Conduta (natureza, campo de aplicação, impostos a que respeita, cobertura geográfica, elementos processuais). O documento de 20 de Junho continha já um projecto de Código.

[335] Cf. *Comunicação da Comissão ao Conselho*, de 1 de Outubro de 1997, COM (97) 495 final e *Comunicação da Comissão ao Conselho e ao Parlamento Europeu*, de 5 de Novembro de 1997, COM (97) 564 final, Bruxelas, 1997.

472 *O Instituto dos Auxílios de Estado e a Fiscalidade*

O primeiro, de índole *normativa*, dizia respeito à fiscalidade da poupança e veio a concretizar-se, em 1998, na apresentação de uma proposta de directiva destinada a assegurar, no interior da União Europeia, um nível mínimo de tributação efectiva dos rendimentos sob a forma de juros.[336]

O segundo, de carácter *administrativo*, era relativo aos auxílios tributários, tendo em vista proporcionar maior transparência e clarificar as regras do jogo quanto à aplicação dos artigos 87.° a 89.° (a.n. 92.° a 94.°) do Tratado à fiscalidade directa.[337]

O último, de natureza *política*, traduziu-se no Código de Conduta sobre a fiscalidade das empresas, pragmaticamente cingido à tributação directa, domínio em que o processo normativo de aproximação de legislações dos Estados membros era praticamente inexistente.[338]

Esta última via insere-se num processo, mais vasto, de *coordenação das políticas económicas*, no âmbito do Conselho, o qual tem em vista uma coordenação mais estreita das políticas fiscais dos Estados membros, em especial as relativas à tributação dos rendimentos das pessoas colectivas. A adopção, no Código de Conduta, de um mecanismo de

---

[336] Cf. a proposta de directiva do Conselho destinada a assegurar um nível mínimo de tributação efectiva dos rendimentos da poupança sob forma de juros no interior da Comunidade (COM (1998) 295 final, apresentada pela Comissão, em 20 de Maio de 1998 e publicada, em 8 de Julho de 1998, in JOCE n.° C 212, pp. 13-18). Sobre o assunto, cf. João Menezes C. LEITÃO, "A proposta de directiva de tributação dos rendimentos sob a forma de juros. Estudo de direito fiscal europeu proposto", *Cadernos CTF*, n.° 188, 2000, p. 185 e ss. No final de 2002 esta proposta ainda não tinha sido aprovada pelo Conselho.

[337] Concretizada na Comunicação, já citada, de 11 de Novembro de 1998, apesar de a insuficiência de um controlo por esta via haver sido já sublinhada pelo CES (*Parecer sobre Fiscalidade Directa e Indirecta (96/C 82/11)*, JOCE n.° C 82, p. 59).

[338] O *Código de Conduta no domínio da fiscalidade das empresas* foi, como vimos, aprovado por Resolução do Conselho e dos representantes dos Estados membros, reunidos no Conselho de 1 de Dezembro de 1997, tendo sido publicado em anexo às conclusões do Conselho Ecofin da mesma data (JOCE n. C 2, de 6 de Janeiro de 1998, p.2; vide igualmente *Europe Documents* n.° 2061, de 2 de Dezembro de 1997). Como refere L. R. PEREIRA, ("Código de conducta para la fiscalidad de las empresas", *ob. cit.*, p.106,), estamos perante as chamadas *resoluções conjuntas*, isto é, resoluções que o Conselho adopta juntamente com os representantes dos Governos dos Estados membros, na medida em que afectam matérias de competência não exclusiva, mas sim concorrente, com as dos Estados e que têm por objectivo fixar as linhas de acção comunitárias e dos Estados a desenvolver num determinado sector.

Capítulo III – Os Auxílios Tributários

supervisão multilateral, nomeadamente através do direito de informação e análise (*droit de régard*) por parte de cada Estado membro das medidas dos outros Estados potencialmente propulsoras de concorrência fiscal e o reforço da cooperação administrativa, questão-chave neste domínio, são parte integrante desse processo.

Em teoria, o Código de Conduta é o pilar mais inovador, por ser o único específica e globalmente destinado à regulação da concorrência fiscal e por acolher as recomendações do Conselho de Edimburgo (1992) no sentido de a Comunidade passar a privilegiar a utilização de formas de *soft law* em detrimento dos tradicionais regulamentos e directivas.

Havia, no entanto, que procurar dar eficácia a este combate no plano internacional, onde também, durante muitos anos, o fenómeno da concorrência fiscal foi olhado com especial benevolência, não sendo objecto de regulação específica. As tradicionais medidas de natureza geral patrocinadas pela OCDE (recurso à via convencional para evitar duplas tributações e a evasão fiscal, disciplina dos preços de transferência, incremento da assistência mútua entre administrações) apenas marginalmente se preocupavam com a concorrência fiscal desleal.[339] Neste domínio, o Código de Conduta implica o compromisso de os Estados promoverem a adopção dos princípios destinados a eliminar as medidas fiscais prejudiciais num quadro geográfico o mais amplo possível, o que parece apontar, não só para a sua aplicação aos territórios dependentes ou associados dos Estados membros, como para uma estratégia concertada da União Europeia relativamente à da Recomendação da OCDE que, como dissemos, em Abril de 1998, aprovou o relatório e as directrizes relativas ao combate à concorrência fiscal nefasta.[340] No fundo, o que está em causa é a participação da União na construção de uma nova Ordem Fiscal Internacional, ainda em embrião, com todos os problemas de legitimidade e de eficácia que se perfilam.

---

[339] Ao lado das medidas internacionais existem, como refere C. DAVID ("Comparaison entre le code de conduite communautaire et la recommandation de l'OCDE sur la concurrence fiscale déloyale", *RIDE*, 1999, p. 310), as medidas nacionais, inseridas nas legislações nacionais ou nas convenções internacionais contra as duplas tributações e a evasão fiscal, através das quais as autoridades nacionais se dotam de meios para lutar contra a evasão fiscal internacional e contra os abusos fiscais dos contribuintes.

[340] Estratégia comum esta, na prática, inexistente, bastando lembrar, a propósito, a posição assumida *ab initio* pelo Luxemburgo na OCDE.

474 *O Instituto dos Auxílios de Estado e a Fiscalidade*

Uma análise da relação entre os regimes do Código de Conduta e dos auxílios de Estado implica, porém, algumas observações suplementares sobre o próprio Código.

2.3.4. O Código de Conduta da fiscalidade das empresas

2.3.4.1. Natureza jurídica

Todos os analistas estão de acordo que nem o Código nem a Resolução que o aprova são instrumentos jurídicos.[341] Não integram as fontes de direito comunitário nem são susceptíveis de invocação perante o Tribunal de Justiça. São actos políticos. Todo este processo é, de resto, marcadamente político. O Código de Conduta no domínio da fiscalidade das empresas é um compromisso político, uma espécie de *gentlemen's agreement*, não afectando, nessa qualidade, os direitos e as obrigações dos Estados-membros nem as respectivas competências e as da Comunidade, tal como decorrem do Tratado. Consequentemente, não está sujeito à jurisdição do TJCE.[342]

Não sendo um instrumento jurídico poderia razoavelmente duvidar-se da sua eficácia. No entanto, na prática, tal não significa necessariamente que seja dotado de menor vinculatividade. De facto, os mecanismos de troca de informações e os juízos de censura política podem funcionar como forma eficaz de pressão. O risco aqui é o de tais mecanismos funcionarem sobretudo em relação aos Estados com menor peso

---

[341] Mesmo assim, GASTAUD não deixa de chamar a atenção para a ambivalência do Código, um texto com um fundamento político, livremente negociado, mas com uma vocação normativa, prescrevendo, de forma abstracta, o comportamento futuro dos Estados (*ob. cit*, p. 346).

[342] A jurisprudência já se pronunciou em desfavor do reconhecimento de qualquer valor jurídico em relação a um outro Código de Conduta (datado de 6 de Dezembro de 1993 e adoptado de comum acordo pela Comissão e pelo Conselho) visando incrementar o acesso do público à informação de que dispõem as instituições comunitárias, considerando-o como um texto de carácter político que exprime uma simples coordenação voluntária e que prefigura decisões ulteriores destinadas, elas sim, a produzir efeitos jurídicos (Ac. do TJCE de 30 de Abril de 1996, *Países Baixos / Conselho*). Ver, no entanto, em sentido algo distinto, o Ac. do TJCE de 13 de Novembro de 1991 (*França/ Comissão*).

Capítulo III – Os Auxílios Tributários 475

político ou económico. Por isso, um mecanismo juridicamente vinculativo seria preferível.[343]

Um outro meio de controlo, destinado a garantir uma vigência equilibrada e eficaz do Código, decorre da obrigação da Comissão apresentar ao Conselho um relatório anual sobre a respectiva aplicação, acompanhado de um outro sobre os auxílios estatais de natureza fiscal.

Mas o principal meio de controlo, nomeadamente em relação às medidas que também caem na alçada do instituto dos auxílios de Estado, deriva do poder da Comissão neste âmbito.

Note-se ainda que a não juridicidade do Código de Conduta não impediu igualmente que, na prática, este tenha funcionado como se integrasse o *acquis communautaire* (um acervo político?), sendo a sua observância uma das condições a satisfazer pelos Estados candidatos à adesão à União Europeia, como resulta do processo negocial conduzido pela Comissão.[344]

As disposições do Código serão revistas pelo Conselho e pelos Estados membros no prazo de dois anos a contar da sua adopção e, da experiência da sua aplicação, poderá resultar o alargamento do seu âmbito e a previsão de outras medidas destinadas a garantir a sua vinculatividade.[345]

2.3.4.2. Âmbito de aplicação material e territorial

O âmbito de aplicação material do Código de Conduta restringe-se à fiscalidade das empresas, ficando inicialmente no ar uma certa indefinição quanto à sua aplicação ou não às contribuições para a Segurança Social.[346]

---

[343] Segundo C. DAVID (*ob. cit.*, p.312), é, no entanto possível a invocação de certos princípios comunitários, como os da não discriminação e da proporcionalidade, para incitar os Estados membros a observar o Código.

[344] Deste facto nos dá conta, em linguagem quase diplomática, M. Vanden ABEELE, "Vers une fiscalité européenne?", *Reflets et Perspectives de la Vie Économique*, XL, 2001, n.° 3, p. 72.

[345] Cf. o *Relatório Final*, p. 29. Apesar de terem sido iniciados trabalhos no sentido da revisão do Código, até final de 2002, não havia ainda quaisquer propostas concretas.

[346] Note-se igualmente que determinados Estados membros e a Comissão consideram que os regimes fiscais especiais para assalariados podem incluir-se na problemática

476   O Instituto dos Auxílios de Estado e a Fiscalidade

Uma medida será considerada *potencialmente prejudicial* quando tenha ou seja susceptível de ter uma incidência sensível na localização das actividades económicas (exercidas ou não dentro de um grupo de sociedades) no seio da Comunidade, presumindo-se como tal quando conduza a um nível de tributação efectivo significativamente inferior ao normalmente aplicado *no Estado membro em causa* (itálico nosso).[347] De facto, conforme nele se prevê expressamente, são abrangidas todas as medidas que se concretizem num nível de tributação inferior, quer tal nível resulte da taxa nominal do imposto, da matéria colectável ou de *"qualquer outro factor pertinente"*, como é o caso das isenções ou das deduções à colecta. Estas medidas podem decorrer de disposições legais ou regulamentares, de circulares internas, informações vinculativas prévias ou mesmo de actos ou práticas administrativas (despachos, actos de liquidação, avaliações, decisões de comissões, etc.)

Para além disso, o Código de Conduta incentiva a cooperação na luta contra a fraude e evasão fiscal, designadamente, quanto à troca de informações e ao papel das regras anti-abuso e outras contramedidas incluídas nas legislações fiscais e nas convenções relativas à dupla tributação.[348]

Quanto ao âmbito de aplicação *territorial,* ele cinge-se, em princípio, ao espaço da União. No entanto, os Estados-membros comprometem-se a promover a *adopção* dos princípios destinados à eliminação das medidas fiscais prejudiciais quer nos países terceiros — através duma acção concertada na OCDE ou em outras instituições — quer nos territórios associados e dependentes dos Estados membros da União que

---

coberta pelo Código. Esta questão deveria ser discutida no Grupo de Política Fiscal, tendo em vista um eventual alargamento do Código no âmbito do processo de revisão previsto no ponto N (vide declaração em acta anexa ao Código de Conduta).

[347] Para L. PEREIRA (*ob. cit.*, 107) isto significa que o Código quer abranger "todas as medidas que pretendem beneficiar as actividades empresariais realizadas por não residentes num Estado com o objectivo de estes se estabelecerem no seu território". Ou seja: as medidas que provoquem uma discriminação positiva a favor dos não residentes. O conceito de "actividades empresariais" deve ser, para este efeito, idêntico ao da Sexta Directiva IVA (art. 4.º, n.º 2).

[348] A recente introdução, entre nós, de uma cláusula geral anti-abuso, primeiro no artigo 32.º-A do Código de Processo Tributário e, posteriormente, no artigo 38.º da Lei Geral Tributária não foi alheia a esta preocupação.

Capítulo III – Os Auxílios Tributários 477

estão fora do âmbito de aplicação do respectivo Tratado. Os Estados-membros que têm territórios dependentes ou associados ou que têm responsabilidades especiais ou prerrogativas fiscais sobre outros territórios, comprometem-se, assim, a assegurar a aplicação de tais princípios naqueles territórios, no respeito das obrigações constitucionais.[349]

2.3.5. A avaliação das medidas prejudiciais

2.3.5.1. O Grupo do Código de Conduta

Um dos aspectos mais significativos do processo de elaboração e de implantação do Código de Conduta foi a constituição, no âmbito do Conselho, em Maio de 1997, do Grupo do Código de Conduta, presidido pela Secretária de Estado do Tesouro britânica, Dawn Primarolo. O Grupo Primarolo, designação por que passou a ser conhecido, é um grupo de alto nível, composto por representantes políticos dos Estados-membros.

Este Grupo tem por objectivo primacial a avaliação das medidas fiscais susceptíveis de se considerarem, na acepção do Código, como prejudiciais e a supervisão do processo de desmantelamento das medidas.[350]

---

[349] A não inclusão no Código dos territórios dependentes ou associados poderia provocar a deslocalização de actividades para esses territórios. Essa a razão pela qual, como referimos noutro lugar ("A Coordenação ...", *op. cit.*, p. 421), Portugal, aquando das negociações do texto do Código, defendeu sempre a inclusão de tais territórios.

[350] No plano técnico, o Grupo foi coadjuvado por dois subgrupos criados para proceder ao elenco e discrição das medidas fiscais potencialmente lesivas da concorrência. Estes grupos posteriormente fundiram-se em um só. No tocante ao desenvolvimento dos trabalhos, foi adoptado o seguinte procedimento: 1) Cada Estado-membro enviou uma primeira listagem de medidas que, em seu entendimento, seriam eventualmente abrangidas pelo Código ("auto-confissão"); 2) As listagens enviadas pelos Estados-membros ("auto-confissão") foi trabalhada entre si e pela Comissão, tendo as medidas (cerca de 85) sido elencadas em cinco categorias, a saber: medidas A — serviços intragrupos; medidas B — serviços financeiros e sociedades "*off-shore*"; medidas C — outras medidas sectoriais específicas; medidas D — ajudas de carácter regional; medidas E — outras medidas; 3) Foi apresentada ao Grupo, pelas delegações dos outros Estados-membros, uma listagem adicional de 150 medidas, que foram enxertadas no processo em curso por ordem de prioridades ("testemunho fiscal"); 4) Os Estados membros foram convidados a apresentar relatórios ao Grupo quanto ao nível efectivo de tributação das medidas em

478   *O Instituto dos Auxílios de Estado e a Fiscalidade*

O Grupo foi mandatado para elaborar uma listagem de medidas, seleccionadas e apreciadas com base em critérios de avaliação consagrados no Código, tendo apresentado regularmente relatórios intercalares sobre o seu trabalho, aprovados pelo Conselho.[351]

Pela sua constituição e pelo seu modelo de organização este grupo tem uma natureza eminentemente política. O Grupo Primarolo inspirou-se no modelo do Comité monetário, afastando-se sensivelmente do modelo tradicional dos grupos de trabalho existentes no Conselho em matéria fiscal, como os grupos *ad hoc* e questões financeiras. A presidência deste grupo não é designada por inerência (isto é, não é atribuída ao representante do país que num determinado momento exerça a presi-

---

causa, caso entendessem que tal nível não era significativamente inferior ao nível normal praticado, bem como a apresentar relatórios sobre o carácter proporcional das medidas de apoio às regiões ultraperiféricas, tendo-se o Grupo pronunciado, por ora, apenas no tocante ao primeiro tipo de relatórios. Portugal teve em análise as seguintes dezasseis medidas: medidas A (Serviços Intra-Grupos) o regime das sociedades *holding* (SGPS); medidas B (Serviços Financeiros e Sociedades *Off-Shore*) os regimes das Zonas Francas da Madeira e da Ilha de Stª Maria e o regime das sociedades de resseguro; medidas C (outras medidas sectoriais específicas) os regimes do *shipping* (Madeira) e do crédito fiscal por despesas de investigação e desenvolvimento; medidas D (Incentivos Regionais) os regimes da Zona Franca Industrial da Madeira e o regime do crédito de imposto negociável para projectos de reestruturação em áreas de depressão; medidas E (outras medidas) os regimes das micro e pequenas empresas, dos incentivos fiscais ao investimento de natureza contratual, do crédito fiscal ao investimento, das mais-valias reinvestidas, das SGII's, das amortizações aceleradas e dos fundos de investimento; medidas F (Territórios dependentes ou associados), os regimes de Timor Leste (invocado por razões estritamente políticas) e de Macau. Destes regimes, apenas a medida relativa às operações financeiras do Centro Internacional de Negócios da Zona Franca da Madeira (medida B 6) fez parte do elenco das medidas potencialmente prejudiciais descritas no Relatório final do grupo, que foi tornado público em 28 de Fevereiro de 2000 (*Press release*, Brussels, 29.02.2000, Nr. 4901/99). O Relatório do Grupo "Código de Conduta (Fiscalidade das Empresas)" para o Conselho ECOFIN (SN 4901/99) foi divulgado na página *web* do Conselho e, entre nós, publicado nos Cadernos CTF n.° 185 (União Europeia, *Código de Conduta Fiscalidade das Empresas*, Lisboa, 2000).). Este relatório, até final de 2002, não havia sido aprovado formalmente pelo Conselho ECOFIN.

[351] O primeiro relatório intercalar do Grupo foi entregue ao Conselho ECOFIN, em 1 de Dezembro de 1998. O segundo relatório intercalar foi apresentado ao ECOFIN de 25 de Maio de 1999, de forma a possibilitar a entrega do relatório final em Novembro de 1999 e a sua avaliação geral, no plano político, e eventual aprovação no ECOFIN em Dezembro do mesmo ano.

Capítulo III – Os Auxílios Tributários

dência da União), nem, em primeira linha, por eleição, mas por designação consensual, com um mandato de dois anos, com eventual renovação no final desse período.[352]

Política foi ainda a não clarificação do mecanismo de decisão no seio do grupo, sendo sistematicamente evitado qualquer processo de votação. Na prática pretendeu-se decidir com base em amplos consensos.

Em 23 de Novembro de 1999, o Grupo concluiu o Relatório final com a avaliação das quase 300 medidas constantes da lista indicativa inicial, para apresentação ao Conselho ECOFIN, de 29 do mesmo mês (*Relatório do Grupo Primarolo*).[353] Dele consta uma lista de 66 medidas potencialmente prejudiciais, lista essa que, no entanto, estava longe de ser consensual.[354]

---

[352] Foi prevista ainda a criação de dois vice-presidentes, um representando a presidência em exercício num determinado semestre, o outro, a presidência futura. Portugal, que inicialmente defendeu a existência de uma presidência que seguisse o modelo tradicional da "troika", esteve na base da proposta de compromisso que deu origem ao modelo aprovado (cf. Conclusões do Conselho Ecofin, de 9 de Março de 1988, relativas à criação do grupo do código da conduta — fiscalidade das empresas, in JOCE n.° C 99, de 1 de Abril de 1998).

[353] Para uma análise do conteúdo deste relatório, cf. J. MALHERBE, "Harmful Tax Competition and the European Code of Conduct", *Tax Notes International*, 10 de Julho de 2000, pp. 151-156.

[354] O Relatório Primarolo reconhece, aliás, que a avaliação apenas reflecte "um amplo consenso" (p. 45). De resto, quando se analisam as 66 medidas constantes da lista do Relatório final, facilmente se verifica que raramente houve unanimidade na decisão de nela ser integrada ou não esta ou aquela medida. Um bom exemplo é o caso do regime da Zona Franca da Madeira (medida B6 no processo de avaliação), autorizado sucessivamente pela Comissão, por períodos limitados de tempo (o último dos quais, de até final de 2000), ao abrigo do regime de auxílios de Estado de natureza regional. A posição portuguesa era a de que este regime estava salvaguardado pelo ponto G do Código de Conduta que estabelece uma forma específica de avaliação (e uma cláusula de exclusão de prejudicialidade) para as medidas destinadas a promover o desenvolvimento de regiões ultraperiféricas (no caso da Madeira e dos Açores hoje especificamente exigido pelo novo artigo 299.° do Tratado), tendo apresentado a favor desta sua posição um relatório técnico muito circunstanciado (P. LUDOW, V. MARTINS, J. FERRER, *Establishing suitable strategies to improve sustainble development in the portuguese ultraperipherical regions of Madeira and Azores*, Bruxelas, CEPS, 1999). Este relatório nunca foi discutido no seio do grupo Primarolo. A posição da Comissão era a de que a medida não era proporcional aos objectivos que visava atingir, sem que esclarecesse o que entendia por proporcionalidade. No final, a medida foi inscrita na lista, apesar da posição portuguesa em sentido contrário, e perante o incomodado silêncio de todos os Estados membros. Sobre a reserva portuguesa, vide nota 8 do Relatório Primarolo (p. 32).

480 *O Instituto dos Auxílios de Estado e a Fiscalidade*

No entanto, como o Conselho ECOFIN não tomou, até finais de 2002, qualquer deliberação a respeito do Relatório final, não está, em rigor, esclarecida a questão de saber quais são as medidas de concorrência fiscal que se qualificam, efectivamente (e não apenas potencialmente), como prejudiciais.[355]

2.3.5.2. Os critérios de avaliação

A qualificação de uma medida como potencialmente prejudicial depende, como se viu, da sua capacidade para promover a deslocalização de actividades económicas no seio da Comunidade. Nuns casos, o carácter prejudicial da medida presume-se. Noutros, encontra-se dependente de uma avaliação, efectuada de acordo com critérios, não taxativos nem cumulativos, inspirados em trabalhos da OCDE. O Código enuncia cinco indícios de prejudicialidade, a saber:

a) Critério da atribuição das vantagens a não residentes ("ring fencing"): em conformidade com este primeiro critério, pretende-se apurar se as vantagens fiscais são concedidas exclusivamente a não residentes ou se as transacções são apenas efectuadas com não residentes. Na sua aplicação prática, este critério foi subdividido em dois testes, um assente numa interpretação literal do Código (com base na ideia de total exclusividade), outro, inspirado na óptica da OCDE, menos exigente quanto à exclusividade;[356]

---

[355] Uma das razões da não decisão prende-se com o facto de ter sido efectuada por alguns Estados membros uma ligação, de natureza política, entre a aprovação do Código e a aprovação das propostas de directiva relativas aos juros e *royalties* e à poupança. No plano técnico, seria difícil encontrar alguma ligação entre as três medidas. Estes três tópicos não têm relação lógica uns com os outros. A sua junção no mesmo pacote representa, na opinião de J.MALHERBE (*ob. cit., Tax Notes International*, 2000, p. 153), um episódio mais na difícil história da Comunidade no campo da tributação directa. A única possível relação seria, em relação à tributação das poupanças privadas e das empresas, o objectivo posto pelo Conselho de Ministros de se conseguir uma tributação mais amigável para o emprego (*employment-friendly taxation*). Mas a relação não é técnica, é política: no caso português, significa que Portugal apenas aceitou votar favoravelmente a directiva dos juros e *royalties* (que lhe é desvantajosa no plano financeiro), caso se desse, em simultâneo, a aprovação (e consequentemente a entrada em vigor) da directiva da poupança.

[356] Quatro delegações, entre as quais a portuguesa, pronunciaram-se contra a inter-

Capítulo III – Os Auxílios Tributários

b) Critério dos efeitos na economia interna do Estado-membro: visa-se apurar se as vantagens são totalmente isoladas da economia interna, sem incidência na base fiscal nacional. Este critério foi igualmente subdividido, tendo em conta duas leituras, uma literal (o isolamento deve ser total), outra mais próxima da versão da OCDE (não se exige o isolamento absoluto das vantagens);

c) Critério da contrapartida da actividade económica real ou da presença económica substancial: pretende-se apurar se os benefícios fiscais são concedidos mesmo que não exista qualquer actividade económica real, nem qualquer presença económica substancial no Estado membro que proporciona esses benefícios;

d) Critério do método de determinação dos lucros resultantes das actividades internas de um grupo multinacional: tem por fim verificar se o método utilizado, para este efeito, se afasta dos princípios geralmente aceites a nível internacional, nomeadamente das regras aprovadas pela OCDE em sede de preços de transferência;[357] ou ainda dos princípios consignados na convenção modelo da OCDE em matéria de determinação dos lucros de estabelecimentos estáveis;[358]

e) Critério da transparência: o seu objectivo consiste em se apurar se as medidas fiscais e as disposições legais são aplicadas, no plano administrativo, de forma discriminatória ou menos rigorosa.[359]

De referir, por último, que, durante o processo de avaliação, o Código previa ainda a necessidade de apreciar *cuidadosamente* os efeitos das medidas fiscais sobre os *outros Estados-membros*, tendo, nomeadamente, em conta os níveis de tributação efectiva em causa em toda a Comunidade.[360]

---

pretação mais lata dos critérios, nomeadamente o modo como essa interpretação era aplicada às pequenas economias e às economias abertas (cf. *Relatório Primarolo*, p. 25).

[357] OCDE, *Principes aplicables en matiére de prix de transfert à l'intention des entreprises multinacionales et des administrations fiscales*, Paris 1995 (mise à jour en 1996 et 1997).

[358] OCDE, *Modèle de Convention Fiscale concernant le revenu et la fortune,* Vol. I, Paris, 1997

[359] Os critérios em causa, nomeadamente os critérios a) e b) e os critérios c) e d), têm estreita ligação entre si, facto que justifica que tenham sido analisados, na generalidade das situações, de forma interligada.

[360] Cf. o procedimento previsto na primeira parte do ponto G do Código que, no entanto, não chegou a ser levado à prática. Com este procedimento, o Código pretendia

2.3.5.3. As medidas excepcionadas

Por sugestão das delegações portuguesa e espanhola, foi inserida no ponto G do Código uma disposição, nos termos da qual, ao longo do processo de avaliação, deverá atender-se às características e condicionalismos específicos das regiões ultraperiféricas e às pequenas ilhas. Neste âmbito, importará verificar se as medidas são utilizadas para apoiar o desenvolvimento económico de regiões específicas, sendo proporcionais e orientadas para os objectivos pretendidos. Esta causa de exclusão decorre, quanto a nós, do próprio Tratado da União Europeia, em particular depois da revisão operada pelo Tratado de Amesterdão.[361]

2.3.5.4. Os compromissos dos Estados membros

Os Estados-membros comprometem-se, em primeiro lugar, a trocar informações recíprocas sobre as medidas vigentes ou futuras potencialmente sujeitas ao Código de Conduta, podendo qualquer Estado membro ou a Comissão solicitar tais informações. A coordenação deste processo de intercâmbio compete à Comissão.

Além disso, os Estados membros comprometem-se a adoptar dois tipos de intervenção relativamente aos regimes fiscais em vigor considerados nefastos para a economia: o congelamento e o desmantelamento das medidas prejudiciais.

Contém, assim, o Código uma cláusula de *standstill,* a qual implica que, na elaboração das respectivas políticas fiscais futuras, os Estados membros devam ter em consideração os princípios nele consagrados, e avaliar a eventual natureza prejudicial das novas medidas fiscais, com base nos critérios decorrentes da experiência avaliativa do Grupo Primarolo.

---

aproximar-se das preocupações constantes do Relatório da OCDE, o qual tem em conta, para qualificar as medidas fiscais como prejudiciais, as taxas efectivas de tributação nitidamente abaixo das taxas praticadas *nos outros países* (p. 17), e revelava a sua apetência para estender o âmbito da sua aplicação a certas medidas que, em sede de auxílios de Estado, seriam consideradas como medidas de política fiscal geral.

[361] Cf. o n.º 2 do artigo 299.º do Tratado. Esta cláusula tem correspondência nos pontos 27 e 84 do Relatório da OCDE, tendo originado, neste fórum, uma declaração da delegação portuguesa nesse mesmo sentido. A aceitação dessa declaração foi condição para o voto favorável de Portugal relativamente ao Relatório e respectivas Recomendações.

Por outro lado, o Código integra ainda uma cláusula de desmantelamento (*rollback*), segundo a qual os Estados membros comprometem-se a reanalisar, rever ou desmantelar as medidas prejudiciais existentes, atendendo aos princípios e ao processo de avaliação referidos e considerando as discussões havidas no Conselho na sequência deste processo.[362]

2.3.6. As relações entre o regime dos auxílios de Estado e o Código de Conduta

2.3.6.1. O ponto J do Código de Conduta

Até ao aparecimento do Código de Conduta, excepção feita aos instrumentos de harmonização, muitas vezes de difícil recurso político, os restantes não se mostravam adequados para o combate contra a concorrência fiscal. O instrumento mais utilizado, embora pouco apropriado — e, até aos anos oitenta, de utilização bastante escassa —, era o recurso ao controlo, por via administrativa e judicial, dos auxílios de Estado no domínio tributário.[363]

No entanto, a forma como o Tratado contempla o instituto dos auxílios públicos é pouco propícia a que possa dar corpo a uma verdadeira política de regulação da concorrência fiscal. O objectivo do Tratado, ao

---

[362] Lê-se na declaração 1. *ad* anexo 1 do Código de Conduta: "O Conselho e os Representantes dos Governos dos Estados membros reunidos no Conselho, bem como a Comissão, constatam que o congelamento e o desmantelamento estão estreitamente ligados e sublinham a necessidade de uma aplicação equilibrada a situações semelhantes, sem que tal venha a atrasar a aplicação do congelamento e do desmantelamento. Por outro lado, consideram que, em regra, um período de dois anos deve ser suficiente para o desmantelamento. A partir de Janeiro de 1998, o desmantelamento efectivo deve efectuar-se no prazo de cinco anos, se bem que, em circunstâncias especiais, após avaliação do Conselho, se possa justificar um prazo mais longo". A data final de 31 de Dezembro de 2002 está, porém, prejudicada face ao atraso na aprovação do Relatório Primarolo.

[363] Do facto dá conta D. BERLIN, *Droit fiscal communautaire*, 1988, p. 201, quando refere expressamente serem as normas dos auxílios de Estado um exemplo das "virtudes" ou potencialidades fiscais de alguns artigos do Tratado de Roma. De facto estes estabelecem "antigas obrigações" noutros domínios que passaram, por intervenção judicial, a aplicar-se posteriormente à fiscalidade não incidente sobre as trocas de mercadorias.

484   *O Instituto dos Auxílios de Estado e a Fiscalidade*

instituir um regime de auxílios públicos, não se prende com o fenómeno da concorrência fiscal em si e as suas consequências para o erário público ou para o emprego, mas com a construção do mercado interno, procurando evitar que a concorrência entre empresas fosse falseada por novas formas de proteccionismo público às empresas "nacionais".

Um tal instituto não é pois vocacionado para atingir o objectivo de regulação da concorrência fiscal nociva. O seu carácter casuístico impede uma visão global, apesar do esforço da Comissão para, no quadro de uma extensa revisão da disciplina dos auxílios de Estado, tornar públicos os critérios de aplicação das derrogações ao princípio da incompatibilidade. Pode ser um instrumento auxiliar ou complementar, mas nunca o instrumento central de regulação da concorrência fiscal. Outros instrumentos deveriam assumir o papel principal. [364]

Considerando que algumas das medidas abrangidas pelo âmbito de aplicação do Código de Conduta poderão sê-lo igualmente pelas regras do TUE respeitantes aos auxílios de Estado, o Código previa o compromisso de a Comissão publicar, até meados de 1998 (o que, como vimos foi feito, com a Comunicação da Comissão aprovada em 11 de Novembro de 1998), as directrizes para a aplicação das regras relativas aos auxílios em questão, tendo nomeadamente em conta os efeitos negativos dessas ajudas que venham a ser detectados na sequência da aplicação do Código.[365]

O próprio Código de Conduta remete assim para a disciplina dos auxílios sob forma fiscal, não apenas para vincular a Comissão à publi-

---

[364] Opinião distinta tem Freitas PEREIRA ("A Tributação do Rendimento das Empresas nos Processos de Integração Económica", *CTF* n.° 385, 1997, pp. 109-110), segundo o qual "a forma mais fácil de contrariar a concorrência fiscal seria a de uma aplicação mais rigorosa das regras do Tratado em matéria de ajudas de Estado".

[365] Muitas questões foram levantadas pelas delegações dos Estados membros aquando da apresentação, pela Comissão, do anteprojecto da Comunicação de 1998 (nomeadamente, quanto ao âmbito territorial da aplicação das regras sobre auxílios de Estado, à dualidade de procedimentos e aos critérios de apreciação das medidas susceptíveis de configurarem auxílios e das que podem estar sujeitas ao Código de Conduta, à consideração pelas expectativas legítimas criadas por anteriores decisões da Comissão ou ao reconhecimento da diversidade de situações justificativas de intervenções estatais para a promoção do desenvolvimento económico), mas nem sempre tidas em conta na versão final.

Capítulo III – Os Auxílios Tributários 485

cação de directrizes para a aplicação das regras dos auxílios de Estado à fiscalidade, mas também para a vincular à análise ou reanálise, caso a caso, dos regimes fiscais em vigor e dos projectos dos Estados membros.

É no ponto J do Código de Conduta sobre a fiscalidade das empresas que se estabelece uma clara articulação entre os regimes dos auxílios públicos e da concorrência fiscal nefasta. A importância do texto justifica a sua transcrição:

> "O Conselho constata que *parte das medidas fiscais* abrangidas pelo Código é susceptível de cair dentro do âmbito de aplicação do disposto nos artigos 92.º a 94.º (n.n. *87.º a 89.º*) do Tratado sobre auxílios estatais. Sem prejuízo da legislação comunitária e dos objectivos do Tratado, o Conselho regista que a Comissão se compromete a publicar, até meados de 1998, as directrizes para aplicação da regras relativas aos auxílios estatais e às medidas que respeitam à fiscalidade directa das empresas, depois de submeter um projecto à apreciação dos peritos dos Estados membros no âmbito de uma reunião multilateral, e a garantir escrupulosamente uma aplicação rigorosa das regras relativas aos auxílios em questão, tendo nomeadamente em conta os *efeitos negativos* desses auxílios que venham a ser detectados na sequência da aplicação do presente Código.[366] O Conselho regista igualmente a intenção da Comissão de *analisar ou reanalisar* caso a caso os regimes fiscais em vigor e os novos projectos dos Estados membros, garantindo coerência e igualdade de tratamento na aplicação das normas e dos objectivos do Tratado." (*itálicos nossos*)

Por sua vez, na Comunicação de 1998 determina-se que a Comissão "procederá, com base nas orientações definidas na presente comunicação e a partir da sua publicação, ao exame dos projectos de auxílios que lhe forem notificados e dos auxílios fiscais aplicados ilegalmente nos Estados-membros, bem como ao reexame dos regimes existentes". Ou seja, a partir de 1999, a Comissão deveria iniciar o processo de exame ou reexame dos auxílios fiscais, a conceder ou já concedidos.[367]

---

[366] Uma primeira abordagem do tema havia já sido efectuada pelo Comissário Van MIERT no Grupo de Alto Nível em Novembro de 1997, com a apresentação da comunicação *Fiscalité directe des entreprises et contrôle communautaire des aides d'État* (project AH/0c 13.11.97).

[367] Em rigor este processo iniciou-se mais cedo. É o que se deduz do exposto num relatório da COMISSÃO, onde se pode ler: "O ano de 1997 constituirá um marco para a política de concorrência europeia. Será visto como o ano da consolidação do papel da

486 O Instituto dos Auxílios de Estado e a Fiscalidade

A Comissão pretendeu assim accionar as orientações relativas aos auxílios de Estado e, ainda, apoiar a acção fiscalizadora desencadeada pelo Conselho no quadro do Código de Conduta.

2.3.6.2. Análise crítica

O ponto J do Código de Conduta suscita, no entanto, algumas observações:

Primeira, o Conselho refere que os regimes da concorrência fiscal nefasta e dos auxílios de Estado se recobrem parcialmente, mas não especifica que medidas caem no âmbito de aplicação de um, de outro ou de ambos. Implicitamente o Conselho admite que uma parte das medidas susceptíveis de serem consideradas como formas de concorrência fiscal prejudicial não são cobertas pelo regime dos auxílios de Estado, mas não adianta qualquer critério no sentido de estabelecer uma linha de demarcação entre o âmbito de aplicação dos dois institutos.

Segunda, foi eliminada da versão final do Código a referência, constante do anteprojecto, à posição do Conselho no sentido de considerar que a aplicação do Código deveria, na prática, reduzir a necessidade de intervenção comunitária ao abrigo das regras relativas aos auxílios estatais no domínio fiscal. Com esta eliminação pretendeu-se provavelmente afastar qualquer possibilidade de ser atribuída menor importância ou alcance às regras dos auxílios de Estado ou se institucionalizar uma prévia apreciação política ou um envolvimento por parte do Conselho relativamente à aplicação dessas regras.[368]

Comissão enquanto autoridade europeia de controlo na sequência do Tratado de Amesterdão, o ano do aprofundamento de uma acção de modernização do quadro legislativo e, finalmente, o ano da afirmação da sua vontade de fazer aplicar com ponderação e firmeza as regras europeias da concorrência" (COMISSÃO, *Política de Concorrência da União Europeia*, 1997, p. 13). Estas palavras aplicavam-se também aos auxílios de Estado, cuja disciplina sofreu importantes alterações a partir desse mesmo ano. Acresce que a própria revisão de alguns regimes de auxílios de Estado que passaram a ser considerados como incompatíveis foi efectuada nessa altura, antes ainda da aprovação do Código de Conduta e da Comunicação de 1998: é o caso de alguns regimes preferenciais da Irlanda e da aprovação do regime da Zona Especial de Canárias.

[368] Vale a pena relembrar a redacção do ponto M do anteprojecto do Código: "O

Capítulo III – Os Auxílios Tributários   487

Terceira, foi acrescentada na versão final do Código a intenção de a Comissão reanalisar, caso a caso, os regimes fiscais vigentes, bem como o compromisso de esta instituição garantir coerência e igualdade de tratamento na aplicação das normas e dos objectivos do Tratado. Trata-se de um vínculo de natureza política no sentido de, nestes casos, a Comissão accionar o mecanismo de exame permanente dos auxílios públicos que o Tratado lhe atribui.

Quarta, o regime de auxílios de Estado passa, a partir de agora, a ter também como objectivo explícito a concorrência fiscal: a detecção de efeitos negativos de medidas analisadas ao abrigo do Código de Conduta torna-se relevante para a aplicação do regime dos auxílios de Estado. Isto significa que, em relação às medidas que sejam abrangidas pelos dois institutos, o regime dos auxílios afirma-se como o *"hard law stick"* do Código de Conduta.[369] Dadas as dificuldades de serem estabelecidas linhas divisórias nítidas relativas à aplicação dos dois institutos, o regime dos auxílios pode ser brandido como uma ameaça de sanção e o Código ganha uma vocação jurídica que pareceria estar arredada das intenções iniciais dos Estados membros.

Parece claro que a versão final do ponto J do Código pretendeu reconhecer a autonomia dos dois institutos. Mas, ao ligar expressamente as regras do Código relativas à regulação da concorrência fiscal nefasta ao regime dos auxílios de Estado, pôs a nu o falhanço dos Estados membros pretenderem, por via política, condicionar a acção da Comissão neste domínio. Facto que, aliás, não surpreende dada a diferente natureza

---

Conselho considera que algumas, embora não todas, as medidas fiscais objecto do presente código são abrangidas pelo âmbito de aplicação das disposições relativas aos auxílios estatais dos artigos *92.° a 94.°* (n.n. 87.° a 89.°) do Tratado CE. Considera igualmente que a aplicação do código deverá, na prática, reduzir a necessidade de intervenção comunitária ao abrigo das regras relativas aos auxílios estatais no domínio fiscal. Sem prejuízo da legislação comunitária, solicita que a Comissão forneça orientações sobre a aplicação das regras em matéria de auxílios estatais aos auxílios fiscais e se comprometa a assegurar a sua rigorosa aplicação, tomando em consideração os efeitos negativos dos auxílios que serão detectados na sequência da aplicação do presente código" (anexo à Comunicação da Comissão "Rumo a uma Coordenação...", *ob. cit.*, p. 13).

[369] Segundo a curiosa expressão de W. BRATTON/ J. McCAHERY, "Tax Coordination and Tax Competition in the European Union: Evaluating the Code of Conduct on Business Taxation", *CMLR*, n.° 38, p. 688.

488   *O Instituto dos Auxílios de Estado e a Fiscalidade*

jurídica das disposições que regulam um e outro regime (enquanto o Código se assume como um compromisso político, o instituto dos auxílios tributários tem inequívoca natureza jurídica) e, consequentemente, o primado das regras dos auxílios sobre a regulação da concorrência fiscal nefasta.

2.3.6.3. Análise comparativa dos dois instrumentos

Importa agora analisar mais de perto as relações entre os dois institutos, questão com decisiva relevância prática. Como as decisões que incidem sobre a eventual aplicação de um e de outro destes regimes a medidas fiscais dos Estados membros incumbem, de forma exclusiva, a entidades diferentes, à Comissão a decisão administrativa, no primeiro caso, ao Conselho, a decisão política no segundo, torna-se muito importante estabelecer as linhas de demarcação entre eles. O que nos obriga a ter em consideração não só a distinção entre esfera política e esfera jurídica, como ainda "a crucial e complexa questão da separação de poderes na Comunidade".[370]

Existem pontos de contacto e de clivagem entre os dois institutos. Em primeiro lugar, ambos visam proteger a concorrência. No entanto, à partida, distintas são as formas de concorrência que estão na base da respectiva criação: concorrência interempresarial (a livre e sã concorrência entre agentes do mercado, incluindo o Estado quando actua nessa qualidade) no caso dos auxílios; concorrência entre sistemas e políticas fiscais (concorrência institucional entre Estados na sua veste de autoridade) no que toca ao Código de Conduta.

Em seguida, ambos se referem à fiscalidade directa: no caso dos auxílios de Estado de forma não exclusiva, pois, apesar do âmbito restritivo da Comunicação de 1998, este instituto abrange igualmente a fiscalidade indirecta e a parafiscalidade;[371] no caso do Código de Conduta, a

---

[370] Neste sentido, SCHÖN, "Taxation and State aid law in the European Union", in *Common Market Law Review,* n.° 36, 1999, p. 919, e BACON "State aids and general measures", YEL, 1997, p. 269.

[371] No caso dos auxílios de Estado, isso advém da estrutura e desenho do Tratado, ainda que, aqui e além, possam surgir algumas opiniões, excepcionais, em contrário. Assim,

Capítulo III – Os Auxílios Tributários

referência à sua exclusiva aplicação à fiscalidade directa é expressa e resultou de uma opção política conjuntural.[372]

Ambos permitem certos tipos de derrogação: quanto aos auxílios tributários, as derrogações ao princípio da incompatibilidade com o mercado comum estão previstas no próprio Tratado, podendo ser *de jure* ou a analisar caso a caso pela Comissão; quanto ao Código de Conduta a derrogação ao carácter prejudicial de "medidas que tenham ou sejam susceptíveis de ter uma incidência sensível na localização das actividades económicas na Comunidade" está prevista no ponto G, referente às medidas fiscais destinadas a apoiar o desenvolvimento regional de regiões específicas.

Os próprios requisitos ou elementos caracterizadores das medidas fiscais visadas num e noutro dos regimes recobrem-se parcialmente. Assim, ambos abrangem medidas tributárias outorgadas pelo Estado em sentido amplo e pressupõem igualmente a atribuição de vantagens a empresas por via fiscal.[373]

O elemento que as distingue é o da selectividade. Enquanto o instituto dos auxílios de Estado apenas se aplica a medidas fiscais selectivas, o Código tem aptidão para ser aplicado a certas medidas (não todas) que, do ponto de vista do instituto dos auxílios de Estado, seriam consideradas como medidas de política fiscal geral.

O Código admite, assim, uma certa sobreposição com o regime dos auxílios de Estado, ao não definir critérios ou orientações que permitam

---

chegou a ser veiculada, sem razão, a tese de que os artigos do Tratado relativos aos auxílios de Estado não se aplicavam à fiscalidade indirecta, aos impostos que recaem sobre as trocas de mercadorias, pois neste domínio apenas as disposições fiscais específicas do Tratado (os actuais arts. 90.º a 93.º, anteriores arts. 95.º a 99.º) deveriam ser invocadas.

[372] Alguns Estados eram favoráveis à contemplação no Código da tributação indirecta, entre os quais Portugal, devido aos problemas de concorrência prejudicial suscitados pela aplicação do regime transitório do IVA e pelos diferenciais de taxas. Razões de operacionalidade política e o compromisso de se prosseguirem os trabalhos relativos a um novo sistema comum do IVA estiveram na base da sua não inserção, pelo menos, nesta fase.

[373] Cf. ponto A do referido Código, o qual, recorde-se, se insere num "pacote fiscal" assente em uma abordagem global em matéria de política fiscal que visa, de acordo com o respectivo preâmbulo, reduzir as distorções ainda existentes no mercado único, prevenir perdas significativas de receitas fiscais e orientar as estruturas fiscais num sentido mais favorável ao emprego.

490 *O Instituto dos Auxílios de Estado e a Fiscalidade*

destrinçar a aplicação de um e outro. Uma analítica do regime dos auxílios públicos sob forma fiscal, tendo em conta as novas orientações específicas da Comissão sobre a matéria, revela-nos que uma grande parte das medidas sujeitas à disciplina do Código estão (ou podem estar) igualmente sujeitas à disciplina dos auxílios, por preencherem simultaneamente os requisitos de um e outro dos regimes.[374] Dada a diferente natureza jurídica de um e outro dos instrumentos, isto significa que a delimitação do campo de aplicação autónoma do Código está dependente da aplicação do regime dos auxílios de Estado sob forma fiscal, a qual tem, como vimos, alguma especificidade em relação ao regime geral dos auxílios públicos.

Com efeito, a sujeição ao princípio da incompatibilidade dos auxílios tributários impende sobre qualquer vantagem de natureza fiscal (onde, por definição estão em jogo recursos financeiros públicos) auferida por empresas, em sentido amplo, independentemente da sua forma (desagravamento ou redução do montante de imposto, redução da matéria colectável, deferimento no tempo ou reescalonamento da dívida, práticas administrativas discriminatórias, etc.), imputável, directa ou indirectamente, ao Estado (central, regional ou local) que, tendo natureza selectiva, preencham duas condições: a susceptibilidade de afectar o comércio intracomunitário e de falsear ou ameaçar falsear a concorrência.

Dada a forma muito alargada como são entendidos alguns elementos integradores do conceito de auxílios (tais como, Estado, vantagem, empresa), dado, na prática, o primado da chamada teoria dos efeitos e a forma ampla e interligada como são entendidas as condições de aplicação do princípio da incompatibilidade, a questão central do campo de aplicação do regime dos auxílios passa a girar em torno da noção da selectividade. Ou seja, da questão de saber o que é uma vantagem fiscal selectiva, sendo certo que as medidas não selectivas (isto é, as chamadas medidas gerais, em sentido restrito e em sentido lato) estão fora do campo de aplicação do regime dos auxílios de Estado.

---

[374] Ou seja: o Código também pode aplicar-se a medidas fiscais que atribuem vantagens selectivas. A questão tem importância se pensarmos que uma medida pode ser justificada pelas derrogações previstas nos n.ºs 2 e 3 do artigo 87.º do Tratado e não o ser ao abrigo do Código de Conduta. A única causa justificativa que, de certo modo, é comum aos dois regimes é a do ponto G do Código de Conduta.

Capítulo III – Os Auxílios Tributários

O Código de Conduta, apesar da ambiguidade das suas formulações, tem assim vocação para se aplicar autonomamente a medidas fiscais de natureza geral, mas, pelo menos, segundo a prática do Grupo Primarolo e a doutrina dominante, não a todas. Deixa de fora certas medidas de natureza estrutural que se presume não afectarem a concorrência ou que, mesmo que a afectem, são consideradas como independentes de qualquer controlo comunitário, por estarem na esfera de soberania dos Estados. Este é, por convenção, o caso de uma redução geral da taxa de IRC para níveis muito abaixo dos existentes em outros países, como ocorre, na opinião da Comissão, com as medidas adoptadas pela Irlanda em substituição de certos auxílios de Estado que aí existiam.

Mas, assim sendo, o Código recobre, pelo menos em parte, os mecanismos (até hoje nunca accionados) previstos nos artigos 96.° e 97.° (a.n. 101.° e 102.°) do Tratado, constituindo-se, na prática, como um seu sucedâneo político. Com efeito, como se sabe, se um Estado membro realizar uma política fiscal que conceda amplas vantagens às colocações e investimentos de capitais de forma a que estes afluam em massa ao seu território, desviando-se do seu curso ou destino normal, dá-se uma distorção nas condições de concorrência que poderá fazer accionar os mecanismos previstos nos artigos 96.° (relativos às disparidades preexistentes) e 97.° (relativos às disparidades supervenientes) do Tratado.

2.4. Breve balanço

Hoje, quase três anos passados sobre a aprovação do Código de Conduta, o balanço que pode ser feito dos trabalhos do Código de Conduta não é muito exaltante. O caminho seguido de optar por formas de *soft law* revela todos as suas limitações. O carácter não juridicamente vinculativo dá poucas garantias de imparcialidade. As sanções políticas podem ser mais facilmente utilizadas contra os pequenos países. Por outro lado, transforma-o num instrumento subalterno em relação ao regime dos auxílios de Estado. Acresce que a sua efectiva (e plena aplicação) continua suspensa da aprovação do "pacote fiscal" a que o "acordo sobre o desacordo" do Conselho Europeu da Feira, ao fazer depender a adopção da directiva da poupança da adopção por países e territórios terceiros de medidas equivalentes, veio dar um novo fôlego. Sem

492   *O Instituto dos Auxílios de Estado e a Fiscalidade*

esquecer que o previsível alargamento da União a Estados com regimes fiscais altamente benévolos põe o problema de saber se o Código integra ou não o *acquis communautaire*. Juridicamente a resposta só pode ser negativa; politicamente, a resposta parece ser positiva, pois uma resposta negativa seria insustentável.

Neste contexto, o único pilar que tem, de momento, condições sólidas para prosseguir o combate à concorrência fiscal é o do controlo administrativo e judicial dos auxílios de Estado de natureza fiscal, isto é, precisamente aquele que, apesar das novas linhas directrizes da Comissão, não tem vocação para a combater. O acessório ocupará o lugar do essencial. Os trabalhos de avaliação do Código arriscam-se a transformar-se em trabalhos preparatórios para a aplicação por parte da Comissão da disciplina, numa óptica cada vez mais restritiva, dos auxílios de Estado.[375] Que, como é sabido, não abrange as medidas fiscais de natureza geral,

---

[375] A reanálise sistemática, pela Comissão, ao abrigo do instituto dos auxílios de Estado, de regimes potencialmente prejudiciais assim qualificados no Relatório do Código de Conduta, confirma as afirmações do texto. Em 11 de Julho de 2001, a Comissão reexaminou a aplicação dos regimes de tributação das empresas existentes na Bélgica (regime fiscal dos centros de coordenação), na Grécia (regime fiscal dos escritórios de representação das empresas estrangeiras), em Itália (centro dos serviços financeiros e de seguros de Trieste) e na Suécia (regime fiscal de tributação das companhias de seguros estrangeiras) e concluiu "que, devido à evolução do mercado comum e às mudanças económicas ocorridas no mercado único da União Europeia, estes regimes deixaram de ser conformes com as regulamentações comunitárias, pelo que decidiu propor aos Estados membros em causa as medidas adequadas necessárias para assegurar a sua compatibilidade com o mercado comum." Na mesma data, a Comissão decidiu ainda dar início ao procedimento de investigação formal quanto à aplicação de regimes de tributação detectados pelo Grupo do Código de Conduta e que não haviam sido notificados à Comissão pelos Estados membros, regimes esses susceptíveis de constituir auxílios estatais. É o caso dos regimes existentes na Alemanha (regime fiscal dos centros de controlo e de coordenação das sociedades estrangeiras), em Espanha (regime fiscal para os centros de coordenação da Biscaia), na Finlândia (Aland - regime fiscal para as companhias seguradoras cativas), em França (regime da administração geral e centros logísticos; regime das centrais de tesouraria), na Irlanda (isenção fiscal sobre rendimentos provenientes do estrangeiro), no Luxemburgo (regime dos centros de coordenação, regime das sociedades de financiamento), nos Países Baixos (regime fiscal especial para as actividades de financiamento internacionais) e no Reino Unido (*Gibraltar Qualifying Offshore e Companies Rules; Gibraltar Exempt Offshore Companies Rules*). Cf. *Boletim UE* n.º 7/8, 2001, pp. 34-35 e *Comunicado de imprensa* IP/01/982.

Capítulo III – Os Auxílios Tributários

nem tem aplicação fora do território da Comunidade. Deste modo, a concorrência fiscal arrisca-se a ser incrementada. Os Estados, conhecendo melhor os regimes fiscais preferenciais dos outros, poderão ser tentados (ou forçados) a consagrá-los. A reavaliação de certos regimes de auxílios de Estado de natureza regional, podendo conduzir à sua limitação ou eliminação antes do período aceite para a sua vigência, arrisca-se a funcionar como um factor de promoção da concorrência fiscal levada a cabo por Estados com territórios associados ou dependentes que não integram o espaço comunitário e aos quais o regime dos auxílios não se aplica. Qualquer decisão administrativa nesse sentido traduzir-se-á, na prática, numa vantagem a favor dos territórios não comunitários e em detrimento de territórios ultraperiféricos que integram o espaço comunitário e que, segundo o Tratado, deveriam ser objecto de particular apoio por parte da Comunidade. Com isto ficará prejudicada a garantia de coerência e igualdade de tratamento (não em relação ao Tratado), mas em relação ao espírito que presidiu ao Código de Conduta.

A falta de vontade política dos Estados para superar estes e outros problemas (como a questão do financiamento do Orçamento comunitário ou a instituição de uma taxa mínima de imposto sobre as sociedades), o trilhar caminhos que não conduzem a lugar algum, torna cada vez mais tentador o movimento de refundação da própria Comunidade. Entretanto, alguns Estados, dispondo, em quantidade ou qualidade, de medidas de efectiva concorrência fiscal mas relativamente pouco lesivas, serão obrigados a reconsiderá-las ou a erradicá-las por estarem sujeitos à disciplina do Código ou do instituto dos auxílios de Estado, enquanto outros, dispondo de medidas tributárias efectivamente lesivas (de carácter selectivo ou geral) poderão mantê-las por estarem imunes à aplicação daqueles instrumentos.

A concorrência fiscal (leal ou não) mantém-se viva, sob novas formas ou novas qualidades.

CONCLUSÕES

1. A Comunidade Europeia é, antes de tudo, um grande espaço económico regional decorrente de complexos processos de integração, real e formal, e de cooperação económicas, caracterizado pela unificação de quinze mercados nacionais, pela instituição (cingida a doze Estados membros) de uma União Monetária, pela existência de certas políticas comuns e de formas de coordenação das políticas económicas e financeiras nacionais.

2. A Comunidade é dotada de um sistema político *sui generis,* desprovido de soberania (interna e externa) e assente em competências de atribuição. Os fins últimos da Comunidade, tal como o Tratado de Roma os define, projectam-se para além de objectivos meramente económicos, sendo o mercado e a concorrência instrumentos para a consecução desses mesmos fins.

3. O mercado comunitário é um mercado institucional, impulsionado pela intervenção do sistema político comunitário. Este mercado pressupõe a consagração das liberdades económicas fundamentais previstas no Tratado e de um sistema de defesa de concorrência. Esta surge, não como um fim em si mesmo, mas como um meio para prosseguir outros fins. O modelo comunitário da concorrência é o da concorrência praticável.

4. O sistema comunitário de defesa da concorrência tem no instituto dos auxílios de Estado o seu instrumento mais original. O cerne desse instituto é a obrigação de os Estados membros notificarem previamente a Comissão dos novos auxílios ou regimes de auxílios que pretendam introduzir, de modo a possibilitar um controlo *a priori* por parte daquela instituição comunitária. Esta pode aceitar o auxílio proposto, declará-lo incompatível com o mercado comum ou sugerir alterações de forma a torná-lo compatível.

5. A função clássica do instituto dos auxílios de Estado é evitar distorções de concorrência, impedindo que a concorrência no mercado seja falseada no espaço comunitário por meio de formas de *dopping* público ministrado a empresas ou produções.

498 *Auxílios de Estado e Fiscalidade*

6. As vantagens competitivas proporcionadas pela atribuição de auxílios de Estado podem, no entanto, conduzir a uma concorrência entre Estados ou sistemas políticos (concorrência institucional). Uma das formas clássicas da concorrência institucional é a concorrência fiscal (abrangendo sistemas fiscais, impostos ou grupos de impostos, ou mesmo medidas tributárias de carácter não financeiro).

7. Reserva-se a expressão "concorrência fiscal", em termos gerais, para situações em que decisões dos Estados em matéria de conformação dos impostos (em regra, decisão sobre taxas, abatimentos à matéria colectável, deduções à colecta, isenções, etc.) engendram efeitos externos para outros Estados, gerando distorções fiscais.

8. Existindo uma acentuada diversidade entre os sistemas fiscais dos Estados membros, em particular quanto à concreta configuração dos impostos, e não sendo a harmonização fiscal a regra nem um fim em si mesmo, a concorrência fiscal é o princípio dominante no espaço comunitário e, por maioria de razão, fora dele.

9. Para que a concorrência fiscal não se torne perversa (para os orçamentos dos Estados, mas também para a concorrência interempresarial), ela deve ser objecto de uma regulação que combata os seus efeitos negativos, nomeadamente as distorções fiscais mais graves, cuja importância cresce à medida que seja aprofundado o processo de integração comunitária.

10. Os métodos para combater tais distorções podem assumir natureza compulsória ou não. Os métodos não compulsórios (de coordenação ou de aproximação espontânea), sendo embora mais facilmente aceitáveis do ponto de vista político, têm claros limites quanto à sua eficácia.

11. A Comunidade tem preconizado a coexistência de várias políticas de combate às distorções fiscais. Uma delas, em franco desenvolvimento nos últimos anos, tem a ver com a política de controlo dos auxílios de Estado sob forma tributária. Cada vez mais, as autoridades comunitárias utilizam o instituto dos auxílios de Estado como instrumento para a contenção, em níveis aceitáveis, das distorções provocadas pela concorrência fiscal.

12. A política comunitária de controlo dos auxílios de Estado, em particular dos auxílios tributários, representa uma limitação ou compressão da soberania dos Estados membros. Importa assim que tais limitações sejam transparentes, proporcionais e adequadas, não devendo ir para

Conclusões

além do estritamente necessário em cada momento do processo de integração europeia tal como este foi assumido até ao momento pelos Estados membros.

13. O poder largamente discricionário da Comissão no controlo dos auxílios estatais e o método teleológico de interpretação a que tradicionalmente o Tribunal de Justiça recorre podem criar tensões políticas e jurídicas muito sensíveis neste campo entre Comunidade e Estados membros.

14. No plano económico, os auxílios de Estado, independentemente da sua forma, costumam ser vistos com benevolência sempre que estão em jogo falhas de mercado e que os interesses comunitários, não podendo ser prosseguidos pela Comunidade, o devam ser pelos Estados membros. Os interesses próprios destes seriam reconduzidos ao interesse público comunitário pela mão visível da Comissão.

15. A regulação comunitária dos auxílios de Estado é efectuada por um misto de *hard* e *soft law* (orientações, comunicações, directrizes, etc.) e concretizada, de forma casuística, através de múltiplas decisões administrativas e judiciais. A *ratio legis* de tal regulação funda-se na necessidade de evitar que a concorrência seja falseada no mercado interno, que este seja fragmentado por novas formas de proteccionismo e que a afectação óptima dos recursos seja perturbada.

16. Mais recentemente, o controlo dos auxílios tem ainda procurado assegurar que os recursos estaduais não sejam alvo de desperdícios que possam pôr em causa os processos de consolidação financeira (inerentes aos planos de estabilidade ou de convergência) ou de coesão económica e social. No entanto, o instituto dos auxílios estatais não está vocacionado para realizar estes dois últimos objectivos.

17. As normas que regem a disciplina comunitária dos auxílios estatais possuem um triplo estatuto: integram o direito comunitário da concorrência, completam o direito do mercado interno e enquadram a política comunitária de viabilização de auxílios compatíveis com o mercado comum. A sua aplicação implica um cuidadoso balanço dos interesses em presença.

18. Os auxílios de Estado são, em princípio, incompatíveis com o mercado comum. São os seguintes os requisitos de aplicabilidade do princípio da incompatibilidade: que a medida em causa preencha os requisitos da noção de auxílio de Estado e que este satisfaça as condições de distorção da concorrência e da afectação do comércio intracomunitá-

500 *Auxílios de Estado e Fiscalidade*

rio. A questão central é, porém, a de saber se, perante uma medida concreta, nos encontramos ou não perante um auxílio de Estado.

19. A noção de auxílio de Estado não é de natureza legal, mas doutrinal, tendo em conta uma interpretação funcional e evolutiva do texto da lei. A Comissão e a jurisprudência têm vindo a construir uma noção de auxílio cada vez mais alargada, tendo em conta a evolução do mercado comum. Mas os efeitos desta evolução não devem conduzir só por si a uma noção de tal modo dúctil que possa tudo abranger. São várias as formas previstas no Tratado para lidar com a questão das intervenções do Estado que provoquem distorções de concorrência e o instituto dos auxílios é apenas uma delas. A segurança jurídica implica que a noção de auxílio de Estado deva conter-se dentro de limites previsíveis e razoáveis, não podendo prescindir da análise dos elementos que integram o próprio conceito.

20. Assim, uma visão extremada da chamada doutrina dos efeitos, segundo a qual o que releva para declarar a incompatibilidade de uma determinada medida não são os objectivos nem a forma dos auxílios mas apenas os seus efeitos (existência de distorções e afectação do comércio intracomunitário), pode conduzir objectivamente à desconsideração da importância dos elementos constitutivos da noção e à sobrevalorização do papel das condições da aplicabilidade do princípio da incompatibilidade. Não se afigura legítimo que tal doutrina se substitua à análise de cada um dos elementos do conceito.

21. Um auxílio de Estado caracteriza-se por três elementos: existência de uma vantagem económica; imputabilidade, orgânica e financeira, ao Estado da vantagem outorgada; selectividade dos destinatários da vantagem. Qualquer destes elementos tem sido interpretado de forma bastante ampla. Deste modo, alarga-se o campo de aplicação do princípio da incompatibilidade e, consequentemente, a margem de manobra da Comissão.

22. Existe vantagem económica se o destinatário obtem um benefício superior à sua eventual contrapartida ou se obteve um benefício que não teria tido segundo o normal curso das coisas, nomeadamente em condições normais de mercado.

23. A medida é imputável ao Estado se provém de autoridade pública (central, regional, local) ou se, provindo de ente distinto do Estado (empresa do sector privado inclusive), a este pode ser atribuído em vir-

tude de tal ente ter agido sob controlo ou influência dominante dos poderes públicos (perspectiva orgânica).

24. Mais discutível é a questão de saber se a imputabilidade ao Estado deve ser igualmente financeira, isto é, se deve implicar também o uso de recursos estatais. A tendência dominante nos últimos tempos é para responder afirmativamente a esta questão. Mas, simultaneamente, tende-se a alargar o conceito de recursos estatais de forma a nele serem incluídos recursos que não pertencem necessariamente ao Estado, mas dos quais este pode dispor como se fossem seus.

25. A selectividade implica que a vantagem económica seja atribuída a certas empresas ou produções (por extensão a certos sectores, regiões ou mesmo a universos de empresas delimitados por outras características). O conceito de empresa é funcional e muito amplo. Além disso, importa verificar, nos casos em que as vantagens sejam atribuídas a entidades singulares ou colectivas que não sejam empresas, se não serão empresas os reais beneficiários da medida.

26. Não há, na doutrina, consenso sobre o conteúdo do elemento "selectividade". Alguns autores sublinham que, para ser selectiva, a vantagem económica deve introduzir uma diferenciação de tratamento injustificada (desprovida de base objectiva) entre beneficiários e não beneficiários. Outros que, para ser selectiva, a vantagem deve implicar um desvio ou derrogação em relação a uma certa norma ou padrão de referência, por exemplo, em relação a uma norma de comportamento em economia de mercado, como seja o comportamento normal de um investidor (de um operador) privado, actuando em concorrência.

27. Defendemos que as duas ideias podem ser complementares. De facto, o critério da selectividade desdobra-se, quanto a nós, em dois momentos, um que visa detectar se a medida é específica (se favorece certas empresas, sectores, produções, regiões); outro, que pretende verificar se a vantagem específica é excepcional ("anormal"), caso em que ela será selectiva, ou não, caso em que ela se justifica pela "natureza ou economia do sistema".

28. As vantagens não selectivas estão, em princípio, fora do campo de aplicação do regime de auxílios de Estado. São consideradas medidas de política económica de natureza geral. Caso estas provoquem distorções de concorrência, poderão ser objecto de harmonização ou de regulação comunitária, por aplicação dos artigos 96.º e 97.º do Tratado.

29. As vantagens selectivas imputáveis ao Estado e atribuídas a empresas apenas estarão sujeitas ao princípio da incompatibilidade com o mercado comum, caso afectem a concorrência e o comércio intracomunitário. No entanto, estas condições têm sido aplicadas de forma tão ampla que, na prática, quase sempre se encontram preenchidas.

30. A aplicação da cláusula *de minimis*, cuja legitimidade muitos contestaram, é, em rigor, a causa mais importante de exclusão da aplicabilidade das condições de sujeição de um determinado auxílio ao princípio da incompatibilidade com o mercado comum. Hoje a legitimidade da existência de uma cláusula deste tipo é inquestionável, pois a sua admissibilidade decorre expressamente de um recente regulamento comunitário.

31. As medidas que preencham os requisitos e condições mencionadas devem ser obrigatoriamente comunicadas à Comissão. Caso o não sejam, tais medidas são ilegais, podendo ser ou não, declaradas compatíveis com o mercado comum. A norma do Tratado que obriga à notificação é directamente invocável perante os Tribunais.

32. Mesmo que o auxílio estatal notificado seja, *a priori* e em abstracto, incompatível com o mercado comum, a Comissão, sem prejuízo da existência de derrogações que operam *ipso jure* ou das competências do Conselho nesta sede, pode, em concreto, concluir pela sua compatibilidade *a posteriori*, caso verifique a existência de causas de derrogação, previstas no Tratado e desenvolvidas pela Comissão em orientações administrativas.

33. Esta é a base de uma política comunitária de regulação (controlo/interdição/admissão) de auxílios de Estado exercida, no plano técnico, discricionariamente pela Comissão, quer se trate de auxílios regionais, sectoriais, horizontais ou de auxílios *ad hoc*. O exercício desta política, ao contrário do que, em princípio, acontece com a aplicação do princípio da incompatibilidade, é sensível aos objectivos e formas dos auxílios e estrutura-se através de ampla doutrina administrativa, assente em determinados princípios e critérios gerais.

34. Para além das questões substantivas, importa considerar os aspectos processuais. A relação entre as duas dimensões é densa, ganhando as questões processuais uma enorme relevância teórica e prática, pois delas depende, em última instância, a garantia do funcionamento da concorrência no mercado único e o equilíbrio de poderes entre as várias entidades interessadas no processo de controlo dos auxílios de Estado.

35. Só em 1999 foi adoptado um Regulamento de processo, o qual veio preencher uma lacuna há muito sentida. No entanto, o novo Regulamento (o primeiro neste domínio), se permite assegurar um pouco mais de segurança e de transparência, está bem longe de dar satisfação às questões processuais que anteriormente se levantavam. De qualquer modo, ele traduz um novo equilíbrio entre os poderes e interesses em presença, os da Comissão, dos Estados membros, das empresas beneficiárias dos auxílios e dos demais interessados, desde logo as empresas concorrentes.

36. O novo Regulamento institui uma fase preliminar distinta relativamente ao controlos dos diversos tipos de auxílios (novos, existentes, ilegais e aplicados abusivamente) e uma fase comum e única, de natureza pré-contenciosa, para todos eles.

37. O novo Regulamento ratifica a obrigação de recuperação dos auxílios de Estado que havia sido consagrada por via judicial. Ao fazê-lo torna claro que a Comissão pode, em certas circunstâncias, declarar, a título provisório, a recuperação dos auxílios ilegais e, a título definitivo, a obrigação de recuperação dos auxílios incompatíveis.

38. O processo de recuperação dos auxílios tem lugar perante os Tribunais nacionais e de acordo com as formalidades do direito nacional, mas este deverá permitir uma execução imediata e efectiva da decisão da Comissão. Trata-se de uma verdadeira obrigação de resultado.

39. O controlo judicial dos auxílios de Estado tem algumas particularidades em relação ao controlo judicial em geral, nomeadamente quanto ao papel dos órgãos judiciais nacionais, à existência de um processo simplificado de acção por incumprimento e quanto à determinação do objecto dos actos cuja anulação pode ser requerida.

40. Os auxílios tributários são uma forma de auxílios de Estado. Tais auxílios podem ocorrer em quaisquer tipos de tributos dos Estados membros, impostos (directos, indirectos), taxas, contribuições para a segurança social ou encargos parafiscais.

41. O núcleo duro das medidas tributárias sujeitas ao controlo dos auxílios são os incentivos e benefícios fiscais e parafiscais destinados a empresas, quaisquer que sejam a sua forma (isenções, abatimentos à matéria colectável, deduções à colecta, diferimentos de pagamento, etc.) ou os seus objectivos, os quais, aliás, não se afastam, no essencial, dos objectivos das restantes formas de auxílios.

504 *Auxílios de Estado e Fiscalidade*

42. A expressão financeira da generalidade dos incentivos e benefícios considerados como auxílios tributários é dada pelo conceito de despesa fiscal. Esta é vista como o "simétrico da expressão *despesas orçamentais* e o negativo da expressão *receitas fiscais*".

43. A noção de despesa fiscal assume grande relevância em sede do controlo dos auxílios tributários, não só porque legitima uma igualdade de tratamento entre subvenções positivas e negativas (os auxílios tributários), como porque serve para mensurar a intensidade do auxílio (serve de base de cálculo ao elemento de auxílio) e, além disso, para detectar a existência ou não dos requisitos da imputabilidade financeira da medida ao Estado e da selectividade nas medidas tributárias.

44. Os requisitos e condições de aplicabilidade do princípio da incompatibilidade aos auxílios tributários são, em abstracto, os mesmos que os dos demais auxílios: quanto aos requisitos, a existência de uma vantagem de natureza tributária, a outorga pelo Estado dessa vantagem, o carácter selectivo da vantagem outorgada; quanto às condições, a existência de distorções de concorrência e a afectação do comércio intracomunitário.

45. Apesar de a forma ser irrelevante para a qualificação de uma medida como auxílio e do instituto dos auxílios estatais poder abranger todos os tributos, surgiu recentemente uma Comunicação da Comissão (de 11 de Novembro de 1998), tendo em vista a disciplina dos auxílios tributários, mas apenas os que recorrem à fiscalidade directa. Põe-se, assim, a questão de saber quais as razões que justificam esta regulação autónoma de uma certa forma de auxílios, os auxílios tributários, e o facto de ela se cingir à fiscalidade directa.

46. Em termos gerais, dois tipos de razões, umas de índole técnica, outras de índole política, podem ter contribuído para essa regulação específica. As razões de índole técnica levam a tomar em consideração a especificidade da técnica tributária na adaptação dos elementos caracterizadores dos auxílios de Estado em geral aos auxílios tributários. Esta razão é particularmente nítida em sede de aplicação do critério da selectividade.

47. As razões políticas são, no entanto, decisivas. Elas sublinham o esforço da Comissão em assegurar uma coordenação estreita entre a aplicação do Código de Conduta relativo à fiscalidade das empresas (em teoria, o principal instrumento de luta contra a concorrência fiscal preju-

Conclusões

dicial) e a aplicação do instituto dos auxílios de Estado numa área particularmente sensível como a da fiscalidade.

48. A especificidade da forma tributária dos auxílios não decorre do facto de, mais do que em relação às outras formas de auxílios, a regulação dos auxílios tributários contender com a questão da soberania dos Estados membros. Esta admite restrições e hoje é pacífico que uma delas decorre do controlo dos auxílios estatais. Mas o princípio da soberania exige, no mínimo, que não haja tratamento de desfavor dos auxílios tributários em relação aos restantes.

49. No domínio tributário, existe, por definição, uma intervenção do Estado. O princípio da livre concorrência tem que ser entendido de forma a ser compatível com essa forçosa interferência. Há quem entenda que a forma de o conseguir seria prosseguir uma estrita neutralidade da intervenção fiscal. Mas a neutralidade fiscal é sempre relativa e nem sempre benéfica. Ela é um valor entre outros, sendo relevantes as finalidades extrafiscais dos impostos. No entanto, no quadro de regime dos auxílios de Estado, a importância das finalidades extrafiscais tende a manifestar-se sobretudo através das derrogações ao princípio da incompatibilidade e, em menor grau, da aplicação da cláusula de conformidade com a "economia e natureza do sistema" de certas medidas não-neutras.

50. Múltiplas são as razões (melhor adequação aos objectivos a atingir, flexibilidade da técnica tributária, razões políticas) que podem levar um Estado a optar pela atribuição de auxílios tributários em detrimento de outras formas de auxílio. Mas nenhuma delas justifica que não seja tido em conta o princípio da igualdade de tratamento entre todas as formas de auxílio: tratar mais desfavoravelmente os auxílios tributários significaria dar vantagem aos países com maiores recursos e ser mais exigente em relação a auxílios em que a nível nacional intervêm necessariamente os parlamentos nacionais do que em relação àqueles onde, no essencial, a intervenção provém do executivo.

51. As medidas tributária, a exemplo das restantes formas de intervenção, estão sujeitas ao princípio da incompatibilidade com o mercado comum desde que satisfaçam os mesmos requisitos e as mesmas condições que aquelas relativamente à aplicação do instituto dos auxílios de Estado. Estão igualmente sujeitos às mesmas causas de derrogações àquele princípio previstas no Tratado e às mesmas regras processuais. No entanto, a análise dos requisitos reveste-se de alguma especificidade,

506   *Auxílios de Estado e Fiscalidade*

pois ela deve ter em conta as particularidades da fiscalidade e a coerência do sistema em que as medidas se inserem. É, aliás, essa especificidade que justifica, no plano técnico, o aparecimento da Comunicação de 11 de Novembro de 1998.

52. A questão mais complexa prende-se com o alcance e estatuto da cláusula de justificação da medida segundo "a natureza e economia do sistema". Não se trata, porém, de algo completamente inovador: essa cláusula equivale, quanto a nós, ao critério do operador privado, usado em várias outras formas de auxílio, uma vez que este critério é insusceptível de utilização quando o Estado actua, como ocorre nos auxílios tributários, sob veste eminentemente pública (Estado autoridade).

53. Questão central é ainda a de saber que efeitos produz a prova de que uma determinada medida fiscal se insere na natureza ou economia do sistema. Duas teses se defrontam neste domínio, uma no sentido de tal cláusula apenas relevar para efeitos da concessão de eventuais derrogações ao princípio da incompatibilidade, outra, quanto a nós, a leitura mais correcta, no sentido de essa cláusula permitir afastar a própria sujeição da medida à aplicação do princípio da incompatibilidade, nomeadamente por poder afastar o requisito da selectividade.

54. Uma vantagem de natureza tributária traduz-se, em regra, no diferencial entre a carga fiscal ou parafiscal que impende sobre uma determinada empresa e aquela que impenderia se não existisse uma redução (ou um deferimento) da tributação. É essa vantagem, com expressão financeira, que permite aliviar o beneficiário dos encargos que normalmente agravariam o seu orçamento. É, para o efeito, irrelevante a forma que tal vantagem revista ou a técnica tributária utilizada (isenção, abatimento, dedução, perdão total ou parcial da dívida, etc.), bem como o meio jurídico utilizado para a sua concessão.

55. O requisito da vantagem é entendido de forma muito ampla, não excluindo, à partida, formas de desoneração da carga fiscal, de natureza estrutural inerentes ao sistema, nem comportamentos laxistas da Administração na cobrança do imposto. Mais complexo é o caso das medidas de exclusão tributária. Mas admitimos que tais medidas não estarão necessariamente imunes, particularmente nos casos em que o Estado procura disfarçar uma determinada isenção através de normas de delimitação negativa de incidência.

Conclusões

56. Na prática, nem sempre é fácil detectar se existe ou não uma vantagem de natureza fiscal, sendo que, quando estão em jogo questões tributárias, é difícil isolar este requisito relativamente ao da selectividade.

57. Os auxílios tributários são por definição imputáveis a entidades públicas (Estado, regiões, municípios, etc.) no exercício de poderes de autoridade. Do mesmo modo, os recursos utilizados são formalmente públicos, pois traduzem-se em encargos suplementares para o Estado (ou organismos destinatários das receitas). Esse encargo decorre da renúncia de receitas por parte do Estado que normalmente entrariam nos seus cofres ou da não arrecadação de receitas de impostos ou contribuições devidos por lei.

58. No entanto, nem todo e qualquer evento que ocasione perda de receitas tributárias deve ser visto como imputável ao Estado. De fora ficarão os chamados subsídios normativos mesmo que tenham reflexos negativos indirectos na arrecadação de receitas fiscais, justificadas pela sua inerência ao regime ou sistema em que se inserem.

59. Questão complexa é a dos incentivos ou benefícios decorrentes da transposição de directivas no caso dos impostos harmonizados. Por princípio, entendemos que se um Estado usa as opções ou derrogações previstas nas próprias directivas que lhe permitem atribuir certas vantagens não deverá considerar-se essa acção como imputável ao Estado. O comportamento deste está em conformidade com os objectivos comunitários, utiliza um direito que lhe assiste e teria pouco sentido que a Comissão viesse a pôr em causa um instrumento aprovado no plano comunitário. Só nos casos em que a medida extravasasse o quadro comunitário, ela deveria ser considerada como imputável ao Estado.

60. A exemplo do que ocorre com outras formas de auxílio, também aqui o requisito mais importante e mais sensível é o da selectividade: a vantagem de índole tributária deve ter carácter selectivo, isto é, deve apenas ser proporcionada a certas empresa ou certas produções que, por força dessa desoneração da carga fiscal normal, usufruem de uma vantagem competitiva sobre as restantes empresas ou produções.

61. É o requisito da selectividade que permite distinguir as medidas que constituem auxílios de Estado das que constituem medidas gerais de política económica, em particular de política fiscal ou parafiscal, às quais não se aplica o artigo 87.ª do Tratado, mas os mecanismos previstos nos artigos 93.º a 97.º, destinados à eliminação das distorções genéricas.

62. No entanto, na prática, esta distinção é, muitas vezes, difícil de traçar, sobretudo quando estamos perante auxílios horizontais ou certos regimes de auxílios. Basta pensar que as medidas gerais, mesmo sendo em teoria acessíveis a todos os agentes económicos, não são usufruídas de igual modo por todos eles, e que há medidas que são selectivas na realidade, embora sejam apresentadas como medidas gerais.

63. Um outro factor que pode criar dificuldades na identificação do requisito da selectividade é o facto da medida não ser, no plano formal, directamente atribuída a empresas, mas a consumidores, trabalhadores ou mesmo pessoas colectivas não empresariais, e ser, de facto, usufruída por empresas, que são os seus verdadeiros destinatários. Ao controlo dos auxílios de Estado interessa, não a perspectiva formal, mas a substancial.

64. O primeiro passo para detectar se uma medida tributária é ou não selectiva (a que chamamos teste da especificidade ou critério positivo) é verificar se tal medida introduz uma diferença de tratamento de natureza fiscal ou parafiscal a favor de certas empresas (e, por extensão, de sectores de actividade, regiões, grupos de empresas ou de certas funções gerais das empresas) e em detrimento de terceiros, isto é, se introduz formas de tratamento discriminatórias ou discricionárias, ou se a medida surge como uma derrogação (ou desvio) à normal aplicação do sistema.

65. O segundo passo (a que chamamos teste da não excepcionalidade ou critério negativo) visa excluir do requisito da selectividade aquelas medidas que, tendo respondido afirmativamente ao primeiro teste, não sejam excepcionais, isto é, se integrem coerentemente no sistema, ou, noutra linguagem, sejam justificadas pela economia ou natureza do sistema em que se inserem. Visa-se aqui a questão de saber se existem razões objectivas, inerentes ao próprio sistema em que a medida se insere (sistema fiscal, da segurança social, ambiental, etc.) que justifiquem um tratamento diferenciado.

66. Na aplicação do critério da selectividade a questão mais problemática gira em torno deste segundo teste. No caso de estar em jogo o sistema tributário, uma medida não deve ser considerada selectiva se for conforme com a economia e natureza daquele sistema, entendendo-se por tal, a sua conformidade com os princípios directores ou fundadores desse sistema no Estado membro que outorga a medida. O sistema em causa é pois o sistema interno desse Estado membro e não um sistema ideal ou

um pretenso sistema comunitário, uma vez que não existe, neste plano, um padrão-regra de tributação.

67. Enquanto compete à Comissão demonstrar a existência de uma resposta afirmativa ao primeiro teste, compete aos Estados membros demonstrar que a justificação inerente ao segundo teste é adequada. Cria-se assim uma presunção de excepcionalidade das medidas diferenciais que o Estado em causa deverá infirmar.

68. A Comissão refere contudo alguns princípios (neutralidade, primado da função financeira dos impostos, igualdade de tratamento, capacidade contributiva) normalmente estruturantes dos sistemas fiscais dos Estados membros que considera poderem justificar a exclusão do critério da selectividade, bem como certas medidas diferenciais que podem ser justificadas pela economia e natureza do sistema, tais como sistemas de amortizações, critérios de valorimetria de existências, métodos de cobrança, regimes forfetários, métodos para evitar ou atenuar a dupla tributação ou a existência de taxas progressivas, sempre que existam diferenças objectivas entre contribuintes.

69. As medidas que não satisfaçam o primeiro teste ou que, satisfazendo-o, não sejam excepcionais (isto é, que sejam justificadas pela economia ou natureza do sistema) são, nesta óptica, medidas de natureza geral (respectivamente, em sentido estrito ou em sentido lato), e, como tal, fora do campo de aplicação do artigo 87.º do Tratado.

70. Do mesmo modo, ficam fora do campo de aplicação do artigo 87.º, as medidas fiscais em que não exista uma verdadeira vantagem (v.g. restituição de cobranças indevidas, medidas que visam compensar obrigações de serviço público) ou em que não haja um real sacrifício financeiro para o Estado ou que, havendo um sacrifício indirecto, ele decorra da normal adopção de uma melhoria do enquadramento geral da actividade económica.

71. Embora não exista qualquer especificidade dos auxílios tributários relativamente às condições de aplicação do princípio da incompatibilidade, a aplicação da regra *de minimis* pode, na prática, obrigar a métodos específicos de avaliação do elemento de auxílio e ser de difícil controlo.

72. Não existe igualmente nenhuma particularidade digna de relevo respeitante às causas de derrogação ao princípio da incompatibilidade que decorrem dos n.ºs 2 e 3 do artigo 87.º do Tratado. Não obstante, a

doutrina administrativa da Comissão inclina-se para o estabelecimento de condições mais restritivas e de um controlo mais apertado dos auxílios tributários de índole regional e para uma atitude de favor relativamente a certos auxílios horizontais.

73. Há, no entanto, um aspecto que, na apreciação das derrogações, tem uma importância porventura maior no caso da forma tributária dos auxílios do que a que decorre das outras formas. Referimo-nos à necessidade de a Comissão examinar, no quadro do processo previsto no artigo 88.º do Tratado, a compatibilidade das medidas com outras normas do Tratado ou de direito derivado que podem contender com a fiscalidade directa ou indirecta, tais como as normas relativas às liberdades económicas fundamentais, à proibição de encargos de efeito equivalente a direitos aduaneiros ou as que estabelecem o princípio de não discriminação fiscal.

74. Um outro aspecto tem ganho relevância nos últimos anos, o da conexão que se estabelece entre as orientações relativas aos auxílios fiscais e o Código de Conduta sobre a fiscalidade directa das empresas, um compromisso político que visa combater a concorrência fiscal prejudicial. Ambos os documentos reconhecem e fomentam, aliás, essa interligação.

75. Apesar dos objectivos da criação do instituto dos auxílios de Estado e do Código de Conduta serem distintos e de os critérios para detecção de um auxílio e de uma medida fiscal prejudicial não serem os mesmos, muitas das medidas que caem sob a alçada do Código de Conduta podem ser consideradas também como auxílios de Estado ou contêm elementos de auxílio, sendo algumas delas auxílios ilegais, outras auxílios autorizados. Mas o Código tem ainda vocação para se aplicar a certas medidas que, do ponto de vista do instituto dos auxílios de Estado, serão consideradas como medidas gerais de política fiscal. Deste modo, o Código funciona ou como um complemento do regime de auxílios ou como um sucedâneo da aplicação dos artigos 96.º e 97.º do Tratado.

76. Tendo por pano de fundo a luta contra a concorrência fiscal prejudicial, as medidas ligadas à tributação directa passam assim a ser objecto de uma dupla avaliação, em sede do Código e em sede de auxílios de Estado. Com isso, estas medidas passam a ser submetidas a um controlo mais exigente do que aquele de que são objecto muitas das restantes formas de auxílio, ficando ferido o princípio de igualdade de tratamento que deveria nortear o controlo das várias formas de auxílio.

Conclusões

77. A inexistência de um controlo global dos auxílios tributários outorgados por cada Estado membro e a aplicação casuística deste instituto fazem dele um instrumento pouco adequado para combater a concorrência fiscal nefasta.

78. Como, até ao momento, a aplicação do Código de Conduta tem dado frutos insuficientes na erradicação ou mesmo na contenção da concorrência fiscal prejudicial e não tem, a nosso ver, garantido uma verdadeira igualdade de tratamento entre os Estados membros, a Comunidade não dispõe de instrumentos eficazes para afrontar, de modo eficaz e equitativo, esse problema. O mesmo acontece, aliás, com a OCDE.

António Carlos dos Santos

BIBLIOGRAFIA

ABBAMONTE, G. – "Market economy investor principle: a legal analysis of an economic problem", *ECLR*, 4, 1996

ABEELE, M. Vanden – "Vers une fiscalité européenne?", *Reflets & Perspectives de la vie économique*, n.° 3, 2001

ABREU, J. M. Coutinho de – "L'européannisation du concept d'entreprise", *RIDE*, n.° 1, 1995

AFSCHRIFT, T. – "Peur-on définir les paradis fiscaux"?, in *Les Paradis Fiscaux et l'Évasion Fiscale*, Bruxelles: Bruylant, 2001

AHLBORN, Christian – "Unequal Twins: Reform of the State Aid Rules Under Article 94", in BILAL/ NICOLAIDES, *Understanding State Aid Policy in the European Community*, EIPA, Kluwer, 1999, p. 231 e ss.

ALEXIS, Alain – "Services publics et aides d'État", *RDUE*, n.° 1, 2002

ALMEIDA, C. Ferreira – *Direito Económico*, Lisboa: FDUL, 1979

ALMEIDA, J. J. Nogueira de — *A Restituição das Ajudas de Estado Concedidas em Violação do Direito Comunitário*, Coimbra: Universidade de Coimbra, Coimbra Editora, 1997

ALVES, J. M. Caseiro – *Lições de Direito Comunitário da Concorrência*, Coimbra: Coimbra Editora, 1989.

ALVES, Rui H, – *Políticas Fiscais Nacionais e União Económica e Monetária na Europa*, Porto: BDP/IMC, 1996

AMADO, *Carla* – "A evolução do conceito de soberania. Tendências recentes", *CTF* n.° 399, 2000, p. 399 e ss.

ANTUNES, Luís P. – *Direito da Concorrência. Os poderes de investigação da Comissão europeia e a protecção dos direitos fundamentais*, Coimbra: Almedina, 1995

AROZAMENA, M. J. – *Las concentraciones de empresas en la Comunidad Europea*, Madrid: Civitas, 1993

ASCENSÃO, Oliveira – *Concorrência Desleal*, Lisboa: AAFDL, 1994

ASSIMACOPOULOU, E. – L'harmonisation de la fiscalité de l'épargne dans les pays de la Communauté, Paris: LGDJ, 2000

ATHAÍDE, A. – *Elementos para um Curso de Direito Administrativo da Economia*, Lisboa: Cadernos de CTF n.° 100, 1970

AYALA. J. L. Pérez de – *Explicación de la Técnica de los Impuestos*, Madrid: Edersa, 1978

AZEVEDO, Eduarda – "A política da empresa e a fiscalidade na União Europeia – Alguns aspectos", *CTF,* n.º 171, 1995

BACON, Kelyn – "State Aids and General Measures", *Yearbook of European Law,* vol. 17, 1997, pp. 269-321

– "Differential Taxes, State Aids and the Lunn Poly Case", *ECLR,* vol. 7, 1999

BAIN – *Barriers to New competition,* Harvard University Press, Cambridge, 1956

BALASSA, Bela – *Teoria da Integração Económica* (1961), Lisboa: Clássica Editora, 1964

BALLBÉ, M./ PADRÓS, C. – *Estado competitivo y armonización europea,* Barcelona: Ariel, 1997

BANACLOCHE – *El IVA beligerante: un estudio sobre la pretendida neutralidad del impuesto sobre el valor añadido,* Madrid: Edersa, 1987

BARCELLONA/ HART / MÜCKENBERGER – *L'educazione del giurista,* Bari, 1973

BARRÈRE, A. – "L'influence de la croissance économique des Étas membres sur les problèmes d'harmonisation fiscale", Annexe E du Rapport du Comité Fiscal et Financier (Rapport Neumark), Commission, 1962

BASTO, J. Xavier de – "Comentário (à intervenção de Vito Tanzi)", A. V., *A Política Económica na Comunidade Europeia Alargada,* Lisboa: INTEUROPA, 1985

– *A Tributação do Consumo e a sua Coordenação Internacional. Lições sobre a Harmonização Fiscal na Comunidade Económica Europeia,* CCTF n.º 164, Lisboa: DGCI/CEF, 1991

BALFOUR, John – "State Aid to Airlines – A Question of Law or Politics", *YEL,* 1995

BAUDENBACHER, C. – *A Brief Guide to European State Aid Law,* The Hague: Kluwer Law International, 1997

BELLAMY, C. / CHILD, G. – *Common Market Law of Competition,* 3.ª ed., London: Sweet & Maxwell, 1997

BELTRAME, P. – *Os Sistemas Fiscais,* Coimbra:Almedina, 1976

BERGER, C. M. – "Neutralidad impositiva", Hacienda Publica Española, n.º 70, 1981, pp. 41-73

BERGERÈS, M.-C. – *Contencioso Comunitário,* Porto: Rés-Editora, s/d.

BERLIN, D. – *Controle communautaire des concentrations,* Paris: Pédone, 1993

– "L'adaptation du régime des entreprises publiques aux normes internationales et communautaires", *RTDE,* 1983

– *Droit fiscal communautaire,* Paris: PUF, 1988

BERNINI, Giorgio – "O regime dos auxílios concedidos pelos Estados", in *Trinta Anos de Direito Comunitário,* Col. Perspectivas Europeias, Luxemburgo: Serviço de Publicações Oficiais das Comunidades Europeias (SPOCE), 1984

BESELER/ WILLIAMS – *Anti-Dumping and Anti-Subsidy Law*, London: Sweet &Maxwell, 1986

BIENCARELLI, J – "Le contrôle de la Cour Européenne des Communautés européennes en matière d'aides publiques", *L'Actualité Juridique, Droit Administratif*, 1993

BIENAYMÉ, A – "L'intérêt du consommateur dans l'application du droit de la concurrence: un point de vue d'économiste", *RIDE*, n.° 3, 1995

BILAL, S./ NICOLAIDES, P. (ed.) – *Understanding State Aid Policy in the European Community. Perspectives on Rules and Practice*, EIPA, The Hague / London / Boston: Kluwer, 1999

BILAL/ POLMAMNS – "Is State Aid in Decline? Trends of State Aid to Industry in the Member States of the European Union", in BILAL/ NICOLAIDES, *Understanding State Aid in the European Community*. EIPA, Kluwer, 1999

BISHOP, S. B. – "The European Commission's policy towards State aid: a role for a rigorous competitive analysis", *ECLR*, n.° 2, (84),1997

BIZIOLI, G. – "Impact of the freedom of establishment on tax law", *EC Tax Review*, n.° 4, 1998

BLUMANN, Claude – "L'émergence de l'exemption catégorielle en matière d'aides d'état: le règlement n.° 994/98 du 7 mai 1998", *RMC,* 1999
– Les aides des collectivités infra-étatiques aux entreprises, in *L'Union européenne et les collectivités territorialles,* Tours, 1997

BLUMENBERG, J. – "Staatliche Beihilfen im Bereich der direkten Unternehmensteuerung", in *Steuerrecht und europäische Integration: Festschrift für Albert J. Rädler zum 65. Geburtstag*, München: Beck, 1999

BOLKESTEIN, F. – "Taxation and Competiton: The Realization of the Internal Market", in *European Taxation*, vol. 40, n.° 9, 2000, p. 405 e ss.

BONNASSIES, P. – "Les fondements du droit communautaire de la concurrence: la théorie de la concurrence- moyen, *Études Dédiées à Alex Weil*, Paris: Dalloz/Litec, 1983

BORDE/ KIRCH – "La restitution des aides d'État (Le point de vue français)", *RTDE*, n.° 3, 1993

BOURGEOIS, Jacques – "State Aids, taxation measures and specificity. Some thoughts", *Mélanges en Hommage à Michel Waelbroeck*, vol. II, Bruxelles: Bruylant, 1999

BOYER, R./ DRACHE, D. – *States against markets, the limits of globalization*, London/ New York: Routledge, 1996

BRAÑA, F. J. – "Los gastos fiscales", *Hacienda Publica Española*, n.° 72, IEF, 1981

BRATTON/ McCAHERY – "Tax coordination and tax competition in the European Union: Evaluating the Code of Conduct on business taxation", *CMLR*, n.° 38, 2001

518   *Auxílios de Estado e Fiscalidade*

BRAVO, F. de Castro y – "Notas sobre las limitaciones intrínsecas de la autonomia de la voluntad. La defensa de la competencia. El ordem público. La protección del consumidor", *ADC*, oct-dec., 1982

BUCHANAN/ FLOWERS – *Introducción a la Ciencia de la Hacienda Pública*, Madrid: Editorial de Derecho Financiero, 1982

BUTTICÉ, Alessandro – "Les fraudes au préjudice du budget communautaire et la répression de la grande délinquance financière", in FENNET, A/ SINAY-CYTERMANN (dir.), CRUCE (Amiens), *Union Européenne: Intégration et Coopération*, Paris: PUF, 1995

CACCIATO, Giuseppe – "Subventions, législations et politiques en matière de concurrence: parallèle entre l'Union européenne et les USA", *RMUE*, n.° 4, 1996

CALHEIROS, J. M. A – "Sobre o conceito de mercado interno na perspectiva do Acto Único Europeu", *BDDC*, n.°s 37/38, 1989

CAMPOS, Diogo L. et al. – *Lei Geral Tributária, Comentada e Anotada*, Lisboa: Vislis, 1998

CAMPOS, D.L./ CAMPOS, M. – *Direito Tributário*, Coimbra: Almedina, 1997

CAMPOS, J. Mota de – *Direito Comunitário*, vol. I, Lisboa: F.C.Gulbenkian, 1980

     – *Direito Comunitário*, Vol. II, Lisboa: F.C.Gulbenkian, 1994

     – *Direito Comunitário*, vol. III, Lisboa : F.C.Gulbenkian, 1997

CANANEA, Giacinto della – "Administration by Guidelines: The Policy Guidelines of the Commission in the Field of State Aids", in HARDEN, *State Aid: Community Law and Policy*, 1993

     – "Il ruollo della Commissione nell'attuazione del diritto comunitario. Il controllo sull'aiuti statali alle impresa", *RIDPC*, n.° 3, 1993

CANNON, P. – "Europe competes for Investors", *International Tax Review*, n.° 2, 1996

CAPELLI, Fausto – "Portata e efficacia delle decisioni della Commissione CEE adottate in materia di aiuti", *DSCI*, 27, 1998

CARAVACA, A./ GONZALÉZ, J. – *Intervenciones del Estado y libre competencia en la Unión Europea*, Madrid: Colex, 2001

CARBAJO, Joel – "La notion d'aide nationale d'après l'article 92 du traité C.E.E.", BLUMANN, C. (dir.), *Les aides nationales dans la Communauté européenne*, Tours: Publications de l'Université de Tours, 1987

CARDONA, M. Celeste – "O papel dos acordos de dupla tributação na internacionalização da economia", CEF, *A Internacionalização da Economia e a Fiscalidade,* Lisboa: DGCI, 1993

CARRERO, J. Calderón – *La Doble Imposición Internacional en los Convenios de Doble Imposición y en la Unión Europea*, Pamplona: Aranzadi, 1997

CARTOU, L. – *Droit fiscal international et européen*, Paris: Dalloz, 1986

CATARINO, João – "A Concorrência Fiscal Inter-Regiões no Quadro Europeu", *CTF*, n.º 402, 2001

CHALTIEL, Florence. – *La souveraineté de l'État et l'Union européenne, l'exemple français. Recherches sur la souveraineté de l'État membre*, Paris: LGDJ, 2000

CHAMBERLAIN, E. – *The Theory of Monopolistic Competition. A reorientation of the theory of value*, New York. 1933, London, 1949

CHÉROT, J.-Y. – *Les Aides d'État dans les Communautés Européennes*, Paris: Economica, 1998
– *Droit Public Économique*, Paris: Economica, 2002

CINI, M./ McGOWAN, L. – *Competition Policy in the European Union*, New York, St. Martins Press, 1998

CLARK, J. M. – "Toward a concept of workable competition", *American Economic Review*, vol. XXX, 1940

CLERGERIE, J.-L. – *Le principe de subsidiarité*, Paris: Ellipses, 1997

CNOSSEN, S. – "The case for tax diversity in the European Community", *European Economic Review*, 1990

COMA, M. Bassels. – *Constitucion y Sistema Economico*, Madrid: Tecnos, 1985

COMISSÃO EUROPEIA – *Direito da Concorrência nas Comunidades Europeias, Regras aplicáveis aos auxílios estatais* (situação em 30 de Junho de 1998), vol. II A, Luxemburgo: SPOCE, 1999
– *Direito da Concorrência nas Comunidades Europeias,* vol. IIB, *Explicação das regras aplicáveis aos auxílios estatais* (situação em Dezembro de 1996)
– *Enquadramento comunitário dos auxílios estatais a favor do ambiente,* JOCE n.º C 37, de 3 de Fevereiro de 2001
– *Orientações relativas aos auxílios estatais com finalidade regional,* JOCE n.º C 74, de 10 de Março de 1998
– *Comunicação sobre a aplicação das regras relativas aos auxílios estatais às medidas da fiscalidade directa das empresas,* SEC (1998) 1800 final, JOCE n.º C 348, de 10 de Dezembro de 1998
– *A policy for a reduction of State aids* (note for the Economy Policy Committee, Doc II/441/98), Brussels, 1998
– *Plano de Acção para o Mercado Único,* Comunicação da Comissão ao Conselho Europeu, CSE (97) 1 final, de 4 de Junho de 1997
– *Rumo a uma coordenação em matéria fiscal na União Europeia. Um pacote de medidas contra a concorrência prejudicial em matéria fiscal,*COM (97) 495, final, de 1 de Outubro de 1997

520   *Auxílios de Estado e Fiscalidade*

- *A fiscalidade na União Europeia. Relatório sobre a evolução dos sistemas fiscais* (Segundo Relatório MONTI), COM (96) 546 final, de 22 de Outubro de 1996
- *A política fiscal da União europeia,* (Primeiro Relatório MONTI), SEC (96) 487 final, 20 de Março de 1996
- "Concurrence équitable dans le marché intérieur: la politique communautaire des aides d'État", *Economie Européenne*, n.° 48, septembre, 1991
- "Le controle des aides d'État dans le contexte des autres politiques communautaires", *Economie Européenne*, suppl. A, n.° 4, 1994
- *Livro Branco sobre Crescimento, Competitividade e Emprego, Desafios e pistas para entrar no século XXI,* COM (93) 700 final, de 5 de Dezembro de 1993
- *Rapport du Comité de Réflexion des Experts Indépendents sur la fiscalité des entreprises* (Relatório RUDING), Luxemburgo: OPOCE, 1992
- *Comunicação relativa aos acordos de importância menor,* JOCE n.° C 231, de 12 de Setembro de 1986
- *L'achèvement du marché intérieur. Livre blanc à l'intention du Conseil européen,* Milan, 28.07.1985, COM (85) 310 final
- *Community Action to Combat International Tax Evasion and Avoidance,* Communication of 28 November 1984 from the Commission to the Council and Parliament, DOC (84) 603 final
- *Memorandum da Comissão da CEE sobre a concentração no mercado comum* (pol., 1965), (versão fr. in RTDE, 1966, p. 651-677)
- *Relatórios sobre os Auxílios Estatais na Indústria Transformadora e Noutros Sectores da Comunidade /União Europeia,* Luxemburgo: SPOCE (O *Primeiro Relatório* data de 1989)
- *Relatórios (anuais) sobre Política de Concorrência,* Luxemburgo: SPOCE

COMISSÃO DE ESTUDO DA TRIBUTAÇÃO DAS INSTITUIÇÕES E PRO-DUTOS FINANCEIROS (presidida por P. Pitta e CUNHA) – *A Fiscalidade do Sector Financeiro Português em Contexto de Internacionalização,* Cadernos CTF n.° 181, Lisboa, 1999

COMISSÃO PARA O DESENVOLVIMENTO DA REFORMA FISCAL (presidida por Silva LOPES) – *Relatório da Comissão para o Desenvolvimento da Reforma Fiscal,* Lisboa: Ministério das Finanças, 1996

COMISSION DROIT ET VIE DES AFFAIRES (CDVA) – *Les Aides d'État en droit communautaire et en droit national,* Actes du séminaire organisé à Liège en mai 1998, Bruxelles: Bruylant, 1999

COMITÉ ECONÓMICO E SOCIAL – *Parecer sobre a Fiscalidade Directa e Indirecta,* JOCE n.° C 82, de 19/03/1996

Bibliografia

COMITÉ INTERGOUVERNEMENTAL – *Rapport des chefs de délégation aux ministres des affaires étrangères*, Bruxelles, 1956 (Relatório SPAAK)

CONSEIL D'ANALYSE ÉCONOMIQUE – *Politiques industrielles pour l'Europe*, Paris: La documentation française, n.° 26, 2000

CONSEIL DES IMPÔTS – *Quatrième Rapport*, Paris, 1979

COMMUNIER, Jean-Michel – *Le droit communautaire des aides d'État*, Paris: LGDJ, 2000

– *Droit fiscal communautaire*, Bruxelles: Bruylant, 2001

CONSELHO DA EUROPA/ OCDE – *Relatório Explicativo Relativo à Convenção sobre Assistência Mútua Administrativa em Matéria Fiscal*, Lisboa: DGCI/CEF, 1992

CONSTANTINESCO, V.– *Compétences et pouvoirs dans les Communautés Européennes. – Contribution à l'étude de la nature juridique des Communautés*, Paris, 1974

CORREIA, Arlindo – "IVA – A cooperação administrativa como instrumento de controlo, substituindo as fronteiras fiscais. As novas obrigações dos sujeitos passivos de IVA em 1993", *Fisco* n.° 48/49, 1992

CORTE-REAL, C. Pamplona – *Curso de Direito Fiscal*, Lisboa: DGCI/CEF, 1982
– "O contrato de investimento estrangeiro e a problemática decorrente da pretensa contratualização da concessão de benefícios fiscais" in *A Internacionalização da Economia e a Fiscalidade*, Lisboa: CEF/DGCI, 1993

COSCIANI, C. – *Problemi fiscali del mercato comune*, Milano: Giuffrè, 1958

COURTY, G./ DEVIN, G. – *L'Europe politique*, Paris: La Découverte, 1996

COWNIE, Fiona – "State Aids in the Eighties", *European Law Review*, vol. 11, 1986

CROIZIER, Isabelle – *L'offensive de la CEE contre les aides nationales. La récuperation des aides nationales octroyées en violation du Traité CEE*, Rennes: Apogée, 1993

CROZET, Y. – *Analyse économique de l'État*, Paris: Armand Colin, 1997

CUNHA, M. Gorjão-Henriques da – *Da Restrição da Concorrência na Comunidade Europeia: a Franquia de Distribuição*, Coimbra: Almedina, 1998

CUNHA, Patrícia S. – "Auxílios de Estado fiscais e princípio da não discriminação fiscal", in *Estudos Jurídicos e Económicos em Homenagem ao Professor João Lumbrales*, Coimbra: FDUL/ Coimbra Editora, 2000

CUNHA, P. Pitta e – *Integração Económica. Estudos de Economia, Política e Direito Comunitários*, Lisboa: Imprensa Nacional – Casa da Moeda, 1993
– *A Integração Económica da Europa Ocidental*, Lisboa: Cadernos CTF, n.° 17, Lisboa: DGCI/CEF, 1965
– *Aspectos fiscais da integração económica internacional*, Cadernos CTF n.° 18, Lisboa: DGCI/CEF, 1964

DAVID, C. – "Comparaison entre le code de conduite communautaire et la recommandation de l'OCDE sur la concurrence fiscale déloyale", *RIDE*, n.° 3, 1999

DASHWOOD, A. – "Control of State aids in the EEC, prevention and care under article 93", *CMLR*, vol. 12, 1975

DECOCQ, A./ DECOCQ, G. – *Droit de la concurrence interne et communautaire*, Paris: LGDJ, 2002

DE ROUX/VOILLEMONT – *Droit de la Concurrence de la CEE*, Paris: Gide-Loyirette-Nouel, Jurisdictionnaires Joly, 4 ed., 1982

DEHOUSSE, F. – "Article 3 A – Commentaire", CONSTANTINESCO/ JACQUÉ/ KOVAR /SIMON, *Traité sur l'Union Européenne (signé à Maastricht le 7 fevrier 1992)*, *Commentaire article par article*, Paris: Economica, 1995

DIDIER, Paul – *Droit Commercial*, t. I, Paris: PUF, 1992

DIDIER, Pierre – "Le code anti-subventions du cycle de l'Uruguay et sa transposition dans la Communauté", *CDE*, n.° 5-6, 1995

DOERN, G. B./ WILKS, S. (ed.) – *Comparative Competition Policy: National Institutions in a Global Market*, Oxford: Clarendon Press, 1996

DOURADO, Ana Paula – *A Tributação dos Rendimentos de Capitais: A Harmonização na Comunidade Europeia*, Cadernos CTF n.° 175, Lisboa: DGCI/ /CEF, 1996

DONY-BARTHOLME, M – "La notion d'aide d'État", *Cahiers de Droit Européene*, vol. 29, n.° 3-4, 1993

DRUESNE, Gérard – *Droit matériel et politiques de la Communauté européenne*, 2 ed., Paris: PUF, 1991, 6ª ed. 2001

D'SA, Rose – *European Community Law on State Aid*, London, Sweet & Maxwell, 1998

DUARTE, M. Luísa – *A Teoria dos Poderes Implícitos e a Delimitação de Competências entre a União Europeia e os Estados Membros*, Lisboa: Lex , 1997

DUBOIS, L./ BLUMANN, C. – *Droit matériel de l'Union européenne*, 2 ed., Paris: Montchrestien, 2001

EASSON, Alex – *Taxation in the European Community*, London/ Atlantic Highlands, NJ: The Athlone Press, 1993

– "Tax competition and investment incentives", *EC Tax Journal*, 1997

EHLERMANN, Claus. – "State Aid Control in the European Union: Success or Failure?, *Fordham International Law Journal*, 1995

– "Compétition entre systèmes règlementaires", *RMCUE*, n.° 387, 1995

EMERSON, M. et al. – *Marché Unique, Monnaie Unique*, Paris: Economica, 1991

ESPADAFOR, C. M. – "El poder tributario de las Comunidades Europeas", *REDF*, n.º 82, 1994

EVANS, Andrew – "Law, Policy and Equility in the European Union. The Example of State Aid Control", *ELR*, vol. 23, n.º 5, 1998
- *European Community Law of State Aid*, Oxford: Clarendon Press, 1997
- Contextual Problems of EU Law: State Aid Control under the European Agreements, *European Law Review*, vol. 21, n.º 4, 1996

FARMER,P./ LYAL, R. – *EC Tax Law*, Oxford: Clarendon Press, 1994

FARRERES, G. F. – *El Régimen de las Ayudas Estatales en la Comunidad Europea*, Madrid:Civitas, 1993

FERNANDES, C. R. / ÁLVARES, P. – *Portugal e o Mercado Comum*, Lisboa, Europa-América, 1973

FERNANDES, F. P./ SANTOS, J. C. – *Benefícios Fiscais. Estatuto dos Benefícios Fiscais Anotado e Comentado*, Lisboa,

FERREIRA, E. Paz – "O controlo das subvenções financeiras e dos benefícios fiscais", *Revista do Tribunal de Contas*, n.º 1, Jan.-Mar., 1989
- *Sumários de Direito da Economia*, Lisboa: AAFDL, 1996
- *Direito da Economia*, Lisboa: AAFDL, 2001

FICHERA, F. – *Le Agevolazione Fiscali*, Padova: Cedam, 1992 – "Gli aiuti fiscali nell' ordinamento comunitario", in *Rivista de diritto finanziario e scienza delle finanze*, n.º 1, 1998

FITOUSSI, J.-P. et al. – *Rapport sur l'état de l'Union européenne*, Paris: Fayard, 1999

FLORY, T. – *L'organisation mondiale du commerce. Droit institutionnel et substantiel*, Bruxelles: Bruylant, 1999

FLYNN, James – "Can misapplication of a fiscal measure constitute state aid?", 1986, *ELR* 232
- "State aid and self-help", *ELR*, 8(5), 1983

FOBELETS, H. D. – "Le contrôle externe de l'octroi des aides étatiques aux entreprises en Belgique", *Adm. Publ. Trim.*, 1979

FORTE, F. – *Iva, Accise e Grande Mercato Europeo*, Milano: Giuffrè, 1990

FRANCO, A Sousa – "Reforma Fiscal, uma entre 15 Reformas Financeiras Fundamentais", in FRANCO, A. S./ SANTOS, A. C., *Estruturar o Sistema Fiscal do Portugal Desenvolvido: Balanço de uma Legislatura*, Lisboa: Ministério das Finanças, 1999
- *Finanças Públicas e Direito Financeiro*, vol. I e II, 4.ª ed., Coimbra: Almedina, 1996
- "Problemas financeiros e orçamentais da União Europeia", A. V., *A União Europeia na Encruzilhada*, Coimbra: Almedina, 1996

- "Comentário (à intervenção de Vito Tanzi)", A. V., *A Política Económica na Comunidade Europeia Alargada*, Lisboa: Inteuropa, 1985
- *Introdução às Políticas Financeiras*, Lisboa: AAFDL, 1982/3
- *Noções de Direito da Economia*, vol. I, Lisboa: AAFDL, 1982/3
- *Os Capitais e a Integração Económica*, Lisboa: Revista da FDUL, vol. XXIV (sep.), 1972
- *O sistema fiscal português e o desenvolvimento económico e social*, Cadernos CTF n.° 84, 1969
- "Concorrência", *Enciclopédia Luso-Brasileira de Cultura*, vol. V, Lisboa: Verbo, 1967

FRANCO, A Sousa/ MARTINS, G. Oliveira – *A Constituição Económica Portuguesa, Ensaio Interpretativo*, Coimbra: Almedina, 1993

FRANCO, A. S./ SANTOS, A. C. – "Estruturar o Sistema Fiscal do Portugal Desenvolvido. Relatório de apoio à Resolução do Conselho de Ministros sobre os Quadros Gerais para a Reforma Fiscal no Limiar do século XXI", in MINISTÉRIO DAS FINANÇAS, *Estruturar o Sistema Fiscal de Portugal Desenvolvido, Textos Fundamentais da Reforma Fiscal para o Século XXI*, Coimbra: Almedina, 1998

FROMONT, Michel – "La recupération des aides versées en violation du droit communautaire", in HARDEN (ed.), *State Aid: Community Law and Policy*, 1993

GALÁN, J I Font – *Constitucion Economica y Derecho de la Competencia*, Madrid: Tecnos, 1987

GARBAR, Christian – "Aides d'État: Pratique décisionnelle de la Commission de la Communauté Européenne (1990-1994), – 1e Partie", *RMCUE*, 383, 1994

GASTAUD, J. P. – "Le pouvoir des États et la concurrence fiscale déloyale", *RIDE*, n.° 3, 1999

GEFFROY, J.-B. – *Grands problèmes fiscaux contemporains*, Paris: PUF, 1993

GENSER, B./ HAUFLER, A – "Tax Competition, Tax Coordination and Tax Harmonization: The Effects of EMU", in HOLZMANN (ed.) *Maastricht: Monetary Constitution Without a Fiscal Constitution?*, Baden-Baden: Nomos, 1996

GEOFFRON, P. – "La politique de la concurrence européenne: du libre-échange à la libre concurrence", COHEN/ LORENZI (rapport), CONSEIL D'ANALYSE ÉCONOMIQUE, *Politiques industrielles pour l'Europe*, Paris:La documentation française, 2000

GERADIN, Damien – "Quel contrôle pour les aides d'État?", in COMISSION DROIT ET VIE DES AFFAIRES, *Les Aides d'État en Droit Communautaire et en Droit National*, Bruxelles: Bruylant,1999

GIBERT, G. – "La théorie de l'impôt optimal", *RFFP*, n.° 55, 1996

GIERSCH, H. – "Der EG. Binnenmarkt als Chance und Risiko", *Discussion Papers*, n.° 147, Kiel Institute of World Economics, 1988

GIMBERT, S. – "La fiscalité, déterminant de l'attractivité?", CONSEIL d'ANALYSE ÉCONOMIQUE, *Politiques industrielles pour l'Europe*, Paris, 2000

GIRERD, P. – *Aspects juridiques du Traité Communauté Européenne*, Paris, 1996

GOLDMAN, B./ LYON-CAEN, A/ VOGEL, L – *Droit Commercial Européen*, 5 ed. Paris: Dalloz, 1994

GOLDSWORTH, J. – " The EEC, State Aids, Tax Incentives and Harmonization", *Tax Notes International*, 15 th November, (89 TNI 46-4), 1989

GOMES, Caramelo J. – *O Contencioso dos Auxílios de Estado*, Lisboa: UCP (dact.), 1995

GOMES, N. Sá – *Teoria Geral dos Benefícios Fiscais*, Cadernos CTF, 165, Lisboa:DGCI/CEF, 1991

GOMES, M. Eugénia/LOBO, Mário – Auxílios de Estado e Coesão Económica e Social Tendências Contraditórias, *Documentos de Trabalho*, 10/98, GEPE, Ministério da Economia, 1998

GOUVEIA, J. B. – "Os incentivos fiscais contratuais ao investimento estrangeiro – Regime jurídico e implicações constitucionais", in CEF, *A Internacionalização da Economia e a Fiscalidade*, Lisboa: CEF/DGCI, 1993.

GRILL, G. – "The enforcement of the EC Competition Policy", in NICOLAIDES / / Van der KLUGT, *The Competition Policy of the European Community*, 1994

GUERREIRO, António – *Lei Geral Tributária Anotada*, Lisboa: Rei dos Livros, 2000

HANCHER/ OTTERVANGER / SLOT – *EC State Aids*, Chancery Law Publishing, 1996 (2 ed., London: Sweet & Maxwell, 1999)

HARDEN, Ian (ed.) – *State Aid: Community Law and Policy*, Scriftenreihe der Europäischen Rechtsakademie Trier, Köln: Bundesanzeiger, 1993
– "State Aid and the economic constitution of the Community", HARDEN, *State Aid: Community Law and Policy*, 1993

HECKLY, C. – *La politique fiscale dans les pays industrialisés*, Paris: Dunod, 1999

HEILBRONER, R. – *Le Capitalisme du XXIe Siècle*, Québec: Bellarmin, 1993

HELLINGMAN, Keys – "State participation as state aid under article 92 of the EEC Treaty: The Commission's guidelines", *CMLR*, 23, 1, 1986

HENRIKSEN, Ulla – *Anti-Competitive State Measures in the European Community, An Analysis of the Decisions of the European Court of Justice*, Handelshojskolens, Copenhagen, 1994

HINNEKENS, L. – "The Monti report: the uphill task of harmonizing direct tax systems of EC Member States", *EC Tax Review,* n.º 1, 1997

HODGSON, G. M. – *Economia e Instituições,* Oeiras: Celta, 1994

HOLLAND, David/VANN, Richard – "Income Tax Incentives for Investment" V. THURONYI (ed.), *Tax Law Design and Drafting,* vol. 2, Chap. 23, IMF, Washington, 1997

HOUTMAN, A. – "Entreprises en difficulté et règles communautaires en matière de'aides d'État", *RIDE,* n.º 2, 1995

HUDEC, R. E. – *The GATT, Legal System and Wordl Trade Diplomacy,* New York: Praeger, 1975

HUET, A – "Article 220 – Commentaire", CONTANTINESCO/ JACQUÉ/ KOVAR /SIMON (dir.), *Traité Instituant la CEE – Commentaire article por article,* Paris: Economica, 1992.

IDOT, Laurence – "Les aides aux entreprises en difficulté et le droit communautaire", *RTD eur* 34 (3), 1998

IRTI, N. – *L'ordine giuridico del mercato,* Roma, Bari: Laterza, 1998

IRUJO, J. M. Embid – "El régimen de las ayudas estatales a las empresas en derecho comunitario", *Noticias/CEE,* n.º 33, 1987

JACQUEMIN/ SCHRANS – *O Direito Económico* (1970), Lisboa: Vega, s/d.

JALLES, Isabel – "Ajudas de Estado com finalidade regional no âmbito do mercado comum", *Assuntos europeus,* vol. 1, n.º 1, 1982, 81-112

JEFFERY, R. – *The Impact of State Sovereignty on Global Trade and Internatio-nal Taxation,* Kluwer, 1999

JIMÉNEZ, A. J. M. – *Towards Corporate Tax Harmonization in the European Com-munity, An Institutional and Procedural Analysis,* London: Kluwer, 1999
   – "El concepto de ayuda de Estado y las normas tributarias: problemas de deli-mitación del ámbito de aplicación del art. 87.1 TCE", *Noticias de la Union Europea,* n.º 196, 2001

JIMÉNEZ, M. A Sánchez – *La doble imposición internacional en la Unión Euro-pea, Especial consideración del Impuesto de Sociedades,* Madrid: La Ley, 1995

KANBUR, R. / KEEN, M. – "Jeux sans frontières; Tax competition and tax coor-dination when countries differ in size", *IFS Working Paper n.º 8,* London: The Institut for Fiscal Studies, 1991

KANTZENBACH – "Die Funktionsfähigkeit des Wettbewerbs", in *Wirtschafts-politische Studien,* heft 1, Göttingen, 1966

KEPPENNE, Jean-Paul – "Politiques fiscales nationales et contrôle communau-taire des aides d'État", *Journal des Tribunaux. Droit Européen,* n.º 66, 2000
   – *Guide des aides d'Etat en droit communautaire (réglementation, jurispru-dence et pratique de la Commission),* Bruxelles: Bruylant, 1999

- "Les premières ébauches d'une réglementation du Conseil en matière de contrôle des aides d'État", in COMMISSION DROIT ET VIE DES AFFAIRES, *Les Aides d'État en Droit Communautaire et en Droit National*, Bruxelles: Bruylant, 1999
- "(R)évolution dans le système communautaire de contrôle des aides d'État", *RMUE*, n.°2, 1998

KOENIG, C./ KUEHLING, J. – "Reform des EG-Beihilfenrechts aus der Perspektive des Mitgliedsstaatlichen Systemwettbewers", *Eur. Zeitschrift für Wirtschatsrecht*, n.° 17, 1999

KORNPRORBST – "Les taxes parafiscales en droit communautaire, mode d'emploi d'un labyrinthe juridique", *DF,* 1993

KOSCHYK, M. M. – *Steuervergünstigungen als Beihilfen nach Artikel 92 EG-Vertrag, Grundsätze zur Beurteilung steuerlicher Beihilfen*, Baden-Baden: Nomos, 1998

KOVAR, Robert – "Le régime des aides en droit communautaire, Chronique de la jurisprudence de la Cour de Justice", *Journal du Droit International*, n.° 101, 1974

KRAMER, H. – "Economic aspects of tax co-ordination in the EU", in WIFO, *Conference Proceedings Tax Competition and Co-ordination of Tax Policy in the EU*, Viena, 1998

KRISTENSEN, J. P. – "Report of the Danish Rapporter", FIDE 14 Congrès, A. V., t. II, *L'Harmonisation Fiscale: le Défi de 1993*, Madrid: Ministerio de Justicia, 1990

KUILE, B. H. Ter – "Legal aspects of fiscal sovereignty within the internal market", *Intertax*, n.° 11, 1991

LAMBARRI, C. / EZKURDIA, E. F. – "Regional development Guidelines: Do They Really Help Regional Development?", BILAL/ NICOLAIDES, *Understanding State Aid Policy in the European Community*, 1999

LAMBERT, T – "Le projet d'impôt communautaire: enjeu et débats", FENET/ SINAY-CYTERMANN (dir.), CRUCE (Amiens), *Union Européenne: Intégration et Coopération*, Paris: PUF, 1995

LAMPREAVE/ GIMENO/ TEROL – *La Empresa Española ante el Impuesto sobre el Valor Añadido*, Madrid: IEF 1985.

LARRA, J. L. – *El Sistema Fiscal Europeo*, Madrid: Trivium, 1986

LASOK – "State Aids and Remedies under the EEC Treaty", 7 *ECLR*, 1986

LASOK, D./ LASOK, K P E – *Law and Institutions of the European Union*, London, Dublin, Edinburgh: Butterwords, 1994

LAUDATI, L. – "The European Commission as regulator; the uncertain pursuit of the competitive market", in MAJONE, *Regulating Europe*, 1996

528   *Auxílios de Estado e Fiscalidade*

LAUREANO, Abel – *Discriminação Inversa na Comunidade Europeia (O Desfavorecimento dos Próprios Nacionais na Tributação Indirecta)*, Lisboa: Quid Juris, 1997

LAURÉ, M. – *Science Fiscale*, Paris: PUF, 1993
- "Les distorsions économiques d'origine fiscale. Rapport général", *IIFP, XII Session*, Viena, 1957
- *Tratado de Politica Fiscal* (1956), Madrid: Editorial de Derecho Financiero, 1960

LEANZA, V. – "Aiuti concessi degli Stati", QUADRI, R./MONACO, R./ TRABUCCHI, A., *Commentario del Trattato CEE*, Milano, vol. II, 1965

LEITÃO, J. M. C. – "A proposta de directiva de tributação dos rendimentos sob a forma de juros. Estudo de direito fiscal europeu proposto", *Cadernos CTF*, n.° 188, 2000

LENAERTS, K./ PITTIE, M. – "Problématique générale de la procédure de contrôle des aides d'État", COMMISSION DROIT ET VIE DES AFFAIRES, *Les Aides d'État en Droit Communautaire et en Droit National*, Bruxelles: Bruylant, 1999

LEYSSAC,C./ PARLÉANI, G. – *Droit du marché*, Paris: PUF, 2002

LLANES, G. I. – *El futuro de la tributación del capital en Europa*, Madrid: IEE, 1997

LIBERTINI, M. – "Il mercato: il modelli di organizzazzione", F. GALGANO (dir.), *Tratatto di Diritto Commerciale e di Diritto Pubblico dell'Economia*, vol. III, Padova: Cedam, 1979

LUDOW /MARTINS/ FERRER – *Establishing suitable strategies to improve sustainble development in the portuguese ultraperipherical regions of Madeira and the Azores*, Bruxelles: CEPS, 1999

LUJA, R. – "W.T.O. Agreements versus the EC Fiscal Aid Regime: Impact on Direct Taxation", *Intertax*, 1999

LUMBRALES, João – *Economia Política*, vol. II, 2.ª ed., Lisboa, 1969

MAJONE, G. – *La Communauté Européenne: un État Régulateur*, Paris: Montchéstien, 1996

MACHETE, N. – *Auxílios Públicos. A Conexão entre os arts. 85.° e ss. e os arts. 92.° e ss. do Tratado de Roma*, Lisboa: UCP (dact.), 1995

MALHERBE, Jacques – "Harmful Tax Competition and the European Code of Conduct", *Tax Notes International*, Julho, 2000
- *Droit Fiscal*, vol. 4, *Droit financier et Droit fiscal communautaire*, Louvain: UCL, 1993

MALTA, Pierre di – *Droit fiscal européen comparé*, Paris: PUF, 1995

MARKUS, Jean Paul – *Les Aides Publiques Indirectes aux Entreprises. Contribution a l'Étude de la Notion d'Aide* (Thèse), Paris II, 1993

MARQUES, Alfredo – "Aspectos da política comunitária de concorrência no domínio dos auxílios às empresas", *Competir: informação para a indústria*, n.º 2, 1991

MARTIN, V. /MUÑOZ, J. – *El control de las ayudas de Estado en el derecho europeo*, Madrid: Colex, 1999

MARTINEZ. P. Soares – *Direito Fiscal*, 7.ª ed, Coimbra: Almedina, 1993
– *Manual de Economia Política*, Lisboa, 1973.

MARTINS, António – "Os incentivos fiscais, os subsídios financeiros e o investimento das empresas", CTF n.º 387, 1997

MARTINS, Manuel – *Auxílios de Estado no Direito Comunitário*, Lisboa: Principia, 2002

MARTINS, Teixeira – *Capitalismo e concorrência - Sobre a Lei de Defesa da Concorrência*, Coimbra: Centelha, 1973

MATHIJSEN, Pierre – *Guia del Derecho de la Comunidad Europea*, Madrid: Banco Exterior de Espana, 1987

MATTERA, A. – *Le marché unique européen. Ses règles, son fonctionnement*, Paris: Ed. Jupiter, 1988

MATTEUCCI, N. – "Soberania" in BOBBIO, N / MATTEUCCI, N / PASQUINO, G., *Dicionário de Política*, Brasília: Editora Universidade de Brasília, 2.ª ed., 1986

MEDEIROS, E. Raposo de – *Blocos Regionais de Integração Económica no Mundo*, Lisboa: ISCSP, 1998

MEDERER, W. – "The Future of State Aid Control", *Competition Policy Newsletter*, vol. 2, n 3, 1996

MEHL, L/ BELTRAME, P. – *Science et Technique Fiscales*, Paris: PUF, 1984

MEIER, E./ PERROT, T. – "Les aides fiscales comme instrument de lutte contre la concurrence fiscale dommageable: la pierre philosophale?", *RDF*, n.º 3, 2002

MEIKLEJONH; R. – "The economics of State aid", *European Economy, State Aid and the Single Market*, n.º 3, 1999

MENGOZZI, Paolo – *Il Diritto della Communità Europea*, Padova: Cedam,1990

MERCIER, P/MACH, O/ GILLIÉRON, H/ AFFOLTER, S – *Grands Principes du Droit de la Concurrence, Droit comunnautaire, droit suisse*, Bruxelles: Bruylant, 1999

MEROLA, Massimo – "Les aides à la restructuration des entreprises en difficulté", COMMISSION DROIT ET VIE DES AFFAIRES, *Les Aides d'État en Droit Communautaire et en Droit National*, Bruxelles: Bruylant, 1999
– "Introduction à l'étude des règles communautaires en matière d'aides d'État aux entreprises", *RIDE*, n. 1, 1997

530   *Auxílios de Estado e Fiscalidade*

MESSERE, Ken – *The Tax System in Industrialized Countries*, Oxford University Press, 1998

MESQUITA, M. Margarida C. – *As Convenções sobre Dupla Tributação*, Lisboa: DGCI/CEF, 1998
  – "Troca de informações e cooperação fiscal internacional", CEF, *A Internacionalização da Economia e a Fiscalidade,* Lisboa, 1993
  – *O regime comunitário dos auxílios de Estado e as suas implicações em sede de benefícios fiscais*, Cadernos CTF n.º 158, Lisboa: CEF/DGCI, Lisboa, 1989

MIERT, Van – *Fiscalité directe des entreprises et contrôle communautaire des aides d'État*, Commission, Project (AH/0c), 13.11.1997.

MILLÁN, L. – La armonización de legislaciones en la CEE, Madrid: Centro de Estudios Constitucionales, 1986

MINISTÉRIO DAS FINANÇAS (grupos coordenados por CALHEIROS, J.M.)
  – *Regime Jurídico das Garantias Pessoais do Estado*, Relatório final do Grupo de Trabalho constituído pelo despacho do Ministro das Finanças n.º 447/96-XIII, de 8 de Outubro, Lisboa, 1999
  – *Regime Jurídico Relativo aos Auxílios Públicos,* Relatório final do Grupo de Trabalho constituído pelo despacho do Ministro das Finanças n.º 213/98-XIII, de 28 de Maio, Lisboa, 1998

MINISTÉRIO DAS FINANÇAS (grupo coordenado por PEREIRA, Freitas) – *Reavaliação dos Benefícios Fiscais*, Lisboa: Cadernos CTF n.º 180, 1998

MIRANDA, Jorge – "Introdução" ao tema "Os Estados e a União Europeia", A. V., *A Revisão do Tratado da União Europeia*, FDUC, 1996
  – "Soberania", *POLIS, Enciclopédia Verbo da Sociedade e do Estado*, vol. 5, Lisboa/São Paulo: Ed. Verbo, 1987

MOCOROA, I. V. – *La Armonización del IVA y el Logro del Mercado Interior*, Valladolid: Lex Nova, 1991

MONCADA, L. C. – *Direito Económico*, 3ª ed., Coimbra: Coimbra Editora, 2000

MONIZ, Carlos Botelho – "O apoio à exportação e os regimes jurídicos do GATT e da CEE, *O Direito*, 1989
  – "O regime jurídico dos auxílios às empresas na Comunidade Europeia – Reflexos na caracterização do sistema económico português", *R.O.A.* n.º 47, 1987

MONTEIRO, Armindo – "Introdução ao estudo do direito fiscal", *RFDL*, vol. IX, 1953

MONTI, Mario – "EU policy towards fiscal state aid", in *Seminar on "State Aid and Tax"*, Universiteit Nyenrode, 2002
  – "How state aid affects tax competition", *EC Tax Review*, n. 4, 1994

MORAIS, Luís – *O mercado comum e os auxílios públicos – Novas perspectivas*, Coimbra: Almedina, 1993

MORAND, Charles-Albert – *Le droit néo-moderne des politiques publiques*, Paris: LGDJ, 1999

MOREIRA, Vital – *A Ordem Jurídica do Capitalismo*, Lisboa: Caminho, 4.ª ed., 1987

MORSON, Sylviane – " La récupération des aides octroyées par les États en violation du Traité CEE", *RDTE*, n.º 3, 1990

MORTELMANS, K – "The compensatory justification criterion in the practice of the Commission in decisions on State aids", *CLMR*, vol. 21, 1984

MOUSSIS, Nicolas – *As Políticas da Comunidade Económica Europeia*, Coimbra:Almedina, 1985

MUCHLINSKI, P. T. – *Multinational Enterprises and the Law*, Oxford(UK) /Cambridge (USA): Blackwell, 1999

MUFFAT-JEANDET, D – "Le contrôle de la Commission des Communautés européennes sur les aides individuelles accordées par les États", *RTDE*, 1983

MÜLLER, M. N. – "The community framework for State aid for research and development: the recent practice of the Court and the Commission", in BILAL/ NICOLAIDES, *Understanding State Aid Policy in the European Community, Perspectives on Rules and Practice*, Kluwer, 1999

MURRAY, F. – "EU package of measures to tackle harmful tax competition", *European business law review*, n.º 5-6, 1999

MURTEIRA, Mário – *Economia do Mercado Global. Ensaio sobre condicionantes mega e macro das organizações internacionais*, Lisboa: Presença, 1997

NABAIS, Casalta – *Direito Fiscal*, Coimbra: Almedina, 2000
 – *O Dever Fundamental de Pagar Impostos*, Coimbra: Almedina, 1998
 – *Contratos Fiscais. Reflexões acerca da sua Admissibilidade*, Coimbra, 1994

NANCLARES, J. M Pérez de – *El sistema de competencias de la Comunidad Europea*, Madrid: McGraw-Hill, 1997

NEUMARK, F (Rapport) – *Rapport du Comité Fiscal et Financier des 7 et 8 Juillet*, Publications des Communautés européennes, n.º 8070/62, 1962

NICOLAIDES, P., BILAL, S. – "State Aid Rules: Do They Promote Efficiency?" in BILAL/ NICOLAIDES, *Understanding State Aid Policy in the European Community*, 1999

NOCKLEBY – "Two theories of competition in the early 19th century labor cases", *Journal of Legal History*, Oct., 1994

NUZZO, E. – "Le incentivazioni fiscali e le attività economiche in ambito CEE", *Rassegna Tributaria*, n.º 5, 1998

OCDE (OECD) – *Improving Access to Bank Information for Tax Purposes*, Paris, 2000

532   *Auxílios de Estado e Fiscalidade*

- *Vers une Coopération Fiscale Globale. Rapport pour la Réunion du Conseil au Niveau des Ministres de 2000 et Recommandations du Comité des Affaires Fiscale. Progrès dans l'Identification et l'Élimination des Pratiques Fiscales Dommageables,* Paris, 2000
- *Harmful Tax Competition, An Emerging Global Issue (Concurrence Fiscale Dommageable, Un Problème Mondial),* Paris, 1998
- *Dépenses Fiscales – Expériences récentes,* Paris, 1996
- *Modelo de Convenção Fiscal sobre o Rendimento e o Património,* Lisboa: DGCI/CEF, 1995
- *Investment incentives and desincentives: effects on international direct investment,* Paris, 1989

OLLERO, Casado – "Extrafiscalidad e incentivos fiscales a la inversion en la CEE", OLLERO/ LIZANA/ GALIANA, *Estudios sobre Armonizacion Fiscal y Derecho Presupuestario Europeo,* Granada: Ed. TAT, 1987

ORDOÑEZ, Miguel F. – *La competencia,* Madrid: Alianza, 2000

ORSINI, Gilbert – *L'interventionnisme fiscal,* Paris: PUF, 1995

OWENS, J. – "Taxation within a context of economic globalization", *Bulletin for International Fiscal Documentation,* vol. 52, n.º 7, 1998

PALMA, Clotilde C. – "Da evolução do conceito de capacidade contributiva", *CTF* n.º 402, 2001
- "Código de Conduta da Fiscalidade das Empresas versus Relatório da OCDE sobre as Práticas da Concorrência Fiscal Prejudicial: a Concorrência Fiscal sob Vigilância", in *Revisores & Empresas,* n.º 4, 1999
- *IVA e o Mercado Interno. Reflexões sobre o Regime Transitório,* Cadernos CTF n.º 178, Lisboa: DGCI/CEF, 1998

PAPACONSTANTINOU, H. – *Free Trade and Competition in the EEC Law, Policy and Practice,* 1998

PAPPALARDO, A. – "Les nouvelles règles en matière de contrôle communautaire de concentration des entreprises", *RIDE,* n.º 2, 1998
- "La règlementation communautaire de la concurrence (deuxième partie). Le contrôle des concentrations des entreprises: récents developpements", *RIDE* n.º 3, 1996
- "Le règlement CEE sur le contrôle des concentrations", *RIDE,* n.º 1, 1990
- "La prise de participation de l'État dans le capital des entreprises", in De la ROCHÈRE/ VANDAMME, *Interventions Publiques et Droit Communautaire,* Paris: A. Pedone, 1988

PATTERSON/ SERRANO – *Tax Co-ordination in the European Union,* European Parliament, WP, ECON, 125, 2000

PATRÍCIO, Simões – *Direito da Concorrência (aspectos gerais),* Lisboa: Gradiva, 1982

Bibliografia 533

PEREIRA, Freitas – "Concorrência Fiscal prejudicial – O Código de Conduta na União europeia", *CTF* n.° 390, 1998
– "A tributação do rendimento das empresas nos processos de integração económica", CTF n.° 385, 1997
– "Os incentivos fiscais e o financiamento do investimento privado", in *Influência da Fiscalidade na Forma de Financiamento das Empresas*, Lisboa: Cadernos CTF n.° 121, 1980

PEREIRA, L. Ruibal – "Código de conducta para la fiscalidad de las empresas", *Noticias de la Unión Europea*, n.° 179, 1999

PETERSON, Asger – "State Aid and European Union: State Aid in the Light of Trade, Competition, Industrial and Cohesion Policies", in HARDEN, *State Aid: Community Law and Policy*, 1993

PINHEIRO, Gabriela – *A Fiscalidade Directa na União Europeia*, Porto: UCP, 1998

PINO, X. B. – "Los gastos fiscales – concepto y problematica", *Hacienda Pública Española*, n.° 72, IEF, 1981

PINOTTI, Cinthia – *Gli Aiuti di Stato alle Imprese nel Diritto Comunitario della Concorrenza*, Padova: Cedam, 2000

PINTO, Carlo – "EC State Aid Rules and Tax Incentives: A U-Turn in Commission Policy?" (Part I in *European Taxation,* vol. 39, n.° 8, 1999) (Part II in *European Taxation*, vol. 39, n.° 9, 1999)

PIRES, Manuel, – "Harmonização fiscal face à internacionalização da economia. Experiências recentes", in CEF, *A Internacionalização da Economia e a Fiscalidade*, Lisboa: DGCI, 1993
– Da Dupla Tributação Jurídica Internacional sobre o Rendimento, Lisboa, 1984

PORTER, M. – *Vantagem Competitiva das Nações* (1990), Rio de Janeiro: Campus, 1993

PORTO, M. Lopes – *Teoria da Integração e Políticas Comunitárias*, Coimbra: Almedina, 1997

PUTTERMAN, Louis – *The Economic Nature of Firm: A Reader*, Cambridge: Cambridge University Press, 1986

QUADROS, F. de – *O Princípio da Subsidiariedade no Direito Comunitário Após o Tratado da União Europeia*, Coimbra: Almedina, 1995

QUERMONE, J. L. – *Le système politique européen*, Paris: Montchrestien, 1996

QUÉROL, F. – *La Parafiscalité*, Paris, 1997

QUERTAINMONT, Ph. – *Droit administratif de l'économie. L'interventionnisme économique public et les relations entre l'État et les entreprises*, Bruxelles: Ed. Story-Scientia, 1987

QUIGLEY, Conor – "The Scope of Article 92(1) of the EEC Treaty", HARDEN, *State Aid: Community Law and Policy*, 1993

– "Fiscal harmonisation" (United Kingdom Report), FIDE, 14 Congrès, A. V., *L'Harmonisation Fiscale: le Défi de 1993*, t. II, Madrid: Ministerio de Justicia, 1990

– "The Notion of a State Aid in the EEC", *European Law Review*, vol. 13, 1988

QUINTANA, E. Fuentes – *Política Fiscal e Integración Europea. España ante la integración europea*, Barcelona: Ariel, 1966

RADAELLI, C. – *Policy Narratives in the European Union: The Case of Harmful Tax Competition*, EUI Working Paper RSC n.° 98/34

RAINER – "The EC Code of Conduct for Business Taxation", in *European Union Focus*, 1998

RAWLINSON, Frank – "The Role of Policy Frameworks, Codes and Guidelines in the Control of State Aid", in HARDEN, *State Aid: Community Law and Policy*, 1993

REBOUD, L. – *Systèmes Fiscaux et Marché Commun*, Paris: Sirey, 1961

REGUL, R. – *Les distorsions globales de la concurrence et leurs répercussions sur le marché commun*, Collection Etudes, Série Concurrence-Rapprochement des Législations, vol. 11, Commission des Communautés Européennes, Bruxelles, 1971

REICH, N. – *Mercado y Derecho (Teoría y praxis del derecho económico en la República Federal Alemana)* (1977), Barcelona: Ariel, 1985

REUTER, P. – "Articles 1 et 2 – Commentaire", CONSTANTINESCO / JACQUÉ / KOVAR / SIMON (dir.), *Traité instituant la CEE – commentaire article par article*, Paris: Economica, 1992

RIBEIRO, Marta M. C. – *Da Responsabilidade do Estado pela Violação do Direito Comunitário*, Coimbra: Almedina, 1996

RIBEIRO, N. S. – *Regimes fiscais preferenciais*, Lisboa: Lex, 2002

RICARDO, David – *Princípios de Economia Política e de Tributação* (1817), Lisboa: F,C.Gulbenkian, 4.ª ed., 2001

RICOU, T./ RODRIGUES, E. L. – *Política Comunitária de Concorrência, Um estímulo aos empresários portugueses*, Lisboa: Inquérito, 1989

ROBERTI, G. M. – "Le controle de la Commission des Communautés européenes sur les aides nationales" *L'Actualitè juridique – Droit administratif*, 1993

– "Rules on State aids", in NICOLAIDES/KLUGT (ed.), *The Competition Policy of the European Community*, Maastricht: EIPA, 1994

ROBINSON, J – *Economics of Imperfect Competition*, Cambridge, 1933, London, 1950

ROBSON, Peter – *Teoria Económica da Integração Internacional*, Coimbra: Coimbra Editora, 1985

ROCH, S. – *Incentivos fiscales a la inversión y justicia tributaria*, Madrid, Civitas, 1983

RODRIGUES, E. – *O Acto Único Europeu e a Política de Concorrência*, Lisboa: Banco de Fomento e Exterior, 1990

ROMÃO, António – *Portugal face à CEE*, Lisboa: Livros Horizonte, 1983

ROSEMBUJ, T. – "Harmful tax competition", *Intertax*, vol. 27/10, 1999

ROSS, Malcolm – "State Aids and National Courts: Definitions and Other Problems – A Case of Premature Emancipation?, *CLMR*, vol. 37, 2000
- "State Aids: Maturing into a Constitutional Problem", 15 *YEL*, 1995
- "Challenging state aids: The effect of recent developments", *CMLR*, 23, 4, 1986

ROUAM, Claude – *Le contrôle des aides d'État aux entreprises dans l'Union européenne*, Paris:Economica, 1998

RUPÉREZ, J. – *La No Discriminación Fiscal*, Madrid: Edersa, 2001

SÁ, Luís – *Soberania e Integração na CEE*, Lisboa: Caminho, 1982

SADZOT, Alain – "Les mesures de soutien à l'emploi: le cas Maribel", in CDVA, *Les Aides d'État en Droit Communautaire et en Droit National*, 1999

SAIZ, R. Calle – *La armonización fiscal europea: un balance actual*, Madrid: Editorial AC, 1990
- *El impuesto sobre el valor añadido y la Comunidad Europea*, Madrid: IEF, 1968

SANCHES, Saldanha – *Manual de Direito Fiscal*, Lisboa: Lex, 1998
- *A Quantificação da Obrigação Tributária, Deveres de Cooperação, Autoavaliação e Avaliação Administrativa*, Cadernos CTF n.º 173, Lisboa: DGCI/CEF, 1995
- "Fiscal sovereignty and external constraints", in Silva LOPES, *Portugal and EC Membership Evaluated*, New York, 1993

SÁNCHEZ, M. G. – "Los gastos fiscales y su consideración en el ámbito comunitario", *Noticias de la Unión Europea*, vol. 17, n.º 196, 2001
- *Tributación de las Ayudas Comunitarias*, 1996

SANDE, Paulo – *O Sistema Político na União Europeia*, Lisboa: Principia/ Centro Jacques Delors, 1999

SANDFORD, Cedric – *Sucessful Tax Reform, Lessons from an Analysis of Tax Reform in Six Countries*, Bath: Fiscal Publications, 1993

SANTACRUZ, Juan Arpio – *Las Ayudas publicas ante el Derecho Europeo de la Competencia*, Pamplona: Aranzadi, 2000

SANTANA, C. Caboz – *O Abuso da Posição Dominante no Direito da Concorrência*, Lisboa: Cosmos, 1993

SANTOS, Albano – "Os sistemas fiscais: análise normativa", *CTF* n.º 338, 1997

SANTOS, A. Carlos dos – "Point J of the Code of Conduct or the Primacy of Politics over Administration", *European Taxation*, vol. 40, Sep., 2000, pp. 417--421

– "O Estado Português e a Fiscalidade Internacional", in A. C. dos SANTOS, *Da Questão Fiscal à Reforma da Reforma Fiscal*, Lisboa: Rei dos Livros, 1999

– "A reforma do sistema fiscal: balanço de uma legislatura", in A. Sousa Franco/ A. C. SANTOS, *Estruturar o Sistema Fiscal do Portugal Desenvolvido: Balanço de uma Legislatura*, Lisboa: Ministério das Finanças, 1999

– "A coordenação fiscal face à construção do mercado interno e à unificação monetária: estado da arte", in A.V., *Palavras no Tempo*, IV, Lisboa: Ministério das Finanças, 1998

– "Sistemas fiscais: conceito e tipologias à luz das experiências angolana e moçambicana", *CTF* n.º 388, 1997

– *As transferências de competências estatais decorrentes do Tratado de Maastricht*, Lisboa: UCP, 1993

– "Integração Europeia e Abolição das Fronteiras Fiscais", *CTF* n.º 372, 1993

– "IVA e mercado interno: as aquisições intracomunitárias de bens", *Fisco* n.º 42

SANTOS, A. C/ GONÇALVES, M E, MARQUES, M M L – *Direito Económico*, 3.ª ed., Coimbra: Almedina, 1998

SANTOS, A. C./ PALMA, C. C: – "A regulação internacional da concorrência fiscal prejudicial", *CTF*, n.º395, Lisboa, 1999

SANTOS, J. Costa – *Bem Estar Social e Decisão Financeira*, Coimbra: Almedina, 1993

SANTZ, J. S. – "Sobre el concepto de neutralidad fiscal", *Actualidad Tributaria*, n.º 16, 1991

SCHAUB – "EC competition system – proposals for reform", Fordham Corporate Law Institute, 22 October 1998 (http://europa.eu.int/comm/dg04/speech/eight/en/sp98059.htm)

SCHEUING, Dieter H. – *Aides financières publiques aux entreprises privées en droit français et européen*, Paris: Berger-Levrault, 1974

SCHINA, Despina – *State Aids Under the EEC Treaty . Articles 92 to 94*, Oxford: ESC Publishing Limited, 1987

SCHMIDT, J. – *L'impôt. Politique et technique*, Paris: Dalloz, 1995

SCHMITTER, Philippe – "A Comunidade Europeia: uma nova forma de dominação política", *Análise Social*, n.º 118-119, 1992

SCHÖN, Wolfgang – "Taxation and State Aid Law in the European Union", *Common Market Law Review*, n.º 36, 1999

SCHRAMME, Alexandre – "Rapport entre les mesures d'effet equivalent à des restrictions quantitatives et les aides nationales", *RTDE*, 21, 1995

SERRA, Truyol y – *La Integración Europea. Idea y Realidad*, Madrid, 1972

SHUMPETER – *Historia del Analisis Economico*, Barcelona, 1971

SHAW, J. – *European Community Law*, London, 1993

SIEBERT – "The harmonization issue in Europe: prior agreement or a competitive process?", in SIEBERT (ed.) *The Completion of the Internal Market*, Institut für Weltwirtschaft an der Universität Kiel, 1990

SIERRA, M. T. Mata – *La Armonización Fiscal en la Comunidad Económica Europea*, Valladolid: Ed. Lex Nova, 1993

SILVA, Moura e – "Controlo de concentrações na Comunidade Europeia", *Direito e Justiça*, vol. VIII, t. I, 1994

SILVA, J. Braz da – *Os Paraísos Fiscais. Casos Práticos com Empresas Portuguesas*, Coimbra: Almedina, 2000

SILVA, J. Pereira da – *Regime Jurídico Interno dos Auxílios Públicos à Iniciativa Económica Privada*, Lisboa: UCP (dact.), 1995

SILVA, A Neto/ REGO, L. A – *Teoria e Prática da Integração Económica*, Porto: Porto Editora, 1984

SILVESTRO, Cosimo – "Aiuti di Stato nella Contribuzione Previdenziale" *in Interessi pubblici nella disciplina delle public companies, enti privatizzati e controlli*, 2000

SIMON, D. – "Article 101.°", "Article 102.°", in V, CONSTANTINESCO et al., *Traité instituant la CEE, Commentaire article par article*, Paris: Economica, 1992

SIMON, S. – "Recent developments in State aid policy", *European Economy*, n.° 3, 1999

SINNAEVE, A. – "State Aid Control: Objectives and Procedures", BILAL/NICOLAIDES, *Understanding* State *Aid Policy in the European Community, Perspectives on Rules and Practice*, The Hague/London/Boston: Kluwer, 1999

– "State Aid Procedures: The Reform Project", *ibidem*, pp. 209-231

SINNAEVE, A/ SLOT, P. J. – "The New Regulation on State Aid Procedures", *CMLR*, vol. 36, 1999, pp. 1153-1194

– "State Aid Control: Objectives and Procedures", BILAL/NICOLAIDES, *Understanding State Aid Policy in the European Community*, 1999

SLOT, P. Jan – "EC Policy on State Aid: Are Procedures "User-friendly? The Rights of Third Parties", in BILAL/ NICOLAIDES, *Understanding State Aid Policy in the European Community*, EIPA, Kluwer, 1999

– "Procedural Law of State Aids", in HARDEN, *State Aid: Community Law and Policy*, Köln, 1993

– Procedural Aspects of State Aids: The Guardian of Competiton versus the Subsidy Villains?", *CMLR*, 27, 1990

SLOTBOOM, Marco M. – State Aid in Community Law: A Broad or Narrow Definition?, *European Law Review*, vol. 20, 1995

SMITH, Adam – *Inquérito sobre a Natureza e as Causas da Riqueza das Nações* (1876), Lisboa: F.C.Gulbenkian, 1982

SMITH, M. P. – "Autonomy by the Rules: The European Commission and the Development of State Aid Policy", *Journal of Common Market Studies*, Vol. 36, n.º 1, 1998

SNYDER, F. – "Ideologies of Competition in European Community Law", *The Modern Law Review*, vol. 52, 1989

SOARES, A. Goucha – *Repartição de Competências e Preempção no Direito Comunitário*, Lisboa, 1996

SOROS, George – *La crise du capitalisme mondial, L'intégrisme des marchés*, Paris: Plon, 1998

SOUSA, Alfredo de – *Análise Económica*, Lisboa: Universidade Nova, 1988

SOUTY, F. – *Le droit de la concurrence de l'Union européenne*, Paris: Montchrestien, 1999

STERDYNIAK/ BLONDE/ CORNILLEAU/ LE CACHEUX/ LE DEM – *Vers une fiscalité européenne*, Paris: OFCE/ Economica, 1991

STIGLER, G. – "Economic competition and political competition", *Public Choice*, autumn, 1972

STIGLITZ, J. E. – *La Economia del Sector Público*, Barcelona: Bosch, 1997

STRUYS, M. L. – "Le rôle des jurisdictions nationales dans le contencieux communautaire des aides d'État", COMMISSION DROIT ET VIE DES AFFAIRES, *Les Aides d'État en Droit Communautaire et en Droit National*, Bruxelles: Bruylant, 1999

SULLIVAN, Clara – *El Impuesto sobre el Valor Añadido*, Madrid: IEF, 1978

SURREY, S. – *Pathways to tax reform: the concept of tax expenditures*, Harvard Business Press, 1973

– "Tax incentives as a device for implement government policy: a comparison with direct government expenditures", *Harvard Law Review*, 83, 1970

SURREY/ McDANIEL – "El concepto de gasto fiscal y el processo legislativo", *Hacienda Publica Española*, n.º 97, IEF, 1985

SURREY, Stanley / SUNLEY, Emil – "Rapport Général, Les encouragements fiscaux utilisés comme instruments de politique des pouvoirs publics – Leur rôle dans l'imposition des revenues par rapport aux autres instruments de politique tant économique que social", IFA, *Cahiers de Droit Fiscal International*, vol. LXI a), Kluwer, 1976

SUTTER, F. – "The Adria Wien Pipeline Case and the State Aid Provisions of the Treaty in Tax Matters", *European Taxation*, vol. 41, 7-8, 2001

TAVITIAN, R. – *Le système économique de la Communauté européenne*, Paris: PUF, 1990

TERRA, Ben – *Sales Taxation. The Case of Value Added Tax in European Community*, Deventer/Boston, 1988

TERRA, B./ WATTEL, P. – *European Tax Law*, 3 ed., London: Kluwer, 2001

TIEBOUT, C. M., – "A Pure Theory of Local Expenditures", *Journal of Political Economy*, n.° 64, 1956

TIMMERMANS, A / KLAVER, J. – "EU Taxation: policy competition or policy co-ordination?", A.V., *No tax harmonization. Why a single tax system is harmful to small EU-countries*, Den Haag: VNONCW, 1999

TINBERGEN, Jan – "Les distorsions et leur correction", *Revue Economie Politique*, LXVIII, Paris, 1957

– *International Economic Integration*, Brussels, Amsterdam: Elsevier, 1954

TIRARD, Jean-Marc – *La fiscalité des sociétés dans l'Union européenne*, Paris: GRF, 2000

– "The European Union's solutions. Taxation issues in a Federal State and Economic Groupings with concurrent taxing authorities", *IFA,* vol. 21 a), 1996, Kluwer, 1997

TORRES/ TUCKER – "European Commission adopts Guidelines to End Special Tax Regimes", *17 Tax Notes International* 1579, 1998

TUTT – "European Commission to Propose Guidelines on Provision State Aid Through Tax System", 17 Tax Notes International 156, 1998

UNCTAD – *Incentives and foreign direct investment*, Doc UNCTAD/DTC1/28, New York, 1996

UNIÃO EUROPEIA – *Código de Conduta. Fiscalidade das Empresas* (Relatório PRIMAROLO), Lisboa: Cadernos CTF n.° 185, 2000

UNICE – "Draft Commission Notice on the Application of the State Aid Rules to Measures Relating to Direct Business Taxation" (Doc. IV/980/98-EN Rev 1), UNICE Comments, 4 November 1998

VALENTE, P./ ROCCATAGLIATA, F. – "Fiscal Aids: (In)Compatibility With EU Rules?, *Tax Notes International*, n.° 27, 1998

VALERO, P. A. – *La Armonizacion del IVA Comunitario: un Processo Inacabado*, Madrid: CES, 2001

VALLÉE, Annie – *Les systèmes fiscaux*, Paris: Seuil, 2000

– *Pourquoi l'impôt. Voyage à travers le paysage fiscal,* Paris: Publi-Union, 1997

VANDAMME, J. – "Article 92.°. Commentaire", CONSTANTINESCO et al., *Traité instituant la CEE. Commentaire article par article*, Paris: Economica, 1992

540 *Auxílios de Estado e Fiscalidade*

VANHALEWYN, E. – "Trends and patterns in State aids", in *European Economy*, n.º 3, 1999

VANISTENDAEL, F. – "Fiscal support measures and harmful tax competition", *EC Tax Review*, n.º 9, 2000

– "No European Taxation without European Representation", *EC Tax Review*, n.º 3, 2000

VASQUES, Sérgio – *Os impostos do pecado, o álcool, o tabaco, o jogo e o fisco*, Coimbra: Almedina, 1999

VAZ, M. Afonso – *Direito Económico. A Ordem Económica Portuguesa*, 4.ª ed., Coimbra: Coimbra Editora, 1998

VISSER, Klaas-Jan – "Commission expresses its view on the relation between state aid and tax measures", *EC Tax Review*, n. 4, 1999

VOGEL/ BRANDS/ Van RAAD – *Taxation of Cross-Border Income, Harmonization, and Tax Neutrality under European Community Law, An Institutional Approach*, Deventer: EFS/ Kluwer, 1994

VORDING, H. – "A level playing field for business taxation in Europe: Why country size matters", A.V., *No tax harmonization. Why a single tax system is harmful to small EU-countries*, Den Haag: VNONCW, 1999

WAELBROECK, Michel/ FRIGNANI, Aldo – *Le Droit de la CEE, Commentaire Megret, t IV, Concurrence*, 2 ed, Bruxelles: IEE, 1997

WARÊGNE, J.-M. – *L'organisation mondiale du commerce, Règles de fonctionnement et enjeux économiques*, Bruxelles: CRISP, 2000

WATHELET/ PARTSCH – "Délimitation des contours de la notion d'aide d'État en droit communautaire", in CDVA, *Les Aides d'État en Droit Communautaire et en Droit National*, Bruxelles, 1999

WELLENS, K/ BORCHARDT, G.M. – "Soft Law in European Community Law", *ELR*, vol. 14, 1989

WILLIAMS, David – *EC Tax Law*, London: Longman, 1998

WINCKLER, A. – "La procédure de contrôle des aides d'État devant la Commission. Vers un statut du plaignant?", COMMISSION DROIT ET VIE DES AFFAIRES, *Les Aides d'État en Droit Communautaire et en Droit National*, Bruxelles; Bruylant, 1999

WINTER, J. A. – Supervision of the State Aid: Article 93 in the Court of Justice, *CMLR*, n.º 30, 1993

– "The rights of complainants in state aid cases: Judicial review of Commission decisions adopted under Article 88 (ex 93) EC", *CMLR*, vol. 36

WISHLADE, Fiona – "Competition Policy, Cohesion and Coherence? Member State Regional Policies and the New Regional Guidelines", in BILAL/ NICOLAIDES, *Understanding State Aid Policy in the European Community*, Kluwer, 1999

- "When are Tax Advantages State Aids and when are they General Measures?", *Regional and Industrial Research Paper Series* n.º 25, European Policies Research Centre, University of Strathclyde, 1997

WOLF, M. de – *Souveraineté fiscale et marché intérieur dans la jurisprudence de la Cour de Justice des Communautés Européennes et de la Cour Supreme des États-Unis*, (thèse),vol. I, Louvain-la-Neuve: UCL, 1993

WORLD BANK – *Fiscal incentives for investment in developing countries*, Washington, 1992

WOUTERS, Jan – "La restitution des aides illégalement octroyées et ses implications en droit des sociétés et en droit fiscal", in CDVA, *Les Aides d'État en Droit Communautaire et en Droit National*, Bruxelles: Bruylant, 1999

WOUTERS, J./Van HEES, B. – "Les règles communautaires en matière d'aides d'État et la fiscalité directe: quelques observations critiques", *Cahiers de droit européen*, n.º 5-6, 2001

WYATT/ DASHWOOD – *European Community Law*, 3rd ed., 1993

XAVIER, Alberto – *Direito Tributário Internacional, Tributação das Operações Internacionais*, Coimbra: Almedina, 1993

- *Manual de Direito Fiscal*, I, Lisboa, 1974
- *Portugal e a Integração Económica Europeia*, Coimbra: Almedina, 1970
- *Subsídios para uma Lei de Defesa da Concorrência*, Cadernos CTF, n.º 95, Lisboa: DGCI, 1970

ZILJSTRA, J. – Economic policy and problems of competition in the EEC and the Member States, *EEC Studies,* Competition-Approximation of Legislation Series, n.º 2, Bruxelles, 1966

ÍNDICE

De um Direito Fiscal de soberania a um Direito Fiscal internacional ou supranacional de regulação e cooperação 7

Nota prévia 25

Capítulo I – INTEGRAÇÃO EUROPEIA, CONCORRÊNCIA E FISCALIDADE 39

§ 1.º – Integração Económica e Defesa da Concorrência 41
1. A integração económica 41
   1.1. A integração económica como situação e como processo 41
   1.2. Integração e cooperação económicas internacionais 44
   1.3. Integração real e integração formal 45
   1.4. Formas e agrupamentos económicos 49
   1.5. Integração económica e integração política 52
2. Mercado e concorrência 54
   2.1. Mercado e economia de mercado 54
   2.2. A concorrência interempresarial 60
      2.2.1. Noção e pressupostos 60
      2.2.2. O modelo de concorrência perfeita 61
         2.2.2.1. Concorrência perfeita e concorrência pura 61
         2.2.2.2. Concorrência perfeita e pura, realidade imperfeita e impura 63
      2.2.3. O modelo da concorrência praticável 65
      2.2.4. Enquadramento institucional da concorrência 68
   2.3. A concorrência institucional 69
      2.3.1. Caracterização 69
      2.3.2. A concorrência institucional na União Europeia 71
3. Poder político e defesa da concorrência 74
   3.1. A defesa da concorrência interempresarial 74
   3.2. A protecção da concorrência no sistema comunitário entre pragmatismo e ideologia 75
   3.3. Tipos e regras do regime comunitário de defesa da concorrência interempresarial 80
   3.4. Concorrência interempresarial, concorrência institucional (interestadual) e auxílios de Estado 81

544 *Auxílios de Estado e Fiscalidade*

§ 2.º – **Integração Económica e Distorções Fiscais** 85
1. As distorções fiscais 85
   1.1. A origem das distorções fiscais 85
   1.2. Distorções fiscais: noção e formas 90
   1.3. As distorções fiscais, obstáculo ao processo de integração 91
      1.3.1. Observações prévias 91
      1.3.2. Distorções fiscais e união aduaneira 92
      1.3.3. Distorções fiscais e mercado comum 93
      1.3.4. Distorções fiscais e formas mais avançadas de integração 95
   1.4. Distorções e concorrência fiscal 97
2. Métodos e políticas comunitárias de correcção das distorções fiscais 101
   2.1. Os métodos 101
      2.1.1. A classificação de WOLF 101
      2.1.2. Observações críticas 103
   2.2. As políticas comunitárias 105
      2.2.1. Observações prévias 105
      2.2.2. As políticas tout court 105
         2.2.2.1. A política de não intervenção 105
         2.2.2.2. As políticas não fiscais: o exemplo da política de ajusta-
           mento das taxas de câmbios 107
         2.2.2.3. A política comunitária de promoção e coordenação de con-
           venções para evitar a dupla tributação internacional 109
         2.2.2.4. A institucionalização de cooperação política 111
      2.2.3. As políticas legislativas 111
         2.2.3.1. A política de estabelecimento de mecanismos de compen-
           sação ou ajustamentos fiscais nas fronteiras 111
         2.2.3.2. As políticas de cooperação administrativa no combate à
           evasão e fraude fiscais 113
         2.2.3.3. As políticas de harmonização e de aproximação das legis-
           lações fiscais 115
      2.2.4. A regulação da fiscalidade "extra-fiscal" através do instituto
        de auxílios de estado (auxílios tributários) 117

Capítulo II – A REGULAÇÃO COMUNITÁRIA DOS AUXÍLIOS DE ESTADO   121

§ 1.º – **Fundamentos e Caracterização Geral do Regime de Auxílios de Estado**   123
1. Fundamentos do regime de auxílios de Estado 123
   1.1. Fundamentos jurídico-políticos 123
      1.1.1. Fundamentos da atribuição de auxílios de Estado 123
      1.1.2. Fundamentos do controlo dos auxílios de Estado 128
         1.1.2.1. No plano interno 128
         1.1.2.2. No plano externo 131
   1.2. Fundamentos económicos 135
      1.2.1. Fundamentos da atribuição de auxílios de Estado 135

Índice

1.2.2. Fundamentos do controlo dos auxílios de Estado	138
1.3. A importância dos auxílios de Estado: alguns dados quantitativos	140
2. Caracterização geral do regime de auxílios de Estado	143
2.1. O direito aplicável	143
2.1.1. O regime dos auxílios de Estado na União Europeia	143
2.1.2. Os regimes de auxílios públicos exteriores à União	146
2.2. A ratio legis do regime comunitário	147
2.2.1. Ratio legis do princípio da incompatibilidade com o mercado comum	147
2.2.2. Ratio legis da admissão, no plano comunitário, de auxílios de Estado	152
2.3. O triplo estatuto das normas que regem os auxílios de Estado	154
2.4. Os auxílios de Estado entre direito e política	156

§ 2.° – A Dimensão Substantiva do Regime de Auxílios de Estado 161

1. O princípio da incompatibilidade dos auxílios de Estado com o mercado comum	161
1.1. O seu significado	161
1.2. Os requisitos de aplicabilidade do princípio da incompatibilidade	164
2. O conceito de auxílio de Estado	170
2.1. Um conceito aberto a uma realidade multiforme	170
2.1.1. Um conceito funcional e evolutivo	170
2.1.2. Categorias de auxílios de Estado	172
2.1.3. Ensaio de um conceito	175
2.2. A existência de uma vantagem (benefício ou situação de favor)	177
2.3. O requisito da imputabilidade ao Estado da vantagem concedida	180
2.3.1. Considerações gerais	180
2.3.2. O Estado em sentido amplo	183
2.3.2.1. A perspectiva orgânica	183
2.3.2.2. A perspectiva funcional	185
2.3.3. O requisito financeiro: recursos (em sentido amplo) do Estado	188
2.4. O requisito da selectividade: a atribuição das vantagens a certas empresas ou produções	193
2.4.1. A determinação do beneficiário	193
2.4.1.1. Relevância da questão	193
2.4.1.2. Uma noção ampla de empresa	194
2.4.1.3. As relações entre o Estado e as empresas públicas	196
2.4.1.4. Beneficiários directos e indirectos das vantagens	199
2.4.2. O carácter selectivo das medidas	200
2.4.2.1. Auxílios de Estado e medidas de política económica geral: fundamentos da distinção	200
4.2.1.2. Uma difícil distinção	204
2.4.2.3. Selectividade e anormalidade da medida	205
2.4.2.4. Selectividade, discricionariedade e carácter derrogatório da medida	206
2.4.2.5. Uma visão ampla da selectividade	207
2.4.2.6. Uma releitura do critério da selectividade	209

546   *Auxílios de Estado e Fiscalidade*

2.5. Delimitação negativa do conceito de auxílios de Estado 210
3. As condições de aplicação do princípio da incompatibilidade com o mercado
comum 213
    3.1. Quadro geral de análise 213
        3.1.1. Duas condições de preenchimento quase automático 213
        3.1.2. Duas condições analisadas em simultâneo 214
        3.1.3. Doutrina dos efeitos e visão alargada das condições 215
    3.2 A afectação da concorrência 217
    3.3. A afectação do comércio intracomunitário 222
    3.4. Auxílios de Estado que não preenchem as condições de incompatibilidade
com o mercado comum 227
        3.4.1. A não afectação da concorrência ou das trocas intracomunitárias . . . 227
        3.4.2. A cláusula de minimis (auxílios de importância menor) 229

4. As derrogações ao princípio da incompatibilidade dos auxílios de Estado com o
mercado comum 232
    4.1. As derrogações de pleno direito (auxílios incondicionados) 232
    4.2. Derrogações por intervenção das autoridades comunitárias (auxílios condi-
cionados) 234
        4.2.1. Derrogações por decisão do Conselho 234
            4.2.1.1. Derrogações ad hoc 234
            4.2.1.2. As isenções por categoria 234
    4.3. Derrogações por decisão da Comissão (derrogações discricionárias ou fa-
cultativas) 235
    4.4. A política da Comissão e seu enquadramento 238
        4.4.1. O poder discricionário da Comissão e os seus limites 238
        4.4.2. Os princípios orientadores da acção da Comissão 240
        4.4.3. O controlo da Comissão segundo os objectivos dos auxílios 243
            4.4.3.1. Os auxílios regionais 243
            4.4.3.2. Os auxílios sectoriais 244
            4.4.3.3. Os auxílios horizontais (ou intersectoriais) 245
            4.4.3.4. Os auxílios ao investimento directo externo 247
    4.5. A consideração da forma dos auxílios 247

**§ 3.° – O Controlo dos Auxílios de Estado: As Dimensões Procedimental, San-
cionatória e Processual** 249
1. O procedimento administrativo de controlo 249
    1.1. O novo "Regulamento de processo" 249
        1.1.1. Antecedentes 249
        1.1.2. Os inconvenientes da inexistência de um regulamento de processo . . 252
        1.1.3. Génese do novo regulamento 253
    1.2. Estrutura e objectivos do Regulamento de processo 255
    1.3. Conceitos fundamentais na aplicação do processo 257
        1.3.1. Considerações gerais 257

Índice

1.3.2. Auxílios novos e auxílios existentes	257
1.3.3. Auxílios incompatíveis e auxílios ilegais	260
1.3.4. Regimes de auxílios e auxílios individuais	262
1.4. Os protagonistas dos processos de controlo	263
1.4.1. A Comissão	263
1.4.2. O Conselho	266
1.4.3. Os Estados membros	267
1.4.4. O Comité Consultivo em Matéria de Auxílios Estatais	267
1.4.5. Os particulares como partes interessadas	268
1.5. Os processos administrativos aplicáveis aos auxílios de Estado	269
1.5.1. Tipos e fases: caracterização geral	269
1.5.2. A fase preliminar do processo de controlo prévio dos auxílios novos	270
1.5.2.1. A notificação prévia	270
1.5.2.2. A análise preliminar (instrução prévia)	271
1.5.2.3. A decisão	273
1.5.3. A fase preliminar do processo de controlo dos auxílios existentes ..	275
1.5.3.1. O exame permanente (controlo sucessivo)	275
1.5.3.2. O pedido de informações	276
1.5.3.3. As propostas de medidas adequadas	278
1.5.3.4. A resposta do Estado membro	279
1.5.4. A fase preliminar do processo de controlo dos auxílios ilegais	280
1.5.4.1. Caracterização geral	280
1.5.4.2. A injunção para prestação de informações (injunção Pleuger)	281
1.5.4.3. As injunções de suspensão e de recuperação	281
1.5.4.4. A decisão da Comissão	282
1.5.5. A fase preliminar do processo aplicável aos auxílios utilizados por forma abusiva	283
1.6. A fase pré-contenciosa do controlo dos auxílios: o procedimento formal de investigação	283
2. A dimensão sancionatória: a obrigação de recuperação dos auxílios de Estado atribuídos em violação do direito comunitário	286
2.1. A consagração judicial da obrigação de recuperação dos auxílios indevidos	286
2.2. Objectivo e fundamentos da obrigação de recuperação	288
2.3. A questão do âmbito e dos efeitos da obrigação de recuperação na jurisprudência	289
2.4. O enquadramento da obrigação de recuperação no Regulamento de processo	292
2.5. A efectividade da obrigação de recuperação	293
3. O controlo jurisdicional: o contencioso dos auxílios de Estado	295
3.1. Aspectos gerais	295
3.2. As jurisdições	299
3.2.1. A intervenção do juiz comunitário	299
3.2.2. A intervenção do juíz nacional	299
3.3. Especificidade do contencioso segundo os tipos de processos	301
3.3.1. O recurso de anulação	301
3.2. A acção por incumprimento	304

548　　　　　　　　　*Auxílios de Estado e Fiscalidade*

Capítulo III – OS AUXÍLIOS TRIBUTÁRIOS 309

§ 1.º – Considerações Gerais 311
1. Auxílios tributários: delimitação da noção 311
    1.1. Os auxílios tributários, uma forma de auxílios de Estado 311
    1.2. O princípio da irrelevância da forma dos auxílios tributários 312
        1.2.1. A irrelevância do tipo de tributos 312
        1.2.2. Uma noção de tributo em sentido amplo 314
            1.2.2.1. Os impostos (em sentido amplo) 314
            1.2.2.3. As contribuições financeiras a favor de entidades públicas 315
            1.2.2.4. As taxas 316
            1.2.2.5. A parafiscalidade 316
    1.3. A irrelevância das modalidades de técnica fiscal 317
    1.4. A irrelevância das finalidades das medidas tributárias 318
    1.5. Auxílios tributários e sistema de inserção dos tributos 318
2. Auxílios tributários e figuras afins: as noções de benefício fiscal e de despesa
    fiscal 319
    2.1. A distinta natureza das figuras 319
    2.2. Auxílios tributários e benefícios fiscais 320
    2.3. Auxílios tributários e despesa fiscal 324
3. Especificidade da regulação comunitária dos auxílios tributários 328
    3.1. A questão da relativa autonomia dos auxílios tributários 328
    3.2. Razões de ordem formal 329
    3.3. Razões de ordem técnica 333
    3.4. Razões de ordem política 334
4. O controlo dos benefícios fiscais: novas e velhas preocupações 338
5. Breve síntese 341

§ 2.º – A Adequação da Regulação dos Auxílios de Estado à Fiscalidade 345
1. A especificidade das medidas fiscais 345
2. A questão da soberania fiscal 349
    2.1. O poder e direito de tributar ou não tributar 349
    2.2. Os limites da soberania fiscal 352
3. Sistemas fiscais e doutrina da neutralidade 354
    3.1. As facetas da neutralidade 354
    3.2. A neutralidade tributária na Comunidade Europeia 361
3. Razões da preferência dos poderes públicos por auxílios tributários 364
    3.1. Enunciado da questão 364
    3.2. Os objectivos das medidas que constituem auxílios tributários 365
    3.3. A flexibilidade da técnica fiscal 368
    3.4. Razões de índole política 372
4. Neutralidade no tratamento dos regimes de auxílios tributários e dos regimes de
    auxílios não tributários 375

Índice

§3.° – O Regime Comunitário dos Auxílios Tributários 377
1. Enquadramento geral 377
   1.1. A sujeição dos auxílios tributários ao princípio da incompatibilidade com o mercado comum 377
   1.2. Consideração da especificidade dos auxílios tributários 379
   1.3. Efeitos da especificidade das medidas tributárias 382
   1.4. Análise crítica 387
2. Requisitos de aplicabilidade do instituto dos auxílios de Estado às medidas tributárias 389
   2.1. Uma reanálise dos requisitos? 389
   2.2. O critério da vantagem de natureza fiscal para as empresas 390
      2.2.1. Uma consideração ampla da vantagem de natureza fiscal 390
      2.2.2. Os instrumentos de técnica fiscal usados para a concessão de vantagens fiscais 392
      2.2.3. A extensão da ideia de vantagem 396
      2.2.4. A óptica da Comissão 398
      2.2.5. Aplicação prática do requisito da vantagem: alguns exemplos 399
         2.2.5.1. O caso do acordo technolease (Philips) 399
         2.2.5.2. O caso Megafesa 401
   2.3. O critério da origem: a imputabilidade das medidas tributárias ao Estado .. 403
      2.3.1. Os auxílios tributários como medidas imputáveis a autoridades públicas 403
      2.3.2. Aplicação prática: alguns exemplos 405
         2.3.2.1. O caso Sloman Neptun 405
         2.3.2.2. O caso Ecotrade 407
         2.3.2.3. A questão dos impostos harmonizados 408
   2.4. O critério da selectividade da vantagem de índole fiscal 409
      2.4.1. Auxílios tributários e medidas gerais de natureza tributária 409
      2.4.2. Medidas selectivas indirectas 415
         2.4.2.1. A questão da determinação dos beneficiários 415
         2.4.2.2. O caso dos incentivos aos novos Länder alemães e a Berlim ocidental 416
      2.4.3. Medidas tributárias selectivas directas: seus fundamentos 417
      2.4.4. Âmbito do requisito da selectividade: desdobramento de testes ... 421
      2.4.5. O requisito da selectividade: o teste da especificidade 425
      2.4.6. Aplicação do teste da especificidade a casos concretos 428
         2.4.6.1. O caso dos grandes projectos de investimento 428
         2.4.6.2. O Caso Montedison/Enimont 428
         2.4.6.3. O caso Institut Français du Pétrole 428
      2.4.7. O requisito da selectividade: o teste da não excepcionalidade (a cláusula "natureza ou economia do sistema") 430
         2.4.7.1. Explanação geral 430
         2.4.7.2. O sistema de referência 431
         2.4.7.3. Os princípios fundadores ou directores do sistema fiscal do Estado membro em causa 434

550 *Auxílios de Estado e Fiscalidade*

2.4.7.4. A doutrina da Comissão: alguns exemplos de exclusão de selectividade 437

2.4.7.5. A prática da Comissão: alguns casos concretos relativos ao requisito da selectividade 439

2.4.7.6. O requisito da selectividade: balanço crítico 442

2.5. Delimitação negativa do conceito de auxílio tributário 447

2.3. As condições de aplicação do princípio da interdição: distorções da concorrência e efeitos sobre o comércio intracomunitário 450

§ 3.º – As Derrogações ao Princípio de Incompatibilidade dos Auxílios Tributários 453

1. As causas de derrogação 453

1.1. Inexistência de especificidade das causas de derrogação aplicáveis aos auxílios tributários 453

1.2. Especificidade quanto à análise dos critérios para outorga das derrogações 454

1.2.1. Apresentação do problema 454

1.2.2. Auxílios tributários e encargos de efeito equivalente a direitos aduaneiros 456

1.2.3. Auxílios tributários e medidas tributárias internas de natureza discriminatória 459

2. Os auxílios tributários e o Código de Conduta sobre a fiscalidade directa das empresas 461

2.1. Concorrência fiscal prejudicial, um fenómeno antigo, uma preocupação nova 461

2.3.2. A regulação comunitária da concorrência fiscal 465

2.3.3. A génese da regulação comunitária da concorrência fiscal 468

2.3.4. O Código de Conduta da fiscalidade das empresas 474

2.3.4.1. Natureza jurídica 474

2.3.4.2. Âmbito de aplicação material e territorial 475

2.3.5. A avaliação das medidas prejudiciais 477

2.3.5.1. O Grupo do Código de Conduta 477

2.3.5.2. Os critérios de avaliação 480

2.3.5.3. As medidas excepcionadas 482

2.3.5.4. Os compromissos dos Estados membros 482

2.3.6. As relações entre o regime dos auxílios de Estado e o Código de Conduta 483

2.3.6.1. O ponto J do Código de Conduta 483

2.3.6.2. Análise crítica 486

2.3.6.3. Análise comparativa dos dois instrumentos 488

2.4. Breve balanço 491

Conclusões 495

Bibliografia 513